미국의 외교정책은 어떻게 만들어 지는가

How U.S. Foreign Policy Is Made

전 웅

한울출판사

How U.S. Foreign Policy Is Made

Freedom and Leadership

Woong Chun

Hanol Publishing Co.

2007

Defenceless under the night
Our world in stupor lies;
Yet, dotted everywhere,
Ironic points of light
Flash out wherever the Just
Exchange their messages,
May I, composed like them
Of Eros and of dust,
Beleaguered by the same
Negation and despair,
Show an affirming flame.

-W.H.Auden-

Preface

서 문

1950년대 이미 칼 도이취 교수는 양자 간의 상호의존성과 친밀도는 그들 간에서 이루어지는 거래나 소통의 양에 비례한다는 거래이론(transaction theory) 또는 소통이론(communication theory)을 제시한 바 있다. 제2차대전 이후 한국과 가장 가깝게 지내오고 있는 나라는 지리적으로 인접해 있는 북한이 아니라 가장 멀리 떨어져 있는 미국이다. 북한과는 공식적으로 하루 평균 한통의 전화도 있을까 말까 한 반면 서울에서 워싱턴 까지 약 8,100마일이나 떨어져 있는 미국과는 인적 물적 거래를 포함해서 전화, 우편, 전신, 팩스, 이메일 등의 하루 소통량은 아마도 수십만 건에 이르지 않을까 추정된다. 이와 같이 한국과 미국이 가장 가깝게 지내고 있는 것은 기본적으로 이데올로기와 체제가 같기 때문일 뿐만 아니라 양국 간의 외교정책 목적이 조화를 이루기 때문일 것이다.

제2차대전 이후 대한민국의 탄생과 국체(國體) 및 정체(政體)의 형성과정에서 미국은 결정적인 영향을 미쳤을 뿐만 아니라 1950년 북한 공산군의 침략을 저지하는데 있어서도 36,940명(워싱턴에 있는 6.25 참전 기념비에는 54,246명)의 전사자를 냄으로서 한국과는 "혈맹"의 관계를 유지해오고 있다.

그런데 그동안 한국에서는 미국의 외교정책이나 또는 외교정책과정에 관한 연구는 일천했고, 그것도 단편적인 논문수준에 불과한 것들이었다. 다시 말해서 미국의 외교정책에 관한 종합적 연구는 거의 없었다는 뜻이다. 그 이유는 아마도 한국인으로서는 자료의 수집과 접근에 한계가 있고, 무엇보다도 미국의 외교정책연구는 미국 자체 내의 기라성 같은 수많은 학자들이 경쟁적으로 연구물을 쏟아내고 있는 터에 한국인이 한국에 앉아서 그러한 연구에 도전한다는 것은 힘겨운 일일 것이기 때문이었을 것이다.

미국의 외교정책은 권력의 원천이 다원화된 민주주의 정치의 틀 속에서 이루어진다. 즉 미국에서는 대내정책 뿐만 아니라 대외정책의 경우에서도 과정, 방법, 인사, 속도, 그리고 궁극적 성공의 모든 국면에 민주주의가 영향을 미친다. 다시 말해서 외교정책과정에 정부기관, 민간단체, 그리고 개인들 까지 참여하고, 그리하여 대부분의 외교정책이 국민대중이 지켜보는 가운데 수 백 개의 개별적 결정들의 총계로 나타게 되는 것이다. 그 이유는 국가 창건 시부터 이상적인 견제와 균형체계는 곧 이상적인 민주정치를 가능케 할 수 있는 것으로 믿어왔기 때문이다.

미국의 외교정책도 다른 모든 나라들의 외교정책과 마찬가지로 그 최소 동기는 자국의 안전과 이익을 추구하고 보호하는 것이다. 그러나 미국외교정책 목적의 독특한 점은 미국적 가치를 세계화시키고 미국의 이익에 어떤 보편성을 부여하려 한다는 점이다. 즉 미국의 이익은 세계의 이익이고, 미국의 안전은 세계의 안전이라고 생각하는 것이다. 다시 말해서 미국의 운명과 세계 자유의 운명을 일치시키려는 경향이다. 세계 속에서 미국의 역할은 자유(自由)의 대의(大義)를 촉진하는 것이라는 신념, 미국은 자유의 모범이자 십자군적 역할을 소명받고 있다는 신념인 것이다. 1776년 독립을 선언한 이후 미국은 "세계 유일의 공화국이고, 인권(人權)의 유일한 기념탑이며, 자유와 자치의 성스런 불꽃의 저장소"이기 때문에 다른 지역에서도 밝혀져야 할 인간의 희망과 행복의 빛이 되어야 한다는 소명의식을 가지고 있는 것이다. 한 예로 우드로 윌슨 대통령은 "미국은 세계에서 유일한 이상주의 국가로서 신이 명한 국가이고, 미국의 운명을 완성시키고 세계를 구원할 무한한 특권이 부여된 유일한 이상국가"라고 천명한 바가 있다. 즉, 미국의 특수 이익에 어떤 보편적 의미를 부여하는 방법으로 양자를 결합시키려 하였다.

따라서 미국은 외교정책이 미국의 구도 속에서 처리되어야 한다는 명백한 역할개념을 가지고 있다. 예를 들어 미국은 타국의 적대감에도 때때로 국내입법을 통해 타국에 미국의 의사를 부과하고 있는 것이다. 이러한 미국의 외교정책패턴에 대해 유럽인들은 "더러운 탐욕을 추구하고 있다"고 비난하기도 하고, 또 다른 국가들은 "미제국주의 권력은 조직 폭력"이라고 비난하기도 한다.

미국의 외교정책 목적에 대한 그와 같은 비난에도 제2차대전 이후 미국 만큼 자유와 민주주의 가치의 세계화에 기여한 나라는 없으며, 수많은 나라들의 빈곤퇴치와 경제발전을 위해 그토록 막대한 원조를 시행한 나라는 없다고 해도 과언은 아닐 것이다.

한국에 앉아서 미국의 외교정책에 관한 종합적인 저술을 펴낸다는 것은 어찌보면 무모한 짓일 수도 있다. 자료와 시간의 부족, 접근방법의 한계, 문화적 인식의 제한성 등 때문이다. 따라서 자료의 대부분은 2차자료에 의존할 수 박에 없었다.

4년여에 걸쳐 이 책을 완성하는 데 까지는 주위 여러분들의 많은 도움과 지원이 있었다. 누구보다도 원고를 세밀히 읽고 정성을 다해 교성과 윤문을 해준 서울대의 高源 박사와 홍익대 국문과에 재학 중인 배경희 양에게 감사한다. 미국사회의 많은 격언과 속담, 그리고 난해한 문장의 이해에는 Berkeley의 Colin Chun과 Davis의 Jackie Chun이 도움을 주었고, 표지 디자인은 미국의 광고회사 "ADventure Design"의 엄 경화가 맡아 주었다. 그리고 가까이에서 항상 귀중한 조언을 아끼지 않는 관동대의 정규섭 교수와 내 옆에서 많은 잡무를 처리해 준 홍익대 대학원에 재학 중인 김희철 조교에게도 감사한다.

무엇보다도 이 책의 저술과정에서 2006년도 홍익대학교 학술조성연구비의 지원은 큰 도움이 되었다. 그리고 이 책의 출판을 기꺼히 맡아준 한울출판사의 임순재 사장님, 이상준 상무님, 최혜숙 편집장님, 그리고 편집부 여러 직원들에게도 심심한 사의를 표하는 바이다.

끝으로 미천한 능력으로 이렇게 막중한 문제를 다루게 된 것을 심히 부끄럽게 생각하면서 독자 여러분들의 아낌없는 충고와 편달을 바라는 바이다.

2007. 7. 17.

미국 캘리포니아, 풀러튼에서

Contents

차 례

제1장 서론: 미국외교정책의 기조

제 2 장 미국외교정책의 역사적 줄거리

제 3 장 제2차대전 이후의 미국외교정책과 그 평가

제 4 장 미국외교정책 분석을 위한 여러 접근 방법과 그 사례

제 5 장 대통령과 외교정책

제 6 장 대통령과 의회의 관계

제 7 장 국가안전보장회의와 외교정책

제 10 장 정보기관과 외교정책

Chapter

01

서론: 미국외교정책의 기조

제 1 절 이상주의와 현실주의

헨리 제임스(Henry James)는 언젠가 미국의 성격이 "모순과 패러독스로 가득 차있다"[1]고 지적한 적이 있다. 그러한 진단이 적절한 것인지는 명확치 않으나 역사적으로 미국의 외교정책은 이상주의와 현실주의 사이를 오가면서 형성되거나 아니면 양자 간의 적절한 결합과 균형을 통해 이루어지곤 하였다. 그 이유는 아마도 각 지도자의 개성과 이데올로기, 그리고 미국이 처한 상황적 요구 때문이었을 것이다.

일반적으로 이상주의적 접근이란 당위적 가치에 기초한 반(反)역사적인 접근으로서 현실을 인위적인 일반 원칙들로 구성된 모델로 바꾸어 움직일 수 없는 어떤 특정 결과를 기대하여 현실세계를 기술하는 것이다. 예를 들어 이상주의자들은 미국을 모든 인류를 구제해야 하는 사명을 가진, 완전한 지혜와 덕을 지닌 행복한 공화국으로 기술한다. 반면 현실주의적 접근은 경험적 사실을 통해 현재를 과거에서 온 것으로 보고 그에 기초해서 미래를 준비한다는 것으로 역사적 관점에서 세계를 보는 것이다. 예를 들어 미국 역시 어느 사회에서나 보여지는 불완전, 허약, 악의 요소 등을 지니고 있고 역사적 전통 속에서 국가의 현실적인 필요와 이익 그리고 힘의 요소에 기초해서 대외정책을 형성하고 수행하게 된다고 기술하는 것이다.

① 이상주의 기조

17세기 중엽부터 미국 이주자들은 두 가지 이데올로기를 가지고 대서양을 건넜다. 하나는 종교적인 신조로서 가장 심오하고 엄격한 이데올로기인 칼빈주의(Calvinism)이다. 이 칼빈주의의 정신적 특징은 미국이 속신자(贖身者)로서의 사명, 즉 인류의 죄를 씻어주는 구세주의자로서의 사명을 부여 받았다는 것이고, 다른 하나는 존 록크의 자유주의 이데올로기로서 그것은 정치체제가 폭군정치를 피하고 개인의 존엄성과 자연권을 보장해야 한다는 공화주의(共和主義)이다. 1776년 7월 4일 의회에서 선언된 독립선언서(The Declaration of Independence)에 "우리는 모든 인간이 평등하게 태어나고 신으로부터 양도할 수 없는 권리들을 부여받고 있는 바, 그들 권리 가운데는 생명, 자유, 그리고 행복의 추구가 있다는 사실을 자명한 진리로 확신한다" 고 되어 있는 데, 바로 그러한 신념이 록크의 사상에 기초한 것이다.

따라서 오늘날까지도 지속되고 있는 자유와 민주주의의 확산 또는 세계화 정책은 바로 구세주의적 사명과 미국인들이 최고의 정치이념이라고 생각하는 자유민주주의가 결합된 데서 연유한다고 할 수 있다. 즉, 미국은 "세계의 유일한 공화국" 이고 "인권의 유일한 기념탑" 이며, "자유와 自治의 성스런 불꽃의 저장소" 이기 때문에 이러한 이데올로기는 다른 지역에서도 인간의 희망과 행복을 밝혀주어야 한다는 것이다.

제퍼슨은 1799년 3월 한 친구에게 보낸 서신에서 "나는 모든 국가에서 자유의 진보가 이루어지길 소망하며 그것을 영원히 장려할 것" 이라고 하였다. 그는 건국 초기 미국을 세계 속에서 강력한 구세주의적 위치에 올려놓으려고 하였다. 더욱이 그는 "미국의 안전 및 생존과 세계 자유의 안전 및 생존을 일치시키는 것은 미국의 치국책(治國策)에 재래의 국가이성을 초월하는 어떤 차원을 부여하는 것이라 하였다. 즉, 미국의 국가적 운명과 세계자유의 운명을 일치시키려 한 것이었다. 그리하여 건국 이후 미국의 대외정책은 그러한 미국적 특수성과 세계적 보편성을 결합시키려는 것이었고 그것은 지금까지도 미국의 외교정책 역사에서 하나의 상수가 되고 있다. 그리하여 우리는 흔히 미국적 이상들을 제퍼슨 계열의 것이라고도 한다. 우드로우 윌슨, 프랭클린 루즈벨트, 존 케네디, 지미 카터, 로널드 레이건, 조지 W. 부시 등이 그러한 이상을 이어오고 있다.

윌슨은 "우리의 국가적인 운명은 세계를 낡은 체제에서 새로운 체제로 인도하는 것이고 우리는 태양 아래서 보다 새로운 것을 대변한다"고 하였다. 그는 또한 "미국은 세계에서 유일한 이상주의적 국가로서 신(神)이 명한 국가이고, 미국의 운명을 완성시키고 세계를 구원할 무한한 특권이 부여된 유일한 이상국가"[2)]라고 하였다. 이어서 그는 "미국적 민주주의가 곧 인류의 미래를 위한 보편타당한 가치이고 민주주의를 위해 세계를 안전하게 지켜야 할 의무가 미국에 있다"고 하였다. 그가 제1차대전 직후에 제안하여 만든 국제연맹도 세계를 안전하게 만들기 위한 것이었다. "미국적 가치의 세계화"를 주장한 루즈벨트는 제2차대전 직후 국제연합, 즉 UN을 창설하였는데, 그 유엔헌장 서두에 나오는 "우리, 국제연합은(We, the United Nations)"이라는 표현은 UN이라는 국제기구와 미국을 동일시한 것으로 해석되고 있다. 아이젠하워 행정부의 국무장관이던 존 포스터 델레스의 "무신론적 공산주의에 대한 성전(聖戰)에의 소명", "자유를 방어하기 위해서는 어떤 대가도 지불하고 어떤 희생도 각오할 것"이라는 케네디의 정치적 신념, 그리고 미국외교정책에서 인권과 도덕성을 강조한 카터의 신념 등은 모두 동일선상에 있다고 할 것이다.

1982년 11월 레이건은 "나는 이 선택된 땅이 특별한 방법으로 격리되었고 신이 신앙과 자유를 특별히 사랑하는 사람들에 의해 발견된 이 위대한 대륙을 대양(대서양과 태평양) 사이에 안치해 놓았다고 항상 믿어 왔다"고 말함으로써, 그는 세상을 역사가 아니라 이데올로기 프리즘을 통해 보았던 것이다. 따라서 그의 외교정책을 지도한 신념은 미국을 무한한 덕(德)의 국가로 소련을 무한히 사악한 국가로 규정하도록 하였다. 따라서 사악한 국가인 소련이 핵탄두에서 조금이라도 우세하게 되면 그들은 미국의 목표를 향해 발사할 것이기 때문에 미국의 안전은 압도적인 군사적 우세를 유지할 때만 가능하다고 주장했다.

2002년 12월 조지 W. 부시 대통령은 한 연설에서 "전 세계는 미국의 영도력을 요구하고 있는 것입니다. 자유, 정의, 평등이라는 가치를 추구하는 국가의 영도력을 요구하고 있는 것입니다. 미국이 수출하는 가장 위대한 가치는 자유이며 우리에게는 전세계에 자유를 주창해 나가야 할 도덕적 의무가 있습니다"[3)]라고 하였다. 그는 또한 2005년 1월 21일 제2기 취임사에서도 "미국에서 자유의 생존은 점차 다른 나라에서 자유의 성공에 의존한다. 우리들의 세계에서 평화를 얻을 수 있는 최선의 희망은 전세계적으로 자유를 확대하는 것"[4)]이라 하여 소위 "자유주의 제국(liberal empire)"을 주장하였다.

이러한 이상주의적 이데올로기와 전통은 미국의 정치 지도자들이 세계를 부단히 변화시키려고 할 때 고려하는 기초가 된다. 즉, 국제정치 속에서 미국이 역부족일 때는 철수(고립주의)해서 힘을 기르고 미국이 강력한 힘을 가지게 됐을 때는 개입해서 세계를 변화시키려 하는 것이다. 미국의 정치가들은 다른 세계로 인해 미국이 부패되는 것을 원하지 않기 때문에 부패한 현실과 개혁의 욕구 사이에서 항상 갈등을 겪기도 한다. 그들은 변화된 세계에서만 미국의 민주주의 제도가 번성하고 안정을 기할 수 있을 것으로 믿고 있다.

바로 이러한 전통에서 미국의 이상주의적인 정치가들은 미국의 특수 이익에 어떤 보편적 의미를 부여하는 방법으로 양자를 결합시키려 했다. 즉, 영토확장이나 식민지 쟁탈을 위한 전쟁에서도 구세(救世)국가로서의 운명을 내세우 곤 하였다.

예를 들어 제퍼슨은 프랑스 혁명시 "모든 유럽이 단일의 군주제로 환원되는 것은 우리의 이익이 될 수 없다"고하면서 1793년 프랑스혁명으로 야기된 大전쟁에 개입하려는 최초의 의도를 보였다. 그후 맥킨리(William Mckinley) 또한 1898년 스페인과의 식민지 쟁탈전에 다시 개입하여 승리했을 때에도 구세국가로서의 그 운명에 대한 고양된 확신을 가졌다.[5] 윌슨이 전통적 세력균형의 이유로 제1차 세계대전에 개입한 것은 유럽의 군사력이 일개인의 손에 의해 좌우되는 것을 방지하기 위해서였고, 권력정치를 넘어 과거의 세력균형을 대신하는 새로운 공동체(국제연맹)를 창설함으로써 미국의 사명을 실천하고 미국적 가치를 보호하려는 것이었다.

마한(Alfred T. Mahan)과 윌슨의 제자인 루즈벨트 역시 국가이익과 이상주의적 희망을 결합시키려 하였다. 그러나 그도 고비에서는 국가이익을 우선시했지만, 그는 1940년대 나치라는 "파괴해야 할 괴물"을 제거하기 위해 제2차 대전에 개입하였다. 또한 1945년 이후에는 역대 대통령들도 공산주의라는 또 다른 괴물을 봉쇄하기 위해 해외 개입에 나서게 되었다. 그런데 그러한 국제 문제에의 개입 이후 미국의 고립주의 전통은 사실상 종지부를 찍게 되었다. 특히 제2차대전 이후 미국의 힘의 증대는 미국에 부여된 神의 사명을 믿었던 사람들에게 구세주의를 확인시켜 주었던 것이다. 그리하여 대통령들이 세상을 배회하는 새로운 괴물들을 찾는 두려운 경향을 보였던 것이다.

그런데 2001년 9월 11일 뉴욕에 있는 세계무역센터에 대한 알 카에다(Al Queda)의 테러 이후 파괴해야 할 새로운 괴물들이 등장한 것이다. 즉, 오사마 빈 라덴이 이끄는 알 카에다의 테러조직과 대량살상무기를 제조하고 확산시키고 있다는 북한, 이라크, 이란 등 소위 "악의 축" 국가들이 바로 그들이었다. 이들은 조지 W. 부시가 파괴해야 할 새로운 "괴물들"이었던 것이다.

그런데 이데올로기에 기초한 이상주의적 외교정책은 적지 않은 문제점과 오류를 발생시킬 가능성이 있다. 왜냐하면 이데올로기는 그 자체가 근본적으로 주관적인 가치와 신념의 산물이기 때문에 인식상의 착각, 허위의식, 편견에서 자유롭지 못하다. 즉, 이데올로기는 존재(existence) 보다 본질(essence)을 선호하기 때문에 그것이 아무리 논리적으로 또는 심리적으로 만족감을 준다 하더라도 결과적으로 현실주의 원리 그 자체를 거부한다는 점이다. 모델의 인위적 구성은 현실세계의 기술에 착오를 일으키게 할 수가 있기 때문이다. 그래서 건국 초기 제퍼슨의 "미국의 특별한 사명" 강조는 해밀턴(Alexander

Hamilton)에 의해 비판되었다. 해밀턴은 미국과 같은 젊은 공화국은 모든 형태의 사회에 부수되는 불완전성과 허약성 등을 지니고 있으며, 악으로부터의 면죄부를 획득한 것은 아니라고 하였다. 그는 이어서 세계의 다수 인민들과 마찬가지로 우리도 완전한 지혜와 완전한 德의 행복한 공화국으로부터 아직 멀리 떨어져 있다는 것을 자각하고 이를 우리의 정치적 행동방향을 위한 실천적 좌우명으로 선택해야 한다고 하였다. 그는 우리가 세계를 구제해야 한다면 그것은 개입에 의해서가 아니라 우리 자신의 제도를 완성시킴으로써 그렇게 할 수 있을 것이라 하였다.[6] 존 아담스(John Adams)도 "파괴할 괴물을 찾아 밖으로 나가지 말아야 한다. 만일 그렇게 한다면 우리 정책의 기본 모토들은 이성을 잃고 자유에서 무력으로 변경될 것이고 세계의 독재자가 될 것이다. 그렇게 되면 미국은 더 이상 세계의 정신적 지배자가 되지 못한다"[7]고 하였다.

결국 미국의 창건자들은 현실적인 국가이익 때문에 구세주의적 열정에 한계를 부여해야 했다. 조지 워싱턴은 실제로 제퍼슨이 원하는 방향으로 가지 않았던 바, 그것은 나라를 전쟁 속으로 몰아넣을 위험한 게임을 하고 싶지 않았기 때문이었다.[8]

슐레신저에 의하면 일반적으로 이데올로기는 수사학으로 사용되어 여론에 접근할 정치적 필요성에서 이용되는 것이다. 예를 들어 레이건 행정부 초기에는 이데올로기의 언덕으로 올라갔지만 얼마 지나지 않아 다시 현실주의 세계로 내려왔다는 것이다. 왜냐하면 외교정책이란 현실적인 국제관계에서 형성될 수밖에 없고, 그리하여 책임있는 외교정책은 타국의 상대적인 힘과 동맹국들의 협력을 필요로 하는데 이러한 동맹국들은 미국의 구세주의를 제어할 수 있는 힘을 가지고 있기 때문이다.

따라서 미국의 역할은 자유의 십자군으로서보다는 어둠을 밝히는 등불처럼 자유의 모범국가로 남아 있어야 한다는 것이다. 존 딕킨슨(John Dickinson)은 그의 취임연설에서 "여기서 유지되고 있는 정의롭고 견고한 공화정부는 타국 국민의 목적으로 그리고 모방을 위한 상설 기념비로 남아 있어야 한다"[9]고 역설하였다. 왜냐하면 모범 이상의 행동은 갈등을 야기시킬 수 있기 때문이다. 슐레신저도 "이데올로그들(ideologues)이 외교정책을 장악하면 많은 위험이 따른다"[10]고 하였다.

② 현실주의 기초

1830년대 프랑스의 토크빌(Alexis de Toqueville)은 미국을 방문한 후 쓴 글에서 "문명세계에서 어느 나라도 미국 만큼 철학에 관심을 기울이지 않는 나라는 없다"[11]고 설파하였다. 그에 의하면 미국인들은 전혀 새로운 환경에서 사회를 건설하고 국가를 만들어 살면서 이론보다는 사실을 선호하고 결과 속에서 명제의 의미를 찾으며, 연역논리가 아니라 시행착오를 존중하는 실용적이고 현실적인 사고방식과 생활양식을 개발하였다는 것이다. 케넌(George F. Kennan) 역시 "어느 정치사회도 외교정책을 수행하기 위해 사는 것이 아니라 살기 위해 외교정책을 수행한다"[12]고 하여 모든 국가의 외교정책이 근본적으로는 현실주의에 기초하고 있음을 말하고 있다.

현실주의란 인간의 행동이 이익, 권력, 또는 환경 등과 같은 경험적 요소들에 의해 좌우된다는 관점이다. 두 차례의 세계대전을 거치면서 인간의 이성(理性)을 신뢰하던 합리주의가 그 힘을 잃으면서, 현실주의가 특히 국제정치 영역에서 그 힘을 발휘하게 되었다. 한마디로 정치란 윤리의 기능이 아니라 힘의 기능이고 정치적 현실과 역사적 경험에 기초해서 이루어진다는 것이다. "칼이 없는 규약은 말에 불과하다"는 후프스계열의 전제와 같이 국제평화의 달성도 견제와 균형의 세력균형 방법을 통해 이루어질 수 있는 것이다.

미국의 창건자들은 사실 이데올로기를 먼저 강조했으나 국제정치적 현실에 의해 제약을 받았다. 그러니까 미국의 현실주의는 국제관계의 불가피한 성격에서 나온 것이라 할 수 있다. 즉, 필요의 강요에 의해 현실주의적으로 대외정책을 추진할 수밖에 없었던 것이다. 결국 국가는 구체적인 자국의 이익에 부응해야 하고 또 그렇게 하는 것이 도덕적 의무라고 믿게 되는 미국적 현실주의가 생성된 것이다.

조지 워싱턴은 "미국의 이익을 중시하는 것보다 더 신뢰받는 경우는 없다"고 하였다. 미국의 창건자들은 신생 공화국의 독립을 보전하는 방법은 유럽의 세력균형이라는 것을 파악하였다. 존 아담스는 "영국의 붕괴 속에서 프랑스와 결합하는 것은 결코 우리의 이익이 될 수 없을 것이며, 반대로 프랑스의 엄청난 굴욕을 위해 영국과 동맹을 맺는 것 또한 결코 우리의 의무가 될 수 없다"고 하였다. 제퍼슨 역시 1802년 "우리는 필요가 우리를 강요할 때까지는 초연한 입장을 유지하면서 궁극적으로는 그 개입을 필요로 하는 이익의 敵을 향해 나아갈 수도 있다"고 하였다. 그러나 제퍼슨의 경우에 그가 주장한 원칙들과 실제 그가 채택한 수단들은 상충하였고 조화되지 못하였다. 즉, 원칙은 이상주의적이었으나 실제는 현실주의적이었다. 예를 들면 그의 영토적 팽창의 필요성과 신념, 상업자유의 원칙, 전시 중립권리 등은 수단과 혼동된 것들이었다. 1803년 프랑스로부터 루이지애너를 샀을 때에는 국민의 필요성에 집착한 결과 헌법적 양심의 가책은 포기 되었고, 그 후 東西플로리다를 획득했을 때에도 팽창억제라는 원칙은 포기되었다. 즉, 개인적으로는 스페인의 反나폴레옹 운동에는 동의하면서도 플로리다 문제 때문에 나폴레옹에 동조하였던 것이다.

제2차대전 이후 공산주의 진영과 자유주의 진영 간의 동서 냉전구조 속에서 미국의 대부분의 대통령들, 트루먼, 아이젠하워, 케네디, 닉슨 등은 이데올로기보다는 현실주의적인 권력정치에 기초한 봉쇄정책과 세력균형 정책을 추구하였다.

③ 이상주의와 현실주의의 결합

일찍이 E. H. 카는 자유의지(이상주의)와 결정론(현실주의)간의 적절한 균형을 주장한 바가 있다.[13] 역사적으로 미국의 대외정책은 이상주의와 현실주의 사이를 오락가락하거나 양자 간의 어떤 결합형태를 보여 왔다. 각 대통령들의 개성과 이데올로기, 그리고 대내외적인 상황적 필요에 따라서 외교정책도 이상주의 경향을 띠거나 현실주의적인 노선을 취하였으며 아니면 양자 간에 어떤 절충이 이루어졌다. 이 때문에 혹자는 미국의 외교정책이 원칙이 없다거나 아니면 이중성을 지니고 있다고 설명한다. 그러나 분명한 것은 미국의 외교정책이 자유주의 원칙과 국가이익이라는 두 가지 요소에 기초하고 있다는 사실이다. 물론 이상과 현실이 충돌할 때에는 현실이 우세했다. 다시 말해서 미국의 지도자들은 이데올로기를 먼저 강조했으나 국제관계의 현실에 의해 제약을 받았던 것이다. 즉, 당면한 국가적 필요와 이익이 이데올로기적 구세주의에 한계를 부과했던 것이다. 예를 들어 미국외교정책에서 이상주의의 대부라 할 수 있는 제퍼슨도 국가적 이익과 필요 앞에서는 그의 이상주의를 포기했다. 레이건도 집권 초기에는 이데올로기를 강조하였으나 후기에는 정치적 현실주의 노선을 택하였다.

그러나 미국의 외교정책에서 이상주의와 현실주의가 공존하거나 결합되는 형태를 보이는 경우도 있다. 예를 들어 슐레신저에 의하면 미국정부가 내부적으로는 순결하고 성스러운 사기업의 승리이론을 가지고 있으면서도 실제 경제생활에서는 정부가 지속적 간섭을 유지한다는 것이다. 같은 논리에서 전후의 외교정책을 보면 때때로 이데올로기는 사회주의 정권들을 축출할 것을 요구하지만 현실주의는 사회주의 국가들과의 관계속에서 국가이익을 추구할 것을 요구한다. 또한 이데올로기는 국지적 분쟁을 세계적 위기로 확대시킬 것을 주장하지만 국가이익은 협력의 중요성을 강조한다. 제퍼슨의 대외정책에서도 유럽의 세력균형을 통해 미국의 특별한 사명을 보호하고 미국적 가치를 세상에 밝히려 하였는데 이는 양자가 결합된 예라 할 수 있고 2001년에 들어선 부시 행정부의 대외정책도 자유와 민주주의의 세계적 확장을 통해 미국의 안전과 국가이익을 도모하려는 양자결합의 정책노선이라 할 수 있다.

결국 미국의 외교정책은 이상주의와 현실주의가 상호보완적인 관계에 있으면서 이상주의적 가치가 목적으로 추구될 때는 현실주의가 그 수단으로 기능하는 경향이고, 현실주의적 가치가 목적으로 추구될 때는 이상주의가 그 수단으로 기능하게 되는 것이다. 따라서 미국의 외교정책에서 이상주의와 현실주의는 수레의 두 바퀴처럼 상호의존적이고 상호보완적인 관계 속에서 각 정치 지도자들의 개성, 이데올로기, 그리고 상황적 요구에 따라 때로는 이상주의가, 때로는 현실주의가 강조되고 아니면 양자의 적절한 균형 속에서 형성되고 추진되는 경향을 보인다. 실용적 이상주의라고나 할까.

제 2 절 고립주의와 국제주의

1 국내구조 반영으로서의 대외적 정향(定向)

외교정책이란 한 국가의 정책결정자들이 자국의 이익이라고 정의한 필요와 가치를 외부환경과의 상호작용을 통해 획득하려는 실천강령이라고 할 수 있다. 일반적으로 국가들은 자국 내에서 강력하게 제기되는 이익과 신념패턴을 그들의 외교정책에 반영한다. 다시 말해서 외교정책은 국내정책의 연장이자 반영이다. 투키디데스는 "그리스 도시국가들간의 상호관계의 수행방법은 그들 내부로부터의 압력에 의해 윤곽지어졌다"[14)]고 기술한 바 있다. 또한 B.C 4-5세기 로마의 대외전쟁들은 부분적으로는 인구과잉과 농민계급의 경제적 불안상황에서 연유한 팽창압력에 기인하였다.[15)]

즉, 한 국가의 외교정책은 그 나라 국내구조의 반영이라는 것이다. 미국의 전통적인 외교정책의 기조인 고립주의와 국제주의 역시 기본적으로는 미국의 내부적인 필요, 가치 또는 이익을 반영한 것이다. 물론 약소국의 경우에는 외교정책이 외부환경의 압력을 많이 받는데 반해 강대국들은 그들 자신의 국가이익과 이데올로기를 국제환경에 투사하는 경향이다.

그런데 한 국가의 외교정책형성에 영향을 미치는 요소들은 많다. 즉, 이데올로기, 역사와 전통, 지정학적인 조건들, 국민성, 산업능력과 군사력, 정부와 지도자들의 質등 배경적인 요소들이 있고, 의회, 여론, 이익집단, 또는 언론매체 등과 같은 과정적 요소들이 있다. 그러나 무엇보다도 미국의 대외정책형성에 있어서 근본적으로 영향을 미치는 요소는 외부세계와 어떤 정치적, 군사적 관계를 수립할 것이냐의 여부를 결정하는 정부의 정향(orientation)이었다. 미국에 있어서 그러한 정향은 고립주의(isolationism) 또는 국제주의(internationalism)[16]이다. 이러한 고립주의와 국제주의는 미국의 내부적 상황과 외부적인 국제환경의 상황에 따라 선택적으로 적용되었으며, 그러한 정책정향의 주요 대상지역은 유럽이었다.

고립주의 또는 국제주의라는 對유럽정책의 정향 형성은 ① 미국이 1605년 이후 영국 내지 유럽의 문화와 전통을 가진 이주자들에 의해 형성되었다는 점, ② 1776년 자유와 평등의 이념에 기초해 영국의 식민통치로부터 벗어나고자 독립을 선언하고 투쟁을 전개하였다는 점, ③ 그 독립전쟁은 프랑스의 지원 하에서 승리하였다는 점 등과 관련되어 있었다. 미국은 독립선언 2년 후 1778년 1월 프랑스로부터 최초로 국가승인을 받았고, 곧이어 같은 해 프랑스와 공수동맹(攻守同盟)을 체결하는 개입주의(interventionism) 외교정책을 전개하였던 것이다. 이제 막 신생국으로 탄생한 미국은 세계 최강 영국의 팽창주의 압력에 저항해야 했다. 그 후 그 공수동맹은 1789년부터 시작된 프랑스혁명 기간 지속되다가 1792년 9월 프랑스가 영국 및 스페인 등에 선전포고를 단행하면서 미국에 의해 종결되었다.[17] 즉, 1793년 4월 워싱턴 대통령은 프랑스와 영국 연합군간의 전쟁에서 中立을 선언하였다.

역사적으로 미국의 외교정책은 다음과 같이 고립주의와 국제주의를 선택적으로 적용하였다.

첫째, 독립선언 이후 1778년-1792년 기간 프랑스와 정치적 군사적인 공수동맹과 경제적 통상조약을 체결하는 개입주의 정책을 전개하였다.

둘째, 1793년 워싱턴 대통령이 영국과 프랑스 간 전쟁에서 중립을 선언하여 고립주의 노선을 채택한 이후, 1796년 워싱턴의 고별사, 1801년 제퍼슨의 대통령 취임사, 1823년 먼로 대통령의 고립주의선언 등을 거치면서 19세기까지는 비개입주의 정책이 지배적이었다.[18]

셋째, 1917년에서 1918년 기간 미국은 유럽의 제1차 대전에 개입하여 승전한 후 베르사이유 강화조약을 체결하고 국제연맹의 창설을 이끈 국제주의 정책을 전개하였다.

넷째, 제1차대전 종전 후 미국 의회가 윌슨 대통령이 주도한 파리 강화조약안과 국제연맹 창설안을 거부하면서 고립주의가 다시 대두 되었고 1920년대 말부터 시작된 경제공황을 거치면서 1941년 제2차대전에 다시 개입하기까지는 고립주의가 우세한 기간이었다.

다섯째, 미국이 태평양전쟁과 유럽전쟁에 참전하면서 개입주의는 다시 부활하였고, 제2차대전 이후에는 세계가 공산권과 자유진영이라는 양극 구조로 발전되면서 미국은 자유진영의 지도국가로서 불가피하게 국제주의노선을 취하지 않을 수 없게 되었다.

여섯째, 미국이 베트남戰에서 패배하고 철수한 이후 부분적으로 고립주의가 다시 등장하게 되었으며, 그 후 얼마 동안은 국제주의와 고립주의가 혼합된 노선을 취하게 되었다. 그리고 마지막으로는 1980년대 후반 東유럽의 공산권과 소련이 붕괴되면서부터는 유일 초강대국으로 남게 되면서 국제문제에는 자국의 이익과 영향에 따라 개입과 불개입을 선택적으로 활용하는 탈냉전 국제주의를 지향하고 있다.

② 고립주의(Isolationism)

1) 개념과 이념

"고립주의"란 국제적인 갈등과 분쟁에 대한 비개입(non-intervention) 또는 비동맹(no entangling alliance)을 뜻한다. 이는 초기 미국 대외정책의 기본노선으로서 외부세력 특히 유럽 세력들과 정치적, 군사적 연대를 회피하여 국가안전과 독립성을 유지하려는 의지의 표현이었다. 즉, 미국은 유럽세력들 간의 분쟁에 연루되지 않고 영향력 행사나 해결전망이 없는 갈등에 휘말리지 않으며, 서반구(Western Hemisphere) 밖의 어떤 국제기구에의 참여도 거부하고, 특히 신대륙에 대한 유럽세력의 정치적 야심과 역사적 경쟁에 오염되지 않으려고 하였다.

최초의 비개입정책은 1793년 4월 22일 워싱턴 대통령이 프랑스가 영국과 스페인등에 전쟁을 선포함에 따라 중립을 선언한데서 시작되었다. 워싱턴 대통령은 신중(prudence), 유보(reserve), 및 기권(abstention) 등 세 가지 지침에 기초한 정책을 표방하였다.[19]

이러한 고립주의 정책이 지니는 이데올로기는 그후 세계 속에서 미국인들의 사명에 관한 뿌리 깊은 신념이자 편견을 형성시켜 주었다. 미국인들은 자신들을 선택된 국민으로 보고 신대륙에 神의 의사를 수행하라는 사명이 부여된 것으로 생각하였다.[20] 즉, 만일 미국인들이 그들 자신의 이익과 가치들을 범세계적으로 자유와 안정을 위협하는 세력들로부터 격리시키지 못한다면, 그들은 정치적 경제적 자유와 민주주의가 소멸할 것이라고 우려하였다.[21]

18세기 후반에서 20세기 초까지의 국제정치적 현실에서 국가안보에 대한 위험 때문에 대외적 언질(commitment)을 피하기 위해 유보, 신중성 및 기권 등 이념에 기초한 정치적 태도는 확고한 기반을 가지게 되었다. 고립주의는 철저하게 현실주의적 국가이익에 기초한 것이었고 또한 정치적 원칙으로 확립되었으며, 엄격한 교의(教義) 내지 절대적인 도덕적 신조로 발전하였다. 왜냐하면 그러한 신조는 그들로 하여금 지리적으로 유럽대륙과 격리되어 있는 국민이라는 신화(神話)를 유지하도록 하였고, 계속 이어지는 그들 후손들의 열망을 충족시켜 주었기 때문이다. 따라서 20세기에 접어들어 미국이 개입한 양차 대전이 미국민들에게 어떤 안보와 복지의 이익을 가져다주었는지에 대하여 그들은 끊임없는 논쟁을 계속하고 있는 것이다.

이러한 고립주의는 일차적으로는 유럽과 정치적, 군사적 연루를 차단하는 것을 뜻하였지만, 그 격리 기간 동안 미국이 미주대륙에서 영토적 팽창과 지역적 패권을 도모하려는 정치적 야심의 산물로 나타나기도 하였다. 고립주의는 1845년 뉴욕(New York)誌 편집자였던 설리번(John D' Sullivan)이 주조했던 소위 "Manifest Destiny", 즉 "명백한 운명"[22]의 이념과 일치하고 있었다.

사실 그러한 "명백한 운명"이란 시인 키플링의 "백인의 사명"(the white man' s burden)의 미국판인데, 그것은 미국 이주자들에게는 황야의 정복, 서부에로의 진군, 그리고 미주대륙에의 팽창을 지시한 것이었다.[23] 즉, 대륙지배는 그들의 운명이라는 논리에 의해 촉진되었던 것이다. 그러한 영토팽창주의를 정당화시킨 "명백한 운명"은 이미 1796년 워싱턴의 고별사와 1801년의 제퍼슨의 취임사에도 명백히 담겨져 있다.

2) 고립주의 정책

전술한 대로 미국의 고립주의 정책은 역사적, 지정학적 조건들의 산물이었다. 그것은 신생국으로서 미국의 내부적 허약성을 극복하고 안정시키려는 국내정책의 반영이기도 하였다. 즉, 유럽대륙으로부터의 격리와 자국영토의 확장이 그 정책의 목표였다.

미국이 1776년 독립을 선언한 후 대영국 독립전쟁을 수행하면서 1778년 프랑스와 동맹관계에 들어간 것은 어찌 보면 불가피한 조치였다. 그러한 미국과 프랑스의 동맹으로 1781년 영군은 패배했고 드디어 1783년 영국과 미국은 파리조약을 체결하였으며, 영국의회는 미국의 독립을 인정하게 된 것이었다.[24]

그러나 미국과 프랑스 간 군사동맹은 프랑스혁명 기간에도 지속되다가 1792년 프랑스가 영국에 선전포고를 한 이후 1793년 4월 22일 워싱턴 대통령이 중립노선을 채택함으로써 종결되었다. 이러한 조치가 역사적인 미국의 고립주의 정책의 발단이 되었던 것이다. 당시 미국의 그와 같은 중립주의는 현실주의에 근거한 것으로서 프랑스혁명의 복음주의를 거부한 것이었다. 미국은 이제 막 새로이 출범한 신생독립국가로서 체제의 불안정과 허약성을 극복해야 되었고, 국가의 지리적 협소성을 타개해야 할 필요성에 직면하고 있었다. 그러한 국내정치적 목적을 위해서는 외부세계 특히 팽창주의와 패권경쟁에 몰두하고 있던 유럽대륙으로부터 미국과 미주대륙을 정치적, 군사적으로 격리시켜야 할 필요가 있었다. 즉, 미국의 안전은 유럽대륙세력들 간의 각축에서 격리됨으로써 가능하다고 생각하였다. 이렇게 하여 미국은 1793년 워싱턴의 중립정책과 1823년 먼로 대통령의 고립주의 정책선언을 거쳐 1917년 윌슨 대통령이 제1차 세계대전에 개입할 때까지 고립주의 정책을 지속하였다.

미국은 125년여 동안의 對유럽 고립주의 정책을 유지하면서 내부적으로는 지리전략적 관점에서 안전의 기초를 확대하기 위해 영토 확장 정책을 적극적으로 전개하였다.

첫째, 1803년 프랑스로부터 루이지애나를 구매하였다.

둘째, 1819년 스페인을 협박하여 플로리다를 확보하였다.

셋째, 1845년 멕시코로부터 텍사스를 쟁취하였다.

넷째, 1848년 멕시코침략을 통해 뉴멕시코, 애리조나, 캘리포니아 등 멕시코 북부지역을 획득하였다.

다섯째, 1867년 러시아로부터 알라스카를 사들였다.

특히 1823년 제임스 먼로 대통령은 의회교서에서 다음과 같이 그의 고립주의정책을 언급하였다.

"미국시민들은 大西洋 저편의 동포들의 자유와 행복을 위하여 가장 우호적인 삼정을 가지고 있다. 따라서 우리는 그러한 점에 미국과 그들 국가들 사이에 기존하는 우호적인 관계와 공정성(candor)에 기초하여 그들이 반구(半球) 어느 부분에라도 그들의 체제를 확장하려는 기도를 한다면 우리는 그것을 우리의 평화와 안전에 위험한 것으로 간주할 것임을 선언한다."[25]

즉, 먼로 독트린은 미주대륙에서 유럽의 역할을 제한하려는 통고였던 바 그러한 기조는 19세기 후반까지 지속되었다. 예를 들어 1871-1898년 기간 上院은 대통령 및 집행부가 외국과 체결한 모든 주요 조약들에 대하여 비준을 거부하였다.[26] 혹자는 이 시대를 의회지배(government by Congress) 또는 상원의 지배(Senatorial domination) 시대라고도 한다.

그러나 20세기에 접어들어 미국은 사상 최초로 윌슨에 의해 세계정치 영역에 개입(1917-1918)하게 되었는데, 그것은 곧 제1차 세계대전이었다. 미국은 세계적인 大戰에의 개입을 통해서 국제적으로 힘의 우세, 理想의 정의로움에 대한 확신, 주요 국제적 협정들에서 미국적 가치와 신념을 관철시켰다.[27] 그런데 키신저에 의하면 외교정책의 전통적인 주제인 ① 자유의 모범으로서 미국의 사명이 지닌 특이성, ② 민주적 외교정책의 도덕적 우월성, ③ 개인적 및 국제적 도덕성 간의 상처 없는 관계, ④ 공개외교의 중요성, ⑤ 국제연맹에 나타난 국제적 합의에 의한 세력균형의 대체 등 이러한 모든 보편적인 원칙들이 미국의 고립주의를 위해 마련되었다는 것이다.[28] 그러나 그러한 결실에도 불구하고 파리강화조약과 국제연맹(League of Nations)의 창설안은 미국의 상원에서 부결되었다. 고립주의자들은 1917-1918년 전쟁에의 참가는 어리석음의 부가적 증거라고 비난했고 유럽전쟁에서 미국을 어떻게 격리시킬 것인가에 몰두하고 있었다.[29] 의회의 고립주의자들은 월 스트리트(Wall Street)가 미국을 제1차대전에 끌어들였다고 비난했다.

키신저에 의하면 제1차대전 종전후 미국의 분위기는 보편적 원칙들의 적용과 고립주의 외교정책의 정당화 사이에서 미묘한 왕복을 나타낸 것이었다. 1921년에 체결된 영 · 미 · 일 · 프랑스의 4대국조약은 분쟁의 평화적 해결을 규정하고 태평양에서 협력시대를 추구한 것으로서 ① 전쟁 불개입(no war commitment), ② 비동맹(no alliance), ③ 無공동방위 의무(no written or moral obligation to join in defense) 등의 내용을 담고 있었다. 그 조약에서는 어느 一國이 조약을 위반하면 조약은 없었던 것으로 간주되는 것이었다. 미상원은 침략저지에 미국을 개입시키지 않는다는 것과 강제력을 사용할 때는 상원과 협의해야 한다는 유보조항을 달아 그 조약을 비준하였다. 그런데 이상의 4대국조약이나 켈록-브라이언(Kellog-Briand)조약은 국제적인 조약임에도 그 내용은 미국의 고립주의 정책에 기초하였다는 점이다.

그러나 이러한 1920년대의 고립주의와 국제주의 간의 미묘한 협력관계도 1930년대에 이르러 세계공황과 외부적 사건들로 인하여 파괴되었고, 전통적인 고립주의 신념으로 되돌아가고 있었다. 고립주의자들은 미국 외교정책의 두 초석인 먼로주의와 고립주의를 위태롭게 했다는 이유로 국제연맹을 맹공하였고 서반구 밖의 분쟁에 미국을 연루시켰다고 공격하였다. 그들은 제1차대전의 개입은 신중한 국가이익의 추구보다는 미국의 군수품 생산업자, 은행가, 기타 영국의 주식을 가진 보다 부유한 계층의 음모와 관련되어 있다고 성토하였다.[30)]

1932년 미국상원 외교위원장 보라(William P. Borah)는 "미국인들은 우리 자신의 이익을 돌보아야 하고 우리 자신의 국민을 위해 헌신해야 한다"[31)]고 주장하였고, 1935년 나이(Gerald Nye) 상원의원은 군사장비 생산회사들이 미국의 전쟁개입에 책임이 있다고 보고했으며, 밀즈(Walter Mills)는 그의 저서 「전쟁에 이르는 길」에서 미국의 전쟁참여를 위법행위, 음모, 배신으로 간주하였다.[32)] 이러한 상황에서 미국 의회는 차후 미국의 전쟁개입을 막기 위해 1935년과 1937년 세 개의 중립법안을 통과시켰다.[33)]

물론 그러한 고립주의의 강조는 은둔의 수행자적 태도를 의미하는 것은 아니었다. 다시말해서 경제적인 팽창을 위한 적극적인 정책을 배제하거나 전면적인 국제적 철수와 외교적 기권을 의미하는 것은 아니었다. 버드에 의하면 미국의 고립주의는 "국제연맹에의 가입을 거부하고, 유럽과 아시아의 정치적 분쟁에 연루되지 않으며, 그 대륙들의 전쟁에도 개입하지 않고, 그러한 목적에 적절한 대책을 통해 미국을 위한 중립, 평회, 방위, 그리고 상호주의 원칙에 기초하여 모든 국가에 우호적인 외교정책을 추구하는 것"[34)]이었다.

제1차대전 후 체결된 베르샤이유 강화조약과 국제연맹 가입안이 미국 상원에서 부결되어 미국이 국제연맹에서 빠진데다, 그 강화조약에 내포된 보복성과 불평등한 종전처리(終戰處理) 등으로 국제연맹은 점차 무력화 내지 무기능 상태로 빠져들었고 불만을 품은 독일, 이태리, 일본 등은 또 다른 세계대전을 야기한 행보에 들어갔다.

1938년까지만 해도 파시즘과 공산주의는 미국에 아무런 위협 요인으로 간주되지 않았고, 다만 그러한 지역들은 미국산업을 위한 값싼 원자재의 공급지이자 의존 가능한 市場으로 여겨지고 있었을 뿐이었다. 즉, 고립주의가 의회 및 행정부 모두를 지배하고 있었다. 특히 의회 쪽에서는 월스트리트가 미국을 제1차대전에 개입시킨 장본인이라 믿고 있었고, 루스벨트 대통령도 자신을 비군사주의자(no militarist)로서 전쟁을 증오한다(I hate war)고 하였다. 다시 말해서 1938년까지 미국 외교정책은 현상유지를 견지하고 있었던 것이다.

그런데 1939년 나치가 폴랜드를 침공하고 영국과 프랑스가 대독선전(對獨宣戰)을 포고하는 사태가 전개되면서 미국사회는 고립주의 세력과 개입주의 세력으로 양분되게 되었다. 전자는 미국이 영국과 프랑스 등에 지원조치를 취하지 말도록 경고하면서 제1차대전에 본의 아니게 개입되었던 것을 두려워하고 있었고, 반면 개입주의자들은 미국이 중립을 포기하고 영국과 프랑스에 원조를 제공하도록 요구하였다. 루스벨트는 오랫동안 고립주의 정책은 미국의 최상의 이익과 일치된 것으로 간주했었다.[35] 그런데 당시 루스벨트는 고립주의 세력과 개입주의 세력 간에서 중간적 입장을 표명하였고 네 차례에 걸친 의회연설에서도 전쟁불개입을 공언하였다.[36] 그러나 그는 의회에 무기금수조치의 해제를 요구하였고 배달 없는 현금거래의 무기수출의 승인을 요청하였다. 결국 의회는 1939년 11월 그러한 요청을 승인하였다. 사실 루스벨트는 1940년 10월 30일의 선거연설에서도 여전히 "여러분들의 아들이 어떤 외부전쟁에 보내지는 일은 없을 것"[37]이라고 단언했었다.

그러나 결국 미국은 제2차대전에 개입하게 되었고 그 전쟁의 여파로 공산주의와 소련의 팽창주의라는 새로운 사태에 직면하여 그것을 저지하는데 주도적 역할을 맡아야 하는 현실에서 의회 내의 고립주의 무드는 약화되었고 행정부는 불가피 국제주의 내지 개입주의 외교정책을 추구하지 않을 수 없게 되었다.

전후 미국 사회에서 부분적으로나마 고립주의가 다시 고개를 들기 시작한 것은 1960년대 미국 정부가 공산주의 팽창을 봉쇄하기 위해 베트남 전쟁에 가입한 후 막대한 전비를 사용하고 많은 인명의 손실을 보았음에도 패퇴한 데서였다. 즉, 베트남戰의 패배는 해외개입을 요구해 온 반공산주의 기조의 국가안보정책을 변경시켰다. 실제로 베트남전 이후 미국민들은 외부의 위협과 그에 대응하는 외교정책에 관해서 의견이 나뉘고 있었다. 더욱이 의회, 언론매체, 그리고 이익집단들은 대통령의 해외 개입주의적 태도와 리더십을 묵인하지 않았다.[38] 그들은 점차 대통령이 설정한 目的과 야심들에 비판적이 되었고 동시에 독립적인 노선을 추구하였다. 따라서 냉전기간 대통령들이 국가안보와 국가이익의 이름으로 외국에 간섭할 수 있는 광범한 영역에 걸친 집행부의 권한에 대해 제재가 증대되고 있었다. 즉, 국론분열과 복수주의(pluralism) 성장은 대통령의 제3국에 대한 간섭정책의 수행을 어렵게 하였다.

제2차대전 후 대통령의 해외 개입주의 정책에 제동을 건 의회의 조치는 1972년의 판례법(The Case Act)과 1973년의 전쟁권한법(The War Powers Act)을 통과시킨 것이었다. 이는 대통령의 외교정책 자율권을 제한하는 전후 최초의 중대한 기도였다. 특히 1970년대 중반 행정부의 권한 남용에 관한 의회의 지속적인 관심은 대통령의 독립성에 대한 의회의 부가적 구속을 촉진하였다. 즉, 무기수출통제, 앙골라 내분에의 미국개입 반대, 그리고 해외 인권사항에 대한 입법부로부터의 위임된 권한만을 사용하도록 하는 등의 조치였다.

홀스티와 로스노 양인은 베트남전 이후 미국외교정책에 관한 미국 지도자들의 신념을 ① 냉전국제주의, ② 탈냉전 국제주의, ③ 준고립주의(semiisolationism) 등 세 가지로 나누어 설명하였다.[39] 이 중에서 준 고립주의는 국제적인 개입상태로 남아 있는 어려움과 위험을 강조하고 국내문제에 역점을 두려는 태도이다. 이 준고립주의는 일차적으로는 국내문제에 관심을 두고 부분적으로는 동서문제 그리고 남북문제 등에 관해 관심을 가진다. 이들 준 고립주의자들은 적극적인 외교정책을 통해 미국의 안보, 이익, 또는 가치를 실현할 수 있는 어떤 세계질서를 창조할 수 있다는 생각에 반대하였으며, 그러한 전제는 위험하고 전형적으로 미국적인 오만의 행위로 간주하였다.[40] 최악의 경우 그것은 "어떤 알수 없는 목적을 위해 위험하고 무익한 십자군이 되는 것이고, 유토피아 계획이 완수되지 않을 때는 기껏해야 냉소주의와 절망만을 초래할 수 있을 뿐"[41]이라는 것이다. 즉, 준고립주의자들의 주장은 "너의 한계를 알라" 또는 "너 자신을 먼저 치유하라"[42]는 것이었다.

이들 준고립주의자들은 탈냉전 국제주의자들(post cold war internationalists)과 일부 문제들에서는 견해를 같이 하였다. 즉, ① 양극구조는 사라졌고, ② 국내문제에 관심을 집중하며, ③ 군비경쟁과 상호파괴를 두려워하고, ④ 양자 간의 이익갈등설을 부인하는 경향이며, ⑤ 군비예산을 삭감하려는 등의 태도들에서 같았다.

그러나 현 국제상황에 대한 준고립주의자들의 진단은 냉전국제주의자들 및 탈냉전 국제주의자들과 다음과 같은 점에서 차이가 있다.

첫째, 소련은 미국과 기타 서구 국가들에 대한 대량파괴의 능력이 없고, 그렇게 하려는 의도도 없다.

둘째, 많은 제3세계 국가들은 선진 산업민주주의 국가들을 실로 부러워하고 반대한다. 제3세계는 미국의 사활적 이익(vital interests)을 위협할 능력을 완전히 결하고 있다.

셋째, 미국의 정의롭고 인간적인 사회질서에 대한 진정한 위협은 해외가 아닌 국내에서 발견될 수 있다. 예를 들어 붕괴되는 도시, 인플레이션, 실업, 문화적 타락, 문맹, 범죄, 마약, 미증유의 예산결손, 경제경쟁력 상실, 농장지대의 위기, 미해결의 인종문제, 그리고 환경파괴 등이 그것이다.[43] 이는 미국이 절박한 국제문제를 해결하지 못한다기보다는 과도한 국제적 개입으로 그 정신을 잃을 것이라는 두려움에 근거하고 있다.

준고립주의자들과 부분적으로 일치하고 있는 탈냉전 국제주의자들은 냉전종식후 세계속의 미국의 역할과 그 성격에 관한 격렬한 논쟁이 벌어지고 있다고 말하고, 제2차대전 후 만들어진 외교정책의 관료구조를 재편성해야 한다는 데 초점을 맞추고 있다.[44] 즉, 소련의 팽창을 봉쇄할 목적으로 구성된 외교정책 내용들을 재구성해야 한다는 것이다. 국방부의 축소, 국무성의 재활성화, 무역촉진, 인권신장 등의 문제들이다. 西유럽에 대한 안보의 위협이 소멸되었고, 東유럽에 민주주의가 등장했으며, 따라서 봉쇄의 논리도 소멸되었다는 것이다. 1956년 공화당의 대선후보였던 부캐넌(Pat Buchanan)이 바로 탈냉전 국제주의자들 속의 신고립주의자였다. 또한 1992년 클린턴 민주당 후보가 국내 경제문제를 제일순위로 강조했던 것도 그 예이다. 냉전시대에서 가장 중요한 문제가 외교정책 문제라고 응답한 자가 10%-20%였는데, 1996년에는 그것이 단지 2% 이하로 떨어졌다.[45]

그러나 세계문제에서 미국의 역할의 지속과 확대에 찬성한 사람은 1982년에 54%였던 것이 1994년에는 65%로 증가하였고, 평화유지와 인권보호를 위해 타국과 함께 참여하는 것이 중요하다는 의견은 88%로 나타났다.[46]

3 국제주의

국제주의, 개입주의 또는 간섭주의(interventionism)로 불리는 또 다른 미국의 외교정책 태도는 기본적으로 도덕주의 내지 이상주의적 신념에 기초하고 있다. 즉, 자유와 평등의 민주주의, 국제평화, 자유무역 등이 실현되는 국제질서를 건설하려는 것이 국제정치에의 개입 명분이다. 미국은 세계가 진정 평화를 원한다면 그들이 제시하는 자유와 평화에 대한 미국적 신념과 처방을 적용할 것을 요구하는 것이다. 미국인들은 그들이 세계에서 최상의 이념과 정부체계를 가지고 있다고 믿고 여타 세계가 미국의 민주주의를 채택함으로써 평화와 번영을 달성할 수 있다고 주장한다.

따라서 국제주의는 국제평화와 국가안전 그리고 민주주의 가치를 보호·성취하기 위해 외부 세력들과 협력 또는 동맹을 맺는 태도와 정책인 것이다. 다시 말해서 미국이 국제적 분쟁이나 외교적 갈등에 개입할 경우에는 국제평화 또는 자유와 평등의 가치에 적극적이고 강력한 언질을 표하는 것이다.

1776년 미국이 영국의 식민통치에서 독립을 선언한 후 외부세력과 정치적, 군사적인 동맹을 맺은 것은 독립투쟁이 한창이던 1778년 프랑스와 였다. 당시 프랑스는 유럽에서 영국과 역사적인 경합관계에 있었다. 그러한 양국의 동맹관계는 1785년 이후 프랑스가 혁명과정에 들어선 이후에도 계속되었다. 그러다가 1792년 프랑스가 영국 및 스페인 등에 전쟁을 선포하면서 워싱턴 대통령이 중립정책을 채택하면서 프랑스와의 동맹은 종결되었다.

그후 미국은 1917년 제1차 세계대전에 개입할 때까지 125년여 동안 "명백한 운명"의 신조에 따라 미주대륙의 개척과 영토 확장에 몰두하게 되었고, 그러한 비개입주의는 외교정책에서 대통령보다 더 많은 권한을 가지고 있는 의회에서 더욱 강렬하였다.

1913년 대통령에 취임한 윌슨은 그다음 해에 제1차 세계대전이 발발했을 때 초기에는 中立을 선언했었다. 그러나 그 후 독일의 잠수함이 협상국(Entente) 측의 상선들을 격침시키는 상황에 이르면서 1917년 협상국 군으로 참전하게 되었다. 즉, 미국이 최초로 세계정치영역에 개입하게 된 것이며, 국제사회에서 힘의 우세, 의로운 이상(理想), 20세기 주요 국제협정들에서 미국적 가치 등이 실현되는 과정에 들어선 것이다.[47] 윌슨의 14개항(Fourteen Points)은 민주주의 신념과 그 안전을 위해 전쟁을 수행한다는 이상주의에 기초하여 국제협력, 이익조화, 공개외교(open diplomacy), 및 집단안보 등을 국제사회에 실현코자 한 것이었다. 다시 말해서 윌슨은 세계평화와 安全의 기초로서 민족자결의 방어를 위해 십자군에 참여한 것이었다. 윌슨의 14개항 중에는 ① 공개외교, ② 항해의 자유, ③ 군비축소, ④ 경제장벽의 제거, ⑤ 식민지의 국제감시, ⑥ 민족자결에 기초한 평화적 변경, ⑦ 강대국 및 약소국의 정치적 독립과 영토적 보전 등을 보장할 수 있는 '국가연합'체의 창설 등의 제안들이 있었다. 국제연맹(League of Nations)은 바로 그 국가연합론에 기초하여 창설되었던 것이다.

1920년 상원은 윌슨 정부가 체결한 베르샤이유 강화조약과 국제연맹 창설안의 비준을 거부했음에도 행정부를 중심으로 여러 영역에서는 고립주의를 탈피하려는 움직임들이 나타나고 있었다. 즉, 윌슨에 이어 등장한 하딩(Harding) 행정부 집권기간에 협상, 체결된 국제적 협정이나 조약들에는 ① 태평양 무역체계(the Pacific Trading System), ② 국제연맹과의 미묘한 협력, ③ 세계사법재판소(World Court)와의 일정한 거리 유지와 지지, ④ 국가정책의 도구로서 전쟁을 불법화한 켈록-브라이언 조약(the Kellog-Briand Pact)의 실행 등이 있다.

그러나 1920년대 말부터 시작된 세계 경제공황과 기타 외부적 사건들의 영향이 국제적인 협력분위기를 파괴하게 되었고, 그리하여 고립주의가 부활하게 되었다. 즉, 제1차대전에의 개입은 어리석은 결정이었고, 따라서 더 이상 유럽전쟁의 우여곡절에 미국을 연루시키지 말고 분리시켜야 한다는 욕구와 필요성이 대두되었다. 이러한 고립주의 분위기는 1939년 나치독일이 폴랜드를 침공하였을 때 여론의 68%는 전쟁개입은 실책이라는 태도를 보였고,[48] 의회 역시 미국이 공격을 받는 경우를 제외하곤 전쟁을 선포할 때에는 국민투표로 결정하자는 고립주의자들의 국토법(the land law) 수정안을 51%라는 근소한 차로 간신히 부결시킬 정도였다.[49]

그러나 1939년 나치독일이 폴랜드 침공 2일후 영국과 프랑스에 선전포고를 단행하자 미국 의회의 분위기는 반전하기 시작하였다. 이제 국제주의자들은 1919년 이후 미국의 무책임한 근시안적 고립주의가 베르샤이유 세계질서를 파괴시켰고 그 결과로 인해 새로운 전쟁이 발발하게 되었다고 공격하였다. 이제 전시 이상주의와 국제주의는 새롭고 보다 안정된 국제질서를 수립할 수 있는 궁극적 목표에 도달하기 위해 미국의 리더십을 요구하였다. 따라서 개입주의자들은 中立의 포기를 요구했고 영국과 프랑스에 원조 제공을 요구하였다. 그러한 조치는 미국과 西유럽 민주주의 국가를 결합시키는 것이었고 유럽의 세력균형 파괴를 저지시키려는 것이었다. 1939년 유럽에서 전쟁이 발발하자 미국 국민의 압도적 다수가 西유럽 동맹을 지지하였다. 그러나 아식 선생에의 개입에는 찬성하지 않았다.

그러함에도 불구하고 1940년 5월 프랑스의 레이먼드(Paul Reymond) 수상이 미국에 파병을 요청하였으나 그때까지도 루스벨트는 그것을 거절하였다. 결국 프랑스는 나치군에 함락되었고, 영국은 미국에 구축함 40-50척을 요구하기에 이르렀다. 루스벨트는 유럽에서 세력균형이 깨지는 것을 보고, 영국에 구축함 이전을 승인해주도록 의회에 요청하였다. 이제 독일 해군은 영국 해군을 장악하고 미대륙으로 진군하고 있었다. 미국의 일반대중은 정신적 혼란에 빠졌고, 고립주의는 이제 대통령 정치에 장애물일 뿐이라는 논조가 나타나기 시작하였다(Isolationism is an obstacle to presidential politics).

개입주의자들은 영국과 프랑스에 물적 자원을 제공하고 미군을 강화하는 자원개발을 주장하였다. 이들은 제2차대전의 발발은 근시안적이고 무익한 고립주의자들의 논리의 직접적인 결과로 간주하였다. 이제 일부 열렬한 고립주의자들은 그들의 입장을 바꾸기 시작하였다. 1941년 12월 지도적인 고립주의자였고 공화당의 대통령후보였던 반덴버그(Arthur Vandenberg)는 그의 일기에서 "내 마음으로는 平和를 위한 국제협력과 집단안보에 관한 나의 신념이 진주만공격 그후에 확립되었다"고 하면서 "그 날은 어떤 현실주의자들에게도 고립주의를 종결시키게 하였다"[50]고 썼다. 유럽에서의 전쟁은 1944년 실시된 놀만디 상륙작전이 전기가 되어 결국 1945년 5월에 끝이 났고, 1941년 12월 日本의 진주만 공격으로 시작된 태평양전쟁은 1945년 8월 미국의 원폭사용으로 종결되었다.

제2차대전 기간과 그리고 전후 미국 외교정책의 기본원칙과 토대는 윌슨의 이념을 계승한 것으로서 다음과 같이 정리될 수 있다.[51]

첫째, 미국은 정의롭고 안정된 세계질서를 수립하기 위해 적극적으로 개입할 책임과 능력을 가졌다.[52]

둘째, 미국은 광범한 국제기구에 적극적으로 참여해야 한다.

셋째, 미국은 평시 동맹체를 창설하는데 참여해야 할 뿐만 아니라 주도적 역할을 해야 한다.[53]

넷째, 대외무역의 자유화는 모든 국가에 상처를 줄 뿐만 아니라 정치불안을 야기할 수 있는 파괴적인 무역전쟁을 피하는데 필요하다.[54]

다섯째, 경제적, 군사적 외원계획은 가장 부유한 나라의 의무일 뿐만 아니라 그것은 또한 미국 국가이익의 실제적인 표현이다.

여섯째, 석권정책(Roll-Back Policy), 예방전쟁(preventive war), 또는 고립주의에의 복귀보다는 봉쇄정책이 소련공산주의의 팽창에 대응하는 데 가장 효과적일 것이다.

이러한 원칙들은 트루먼, 아이젠하워 및 케네디 행정부에 이어지는 동안 의회, 언론, 그리고 국민여론으로부터 호의적인 반응을 얻어냈고, 그러한 외교정책에 관한 합의는 결국 미국을 베트남전쟁에 개입하도록 하였다.

실제로 미국 국민들은 제2차대전 기간 중 다수가 전후 고립주의로 복귀하는 것을 반대하고 있었다. 1943년 2월 조사에 의하면 조사대상 76%가 전후 국제문제에서 미국이 적극적 역할을 수행할 것을 선택하였다.[55]

미국인의 대다수가 미국과 외국에서 관세의 부가적 인하를 위한 상호무역협정 체결을 지지하였고 어떤 종류의 일반적인 국제기구에도 미국이 가입하는 것을 지지하였으며, 1944년 루스벨트 대통령이 제기한 국제연맹의 후신인 국제연합(UN)에의 가입에 대해서도 72%가 찬성하였다.

제2차대전 후의 미국외교정책은 자유 · 안정 · 평화에 이념적 기반을 두었고 자국의 힘의 한계를 인식, 민족자결권을 지지했으며, 제3차대전을 피하면서 공산주의 팽창을 저지해야 할 필요성에 기초하였다.

트루먼 독트린(Truman Doctrine)은 세계 어느 곳에서든 자유의 방어에 대한 미국의 공약을 밝힌 것으로서 제2차대전 후 소련 공산주의의 팽창을 억제하는 봉쇄정책(Containment Policy)의 기초였다. 사실 트루먼의 집단안보와 UN에 대한 초기언급에서 그는 윌슨주의(Wilsonianism)를 따르고 있었다. 그러나 얼마 후 평화유지수단으로서 NATO와 같은 UN 이외의 수단에 호소함으로써 그의 정책은 윌슨의 이념과는 너무나 큰 차이를 보였다. 1930년대를 반복하지 않으려는 트루먼의 결의는 봉쇄정책의 세계적 확대를 가능하게 하였다. 즉, 침략자에 유화하지 않고, 공산주의 팽창에 맞서 대항력을 사용한다는 것이었다. 전쟁 직후 그리스 및 터키사태로 인해 의회내의 지배적인 분위기는 봉쇄정책의 시작인 트루먼의 그리스-터키지원법안을 上院에서 이의없이 통과되도록 하였다.

1950년 6월 25일 북한에 의해 자행된 대남 공격을 저지하기로 결정한 트루먼의 참모회의는 남한의 독립을 보장하고 한국의 예가 타 지역에도 적용 가능하다는 결정을 내렸다. 당시 트루먼의 구적(舊敵)인 태프트(Robert Taft)상원의원과 또 다른 공화당의 강력한 지도자인 놀랜드(William Knowland) 상원의원은 한국과의 상호방위조약도 없는 상황에서 "한국 정부를 지원하는데 日本 주둔 미군병력의 '승인없는' 사용에 결정적인 지원을 제공하였다."[56] 1950

년 한국전 당시 공화당의원 74%, 민주당의원 53%가 한국에 대한 안보약속을 유지하기 위한 의무를 다한다는 데 동의하였다. 후에 미국이 베트남전쟁에 개입하게 된 근거는 바로 이러한 한국전쟁 지원결의안에 있었던 것이다.

또한 1955년 공화당의 아이젠하워 대통령 시절 민주당의 상원 원내총무였던 존슨 (Lyndon B. Johnson)은 대만과 팽호열도를 中共의 무력공격으로부터 보호할 목적을 위해 대통령이 필요하다고 생각되는 때 군사력을 사용할 수 있는 권한을 부여하였고, 또한 의회에서 금문 · 마조 양 도서의 위기 시 양원공동결의안을 통과시키는데 주도적 역할을 하였으며, 소위 아이젠하워 독트린(Eisenhower Doctrine)을 통과시키는 데에서도 상하 양원 민주당 지도부를 이끌었다.[57)]

예를 들어 1964년 베트남전쟁 시 의회에서 통과된 통킹만 결의안(the Gulf of Tonkin Resolution)이 있다. 그것은 자유의 방위를 위해 원조를 요청하는 동남아집단안보기구의 회원국 또는 협정국가를 지원하는데 무력사용을 포함한 필요한 모든 조치를 취할 수 있도록 한 결의안으로서 하원에서는 만장일치, 상원에서는 반대 2명 이외의 전원일치 찬성으로 통과되었다.[58)]

이와 같이 전후에서부터 1960년대 말에 이르기까지 미국의 외교정책은 국제문제에 있어서 적극적인 개입주의 노선을 취하고 있었다.

그러나 베트남에서의 성과 없는 확전이 지속되면서 제2차대전 이후 의회, 언론, 대중여론 및 국가 지도자들 내부에서는 점차 합의가 깨지기 시작하였고, 정책의 기본원칙 내지 세부사항의 적용에서 불일치를 보였으며, 국제체계, 미국의 적절한 역할, 국가이익 개념과 그 전략 등에 관한 근본적인 신념이 흔들리고 있었다. 다시 말해서 1964년 의회에서 통킹만의 자유를 방위하기 위한 결의안이 통과된 후 미국은 베트남전쟁의 확전을 거듭했고, 1970년대에 접어들어서는 돌이킬 수 없는 딜레마에 직면하게 되었다. 결국 의회는 1971년 통킹만 결의안을 스스로 폐기하기에 이르렀다.

결국 베트남에서 공산주의 팽창에 대한 미국의 봉쇄정책은 실패로 끝이 났고, 미국의 역할과 태도에서는 변화가 일어나기 시작하였다. 즉, 베트남전 이후 미국 시민들은 외부의 위협과 그에 대한 외교정책의 대응방법에 의견이 일치되지 않았다. 이제 의회, 언론매체, 이익집단 등은 대통령의 리더십을 더 이상 묵인하려고 하지 않았고, 대통령의 목적과 야심에 비판적인 태도를 보였으며, 동시에 독자적인 역할정의를 기도하였다. 냉전기간 대통령들에게 국가안보와 국가이익의 이름으로 외국에 간섭할 수 있는 광범위한 역할이 주어졌던 곳에서 제재가 증대되었다.

따라서 베트남전 이후 미국의 대외정책에 관한 태도는 다음과 같은 세 가지 유형으로 나타났다.

첫째는 냉전 국제주의(cold war internationalism)이다.[59] 이는 동서관계의 대립상황은 정의롭고 안정된 국제질서에 대한 가장 근본적인 도전이라는 논리에 근거한 것이다. 1950년대 후르시초프가 등장한 후 약간의 변화가 있긴 하였으나 공산주의 세력은 여전히 국제구조와 평화 및 안정에 위협의 근원이 되고 있다는 것이다. 따라서 미국의 적절한 국제적 역할이 강조되었고 대외정책에서 가장 효과적인 수단을 계속 유지하는 것이 강조되었다. 1980년 레이건(Reagan)은 "우리는 환상을 품지 말자. 소련은 현재 진행 중인 모든 불안의 기초를 제공하고 있다. 만일 그들이 이러한 도미노게임에 종사하지 않는다면 세계에는 어느 분쟁 지역도 없을 것이다"라고 언급하였다. 이와같이 냉전 국제주의자들은 소련을 팽창주의 세력으로 그렸다. 소련은 다만 평화공존과 데탕트정책으로 위장하고 미국을 달래고 기만하고 있다는 것이었다. 따라서 냉전 국제주의자들은 세계체계의 현실이 팽창주의적인 소련 및 그 동맹체, 그리고 비공산주의 국가들 간의 대결상태에서 "항복이냐 자살이냐의 선택"(surrender or suicide choice)을 피하기 위해서는 그 간격을 파악하고 전략적 군사력을 강화시켜야 한다고 하였다. 데탕트와 군비축소는 미국이 잠자는 동안 소련이 분쟁을 지속하려는 책략일 뿐이라는 것이었다.

둘째는 탈냉전 국제주의(post-cold war internationalism)이다. 이 후기냉전 국제주의도 동서 간 긴장상태를 인식한다. 대량파괴의 핵무기 위험성도 알지만 그들의 개념구도는 세계를 남북선(南北線)을 따라 구분하는 것이었다. 이들의 세계관의 중심에는 국제체계에 관련된 일련의 상호 밀접한 명제들이 있었다. 이들은 냉전체제에서의 전제들과 미국의 역할 및 위협 요소들을 재검토하려 했다. 이들은 세계를 양극구조로 보지 않고 생동력있는 세계질서의 창조에는 위협과 더불어 기회도 있다고 보았다. 국제적 갈등의 근원은 군사적 불균형뿐만 아니라 빈곤, 불공정한 자원분배, 자결권의 요구, 지역적 적대관계, 인구압력, 그리고 그러한 결과를 통제할 정치적 수단을 능가하는 문제에 있다는 것이었다. 다시 말해서 냉전국제주의자들이 국제질서를 제로-썸(zero-sum) 관계로 보는 반면 후기 냉전 국제주의자들은 非제로-썸(non zero-sum) 관계로 보았다. 즉, 이들은 협력 이외에는 복잡한 상호의존성에서 야기되는 문제와 기회를 효과적으로 처리할 수 없다고 보았다. 베트남戰은 바로 미국과 같은 초강대국도 단독으로 해결할 수 없다는 교훈을 남겼다. 냉전 국제주의자들은 소련체제의 일원적 성격이 소련 외교정책의 획일성을 야기한다고 보는 반면 후기냉전 국제주의자들은 소련구조와 대외적 동기의 복합성을 강조하였다. 따라서 후기냉전 국제주의자들은 소련을 팽창주의적인 국가로 보기 보다는 전통적인 강대국으로 간주하고, 소련 외교정책의 동기는 안보에 대한 관심과 미국과 동등한 국가로 인정받고 싶은 야심의 혼합물로 이해될 수 있다고 하였다. 따라서 소련에 대한 다양한 적응방법을 개발할 것을 주장하였다. 이들 후기 냉전 국제주의자들은 공정하고 안정된 세계질서의 건설에서 미국의 적극적 역할은 불가피하다고 말한다. 그리하여 미국의 외교정책 태도에서 협상, 타협, 그리고 협력의 정치가 대결위기의 정치를 대체해야 한다고 주장하였다.

1980년대 후반 후기 냉전기에 접어들어 미국의 대외정책은 협조적 국제주의에 기초하여 해외에서의 다자간 경제협력을 통해 이익과 가치를 추구하면서 UN을 통한 평화유지활동을 전개하고 인도주의적 구호활동을 전개하는 경향을 보였다. 더욱이 1990년에 들어서 클린턴 행정부에서는 해외역할을 확대하고, 환경, 인권, 국제개발, 그리고 핵확산문제 등을 외교정책의 주요 의제로 삼았다. 한 여론조사에 의하면 미국이 세계문제에 대한 역할을 지속하고 확대해야 한다는 데 찬성하는 응답이 1982년에는 54%였던 것이 1994년에는 65%로 증가했고, 1995-1996년 기간에 조사된 여론에서 미국이 평화유지와 인권보호를 위해 타국과 함께 참여하는 것이 중요하다는 응답이 88%로 나타났다.

세번째는 준고립주의(semi-isolationism)이다. 준고립주의자들은 일차적으로는 국내문제에 관심을 가지고 있고 부분적으로는 동서문제 및 남북문제에도 관심을 가지고 있다.[60] 최근 미국의 외교정책에 대한 그들의 비판은 적극적인 대외정책이 세력균형을 통해서든 또는 유토피아 계획의 추구를 통해서든 미국의 안보, 이익, 또는 가치에 더욱 적합한 어떤 세계질서를 창조할 수 있다는 전제에 그들의 초점을 맞춘다. 이들 준고립주의자들은 미국이 정의롭고 안정된 세계질서를 창조할 수 있다는 그 전제를 위험한 그러나 전형적으로 미국적인 오만의 행사로 간주한다. 최악의 경우 그것은 "민주주의를 위해 세계를 안전하게 만들 것"이라는 망상에 빠지든가 또는 여타 알 수 없는 목적을 위해 위험하고 무익한 십자군이 될것이고, 유토피아 계획이 성취되지 않을 경우 냉소주의와 절망만을 초래할 수 있다는 것이다.

이들 준고립주의자들의 주장은 "너의 한계를 알라" 또는 "너 자신을 먼저 치유하라"[61] 등이다.

4 결 론

미국의 외교정책은 전통적으로 서로 상충되는 두 가지 태도에 기초하였다. 즉 전쟁을 방지하려는 평화적인 태도로서의 개입주의 또는 국제주의와 국제적인 전쟁시 중립의 권리를 주장하여 국제평화달성에서 아무런 역할도 떠맡지 않으려는 고립주의가 그것이다.

고립주의는 현실주의에 기초한 것으로서 미국이 외부세력과 정치적 군사적 연대를 회피하여 자국의 안정과 독립성을 확보하려는 것이었다. 즉 미국이 유럽대륙의 세력들 간의 분쟁에 개입하지 않으면서 미국과 미주대륙에 대한 유럽세력의 간섭이나 팽창주의도 배제하려는 정책이었다. 이러한 고립주의 정책은 1793년 워싱턴 대통령이 프랑스와 영국간의 전쟁에서 유보(reserve), 신중(prudence), 그리고 기권(abstention)이라는 세 가지 지침에 근거하여 중립정책을 채택한 것을 시발로 1823년 먼로 대통령의 소위 먼로 독트린(Monroe Doctrine)을 통해 확고한 대외정책기초로 확립되었다.

이러한 고립주의 정책은 미국이 1917년 제1차 대전에 개입할 때까지 125년여 동안 지속되었고, 그동안 미국은 신생국가로서 국가체제 확립에 몰두하면서 神으로부터 미주대륙을 지배할 사명을 부여받았다는 소위 "명백한 운명"의 지시에 따라 영토 확장에 전념하였다.

국제주의 또는 개입주의는 도덕주의 내지 이상주의 신념에 기초하여 정의롭고 보다 안정된 국제질서를 수립하여 세계평화를 유지하려는 정책노선이다. 윌슨 대통령의 14개항(Fourteen Points)은 국제주의에 기초한 것으로서 공개외교, 군비축소, 항해의 자유, 경제장벽의 제거, 민족자결, 영토의 보전 등의 내용으로서 국제연맹을 창설하여 그러한 목적을 달성하고자 하였다.

따라서 그와 같은 국제주의적 이념에 기초하여 미국은 제1차대전 전후(前後)와 제2차대전 이후 ① 정의롭고 안정된 세계질서 수립의 책임, ② 광범한 국제기구에의 적극적 가입 · 활동, ③ 평시동맹체의 창설 및 주도적 역할 수행, ④ 대외무역의 자유화, ⑤ 부국(富國)으로서의 경제원조, ⑥ 공산주의 팽창 저지 등의 국제주의정책을 전개하였다. 특히 미국은 자유와 평등이라는 민주주의 가치의 세계적 실현을 통해 국제평화와 안정을 성취할 수 있다는 신념을 가지고 있다.

1975년 베트남전쟁이 종결된 이후 미국의 외교정책 정향은 ① 냉전 국제주의, ② 후기 냉전 국제주의(또는 탈냉전 국제주의), ③ 준고립주의 등 세 가지 경향을 보였다. 그러나 1980년대 후반 소련 및 東유럽 공산주의 국가들이 해체되면서 탈냉전 국제주의가 미국외교정책의 기초가 되었다. 현대의 복잡한 상호의존의 국제체계에서 국제적 갈등과 빈곤을 협상 · 타협 · 협력을 통해 해결하고, 공정하고 안정된 세계질서를 건설한다는 것이 그것이다.

한마디로 미국의 외교정책은 기본적으로 자국의 국내정치 상황과 이익정의(利益定義)에 따라 고립주의와 국제주의를 선택적으로 채택해 왔다고 할 수 있다.

1) Arthur Schlesinger, Jr., "Foreign Policy and American Character," Foreign Affairs, Vol. 62, No.1(1983), p.1에서 인용.

2) 상게서, p.4.

3) 동아일보, 2002. 12. 7.

4) 2005년 3월 미국의 上下院은 "민주주의 확산법(Advance Democracy Act)"을 통과시켜 2025년까지 45개국의 독재국가를 종식시킨다는 것이다. 동아일보, 2005. 3. 3字; Niall Ferguson, "자유민주주의 제국," 동아일보, 2006. 1. 23.

5) schlesinger, 전게서, pp.1-16.

6) 상게서, p.2.

7) 상게서, 같은쪽.

8) Robert W. Tucker and David C. Hendrickson, "Thomas Jefferson and American Foreign Policy," Foreign Affairs, Vol.69, No.2(Spring 1990), P.148.

9) Robert W. Tucker and David C. Hendrickson, 전게서, p.154.

10) Schlesinger, 전게서, p.4.

11) 상게서, p.1에서 인용.

12) Tucker and Hendrickson, 전게서, p.143에서 인용.

13) Edward H. Carr, The Twenty Year' s Crisis, 1919-1939(New York : Harper Torchbooks, 1964), pp.11-95

14) Thucydides, The Peloponnesian War(New York : Modern Library, 1951), passim.

15) Arthur E. Boak and W. Sinnigen, A History of Rome to A.D. 565(New York : Macmillan, 1957), p. 64.

16) 국제주의(internationalism)는 때로는 介入主義 또는 干涉主義(interventionism)등으로 혼용된다.

17) 英國은 이미 1782년 美國과 파리에서 조약을 체결하고 미국정부를 인정한 상태였기 때문에, 美國은 영국과 프랑스 간의 전쟁에 개입할 필요도 없었고, 그럴 立場도 아니었을 것이다.

18) 19세기 미국의 고립주의는 기본적으로 유럽과의 관계에 적용된 것이었고, 그 기간 미국은 자국의 영토를 확장하기 위해 팽창주의를 강행하고 있었던 바, 1819년 Spain과 1845-48년 기간에는 멕시코와의 전쟁을 통해 광대한 영토를 획득하였다.

19) Kenneth W. Thompson, Morality and Foreign Policy(Baton Rouge : Louisiana Univ. Press, 1980), p. 33.

20) 상게서, p. 35.

21) Thomas N. Guinsburg, "The Triumph of Isolationism", American Foreign Relations Reconsidered 1890-1993, Gordon Martel(ed.) (London : Routledge, 1994), p. 92.

22) D' Sullivan은 "Manifest Destiny"란 "自由의 大實驗과 神이 우리에게 위탁한 연방자치정부의 발전을 위하여 부여한 全大陸 석권의 권리"라고 설명하였다.

23) Abert J. Beveridge는 1900년 1월 9일 上院연설에서 "神은 우리들을 야만적이고 노쇠한 인민들 속에서 정부를 관리할 수 있는 統治의 달인으로 만들었다"고 주장하였다. Ruhl J. Bartlett, The Record of American Diplomacy(New York : Knopf, 1964), p. 385.

24) 英國은 1783년 이후에도 미국과 계속 분쟁상태에 있었고 1812년에는 두 번째의 전쟁을 치루었다. 그것은 미국이 英領캐나다를 정복하려는 군사적 팽창주의 때문이었다. 1846년 英國과 미국은 드디어

Oregon조약을 통해 49°50″으로 미국과 캐나다 간의 국경선을 확정하였다.

25) Lars Schoultz, "Foundations and Premises of U.S. Foreign Policy", "Foreign Policy in U.S. - Mexican Relations, R. Gree and Peter Smith(eds.) (San Diego : Center for U.S. - Mexican Studies, UCSD, 1989), p. 50. Monroe Doctrine의 원래 초점은 라틴아메리카의 신성동맹과 太平洋 北西部에서의 帝國러시아에 의한 침략에 맞추어졌던 것이 시간이 지남에 따라 대전 후에는 소련 공산주의 등에 초점이 이동된 것이었다고 한다.

26) James M. Lindsay, Congress and the Politics of U.S. Foreign Policy(Baltimore : The Johns Hopkins Uniuersity Press, 1994), p. 15. 그러나 미국과 스페인전쟁에서 미국이 승리한 후 체결된 평화조약은 1표차로 상원을 통과하였다.

27) Henry A. Kissinger, Diplomacy(New York : Simon and Schuster, 1994), p. 18.

28) 상게서, pp. 371-372.

29) Robert H.Ferrell, A Diplomacy in the Great Depression(New Haven : 1952), p. 18.

30) Ole R Holsti, Public Opinion and American Foreign Policy(Ann Arbor : The University of Michigan Press, 1996), pp. 14.

31) Thomas N. Guinsburg, 전게서, p. 90.

32) Kissinger, Diplomacy, p. 378 참조.

33) 1933년 당시 Gallup의 여론조사에 의하면 미국민의 70%가 제1차 대전에의 개입은 실책이라고 응답하였다. O.R.Holsti, 전게서, pp. 14-15.

34) Charles Beard, American Foreign Policy in the Making, 1932-1940(New Haven : 1946), p. 17.

35) Guinsburg, 전게서, p. 93.

36) Stephen E. Ambrose, Rise to Globalism : American Foreign Policy Since 1938(New York : Penguin Books, 1993), p. 3.

37) Ambrose, 상게서, pp. 5-6.

38) Jerel A. Rosati, "The Politics of U. S. Foreign Policy", Readings in the Politics of U. S. Foreign Policy, p. 589.

39) Ole Holsti and J.N. Rosenau, "A Leadership Divided : The Foreign Policy Beliefs of American Leaders, 1976-1984", Readings in the Politics of U.S. Foreign Policy, p. 360.

40) 상게서, p. 368.

41) 상게서, 같은 쪽.

42) George F. Kennan, "An Appeal for Thought," New York Times, May 7, 1978, p.

43) Holsti and Rosenau, 전게서, p. 370.

44) James M. Lindsay and Randell B. Ripley, "U. S. Foreign Policy in a Changing World", U.S. Foreign Policy After the Cold War, Ripley and Lindsay(eds.)(Pittsburgh : Univ. of Pittsburgh Press, 1997), p. 3.

45) 상게서, pp. 4-4.

46) 상게서, p. 7.

47) Thompson, 전게서, p. 22.

48) Holsti, 전게서, p. 15.

49) Robert H. Ferrell, A Diplomacy in the Great Depression(New York : New Haven, 1952), p. 18.

50) Arthur H. Vandenberg, Jr.(ed.). The Private Papers of Senator Vandenberg(Boston : Houghton Mifflin, 1952), p. 1.

51) Holsti and Rosenau, 전게서, pp. 360-361.

52) 前대통령 Herbert Hoover는 적극적 개입노력은 나라를 파산시킬 것이라 주장했었다.

53) 미국에 의한 NATO의 형성은 150년 미국의 역사에서 최초의 일이었고, 그것은 동맹체의 억지력과 集團安保의 利益을 추구하려는 것이었다.

54) 1930년대의 무역전쟁에서 얻은 교훈에 기초한 것으로서 the Bretton Woods 협정과 GATT등의 형성이 그 결과로 나타났다.

55) Holsti, 전게서, p. 17.

56) George Szamuely, "The Imperial Congress," Readings in the Politics of U.S. Foreign Policy, p. 244.

57) 상게서, 같은쪽.

58) 후에 이 통킹만 결의안은 Johnson이 베트남전의 확전발판을 마련하기 위한 Trick을 썼다고 비난받으면서 1971년 의회에서 폐기되었다. 상게서, p. 245.

59) Holsti and Rosenau, 전게서, pp. 361-364.

60) Holsti and Rosenau, 전게서, p. 368.

61) George McGovern의 "Come Home, America"라든가, George Meaning의 "Free Trade in a Sham" 또는 George Kennan의 "I think that I am a semi-isolationist : An Appeal for Thought" 등이 그것이다.

Chapter

02

미국외교정책의 역사적 줄거리

외교정책이란 한 국가의 필요나 이익을 외부환경을 통해 추구하고 해결하려는 일종의 강령(綱領)이라 할 수 있다. 그러한 강령 속에는 외부세계를 향해 투사되는 한 나라의 목적, 그리고 그 목적을 달성하려는 전략과 수단이 포함되며, 더 나아가서는 한 국가를 대표해서 자국의 외교정책 목적을 달성하기 위해 활동하는 사람들의 행동지침까지 포함되는 것이다. 물론 한 국가의 외교정책의 목적과 전략 그리고 동원되는 수단은 국제관계에서 힘의 상대적 능력이나 대내외 환경요인들의 변화에 따라 수정 또는 변경될 수도 있다. 예를 들어 미국의 초기 대외정책 목적은 허약한 신생독립국가의 독립과 안전을 보전하는 것이 핵심이었고, 따라서 외교정책도 자국의 이익중심적일 수밖에 없었다. 초대 대통령 조지 워싱턴이 "어떤 국가도 자국의 이익을 중시하는 것보다 더 신뢰받는 경우는 없다"[1]고 하였듯이 미국의 초기 지도자들은 대외관계에서 자국의 이익에 부응하는 것이 도덕적 의무라고까지 믿었던 것이다.

그러나 20세기 접어들어 미국은 양차대전을 주도하고 초강대국이 되면서 외교정책목적은 단순히 자국의 독립이나 안전의 확보 수준을 넘어서 세계의 평화와 안전을 추구하고 자유와 민주주의 등의 이데올로기적 가치를 세계에 전파하려는 목적으로 확대되었다. 예를 들어 1961년 케네디 대통령은 미국의 외교정책 목적을 "세계 모든 국가들이 타국의 자유를 위협하지 않는 한 그들 자신의 미래와 그들 자신의 체제를 자유롭게 선택할 수 있는 자유롭고 독립적인 국가들로 구성된 평화로운 세계공동체를 수립하는 것"[2]이라 하였다. 하버드大의 니알 퍼거슨 (Niall Ferguson)교수는 오늘의 미국을 "자유주의 제국(liberal empire)"이라고 말하고 미국을 "시장경제, 법의 지배, 민주주의를 외국에 전파하려는 의지를 가진 나라"라고 평하였다.[3]

더욱이 1990년을 전후해서 東유럽과 소련에서 공산주의체제가 붕괴되면서 미국은 유일 초강대국으로 남게 되었고, 따라서 미국의 외교정책은 절대무비(絶對無比)의 능력에 기초하여 미국지배하의 세계평화(Pax Americana)를 지향하는 양상을 보이고 있고 대외정책에 있어서도 "일극주의"적인 행태를 나타내고 있다.

이와 같이 미국 외교정책의 목적은 국제관계속에서 미국의 상대적 능력에 따라 변화해 왔음을 알 수 있다.

미국외교정책의 역사적 경향을 짚어보려는 것은 대부분의 정책결정자들이 외교정책을 결정할 때 과거 역사에서 현안의 사건과 유사한 어떤 사례나 사건이 있었는가를 찾아보기 때문이다. 특히 한 나라의 역사에는 시대와 환경이 달라져도 변치 않는 부분이 있기 때문이다. 1970년대 중국에서 대규모 문화유적이 발굴되었을 때 모택동이 "과거로 하여금 현재에 봉사케 하라(Let the past serve the present)"라고 했었던 바, 코헌에 의하면 정책결정자들은 흔히 "과거의 사건으로 하여금 현재의 정책에 직접 말하게 하려는 기도를 하게 된다"[4]고 하였다.

1776년 독립선언 이후 독립혁명세력은 7년간 영국과의 전쟁에서 결정적인 순간에 프랑스軍의 지원으로 승리한 후 1783년 영국과 공식적인 평화조약을 체결함으로써 독립을 획득하게 되었다. 신생국가로서의 미국의 자유를 위한 고통스런 투쟁을 겪은 후 국가발전에 모든 힘을 기울이게 되었고 그러한 목표를 위한 조건으로서 무엇보다도 국제적인 평화상태를 갈망하고 있었다. 그러나 신생독립국의 평화열망은 유럽 열강들 간의 주도권 싸움 속에서 쉽사리 성취되지 않았다. 더욱이 대부분의 유럽 왕정국가들은 신대륙에서의 민주주의 실험이 실패하기를 희망했을 뿐만 아니라 신생국의 민주주의가 그들 국가에 확산되는 것을 원치 않았다. 특히 영국, 프랑스, 스페인 등은 계속 신대륙에서 땅과 무역을 위한 각축을 벌이면서 신생 독립국을 하나의 도구로 이용하려고 하였다. 또한 여타 국가들도 신생 독립국의 승인에 머뭇거리고 있는 상황이었다. 포르투갈은 1791년에, 러시아는 1800년에 가서야 미국을 승인하기에 이르렀다. 더욱이 영국군은 평화조약 체결 후에도 10년 이상을 미국의 일부 영토에서 군병력을 유지하였다. 미국은 독립 후에도 영국, 프랑스, 스페인 등과 많은 분쟁을 겪어야만 했다.

1789년 프랑스혁명에서 등장한 혁명정부가 유럽의 여타 왕정국가들과 20여년 이상에 걸친 전쟁을 치루는 과정에서 신생 독립국 미국은 벗어날 수가 없었다. 그 기간 영국과는 두 번에 걸친 전쟁을 치렀고 프랑스와는 海上에서, 스페인과는 육지에서 무수한 전쟁을 치렀다. 이러한 상황에서 초대 대통령이던 조지 워싱턴이 소위 중립정책(a policy of neutrality)을 선언하게 된 것이다. 그런데 그 중립정책은 독립전쟁 기간 미국식민지들의 소중한 동맹자였고 여전히 동맹국으로 남아 있던 프랑스까지 소외시킨 것이었다.

버딩은 미국 외교정책의 역사적 경향을 11가지 패턴으로 설명하고 있다. 여기에서는 그의 설명을 중심으로 해서 미국외교정책의 역사적 흐름을 살펴보고자 한다.[5)]

1 비동맹정책(No Entangling Alliance)

1796년 워싱턴 대통령의 고별사는 이후 미국외교정책과정에 크게 영향을 끼친 하나의 국가행동규범을 처방한 것이었다. 즉, 유럽국가들과는 정치적 군사적으로 연루되는 어떤 류의 동맹도 거부한다는 것이었다. 그것은 미국과 직접 이해관계가 없는 유럽의 분쟁에 미국이 연루되는 것을 피하려는 것이었다. 그는 고별사에서 "외국과 관련된 우리의 위대한 행동규칙은 타국들과 상업적 관계는 확대하되 정치적 관계는 가능한 한 적게 갖는 것이다"라고 말하고 "외부 세계의 어느 부분과 영구동맹에 들어가지 않는 것이 우리의 진정한 정책이다(It is our true policy to steer clear of permanent alliances with any portion of the foreign world)"라고 하였다. 이러한 정책노선은 그 후 토머스 제퍼슨에 의해서도 계승되었다. 그는 대통령 취임사에서 "이 국가는 영구동맹을 피해야 한다(The nation steer clear of permanent alliance)"라고 천명했던 것이다.

이러한 정책노선은 1812-1814까지 영국과의 전쟁을 치룬 것을 제외하곤 근 1세기 이상을 유럽 국가들의 분쟁에 미국이 개입하지 않도록 하는 지침이 되었다. 그러나 이러한 미국의 국제적인 중립적 패턴은 그 후 미국이 거대 국가가 되는 도정에서 세계평화가 위협을 받게 되고 미국 자신의 安全이 위협 하에 놓이게 되자 더 이상 세계문제에 초연한 입장을 유지할 수 없게 되었다. 그리하여 미국은 종래의 고립주의 정책을 더 이상 고수할 수 없게 되었다.

② 전쟁과 외교적 승인

1812-1814년 기간에 벌어진 미국과 영국 사이의 전쟁은 영국 전투함들이 그들의 승무원들을 조달하기 위해 미국상선들을 정선시키고 선원들을 납치하는 등 미국의 권리를 침해하였기 때문에 발생하였다. 그러나 미국의 중립권을 침범하고 있던 프랑스와의 전쟁은 간신히 피했다. 일찍이 미국의 13개 주가 對영국 독립혁명을 필사적으로 수행하고 있을 때 프랑스가 지원하였다는 사실과 그리고 신생 독립국인 미국이 두 강대국에 대항해서 두개의 전쟁을 동시에 수행할 수 없었기 때문이었다.

영국과의 전쟁은 비록 영국군이 잠시 워싱턴을 점령하여 백악관을 불살라 버리긴 했지만 어느 쪽의 승리도 없이 끝났다. 그러나 영국과의 평화조약 이후 얼마 지나지 않아 국제적으로 미국의 독립을 승인하는 일련의 조약들이 착수되었다.

1815년 미국과 영국은 최초의 상업조약을 체결하였다. 그 후 3년 뒤에 양국 간에서 체결된 협약으로 미국의 북부 경계선이 로키산맥에 이르는 49°선으로 확정되었고 오리건(Oregon) 국가는 양국 시민들에게 개방되는 지역으로 남겨졌다. 또한 그로부터 1년 뒤에는 스페인과의 조약으로 모든 플로리다 지역이 미국에 이양되었고, 멕시코만에서 태평양에 이르는 남부국경이 확정되었다. 그리하여 사람들은 제임스 먼로(James Monroe) 대통령의 이 시대를 "우호의 시대(the era of good feelings)"라고 일컫는다. 유럽의 문제에서 신생 독립국을 격리시키려던 미국의 기도를 인정했던 나폴레옹은 "미국은 운이 좋은 나라이다. 그 나라는 우리 유럽 국가들의 어리석음 때문에 성장한다(America is a fortunate country; she grows by the follies of our European countries)"라고 평한 적이 있다.

③ 제임스 먼로의 불간섭 정책 (Hands-Off Policy)

1823년 먼로 대통령은 미국의 외교적 독립을 선언한 "먼로 독트린(The Monroe Doctrine)"을 발표하였다. 그 후 南美 대부분의 스페인 식민지들은 北美의 선례를 좇아 독립을 획득하였다. 그러나 오스트리아, 러시아, 프랑스, 그리고 프러시아 등은 중남미에서 스페인 지배를 회복시키기 위해 참전을 착수 하였다.이러한 상황에 직면한 미국은 행동의 필요성을 인식하였다. 비록 영국은 유럽국가들에 의한 前스페인 식민지의 재정복 계획에 대항해서 미국과 공동의 경고조치를 제의했지만 미국은 독자적인 경고를 발하기로 결정하였다. 당시로선 대담했던 "먼로 독트린"의 개요는 다음과 같다.

> 미주대륙들이 취하고 또한 유지해 온 자유롭고 독립적인 상태에 기초해서 미주국가들은 금후 어떤 유럽국가들에 의한 식민지화의 대상으로 고려될 수 없다. 따라서 우리는 이들 유럽국가들이 이 서반구 어느 지역에 대해서도 그들의 체제를 연장하려는 그 어떠한 기도도 우리의 평화와 안전에 위해로운 것으로 간주할 것임을 선언하는 것이 미국과 유럽국가들 간의 公正과 우호관계를 위한 의무라

고 생각한다. 유럽국가들의 기존 식민지나 보호령에 대해서 우리는 간섭하지 않았고 앞으로도 간섭하지 않을 것이다. 그러나 그들의 독립을 선언한 정부들을 어떤 유럽국가가 억압하거나 또는 어떤 다른 방법으로 그들의 운명을 지배하기 위한 어떠한 간섭도 미국에 대한 비우호적인 태도의 표현으로 밖에 달리 볼 수 없다. 유럽에 대한 우리의 정책은 유럽 어느 국가의 내부 사항에 대해서도 간섭하지 않는다는 것이다.

이 먼로 독트린은 미국보다 훨씬 강력한 국가들에 대해 선언한 대담하고 어찌보면 무모하기까지 한 정책성명이었다. 다행히 미국을 위해서 영국해군이 바다를 통제하고 있었고, 유럽국가들의 라틴아메리카 재정복 기도에 대한 영국의 반대 입장은 미국의 입장과 동일한 것이었다. 여타 유럽국가들이 라틴아메리카에 대해 추진하였을 계획이 무엇이었든 간에 그러한 계획은 시도되지 않았다.

④ 신생 공화국의 西進

먼로 독트린 이후 미국은 북미대륙을 횡단하는 서진(西進)운동에 몰두하였다. 제퍼슨은 이미 1803년 나폴레옹과의 협상으로 미시시피 계곡의 대부분 지역인 루이지애나를 사들이는 데 성공하였다. 루이지애나의 구매는 신생 미국의 지리적 팽창을 촉진하는데 있어서 중요한 계기를 마련해준 것이었다. 그것은 북미의 서부지역에서 유럽세력의 등장 가능성을 제거하는 전략적인 출발점이 되었기 때문이다.

1835년 멕시코의 한 州정부였던 텍사스는 독립을 선언하였고 미국에의 병합을 요청하였다.[6] 워싱턴 정부는 10년이 지난 후 텍사스 영토획득에 동의하였다. 1848년 미군의 멕시코 침공 후 멕시코시티에서 체결된 "평화조약" 에서 미국은 멕시코에 1500만 달러를 지불하고 리오그란데를 양국 간 경계선으로 확정하였고, 멕시코는 켈리포니아를 포함한 태평양에 이르는 영토를 미국에 양도하였다.

1846년에 미국은 영국과의 분쟁 후 조약을 체결하여 서북부 지역의 경계선을 확정하였으며 1853년에는 멕시코로부터 애리조나주와 뉴멕시코주를 구매한 후 새로운 모든 경계선들을 조약으로 합법화 시켰다. 이러한 영토확장 외교는 이미 진행 중이던 西進을 위한 길을 닦아 놓는 것이었다. 그러한 서진팽창 기간 동안 미국의 산업, 통신, 교통 등과 관련된 기업들은 철도를 포함해서 유럽의 재정 지원을 많이 받았고, 철도는 1830년 23마일에서 1860년 30,626마일로 확장되었다. 미국의 상선 총 톤수는 1812-1814년의 전쟁 말기에 500만 톤 이상으로 증가하였고, 유럽으로부터의 수입은 1821년 3,500만 달러에서 1860년 2억 1,700만 달러로 증가하였다. 같은 기간 수출은 3,500만 달러에서 2억 4,900만 달러로 증가하였다.

5 남북전쟁 기간

19세기의 나폴레옹 전쟁을 예외로 한다면 가장 위태로웠던 시기는 미국 자체 내에서 발생한 남북 간의 내전이었다. 유럽국가들은 그들의 방적산업을 위해 미국 남부의 면화를 획득하는데 큰 관심을 기울였다. 때문에 그들은 남부지역에 그들의 제조업 상품을 공급하는데서 북부와 경쟁하는 상황이었다. 이제 유럽인들은 유럽에서와 같은 세력균형을 북미대륙에서 형성할 수 있는 기회를 맞이하게 되었던 것이다. 남부지역의 연맹체가 독립을 획득하고 북부와 적대적인 관계가 이루어진다면 북부와 대항. 균형관계가 형성될 것이었다. 만일 미국이 그 거대한 영토를 개발하고 통제할 수 있는 충분한 힘을 갖지 못한다면 서부지역에서도 또 다른 독립국가들이 생성될 수 있는 것이었다. 영국과 다른 유럽국가들은 이러한 상황을 지대한 관심을 가지고 지켜보았다. 남북전쟁이 발발하기 75년 전 영국에 대항한 미국 이주자들의 봉기에서 프랑스가 승패를 갈라놓았던 것처럼 주요 유럽국가들의 간섭 여하는 남부연맹에 승리나 패배를 안겨줄 수도 있을 것이었다. 특히 영국의 선창에 있는 남부연맹의 사략선(私掠船)에 영국이 장비를 설치해주는 것에 대해 북부는 여러 차례 항의를 했고 그로인해 양국은 갈등상태로 발전하기도 하였다. 그러나 링컨 행정부의 능숙한 外交와 노예제도에 반대하는 일반적인 분위기의 도움으로 유럽국가들이 남부를 지원하지 못하도록 억제하는데 성공하였다.

⑥ 대외정책의 정체(停滯)

1865년 남북전쟁의 종결에서 1898년 스페인과의 전쟁에 이르기까지 미국의 외교정책은 본질적으로 제자리걸음을 하고 있었다. 남부는 전쟁의 상처에서 회복되었고 여타 지역은 전쟁과 그로인한 전쟁산업의 강제적 팽창이 촉진되면서 본격적인 개발사업이 착수되었다. 그리고 서부에서도 새로운 州들이 창설되었다. 라틴 아메리카에서 유럽국가들의 간섭이나 간섭위협으로 부분적인 소요사태가 발생한 것을 제외하면 미국의 외교정책은 별 문제가 없었다. 미국이 내란에 휘말려 들어간 기간 동안 프랑스군은 오스트리아의 맥서밀리언(Maximilian) 공작을 멕시코의 황제로 앉혔던 것이다. 그런데 미국의 남북전쟁이 종식된 후 프랑스군은 멕시코에서 철수하였고, 미국이 프랑스군의 철수를 원하고 있다는 사실이 명백해지자 외국의 지원을 상실한 맥서밀리언 공작은 멕시코 혁명세력에 의해 신속히 처형되었던 것이다.

1867년 미국은 러시아로부터 알라스카(Alaska)를 7,200만 달러에 매입하여 북부지역의 경계선을 확장 · 강화시켰고 4,000마일의 태평양 해안과 3억 7,500만 에이커의 새로운 영토를 추가시켰다.

그런데 달리는 크게 주목할 만한 것이 없던 이 시기에 한 가지 탁월한 외교적 노력이 있었다. 1890년 국무장관 제임스 블레어(James G. Blaire)가 미주공화국회의(A Conference of American Republics)를 소집한 것이었다. 서반구(西半球)에 있는 신생국들 간의 보다 긴밀한 단결은 남북미대륙의 모든 국가 정치인들의 오랜 꿈이었다. 제1차 미주국가회의는 미주공화국 상업동맹(a Commercial Union of the American Republics)을 설치하였고 그 후 그 기구는 범미주연합(the Pan American Union)으로 개칭되었다. 그 미주국가회의는 2년 후 멕시코시에서 개최되었고 그 곳에서 경제적 정치적으로 미주공화국들 간의 보다 긴밀한 유대를 가져온 일연의 회의를 정례화 하는 결실을 보았다.

7 고립의 섬(an Island Unto Itself)

1812-1814년에 벌어졌던 영국과의 전쟁이 끝난 이후로부터 85년 뒤 스페인과의 전쟁을 시작할 때까지 미국은 놀라운 발전을 하고 있었다. 대서양과 태평양으로 인해 대륙국가들로부터 격리되어 있던 미국의 대다수 국민들은 국내 필요를 강조하고 사실상 외교정책을 무시하는 데 익숙해졌다. 국내문제와 국외문제 간에는 분명 상관성이 밀접함에도 불구하고 그러한 점은 아직 전혀 이해되지 않고 있었다. 그 결과 미국의 외무부인 국무부의 영향력과 위신은 떨어졌고 그리하여 급성장하는 미국의 대외관계를 잘 다룰 수 있는 훈련된 인적 자원도 감소되었다. 의회는 이제 미국 외교관리들의 봉급을 외국의 외교관리들의 봉급수준에 훨씬 밑도는 수준으로 책정하게 되었다. 영사들에게는 봉급을 전혀 지급하지 않았고, 영사업무의 수수료를 받아 살도록 하였다. 더욱이 정권이 다른 정당으로 넘어가면 상당수의 외교관리들은 교체되었다 조지 워싱턴이 대통령이 된 이후 1세기 이상 大使와 같은 최고위급 외교관도 타국에 파견되지 않았다. 당시의 여론에 의하면 대사의 직함이 민주주의 국가의 사절로서는 너무 우아하고 마치 군주제와 흡사한 지위로 생각되었다고 한다. 결과적으로 미국의 외교사절들은 다른 나라의 대사에 못 미치는 2류급의 지위를 유지할 수밖에 없었다. 1896년경 미국은 6개국 수도에 외교관이나 영사들의 거주지를 마련하였다. 그중 3곳은 주재국의 군주로부터 하사받은 것이었다고 한다. 1833년 국무장관 잭슨(Edward L.A.Jackson)은 대통령에게 "한 大臣이 수년 동안 최고의 재능을 가지고 가장 힘든 일을 한 후 죽지 않으면 상처를 입은 몸으로 그의 노력을 알아주지도 않고 설령 안다고 해도 그의 노력을 과소평가하는 본국으로 귀환한다. 전체적으로 매우 힘들고 더 많은 책임을 맡으면서도 평가를 제대로 받지 못하는 직책이란 거의 없다. 그런데 우리와 중요한 상업적 관

계를 가지고 있는 나라에 파견된 대사의 직책이 바로 그러하다"고 진언했다.

많은 미국의 지도적 인사들은 미국이 여타 세계로부터 외교적으로 고립되어 있어야 한다고 생각하였다. 상업 및 우호조약들을 위해서는 특별사절을 파견하여 타국 정부들과 협상했기 때문에 타국에 따로 외교대표들을 파견할 필요가 없었다. 무역을 촉진시키기 위해서는 해외에 주재하는 유능한 영사들을 필요로 하였으나 건국 초창기의 전도유망한 젊은이들은 해외에서 타국과 외교관계를 발전시키기 위해 보상도 없는 노력을 기울이기 보다는 번창하고 있는 국내생활에서 그들의 행운을 추구하려고 하였다.

⑧ 뜻밖의 帝國

1898년 미국은 스페인과의 전쟁을 승리로 끝냈을 뿐만 아니라 그 전쟁이 시작될 때는 생각지도 못했던 광대한 영토를 획득하게 되었다. 그 전쟁의 제1차 목적은 쿠바를 스페인의 지배로부터 해방시키는 것이었다. 그러나 승리와 더불어 미국은 카리비아해의 푸에토리코와 태평양의 괌 및 필리핀을 획득하게 되었다. 비록 조약에 의해 미국은 쿠바 영토내에서 해군기지들을 획득하고 안정된 정부를 유지하기 위한 간섭권을 확보하였지만 쿠바는 재빨리 독립을 선언하였다. 필리핀의 즉각적인 독립 감정 또한 강렬했다. 필리핀의 독립은 상원에서 안정된 정부가 들어서는 대로 독립을 약속한다는 한 결의안이 부통령의 반대표로 可否 동수가 되는 바람에 1934년 의회법(an Act of Congress)으로 공식 제시될 때까지 연기되게 되었다. 스페인과의 전쟁은 미국외교정책이 명성을 얻는 계기가 되었다. 미국은 이제 태평양, 알라스카, 하와이제도, 괌, 필리핀, 그리고 사모아제도의 일부 등 광범한 영토를 소유하게 되었다. 육군의 재편성과 그리고 식민지 행정의 군사적 재편성이 중요한 과제가 되면서 전통적인 고립주의 원칙은 어느 정도 퇴색하였다.

그러한 고립주의의 퇴색은 미국이 중국을 분할해서 식민지로 만들지 못하도록 하는 강력한 외교적 입장을 취하도록 하였다. 1899년 미국은 유럽의 강대국들을 끌어 들여 중국의 문호를 개방하도록 하는 정책 선언에 참여토록 하였다. 그것은 중국과 거래하는 모든 나라들이 중국의 통합을 존중하도록 하고 중국의 영토를 분할하여 식민지로 만들지 못하도록 하는 것이었다.

⑨ 세계문제에의 관여

미국인들은 라틴아메리카와 극동에서 일어나는 사건들에는 관심을 가지고 있었지만 대부분 외관상 유럽의 끝없는 분쟁에서는 초연해 있기를 갈망하였다. 미국은 일반적으로 비개입 고립주의 정책에 전념하였다. 그러나 이러한 태도는 외부세계로부터 항상 호의적으로 보여지는 것은 아니었다. 왜냐하면 그들은 다양한 모습으로 이의를 제기했기 때문이다. 웰즈(H.G.Wells)는 "유럽이 대서양 건너 미국의 독수리를 보려고 할 때마다 그들은 오직 타조의 꽁지만을 보게 된다"고 하였다.

1914년 제1차 세계대전이 발발했을 때 미국인들의 대다수는 영국과 프랑스를 동정하고는 있었지만 미국은 중립적 입장을 견지하기로 결정하였다. "중립적이라는 것은 좋다. 그러나 당신은 누구에 대해 중립적이려고 하는 것이냐?"라는 애드레이 스티븐슨(Adlei Stevenson)의 질문은 그 당시 미국의 우유부단을 잘 언급한 것이었다. 그 전쟁이 3년차가 되었을 때 독일이 미국의 함정을 공격한 데 따른 분노로 인하여 미국은 연합국 동맹(the Allies)편에서 전쟁에 참전하였다. 연합국의 승리는 세계에 평화를 가져왔다. 미국은 영토나 보상을 요구하지도 받지도 않았다. 그러나 모든 사람들은 우드로우 윌슨(Woodrow Wilson)이 그랬던 것처럼 아직은 세계의 생활에 참여자가 된 것을 인정하려고 하지 않았다.

윌슨은 유명한 "14개 조항(Fourteen Points)"을 제안하였다. 즉 평화는 복수(復讐)의 요소를 포함하지 않으며, 각 인민들에게는 자결권이 주어지고, 영토적 경계선들은 존중되어야 하며, 분쟁을 해결하기 위한 국제기구가 설립되어야 한다는 것 등이었다.

그러나 1919년 파리평화회의에 모인 유럽 정치인들은 번번이 윌슨의 제안에 반대하였다. 한편 미국인들은 연합국들이 종전 후 독일 및 오스트리아-헝가리로부터 영토를 획득하려는 전시협정을 맺고 있었다는 사실을 접하자 환멸을 느끼게 되었다. 윌슨은 국내에서 미국을 국제연맹(League of Nations)에 참여시키려고 의회와 국민들을 설득했지만 끝내 실패하였다.

제1차대전이 종결되고 23년이 지나 제2차대전에 개입하기까지 국내에서는 정치적으로 고립주의가 지배적이었다. 전후 여러 해 동안 군비축소 노력이 진행되었으나 1930년대에 접어들어서 세계평화에 대한 새로운 위협이 등장했다. 그것은 日本의 만주침략으로 시작되었다. 이어 이태리는 에티오피아를 침공했다. 그리고 독일과 이태리가 한편을 소련이 다른 편을 지원한 스페인 내란이 발생하였다. 이어 독일이 오스트리아를 점령하고 히틀러에 의한 일련의 후속 침략에 직면한 루즈벨트 대통령과 의회는 국민들이 다른 나라들의 분쟁에 개입하지 않기를 갈망하고 있음을 인식하면서 혹시나 미국이 전쟁에 개입할 수 있는 어떤 조치들을 취하지 못하도록 중립법(Neutrality Acts)제정에 공동으로 참여했다. 루즈벨트는 평화지향적 정책을 추진하였고 라틴아메리카 국가들에 대한 선린정책(the Good Neighbor Policy)을 펼쳤다. 그의 선린정책은 유럽과 아시아로부터의 점증하는 위협에 직면해서 무역과 기타 협정을 통해 남북미대륙의 대통합을 촉진시키는 효과를 가져왔다. 그러나 중립법은 1939년 제2차대전이 발발했을 때 미국의 개입을 방지하지는 못했다.

미국 국민 대다수의 동정심이 다시 연합국 측을 편들게 하였다. 미국은 연합국 특히 영국을 지원하게 되었고 전쟁 발발 2년 뒤 1942년 12월 일본이 하와이 진주만을 공격하면서 전쟁에 개입하게 되었다.

개입한 지 4년 뒤 전쟁이 종식되었을 때 미국은 바다와 공중을 지배하게 되었고 막강한 軍을 보유하게 되었으며 홀로 핵무기를 가지게 되었다. 미국은 세계를 다시 평화체제로 복귀시키기 위해 1,200만 명의 병력을 소규모로 축소시켰다. 그리고 미국은 UN창설을 도왔고 전쟁이 남긴 굶주림과 집 없는 사람들을 구제하기 위해 UN에 약 30억 달러를 제공하였으며 핵분야에서 미국의 독점을 포기하는 핵무장 해제프로그램을 제안하였다. 종전 후 3년이 지나 미국은 마셜플랜(the Marshall Plan)을 착수하는 것을 시작으로 연 평균 50억 달러를 100개 이상의 국가에 원조하였다.

⑩ 냉전시대의 등장

대외관계에 있어서 제2차대전 이후의 상황은 제1차대전 후의 상황과 매우 달랐다. 이번에는 미국이 세계문제에서 책임을 인식한 것이다. 미국인들은 이제 새로운 국제기구인 UN이 성공하도록 그들의 충분한 몫을 감당하려고 하였다. 제1차대전 후에는 미국에 위협이 되는 나라는 없었으나 이번에는 놀랍게도 이전에 동맹국이었던 소련이 그 지배영역을 확대하고 아마도 세계를 장악하려는 의도가 있음을 드러냈다. 더욱이 소련은 미국이 실행한 만큼 군비를 축소하지도 않았고 공산주의의 궁극적 승리를 믿으면서 계급투쟁을 요청하는 혁명이데올로기에 의해 지배되고 있었다. 공산주의 소련에 대한 그러한 낙담은 1949년 중국에서 공산주의자들이 지배권을 획득하였을 때 더욱 가중되었다. 世界는 드디어 자유진영과 소련 공산주의 진영 간의 냉전상태로 들어서게 된 것이다. "냉전(Cold War)"이라는 용어는 1948년 상원의 위원회에서 버나드 바루크(Bernard Baruch)가 처음 사용한 것이었다. 그는 "우리는 지금 점차 뜨거워지는 냉전의 한 가운데에 있다(We are now in the midst of a cold war which is getting warmer)"라고 말했던 것이다. 그 후 경제적 군사적 선전수단으로 이용되던 이 "냉전"이라는 개념은 미국과 다양한 국가집단들과의 많은 지역조약들을 체결토록 하였다. 최초의 협정은 1947년에 체결된 미주상호원조조약이었고 두 번째는 유럽의 집단방위를 위해 만들어진 북대서양조약기구(NATO)였다. 1949년 이후 미국은 NATO를 지원하기 위해 유럽에 군사력을 주둔시켰고 여타 지역에도 병력이 주둔하게 되었다. 1953년의 ANZUS(The Australian - New Zealand - U.S.), 1954년 동남조약기구(SEATO), 1959년에는 터키, 이란, 파키스탄을 방위하기 위한 CENTO (Central Treaty Organization)가 체결되었고, 그 이후 한국, 일본, 대만 등과의 상호방위조약도 체결되었다. 이러한 다양한 협정들을 통해 미국은 42개국과 동맹을 맺었다. 제2차대전 이후 미국은 소련과 공산주의 중국의 팽창주의 활동에 대항하기 위해 동맹국들과 중립국 모두를 방위하게 된 것이다. 그것은 미국 국민이 원해서라기보다는 그들과 함께 설 것이라는 결의를 보여주고자 한 것이었다.

⑪ 유럽대륙과의 유대

미국은 조지 워싱턴이 권고한 이래 1세기 이상동안 유럽과의 분쟁에서 물러나 자신의 독자적인 운명을 추구하였다. 그러나 고립주의 정책에도 불구하고 초기부터 다수의 미국인들은 다른 나라들에 깊은 관심을 보여왔다. 해외여행은 급증했고 수천명의 학생들은 유럽으로 유학을 떠났다. 미국의 무역업자들과 상선들은 지구 곳곳에 드나들었고 많은 기독교 종파들은 해외 선교활동을 위해 수만 명을 파견하였다. 그들은 예리한 관심을 가지고 외국사정에 관한 보고서를 써 보냈다. 미국인들은 질병과 기아에 허덕이는 외국의 많은 사람들을 구제하는 활동에 자유롭게 종사하였다. 그리고 수십 년 전부터 시작된 미국의 각종 대중매체의 특파원들은 본국의 독자들에게 다른 나라들의 사정과 생활실상들을 광범위하게 보도해 주었다. 미국은 또한 외국에서 대학이나 기타 교육기관들을 설립하는 것을 지원했다. 예를들어 이스탄불의 로버트 대학 그리고 베이루트의 아메리칸대학 등이 그것이다.

미국인들은 그들이 세계의 일부이고 세계의 평화와 번영에 기여할 의지가 있음을 보여주었다.

⑫ 냉전체제의 종식과 유일 초강대국

냉전체제의 종식이 공식적으로 선언된 것은 1989년 12월 2일과 3일에 걸쳐 지중해의 몰타(Molta)섬에서 이루어진 미국의 조지 부시(George Bush) 대통령과 소련의 고르바초프(Mikhail Gorbachev) 공산당 제1서기 간의 회동에서였다.

냉전종식의 일차적 원인은 무엇보다도 1985년 고르바초프가 소련 공산당의 지도자로 등장한데 있다. 당시 고르바초프는 소련경제의 파탄 원인이 공산당의 경직된 지배구조에 있다고 보고 정치개혁과 경제개방을 위한 새로운 정책을 추진하였다. 이러한 소련의 개혁·개방정책은 곧 東유럽 공산주의국가들에 전파되었고 폴랜드의 자유노조의 개혁운동을 시작으로 동독, 체코, 헝가리 등에서도 反共 개혁운동이 일어났다. 결국 1989년 11월 베를린 장벽이 무너지면서 동서독의 통일이 이루어졌다. 1990년 독일의 콜(Kohl) 수상은 의회연설에서 "독일통일은 라이프치히 시민들의 봉기로 이루어졌고, 라이프치히 시민 봉기는 폴란드 국민의 봉기에 의해 영향을 받았으며, 폴란드 국민의 봉기는 고르바초프의 묵인에 의해 성공했다"고 하면서 "결국 독일 통일의 최대 공헌자는 고르바초프"라고 칭송하였다.

그러면 당시 고르바초프의 개혁·개방주의를 유발한 경제적 파탄은 왜 발생하였던 것일까? 1980년대 초에 집권한 미국 공화당 출신의 레이건 대통령은 미국을 "德의 국가" 소련을 "사악한 국가"로 규정하고 그러한 선과 악, 의와 불의 간의 투쟁에서 미국의 안전을 도모하기 위해서는 군사적으로 압도적인 우세에 있어야 한다고 주장하였다.

G.W.부시의 제1기 행정부 하에서 국방부 부장관, 그리고 현재 세계은행 총재로 있는 월포위츠(Paul Wolpowitz)는 레이건 행정부 시절 국방정책 기획자로서 소련을 "악의 제국"으로 규정하고 엄청난 규모의 국방예산을 책정토록 하여 소련과의 군비경쟁을 유도해 소련을 붕괴의 길로 들어가게 하였다는 것이다.[7] 소련의 경제난, 공산당체제의 붕괴, 소련연방의 해체 등은 결국 미국을 세계 유일의 초강대국으로 남겨 놓았다.

비록 1990년대 접어들어 냉전체제가 종식되면서 미국이 유일 초강국으로 남게 되었지만 조지 H. 부시와 빌 클린턴(Bill Clinton) 행정부 하에서는 국제문제를 해결하는데 있어 기본적으로 협력적 다자주의를 추구하였다. 1990년

8월 이라크의 쿠웨이트 침공으로 야기된 걸프전(Gulf War)에서 부시 대통령은 유엔안보리결의안을 이끌어 내고 소련의 고르바초프의 동의를 포함해서 영국과 프랑스 등의 유럽국가들과 사우디 이집트 등의 중동국가들을 포함한 다국적군을 편성해 對이라크전을 수행하였다. 클린턴 행정부도 코소보, 보스니아-헤르체고비나 등의 지역분쟁을 해결함에 있어서 NATO 회원국들과 협의를 통해 군사적 개입을 단행하였다.

2001년 1월에 취임한 G.W.부시는 大選 당시 클린턴 행정부가 국제적 분쟁들에 너무 빈번히 적극적으로 개입한다고 비난한 바 있고 대통령 취임 후 2월 15일에는 국무성을 방문하여 ① 아시아와 유럽국가들과 긴밀하게 협력할 것이며, ② 대외정책 수립에서 객관성과 겸손을 기초로 할 것이라는 등의 대외정책 기조를 밝혔다. 이와 같은 협력주의, 객관성 및 겸손 등에 기초한 대외정책 기조가 선제공격과 일방주의로 바뀐 것은 2001년 9월 11일의 알 카에다(Al Queda)의 항공기 납치에 의한 뉴욕의 세계무역센터 테러 때문이었다. 부시 행정부는 2001년 9월 테러와의 전쟁(war on terror)에 다국적 협력을 촉구한 유엔안보리 결의안 386과 12월에 다시 탈레반과 빈 라덴을 미국에 인도하고 테러기지 폐쇄를 요구한 유엔안보리 결의안 333의 이행을 촉구한 결의안을 통과시킬 때까지는 협력적 다자주의를 유지했다. 그러나 2003년 3월 20일 "자유 이라크戰"을 개시할 때는 유엔안보리의 결의 없이 미국의 一方的인 군사적 조치를 감행하였다. 2002년 9월 부시 대통령은 유엔총회연설에서 이라크에 개입해야 할 긴급한 필요성을 설명하면서 "미국은 다른 나라들이 피한다면 세계기구의 도움 없이 독자적으로 행동할 준비가 되어있다"[8]고 선언했다. 당시 안전보장이사회에서는 프랑스, 독일, 러시아 등 소위 "평화의 축"(the Axis of Peace)국가들은 미국, 영국, 스페인 등의 "전쟁의 축"(the Axis of War)국가들에 의한 전쟁결의안을 봉쇄시켰던 것이다. 즉, 미국의 일방주의와 프랑스 등의 다자주의가 대립하는 형국이 되었다. 또한 2002년 12월 7일 부시대통령은 "전세계는 미국이 영도하고 있습니다. 자유, 정의, 평등이라는 가치를 추구하는 국가의 영도력을 요구하고 있는 것입니다. 미국이 수출하는 가장 위대한 가치는 자유이며 우리에게는 전세계에 자유를 주창해 나아가야 할 도덕적 의무가 있습니다"[9]라고 하여 미국의 일극주의와 자유주의 이데올로기를 수출하겠다는 복음주의를 천명하였다.

1) Arthur Schlesinger, "Foreign Policy and the American Character," Foreign Affairs, Vol.62, No.1(1983), p.2.

2) Andrew H. Berding, The Making of Foreign Policy (Washington, D.C. : Potomac Books, 1966), p.2 : 1960년대 미국은 UN에서 하루 평균 18-20개의 회의에 참여하고, 해외에 100만의 軍兵力을 주둔시키고 있었으며, 42개국과 동맹을 맺고 있었고, 년 50억달러의 대외원조를 시행했다 한다.

3) 동아일보, 2006.1.23.

4) Eliot A. Cohen, "History and the Hyper Power," Foreign Affairs, Vol.83, No.4(July/August 2004), pp.49-63.

5) Berding, The Making of Foreign Policy, pp.6-20.

6) 멕시코측의 설명은 미국의 음모론과 관련된다. Robert A. Pastor and J. G. Castaneda, Limits to Friendship: The U.S. and Mexico(New York : Knopf, 1989), p.123; David Orchard, The Fight for Canada: Four Centuries of Resistance to American Expansionism (Toronto : Stoddart, 1993), p.32; 全雄, "NAFTA 三國 간의 갈등과 협력 관계," 東西文化硏究, 제3집(홍익대학교, 1995), pp.123-145.등을 참조.

7) Los Angeles Times, Sept. 13, 2003.

8) Los Angeles Times, Sept. 21, 2003.

9) 동아일보, 2002, 12. 7.

Chapter

03

제2차대전 이후의 미국외교정책과 그 평가

미국은 제1차대전에 개입하여 전쟁을 승리로 이끌었고, 제2차 세계대전을 거치면서 자연스럽게 세계의 지도국가로 부상하였다. 하지만 윌슨 대통령이 항구적인 국제평화를 정착시키기 위해 제시한 14개 조항에 기초하여 국제연맹을 창설했으나 상원의 비준 거부로 조직창설의 주도국이 불참하게 되는 사태에 이르렀다. 그리하여 미국은 다시 전통적인 고립주의로 복귀하는 상황이 되었다. 그러나 제1차대전이 종결된 후 23년이 지나 또다시 제2차 세계대전이 발발하였다. 우여곡절 끝에 미국은 다시 전쟁에 개입하여 승전을 주도하였고 우여곡절 끝에 윌슨의 국제연맹 모델을 기초로 역시 항구적 국제평화를 목적으로 한 국제연합(The United Nations)을 다시 창설하게 된 것이다.

그런데 국제평화와 안전을 제일의 가치로 설정한 국제연합체제가 출범하자마자 세계는 다시 소련을 중심으로 한 공산권과 미국을 중심으로 한 자유진영으로 양분되어 상호위협, 상호증오, 그리고 상호적대의 제로-섬게임 관계로 접어들었고 각 체제는 이제 지구상에서 한 개의 나라라도 더 자기 세력권에 편입시키려고 치열한 외교적 · 경제적 전쟁에 돌입하였다. 때로는 군사적 접근도 불사하는 소위 냉전체제로 들어간 것이다. 당연히 미국은 자유진영의 리더로서 전 세계에 걸쳐 소련과 공산주의의 위협 및 팽창을 제어하는 봉쇄정책

(Containment Policy)을 전개하게 되었다. 이러한 동서 양 진영의 적대와 대결상황에서 미국의 대외정책은 자연스럽게 대통령 중심으로 결정되고 수행되게 되었다.

그러한 대통령 중심의 대외정책 결정이 도전을 받게 된 것은 베트남전쟁에서의 패배와 워터게이트 사건 때문이었다. 즉, 두 사건을 겪으면서 대통령의 권위는 추락하였고, 이제 의회는 대외정책 결정에 관한 헌법상의 권리를 다시 주장하게 되었다. 따라서 1970년대 중반에서부터 2001년 9.11 테러사건 이전까지는 외교정책 결정권은 대체로 의회와 대통령 간에 균형상태를 유지하였다고 볼 수 있다. 그러니까 9.11테러사건은 외교정책결정이 다시 대통령 중심으로 이루어지는 계기를 만들어 주었다고 할 수 있다. 즉, 위기의 정도에 따라 외교정책 결정권이 의회와 대통령 사이를 시계추처럼 이동하고 있음을 볼 수 있다.

제2차대전 이후 미국의 외교정책결정에서 대통령이 지배적인 위치를 유지했던 과정을 살펴보면 다음과 같다.

플랭클린 루즈벨트(Franklin D. Roosevelt)는 1939년 나치 독일이 폴랜드를 침공하여 제2차 대전이 발발하고, 미국의회가 유럽의 전쟁에 행정부가 개입하지 못하도록 하는 中立法(Neutrality Act)을 서둘러 제정했을 때까지만 해도 그 중립법에 마지못해 동의한 상태였다. 그러나 1941년 독일이 미국의 상선을 공격하고 日本이 진주만을 기습하면서 상황은 급반전하였다. 즉 미국의 대외정책은 고립주의에서 벗어나 적극적 개입주의로 바뀌게 되었다. 루즈벨트는 주저하는 미국으로 하여금 국제적으로 주도적인 역할을 맡게 하면서 나치즘, 파시즘, 그리고 日本의 군국주의를 축출하였다.

해리 트루먼(Harry S. Truman) 역시 주저하는 미국을 이끌어 마셜플랜으로 유럽을 재건시켰고, 독일과 日本에서 민주주의 체제를 수립시켰으며, 터키와 그리스를 공산주의 위협에서 막아내고, NATO를 창설하여 공산주의의 팽창을 봉쇄하였다. 또한 트루먼은 UN을 창설하여 집단안보와 국제평화체제 수립에 헌신하였고, 1950년에는 소련의 사주를 받은 북한의 대남침략을 저지하였다.

트루먼은 당시 "정부에서는 그 누두도 아닌 내가 미국외교정책을 결정한다"[1]고 하였다.

1940년대 루즈벨트와 트루먼 양인이 닦아 놓은 대외정책의 틀은 그 후 미국외교정책의 초석이 되었고, 1952년 이후 모든 대통령들은 트루먼 독트린(Truman Doctrine)을 모델로 하여 그 자신들의 독트린을 만들려고 노력하였다.[2] 즉, 미국은 소련의 팽창주의에 대항해서 원조를 요청하는 모든 나라들을 지원하여 세계 어디에서든 공산주의의 팽창을 봉쇄한 것이었다.[3]

다시 말해서 제2차대전과 냉전은 의회가 헌법상의 권한을 주장하지 않고 대통령의 대외정책에 수동적인 입장을 취하게 하는 계기를 마련해 주었다. 루즈벨트는 日本의 진주만 공격 이후 의회와 협의 없이 최고사령관으로서 외교정책을 주도하였고, 트루먼 역시 의회와 협의 없이 한국전에 개입하였다. 즉 냉전기간 동안 소련이 제기한 위협, 소련의 핵무기와 장거리 탄도탄 개발 그리고 진주만공격과 같은 기습공격에 대한 두려움 등으로 인해 의회가 대통령에게 외교정책결정권을 넘겨주게 된 것이었다.

아이젠하워(Dwight D. Eisenhower)는 1957년 의회로부터 중동에서 공산주의 팽창을 저지하는 네 필요할 경우 軍을 사용할 수 있는 권한을 부여받았다. 그는 1958년 레바논에서 군사적 개입을 실행한다는 아이젠하워 독트린을 발표하였다. 그러한 의회의 조치는 아이젠하워의 막강한 위신과 그에 대한 의회의 두려움 때문이기도 하였다.[4]

존 케네디(John F. Kennedy)는 3년 남짓한 재임기간 동안 의회와 거의 협의하지 않고 외교정책을 경영하였다. 1961년 쿠바의 피그만침공(the Bay of Pigs Fiasco) 사건에 이어 1962년 쿠바미사일사태, 그리고 베를린 문제와 베트남 문제들을 다룰 때도 그러했다. 특히 1962년 케네디는 소련의 후르시초프(Khrushchev) 공산당 제1서기 겸 수상에게 쿠바에 설치한 미사일 기지를 철수하도록 강요했다. 그는 그 사건을 계기로 지속적으로 군비를 증강시켰고 핵우위를 확보하기 위해 충분한 무기와 미사일을 축적하였으며 선제공격 능력을 구축하기 시작하였다. 반면 케네디의 그러한 조치는 소련의 후르시초프로

하여금 핵무기와 미사일개발을 위한 돌관(突貫)계획(crash program)을 추진하도록 하였다. 이렇듯 냉전이 절정에 다다르고 위기감이 극도에 달했기 때문에 의회는 대통령을 지원하였다.

케네디 대통령의 재임 중 유고로 대통령직을 수임한 존슨(Lyndon B. Johnson)은 오랫동안 상원의 민주당 원내총무를 맡으면서 의회정치의 달인으로 명성을 얻은 인물이었다. 그는 베트남戰을 주도하고 확전시켜 55만 명의 미군을 파병하기에 이르렀다. 그는 확전과정에서 北베트남 폭격을 위한 소위 통킹만 결의안(the Gulf of Tonkin Resolution)을 의회에 요구하였고 의회는 어떤 의미 있는 토론도 없이 그 의안을 만장일치로 통과시켜 대통령의 정책을 따랐다. 그런데 존슨의 경우 여러 차례 그의 말과 행동이 상반되었다. 즉 對베트남 정책에서 평화정치를 약속한 후에 폭력을 단행했던 것이나 침략에 대한 보상은 없다고 해놓고 미군철수 협상을 제의한 것 등이 그 예이다.[5] 어떻든 의회는 트루먼, 아이젠하워, 케네디, 그리고 존슨 등에 대해 루즈벨트 때와 같이 거의 일방적으로 행동하도록 허용했던 것이다.

닉슨(Richard M. Nixon)의 외교정책 결정의 특징은 비밀협상과 개인외교(personal diplomacy)였다. 그는 국무부를 배제하고 배후통로를 이용했으며 상원과의 협의도 중단하였다. 그는 1974년 5월 외교정책은 더 이상 외교각료들이 아니라 국가의 수뇌에 의해 만들어진다고 주장하였다.[6] 따라서 외교정책 결정에서 관료제도는 사양길에 접어들었고, 닉슨과 키신저(Henry A. Kissinger) 두 사람에 의해 외교정책이 주도되었다. 닉슨은 어떤 사전의 설득이나 홍정 없이 북베트남의 하이퐁항에 기뢰를 부설했고, 대통령 체제 밖의 어느 누구와도 협의 없이 캄보디아에서 비밀전쟁을 수행하였다. 과거에 극단적 반공주의자였고 對중국 폐쇄정책에 가장 앞장섰던 닉슨은 비밀외교를 통해 중국에 문호를 개방하였고, 소련과는 제1차 군비축소협상을 개시하여 전략무기제한회담(SALTI)을 타결시켰다.[7]

결국 상원은 소련과의 화해에 결정적인 중요성을 띤 최혜국 지위를 부여하여 특혜무역을 허용하자는 닉슨의 제의를 거부했고, 의회는 예산권을 행사하여 닉슨의 정책수행능력을 제한했다. 그리고 또한 상원은 닉슨이 설정한 정책 목표에 개의치 않고 닉슨 행정부에 북베트남과의 휴전을 강요하였다. 드디어 1973년 의회는 전쟁권한 결의안(War Powers Resolution)을 통과시켜 입법을 통해 대통령의 외교정책 권한을 회수하여 과거에는 상상할 수도 없었던 대통령의 군사적 선택권을 제한하는 사태에 이르렀다. 닉슨 행정부는 파리에서 철군협상을 개시했다. 협상이 종결되었을 때 닉슨은 "명예로운 평화를 성취했다"고 하였으나 실은 굴욕적인 항복(surrender with humiliation)으로 끝이 났던 것이다.

닉슨의 대외정책이 철저하게 현실주의에 기초하였다면 카터(Jimmy Carter)의 외교정책은 이상주의에서 출발하였다. 그는 1976년 취임연설에서 핵무기 제거, 해외무기판매 중단, 인권향상에 대한 확고한 언질을 표명하였다. 특히 그는 "인권은 우리 외교정책의 정수"(the soul of our foreign policy)라고 강조하였다. 카터는 재임기간 ① 1978년 파나마운하지역의 모든 주권을 파나마에 이양하는 조약을 체결하여 의회의 비준를 얻어냈고, ② 1979년 이스라엘과 이집트 간의 최초의 평화조약인 캠프데이비드협정(the Camp David Accords)을 성사시켰으며, ③ 중국과는 완전한 외교관계로 들어갔다. 그러나 카터는 냉전의 종식, 인권향상, 군비경쟁의 중단, 그리고 핵무기 제거 등의 정책에서는 실패하였다. 오히려 닉슨 행정부에서처럼 핵무기는 증가했고, 해외무기 판매도 증가했으며, 소련을 분개시켜 군축협상을 깨도록 하였다. 그는 중동의 가장 중요한 동맹국인 이란의 샤(the Shah) 정권의 붕괴에 기여했다. 특히 카터는 1979년 소련의 아프가니스탄 침공을 막지 못했고, 그에 대해 극단적으로 반응해서 對소련곡물수출금지 그리고 고급기술상품의 수출금지 조치를 단행하였다. 더욱이 닉슨이 체결한 SALT II를 上院 비준과정에서 철회시켰다. 또한 그는 국방비를 증액시켰고, CIA활동제약을 철회하였다. 그는 1980년 이란혁명과 테란주재 미국대사관 직원들이 감금되었던 인질사태에서 실책을 거듭했다. 카터는 이란의 이슬람혁명 직전 샤국왕을 극찬하였으나 위기에 처해 있던 국왕을 지원하지는 못했다. 혁명 발생시 카터는 혁명세력과 어떤 통신라인도 구축하지 못했고 관리할 수 없는 정부를 승인하였다. 그는 인질사태에 과민반응해서 군사적인 구출작전을 시도했으나 실패하였다.[8] 그는 새날이 워싱턴에서 밝아온다고 하면서 소련과의 관계개선을 위해 한국에 배치돼 있던 핵무기를 철수시켜 미국의 우위입장을 후퇴시켰다.[9] 카터는 또한 인권정책을 펼친다고 동맹국들에게 화살을 날렸다. 즉 敵이 아니라 동맹국인 한국, 알젠틴, 남아공, 브라질, 대만, 니카라과, 그리고 이란 등에 공격의 화살을 날린 것이다. 그의 인권정책은 미국의 힘과 능력의 현실을 무시한 것이었다.[10]

레이건(Ronald W. Reagan) 행정부는 8년의 재임기간 몇 가지 업적을 남겼다. 즉, 소련과 여러 개의 군비축소협정을 체결하였고 그레나다를 침공하여 공산주의 정권을 제거하였으며, 미국의 팬암항공기에 테러를 가한 리비아를 공습하였다. 그러나 그 외에는 큰 전쟁은 없었다. 또한 레이건의 군비증강정책은 東유럽에서 공산주의의 퇴조를 유발시킨 것으로 되어있다. 즉, 소련이 미국의 군비증강을 따라잡으려고 과다한 국방비를 책정하였고 그 결과 소련 경제의 파산이 촉진되었다는 것이다.[11] 그런데 1953년 아이젠하워는 西유럽의 방위력을 유지하면서 공산주의가 스스로 붕괴될 때를 기다리는 것이 서방진영의 적절한 정책이라고 한 적이 있다.

레이건 역시 비일관적이며 가장 호전적인 대통령으로 등장하였다. 대통령 제1기 초기에는 소련을 "악의 제국(evil empire)"이라 칭하였으나 후반에는 소련 공산당 제1서기인 고르바초프를 친구라고 불러서 사실상 동맹자로 대우했고, 선제공격 정책으로 출발해서 냉전기간 최초의 군비축소협정에 서명하였다. 인질에는 결코 대가를 지불하지 않겠다고 공언했으나 비밀리에 인질석방 대가로 이란정부에 무기를 판매하였다. 레이건은 미국의 군사력 증강을 주도했고, 니카라과에서 군사력을 사용하였으며, 뚜렷한 임무 없이 레바논에 군을 파견하고 총을 쏘지 말라는 명령을 내려 미군을 도발적 상황에 처하게 하였다.

레이건은 역사상 가장 비싼 우주개발계획인 SDI(the Strategic Defense Initiative)에 착수하였다. 그는 군축을 추진하면서 1986년 레이캬빅에서 고르바초프와 정상회담을 갖고 모든 핵무기와 그것을 운반하는 미사일체제의 조절에 합의하였다. 그러나 의회에서 진행된 이란-콘트라(Iran-Contra)청문회는 레이건의 외교정책 능력을 불구로 만들었다. 그는 퇴임시 여론의 인기는 유지했으나 그의 정책들은 조롱의 대상이 되었고 의회의 탄핵 대상이 될 뻔하였다.[12] 노이슈다트는 레이건에 대해 無知와 고집을 결합시키는 것에 성공하였다고 평가하였다.[13]

부시(George H. Bush)는 1990년을 전후해서 발생한 東유럽 공산주의 국가들의 몰락과 소련의 해체기간에 그 지역 민주화를 촉진하고 지지하였다. 닉슨의 워터게이트사건과 레이건의 이란-콘트라 사건을 거치면서 의회에서는 소위 "제왕적 대통령"의 권한을 축소시키려는 분위기가 형성되었는데 그 속에서도 부시는 세계에서 가장 중요하고 힘 있는 대통령으로 자리매김하였다. 1989년 12월 몰타에서 고르바초프와 냉전의 종식을 합의했고, 1990년 8월 이라크의 쿠웨이트 침공으로 일어난 걸프戰(the Gulf War)을 통해 과거 그 어느 대통령이 동원한 것보다도 많은 다국적군을 형성하는 능력을 과시했다. 또한 그는 1991년 8월 소련군부가 쿠데타를 일으켰을 때 그들을 범죄자로 비난하고 고르바초프와 옐친을 지지함으로써 러시아에서의 민주주의 발전을 중요한 것으로 인식하였다.

빌 클린턴(Bill Clinton)은 출범 당시의 예상보다는 많은 외교적 업적을 남겼다.[14] 그는 1993년 9월 13일 백악관에서 이스라엘의 이츠하크 라빈(Yitzhak Rabin)과 팔레스타인의 아라파트(Yasser Arafat)로 하여금 오슬로평화협정에 서명토록 하였다. 1993년 12월 8일에는 과거 공화당 행정부가 오랜 협상을 통해 추진해 오던 미국 · 캐나다 · 멕시코 3국 간의 자유무역협정(NAFTA)을 서명 · 발효시켰다. 그리고 1994년 6월 25일에는 이스라엘의 라빈과 요르단의 후세인국왕 간에 평화협정을 조인케 하였다. 1995년 8월 30일 클린턴은 NATO軍을 동원하여 보스니아의 세르비아인들에 역사상 최대의 공습을 감행하여 발칸 3개국 대통령들로 하여금 3년 동안의 분쟁을 종식시키고 평화협정을 조인케 하였다. 그는 또한 1998년 4월 10일 수십 년 계속되어오던 北아일랜드 분쟁을 종식시키고 평화협정(Good Friday Peace Accords)을 체결토록 하여 그 지역에 평화를 가져다주었다. 1998년 10월 23일에는 클린턴의 중재로 이스라엘의 네타냐후(Benzamin Netanyahu)와 팔레스타인의 아라파트 간에 부분적인 와이江(Wye River) 협정에 서명토록 하였다. 1990년 4월에 그는 NATO軍으로 하여금 코소보에서 유고슬라비아軍을 철수시키려고 78일간의 공습을 단행하도록 하였고 결국 유고의 밀로세비치 정권을 축출하고 민주화에 성공하였다. 클린턴 행정부는 중국을 WTO에 가입시켰고, 클린턴은 2000년 11월에 베트남전 이후 베트남을 방문한 최초의 미국대통령이 되었다. 클린턴은 재임 중 자신이 주지사로 있던 아칸소주의 화이트워터 부동산 사건에 연루되었다든가 또는 모니카 르윈스키 백악관 인턴사원과의 개인적 스캔들을 냈다든가 하는 것 이외에는 별다른 정치적 오류와 실책을 범하지 않았다. 그러한 점이 바로 그가 퇴임한 후에도 계속 인기를 누릴 수 있었던 이유라 할 수 있을 것이다.

1941년 이후 50여년 이상 역대 미국 대통령들의 외교정책에서 우리는 몇 가지 사실을 관찰할 수 있을 것이다.

첫째, 미국의 대통령들은 자신의 외교정책 노선을 설정한 후 그것에 자신의 도장을 찍으려고 노력했다.

둘째, 외교정책에서 현실주의는 이상주의보다 훨씬 효과적이었다.

셋째, 의회는 대통령보다 적극적인 정책을 유지할 가능성이 적었다.

넷째, 외교정책의 주도권에 관한 의회와 대통령의 싸움은 기존의 헌법이 계속되는 한 지속될 것이다.

다섯째, 외교정책에서 일관성은 우연히 그리고 아주 강력한 경우를 제외하곤 성취하기가 어렵다.

여기에서 얻을 수 있는 교훈은 비밀과 기습은 민주주의의 敵이라는 점 그리고 공개적이고 장기적인 토론은 민주주의의 위대한 힘이라는 점이다.

따라서 실패한 정책들을 보면 충분하고 의미 있는 토론 없이 시행된 정책들이었다. 예를 들면 루즈벨트의 對폴란드 정책, 케네디의 피그만침공사건, 존슨의 베트남전 개입, 닉슨의 데땅트정책과 對중국정책, 카터의 인권정책, 그리고 레이건의 이란-콘트라 정책 등이 그것이다.

반면 성공한 정책들은 장시간의 심도 있는 토론 후 의회와 국민들에 의해 용인된 정책들이었다. 즉, 루즈벨트의 완전승리 공약, 트루먼의 마셜플랜과 NATO결성, 카터의 파나마조약과 캠프데이비드 협정, 부시의 걸프戰을 위한 전력투구 정책, 그리고 클린턴의 일련의 평화정책 등이 이에 속한다. 물론 제2차대전 시 루즈벨트의 무조건적인 항복정책이나 닉슨의 개방정책 등은 토의 없이도 성공한 사례다. 그러나 대통령이 의회와 국민을 새로운 정책에 끌어들이는 경우 그 정책은 지속력을 가진다.

지난 50여 년간의 외교정책 역사는 의회에 대한 대통령의 권한이 강화되어 온 과정이었다. 물론 日本이 진주만을 공격하기 직전까지도 루즈벨트는 의회에 의해 中立과 군비축소를 강요당했었다. 닉슨은 의회에 의해 가장 많은 간섭을 받은 사람이었다. 그러함에도 지난 50여년 이상 미국의 외교정책은 백악관에서 만들어졌고 1941년 진주만 사건 이후에는 세계의 지도국로서 미국의 역할이 증대되면서 미국 대통령의 권한도 확대되었다.

1) Michael H. Armacost, The Foreign Relations of The United States(Belmont, Cal, : Dickenson, 1969), p.95.

2) Stephen E. Ambrose, "The Presidency and Foreign Policy," Foreign Affairs, Vol. 70, No.5(1991/1992), pp.120-137.

3) Truman Doctrine은 1947년 3월 13일 Truman 대통령의 議會연설에서 발표되었다.

4) Ambrose,전게서, p.125.

5) 통킹만 결의안 통과 후에 의회 의원들은 대통령이 의회를 속였다고 비난했다 한다. 상게서, p.126.

6) John H. Esterline and Robert B. Black, Inside Foreign Policy(Palo Alto, Cal.: Mayfield, 1975), p.x.

7) Nixon은 SALT I 협상에서 미국의 일부 미사일 부분에서 우위를 양보하였다 한다. Ambrose, 전게서, p.130.

8) 1941년 이후 역대 미국 행정부의 실천되지 않은 공약에는 다음과 같은 것들이 있다. ① 1945년 Yalta 협정에서 선언된 Roosevelt의 對폴란드 정책, ② 1952년 John F. Dulles 국무장관이 천명한 東유럽해방 약속, ③ 1961년 Kennedy가 선언한 세계의 自由와 生存 위해 어떤 대가라도 지불하겠다는 정책, ④ Carter의 인권정책.

9) Ambrose, 전게서, p.133.

10) 상게서, 같은쪽.

11) Los Angeles Times, September 13, 2003. 일부에서는 공산주의가 붕괴한 것은 그들의 부패 때문이었다고 설명한다; Ambrose, 전게서, p.135.

12) 상게서, 같은쪽.

13) 상게서, 같은쪽.

14) Los Angeles Times, Jan. 16, 2001.

Chapter

04

미국외교정책 분석을 위한 여러 접근 방법과 그 사례

외교정책과정을 분석하고 설명하는 방법은 여러 가지가 있다. 체계접근(system approach), 합리적 행위자 모델(rational action model 등을 비롯해서 집단사고(group think), 정부정치(governmental politics), 조직과정(organizational process) 등의 모델들이 그것이다. 이러한 모델들은 미국의 외교정책 결정과정에서 대통령의 권한 및 정책결정과정의 성격과 정치적 상호작용 등을 설명하는 데 기여한다.[1)]

제 1 절 체계접근(System Approach)

체계접근은 문제의 제기, 결정, 집행의 3단계를 거시적으로 파악하는 방법이다. 체계이론은 원래 생물학에서 도입된 것이다. 체계접근은 복잡한 정치현상을 파악하는 데 유용한 도구로 사용된다. 체계과정이란 많은 자원이 그 체계의 목적을 성취하기 위해 동원되고 이용되는 과정이다. 마치 생물체계의 부분들이 유기체의 생명을 유지하기 위해 상호관계 속에서 기능을 수행하고 있는 것과 같이 정치체계도 그 체계 내의 구조, 집단, 개인들이 체계생존에 필요

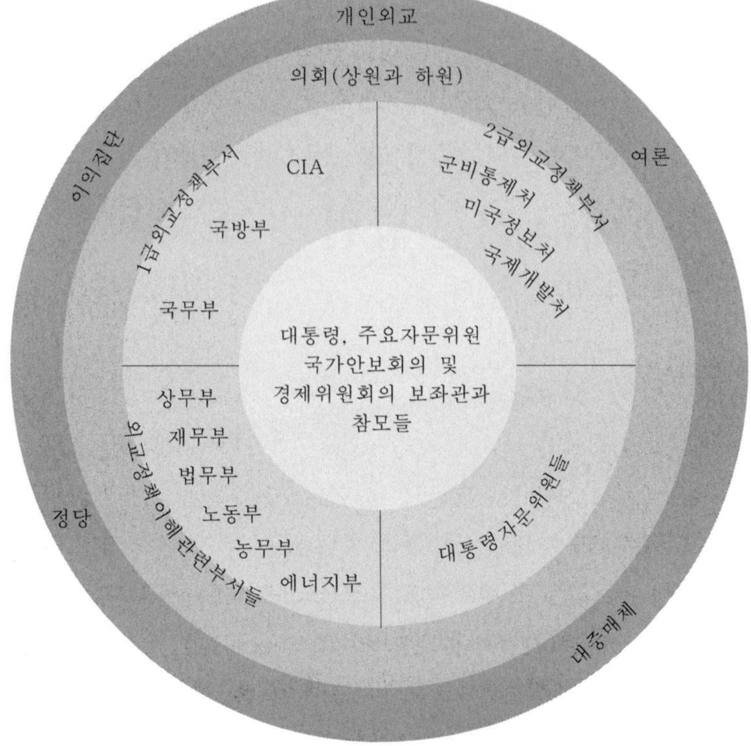

출처: Roger Hilsman, To Move a Nation(New York : Doubleday, 1967), pp,541-44

한 기능을 수행하기 위해 서로 상호작용관계를 맺고 있는 것이다. 따라서 이러한 체계개념은 복잡한 정치적 현실을 知的으로 관리 가능한 상태로 단순화시킬 수 있는 도구를 제공하는 것이다.[2)]

여기에서는 주로 에스터라인과 블랙의 체계접근을 기초로 해서 설명한다.[3)] 정치체계 내의 행위자들의 상호작용관계를 추상적 모델로 표현하면 다음과 같다. 즉, 상호작용은 체계수행에 기능적으로 기여하고 그 체계내 행위자들의 지속적인 역할수행이 그 체계유지에 필요한 것으로 확인된다.

한 국가의 외교정책은 생존목적을 성취하고 타국들과의 갈등을 성공적으로 관리함으로써 권력, 위신, 安全의 가치를 향상시키려는 것이고 정책결정자들이 선택한 목적, 전략, 수단이 집적된 것이다.

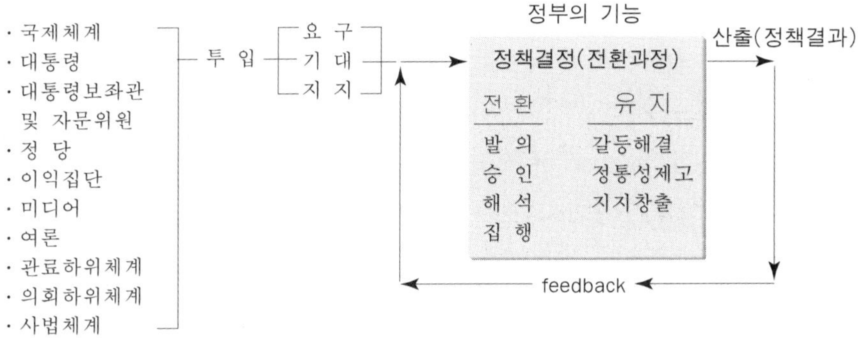

출처: Esterline and Black, Inside Foreign Policy, p. XII.

미국정부의 외교정책에 참여하는 하위체계(subsystem)들은 40여개가 되며, 이들 모든 기관들이 외교정책 목적을 달성하기 위해 국가의 정치적 자원 할당에 관한 결정을 수행한다.

따라서 미국의 외교정책을 분석하기 위해서는 미국의 외교정책체계를 구성하고 있는 하위체계 기능들의 역할과 상호작용과정, 그리고 더 나아가서는 미국외교정책체계와 국제정치체계 간의 상호작용과정을 고찰해야 한다.

미국의 외교정책결정에 영향을 주는 모든 기관들과 사람들은 미국의 정치체계를 구성하는 하위단위들이다. 즉, 투입물(inputs)을 산출물(outputs)로 전환시키는 과정에서 그들 각 하위단위 또는 하위체계들이 정책을 발의하고(initiate), 승인하며(legitimate), 집행하는(execute) 기능을 한다. 또한 그 하위체계들은 체계유지를 위해 갈등을 해결하고 체계의 정통성을 향상시키며 그 체계에 대한 지지를 끌어내는 기능도 수행한다.

외교정책 행위자들은 입법부, 사법부, 행정부의 3개 기관에 국한되지 않고 정당, 이익집단, 미디어, 학자, 그리고 다국적 기업들까지도 포함된다. 그들은 외교정책과정에 그들의 의견과 이익을 투입하는 부가적인 근원으로 기능한다. 예를 들어 이스라엘에 대한 미국 내의 광범위한 지지는 지속적으로 미국의 친이스라엘 정책을 초래하게 된다. 외국정부와 국제기구들도 미국이 반응을 보여야 하는 요구를 미국에 투입한다. 예를 들어 1975-1984년 아랍국가들의 석유 보이콧은 미국의 경제정책의 전환을 야기하였고 국가적인 에너지 자급을 달성하기 위한 미국의 노력을 촉진시켰다.

① 정책의 발의(Initiation of Policy)

대통령이 주도하는 집행부서는 외교정책을 발의 시행하는 주요 부서이다. 대통령은 ① 외교사절의 교환을 수행하고, ② 조약, 협정, 기타 계약에 준하는 합의사항들을 결정하고, ③ 미국과 국제기구들을 연결시키는 등 타국과 공식 비공식적인 상호작용에 종사함으로써 외교정책을 발의한다.

② 정책의 적법화(Legitimation of Policy)

대통령이 발의하는 많은 정책들은 의회의 승인 또는 비준을 필요로 하는 구체적인 예산이나 경비를 확보해야 한다. 모든 조약은 그것이 발효되기 전에 上院의 자문과 동의를 필요로 한다. 예를 들어 NATO를 설치하는 조약은 상원의 비준을 받아야 하고 NATO에 자금과 병력을 파견하는 의무사항의 이행은 의회의 예산지원이 있어야 한다. 행정협정은 의회의 비준을 요하지 않으나 예산이 필요하다면 의회가 그 예산을 제공해야 한다. 예를 들어 태국 내의 미군기지들은 행정협정의 산물이지만 의회는 그러한 기지들을 유지하는 예산을 가결해 주는 경우 대통령의 외교정책 발의를 묵시적으로 승인하거나 정당화시켜주는 것이다. 또한 동일한 행정협정의 결과인 이스라엘에 대한 군사원조는 그 시행을 위해 의회의 지출승인을 받아야 한다. 연례적인 연방예산심의과정에서 의회는 행정부의 외교정책 시행을 심사하는 효과적인 수단을 가진다.

대통령이 의회에 제출하는 예산은 대통령의 전반적인 외교정책 우선순위를 나타낸다. 의회는 그러한 외교정책 목적들에 대한 예산을 표결함으로써 대통령의 외교정책 우선순위를 승인하고, 때로는 그 정책순위를 재조정하거나 거부한다.

예를 들면 베트남戰의 경우가 그러하다. 즉, 대통령의 정책우선순위를 재조정하려는 개별 상하원 의원들과 이익집단들의 지속적인 기도에도 불구하고 의회는 1973년까지는 베트남전의 수행예산을 가결해 주었고 베트남정책을 지지해 주었다. 당시 의회는 만일 대통령이 1973년 8월 15일까지 군사행동을 종식시키는 데 동의하지 않는다면 캄보디아 내에서의 부가적 공중폭격을 위한 예산지출을 중단하겠다고 위협하여 대통령이 외교정책의 우선순위를 재조정하도록 하였다. 대통령은 의회의 요구를 수락했다.

의회는 예산지출권 이외에 다른 수단으로 집행부의 외교정책 제안을 동의할 수도 있고 불만을 표출할 수도 있다. 예를 들어 1919년 우드로 윌슨 대통령이 기초하고 서명한 파리강화조약, 즉 미국이 국제연맹에 참여하도록 허용하는 그 조약에 상원은 비준을 거부하였다. 대조적으로 1964년 의회는 北베트남의 폭격을 허용하는 통킹만 결의안을 채택하여 존슨 대통령의 인도차이나 정책을 승인하였다. 1973년 11월에는 닉슨 대통령의 거부권 행사에 대해 의회는 대통령의 전쟁개시를 제한함으로써 대통령의 베트남정책에 불쾌감을 나타낸 "전쟁권 결의안(the War Powers Resolution)"을 통과시켰다. 의회는 전쟁을 선포할 수 있는 헌법상의 권한을 다시 주장하여 대통령에게 60일 이내에 무력갈등을 종식시킬 것을 요구하면서 대통령의 권한을 구체적으로 제한하였다.

의회가 대통령의 외교정책 발의에 동의 또는 불만을 표출하는 세 번째 방법은 대통령이 임명한 정치적 인사들을 인준하거나 거부하는 것이다. 헌법에는 "대통령은 大使, 기타 각료 및 영사를 상원의 자문과 동의를 얻어 임명한다"라고 되어 있다. 예를 들어 1969년 풀브라이트(William Fulbright) 상원의원은 외교위원회 위원장으로서 라오스 대사로 임명된 고들리(Mcmutrie Godley)의 인준을 지연시켰다. 그 이유는 수년전 내전시(內戰時) 그가 대사의 역할을 제대로 수행하지 못하였다는 것이었다. 같은 기간 상원은 주베네주엘라 대사로 내정된 맥클린턱(Robert McClintock)을 수개월 동안 유보했었던 바, 그 이유는 그가 국무부의 베트남정책의 주요 입안자였기 때문이었다고 한다. 1973년

7월 11일 고들리는 풀브라이트 위원회에서 국무부 동아태담당 차관보 인준과정에서도 다시 거부되었다.

③ 정책의 해석

사법부는 일차적으로 외교정책을 해석한다. 대통령과 의회의 외교정책 행위에 대한 사법적 심사는 외교정책 행위에 관한 이의가 제기되는 때 법정에서 이루어진다. 외교정책 영역에서 사법적 심사기능은 대통령과 의회의 기능에서보다는 덜 명백하지만 외교정책에 관한 사법부의 헌법상 기능은 국가 창설시부터 시행되어 왔고 그러한 사법부의 기능은 외교정책 결과에 영향을 주어왔다. 예를 들어 행정협정이 의회의 비준 없이 효력을 가진다는 해석이 미국 정치체계에서 용인된 것은 미국 대법원의 판결 결과이다.

④ 정책의 집행

외교정책의 발의와 승인 후에는 필히 정책의 집행이 따른다. 대통령과 집행부 기관들은 채택된 정책과 협정들을 집행한다. 법률상 외국과의 모든 교신 및 업무를 수행하는 일차적 책임은 국무부가 맡고 있다. 국무부 주도하에서 많은 집행기관들은 수천가지의 외교정책 과제를 수행한다. 이들 과제는 조약동맹국들과의 정치적 군사적 협력에서 시작하여 미국시민의 해외여행을 위해 여권에 도장을 찍어주는 일에까지, 수백만 달러 또는 수억 달러의 외원계획을 집행하는 것에서부터 외국에서 카메라를 사오는 미국 시민에게 관세를 부과하는 일에까지, 그리고 우주공간의 관측위성으로 모든 대륙을 전자 감시하는 일에서부터 외국인의 불법입국을 감시하는 국경 기마순찰대의 업무에 이르기까지 광범위하다.

⑤ 여러 기능의 복합성

대통령, 의회, 법원 등 대부분의 기능단위들은 그들의 일차적 기능들에 첨가해서 이차적 기능들을 수행한다. 예를 들어 대통령은 외교정책의 최고 발의자이자 외교정책에 정통성을 부여하는 사람이다. 왜냐하면 대통령의 거부권이 의회에서 무력화되는 경우를 제외하곤 외교정책 집행에서 의회의 행위는 대통령의 승인을 받아야 되기 때문이다. 대통령은 또한 법률제정자(rulemaker)이다. 대통령이 외국과 체결하는 행정협정은 법적 효력을 지니고 있기 때문이다. 대통령은 일반법령 하에서 관세목록 작성 등 광범위한 권한을 가진다. 그는 예산편성을 통해 외원계획의 구성비율을 결정하고 타국정부의 승인 여부, 그들 국가들로부터 오는 외교사절의 접수 여부 등을 결정한다. 대통령은 집행부서를 통해 외교정책에 영향을 주는 사법적 행위도 수행한다. 대통령은 조약과 행정협정을 해석한다. 예를 들어 그는 이민법과 같은 일반명령을 해석하는 행정결정을 수행한다. 또한 軍의 최고사령관으로서 그의 권한에 대한 그 자신의 해석은 외교정책 수행에 큰 영향을 준다.

의회는 행정부의 외교정책 발의를 합법화시켜주는 기능을 하는 동시에 또한 그 자체가 외교정책 발의자이기도 하다. 의회의 예산 지배권은 외국원조나 군사문제의 내용을 수정 또는 조정함으로써 대통령이 제안한 당초의 내용과 사뭇 다른 결과를 가져오곤 한다. 예를 들어 1974년 의회는 미국-소련간 무역발전의 선행조건으로 소련내 유태인의 처우개선을 요구하였다. 또한 1974년 외국자본 특히 500억 달러의 유통자금을 가진 아랍의 석유생산국들이 미국경제의 주요 부분을 인수할 수도 있다는 의원들의 우려의 결과 미국내 외국인 투자를 제한하는 많은 법률안들도 제정하였던 것이다.

미국의 법원들은 국제법과 그 법의 미국 내에서의 적용여부를 해석할 때 그들은 법해석에 덧붙여 법을 제정하기도 한다. 예를 들어 미국의 법원들은 미국의 대륙붕 자원에 대한 관할권을 요구하고, 타국에 의한 영해사용에 관해 판결하며, 해안의 만과 입구가 국가의 바다인지를 결정한다. 미국의 법원은 그러한 사건들이 법원에 제소되는 경우 외국정부, 외국인 단체, 외국인 등과 미국과의 관계에 관한 法을 제정하는 것이다.

제 2 절 합리적 행위자 모델(THe Rational Actor Model)과 그 사례

1 개념과 논리

합리적 행위자 모델은 “합리적 선택 모델(rational choice model)” 이라고도 한다. 이 모델은 외교정책과정을 분석하고 이해하는데 가장 이상적인 접근방법으로 알려져 있다. 이 접근방법은 원래 경제학에서 연원하였다. 경제학자들은 경제행위의 기본단위로 이기주의적인 합리적 개인을 가정한다.[4] 즉, 사람들은 무슨 방법을 사용하든 각기 자기들의 목적달성을 극대화시키기 위해 합리적으로 행동할 것이라는 가정이다. 경제학자 부캐넌은 이 모델을 집단적 결정작성(decision-making)의 이론이자 분석틀이라 하였다.[5] 그런데 정치학에서 그러한 가정과 분석틀을 정치현상 설명에 도입한 것이다.

외교정책 결정과정에서 대통령은 외교정책을 장악하고 합리적 과정을 통해 결정에 도달한다는 것이다. 즉, 합리적 행위자 모델은 행정부가 단일 행동자로서 어떤 합의된 목적을 추구하고 달성하는 데 가장 효과적인 방법을 찾는 것이다. 통상 이 모델은 위기시 결정과정 연구에 이용된다. 위기시 결정작성은 인식된 위협에 대한 반응으로 나타난다. 즉, 적대적인 행위가 나타났을 때 무엇을 어떻게 대처해야 할 것인가를 합리적으로 계산하는 것이다. 위기시 결정과정에는 대통령을 중심으로 비교적 소수의 핵심 관련인사들이 참여하여 신속하고 신중한 검토를 하게 된다. 때문에 위기시 결정은 당면한 위기사태를 해결할 수 있는 방법을 찾기 위해 토의하며 그런 점에서 합리적 결정패턴을 보인다. 이와 같은 결정과정에서는 일상적인 정책결정을 특징짓는 관료기구의 내부논쟁이나 행정부와 의회 간의 충돌 같은 것은 없거나 드물다. 즉, 위기 대책에 관해서 의회나 사회의 토론의 여지가 없는 것이다. 모든 결정참여자들은 외부 위협에 대한 공통의 인식으로 통일적인 행동을 하게 된다. 결정과정의 초점은 당면한 위기에 어떻게 대응할 것이냐에 대한 가장 효과적인 해결책에 도달하는 데 맞추어진다. 그렇지 않으면 그 위기는 자칫 군사적 대결이나 전쟁으로 확대될 수 있기 때문이다. 따라서 합리적 행위자 모델과 위기시 결정은 강력한 집행부, 신속한 행동능력, 그리고 내부적 통일을 강조하게 된다. 결정자들은 목적-수단(전략)문제에 초점을 맞춘다.

합리적 행위자 모델은 4가지 단계의 결정과정을 설명한다.

첫째, 참여자들은 그들이 성취하고 극대화하려는 목적과 가치를 선택한다.

둘째, 이들 목적을 달성하기 위한 여러 대안과 수단 및 전략을 고려한다.

셋째, 각 대안을 추진했을 때 나타날 수 있는 가능한 제 결과들을 검토한다.

넷째, 처음에 선택했던 목적들을 가장 효과적으로 달성할 수 있는 전략과 방법을 선택한다.

2 사례와 설명

1) 위기시 결정

합리적 행위자 모델은 통상 위기시 결정을 설명하고 이해하는데 적절한 접근방법으로 이용된다. 정책결정자들이 어떤 충격적인 사태에 직면해서 신속한 대책을 수립해야 하고 국가의 사활적 이익(vital interests)이 걸려 있다고 인식할 때에는 관료제의 특징인 일상적 방법이나 표준운용절차로는 결정이 이루어질 수 없다.[6]

신속한 결정의 필요성은 통상 결정과정에 참여하는 사람들의 수를 제한하게 된다.[7] 무엇보다도 사활적 이익이 걸려 있다는 인식이 결정을 신속히 중앙집권화시키고 그 사안은 대통령과 주요 참모들과 자문위원들만이 회동하는 최고 정점에로 올려지게 된다. 흔히 사활적 이익의 위기는 현상파괴자와 현상 유지자가 충돌할 때 발생한다. 그러한 위기는 폭력의 사용 가능성이 높은 상황이고 위기가 계속 되는 경우 확전 가능성은 더욱 커진다. 따라서 결정자들은 위기사태를 신속하게 해결하려 든다.

냉전시대의 위기들은 확전과 핵전쟁을 초래할 수도 있었고 그것은 곧 상호 절멸의 가능성을 내포하고 있었다. 이런 점에서 볼 때 1990년 이라크 위기는 위기가 아니었다고도 할 수 있다. 사담 후세인(Saddam Hussein)이 1990년 8월 2일 쿠웨이트를 침공한 사태는 1962년의 쿠바 미사일 위기시 자칫 미국과 소련이 모두 절멸할지도 모른다고 인식하였던 때의 위기는 아니었던 것이다. 그러나 일부 논자들은 이라크가 핵무기를 획득할 수 있고 생화학 무기를 개발하는 경우 그것은 통상적 비용으로는 감당할 수 없는 위험이라고 인식하였다. 다시 말해서 후세인이 이라크 석유에 쿠웨이트 석유까지 장악하고 군사적으로 허약한 사우디아라비아까지 장악하는 경우 西유럽의 모든 산업이 의존하고 있는 OPEC의 석유 공급과 가격이 그의 손아귀에 들어갈 수도 있었기 때문에 후세인의 쿠웨이트 침공은 진정한 위기로 인식되었던 것이다.

2) 최고 수뇌부의 결정

위기시 결정은 행정부 최고 수뇌부에서 이루어진다. 즉, 대통령은 최고의 위치에서 외교정책 권한을 행사하고 집행부와 자기 참모들을 이용하여 ① 그가 달성코자 하는 외교정책 목적을 결정하고, ② 그의 참모들로부터 정보를 얻어, ③ 다양한 정책 대안들을 검토케 하여 ④ 그의 외교정책 목적을 성공적으로 완수할 수 있는 대안을 선택한다. 따라서 이러한 과정에서는 일상적인 관료부서 간의 정책 알력이나 입법부와 행정부 간 관할권 싸움, 그리고 이익집단들의 영향력 등은 모두 배제된다. 위기관리는 단기간 동안 신속하고 능률적으로 진행된다.

쿠바 미사일 위기시 대통령은 쿠바로부터 소련의 미사일을 철수시키는 것을 목적으로 설정한 후 참모 및 자문위원들과 전쟁에 들어가지 않고 쿠바로부터 소련이 미사일을 철수하도록 하는 방법에 관해 가능한 모든 대안들을 검토하였다. 케네디 대통령은 집행부 위원회의 토론에 불참하여 그 구성원들이 각자 하고 싶은 말을 다하도록 하였다. 그가 참석해서 의견을 밝히면 다른 사람들은 그 말에서 단서를 잡아 말할 것이고, 누가 감히 대통령의 견해에 도전할 것인가. 그리고 그 집행부 위원회는 소집단으로 나뉘어 분과토의를 하고 서로 교차검토를 하도록 하였다. 그런 식으로 모든 구성원들은 구체적 대안들에 대한 찬반의 논지를 철저히 숙지하게 되었다. 참모들은 시간이 없었다. 그들은 U-2기가 찍어 온 사진들을 토대로 그 문제를 UN에 회부하는 방안에서부터 그 미사일기지에 대한 국지적(局地的) 공격(surgical strike)을 감행하는 것에 이르기까지 5일 동안 24시간 내내 대안(代案)논쟁을 벌였다.[8)] 결국 10월 20일 케네디 대통령은 공개적으로는 소련함정의 쿠바 접근을 봉쇄하기로 결정하고 개인적으로는 소련공산당 제1서기 겸 수상인 후르시초프(Nikita Khruschchev)에게 정치적 해결을 제안했다. 그 정치적 해결이란 쿠바에서 소련의 미사일을 철수시키는 대신 미국은 터키에서 미사일을 철수하고 쿠바를 다시는 침공하지 않는다는 약속을 하는 것이었다. 그 다음날 일요일 후르시초프는 케네디의 제안에 동의하였고, 쿠바 미사일 위기사태는 역사 속으로 들어갔다.[9)] 대부분의 학자들은 케네디의 정책 결정과정은 대통령의 주관 하에 위기의 신속한 해결을 이끌어낸 어떤 합리적 과정에 매우 근접한 것이었다고 결론지었다.[10)]

1990년 8월 2일 이라크의 후세인이 쿠웨이트를 침공한 이라크사태가 발생하였을 때 조지 부시(George Bush) 대통령의 위기사태 처리 또한 최고 수뇌부에 의해 이루어졌다. 국무장관, 국방장관, NSC 보좌관, 합참의장 등 네 사람과 대통령은 모든 기본 목적과 방법에 관해 합의했던 것으로 보이고, 그 모임은 전시내각인 핵심 써클인 8인 위원회(the Big Eight)의 일부로 기능하였다.[11)]

이상이 위계적인 조직으로 이루어진 행정부의 정책결정과정을 설명하는 이상적 모델(ideal model)이다. 즉, 이 개념에 따르면 행정부는 위계적 권위에 따라 움직이는 것이고 대통령은 제일 꼭대기에 앉아서 백악관의 NSC참모들과 그가 임명한 각료들을 거느리고 외교정책 권한을 행사하는 것이다. 이와 같이 대통령은 외교정책을 장악하고 관료는 대통령의 뜻에 부응하여 임무를 수행하는 것이다.

이러한 접근은 대통령이 궁극적인 책임을 질 뿐만 아니라 정책결정과정이 대통령의 신념과 소망에 부응하는 합리적 과정에 따라 이루어지는 경향을 설명하는 것이다. 즉, 일단 어떤 문제가 정부의 의제(agenda)에 올라오면 대통령은 그가 성취하고자하는 외교정책 목적을 결정하고 해당부서로부터 정보를 보고받고, 그의 자문위원들과 협의하여 광범위한 정책대안들을 고려하여 그의 외교정책목적을 성공적으로 완수할 수 있는 정책대안을 선택하는 것이다. 대통령은 통상 그러한 결정을 고립적으로 내리지 않는다. 그는 정보와 자문을 얻기 위해 내각과 NSC 같은 공식적인 정책결정 통로를 이용하며, 비공식적으로는 그가 신뢰할 수 있는 정책결정자들과 협의한다. 또한 합리적 행위자 모델은 대통령의 뜻에 부응하는 행정부의 합리적인 정책결정과정을 설명한다. 이 모델은 비단 미국의 외교정책을 설명하는데 적용될 뿐만 아니라 다른 나라의 외교정책을 설명하는 데도 이용된다. 예를 들어 1979년 소련이 왜 아프가니스탄을 침공했는지에 관해서는 논란의 여지가 상당하지만 그러한 결정은 소련공산당 정치국 제1서기 브레즈네프(Leonid Brezhnev)에 의해 이루어졌고, 그것은 합리적 구상의 기능이었다고 할 수 있는 것이다.

3) 대통령의 인식과 정책선택

합리적인 정책결정과정은 또한 대통령의 최대 관심사를 처리하는 과정이기도 하다. 그러한 결정과정은 대통령이 다양한 정보와 정책대안들을 검토하는 과정이지만 상당부분은 그 대통령의 신념과 개성(personality)을 반영하는 과정이기도 하다. 즉, 어떤 위기사태가 발생하였을 때 그 사태를 어떻게 인식하느냐하는 것은 대통령 개인의 신념 및 개성과 밀접하게 관련된다. 대통령은 자신의 관점에서 위기사태를 설명하고 그 위기사태가 지니고 있는 의미와 중대성을 점검할 것이다. 예를 들어 쿠바 미사일 사태에서 그것은 미국의 안보에 심각한 영향을 미칠 수도 있었고 대통령 자신의 정치적 미래 및 국가적 지도력 등의 문제도 걸려 있었다. 케네디는 쿠바에서 소련이 미사일기지를 설치하는 것을 케네디 자신에 대한 도전으로 인식하였고 미국의 국제적 위신과 영향력을 훼손시킬 수 있는 상황으로 보았다. 케네디는 의회와 여론의 주장에 부응해서 90마일 떨어진 쿠바에 공격용 미사일을 허용하지 않을 것이라고 선언하였다. 일차적으로는 공화당 쪽에서 오는 비판을 무마하려는 의도에서 나온 그 선언은 소련 지도자로 하여금 쿠바에 미사일 설치 의도가 없음을 밝히라는 신호를 보낸 것이었다. 만일 케네디가 행동하지 않는다면 케네디 자신이 행했거나 그 선배 대통령들이 수행했던 선언과 약속도 신뢰성을 잃을 수 있는 것이었다. 그러한 점들이 바로 케네디가 인식한 것들이었다. 케네디가 우려했던 것은 후르시초프가 1961년 미국의 쿠바 피그만 침공이 실패하고 같은 해 소련이 베를린 장벽을 설치했을 때 미군이 행동하지 않는 것을 보고 자신이 의지력을 결여하고 있으며 미국의 사활적 이익도 방어할 충분한 의지도 없다는 신호로 보지 않을까 하는 점이었다.[12]

문제는 미 · 소 양국간의 군사적 균형상태에 미치는 소련 미사일의 영향력이라기보다는 양국 간 세력균형의 어떤 변화징후가 지닌 정치적 결과였다. 미국이 행동하지 않을 경우 그것은 소련 미사일의 우월성을 세계에 알리는 것이었다. 그렇게 되면 미국의 동맹국들은 미국이 핵공격에 취약하다는 것을 두려워할 상황이었다. 동맹국들은 그들의 안보를 미국에 의존할 수 없게 되는 것이다. 소련은 이러한 상황을 이용하여 미국의 동맹체인 NATO를 파괴하고 西베를린에서 西유럽동맹을 몰아내려는 의도를 표명한 바도 있었다. 소련의 정책이 쿠바에서 성공한다면 소련은 케네디가 서베를린을 방어할 것이라는 선언을 심각하게 받아들일 리가 없었다. 그런데 쿠바 위기의 아이러니는 케네디가 자기 재임기간 소련과의 공존을 추구하기로 결심했다는 것이다. 만일 후르시초프가 케네디를 거칠게 다루려고 하지 않았다면 미 · 소 관계가 달라질 수도 있었을 것이다. 즉, 서로의 정당한 이익을 인정하지 않는다면 진정한 협상은 불가능한 것이다. 국내적으로는 쿠바에서 또 다른 패배를 할 경우 케네디의 당내 지위, 의회 및 대중과의 개인적 관계에도 영향을 미치게 되었을 것이다. 즉,

"보다 강력한 대외정책을 추구하라"는 우파 공화당의 강력한 압력과 그로 인한 국내 개혁프로그램의 후퇴는 케네디에게 강한 압박으로 작용하였다.

특히 위기시 대통령의 지배적 역할은 1990년 8월에서 1991년 3월에 이르는 기간 이라크의 쿠웨이트 침공사태시 부시에 의해 재확인 되었다. 당시 부시는 이라크의 쿠웨이트 침공은 사담 후세인의 다음과 같은 의도에 따라 이루어졌다고 하였다.

첫째, 걸프지역에서 이라크를 강대국으로 만든다.

둘째, OPEC의 석유생산을 통제하고 석유가격 정책을 지배하려 한다.

셋째, 중동에서 이라크를 헤게모니국가로 만든다.

넷째, 중동에서 친서방 아랍지도자들을 제거한다.

다섯째, 이라크를 反이스라엘 및 반미운동의 지도자로 자리매김 시킨다.

이러한 후세인의 목적은 저지되어야 했다. 만일 후세인의 쿠웨이트 침공이 묵인된다면 다른 가능한 잠재적 침략자들에게 나쁜 선례를 남겨주게 되기 때문이었다. 쿠웨이트에서 후세인을 축출하려는 부시의 결심에는 두 가지 강력한 신념이 있었다.

첫째, 제2차대전 당시 해군비행조종사로서 복무한 부시에게는 침략자들은 그들의 진로에서 정지되어야 했다. 유화(宥和)는 어리석은 짓이다. 후세인의 위협은 1930년대 히틀러의 위협과 유사한 것으로 보았다. 또한 쿠웨이트에서 이라크인들에 의해 저질러진 잔인하고 극악한 행동은 단호하게 차단되어야 한다는 것이 부시의 강한 신념이었다.

둘째, 미국의 가치와 목적에 대한 부시의 지속적인 신념이었다. 베트남戰 이후 많은 사람들이 자신감을 잃고 있던 상황에서 그는 강인한 입장을 유지하였다. 즉, 그는 "세계에서 미국의 역할 때문에 우리는 어울리지 않는 책임을 지고 있다"[13)]고 토로 하였다.

부시는 中東지역 전체에 대한 위협인물로서 후세인을 무력화(無力化)시키려는 전략문제에 집중하였다. 그는 소련과 서유럽 동맹국들, 이집트, 시리아, 모로코를 포함한 주요 아랍국들의 연합세력을 구축하였다. 그는 우선 쿠웨이트에서 이라크를 축출하기 위해 UN을 동원하였다. UN과의 연계는 소련과 다른 아랍국들의 협조를 얻는데 명분을 확보할 수가 있었다. 이라크의 축출명분은 미국외교정책 목적에 정통성을 부여했다. 그러한 목적을 위해 경제제재와 이라크군의 철수시한을 설정하고 불응하면 무력을 사용할 것이라는 신호를 보냈다.

국내에서 부시는 베트남戰의 후유증에도 불구하고 지지여론을 이끌어내 반대에 직면하지 않으면서 최초 10만 이상의 병력을 파견하였고 그 후 25만으로 증강시켰다. 민주당은 초기 경제제재에는 찬성하였으나 100만 이라크군과의 전투에서 상황이 악화되어 대규모 사상자가 발생할 것을 우려하였다. 민주당은 석유수출을 차단하는 것만으로도 이라크를 굴복시킬 수 있다고 믿었다.[14] 그리하여 민주당은 헌법적 위임 없이는 전쟁에 들어가지 말 것을 요구했다. 부시는 결국 의회의 지지를 호소했고 UN과 동맹국들이 이미 군사행동을 지지하고 있는 상황에서 민주당 의원 거의 전부가 반대했음에도 상원에서 가까스로 성공을 거두었다. 부시는 후세인이 스스로 퇴진을 하지 않으면 강제로라도 퇴임시키겠다는 증거로 병력을 배가시켰다.

1991년 1월 15일 최후통첩 시한이 지났다. 부시는 머뭇거리지 않고 즉각 전쟁개시 명령을 내렸다. 그 전쟁은 43일간 계속되었다. 기본적으로는 공군이 그 전쟁을 승리로 이끌었다. 즉, 공중폭격으로 대량 살상무기를 제조해서 지역패권을 장악하려 했던 후세인의 그 능력을 파괴시켰다. 쿠웨이트 내에 있는 이라크軍에 무자비한 공습을 가해 저항의지를 무력화시켰다. 당시 의회내 비판자들은 지상전(地上戰)을 피하고 공중전을 지속할 것을 요구했으나 지상군 지휘관들이 진군 준비완료를 보고하자 부시는 진격을 명하였다. 100시간도 안 돼 전쟁은 끝이 났다. 미군사상자 253명, 이라크군은 싸움이 아니라 항복과 퇴각을 선택하였다.

그러나 무엇보다도 부시가 그 전쟁을 지배한 것은 그의 외교적 성공이었다. 후세인은 미사일로 이스라엘을 공격하면 연합국이 분열될 것으로 생각하였다. 그러나 부시는 그 분열을 막았다. 즉, 이스라엘은 보복하지 않고 엄청난 자제력을 발휘하였던 것이다. 사우디의 공군을 통합한 연합국 비행대가 이라크 미사일 발사대를 찾아 파괴하였다. 특히 연합국에 가담한 모든 아랍국가들과 그 국민들은 동료 아랍국에 대한 공격에 가담한 자국정부에 반대하지 않았다.

더욱이 부시는 후세인이 체면을 세우고 그의 재래식 전투능력의 대부분을 보전할 경우 일어날 수 있는 그 어떤 결과를 방지하였다. 소련의 고르바초프는 후세인에게 쿠웨이트에서 철수하여 이라크를 구하고, 전후 협상에서 주 역할자로 남도록 권고했다. 후세인은 철군에 동의했고 고르바초프를 연합세력에서 끌어내려고 노력하면서 부시에 받아들일 수 없는 조건을 제시하였다.

첫째, 小國 쿠웨이트에 대한 약탈과 학대를 이유로 이라크에 경제보복을 하지 않을 것.

둘째, 경제제재는 이라크군의 철수가 완료되기 전에 종결되어야 할 것.

셋째, 후세인이 이라크의 쿠웨이트 병합을 공식적으로 부인하지 않는다는 조건 등이었다.

부시는 고르바초프에게 예를 표하고 그 조건들을 받아들일 수 없다고 전한 후 후세인에게 24시간 이내에 쿠웨이트에서 철수하지 않으면 지상군을 맞이할 것이라 하였다. 당시는 지상전이 연기될 경우 연합군의 와해가 가능한 상황이었다. 일단 지상전이 시작되자 후세인은 통첩시한을 무시한 후 미국에 유리한 고르바초프의 조건을 받아들여 조건 없이 철군하겠다고 발표하였다. 지상군은 이라크 군을 전면 포위했고, 특히 전투가 끝나기 전에 후세인의 친위부대인 공화국 수비군(Republican Guard Forces)을 동결시켜 그 지역에 대한 후세인의 위협을 종식시키려 했다. 그것이 위기사태의 출발에서부터 전쟁의 중심적인 목적이었다.[15)]

부시는 거의 50여 년 동안의 직무수행 경력에서 두 번째로 높은 여론의 지지를 획득하였다.

4) 정책의 집행

위기시 결정의 또 다른 특징은 국가이익을 방어하는 결정이 필요할 때 관료

이익을 예속시킨다는 점이다. 위기는 통상 긴급성을 수반한다. 국가의 안보가 걸려 있고 전쟁가능성이 높다는 긴박성이다. 따라서 정책결정은 최고 수뇌부로 이전되고 그렇게 되면 이제 최고 지위에 있는 사람의 개성(personality)과 신념이 그 결정에 반영되게 된다.

위기시 결정에서는 고위직 참여자들은 자기가 속한 부서의 대표로서보다는 그 이상의 역할수행자로서 행동하게 된다. 맥나마라 국방은 쿠바사태 기간 쿠바를 폭격·침공하자는 합참(Joint Chiefs of Staff)의 의지를 반영하지 않았다. 그 후 베트남戰 기간에도 그는 합참장군들의 견해와 건의에 동의하지 않았다. 당시 다른 참여자들도 자기가 속한 부서 관료들의 견해를 반영하지 않았다. 대통령의 최측근인 법무장관, 대통령 특별자문위원, 재무장관, 국무장관 등도 그들 자신의 의견을 개진했을 뿐이었다.

특히 위기시에는 "자기가 속한 조직의 의사를 대변한다"(you stand where you sit)라는 관료주의 공식이 반드시 옳은 것은 아니다.

위기시 관료의 주 역할은 정책을 집행하는 것이다. 軍의 경우에도 대결상황에서는 무력을 행사하면 즉시 노출될 수 있기 때문에 다른 관료조직들과 같이 표준운용질차를 따르게 된다. 군의 조직들은 자체의 조직목적을 위해 업무를 수행하면서 위험한 확전을 방지하고 평화를 유지하려는 정책결정자의 결정에 동참하지 않을 수도 있다. 쿠바사태 시 空軍이 쿠바 미사일기지에 대한 국지적 공격(surgical strike) 가능성에 관한 의견을 요청 받았을 때, 공군은 쿠바 침공을 위해 이미 마련해 두었던 기존의 계획을 변경하여 수백 개의 다른 목표물에까지 확대한 미사일 발사계획을 수립하였다. 즉, 공군은 소련정부가 다른 반응을 보일 수도 있는 어울리지 않는 대응책을 제시했던 것이다. 다시 말해서 소련이 미국의 목표가 단순히 쿠바 내의 미사일기지 철수가 아니라 카스트로의 제거가 아닌가 하는 의심을 갖도록 한다는 것이었다. 그리고 해군은 쿠바인들이 조종하는 소련제 미그전투기들의 작전반경 밖에 봉쇄선을 설치하기를 원했지만 케네디는 후르시초프 수상이 다음 단계의 수(數)를 생각할 수 있는 여분의 시간을 주기 위해서 봉쇄선을 좀더 떨어진 곳에 설치하기를 원했다. 양측의 목적은 모두 일리가 있었으나 분명 상충적인 것이었다. 당시로선 어떤 실수에 의한 전쟁위험도 현실적인 것이었다. 그 누구도 전쟁을 원치 않았으나 위기의 진행단계에서 어떤 통제력의 상실은 의도하지 않은 확전을 야기할 수도 있는 것이었다. 따라서 대통령은 자신의 정치적 목적이 일차적인 것이기 때문에 군사작전이 자신의 목적들을 위태롭게 하지 않도록 확실히 해두는 것이 필요하였다.[16)]

군사작전이란 실로 정책을 수행하는 수단이고, 외교를 종결시키는 수단이며, 국가의 진로를 결정하는 정치적 조치를 위해 시한을 설정하는 수단이다. 콜린 파월(Colin Powell)의 지휘 하에서 對이라크戰을 담당했던 장교들은 교전상황이 벌어지면 미군이 압도적인 무력으로 행동할 수 있고 정치적 제약을 받지 않으면서 신속하게 승리해서 최소한의 인명손실로 전쟁을 끝낼 수 있도록 상당규모의 병력을 집중시킬 것으로 믿고 있었다. 사우디아라비아의 방어병력은 20만 이상으로 언급되었고 가능한 한 이라크 공격은 억제될 것이라는 미국의 결의가 나왔으나 이라크군이 계속 증강되면서 미군의 공격목표가 이라크로 변경되었고 그에 상응하는 군사력 증강이 착수되었다. 후세인에게 쿠웨이트에서 철수하지 않으면 강제로 축출될 것이라는 메시지가 전달되는 동안 소련과 대치하고 있던 독일 주둔 탱크사단들을 포함한 미군의 증강 목적은 개전 초기 주도권을 장악할 수 있는 능력과 이라크의 군사목표물들을 즉시 파괴하고 보급로를 차단하여 쿠웨이트 내의 이라크군을 봉쇄하는 것이었다. 대규모 병력을 동원하고 미국의 기술적 우위를 최대로 활용해서 사상자를 최소화시키면서 가능한 한 신속한 승리를 거둔다는 전략이었다.

부시의 적극적인 방침에 따라 '사막의 방패작전(Operation Desert Shield)'이 완전한 준비태세를 갖추게 되자 비판자들은 문제해결의 군사적 선택이 중단될 수 없고 전쟁은 피할 수 없게 되었다는 것을 인식하게 되었다. 현실적으로 대규모 병력을 사막의 열기 속에서 여러 날 동안 한 장소에 가두어둘 수도 없는 것이었고 사우디정부의 입장에선 서방의 이교도들이 오래 머문다는 것, 특히 이슬람 신도들이 메카를 방문하는 봄 후반까지 그곳에 주둔한다는 것은 사우디왕정을 위태롭게 할 수도 있는 것이었다. 또한 그러한 대규모 병력은 갈등을 평화적으로 해결하려는 외교노력을 무산시키거나 중단시킬 수도 있었다. 전쟁 가능성은 후세인에게 쿠웨이트 철수 동기를 부여할 수도 있었으나 그 가능성은 그리 높지 않았다. 즉, 후세인이 쿠웨이트를 이라크의 일개 주로 병합하려는 그 목적이 달성된다고 해도 병력을 철수할 징후는 어디에도 보이지 않았던 것이다. 후세인은 미국이 결코 전쟁을 개시하지 않을 것이라는 확고한 신념을 가지고 있었다. 때문에 부시의 병력파견과 경고는 일종의 허세로 간주될 수 있는 것이었다. 군사력 증강이 외교적 노력에 어떤 시한을 설정하게 되면서 이제 쿠웨이트 문제의 평화적 해결가능성은 그리 높지 않게 되었다.

일단 적대행위가 시작되면서 공중전이 개시되었다. 지상군은 쿠웨이트에서 이라크군을 축출하고 인명손실을 최소화하기 위해 융단폭격과 보급로 차단으로 참호속의 병력을 파괴하고 사기를 떨어뜨렸으며, 적들을 굶어죽게 만들어 지상군 교전에서 이라크군의 저항력을 약화시키려 하였다. 사막의 방패작전은 합참의장과 현지 육군사령관들에 의해 기획되었다. 지상군만이 영토를 장악하고 적을 격퇴할 수 있다는 것과 전쟁은 땅위에서 승리한다는 것이 육군의 신념이었다. 그런데 이번에는 과거 전쟁에서 흔히 있었던 각 군 간의 경쟁이나 알력이 없었다는 점이 주목 되었다.[17] 합참의장이 직접 현지 사령관들과 접촉함으로써 각 군 간의 갈등의 소지를 없앴던 것이다.

5) 의회의 역할

통상 위기시 결정에서 의회가 관연하지 않는 것은 하나의 관례이다. 의회지도자들은 대통령이 결정을 공표하기 전에 의회지도부를 불러서 알려주는 것으로 믿고 있다. 그러나 이는 의례적인 것일 뿐이고 자문이 요청되는 것은 아니다. 대통령은 어느 상원의원이나 하원의원보다도 국가를 더 많이 대표한다. 쿠바 미사일 사태시 케네디는 의회지도자들에게 봉쇄의 방침을 알려주고 의회의 지원 등에 관한 의견을 물었다. 의회지도자들은 그 봉쇄의 유용성을 물었고 공군의 공격을 제안했다. 케네디는 분노를 금치 못했다. 그들이 아마도 생각할 시간이 많았다면 그렇지 않았을 것이었다. 미 · 소간 위기시 의원들은 일반적으로 대통령을 지지한다. 위기의 한 특징은 시간이 짧다는 것이다. 비판과 반대를 발전시킬 충분한 시간이 없다. 불일치가 있더라도 초기 단계에서는 목소리를 내는 데 크게 주저한다. "국가는 국기를 중심으로 단결한다(The country rallies around the flag)."

시간은 결정적인 요인이다. 위기가 신속히 끝나지 않으면 의회의 반대가 일어난다. 이라크戰 당시 의회는 처음에는 대통령의 목적과 행위를 전적으로 지지하였다. 그러나 1990년 11월 병력증강이 이루어지자 미래사태에 대한 질의가 제기되었다. 즉, "병력증강이 전쟁을 불가피하게 하는가?", "경제적 제재는 충분한 시간이 주어졌는가?", "무력에 호소하지 않고 쿠웨이트 문제를 해결했다면 어떠했을까?", "전쟁을 어떻게 수행할 것인가?", "장기적인 공중전은 어떠한가?", "공중전만으로는 승리할 수 없을까?", "초점은 지상전인가?", "그 지상전을 전개하는 경우 미군 사상자가 많아질까?", "서방인들이 다시 아랍인들을 죽이는 전쟁 후유증은 중동을 불안정하게 하지 않을까?", "미국의 아랍친구들은 여타 아랍세계와의 관계가 악화되지 않을까?", "이라크가 패퇴하면 이란이 다시 패권을 잡는 것은 아닐까?" 아니면 "시리아가 아랍지도자로 부상하는 것일까?"

전쟁의 분위기가 짙어지면서 의회는 "전쟁선언권"을 주장하기 시작하였다. 즉, 입법부와 행정부 사이에 제도적 권한싸움이 시작되었던 것이다. 또한 안보문제에 관한 당파적 이념적 갈등이 일기 시작하였다. 한 당은 대통령을 다른 당은 의회를 각각 장악하는 경우 국론이 분열되고 그런 상황에서 적과의 대결은 쉽지가 않은 것이다.

베트남戰 이후 미군에 대한 직접적인 공격이 없는 경우 의회가 대통령의 어떤 병력사용에 압도적으로 지지를 보낼 가능성은 없었다. 부시는 기회 있을 때마다 후세인에 대한 무력사용의 필요성을 느끼는 경우 의회에 지지를 요청할 것이라고 말했다. 그러나 그는 의회가 압도적 지지를 보내주지 않는다 해도 의회의 지지없이 전쟁을 착수할 것이었다.

후세인은 미국의 여론이 분열되어 부시가 이라크를 공격할 수 없을 것이라고 확신하고 있었다. 부시는 1991년 1월 15일까지 후세인이 쿠웨이트에서 이라크軍을 철수하지 않을 경우 무력사용을 허가한 UN결의안에 따라 최고사령관으로서 전쟁을 개시할 권위를 가지고 있었다. 그러나 거의 마지막 순간에 부시는 의회의 전쟁선언을 구하였다. 민주당 지도부의 반대에도 불구하고 대통령의 요청은 상원에서는 일부 민주당의원의 지원으로 간신히 통과되었고 하원에서는 안전하게 통과되었다. 베트남戰 이후 대통령은 의회의 개입을 최소화시키려 하였다.

부시 대통령은 미군과 유엔군이 최소의 사상자를 내고 있는 상황에서 이라크가 쿠웨이트에서 철수하자 곧 전쟁을 중지시켰다. 부시는 바그다드 진격을 거부했다. 그는 이라크의 핵시설이 파괴되었는데 이라크의 지배책임을 떠맡고 내전에 빠져 들어가는 것은 미국의 개입을 연장시키고 사상자를 증가시킬 뿐임을 알고 있었던 것이다. 그러나 그후 유엔 사찰단이 핵시설은 파괴되지 않았다고 보고했는데, 이는 후세인이 축출되기 전에 전쟁을 너무 빨리 종결시켰다는 비판의 근거가 되었다. 그러나 싸움을 6개월이나 또는 1년을 끌어 미군의 사상자가 5천명에서 2만명에 이르렀다면 의회의 평화운동과 비판이 일어났을 것이다.

6) 위기시 결정과 민주주의의 딜레마

위기시 결정은 "합리적"인 운용방법으로 특징지어진다. "사활적 이익(vital interests)"이 걸려 있다는 사실, 정책결정자들이 통상 위기발생으로 경악을 금치 못한다는 사실, 그리고 신속한 결정을 내려야 할 강렬한 압박감을 느끼고 있다는 사실 등은 위기시 결정들이 통상적인 방법으로 다루어지지 않는다는 사실을 말해준다.

정책결정은 최고 수뇌부로 이전되고, 위기 기간 동안 소수로 구성되는 특별과제팀(task force team)이 만들어진다. 이러한 상황에선 대통령은 주도적 역할을 수행하며 통상적인 안보정책을 결정할 때보다 더욱 완전한 정책결정 권한을 가진다. 대통령과 선별된 그의 자문팀은 말썽 많은 의회, 성난 이익집단, 또는 호기심 많은 대중에 의해 방해 받지 않는다. 위기 그 자체는 모든 사람을 결합시킨다. 반대를 생각하고 조직할 시간이 없다. 결정과정에 참여하는 내각의 관리들은 일상적인 정책이 만들어질 때처럼 자기 소속부처의 이익을 대변하지 않는다. 즉, 상이한 견해를 가진 사람들 간의 흥정을 위한 시간이 없다. 로위에 의하면 위기시 결정에는 관련 부서장들만 참여하고 일반 대중과 제도들은 멀리 배제된다. 한마디로 어떠한 정치적 행위도 없다는 것이다.[18] 결정참여자들은 "제도없는 제도적 지도자들"인 것이다.

미국의 정치체계는 얄궂게도 그것이 권위주의적인 방법으로 기능할 때는 더욱 능률적으로 작동할 수 있다는 점이다. 즉 관료, 의회, 이익집단, 여론 등의 통상적인 민주적 참여가 최소화될 때 정치체계가 능률적으로 기능한다는 것이다. 대통령이 우세하고 정치적 제약으로부터 자유로운 상황을 민주적 씨저리즘(democratic Caesarism)이라 한다. 그러나 어떤 충격적인 위기사태나 높은 위험성을 지닌 사건이 발생하는 경우 그러한 사태를 단시간 내에 신속하게 처리해야 하는 상황에선 미국 민주주의가 고질적인 무능력과 결함을 드러내게 되는데, 만일 그러한 결점만 감소시킬 수 있다면, 미국민주주의는 매우 순기능적일 수도 있다는 점이다.[19]

제 3 절 집단사고(Group Think) 모델

집단사고(集團思考)의 개념은 어빙 재니스의 사회심리학 저술에서 개발된 개념이다.[20] 그는 "두 사람의 의견은 한 사람의 의견보다 더 좋다(Two minds are better than one)"라는 옛 속담은 소집단 행위의 기능에서는 때때로 적용되지 않는다고 하였다. 대신 강한 응집력과 단체정신(esprit de corps)이 하나의 집단구성원들 속에서 발전한다는 것이다. 이러한 현상은 특히 집단구성원들이 유사한 배경과 신념을 가지고 있고 그 집단 내에서 강력한 지도자가 등장하는 때 그리고 그 집단이 전쟁상황과 같은 위기 상황에 직면할 때 일어난다는 것이다. 그러한 상황에서 그 집단에서는 의견의 일치를 추구하는 경향이 일어나고 구성원들은 집단의 규범이나 결정에 순응하는 경향이 있다는 것이다.

버츠버거는 과거, 현재, 미래를 비교하는 과정에서 집단사고의 징후를 세 가지로 설명하였다.[21] 첫째, 집단사고는 동일한 역사를 가진 단체구성원들의 마음에서 일어나는 상황이다. 둘째, 그 집단구성원들은 역사자료에 유사한 해석을 내린다. 셋째, 그 집단구성원들은 그들 간의 합의의 필요성을 느낀다.

집단사고 모델은 정책결정과정에 대해 합리적 행위자 모델과는 상이한 설명을 한다. 물론 두 모델은 대통령의 통제 하에서 중앙집권적인 정책결정을 한다는 점에서는 공통적이다. 흔히 집단사고는 만장일치의 환상을 제공하여 그 집단구성원들로 하여금 통일적으로 행동하도록 압력을 가하는 경향이 있다. 즉, 그 집단의 구성원들로 하여금 똑같이 생각하도록 하는 그러한 집단사고는 그 집단 내에 강력하고 탁월한 지도자가 있을 때 더욱 촉진되고 유지된다.

재니스는 정책결정과정이 집단사고형식을 취할수록 그러한 결정이 성공적 결과를 가져올 수 있는 가능성은 더욱 낮아진다고 하였다. 왜냐하면 정책결정 집단이 새로운 정보에 폐쇄적이고 대안적인 정책 선택지들을 고려하지 않기 때문이다. 이러한 결함들은 합리적 행위자 모델이 처방하는 바와 같은 성공 가능성을 극대화시키기 위한 정책조정을 방해하는 것이다. 집단사고과정에 있는 그 집단은 변화와 발전문제와는 관계없이 오로지 특정 정책에만 집착하게 된다. 특히 정책결정이 소수에 국한될 때 그들은 합리적 결정을 하는 것이 아니라 집단사고의 희생물이 될 수도 있는 것이다.[22] 소집단 결정자들은 응집적인 집단이 되는 경향이 있는 바, 개별 구성원들은 다수가 주장하는 정책견해에 의구심이나 수정할 사항이 있어도 침묵을 지킬 가능성이 있다. 왜냐하면 의견을 달리할 경우 그 집단에서 제외될 것이기 때문이다.

따라서 그렇게 도달된 합의는 피상적일 수도 있다. 왜냐하면 그것은 비판적

검토 속에서 도달한 건전한 판단을 반영하지 않을 뿐만 아니라 또한 모든 선택사항들이 신중히 분석되지도 않고 갑론을박의 토론도 없이 이루어지는 합의는 집단적 오판, 즉 그릇된 판단을 생산할 수 있기 때문이다.[23)]

1962년 10월 쿠바미사일 위기사태 시 케네디가 취한 접근방법은 합리적 행위자 모델을 설명하는 고전적인 사례를 제공하고 있지만, 그것은 쿠바미사일 위기사태 1년 전인 1961년 쿠바의 피그만 침공에서 얻은 교훈 때문이었다. 그 작전은 문자 그대로 완전한 실패(perfect failure)의 전형적인 사례가 되었다.[24)]

첫째, 그 누구도 그 침공작전에 책임이 있음이 발견되지 않았다.

둘째, 쿠바공군은 침공 직전 분쇄될 수 있었다.

셋째, 카스트로軍은 허약했다.

넷째, 그 침공은 아마도 카스트로 정권의 전복을 초래할 인민봉기를 유발시킬 것으로 생각되었다.

문제는 어떻게 그러한 천박한 가정(假定)들이 가장 명석하다는 일단의 참여자들에 의해 반론과 비판도 없이 설정되었을까 하는 점이다. 그 원인으로는 1400명을 쿠바로 보내 그 정권을 전복시키려던 계획의 실패를 예측할 수 있었던 CIA의 정보전문가들과 국무부의 쿠바담당 관리들이 그 회의에서 배제되었다는 사실, 그리고 CIA 계획을 만장일치로 지지했던 그 유능한 인사들의 착각 등 여러 요인들이 거론되었다. 의구심의 소리는 들리지 않았고 침묵은 동의로 간주되었다. 어떤 知的 비판은 합의를 보호하기 위한 "정신 경호원(mind guard)"에 의해 억압되었다.[25)] 입증된 바에 의하면 소수가 참여하는 위기시 결정에서는, 특히 미국의 적이 핵보유국이거나 주요 강대국이 아닐 때, 정책을 비판하지 못하게 한 잘못이 가장 컸다는 것이다. 다시 말해서 소련이 적이었을 때 미국의 정책결정자들은 조심·신중하였고 지속적으로 그들의 정책을 재검토하였던 것이다. 잘못된 가정에 기초한 오판과 행위의 엄청난 대가는 집단사고의 결함에 대한 최상의 해독제였다.[26)] 한 발짝 잘못 디딘 정책은 세계를 핵재앙 속으로 몰아넣을 수도 있는 것이다.

1964-68년 존슨 대통령과 그의 소규모 자문단은 베트남戰을 확대시키는 여

러 정책들을 결정하였다. 北베트남軍의 격퇴를 위해 무력을 사용하기로 한 이후 존슨은 뒤도 돌아보지 않고 병력수준을 증강시키는 데 집중하였고 南베트남의 독립을 유지하기 위해 얼마나 많은 병력이 사용되어야 하는지에만 집중하였다. 때문에 확전단계에 맞지 않거나 상충되는 정보와 정책대안들은 정책결정과정에서 무시되거나 거의 수용되지 않았다.

이는 일차적으로 존슨은 일단 자신이 결정을 내리면 자기의 길만을 가는 태도 때문이었다. 그는 강력한 개성으로 베트남에 관한 정책결정과정을 지배하였다. 존슨 행정부의 정책결정 참여자들은 존슨이 南베트남을 공산주의에 내주지 않으려 한다는 것을 쉽게 파악할 수 있었다. 그는 의심을 원치 않았고 공개토론도 원치 않았다. 그는 다만 베트남정책에 대한 충성과 지지를 원했다. 북베트남의 구정공세(Tet Offensive)로 인한 충격과 정부와 사회의 반공산주의 합의가 붕괴됨으로써 그는 자신의 정책을 재고하게 되었다.[27]

유사한 현상이 1985-86년 레이건(Ronald Reagan) 대통령의 對이란문제 결정에서도 일어났다. 레이건 대통령은 이란에 억류되어있는 미국인 인질의 석방조건으로 이란에 무기를 판매하려는 여러 결정들을 내렸다. 일단 그러한 구상이 공개되자 레이건에 대한 반대 목소리가 비등하게 되었고 그것은 곧 이란-콘트라(the Iran-Contra) 사건을 촉발시켰다. 당시 니카라과의 반군을 지원한다는 콘트라 구상은 훨씬 더 그러했지만 이란구상의 실패는 주로 집단사고과정의 기능으로 나타났던 것이다.[28] 레이건 행정부의 외교정책 관리들은 콘트라를 충분히 지원했고 공산주의 산디니스타(Sandinistas) 정권을 전복시키기 위한 지원에는 적극적으로 개입했지만 對이란구상에 대해서는 분열이 일어났다. 최초의 정책결정 회의 기간 슐츠(George Shultz) 국무장관과 와인버거(Casper Weinberger) 국방장관은 도덕적이고 실제적인 근거에서 이란구상에 대해 서로 강렬하게 대립하였다. 사실 두 가지 상이한 사건에 관해서 슐츠와 와인버거는 레이건 대통령으로 하여금 그 정책을 포기하도록 납득시켰다고 믿었다. 그러나 레이건은 개인적으로 인질들의 운명에 깊은 관심을 가졌던바, NSC보좌관(첫번째는 Robert McFarlane 이었고 그 후임에는 John Poindexter)과 케이시(William Casey) CIA 국장은 레이건 구상을 강력하게 옹호하였다. 따라서 對이란구상을 위한 정책결정 써클에는 레이건 대통령과 그 구상을 지지하는 사람들만 참여했다. 이와 같이 對이란구상을 실천하는 정책결정에서 불찬성자들은 배제된 채 인질석방에 찬성한 한 통속의 소집단이 미국외교정책을 결정하고 실행하게 되었던 것이다. 집단사고 과정들은 또한 정부의 여타 기관들을 어둠 속에 가두어 둔 채 NSC의 작전을 통해서만 對이란 구상을 실천하였다.[29)]

부시(George H. Bush) 행정부에 관한 초기 정보에 의하면 페르샤만 위기(the Persian Gulf Crisis)기간의 정책결정과정은 쿠웨이트를 침공한 이라크에 강력하게 대응하기로 결심한 부시 대통령의 주도하에서 집단사고에 빠졌을 것으로 생각된다.[30)] 1990년 8월 2일 후세인의 쿠웨이트 침공 후 부시 대통령과 그의 보좌관들은 충격과 불확실성, 그리고 우유부단의 48시간을 보낸 이후에서야 사우디아라비아와 페르샤만에 10만 이상의 병력을 파견할 것이라는 주요 정책공약을 결정하였다. 부시는 분명 8월 4일 캠프 데이비드에서 최측근 보좌관들로 구성된 소집단과 협의한 후 그러한 중대결정을 한 것이었다. 그런데 그 소규모 보좌관 집단은 그 문제에 대한 부시 대통령의 결심이 너무나 확고해서 여러 대안적인 정책들에 대해서는 어떤 논쟁이나 토의도 하지 못했던 것으로 알려지고 있다. 그리하여 그 회의에서는 군사적인 선택과 사우디를 어떻게 설득할 것이냐에 관해서만 논의되었다. 그 회의는 국가안보 보좌관 스코우크로프트(Brent Scowcroft)와 매우 격정적이었던 부시 대통령에 의해 적극적으로 주도되었다. 이러한 사실로 미루어 볼 때 8월 2일 이전에 보였던 미국의 미온적 태도가 오히려 대통령에게 충격을 안겨주었고 그 이후 강력한 입장을 천명하게 하였을 것으로 보인다. 또한 10월 하순 대통령이 미군병력을 배가시키고 공세전략으로 돌아서서 지난해 11월 선거에서 선언한 경제제재 정책을 포기하는 결정을 했을 때도 같은 상황이었다. 밥 우드워드 기자가 그의 저서 "사령관들"에서 밝히고 있듯이 합참과 특히 합참의장이었던 파월(Colin Powell)에 의하면 부시 대통령이 초기부터 곧바로 병력사용에 의존하고 벼랑

끝 정책으로 들어간 것은 잘못된 자문 때문이었고, 합참은 민간지도부에 도전하기를 꺼려했다는 것이다.[31)]

만일 후세인이 쿠웨이트를 침공한 이후 그에 대해 무력으로 대응하고 그 다음에 이라크의 철군을 강요하기 위해 벼랑 끝 전략을 추구하기로 한 백악관의 결정들이 주로 집단사고에 의해 이루어졌다면 재니스가 예측했고 당시 많은 미국인들이 우려했던 바와 같이 집단사고과정이 반드시 실패의 정책을 만들어내지는 않는다는 것을 입증하는 것이 된다.[32)] 비록 이라크가 쿠웨이트에서 철수하도록 압박한 부시 대통령의 정책은 실패했지만 이라크가 전쟁에 호소한 방법은 미군과 연합군에 의한 군사적 접근으로 실패하고 말았다.

2001년부터 집권하고 있는 부시(George W. Bush) 대통령 역시 주요 대외정책결정과정에서 집단사고의 범주를 크게 벗어나지 못하고 있는 것 같다. 현역 대통령의 정책결정 형태를 진단하기에는 아직 이르다고 할 수 있으나 그동안 나타난 몇 가지 징후들은 주요 대외정책이 소수 코드인사 중심으로 이루어지고 있음을 보여주고 있다. 민주당 하원의원 머사는 부시 행정부의 정책결정과정의 고립주의를 경고하고 나섰다. 즉, 부시 행정부는 이라크전 계획을 수립할 당시 軍과 국무부를 철저히 배제시켰다는 것이다.[33)] 백악관 전략회의에는 三星장군조차 끼어주지 않았다는 것이다. 한 외교관리에 의하면 관리들은 부시 대통령을 접견하기 전에 라이스(Rice) 보좌관으로 부터 "대통령을 혼란스럽게 하지 말라"는 주의를 받는다고 하였다.[34)] 부시 대통령과 인터뷰를 했던 NBC뉴스 앵커 브라이언 윌리암스는 백악관을 거대한 비눗방울로 표현하여 대통령이 외부와 단절된 세계에서 다양한 의견을 접할 기회를 차단당하고 있다고 하였다. 그에 의하면 부시대통령은 비누방울 속의 안락함 속에서 공화당원, 군인, 기업로비 단체 등 소수의 그룹 사이를 왔다 갔다 한다는 것이다.[35)] 콜린 파월 국무장관의 비서실장을 지냈던 현역 해병대령 로렌스 윌커슨에 의하면 "미국외교가 꼬인 것은 체니와 럼즈펠트 탓"으로 두 사람이 밀실결정으로 미국을 고립시키는 바람에 외교정책이 꼬이고 있다고 하였다.[36)]

제 4 절 정부정치(Governmental Politics) 모델

이 정부정치모델은 정책결정이 정부의 유관기관들을 비롯하여 사회집단들 간의 협상, 경쟁, 흥정 등의 과정을 통해 이루어진다고 설명하는 접근방법이다. 예를 들어 SALT에 관한 최초의 미국정부 입장형성은 합리적 행위자 모델이나 집단사고 모델을 반영하지 않은 또 다른 패턴의 정책결정과정에서 나왔다. 그것은 그레이엄 앨리슨이 그의 저서 "결정의 요체"에서 "정부정치"라고 부른 정책결정과정을 반영한 것이다.[37] 대통령 주도하의 중앙집권적인 것도 아니고 합리적인 것도 아닌 정책결정과정을 기술한다. 관련 정부기관들에서 온 상이한 참여자들은 상이한 관점에서 각자의 이해관계를 따진다. 따라서 객관적인 해결책이란 없다. 정책을 결정할 때 정부기관들 사이에서는 갈등이 분출하고 그리하여 결과는 격렬한 교섭과 흥정 속에서 산출된다. 의회, 관료기관, 이익집단, 여론 등은 모두 대통령만큼이나 주 역할을 수행한다. 그러니까 정부정치는 결정참여자들 속에서 권한이 분산되고, 그리하여 정치적 경쟁과 타협을 통해 돌아가는 복수적인 정책결정 환경에 기초한다.[38]

이러한 정부정치모델에는 어떤 문제가 각기 상이한 목적을 가진 다양한 관료기관들의 참여를 유발할 가능성이 있지만 어떤 기관이나 참여자도 우월한 권한을 갖지는 않는다. 대통령이나 백악관도 단순한 한 사람의 참여자에 불과하다. 물론 대통령의 영향력은 가장 강력한 것일 수 있다. 그러나 이러한 정책결정과정의 다원주의적 구조에서는 각 참여자들은 각자의 정보를 제공하고 각기 서로 다른 정책대안들을 주장하게 될 것이다. 그들 참여자들 가운데서 일어나는 경쟁과 주장은 어느 것도 그 결정과정을 지배할 수 없다. 결국 어떤 결정은 그들 간의 정치적 흥정이나 타협, 그리고 연합 등을 통해 이루어질 것이다. 그러나 어떤 결정이 이루어진다고 해서 그 정책결정과정이 종결되는 것도 아니다. 도출된 결정에 만족할 수 없는 어떤 기관이나 참여자는 계속해서 그 결정과 집행을 번복시키거나 수정하려고 노력할 것이다. 따라서 정책결정과정은 복수적 과정이자 정치적인 과정이 되는 바, 그 과정에서 각 참여자들은 개인적인 이익, 각자가 속한 조직의 이익, 또는 각자가 생각하는 국가이익을 증진시키려고 노력할 것이다.

이러한 정부정치과정은 다수의 정책결정자들과 관료기관들의 참여를 필요로 하는 문제들에서 우세하게 작동할 가능성이 있다. 그러나 대통령의 적극적인 관심과 참여를 요구하는 문제의 경우는 아니다. 그러니까 이 모델은 정부부처 간 협의과정을 필요로 하는 경우를 설명하는 데 사용된다.

이 정부정치모델에는 많은 고려사항들이 수반된다.[39]

첫째, 대통령과 그의 최측근 보좌관들은 특정문제에 전념하고 기타문제들은 관료기관들에 맡겨둔다. 존슨 대통령과 그의 측근 보좌관들은 1968년 베트남전에 몰두하고 있었고 SALT 정책과정은 관료기관들이 담당하고 있었다.

둘째, 대통령의 관리 스타일은 정부정치의 관행을 보강해 주는 것일 수도 있다. 예를 들어 레이건 대통령은 관료기구에 권한을 위임하는 것을 좋아했고 대부분의 외교정책문제들에서 떨어져 있었다. 이러한 관리 스타일 때문에 외교정책 관리들 속에서는 자연스럽게 그들 간의 내부 투쟁이 빈발했다. 스미스는 그의 저서 "권력 게임"에서 "레이건의 외교정책결정을 괴롭혔던 파벌싸움은 레이건보다 오래 살아남을 것이다. 왜냐하면 그것은 우리 정부체제 속에 깊숙이 배어 있기 때문이다. 그러한 싸움은 마치 관료적 부족전쟁과도 같다. 그들의 파벌싸움은 각 기관들의 자부심, 이익, 충성심 및 시기심 등으로 촉발되며, 각 파벌들은 각기 자기들의 정책영역을 보호하고 정책을 지배하기 위한 투쟁(the battle over policy)의 논리는 물론 한계도 이용한다"[40]라고 기술하였다.

셋째, 대통령이나 그의 측근 보좌관이 깊숙이 개입하더라도 대통령이 정책결정을 지배할 수 없는 경우도 있다. 왜냐하면 그 정책결정에 참여하는 일부 인사들은 전문성과 능력에서 만만찮은 사람들일 수도 있고 대통령은 어떤 특정 정책선택에 집착하지 않기 때문이다. 그러한 상황은 이란혁명 기간의 카터 행정부 제3차년도에 발생했다. 즉, 이란혁명세력이 미국대사관 직원들을 억류하고 있는 사태를 해결하기 위한 대책회의에 카터 대통령은 참석은 했으나 무엇이 미국에 최상의 이익인지에 관해서는 불확실했던 반면 국가안보 보좌관 브레진스키(Zbigniew Brzezinski)는 이란에 대해 무력을 사용해야 한다고 주장하는 대표적 인사로서 그는 국무장관 밴스(Cyrus Vance)의 온건한 정책 권고에 반대하는 로비를 펼치기도 하였다.

결국 이러한 정부정치모델은 대통령이나 관리들보다는 좀 더 광범위한 정부환경에 초점을 맞추려고 한다. 이 정부정치모델은 미국의 정치체계를 반영하는 것이고 그러한 정치체계가 외교정책결정과 수행에 영향을 주고 있다고 보는 것이다.

그러면 이 정부정치 모델이 설명하는 미국의 외교정책과정을 구체적인 사례를 들어 고찰해 본다.

1968년 5월 20일 러시아 대표는 유엔연설에서 무기제한협정을 체결하자는 존슨 행정부의 제의에 러시아가 관심을 가지고 있다는 반응을 보였다. 이것이 바로 전략무기제한회담, SALT(the Strategic Arms Limitations Talks)의 시작이었다. 존슨 대통령은 미국의 SALT입장을 그해 여름 후반 경에나 마련할 것을 원했으나 백악관이 직접 그 문제를 다루는데 개입하는 것은 반대했다. 대신 그는 러시아에 미국정부 관료계의 관심사를 반영한 합의된 SALT입장을 제시하려고 하였다. 존슨은 그의 백악관 참모진 가운데 누구도 관료들의 SALT 문제 작업에 참여하는 것을 원치 않았다. 존슨의 막료 중에는 관료들을 장악하고 다양한 정부부처의 선호와 구별되는 대통령의 선택을 밀어 올릴 수 있는 키신저(Kissinger)가 없었다.[41] 존슨은 닉슨과 달리 선택이 아닌 합의(agreement)를 원했다. 이 말은 합의과정에 합참 구성원들이 참여해야 한다는 뜻이었다.[42] 따라서 국방부, 국무부, 군축처 및 CIA 같은 국가안보 관료기구들이 자기들끼리 알아서 만나고 흥정해서 합의된 SALT입장을 만들어내도록 버려두었다.[43]

스패니어와 어스래너는 ABM(Antiballistic Missle)체제, 에너지정책, 농업정책, 무역정책, 환경정책 등의 사례를 들어 평시의 관료정치 정책결정과정을 설명하고 있는 바, 여기서는 미국의 전략방위정책인 ABM과 SDI(Strategic Defense Initiative) 정책결정과정을 중심으로 설명한다.[44]

우선 ABM체제를 착수하려던 존슨의 결정과 그리고 그것을 확대하다가 철회하려했던 닉슨의 결정과정을 검토할 필요가 있다.

흔히 통치 또는 결정한다는 것은 결국 여러 대안들 가운데서 하나를 선택한다는 것이다. 적의 미사일 공격으로부터 미국을 방어한다는 전략은 1968년 존슨 대통령의 ABM계획에서 시작하여 1983년 레이건의 SDI를 거쳐 2001년 이후 G.W.부시의 MD(Missile Defense)계획으로 이어지고 있다.

원래 ABM은 관료기구들 내부에서 갈등이 심한 사안이었는데 레이건의 SDI에 와서는 그렇지가 않았다. 왜냐하면 그것은 레이건이 관료, 의회, 국민에 직접 접근했기 때문이었다. 그러나 SDI는 의회와 심한 갈등에 직면하였다.

1983년 레이건은 전략적 방위구상(SDI)을 제안했고, 비판가들은 그 구상이 우주기지방어에 주로 의존하는 것이라 하여 별들의 전쟁(star wars)이라 불렀다. 그 계획은 레이건에 이어 조지 부시 행정부에서도 계속되었고 냉전이 종식되고 소련의 미사일 위협이 사라진 현재에도 계속되고 있다. 즉 그 미사일 방어계획은 미국의 적대국인 이란, 후세인의 이라크, 그리고 북한과 같은 나라들이 장거리 미사일을 개발하고 미국과 그 우방국에 화학 및 핵탄두를 사용할 것이라는 우려를 표명하면서 새로운 전기를 맞이하게 되었던 것이다.

ABM은 1960년대 존슨 대통령에 의해 결정된 그 ABM은 정부정치모델로 설명할 수 있는 사례를 제공한 셈이다. ABM조약은 그 후 닉슨에 의해 SALT I에 병합되었는데 그것은 SDI에 대한 논쟁의 여지를 주었다.

1960년대 미국의 억지정책은 보복능력에 기초하였다. 그것은 일반적으로 미사일에 의한 미국의 방어를 불필요한 것으로 가정한 것이었다. 핵억지력은 적의 선제공격에 취약하지 않은 것으로 생각되었고 그 핵억지력으로 도시 거주자들도 보호될 수 있을 것으로 생각되었다. 즉, 미국이 어떤 종류의 무기로든 보복할 수만 있다면 어떤 敵도 미국을 공격할 수 있을 정도로 어리석지는 않을 것이었다. 일차 선제공격은 미국의 보복능력이 무력해졌을 경우에만 성공할 수 있다. 따라서 이 억지력이 취약하지 않는 한 적은 억제될 것이었다.

그런데 1967년 맥나마라 국방장관은 처음으로 이해되지 않는 연설을 하였다. 왜냐하면 그 연설은 모순되는 주제를 내포하고 있었기 때문이다. 그는 목표물이 타격을 받기 전에 적의 미사일이나 탄두를 파괴해 버리는 ABM은 또 다른 군비경쟁을 불러일으키고 결국 미국은 덜 안전하게 될 수도 있다고 하였다. 그러나 그는 그것을 값비싼 모험적 사업이라고 비판하면서도 중국에 대한 "소규모(small)" ABM을 만들 것을 제안하였다. 이러한 이상한 연설은 정부 내의 반대의견을 반영한 것이었다.[45)]

① 탄도탄 요격 미사일(Antiballistic Missile)

ABM체제를 반대하는 측은 맥나마라 국방, 딘 러스크 국무, 그리고 군축위원회 등이었다. 이들은 ABM체제는 값비싼 군비경쟁을 촉발시킬 것이고, 미·소간 억지균형(抑止均衡)의 안정화를 위한 모든 기반을 파괴할 것이라 하였다. 맥나마라는 ABM배치가 소련과의 어떤 종류의 무기제한회담 가능성을 사실상 배제시키는 것이라 하였고, ABM의 기술적 가능성에 대해서도 비판적이었다. 그러나 이 문제에 관해 맥나마라는 국방부 자체 내에서는 소수파에 속했다. 국방부의 방위연구 및 공작국(工作局)과 현대무기개발 관련부서 및 무기체제 분석국 등은 ABM개발을 지지하고 있었다. 국방부 내에서는 국제안보국만이 맥나마라에 동의하였다. 군부는 물론 ABM을 지지하였다. ABM에 대해 육해공군은 각기 상이한 측면을 보였고 결론도 달랐다.[46)] 그런데 각 군간의 합의는 주목할 만한 가치가 있다. 맥나마라는 방위비 지출문제에 관한 각 군 사이의 격렬한 분열을 이용하였다. 그러함에도 군부는 연합전선을 형성해 대통령에게 직접 호소하였다. 各 부처들은 ABM문제에 대한 이해관계도 달랐다. 의회 역시 ABM 논쟁에 이해관계를 가지고 있었으며 상원군사위원회의 몇몇 의원들은 군부를 지원하였다. 위원장 러셀(Richard Russell), 존 스테니스(John Stennis), 헨리 잭슨(Henry Jackson) 등 민주당의원들은 존슨의 베트남정책을 지지한 사람들이었다.

ABM에 대한 찬반의 논거도 상이했다. 찬성자들은 소련이 이미 요격미사일을 개발하여 미국의 억지력을 위협하고 있으며, 그에 대해 ABM은 미국 국민을 보호할 수 있고 더욱이 미 · 소간 상호방위무기제한회담이 이루어질 때 그것은 부가적 협상수단을 제공할 수 있다고 주장하였다. 한편 반대자들은 ABM은 새로운 군비경쟁을 유발할 수 있고 그 비용은 300억 내지 400억 달러가 소요될 것이라 하였다.

② 대통령의 견해

반대압력이 존재하는 상황에서 대통령 이하의 수준에서는 어떤 결정도 불가능하다. 그러나 어떤 주어진 문제에 대한 대통령의 이해관계는 어느 다른 것보다도 중요한 것이다. 대통령에게는 행정부의 통일이 일차적인 것이다.

존슨은 가능하면 맥나마라와의 결별을 피하고자 했다. 존슨과 맥나마라는 이미 베트남정책에 관해 갈등상태에 있었다. 그러나 대통령은 국방장관으로서의 맥나마라를 높이 평가하고 있었기 때문에 그의 자문을 거절할 수가 없었다. 맥나마라는 ABM선택을 자신과 합참 간의 직접대결로 보았다. 더욱이 대통령은 국내외 정책에서 의회의 지지를 필요로 한다. ABM정책에 관한 존슨의 부정적 결정은 그의 오랜 친구였거나 동료였던 상원의원들로부터 소외될 것이었다. 따라서 존슨은 그들의 신념과 의견을 존중해야 했다. 일반적으로 대통령들은 행정부 부서장들과 입법부 지도자들보다 상위의 지위에 있는 것이다. 대통령이란 또한 당의 수뇌이자 재선에 관심을 가지고 있는 사람이며, 당의 명운과 관련이 있는 여론조사에도 신경을 써야 한다. 공화당 의원들은 이미 미 · 소간 ABM의 격차가 있음을 제기하고 있었고, 1960년 대통령 선거시 케네디와 존슨이 닉슨에게 국가방위를 소홀히 한다고 압박했던 것처럼 민주당 의원들을 위협하고 있었다. 존슨은 그러한 비난의 영향을 걱정해야 했다. 그러나 그는 다른 압력도 고려해야 했다. 결국 대통령은 국가의 안전과 보호를 책임져야 하고 다른 사람들은 자문을 제공하는 것으로 끝나는데 반해 결정은 대통령 자신이 해야 하는 것이다. 대통령이 재판을 받는 것은 국민에 의해서 라기 보다는 역사에 의해서이다.[47] 또한 존슨은 워싱턴, 제퍼슨, 링컨, F.D. 루즈벨트, 트루먼 등과 같은 대통령들과도 비교될 것이었다. 그러한 일연의 사항들이 결국 대통령의 이해관계가 되는 것이다.

존슨의 베트남 개입은 이미 국민들과 의회의 비판을 받고 있었다. 즉 역사에서 그의 자리매김에 의문이 던져지고 있었던 바, 그는 소련과 주요무기를 제한하는 협정을 체결하는 것이 자신의 입장을 유리하게 해줄 것이라 믿었다. 다시 말해서 그는 국제적 화해의 영역에서 돌파구를 찾을 필요가 있었던 것이다.

③ 최소결정(Minimal Decision Making)

존슨은 ABM문제에서 함정을 보았다. 즉, ABM문제 속에 들어있는 이해관계를 보았던 것이다. 그때까지 갈등적 압력으로 들볶이던 대통령은 전혀 결정을 내리지 않고 찬반논자들 스스로가 어떤 종류의 타협에 도달하도록 하는 방법을 선택하였다. 이 방안에는 그들 스스로가 결정하도록 설득하는 방법도 포함된다. 대통령들이 어떤 문제를 질질 끌거나 최소의 결정을 하는 것이다. 대통령은 선택을 한다. 그러나 그가 선택하는 것과 선택하지 않는 것을 비교해 보면 분명 그 결정이 최소의 특징을 지니고 있다. 미국의 정치과정에서 필요한 것 중 한 가지는 선택을 회피하여 갈등을 비켜가는 것이다.[48] 정책결정을 위한 지지를 획득할 필요성에 관해 트루먼은 "나는 대부분의 시간을 어떤 사람에게 굽실거리며 보낸다" 고 말한 적이 있다.[49]

1967년 6월 존슨과 맥나마라는 소련 수상 코시긴(A. Kosygin)을 만났다. 존슨은 소련수상에게 무기제한회담 개최날짜를 정하도록 압력을 가했다. 이는 그가 ABM 결정을 연기시킬 구실을 찾고자 한 것이었다. 그러나 존슨은 답변을 듣지 못했다. 코시긴은 소련의 ABM은 방어적인 것으로 반대할 수 없는 것이라 하였다. 사실 그것은 자기생존을 위한 무기로서 전략무기제한회담의 적절한 주제는 아니었다. 맥나마라는 소련의 ABM을 반대하였으나 오히려 소련측의 공박을 받았다. 결국 존슨은 무기제한회담에 ABM이 더 이상 장애물은

되지 않는다고 보았다. 그리하여 존슨은 최소결정을 내리게 된 것이었다. 즉 소규모의 反中國 ABM체제를 채택한 것이다. 그것이 바로 맥나마라가 모순되는 말로 결정을 발표한 배경이었다.

첫째, 소련의 ABM을 극복하는 가장 효과적인 방법은 소련이 미국에 대하여 할 수 있는 것과 같이 공격용 미사일로 그 ABM체제를 집중 폭격하는 것이다.

둘째, 호전적이고 혁명적인 수사(rhetoric)가 시사하는 바와 같이 비합리적인 중국인들의 공격은 소규모 ABM체제로 억제하는 것이다.

한마디로 맥나마라는 합참과 전국적인 反소련 ABM체제를 지지하는 의회 내 ABM지지자들 모두와 싸워 승리했다. 그가 연설을 했다는 사실은 그가 결코 이 문제에서 크게 패배하지 않았음을 보여주는 것이었다. 맥나마라는 만일 소련이 상호방어무기제한회담에 동의하는 경우 존슨 대통령이 ABM체제를 배치하지 않을 가능성을 열어놓은 것으로 보았다.

존슨 행정부는 ABM체제의 전개에 관심이 있다기보다는 오히려 시간을 끌기 위해 ABM제작에 필요한 부품구매 예산의 증액을 옹호하고 있는 것으로 보였다. 그러나 존슨 행정부는 그 입장을 공개적으로 변경하였다. 그것은 의회와 합참의 ABM지지자들에게 승리를 안겨준 것이었다. 보다 광범위한 ABM체제를 옹호하고 있는 사람들은 행정부의 그러한 입장변화를 희망적인 신호로 보았고 결국에는 그들의 목적을 성취할 수 있을 것으로 기대했다. 그러나 아직은 승자도 패자도 없었다. 일연의 타협이 그렇게 만든 것이었다.

ABM에 관한 싸움은 닉슨 행정부에까지 이어졌다. 그 당시 소련은 ICBM의 수에서 미국을 능가하는 대형 미사일을 생산하고 있었다. 그것은 끝이 보이지 않았고 미국의 ICBM에 대한 위협증가로 나타났다. 다가오는 수년 내에 소련이 미국에 부과할 미사일 수와 탄두 수는 미국이 소련에 선제공격 능력을 부여할 수 있다는 우려를 제기하였다. 그리하여 닉슨은 ABM을 도시를 보호하는 것에서 ICBM을 막는 것으로 전환시켰다. 이는 소련의 성공적인 공격 가능성에 대항하는 것이었고 상호억지균형을 안정화시키는데 도움이 될 것이었다.

닉슨은 또한 전략무기제한조약(the Strategic Arms Limitation Treaty)을 위

한 흥정수단을 원했다. 당시 미국은 미사일을 증강하지 않았다. 그런데 미국은 소련이 가지고 있는 대량의 미사일과 거래할 수 있는 미사일을 가지고 있지 않았다. 때문에 미국이 거래할 수 있는 것은 ABM 밖에 없었다. 공교롭게도 전략무기제한조약(SALT)은 ABM수를 낮은 수준으로 설정했던 바(소련은 이미 모스크 주변에 60기를 배치하고 있었다), 그 수가 너무 적어 미국은 ABM을 포기하기에 이르렀다.[50] 동시에 향후 5년 동안 모든 공격체제를 동결하기로 합의하였고 재협상 때까지 모든 전략체제에 상한선을 설정하기로 하였다. 존슨이나 닉슨 누구도 전략방위에 강하게 집착하지 않았다.

존슨은 다음 대선(大選)에서 공화당이 ABM방위체제의 결여를 주요 이슈로 들고 나오지 않을까 우려했다. 그는 또한 자신의 국방장관인 맥나마라와의 관계, 그리고 자신의 대내정책의 목표인 위대한 사회(Great Society)를 위한 개혁 프로그램을 위해 필요한 상원의원들과의 우정과 지지를 잃지 않을까 우려했다. 대신 닉슨은 국민들과 의회가 반군사적인 감정에 있던 때라 그리고 1950년 한국전쟁 이후 GNP중 국방예산이 가장 낮은 수준에 달하고 있던 때라 공격과 방어체계의 균형을 원하고 있었다.

④ 레이건과 우주전쟁(Star Wars)[51]

레이건은 전략적 방위에 대한 태도를 분명히 했고 SDI(Strategic Defense Initiative)를 흥정수단으로 생각하지 않았다. 방위체계에 대한 자문은 정부 밖의 인사들에서 왔다. 일차적으로는 수소폭탄의 조부인 텔러(Edward Teller)였다. SDI에 대한 행정부와 의회의 압력은 없었다. 대통령이 SDI를 제기할 당시 전략방위에 대한 국무성의 평가는 가능하지 않다는 것이었다. 행정부 내 다수가 SDI에 대해 놀라움을 표시했다. 레이건의 연설에 SDI가 포함된 것은 마지막 순간에 그 자신에 의해서였다. 그 아이디어는 해당 부처의 검토 · 분석 · 건의 등의 과정을 거치지 않은 것이었다. 대통령은 자기 행정부의 대부분 인사들을 놀라게 했다. 그렇다고 SDI가 일시적 변덕의 반영이었다는 것은 아니다.

레이건은 그가 대통령이 되기 전후 미국민이 방어되지 않고 있다고 우려를 표시했었던 것이다.

레이건이 대통령이 되었을 때 그의 판단에 의하면 전략적 균형은 소련측에 유리하게 변하고 있었다. 물론 대부분 전문가들의 생각은 달랐다. 여하튼 대통령은 수백만의 러시아인들을 몰살시킬 것이라는 위협에 기초한 억지균형의 장기적 결과에 대해 우려하고 있었다. 그는 억지를 신뢰하지 않았다.

핵무기는 전쟁예방 대신 아머게던(Armagedon), 즉 성서상의 세계종말의 예언을 초래할 것이었다. 양국 국민을 태워 재로 만드는 것 보다는 날아오는 미사일을 격추시켜 민간인들을 보호하는 방위전략에 기초한 억지체계를 구축하는 것이 낫지 않을까 하는 것이었고, 만일 소련이 기술적으로 미국에 뒤진다면 그는 SDI기술을 소련과 공유하겠다고 까지 했다.

1) SDI와 반핵운동

레이건이 SDI를 개발하려는 유일한 이유가 미국의 안보는 아니었다. 그에게는 국내적인 이유도 있었다. 많은 사람들은 레이건을 호전적인 반공 십자군으로 보고 있었다. 레이건 행정부 인사들은 핵전쟁에 관해 신중하지 못한 언급들을 하고 있었다. 더욱이 행정부 내에서는 제한접전과 핵교전에 있어서의 우세성 등에 관한 이야기들이 나돌고 있었고 억지에 관해선 말하지 않았다. 때문에 일부에서는 가능한 핵전쟁을 우려하고 있었다. 언론매체, 의사, 신구교 지도자들, 또는 여타 집단들 사이에서는 소위 "핵겨울"이니 "그날 이후(The Day After)"니 하는 이야기들이 끊임없이 돌고 있었고 핵동결운동은 대중의 강력한 호응을 받고 있었다.

이러한 상황에서 대통령은 수세적 입장에 서게 되었다. 특히 핵 사용의 비도덕성을 주장하는 구교 지도자들과의 관계에서 그러했고, 핵억지도 비도덕적이라는 주장에 대해서도 그러했다. 어떻든 SDI는 대통령을 책임자로 만들었고 핵논쟁에서 주도권을 그에게 주게 되었다. 만일 핵전쟁이 미국 국민에게 나쁜 것이라면 국민을 보호할 수 있는 핵방패를 왜 제안하지 않는가? 상호파괴 대신 상호생존의 방법을 왜 찾지 않는가? 이러한 비판 속에서 전후 가장 보수적인 대통령이 가장 좌파적인 핵무장 해체론자들의 핵철폐 입장을 채택하는 아이러니가 있었다.[52)]

2) SDI 1-3

레이건은 그의 연설에서 SDI가 미사일들을 무력하고 쓸모없는 것으로 만들 수 있다고 했다. SDI체계의 3단계 발사단계 중 처음 발사단계는 5분 동안 요격하는 것이고, 두 번째 단계는 발사 후 비행 중 미사일에서 분리된 다탄두들을 파괴하는 것이며, 세 번째 단계는 두 번째 단계에서 살아남은 탄두들을 파괴하는 것이라고 하였다. 그러나 레이건의 주장에 대한 비판이 일어났다. 그것은 미국의 정치환경에서 아무리 어떤 사람이 빈틈없이 대처한다하더라도 미국과 서유럽의 안보가 40여 년 동안 의존해왔던 억지전략의 기초를 갑자기 파괴할 수 있는 것인가라는 것이었다. 억지전략이란 보복과 절멸의 위협으로 어떤 공격을 충분히 방지할 수 있다는 가정에 기초하였다. 그런데 SDI는 억지가 실패할 것이라는 가정에 기초한 것이었다. 더욱이 SDI에는 세 가지 종류가 있었다. SDI-1은 우주공간에 기반을 둔 비핵인구방위방패(Non-nuclear Population Defense Shield)였다. 이에 대해 대부분의 기술자들과 군비통제 전문가들은 거부입장을 보였다. 우선 그것은 기술적으로 복잡하고 대통령이 약속한 100%의 국민보호 가능성에 회의적이었다. 비록 80-90%의 효과가 있더라도 소련의 미사일은 그 수가 많기 때문에 우주방패를 침투할 수 있을 것이라는 것이었다. 또한 아무리 미국의 기술이 훌륭하다 하더라도 10-20년 기간에 필요에 따라 완전하게 작동할 수 있는 SDI가 가능할까 하는 의문도 생겼다. 실제로 SDI의 모든 구성부분을 전체적으로 실험할 수 없기 때문에 의회의 기술평가국은 SDI가 "비극적 실패"로 끝날 것이라 결론지었다.[53)]

더욱이 소련은 레이건이 SDI기술을 소련과 공유할 것이라고 한 언질을 용납할 수가 없었다. 즉 그것은 양국이 보유하고 있는 공격용 미사일들을 SDI로 대체시키기 위해 SDI기술을 공유하겠다는 것이었던 바, 미사일에서 우위에 있는 소련으로서는 그것을 용납할 리가 없었던 것이다. 소련공산당 제1서기 고르바초프는 미국은 석유 채굴 기술도 나누지 않는 상황인데 하물며 SDI 기술을 공유한다는 것은 기만이며, 결국 두가지 종류의 무기경쟁만 촉진할 것이라 하였다. SDI에 비판적인 사람들에 의하면 소련은 다탄두를 더 많이 만들어 “우주 방패”를 뚫고 들어갈 수 있는 “미사일 홍수” 전략을 구사할 것이고, 미국도 소련의 ABM방어망을 침투할 수 있는 다탄두를 배가시켜 생산할 것이었다. 동시에 소련도 SDI 연구를 가속화시킬 것이고 그리하여 SDI는 공방(攻防)의 군비경쟁을 초래할 것이며 그에 따른 엄청난 비용을 지불해야 하고 결국 양국은 그 이전보다 더욱 불안해지게 될 것이라는 것이었다.

SDI-II는 지상에 기지를 둔 가용한 기술로 미사일 방어에 국한하는 것이다. 소련이 다량의 미사일을 보유하고 있고 선제공격 잠재력을 가지고 정확한 탄두를 양산하고 있는 상황에서 SDI-II는 어떤 매력을 지니고 있었다. 그것은 지상기지 미사일의 잠재적 취약점을 감소시킬 수 있고 그래서 억지균형을 안정화시킬 수 있다는 것이다. 人口의 방위와는 달리 50%의 방위능력만으로도 충분하다는 것이다. 어떤 잠재적 공격자도 상대방 미사일의 절반만 살아남아도 보복을 당할 수 있을 것이기 때문에 여전히 억지력은 유지될 것이다. 그리 놀라운 일은 아니지만 SDI에 회의적인 의원들을 포함한(30%의 요격을 희망하는) 합참의 많은 장성들은 SDI-II에 매력을 느꼈다는 것이고 상원 군사위원회는 구체적으로 보다 달성 가능한 목표에 찬성하는 언질을 주었다고 한다. SDI-I과 SDI-II의 결정적인 차이는 SDI-1이 배치되는 경우 공격용 미사일은 근절될 것이라는 가정, 즉 미사일들을 무력화시켜 쓸모없는(impotent and absolete) 부스러기로 만들게 될 것이라는 것이고, SDI-11의 경우 공격용 미사일이 근절되기보다는 살아남아 제2차 보복공격으로 폐허화시킬 수 있다는 메시지를 전달함으로써 억지의 효과를 나타낼 수 있기 때문에 보다 안전하게 될 것이라는 것이다. 그리하여 SDI-II는 부가적인 군비축소 노력과 양립할 수 있었다.

소련은 레이건이 제안한 SDI-III를 방어체계가 아닌 공격체계로 인식하였다. 만일 수천 개의 탄두로 공격할 때 SDI-I이 모두를 방어하지 못할 경우 그 중 일부는 상대방의 요격망을 뚫고 침투해서 엄청난 파괴를 할 수 있을 것이다. SDI-III는 적의 선제공격에 의해 보복능력이 이미 상당히 약화된 경우에도 효과적일 수 있는 것이다. SDI에 대한 소련의 거부는 1970년대 초 미국이 소련의 ABM에 반대했던 것과 똑 같았다. 당시 워싱턴은 소련의 ABM을 선제공격정책의 일부라고 하였다. 왜냐하면 소련의 군사교리는 만일 핵전쟁이 일어나는 경우 선제공격을 강조하고 있었기 때문이다. 가능한 한 자체의 피해를 줄이고 미국의 보복능력의 많은 부분을 파괴한다는 것으로 되어 있다. 사실 SDI의 목표는 방어적인 것이다. 물론 군부는 위성체에 대한 공격을 위해 레이저의 사용을 촉진시키려 했다.

3) 군비통제의 유인인가 방해인가

레이건 행정부는 미국의 ICBM들이 소련의 공격에 더욱 취약해지고 있는 사실을 우려하면서 소련의 위협을 감소시키기 위해 처음부터 소련의 ICBM과 탄두의 대폭적인 감축을 추구하고 있었다. 그러나 레이건의 SDI 제안은 소련에게 줄 보상을 생각하지 않았다. 이렇게 SDI는 레이건 자신도 놀라워했을 정도로 강렬한 반응을 불러 일으켰다. 한편 소련 지도부는 SDI가 공격전략의 일부로 사용될 가능성에 두려워했고 또 한편으로는 소련 국내의 정체된 경제는 이미 기술적으로 서방을 따라잡을 수 없다는 사실에서 두려워하는 반응이 나왔다. 왜냐하면 SDI연구는 미국은 성공적인 과거의 기술축적이 있었고 소련은 그렇지 못했던 바로 그 분야, 즉 기술혁신에서 획기적인 도약을 가져올 수 있기 때문이었다. 그러한 도약의 결과는 소련을 기술적으로 더욱 낙후하게 만들 것이었다. 더욱이 우주전쟁(Star Wars)의 경쟁비용은 지금도 낮은 소련의 생활수준에 심각한 영향을 줄 것이었다. 그래서 소련으로서는 미국의 SDI배치를 방지하는 데 관심을 가지고 최소한 그 개발을 늦추거나 아니면 소련의 과학이 그것을 따라잡을 수 있도록 적극적인 관심을 가지는 것이었다. 그러한 연구는 연구소에서 계속될 것이고 그러한 연구를 제재할 수는 없는 것이었다.

그러나 우주에서는 어떠한 SDI기술의 실험이나 배치도 있어서는 안되었다. 1972년 양국이 체결했던 ABM조약에서 합의된 것과 같이 레이건의 SDI계획은 소련의 선제공격능력을 감소시키는데 지렛대로 작용하였다. 미국의 ABM과 같이 SDI는 잠재적으로 매우 강력한 협상 칩이었다. 그런데 닉슨은 그런 방법으로 ABM을 이용하려고 했지만 레이건은 그렇게 할 의사가 없었다. 레이건은 SDI가 10-20년이 지나야 기술적으로 가능한지 여부가 나타날 수 있는 연구계획이었음에도 마치 그것이 현실적인 것처럼 그의 비젼에 집착하고 있었다.

레이건은 미국의 SDI 연구와 실험에 대한 어떤 제한도 용납할 수 없다고 생각하고 고르바초프가 공격무기 50%를 감축하는 대 타협안을 제시했을 때 그것을 거부했다. 그러나 국무장관과 기타 인사들은 그러한 고르바초프의 제안을 매력적인 것으로 받아들였고 대통령도 다른 SDI 지지자와 같이 그 제안을 거절할 수가 없게 되었다.[54)]

그런데 SDI는 흥정수단이 되는 대신 전략무기에 대한 군비통제협정에는 장애물이 되었다. 소련인들은 반복해서 그들이 SDI와 충분히 대적할 수 있을지 여부를 파악할 때까지는 전략미사일 수를 크게 감축하지 않을 것이라 했다. 그들이 주장하는 논리는 바로 과거 닉슨이 사용했던 논리였다. 즉, 닉슨은 소련이 ABM체제를 전국적으로 배치할 의도가 있는지 여부를 알 수 있을 때까지는 미국의 공격용 미사일에 대한 제한을 용납할 수 없다고 하였었다. 그러나 레이건은 1972년 SALT I 을 가능하게 했던 공·방(攻·防)군비경쟁 사이의 연계를 받아들이지 않았다. 레이건이 왜 SDI에 대한 타협을 더 이상 추진하지 않았는지는 이해가 되지 않았다. 왜냐하면 레이건은 그의 비전의 포기를 요구받지도 않았고 소련은 매력적인 제안을 할 의사도 있었는데 말이다. 그러나 SDI문제는 소련이 아니라 미국내 의회에서 제동이 걸렸다. 즉, SDI는 행정부와 입법부의 대결형태로 정부정치(governmental politics)를 자극했던 것이다. 당시 의회는 하원에서 그리고 1986년 중간선거 이후에는 상원에서 민주당이 다수파를 형성하고 있었으며, SDI에 대해서는 전혀 열의가 없었다. SDI의 목적, 가능성, 그리고 비용 등은 레이건 행정부 내에서도 의견 분열이 있는 터였다. 예산적자 시기에 SDI의 엄청난 비용은 의회의 저항을 촉발시켰고 1985년 이후 예산삭감을 유발시키는 부가적인 요인이 되었다. 레이건 행정부는 SDI 지지여부를 충성심 테스트로 몰고 갔다. 이렇게 SDI는 공화당의 무기가 되었다. 1988년 민주당의 대선후보 마이클 두카키스(Michael Dukakis)는 SDI의 전체 계획을 규탄했다. 그는 SDI의 연구에 대해서는 손을 대지 않았지만 더욱 절박한 국내의 많은 프로그램들을 위해 예산이 절실히 필요한 터에 SDI는 돈의 낭비일 뿐이라고 선언했다.[55]

4) 부시 이후의 SDI

레이건을 승계한 부시(George Bush)는 SDI에 부분적으로나마 새로운 수명을 연장시켜 주었다. 보수적인 공화당 의원들은 여전히 SDI를 고수하고 있었고 그들은 공화당 내에서 강력한 일파를 형성하고 있었다. 그러나 부시는 자기 선임자가 직면했던 똑같은 제약에 직면하고 있었다. 즉, 기술적-과학적인 한계, 민주당 지배의 상원, 특히 우발적 발사에 대응하는 제한적인 SDI를 주장하는 샘 넌(Sam Nun)의원, 레이건 행정부에서 물려받은 막대한 재정적자 등이 그것이었다. 이러한 상황에서 부시가 SDI를 하나의 장기적인 연구프로그램으로 격하시킨다면 미사일에 관한 대타협을 성취할 수 있는 유리한 위치에 서게 될 것이었다.[56] 그것은 바로 부시가 취임한 후 소련이 제기한 거래였다. 즉, 첫째는 전략무기 50% 감축이었고, 둘째는 미국이 1972년에 체결된 ABM협정을 위반하지 않는 한 SDI에 관한 사전합의(prior agreement)는 불필요할 것이었다. 이는 START(Strategic Arms Reduction Talks), 즉 전략무기 감축회담의 완성을 가능케 하였고, 고르바초프가 실패하고 있는 경제정책을 위해 국방예산을 전용할 수 있는 계획을 추진할 수 있도록 하였으며, 부시로 하여금 SDI를 희생시키지 않았다고 주장할 수 있도록 하였다. 고르바초프는 이미 미의회가 SDI지지에 미온적임을 알았고, START가 미군에 대한 소련의 미사일 위협을 이미 감소시켜 미국의 우려를 부식시키고 있음을 인지하고 있었다. 더욱이 탈냉전으로 240억 달러의 투자 이후 SDI는 대체로 죽은 문제처럼 보였다. 1991년 이라크전쟁이 발발할 때까지 이라크는 소련제 스커드 미사일을 사우디나 이스라엘의 도시지역 목표물을 공격하는데 사용했다.

그런데 1960년대 기술로 생산된 스커드 미사일들은 군사시설 공격에 매우 부정확하였다. 반면 미국의 지대공 미사일은 극적으로 성공을 거두어 사우디와 이스라엘로 날아오는 스커드들을 파괴하는 장면이 TV스크린에 나타나자 미국인들은 환호했다. 소련의 ICBM을 파괴할 수 있는 패트리엇 미사일의 등장은 완전하지는 않지만 미사일은 미사일로 격추시킬 수 있다는 데 의의가 있었다. 실제로 1991년 1월 지상기지 요격기의 발사로 100마일 떨어진 우주공간에서 탄두를 파괴하였다.[57)]

이러한 모든 사항들을 검토해볼 때 일반주민을 살상하기 위해 도심목표물에 발사된 이라크의 미사일 공격은 장차 생화학 물질 및 핵을 실은 탄두 장거리 미사일이 확산될 것으로 예상되는 상황에서 미래의 미사일 공격으로부터 미국시민을 보호할 수 있을지의 문제를 제기하였다. CIA는 2000년까지 15개국이 대륙간 탄도탄미사일을 획득할 것이라 평가했다. 그러한 상황에서 보복위협으로 대량살상무기에 의한 공격을 억제할 수 있을까? 이란, 북한, 알 카에다 등이 과거 소련 지도자들처럼 현대무기의 사용을 자제할 수 있을까? 어떤 이데올로기에 의해 감염된 야심에서 모험을 감수하지 않을까. 간단히 말해서 탈냉전 세계의 변화하는 전략 환경에서 전략적 방위의 문제는 매우 생생하게 남아 있는 것이었다. 특히 제3세계의 의도적인 공격과 같은 100여기의 소규모 공격에 대항하는 지상과 공중 두 기지의 혼합요격은 어떠할까?[58)]

1991년 부시는 연두교서에서 상원군사위원회의 유력 인사들이 오래전부터 선호해온바 있는 제한된 탄도미사일 공격에 대한 보호조치를 다시 검토해야 한다고 했다. 1991년 부시가 SDI를 위해 제안한 방위예산은 1990년 행정부와 의회가 동의한 바 있는 것보다 17억 달러가 많은 46억 달러였다.

SDI는 제한적 공격에 대한 세계적 보호(the global protection against limited strikes)가 되었다. SDI는 첫째는 대항미사일 방어거리의 연장으로 스커드 보다 더 높고 더 빠르게 날아오는 미사일들로부터 더 넓은 지역이 보호될 수 있도록 한다는 것이고, 둘째는 하나의 미사일을 피해 침투해 오는 미사일이 다른 미사일에 의해 요격될 수 있도록 상호 지원하는 독립적인 탄막을 형성할 수 있을 것이라는 것이다.

후원체계(backup system)는 적의 탄두가 핵으로 무장되어 있고 침투해 들어온 하나의 미사일이 목표도시에 재앙을 가져올 것이기 때문에 특히 중요하다. 그러나 상원군사위원회는 100개의 적 탄두에 100개의 요격미사일 방식을 집중 검토했고 SDI와는 달리 요격체계는 오직 지상기지에 설치하도록 결의했다. 이렇게 해서 우주전쟁(star wars)은 ABM처럼 지상으로 내려오게 되었다.

당시 맥나마라의 제안처럼 새로운 SDI계획은 엷은 방어체계였다. 그것은 어떤 시점에서 두터운 전국적 보호망이 될 수 있을 것인가? 그것은 사실상 1972년에 체결된 ABM조약의 재협상을 필요로 하는 것인가? 부시 대통령은 정확히 그것을 제의했다. 그러나 이제 SDI는 재정적자 감소에 정책의 초점을 맞춘 클린턴 행정부를 지나서 부시 2세로 넘어오면서 재탄생의 기회를 맞이하게 되었다. 2001년 부시 2세가 집권하면서 SDI계획은 다시 살아나게 되었다. 그는 우선 1972년 소련과 맺은 ABM조약에서 탈퇴를 선언하고 요격미사일 계획을 적극적으로 추진하기 시작하였다.

제 5 절 조직과정(Organizational Process) 모델

조직과정모델은 주행위자들이 대통령이나 일단의 정책결정자들이 아니라 관료조직들을 중심으로 하는 분권적 정부구조에서 결정이 이루어지는 과정을 설명한다. 그레이험 앨리슨은 이러한 상황을 정책결정의 조직과정모델이라 하였다.[59] 궤도상에 정찰위성을 띄울 수 있는 군부의 계획과 국립항공우주국(NASA)의 우주계획은 1986년 1월 28일 챌린저 우주 왕복선이 발사 직후 폭발하게 되어 갑자기 중단되게 되었다. 미국인들은 그 비극으로 충격에 휩싸였고 그 참사의 책임소재를 파악하려고 노력하였다. 그 책임소재를 밝히려는 정부의 노력은 합리적 행위자모델에 따라 일을 수행했고 특정 개인들이 책임을 맡고 있었다는 가정에 기초해서 진행되었다. 그러나 이는 우주왕복선계획을 위해 정책결정과정이 어떻게 이루어졌는가의 문제는 아니었다. 또한 그 사건은 집단사고나 정부정치 모델이 밝혀줄 수 있는 문제는 더욱 아니었다.

실제로 그 챌린저호에 무슨 일이 왜 발생했는지를 이해하기 위해서는 관련된 관료기구들, 특히 국립항공우주국, 국방부, 및 그들의 하청업체들 내의 조직상의 일상적인 업무수행과정을 주목해야 하는 것이다. 1980년대 까지 NASA의 주요 임무는 우주왕복선(the Space Shuttle)의 제작 · 발사였다. 챌린저호의 발사가 예상보다 반복 · 지연되면서 NASA의 임무와 표준운용절차(standard operating procedures)는 발사에만 매진하여 장비결손을 소홀히 하고 안전수칙을 간과하는 경향을 초래하였다. 국방부는 낡은 군사정찰위성들을 보다 새롭고 정밀한 것들로 교체하라는 압력을 받고 있었다. 로켓 추진장치의 제조회사인 머튼 시어콜(Morton Thiokol) 회사의 주목적은 돈을 버는 것이었고 우주왕복선 발사에서 결정적으로 중요한 부품인 오-링(the O-rings) 같은 장비에서 전반적인 하자가 없는 경우 일상적인 생산 스케쥴을 유지하는 것이었다. 따라서 상이한 관련 관료기관들의 임무와 업무상의 권한은, 특히 NASA내부에서, 각 조직의 위계적 역할에 따라 행사됨으로써 장비의 결함과 결손에 관한 경고를 무시하였다. 이러한 정황이 지속되었던 것은 각 관련 조직들이 지난 수년 동안 각자의 역할을 수행하고 일연의 우주왕복선들을 성공적으로 발사해 왔기 때문이었다. 그러나 챌린저호가 폭발했던 그 날 각 조직들의 일상업무와 표준운용절차가 생산해낸 그 결함들은 임계점을 넘어 비극을 초래한 것이었다.[60)]

누구에게 책임이 있는가? 어떤 특정 개인이나 일단의 사람들에게 책임을 물을 사안이 아닌 것이다. 사실상 잘못은 많은 조직들로 구성된 관료체계에 있는 것이고 그러한 조직들을 지배하고 있던 그 구조와 하위문화(subculture)에 있는 것이었다. 미국의 우주정책과 챌린저호의 비극은 그 우주왕복선 프로그램에 참여한 그 조직체들의 행위결과로 발생한 것이었다. 바로 그러한 현상을 설명한 조직과정모델은 원래 경제학과 행정학에서 유행한 관료제와 조직행동의 연구에서 도입한 것이다. 대부분의 관료조직들은 정치적 리더십으로부터 비교적 자유롭기 때문에 정책결정은 군웅할거적(feudal)인 경향을 나타낸다. 이러한 과정에서 미국의 외교정책은 그러한 외교정책 관료들을 포함하는 조직들이 만들어 내는 다양한 외교정책들의 총계로 이루어진다. 다시 말해서 관료제도는 너무나 방대하고 복잡하여 정책과정의 배후에서 작동하는 독립적인 추진력으로 기능하게 되고 대통령은 단지 상징적 지도자로 머물게 되는 것이다. 미국은 중앙집권적인 민간 지도자가 장악하는 군부체제를 갖고 있지 않다. 미국은 육 · 해 · 공 · 해병대가 각기 독립적으로 기능하기 때문에 국방부도 분권적 구조로 형성되어 있다.

관료가 지배하는 정책결정과정은 외교정책의 결집력을 방해할 뿐만 아니라 상충적인 정책들을 생산하기도 한다. 국내정책 영역에서 한 예를 들자면, 보건복지부는 매년 미국인들에게 흡연이 건강에 해롭다는 것을 홍보하는데 수백만 달러를 사용하는데 노동부는 매년 수백만 달러를 들여 담배 재배업자들과 그리고 담배산업을 간접적으로 보조하고 있다. 이는 미국정부가 외교정책 영역에선 마약과 장기전쟁을 벌이고 있는 동안 왜 CIA는 마약거래에 연루되어 있는 사람들을 포함해 지하 범죄세계에 있는 개인들과 집단들을 이용해서 비밀리에 CIA의 국가안보 작전을 전개하고 있는지를 설명하는 데 도움이 될 것이다. 이러한 모순들은 대통령이 거대한 관료조직을 통제하고 행정부의 합리적 정책결정과정을 촉진할 수 있는 능력이 제한되고 있는 데서 발생하는 것이다.

각 관료기관들은 그 자체의 조직임무, 직업적 역할, 그리고 표준운용절차를 발전시킨다. 또한 각 관료기구들은 위계적 제도, 전문화, 그리고 일상업무에 기초해서 기능을 수행하게 된다. 이러한 특징들은 오랜 시간에 걸쳐 발전한 관료구조와 하위문화를 반영하는 것이다. 때문에 조직행동은 성격상 "점진주의적(incremental)" 인 경향이 있다. 따라서 조직 구성원들은 일상적으로 매우 유사한 행동을 보인다. 다시 말해서 현대의 정책결정과 미국외교정책의 많은 부분이 오랜 기간 축적되어온 관료적 타성을 반영하고 있는 것이다.

조직과정모델은 대통령의 주목을 끌지 못하는 문제들에 관한 정책형성과정을 이해하는데 도움이 된다. 집행부가 설정하는 일상적인 많은 정책들 가운데는 관료조직 영역 내에서 처리되는 사소한 문제들이 많다. 이러한 문제들은 관료적 위계제의 고위층에까지 올라가지도 않는다. 따라서 그러한 문제들은 관료들로 하여금 자신들의 조직규범과 절차에 따라 정책을 결정하고 수행하도록 함으로써 그들을 정책결정자가 되도록 하는 것이다.

고위층의 주목을 끄는 문제들의 경우에도 정책결정자들은 여전히 정보, 정책대안, 그리고 정책수행 등을 위해서 관료들에게 의존하게 된다. 이러한 관료조직들의 프로그램과 일상적인 기능들은 종종 정책결정자들의 미래구상을 제한하게 되고 정책결정자들의 결정들이 실제로 어떻게 집행될 것인지를 결정하게 된다. 예를 들어 1990년 8월 이라크가 쿠웨이트를 침공한 후 관료들의 정보평가와 군사적 요건 산정은 파견할 병력수준과 전쟁전략에 관한 부시대통령의 결정에 크게 영향을 주었다. 즉, 대통령이 사우디아라비아에 병력을 파병할 것을 결정하자 軍部는 이라크의 공격을 격퇴할 수 있도록 최소 10만 이상의 대규모 병력을 요구하였다. 그런데 그러한 비상사태에 대한 긴급계획이 없던 터라 군부는 다목적 배치계획에 의존할 수밖에 없었고 그것은 페르샤만에 20만 이상의 병력을 파견하는 결과를 가져왔다. 그리고 그러한 대규모 병력의 파견은 예비군 동원을 필요로 하였다. 그리하여 軍의 6개월 근무교대 규칙은 해외의 대규모 병력유지를 어렵게 하였고, 그렇다고 그 관행을 포기하자니 군의 사기를 위협하는 결과가 되었다.

이러한 모든 관료적 규범(imperatives)은 부시 대통령으로 하여금 경제제재 조치를 포기하고 전쟁위협에 기초한 벼랑끝 전략으로 수개월내 이라크軍을 無力化시켜 철수를 강요하는 결정을 내리게 하였다. 그런데 원래 1991년 1월 중순에 대규모 폭격작전을 단행하고 이어서 2월 하순에 지상군 작전을 전개하기로 되어 있던 대통령의 전쟁결정은 10월 하순에 가서야 시행되기 시작했던 바, 그것은 본래 군의 관료적 구상은 아니었다. 당시 현지 사령관이었던 슈와츠코프(Norman Schwarzkopf) 장군은 초기에 쿠웨이트에 있는 이라크군에 전통적인 군사작전 방식으로 직접 정면공격을 단행할 것을 제안했다. 그런데 그러한 군사작전은 수천명의 미군과 연합군의 사상자를 내게 되어 있었다. 슈와츠코프는 상관들로부터 이라크를 철수시키는 "옆구리(left hook)" 공격전략에 따르도록 지시를 받고 있었다.[61]

조직과정 모델이 가장 확실하게 설명할 수 있는 부분은 정책수행단계이다. 예를 들어 1983년 레이건 대통령이 그레나다를 침공하는 결정을 내렸지만 침공군이 그 작은 섬을 점령하는 데는 성공했지만 많은 사상자를 냄으로써 결과적으로 그 작전은 실패한 작전이 되었고 그 책임은 군 관료에게 있었다. 마찬가지로 1991년 1월 부시 대통령이 이라크와 전쟁에 들어가기로 공식적인 결정을 내렸지만 사막의 폭풍작전(Operation Desert Storm)의 엄청난 성공은 군 관료 때문이었다. 요는 대통령의 결정을 이행하기 위해 프로그램과 일상업무, 그리고 표준운용절차를 사용하는 것은 관료라는 점이다.

쿠바 미사일 위기시의 정책결정과정은 대통령의 지위와 합리성 모델의 본보기로 설명되곤 한다. 그러나 정책결정과정에서는 관료적 프로그램과 표준운용절차를 포함하는 문제들 때문에 많은 어려움이 있었다. 즉, 정책형성 초기단계에서는 케네디 대통령과 그의 일부 참모들은 쿠바에 설치된 소련 미사일들을 파괴하기 위한 국지적인 공중 공격(surgical air strike)에 찬성하는 쪽으로 기울었다. 그러나 그들은 곧 공군의 공격작전계획이 쿠바 전역에 걸친 전면적인 침공을 보호하기 위한 대규모 폭격작전임을 알게 되었다. 그 공격이 아무리 국지적이라 하더라도 그 과정에서 미사일들을 운용하는 러시아 군인들이 죽을 수도 있는 것이었다. 이러한 사실이 케네디와 그의 보좌관들로 하여금 공중공격을 배제하고 봉쇄정책을 선택하게 하는데 결정적인 요인이 되었다.

케네디 대통령이 일단 무력시위로 쿠바를 봉쇄하면서 후르시초프에게 정치적 해결을 제의하기로 결정하자 해군 관료는 봉쇄임무를 착수하였다. 해군은 해안에서 500마일 떨어진 쿠바섬 주위에 전함으로 봉쇄망을 구축하였다. 또 한편으로는 케네디가 여전히 후르시초프 소련 수상으로부터 응답을 기다리는 동안 한 척의 소련 군함이 그 봉쇄선에 접근하고 있었다. 케네디는 어떤 형태의 군사적 대결도 피하기 위해 후르시초프에게 응답할 수 있는 더 많은 시간을 주기위해 해군에게 봉쇄선을 쿠바에 보다 근접하도록 후진시킬 것을 명령했다. 그러나 해군은 그 봉쇄선을 결코 이동시키지 않았다. 또 한편에서는 그 작전의 묘한 성격에 우려심을 가지고 있던 맥나마라 국방장관이 해군의 작전참모인 앤더슨(George Anderson)에게 만일 소련배에 승선해서 그 배에 선적되어 있는 화물이 무엇이냐고 물었을 때 소련 선장이 대답을 거부한다면 어떻게 할 것인지를 물었다. 앤더슨은 심문을 받는 것에 대해 신경질적으로 해군 규정집(Manual of Navy Regulations)을 맥나마라 면전에 대고 흔들면서 "모든 것은 거기에 있소(It's all in there)"라고 소리쳤다는 것이다. 그러자 맥나마라는 "나는 존 폴 존스(John Paul Jones)가 무엇을 했는지에는 관심이 없소. 나는 당신이 지금 무엇을 하려고 하는지를 알고 싶을 뿐이오"라고 응수했다고 한다.[62] 그러자 앤더슨이 "장관님 이제 당신과 당신의 부장관이 당신의 사무실에 돌아가면 해군은 그 봉쇄작전을 개시할 것이요"[63]라고 말하는 것으로 그 대결은 끝났다고 한다.

지금까지 미국의 외교정책과정을 이해하는 방법으로 체계접근 이외에 4가지를 소개하고 그 예를 들어 설명하였다. 그 결과 각 모델들은 정책결정구조와 과정에서 상이한 결론에 도달하고 있음을 볼 수 있다. 즉, "합리적 행위자" 모델은 대통령의 중앙집권적 통제 하에서 합리적 과정이 이루어지는 것을 설명하는 것이고, "집단사고" 모델은 그 과정이 비합리적인 중앙집권적 구조를 기술하는 것이며 "정부정치" 모델은 그 과정이 흥정과 타협으로 구성되는 복수적 구조를 서술하는 것이다. 그리고 마지막으로 "조지과정" 모델은 그 과정이 조직의 일상업무들로 구성되는 극히 분권적 구조를 강조하는 것이다.[64]

이상의 5개 모델들은 미국외교정책의 결정과정을 설명하는 데서 상이한 개념들을 제시하고 있다. 즉, 체계이론은 마치 생물체계의 부분들이 유기체의 생명을 유지하기 위해 상호관계 속에서 기능을 수행하고 있는 것과 같이 정치체계도 그 체계의 생존목적을 위해 그 체계내의 구조, 집단, 개인들이 체계생존에 필요한 기능을 수행하기 위해 서로 상호작용관계를 맺고 있는 것이다. 따라서 이러한 체계개념은 복잡한 정치적 현실을 知的으로 관리할 수 있는 상태로 단순화시킬 수 있는 도구를 제공하는 것이다. 합리적 행위자 모델은 대통령과 그의 측근 보좌관들의 신념을 강조하는 것이고, 집단사고 모델은 그 집단 내 지도자들의 신념과 개성, 그리고 그 집단을 지배하고 있는 규범들에 초점을 맞추는 것이다. 정부정치 모델은 다양한 인식방법, 다양한 개성들과 다양한 역할들, 그리고 정책결정자들이 점유하고 있는 권력과 지위 등을 강조한다. 조직과정 모델은 조직의 임무, 관료구조와 그 하위문화, 역할 및 표준운용 절차 등에 초점을 맞춘다.

또한 합리적 행위자 모델은 대통령과 정부관리들은 새로운 정보에 민감하고 정책의 성공기회를 극대화시키기 위해 환경변화에 쉽게 적응한다. 그러한 합리성은 외교정책을 학습하고 변경시킬 수 있는 정부의 능력에 관해 낙관주의를 제시한다. 따라서 이는 합리적 행위자 모델이 왜 결정도달에 이상적인 방법이고 바람직한 방법으로 고려되고 있는가 하는 이유를 말해 준다.[65]

반면 집단사고, 정부정치, 조직과정 등의 모델은 외교정책을 학습하고 변경시킬 수 있는 정부의 능력에 대해 더욱 비관적이다. 이들 3가지 모델은 정부의 학습(learning)에는 심리적, 사회적, 정치적, 관료적인 장애물들이 상당히 많다는 것을 보여주고 있으며 더욱이 지속성과 점진주의는 위기와 실패가 발생할 때까지는 오랜 기간 우세하게 작용할 것임을 나타내주고 있다. 이와 같이 미국의 외교정책 결정과정에서는 여러 경쟁적인 개념들이 작용하고 있기 때문에, 그 가운데서 가장 두드러지게 나타나는 정책결정 패턴을 살펴볼 필요가 있을 것이다.

로자티는 이상의 4가지 모델들을 대통령정치 모델과 관료정치 모델로 종합하여 미국외교정책의 결정패턴을 설명하고 있다.[66]

제 6 절 대통령정치 모델과 관료정치 모델: 정책결정패턴

1960년대와 1970년대에 걸쳐 집단사고, 정부정치 및 조직과정 등의 모델들은 합리적 행위자 모델에 비해 정치과정을 이해하는 방법으로 인기를 얻고 있었다. 그러나 그들 모델들은 여러 근거에서 비판되었다. 연구자들은 이들 모델들은 실제 정책결정과정을 설명할 때에는 명확치 않다고 하였다. 즉, 그 모델들에 기초한 설명은 종종 너무 경직돼 있다는 것이었다. 왜냐하면 그 모델들은 특정 정책결정구조와 과정을 세분화시킴으로써 정치적 가능성의 다양성과 복잡성을 배제하였기 때문이다. 그리고 그 모델들은 어떤 특정 정책결정과정을 설명하는 경우 사실상 중복되었고 종종 한 가지 이상의 모델이 개재될 때 서로 고립적으로 취급되었다는 것이다. 다시 말해서 이들 모델들은 미국외교정책의 결정과정이 지니는 정치적 혼잡성과 복합성을 지나치게 단순화시켰다는 것이다.

4 가지 모델들은 정책결정에서 우세한 몇 가지 주요 패턴에 관해 귀중한 통찰력을 제공하고 있으나 그 모델들은 또한 정책결정과정의 정치와 복잡성을 지나치게 단순화시키고 있다는 것이다. 따라서 네 가지 모델들의 강점을 극대화시키고 비판되는 점들을 포용하기 위해서는 행정부 정책결정의 성격을 두 가지 일반적인 패턴으로 고찰하는 것이 유용할 것이라고 로자티는 말하고 있다.

1 대통령정치와 관료정치

대통령정치(presidential politics)는 어떤 문제에 대통령이 적극적인 관심을 가질 때 직간접적인 개입을 통해 이루어진다. 대통령은 통상 측근 보좌관들과의 비공식적인 대화나 또는 보다 공식적인 과정을 통해 행동한다. 어떤 문제가 대통령의 주의나 관심을 끌 정도로 상당한 중요성을 띨 때는 그 정책결정과정에는 집행부의 관련 고위관리들도 참여한다. 예를 들어 쿠바 미사일 위기, 베트남전 확대결정, 이란 인질사태, 그리고 1990-1991의 페르샤만 위기사태 등의 경우에서 그러했다. 이와 같이 대통령정치 모델은 집행부내 고위층 관리들의 정책결정과정을 언급하는 것이다.

대통령정치의 개념은 대통령의 개입이 중대한 것임을 명백히 하는 것이다. 대통령 정치는 또한 정책결정과정이 모든 가능성을 열어 놓는 매우 정치적인 과정이다. 비교적 "개방적인" 정책결정과정에서는 광범위한 정보가 수집되고 참여자들의 정책견해와 여러 대안들이 개진되는 바, 이는 곧 합리적 행위자 모델의 설명과 같다. 그러나 대통령정치는 집단사고 모델에 보다 유사한 다소 "폐쇄적인" 과정을 초래할 수 있다. 물론 다른 패턴들도 작용할 수 있다. 즉 결정참여자들이 대통령의 결정에 만족하지 못하고 그 결정을 번복시키거나 수정하려고 기도하는 상황을 만들어내기도 한다는 것이다. 어느 경우에서든 정책결정과 정치는 분리될 수 없다. 왜냐하면 유력한 인사들이 참여하고, 또한 그러한 문제들은 미래의 미국 외교정책에 영향을 미치게 될 것이고, 그 문제들에 걸려있는 이해관계의 몫이 크기 때문이다. 결국 정책결정과정에서의 정치가 실제로 어떻게 전개되는가 하는 문제는 결정참여자들의 개별적인 신념, 개성 그리고 역할에 달려 있다고 할 것이다.[67]

관료정치는 대통령과 그의 최측근 보좌관이 비교적 중립적이거나 정책결정과정을 지배할 수 없을 때 우세하다. 이러한 상황에서는 다른 정책결정자들과 관료기관들이 정책의 주요 결정자가 된다. 예를 들어 미국의 對일본정책은 종종 정부 내 여러 관련 기관들의 경쟁적 이익에 의해 지배된다는 것이다. 로버트 피어는 그의 논문 "미국의 대일본정책의 혼돈"에서 "국무부, 국방부, NSC 등은 日本의 가치를 지정학적이고 전략적인 자산으로 강조하는데 반해 다른 관료기관들은 그것을 日本에 대한 과보호로 본다"고 하였다. 즉 상무부와 미국 무역대표부, 그리고 경제자문위원회는 자유시장주의 원칙에 집착하여 대체로 미국기업들이 日本기업들과 경쟁할 수 있도록 정부가 지원하고 간섭하는 것을 반대한다고 설명한다.[68] 놀라운 일도 아니지만 미국정부는 日本에 대해 결집된 정책을 추진할 수가 없다. 왜냐하면 대화도 조정도 없는 연방정부 기관들 사이에서는 일련의 "영역다툼(turf wars)"이 벌어지기 때문이다.

이는 국가안보와 경제적 이익이 교차하는 때는 외교정책을 수립하는 것이 어렵다는 것을 보여주는 것이다.

이러한 관료정치는 정부정치모델이 기술하고 있는 흥정, 연합 그리고 타협을 반영할 수도 있고 관리들은 조직과정모델에서 설명하고 있는 조직의 일상업무에 기초한 독립적인 정책을 추구할 수도 있다.[69] 그러나 다른 가능성도 배제할 수는 없다. 예를 들어 관료적 싸움과 개인적 싸움은 너무 강렬해서 참여자들 사이에 타협이 가능하지 않다. 대신 정치적 승자와 패자만이 남는다. 특정 정책결정과정과 관계없이 관료정치는 항상 관리들, 조직들, 그리고 그 당시의 정치환경 등의 사이에서 일어나는 상호작용을 반영한다.

관련 당사자들의 신념, 개성, 그리고 역할들은 항상 그들이 소속돼 있는 각 조직의 관료구조와 하위문화를 반영하면서 관료적 정책결정의 성격을 결정한다. 대통령과 그의 측근 보좌관들은 단지 몇몇 선별된 문제들에만 관여하기 때문에 미국외교정책의 대부분 문제들은 관료정치가 지배하는 경향이다.

대통령정치와 관료정치를 모두 완전히 이해하기 위해서는 개성과 신념이 미치는 중요한 역할을 강조할 필요가 있다. 미국의 외교정책 결정과정에서 개성과 신념이 미치는 중요성은 반복적으로 강조되고 있다.[70] 다시 말해서 대통령정치는 주로 대통령 자신의 개성과 신념의 기능이고, 그의 측근 보좌관들은 그러한 대통령의 개성과 신념에서 단서를 포착하여 정책결정에 참여하여, 궁극적으로는 대통령 자신이 결정을 하게 되는 셈이다.

관료정치 또한 외교정책과정에 참여하는 그 개인들의 개성과 신념에 의해 크게 영향을 받는다. 예를 들어 경력 관리들의 행위는 그 관료조직들을 지배하는 하위문화에 의해 크게 영향 받고 社會化(socialized)된다.[71] 정부관리들의 신념은 또한 그들이 살고 있는 그 전체사회의 신념이나 이데올로기를 반영하는 경향이다. 예를 들어 반공산주의, 국가안보정신(a national security ethos), 그리고 자유시장주의 정신(a free market ethos) 등은 제2차 세계대전 이후 대부분의 정부관리들이 지니고 있는 신념의 기반이 되었다.[72]

② 정책결정 경향

대통령정치모델과 관료정치모델은 집행부내의 정책결정과정을 설명하는 데 유용하다. 그러나 모호한 점들이 여전히 남는다. 즉, 각 패턴이 언제 적용될 수 있을까? 실제적인 정책형성과 그 수행과정에서 나타나는 특징은 무엇인가? 이러한 질문에 따라 외교정책결정에 관한 여러 논자들의 지식을 토대로 해서 몇 가지 답변을 제공할 수 있는 일반화(一般化)들을 생각해 볼 수 있는 것이다. 무엇보다 특정 사건에 관한 구체적인 정보는 정책결정과정을 완전히 이해하는 데 필요할 것이다. 따라서 이들 일반화들은 집행부 내에서 미국외교정책이 어떻게 만들어지고 있는가를 설명하고 예측하는 출발점이 될 것이다.

1) 의제설정패턴(Agenda-Setting Patterns)

미국의 외교정책결정에서 의제설정에 대한 관심은 그것이 지닌 가치에 미치지 못하고 있다.[73] 그러나 어떤 문제의 중요성과 정책결정과정 간의 관계에 관해 두 가지 일반화를 만들 수 있을 것이다.

첫째는 어떤 문제에 관해 인식된 중요성이 클수록 대통령의 관심과 개입을 끌어들일 가능성은 더 많을 것이다.

둘째는 그와 반대로 어떤 문제가 비중이 더욱 낮고 일상적인 업무에 속하는 것으로 인식될수록 대통령이 개입하지 않을 가능성은 더욱 크다.

즉, 정책결정과정을 작동시키고 어느 관리와 조직들이 참여할지를 결정하는 것은 그 문제(의제)의 성격에 있는 것이다.

문제들은 여러 가지 방법으로 정부의제의 일부가 된다.

첫째, 어떤 문제들이 의제에 올라가느냐 하는 것은 대통령을 포함한 관리들 중 누가 먼저 선수를 치느냐에 달려있다는 것이다. 스미스는 그의 저서 "권력게임" 에서 문제들을 정의하고 조작하는 일이 중요하다고 말한다. 왜냐하면 그것이 "권력의 고리(power loop)" 에 영향을 줄 수 있기 때문이다. 다시 말해서 그것은 정책결정과정을 장악할 수 있는 사람들의 참여범위와 정보의 회람범위를 결정하는 데 영향을 주기 때문이다. 정책을 관장하는 사람들은 그들이 대통령이든, 최고위 보좌관들이든 아니면 정부의 내장(bowels) 속에 묻혀 있는 관료들이든 어떤 문제에 관한 정보의 회람범위를 축소시키려고 가진 애를 다 쓴다는 것이고, 반대로 내부적으로 소외되어 있는 사람들은 그 정보의 회람범위를 확대하려고 노력할 것이라고 하였다.[74] 예를 들어 레이건 대통령은 전국민을 향한 연설을 통해 전략방위구상을 정부 및 公共의 의제로 만들어 회의적이고 부정적인 외교정책 관료들을 우회할 수 있었다.

둘째, 과거정부가 중요하다고 생각한 문제들은 의제에 남아있는 경향이 있다. 의제로서의 지위가 지속된다는 것은 정부행위에 관해 많은 것을 설명해준다. 왜냐하면 관료들이 매일 검토하는 수백 가지의 문제들은 통상 모두 이런 유형의 문제들이기 때문이다. 이는 곧 대통령들이 왜 관료들을 다루는 데 그렇게 어려움을 겪는가 하는 이유를 설명해 준다. 그래서 정부가 수행하는 많은 일들 중에는 과거에 고안되었던 정책들을 다듬는 것이 포함되어 있다. 이들 정책 가운데서 다수가 제도화되고 일상화(日常化) 됨으로써 경력관리들이 권력의 고리를 축소시키고 자기들이 정책을 관리하게 되는 것이다.[75]

셋째, 문제들이 의제에 오르는 또 다른 경우는 국내외에서 발생하는 제반 사건들의 결과로 인한 것이다. 이것이 일반적인 의제설정 형식이다. 예를 들어 1979년 소련의 아프가니스탄 침공이라든가, 1990년 이라크의 쿠웨이트 침공과 같은 위기사태들은 통상 의제의 일순위로 즉각 올라가고 정책결정자들의 대책을 요구한다. 이 경우 대중매체(media)는 의제설정에서 중요한 역할을 수행하게 된다. 대중매체는 집행부의 대다수 구성원들이 국내는 물론 전세계에 걸쳐 일어나는 사태에 관해서 정보를 얻는 수단인 것이다. 매체의 역할은 정부 안팎에 있는 사람들의 인식형성에 결정적인 도움을 주는 것이다. 왜냐하면 이는 집행부내에서 어떤 문제가 의제에 올라 정책결정과정에 진입하는데 영향을 주기 때문이다.

2) 정책형성 패턴(Policy Formulation Patterns)

대통령이 극히 중요하다고 생각하는 문제들의 경우 대통령정치는 미국의 외교정책 형성에서 지배적일 가능성이 있다. 그렇다면 그러한 정책결정과정은 어떤 형식을 취할 것인가? 대통령 정치에 관해서 두 가지 일반화를 수립할 수가 있는데, 그것은 대통령과 그의 측근 보좌관들의 신념과 개성에 기초한 것이다.

첫째, 어떤 전횡적인 개성(a domineering personality)을 가진 대통령이 어떤 문제에 관해 더욱 완고한 신념을 가질수록 폐쇄적인 정책결정과정이 될 가능성은 더욱 많다.

둘째, 반대로 대통령이 어떤 문제에 소극적인 태도를 취하고 전횡적인 개성을 갖지 않을수록 개방적인 정책결정과정이 전개될 가능성은 더욱 크다.

대통령과 대통령을 보좌하는 사람들의 신념과 개성은 정책결정과정의 실제적 성격을 결정하는 주요 요소들이다. 예를 들어 카터 대통령은 정보와 자문에 비교적 개방적이었다. 그로 인해 정책결정과정은 보다 개방적이었다. 반면 존슨 대통령의 경우 그의 강렬한 전횡적 개성과 반공산주의 신념이 그를 정책결정과정에서 집단사고를 촉진한 경직된 의사결정자로 만들었다.

어떤 문제의 强度는 또한 대통령정치의 역동성에 영향을 준다. 위기시에는 정책결정자들이 상당한 감정적 심리적 스트레스를 받는 경향이 있어서 그것이 때로는 개방적이고 합리적인 의사결정을 방해한다는 것이다. 위에서 제기한 일반화에 따르면 정책결정과정에는 상당한 변화가 있을 수 있다. 합리적 행위자 모델과 집단사고 모델에 따라 대통령정치가 순전히 개방적이거나 아니면 폐쇄적이거나로 구분될 수는 없다. 대통령정치는 통상 개방적이고 폐쇄적인 두 가지 요소를 모두 내포하게 된다. 더 나아가 어떤 특정 문제의 경우 어떤 때는 그 정책결정과정이 더욱 합리적이고 또 어떤 때는 덜 합리적이 된다. 즉, 시간에 따라 그 결정패턴이 변한다는 것이다. 결국 대통령정치의 정책결정 성격은 대내외 환경의 변화에 부응하려는 정책결정자들의 신념, 개성, 역할 그리고 집단역학(group dynamics)의 기능인 것이다.[76]

관료정치(bureaucratic politics) 상황에서 정책결정과정의 성격에 관해 일반화를 시도한다는 것은 매우 어렵다. 그러나 그 과정의 복잡성과 어떤 문제의 중요성 사이의 관계에 관해 두가지 일반화를 만들어 볼 수 있을 것이다.

첫째, 어떤 문제가 덜 중요하고 더욱 일상적인 것이라면 관여하는 관리들과 기관들은 더욱 적을 것이다.

둘째, 반대로 대통령의 관심과 개입이 없는 경우 어떤 문제가 중요성이 더욱 크고 덜 일상적인 것이라면, 관여하는 관리들과 기관들은 더욱 많아질 것이다.

군소 문제들은 소수 참여자들의 주의를 끌 뿐이다. 그러한 사소한 문제들은 여러 기관들의 관할권과 저촉되지도 않고 그 문제들에 걸려 있는 몫이 다수 관리들의 관심을 끌 정도로 중요하지도 않다. 예를 들어 바넷 루빈이 스리랑카의 쟈나타 비무키 페라무나(Janata Vimuki Peramuna)의 폭동사건을 연구한 것을 보면, 그것은 미국외교정책 결정과정에서 국지적인 정책결정과정의 좋은 사례를 제공해 주고 있다. 그 사건은 닉슨-키신저의 NSC체제가 미국외교정책을 지배하고 있던 때 발생하였지만 그 비상사태는 주로 국무부 東亞太문제 담당국에서 다루어졌다. 어느 다른 부처도 동아태국의 리더십에 반대하지 않았다. 결과적으로 미국의 정책은 동아태문제 담당국내 해당국 담당국장에 의해 결정되었던 것이다.[77] 정부내 다른 부처와 관리들은 그 문제가 그들이 관여할 만큼 충분한 중요성이 있는 것으로는 인식하지 않았다. 집행부내에서 이루어지는 일상적인 정책의 많은 부분이 한두 기관의 소수 관리들에 의해 처리된다. 예를 들어 국방부의 군 병력 배치문제, 국무부의 비자 및 여권발급 문제, 농무부의 식량원조 공여문제 등이 그러하다. 이와 같이 관련기관들의 임무, 구조와 下位文化, 그리고 일상업무와 표준운용절차 등과 같은 군소 문제들은 조직과정 모델에 따라 처리될 가능성이 많다는 것이다.

더욱 중요한 문제들은 더 많은 관리들과 부처들의 주목을 끌 것이다. 예를 들어 존슨 대통령 시절 전략무기제한 회담을 위한 정부정책의 형성에 관한 것이 그 예다. 그러나 정책결정과정에서 어떤 특정의 패턴이 지배적인 것인가는 예측하기가 어렵다. 정책결정과정은 그레이엄 앨리슨의 정부정치 모델과 유사할 수 있다. 그러나 그것은 또한 다른 형식을 취할 수도 있다. 어떤 정책결정자도 전체과정을 지배하지는 못하기 때문에 궁극적으로는 실제 정책결정과정을 지배하는 참여자들의 신념, 개성, 그리고 역할들이 끝없는 정책적 조합물(組合物)을 생산해내는 것이다.

3) 정책수행패턴(Policy Implementation Patterns)

통상 관료가 대부분의 정부정책을 수행하기 때문에 정책수행은 가장 명백하고 일관된 패턴을 보인다. 관료의 정책수행에 관한 일반화는 다음과 같다. "정책수행은 특정 관료기관들이 정책수행과정을 지배하는 경우 관료정치 패턴을 보인다."[78]

이 경우 관료정치가 우세할 뿐만 아니라 그 수행과정은 관련기관의 관료구조나 그 하위문화를 반영한다. 이는 조직과정 모델의 설명과 유사한 것이다. 쿠바 미사일위기시 케네디 대통령이 정책수행에 영향력을 행사하려고 선택했던 경우와 같이 대통령정치가 때때로 정책수행에 간섭할 수도 있다. 닉슨 행정부 시절 키신저가 中共과 소련에 접근하는 과정에서 막후통로를 이용했던 것과 같이 대통령정치는 일부 경우에서는 확대될 수도 있다. 그러나 정책수행을 필요로 하는 대부분의 대통령 결정들은 관료에 의존한다. 따라서 대통령이 정책수행단계를 통제할 수 있는 가장 효과적인 방법은 관리들의 어떤 수행조치를 반대하는 결정을 내리는 것이다. 그리하여 그는 관료적 수행의 필요성을 전부 회피할 수도 있다.

제 7 절 정책결정의 복잡한 현실

지금까지 집행부에서 정책결정이 이루어지는 복잡한 과정을 살펴보았다. 우리는 정책결정이 ① 의제설정, ② 정책형성, ③ 정책수행이라는 세 단계를 거친다는 것을 보았다. 또한 우리는 5가지 정책결정모델들을 살펴보았고 두 가지의 일반적인 정책결정패턴, 즉 대통령정치와 관료정치에 대해 알아보았다. 그리고 대통령정치와 관료정치가 수행되는 상황과 각 패턴들이 작동하는 정책결정과정의 성격을 설명해 주는 일반화를 제시하였다.

정책결정과정은 지나치게 단순화시킨 점이 있다. 통상 정부는 한 번에 한 가지 문제만 검토하는 것이 아니라 수백 가지의 외교정책 문제들을 동시에 고려한다. 다시 말해서 집행부 내에서 수많은 정책결정과정들이 동시에 가동된다는 것이다. 대통령 정치는 보다 중요한 문제들을 취급하게 되고 관료정치는 그 나머지를 처리한다. 더욱이 의제설정, 정책형성, 정책수행이 따로 분리되는 것이 아니고 그들은 종종 서로 중복되기도 하고 서로에 영향을 미치기도 한다. 궁극적으로 수십 가지의 문제들을 다루려는 정책결정 노력은 집행부 전체에 걸쳐 수많은 부처에서 온 개인들의 신념, 개성, 관료적 역할 등을 포함하게 된다. 즉, 대통령과 그의 측근 보좌관들, 그리고 관리들과 각 부처들은 끊임없이 문제들을 발의하고 반응하며 결정에 참여하고, 영향력을 행사하며, 정책을 수행하는 것이다. 이러한 상호작용과 역동적 과정들은 미국외교정책의 복잡한 정치현실을 나타내 주고 있는 것이다.

아울러 지적할 점은 정책결정자들은 어떤 정치적 공백 속에서 기능하는 것이 아니라 정부, 사회, 세계라는 거대 환경 속에서 기능한다는 점이다. 미국외교정책을 연구한 초기 전문가들은 바로 그러한 점을 강조했던 것이다. 전문가들 중 한 사람인 헌팅턴교수는 1945-1960년에 쓴 국가안보에 관한 연구서인 "공동방위(The Common Defense)"라는 저서에서 "만일 이 책에 어떤 뚜렷한 메시지가 있다면, 군사정책이란 국내외로부터 오는 상충적 압력들에 정부가 대응하는 것으로 이해될 수 있는 것이다. 군사정책은 외교정책, 재정정책, 국내정책과 구분될 수 없다. 그것은 미국정치의 날줄과 씨줄의 일부이다"[79]라고 지적한 바가 있다.

1) J. W. Spanier and Eric M. Uslaner, American Foreign Policy Making and the Democratic Dilemma(New York : Macmillan, 1994), pp.303-323: Jerel. A. Rosati, The Politics of United States Foreign Policy(New York : Harcourt Brace, 1993).

2) John P. Lovell, Foreign Policy in Perspective(New York : Holt, Rinehart and Winston, 1970), p.212.

3) John H. Esterline and R. B. Black, Inside Foreign Policy(Palo Alto, Cal. : Mayfield, 1975), pp. XII-8 참조.

4) Adam Smith, An Inquiring into the Nature and Causes of The Wealth of Nations(New York: Random House, 1965), p.viii 참조.

5) James M. Buchanan and Marilyn Flowers, The Public Finance(Homewood, ILL. : Irwin, 1975), p.105.

6) Oran Young, The Politics of Force(Princeton : Princeton University Press, 1968), pp.6-15.

7) 1962년 10월 쿠바 미사일 위기사태시에는 Kennedy 대통령, Rusk 국무장관, Robert McNamara국방장관, Robert Kennedy 법무장관, John McCone CIA국장, McGeorge Bundy NSC보자관, Theodore Sorensen 특별자문관, George Ball 국무차관, Alexis Johnson 국무부 부차관, Edwin Martin 국무부 차관보, Llewellyn Thomson 소련전문가, Roswell Gilpatric 국방부 부장관, Paul Nitze 국방부 차관보, 그리고 Maxwell Taylor 합참의장 등이 참여하였다. Rosati, The Politics of United States Foreign Policy, pp.250-251. 그리고 1990년 8월 이라크가 쿠웨이트를 침공했을 때에는 Bush 대통령, 국무장관, 국방장관, NSC 보좌관, 합참의장 등이 참여했다. Michael R. Gordon, "Cracking the Whip," The New York Times Magazine(Jan. 27, 1991), pp.16ff.

8) Irving Janis, Victims of Groupthink(Boston : Houghton Mifflin, 1972), pp.138-166.

9) Graham T. Allison, Essence of Decision : Explaining the Cuban Missile Crisis(Boston : Little, Brown, 1973); David A. Welch, "Essence of Revision : Moscow, Havana, and the Cuban Missile Crisis," International Quarterly 14(Winter 1989-1990), pp.136-72.

10) Richard Ned Lebow, Between Peace and War : the Nature of International Crisis(Baltimore : Johns Hopkins University Press, 1981), Chapter 8.

11) Gerald W. Seib, "How President Bush Definitely Orchestrated Swift Victory over Iraq," Wall Street Journal(March 1, 1991).

12) Spanier and Uslaner, 전게서, p.313.

13) Fred Barnes, "The Hawk Factor," The New Republic(Jan. 2, 1991), pp.8-9.

14) Spanier and Uslaner, 전게서, p.315.

15) 상게서, p.317.

16) 상게서, pp.317-18.

17) Karl M. Campbell, "All Rise for Chairman Powell," The National Interest(Spring 1991), pp.51-60.

18) Theodore Lowi, "Making Democracy Safe for the World," in Domestic Sources of Foreign Policy, ed. James Rosenau(New York : Free Press, 1967), p.301.

19) Phil Williams, Crisis Management(New York : John Wiley, 1976), p.72.

20) Irving C. Janis, Groupthink (New York : Mifflin, 1982); Dean A. Minix, Small Group and Foreign Policy Decision Making(Lanham, MD.: University Press of America, 1978).

21) Yaacov Y. Vertzberger, "Foreign Policy Decision Makers as Practical-Intuitive Historians: Applied

History and Its Shortcomings," International Studies Quarterly, Vol.30, No.2(Jan, 1986), pp.223-247.

22) Irving Janis, Victims of Groupthink(Boston: Houghton Mifflin, 1972).

23) 상게서, p.9.

24) Spanier and Uslaner, 전게서, p.323.

25) 상게서, 같은쪽.

26) Phil Williams, 전게서, pp.79-80; Spanier and Uslaner, 전게서, p.323.

27) Irving Janis, Groupthink(New York : Houghton Mifflin, 1982)

28) Jerel A. Rosati, the Politics of United States Foreign Policy, pp.253-54.

29) Hedrick Smith, The Power Game : The Tower Commission Report(New York : Bantam, 1987); Bob Woodward, Veil : The Secret Wars of the CIA, 1981-1987(New York : Simon & Schuster, 1987).

30) Rosati, The Politics of United States Foreign Policy, p.254.

31) Bob Woodward, The Commanders(New York : Simon & Schuster, 1991); Maureen Dowd, "The Longestweek : How President Decided to Draw the Line," New York Times(Aug, 1990), p.17A ; Elizabeth Drew, "Letter From Washington," New Yorker(Sept. 14, 1590) and (Feb. 4, 1991), pp.103-112.

32) Gregory M. Herek, Irving C. Janis, and Paul Huth, "Decision Making During International Crisis: Is Quality of Process Related to Outcome?" Journal of Conflict Resolution(June, 1987), pp.203-26.

33) 동아일보, 2005. 12.2. Maureen Dowd New York Times 칼럼니스트記.

34) 상게신문, 같은쪽.

35) 상게신문, 같은쪽.

36) 동아일보, 2005. 10. 22.

37) Graham T. Allison, Essence of Decision : Explaining the Cuban Missile Crisis(Boston : Little & Brown, 1973).

38) J.A. Rosati, "Developing a Systematic Decision-Making Framework : Bureaucratic Politics in Perspective," World Politics, 33(Jan. 1981), pp.234-52.

39) 상게논문, 같은쪽

40) Hedrick Smith, The Power Game, p.561.

41) Rosati, The Politics of United States Foreign Policy, p.255.

42) John Newhouse, Cold Dawn : The Story of SALT(New York : Rinehart and Winston, 1973), pp.203-26.

43) Rosati, "Developing a Systematic Decision-Making Framework : Bureaucratic Politics in Perspective," pp.234-52.

44) J. W. Spanier and Eric M. Uslaner, American Foreign Policy Making and the Democratic Dilemma(New York : Macmillan, 1994), pp.325-337.

45) Morton H. Halperin, "The Decision to Deploy the ABM : Bureaucratic and Domestic Politics in Johnson Administration," World Politics(Oct. 1972), pp.62ff.

46) 상게논문, pp.67-69.

47) M. H. Halperin, Bureaucratic Politics and Foreign Policy(Washington, D.C. : Brookings, 1974), pp.81-82.

48) Warner R. Schilling, "The H-Bomb : How to Decide Without Actually Choosing," M. H. Halperin and A. Kantner(eds.), Readings in American Foreign Policy(Boston : Little & Brown), pp.253, 255.

49) Time, Jan.25, 1968.

50) Spanier and Uslaner, 전게서, p.331.

51) 상게서, pp.331-335.

52) 상게서, p.332.

53) Warren E. Leary, "Report Depicts 'Star Wars' as an Unworkable System," New York Times, April 25, 1988.

54) Loll Cannon, President Reagan(New York : Simon & Schuster, 1991), pp.163-171, 287-292.

55) Spanier and Uslaner, 전게서, p.335.

56) Lov Cannon, 전게서, pp.163-171.

57) Willam J. Broad, "In Test, 'Star Wars' Hits Warhead in Space," New York Times, Jan. 30, 1991.

58) Willam J. Broad, "A New Course for 'Star Wars' from Full to Limited Defence," New York Times, Jan. 31, 1991.

59) Graham T. Allison, Essence of Decision : Explaining the Cuban Missile Crisis(Boston : Little & Brown, 1973) ; John D. Steinbruner, The Cybernetic Theory of Decision(Princeton : Princeton University Press, 1974) ; Rosati, The Politics of U. S. Foreign Policy, pp.256-260 등 참조.

60) "A Fatal Error of Judgement," Newsweek(March 3, 1986), pp.14-19.

61) Thomas L. Friedman and Patrick E. Tyler, "From the First, U. S. Resolve to Fight," New York Times(March 3, 1991); Michael Massing, "The Way to War," New York Review of Books(March 28, 1991), pp.17-20.

62) Rosati, The Politics of U. S. Foreign Policy, p.260.

63) Allison, Essence of Decision, pp.131-32.

64) 정부정치모델과 조직과정모델은 비록 국가적 정책결정수준에서는 合理的 과정으로 해석할 수는 없지만 그 개인들로서는 합리적으로 행동한다는 것을 가정한다. Rosati, 상게서, p.259.

65) 상게서, p.260.

66) Rosati, 상게서, pp.260-277.

67) Fred I. Greestein and John P. Burke, "The Dynamics of Presidential Reality Testing : Evidence From Two Vietnam Decisions," Political Science Quarterly 104(Winter 1989-1990), pp.557-80.

68) Robert Pear, "Confusion is Operative World in U.S. Policy Toward Japan," New York Times, March 20, 1989.

69) Graham T. Allison and Morton H. Halperin, "Bureaucratic Politics : A Paradigm and Some Policy Implications," World Politics 24(Spring 1972), pp.40-79.

70) Joseph H. deRivera, The Psychological Dimension of Foreign Policy(Columbus, OH. : Charles E. Merril, 1968); Lloyd S. Etheredge, "Personality Effects on American Foreign Policy, 1899-1968 : A

Test of International Generalization Theory," APSR 72(June, 1978), pp.434-51 ; Rosati, "Continuity and Change in the Foreign Policy Beliefs of Political Leaders Addressing the Controversy over the Carter Administration, "Political Psychology(Sept. 1986), pp.471-505.

71) Rosati, The Politics of U. S. Foreign Policy, p.262.

72) 상게서, 같은쪽.

73) John W. Kingdon, Agenda, Alternatives, and Public Policies(Boston : Little, Brown, 1984).

74) Smith, The Power Game, p.83.

75) 상게서, p.80.

76) Rosati, The Politics of U. S. Foreign Policy, p.268.

77) Barnett Rubin, "The U. S. Response to the JVP Insurgency in Sri Lank," Commission on the Organization of the Government for the Conduct of Foreign Policy, Ⅶ, Appendices(Washington, D.C. : U. S. Government Printing Office), p.179.

78) Rosati, The Politics of U. S. Foreign Policy, p.271

79) Samuel P. Huntington, The Common Defense : Strategic Programs in National Politics(New York : Columbia University Press, 1961), pp.x-xi; Rosati, The Politics of U. S. Foreign Policy, p.272.

Memo

Chapter

05

대통령과 외교정책

제 1 절 대통령의 권위

트루먼 대통령은 "미국의 외교정책은 정부 내 그 누구보다도 내가 가장 많이 결정한다[1]고 말했고, 닉슨 대통령은 "외교정책은 더 이상 외교 각료들에 의해 만들어지지 않는나. 그것은 국가 수뇌에 의해 만들어진다"[2]고 하였다. 확실히 미국에서 대통령은 외교정책 결정권위의 최종 근원이다. 특히 제2차 대전 이후 냉전시대를 거치면서 의회와 행정부 관료들의 위축으로 대통령의 역할은 확대되었다. 외교정책 결정에서 대통령의 우위는 헌법에도 기술되어 있고 대통령 개인들의 리더십 자원으로 보강되었다. 더욱이 핵시대와 경제의 세계화 속에서 촉진된 국제적 경쟁 상황은 대통령의 외교정책 결정권위를 강화시켰다. 그렇다고 미국의 대통령들이 힘의 공백상태에서 외교정책을 결정한다는 것은 아니다. 대통령들은 의회, 대중매체, 이익집단, 관료, 그리고 국제체계의 행위자들과의 상호작용에서 오는 압력의 분위기 속에서 외교정책을 결정하는 것이다.

미국의 외교정책결정에 관한 대통령의 권한은 헌법 제2조 2항에 규정돼 있다. 그러나 특기할 것은 외교정책에 관한 대통령의 권한을 구체적으로 명시해

주고 있지 않다는 점이다. 이는 창건자들이 집행부의 권력확대로 의회가 약화되고 민주주의 가치가 훼손되는 것을 막으려는 견제기능에 역점을 둔데서 기인하였을 것이다. 헌법 제2조 2항 1에 "대통령은 육군과 해군 및 국민군의 최고사령관"이라고 되어 있고, 2항 2에는 대통령은 상원의 자문과 동의를 얻어 조약을 체결하고 (He shall have power, by and with the advice and consent of the Senate, to make treaties, provided two thirds of the senators present concur....), 상원의 자문과 동의를 얻어 대사 및 기타 장관과 영사 및 대법원 판사를 임명한다"고 되어 있다. 반면 입법부의 권한은 좀 더 구체적으로 명시하고 있다. 즉 헌법 제1조 8항에서는 17가지의 입법부 권한이 구체적으로 명시되어 있다. 그 중에서 ① 전쟁 선언권, ② 육군 및 해군 양성권, ③ 국민군 소집 및 양성권, ④ 대사 및 장관 인준권, ⑤ 군사력 유지를 위한 예산 배정권, ⑥ 타국과의 조약체결 및 상업관계 규정권 등의 권한을 규정하고 있다. 뿐만 아니라 의회는 대통령의 권한을 견제하기 위해 외교정책 형성과 수행에 참여하는 행정부의 여러 기관과 부서들에 대한 조사권도 가지고 있다.

그럼에도 대통령의 외교정책 권한은 210여년 이상의 역사과정에서 국제적인 상황변화와 현실적으로 축적된 경험을 통해 증대되어 왔다. 특히 국제정치적 환경의 변화는 입법부와 행정부간의 균형을 깨뜨리고 권한이 점차 대통령에게 이전되는 상황을 만들어냈다.

1793년 토머스 제퍼슨은 "집행부는 이 나라와 외국간의 유일한 통로"라고 했고, 1800년 연방 대법원장이던 존 마셜(John Marshall)은 "대통령은 대외관계에서 국가의 유일한 기관이고 외국과의 관계에서 국가를 대표하는 유일한 사람이다"[3]라고 판시했다.

"연방주의자(The Federalist)"의 저술자 중의 한 사람이었던 존 제이(John Jay)는 ① 입법부처럼 많은 사람들이 결정하는 것보다는 한 사람이 결정하는 것이 더욱 쉽기 때문에 대통령에게 큰 가치를 부여해야 하고, ② 대통령이 의회보다 더 많은 정보를 가질 수 있고 세계 많은 곳에 나가있는 미국의 외교관들을 대통령이 활용할 수 있으며, ③ 대통령은 의회에는 분명 결여되어 있는

비밀과 신속성의 능력을 가지고 있다고 하여 대통령의 우위성을 주장하였다.[4]

존 로크(John Locke)가 일찍이 "국가들은 계속 서로 경쟁적인 자연상태 속에서 살아왔다"[5]고 지적한 것처럼, 존 제이와 같은 연방주의자들은 본질적으로 무정부적인 근대의 국제관계 속에서 국가의 생존문제는 한 국가가 신속하고 은밀하게 행동할 수 있도록 단일의 권위 근원을 가질 것을 필요로 한다는 점에서 대통령의 우위성은 본질적으로 국제체계의 성격에서 기인하는 것으로 보았다. 외교정책에서 대통령의 권한이 미약하게 되면 국가이익을 효과적으로 성취할 수 없게 된다는 이유에서다.

上下院 의원들이 지역적 이익을 대표하고 지역이나 州에서 선출되는 데 반해 대통령은 전국민의 선거로 선출되어 국가이익을 대변한다는 것이다. 미국의 대통령은 집행부의 수장일 뿐만 아니라 국가의 수장이고, 국가통일의 상징이며, 대부분 시민들의 애국심과 충성심에 의존한다. 또한 대통령만이 국민과 지속적으로 대화할 수 있다. "미국인들은 국가방위에서 사회정의에 이르기까지 모든 것을 대통령에게 기대한다."[6] 트루먼 대통령에 의하면 "대통령은 모든 국민을 위한 로비스트(The president is the lobbyist for all the people)"[7]인 것이다.

특히 오늘날과 같이 신문, 라디오, TV 등 대중매체가 엄청나게 발달한 상황에서 대통령은 권위를 가지고 전국민을 상대로 말할 수 있고, 전쟁과 위기 등 끊임없는 국제적 불안정 상황 속에서 대중은 대통령의 주도적 역할에 대한 높은 기대감을 가지고 있으며 그의 지도력을 절실하게 필요로 하는 것이다. 예를 들어 2001년 9 · 11사태 이후 테러집단에 대한 대중의 공포심과 불안은 한 국가에서 대통령의 중심적 역할을 더욱 확대시키고 있다.

① 최고사령관(Commander in Chief)

미국의 헌법에서 대통령을 최고사령관이라 하여 구태여 군 지휘관의 명칭을 사용한 것은 아마도 당시 신생 독립국으로서 유럽 열강의 군사적 간섭과

■ [도표 5-1] 미국정부의 조직

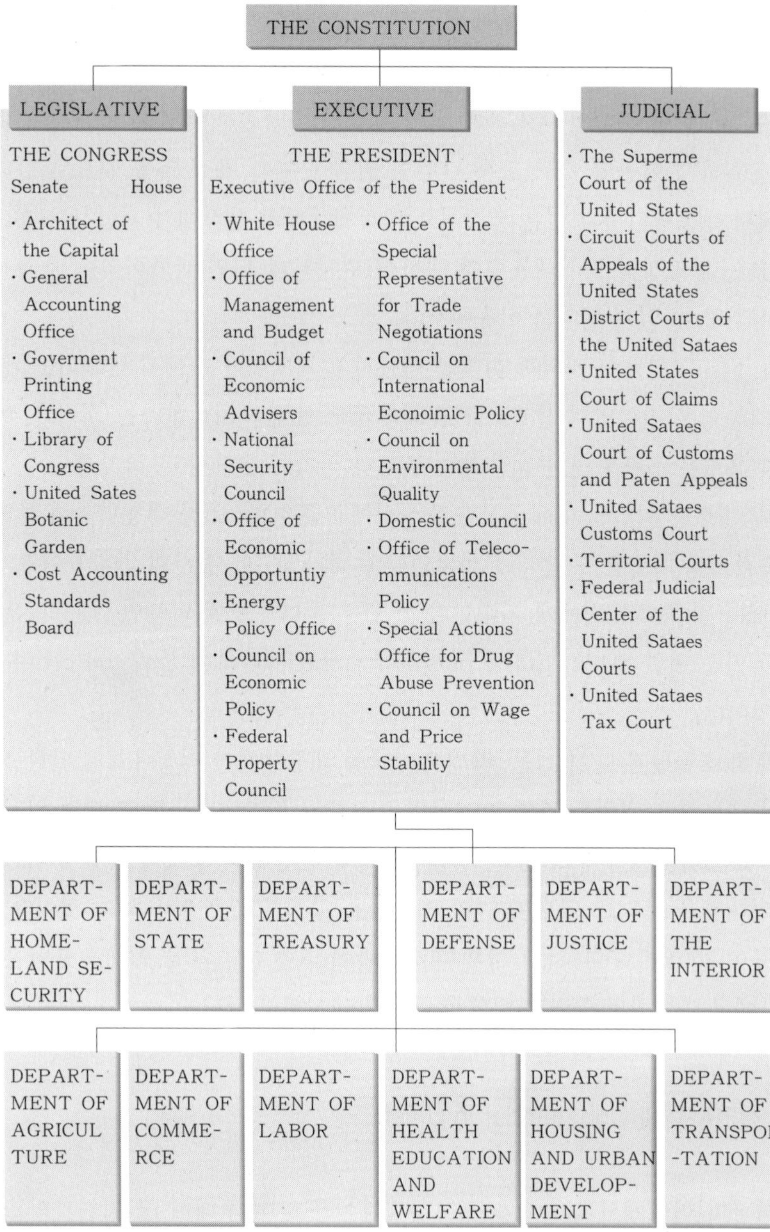

출처: United States Goverment Manual, 1973-1974.

■ [도표 5-2] 대통령 하위체계와 국가관료구조

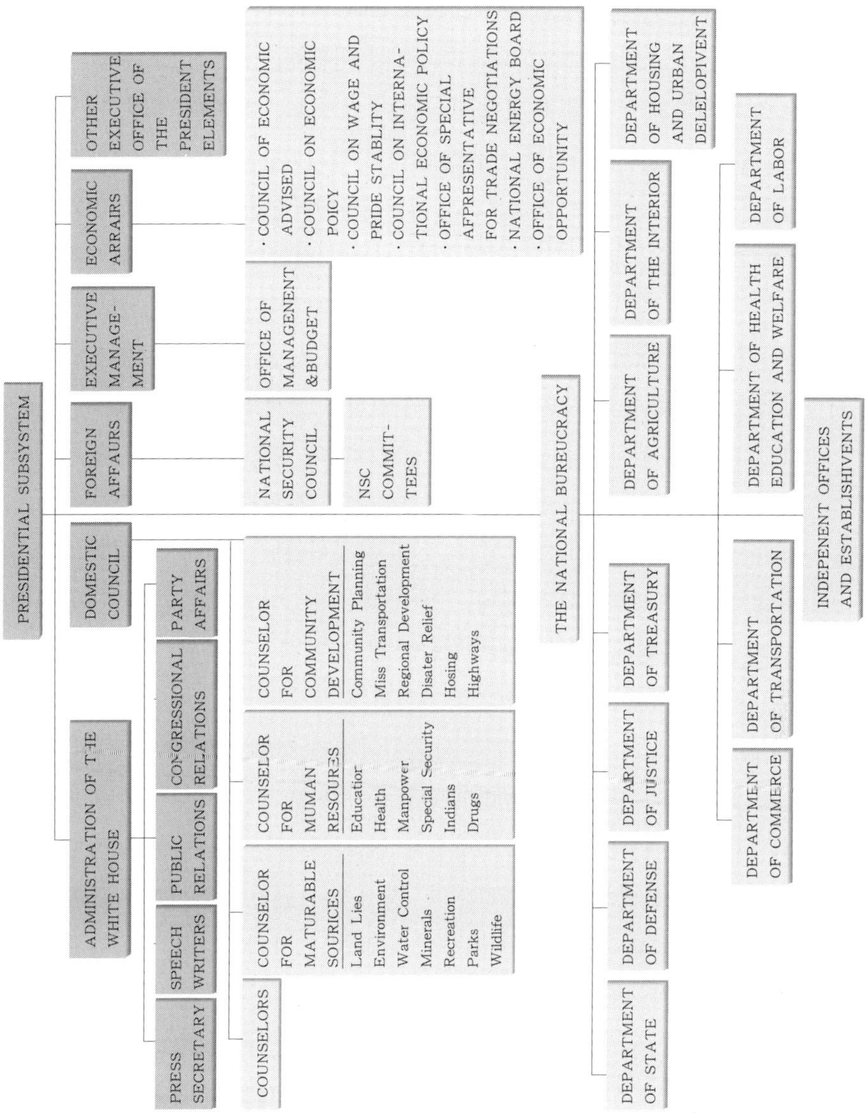

출처: John H. Esterline and Robert B. Black, Inside Foreign Policy (Palo Alto, Cal.:Mayfield, 1975),P.17.

침략에 대한 두려움이 그만큼 컸으리라는 것과 따라서 대통령의 최우선 임무도 국가를 방위해야 한다는 것을 나타낸 것일 것이다. 헌법에 따르면 軍은 선출된 민간지도자의 통솔을 받도록 되어있다. 즉, 대통령이 명령을 발하면 군과 국방부는 복종해야 한다는 것을 뜻한다. 이러한 이유에서 미국의 대통령은 6성(六星)장군으로 대우한다. 그리하여 대통령은 군 최고사령관으로서 군을 통솔 지휘하고 군대를 해외에 파견하여 전쟁을 수행한다. 윌슨 대통령은 독일 잠수함에 대항하기 위해 미국 상선을 무장시키는 법안을 上院에 제출하였으나 부결되자 최고사령관으로서의 권위로 미국상선의 무장을 명령했다. 루즈벨트 대통령은 1940-1941년 해군과 공군의 정찰업무를 제도화시켰고 軍사절단을 유럽에 파견하였다. 당시 루즈벨트는 독일과 전쟁 중이 아니었음에도 독일 잠수함이 발견되면 발포하라고 명령하였다. 또한 제2차대전 종전 무렵, 중부유럽과 동부유럽 간의 경계선을 설정하는 군사협정을 체결하여 동유럽 5-6개 국가의 유엔가맹을 결정하였고, 일본과의 항복조약체결시 일본왕의 존속을 허용하고 입헌군주제로 남겨두는 결정을 하기도 하였다. 트루먼은 1950년 제2차대전 후 미국이 개입한 최초의 전쟁이었던 한국전에 의회의 동의없이 미군을 파병하였다. 1950년대, 1960년대, 1970년대 베트남에 55만 명에 이르는 미군이 파병되어 전쟁에 개입하게된 것은 아이젠하워, 존 케네디, 린든 존슨, 리처드 닉슨 대통령 등의 독자적인 결정으로 이루어졌다. 레이건 대통령은 1980년대 중미 니카라과의 사회주의정권 산디니스타(the Sandinistas) 정권을 전복시키기 위해 비밀리에 반군을 지원했고, 그레나다의 좌파정권을 전복시키기 위해 해병대를 파병하였다. 조지 부시는 파나마를 침공했고 1991년 걸프전에 50만의 군을 파병하였다. 현재 2001년 9 · 11 사태후 조지. W. 부시는 알 카에다 테러기지를 제거하기 위해 아프가니스탄을 침공했고 2003년에는 테러 배후지원국으로서 이라크 후세인 정권을 전복시키기 위해 15만여 명의 군을 파병하고 있다. 이들은 모두 미국 외교정책의 주요 실천 사례들이다. 또한 이들 주요 사례들에서 미국의 의회는 지원역할을 했을 뿐 반대행위는 별로 하지 않았던 것이다. 그러한 조치들은 주로 대통령이 독자적으로 결정하여 이루어졌다. 헌법상 의회가 전쟁선포권을 가지고 있음에도 전쟁은 대통령이 주도했던 것이다.

② 외교의 수장(Chief Diplomat)

미국의 대통령은 미국을 대표하는 외교의 수장 또는 최고의 교섭자로서 언급된다. 이러한 역할은 국무장관과 해외주재 대사들을 임명하고 외국의 대사들을 접수할 수 있는 대통령의 헌법상의 임무에서 연원한다.[8] 그리하여 대통령은 의회와 독립적으로 국무장관을 통해 외국과 협상하고 협정이나 조약을 체결한다. 물론 조약의 경우 상원의 비준을 받아야 한다. 초대 대통령 워싱턴은 크리크 인디언(the Creek Indians)들과 체결한 조약의 비준을 받기 위해 몸소 상원으로 갔다. 그러나 상원이 그 조약의 심의과정에서 농탕을 치자 대통령은 화가 나서 철수했다 한다. 그 이후 워싱턴 대통령은 협상 결과만 조약형식으로 상원에 보냈고, 그것은 관례가 되었다. 더욱이 조약이 상원에서 거부되는 사태가 발생하면서 대통령들은 상원의 비준이나 立法化가 필요없는 행정협정을 선호하게 되었다.[9]

근래 대통령이 외교의 수장으로서 보인 가장 괄목할만한 활동은 바로 정상외교이다. 1939년 나치의 히틀러가 폴랜드를 침공하면서 시작된 제2차대전 중 영국의 윈스턴 처칠 수상과 미국의 루즈벨트 대통령이 만나 이루어낸 대서양동맹은 정상외교의 대표적인 사례라고 할 수 있다. 대동령 자신들이 직접 협상단을 이끌고 상대국가의 원수들과 만나 현안을 협의하거나 조약을 체결하는 경우가 빈번해지고 있다. 1972년 닉슨 대통령은 사절단을 이끌고 모스크바에 가서 최초의 전략무기제한회담(SALT)을 완성시켰다. 1974년 포드(Gerald Ford) 대통령은 블라디보스톡에서 소련 공산당 서기장 브레즈네프(Leonid Brezhnev)와 만나 SALT II의 기초를 닦았다. 1978년 카터 대통령은 이집트의 사다트(Anwar Sadat) 대통령과 이스라엘의 베긴(Menachim Begin) 수상을 초청해 캠프 데이비드 협정(Camp David Accords)을 끌어내기 위해 13일을 소비하였다. 1985-1989년 레이건 대통령은 네 차례에 걸쳐 소련 공산당 서기장 고르바초프(Mikhail Gorbachev)와 만나 군비통제와 전략무기감축회담을 가졌다.

또한 미국의 대통령은 매년 국제적인 정치 · 경제의 안정과 성장대책을 수립하는 산업선진국 정상회담(G7+1)에 참여하고, 아시아 태평양지역 정상회담인 APEC에도 매년 참여한다.

③ 최고의 입법자(Chief Legislator)

대통령은 의회의 의원은 아니지만 사실상 최고 입법자의 역할을 수행한다. 헌법에 대통령은 필요하고 편리하다고 판단될 때 법안을 의회의 심사에 건의할 수 있다고 되어있다. 대통령은 국방비와 외국원조 등의 예산안(일종의 법안)을 마련하고 의회의 승인을 요청함으로써 외교문제에 관한 입법과정에 개입하는 것이다.

입법부와 행정부 간의 관계에서 의회에 제출되는 많은 법안들은 행정부에서 성안되고 대통령에 의해 제출되는 것들이다. 대통령은 의회에 정부 예산안을 제출할 뿐만 아니라 방위비 및 외원을 위한 계획서도 제출한다. 그리하여 의회는 때때로 대통령의 의제(agenda)에 따라가게 마련이고, 그것은 이제 의회가 대통령의 계획을 용인하도록 하는 정치적 이점이 되기도 한다. 더욱이 535명으로 구성된 의회의 분권화가 심화됨으로써 자연히 집중된 리더십의 공백상태가 나타나게 되어 그 공백을 대통령이 메워 줄 수 있는 기회가 많아진 것이다.

영국과 같은 내각책임제에서는 정부가 제안한 법이 의회에서 통과가 안 되면 그것은 내각에 대한 불신임으로 간주되어 내각의 총사퇴가 이루어지는데 미국의 대통령제는 그렇지 않다. 주요 조약이 상원에서 부결되더라도 대통령이 그 직을 사임하는 경우는 없다. 제1차대전 후 윌슨 대통령의 주도로 체결된 국제연맹조약(Treaty of League of Nations)이 상원에서 부결되었지만 윌슨은 사임하지 않았다.

미국의 대통령에게는 또한 의회에서 통과된 법률에 대해 거부할 수 있는 거부권이 있다. 이는 대통령에게 집행권에 대해서 어떤 입법권까지 부여하는 것이다. 다시 말해서 대통령은 거부권으로 위협하여 제출된 법안을 수정하든가 또는 자기 구미에 맞도록 바꿀 수도 있는 것이다. 물론 대통령이 거부권을 행사해도 상하 양원에서 2/3이상으로 재통과시키면 입법화된다. 예를 들어 1950년 의회가 미국이 공산주의를 통제하는 대책이 포함된 국가보안법(The Internal Security Act)을 제안했을 때 트루먼 대통령은 그것이 非헌법적이라고 경고하였다. 그러나 의회는 그 법안에 대한 대통령의 거부권을 제압하고 상하양원 합동회의에서 2/3이상으로 표결 · 통과시켰다.

④ 국가원수

대통령은 행정부의 수반일 뿐만 아니라 국가의 元首이다. 이는 대통령이 대통령의 직책을 통해 세계 속에서 미국을 대표하고 미국의 상징적인 정치지도자임을 뜻하는 것이다. 영국이나 일본에서는 국가원수는 왕이고 정부는 수상에 의해 지도된다. 그러니까 미국의 대통령은 王과 수상의 두 가지 역할을 결합한 것이다.

국가원수의 역할은 일차적으로 상징적인 역할인데, 그것이 대통령 권한의 또 다른 요소가 되기 때문이다. 상징의 중요성을 무시할 수 없는 것은 정치의 결과들이 상징의 성공석인 상호작용의 기능으로 나타나기 때문이다. 미국에 들어오는 외국의 지도자들은 우선 미국의 국가원수인 대통령에게 와서 경의를 표하게 되고 그것은 대통령의 권한을 강화시켜 주는 것이 된다.

⑤ 최고 사법관(Chief Justice)

미국 대통령은 두 가지 영역에서 중요한 사법적(司法的) 권한을 가지고 있다. 첫째는 대통령의 사면권이다. 일례로 포드대통령은 닉슨 前대통령이 워터게이트 사건에서 법을 위반한 혐의로 기소되기 전에 그를 사면하였다. 둘째는 모든 연방지법, 연방항소법원, 그리고 연방대법원에서 봉직하고 있는 모든 판사들을 대통령이 임명한다는 것이다. 각 州와 카운티(county) 판사들과는 달리 연방판사들은 종신으로 임명되고 미국법의 최종 심판자들이기 때문에 매우 중요한 대통령 권한의 근원이 될 수 있는 것이다. 대통령들이 법원의 새로운 판사들을 임명하기 때문에 사법적 결정들은 변할 수 있고, 그것은 결국 공공정책에 영향을 주게 된다. 얼 워런(Earl Warren) 대법원장하의 연방대법원은 1950년대와 1960년대 자유주의적인 법원으로 간주되었다. 그러나 닉슨이 네 사람, 포드가 한사람, 레이건이 세 사람 그리고 1970년대 이후 부시가 두 사람을 임명함으로써 대법원의 성격은 변했고, 특히 윌리엄 런퀴스트(William Rehnquist) 대법원장하에서는 훨씬 짙은 보수적 성향을 보였다. 예를 들어 2000년도 대통령 선거에서 플로리다주의 재개표 여부가 당락에 결정적인 요인이 되었을 때, 공화당의 부시 후보 측은 연방대법원에 재개표 여부를 묻는 제소를 하였고, 연방대법원은 부시 후보에게 유리한 재개표 중단을 판결하였다. 그로 인하여 그후 부시 행정부의 대외정책, 특히 對북한정책은 민주당의 클린턴 행정부의 대북한정책과는 정반대의 정책노선을 취하게 되었던 것이다. 그러나 일반 연방법원 판사들의 임명은 외교정책에 대한 영향력이 크지 않을 수도 있다. 왜냐하면 사법부는 일반적으로 미국외교정책의 형성에서 소극적인 역할밖에 수행하지 않기 때문이다.

⑥ 대통령의 정책성명과 행정협정

미국 대통령은 의회의 조치를 요하지 않는 정책성명을 발할 수 있는 권한을 가지고 있다. 제퍼슨 대통령 이후 대통령들은 오랫동안 정책선언(doctrine)에 기초하여 외교정책을 수행하였다. 독트린이란 통상 정책조정이 여의치 않을 때 대통령이 문제의 해결을 위한 지침을 제시하는 정책선언이다. 워싱턴 대통령의 대외정책은 비동맹 정책선언에 기초하였다. 제퍼슨이 주장했던 전쟁시 중립의 권리와 상업자유의 원칙은 유럽의 전쟁과 전제주의가 미주 대륙에 미쳐서는 안 된다는 소위 먼로 독트린으로 이어져 19세기 미국외교의 기초로 유지되었다.[10] 1942년 1월 1일 프랭클린 루즈벨트는 영국의 처칠수상과 회담 후

나치와 日本에 대항하는 전쟁을 지속할 것이라는 선언을 발표하였다. 1947년에 발표된 트루먼 독트린은 무장한 소수의 반란이나 외부의 압력에 의한 계획된 종속에 저항하는 자유인을 지원하는 것이 되어야 한다는 것으로서 공산주의의 팽창을 저지하는 내용을 담고 있다. 그것은 당시 그리스와 터키를 공산주의 위협에서 구하려는 의도에서 나온 것이다. 1953년 아이젠하워 대통령은 유엔 연설에서 미국이 원자력의 평화적 이용을 위한 국제공동기금에 기여하겠다고 제의하여 유엔 산하에 국제원자력기구(IAEA)를 탄생시켰다. 베를린을 방문한 케네디가 敵 소련에 대해 베를린과 동맹국들을 사수할 것이라는 공약을 천명한 선언, 1969년 닉슨이 아시아 국가들은 자국의 방어에 책임이 있다고 선언한 닉슨 닥트린, 1983년 레이건이 제3세계의 반공세력에 대해 미국이 군사적 지원을 하겠다는 등의 정책선언들은 모두 대통령 자신의 정책구상을 제시한 것이고, 그것은 곧 미국 대외정책의 기초로 기능하였다.

또한 대통령의 대외정책은 때때로 상원의 조약 비준이 3분의 2 다수를 요구함에 따라 의회의 비준이 필요 없는 행정협정(executive agreements)에 의존하곤 한다. 물론 행정협정도 의회가 승인한 특정 목적의 추구를 위해 협상하고 체결될 수도 있다. 예를 들어 의회가 일반 관세법안을 승인한 후 행정부가 개별 국가들과 세부적인 관세협정을 체결하는 것 등이다. 행정협성은 조약과 같이 타국의 방위를 미국이 공약할 수도 있고 무력사용을 규정할 수도 있다. 예를 들어 1940년 루즈벨트가 영국에 구축함을 제공하기로 했던 협정만큼 극적인 것도 없을 것이다.[11] 영국은 당시 프랑스가 함락된 후 홀로 나치에 대항하면서 독일의 침공 위협에 처하게 되었다. 영국으로서는 영국해협을 방어하고 대서양을 건너오는 미국의 지원선단을 보호하기 위해 구축함이 절실히 필요하였다. 루즈벨트는 고립주의적인 의회의 강력한 태도에 직면해서 서반구(Western Hemisphere)의 방어 명분으로 국민들에게 접근했다. 즉, 루즈벨트는 영국이 통제하고 있던 카리비아 제도의 영국 해군기지의 대여와 제1차 대전시 건조된 미국의 구축함을 교환하는 형식의 행정협정을 체결하였던 것이다. 그것은 1941년 일본의 진주만 공격 직전까지 영국의 생존을 위한 방어

공약으로서 중대한 조치였다. 또한 1953년 이후 스페인에 미군기지 설치를 위한 일련의 행정협정은 사실상 스페인에 대한 군사적 공약과 같은 것이었다. 비록 1970년 체결된 그 행정협정에 대해 상원이 스페인 방위를 미국이 공약한 것으로 해석되어서는 안 된다는 결의안을 채택하기는 했지만 말이다. 그리고 1973년 베트남전쟁을 종결짓기 위한 파리평화협정(The Paris Peace Agreement)이라든가 SALT I의 일부로 협상된 SALT의 공격무기를 5년간 동결하는 협정 등도 모두 행정협정 범위에 속하는 것들이다.

또한 1973년 1월 북베트남과의 정전협정 후에 닉슨이 그랬던 것처럼 대통령이 특정 국가의 특정 정책에 "우려와 불만"을 표현하는 것도 대외정책의 기초로 기능한다. 미국의 역대 대통령들이 이스라엘의 방위공약을 언급했던 것처럼 대통령이 특정 국가에 대한 지지감정을 표현하는 것도 정책의 설정과 같은 것이다.

⑦ 개인외교(Personal Diplomacy)

국제사회에서 대통령이 신생국 정부를 승인하는 권한에 관해 헌법에는 언급이 없다. 그래서 이 권한을 대통령과 의회 중 누가 가지느냐에 관한 논쟁이 일어난다. 현재로서는 의심의 여지없이 대통령의 권한으로 인식되고 있다. 그러나 대통령이 신 정부를 승인했어도 상원이 마음에 들지 않으면 대사 임명을 거부하면 되는 것이고 대사관의 설치 및 운용의 비용을 주지 않으면 되는 것이다. 제임스 먼로와 앤드류 잭슨(Andrew Jackson)은 집행부와 입법부 양자가 함께 신정부를 승인해야 한다고 했다. 의회는 여러 가지로 자기 권리를 주장했지만 대통령의 우월성은 관행으로 유지되고 있다. 대통령이 신생정부를 승인했는데 의회가 거부한다는 것도 어려운 일이기 때문이다. 예를 들어 1933년 프랭클린 루즈벨트가 우여곡절 끝에 소련을 승인했을 때 미국 국민들은 대체로 대통령의 결정을 지지하였다. 케네디는 1% 차이로 승리하여 대통령이 되었지만 외교정책에 관한 최종결정이 이루어지는 경우 국민들은 대통령의 결정을 지지해 주었다.

20세기 일부 대통령들은 많은 경우 개인적인 외교적 협상에 나서곤 하였다. 씨어도 루즈벨트(Theodore Roosevelt)는 1904년 미국에서 개최된 러시아와 日本간의 평화회의에서 조정역을 맡아 러시아에 양보를 하도록 하는 해결책을 이끌어 냈다. 윌슨은 1919년 파리평화협상에서 국제연맹의 창설을 이끌어 내는데 주도적 역할을 하였다. 프랭클린 루즈벨트는 타국의 지도자들과 많은 회합을 가졌고 처칠과만도 1750건의 메시지를 교환하였다. 트루먼과 아이젠하워 또한 타국의 수뇌들과 많은 회합을 가졌고 그들과 수백 건의 메시지를 교환하였다. 케네디와 존슨의 경우도 마찬가지였다. 근자에는 주요 국가들의 수뇌들과 긴급 직통전화(hot lines)를 설치하여 긴급문제 해결에 이용하고 있다. 특히 냉전시기 미국과 소련의 양국 정상들은 어떤 위기가 전쟁으로 발전되지 않도록 직간접적으로 비상통신망을 가동시켰다.

1960년대 이후 국가 간에는 양자 간 또는 다자 간 정상외교가 활발하게 진행되고 있다. 대표적인 것에는 선진 7개국과 러시아의 정상들이 모이는 G-8이 있고 아시아 · 태평양 지역의 정상들이 모이는 APEC이 있으며, 남북미대륙국가들의 정상회의가 있다. 수많은 양국 정상회담이 열려 국가 간의 외교적인 현안들을 신속하고 효과적으로 처리하고 있다.

물론 그러한 정상회담에 대해서도 논란이 있다. 정상회의를 찬성하는 측에서는 국가 간에 존재하는 기존의 갈등과 차이점들을 일거에 제거 또는 감소시키는데 정상들 간의 직접적인 접촉은 대단히 효과적이고 중요하다고 본다. 일반적으로 미국인들은 거의 어느 것이나 이해 당사자들이 한 테이블에 앉아서 토의하는 경우 모두 해결될 수 있다는 믿음을 가지고 있다. 반면 다른 측에서는 외교정책 문제들이란 일반적으로 너무 복잡해서 국가 지도자들 간의 만남으로서는 해결될 수 없다고 본다. 특히 국가 간 차이점의 해소는 장기적인 접근이 요구되는 사안인 데, 문제는 현실적으로 긴급히 해결되어야 할 현안들이 많다는 데 있다. 또한 정상회의는 실현될 수 없는 대중적 희망만을 심어줄 수도 있다는 것이다.

그럼에도 불구하고 국가 정상들 간의 접촉과 협상은 하나의 수용된 관행으로 정착되고 있다.

8 政策에의 역점

미국의 대통령들은 각각 외교정책에 쏟는 관심의 정도가 상당히 다르다. 윌슨 대통령은 그의 제1차 취임연설에서는 외교정책에 관한 것은 아무것도 없었으나 두 번째 임기에서는 그의 시간 대부분을 외교정책 문제에 헌신했다.[12] 프랭클린 루즈벨트도 그와 유사한 패턴을 보였다. 그는 제1차 취임연설에서는 거의 모두 국내문제만을 언급했으나 제2차, 제3차 취임연설에서는 주로 외교문제만을 언급하였다. 트루먼은 냉전 때문에 불가피하게 외교정책에 많은 관심을 집중할 수밖에 없었고 아이젠하워도 같은 경우였다. 케네디는 개인적으로 처음부터 외교정책에 많은 관심을 가졌고 중요한 외교문제들에서는 모두 관여했다. 린든 존슨은 취임연설에서 국내문제에 치중하겠다고 했으나 베트남, 라오스, 도미니카 등의 문제에 빠져들게 되었다.

오늘날 미국의 대통령은 유일 초강대국으로서 세계문제에 광범위하고 깊숙이 개입하게 되었으며, 어느 대통령이나 대외정책에 깊이 관여할 수밖에 없게 되었다. 이제 어느 한 정부의 성공실패는 대외관계를 다루는 대통령의 능력에 달려있게 된 것이다.

9 대통령의 결정

대통령은 어떻게 외교정책 결정에 도달하는가? 대통령은 주요 보좌관들 특히 국무장관으로부터 건의를 받는다. 대통령은 또한 여러 부처들로부터 정보를 받는다. 전통적으로 대통령과 주로 협의하는 집행기관은 내각이다. 내각은 대통령, 부통령, 그리고 각부 장관들로 구성되어 있다. 제퍼슨과 같은 초기 대통령들은 정책을 결정할 때 주로 내각을 이용했다. 그러나 잭슨, 링컨, 씨어도어 루즈벨트, 윌슨 등은 내각에 별로 주의를 기울이지 않았다. 아이젠하워는 주 1회 정도만 내각과 회동하였고, 케네디는 月 1회 정도만 만났다. 그러나 내각은 순수한 자문기구이다. 일부 의회제 국가와는 달리 내각의 결정은 구속력이 없다. 결정은 오직 대통령만이 할 수 있다. 링컨의 기록에 의하면 내각의 한 표결에서 7명이 "반대"하고, 1명만이 "찬성"하였는데 링컨 대통령은 한 사람이 찬성한 정책을 선택하였다고 한다.

내각회의는 각 부서 장관들이 다른 부서가 어떻게 돌아가고 있는지를 배우는 회의로서 정보를 교환하고 협의하는 집단으로서 유용하다. 대통령이 건의를 받아들이는 과정을 어떻게 조정하는가는 대통령 자신의 결정이다. 공식적일 수도 있고 비공식적일 수도 있다. 존슨은 대부분의 결정을 매주 화요일에 열리는 오찬모임에 의존하였다. 대통령, 국무장관, 국방장관, 안보보좌관 등이 모이는 그러한 비공식적 회동에서 많은 외교문제들에 관한 결정들이 이루어졌다.

1947년 트루먼 대통령 당시 의회는 외교문제에서 대통령을 자문하도록 국가안보회의(NSC)를 설치하였다. NSC는 대통령, 부통령, 국무장관, 국방장관, 비상기획관 등으로 구성되었고 필요에 따라 합참의장, CIA국장(현재는 국가정보국장), 그리고 기타 관리도 참여가 요청될 수도 있다.

NSC는 알려진 바와 같이 전문적인 참모들로 구성된다. 국무부의 축소판이다. 세계 많은 지역의 전문가들을 가지고 있다. NSC 창설 이래 트루먼, 아이젠하워, 케네디, 존슨 등은 그것을 다양하게 이용하였다. 어느 경우든 NSC는 기본적으로 대통령의 자문기관이다. 즉, 그것은 결정기구가 아니다. 그런데 닉슨 행정부 시절 대통령은 주요 외교정책 결정과정에서 국무장관을 배제시키고 키신저 안보보좌관들을 주 협의 대상자로 삼았고, 국무장관을 대신하여 주요 외교정책을 집행케 하였으며, NSC 회의를 주재하도록 하였다. 더욱이 키신저는 국무장관이 된 뒤에도 안보보좌관을 겸하게 되었다. 그러나 일단 대통령이 정책을 결정하면 NSC는 여러 부처들의 행동을 조정하는 임무를 수행하게 된다.

⑩ 대통령과 부통령

미국의 외교정책과정에서 부통령의 역할은 있는가? 헌법에는 오직 대통령의 유고시 계승권만을 규정하고 있다. 부통령은 상원회의를 주재하고 투표권은 없으나 찬반 동수일 때는 투표권을 행사할 수 있다. 그러나 외교정책 결정에서 부통령은 최근까지만 해도 영향력도 없고 협의 대상도 되지 않으며, 때로는 대통령으로부터 비우호적인 대우를 받기도 하는 단순한 명색뿐인 존재(figure head)에 불과했다. 1920년대 윌슨 대통령하의 부통령이었던 토마스 라일리 마셜(Thomas R. Marshall)에 관한 다음과 같은 이야기가 전해진다. "전에 두 형제가 있었다. 한 사람은 바다로 달려 나갔고 또 한 사람은 부통령으로 선출되었다. 그리고 다시는 그 두 사람 중 누구에 관한 소식도 들려지지 않았다." 닉슨 행정부시절 부통령이었던 애그뉴는 정책결정과정에서 철저히 소외되었으며, 조지 부시 행정부시절 부통령이었던 댄 퀘일(Dan Quale) 역시 백수 같은 세월을 보냈다.

그러나 제2차대전 이후 일부 대통령들은 부통령들에게 더 많은 임무를 부여 하였다. 그리하여 부통령은 정부구조에서 중요한 인물이 되었고 그가 대통령이 되는 경우 축적된 경험을 통해 임무를 더 잘 수행할 수 있게 되었다. 아이젠하워는 닉슨 부통령에게 외교정책에서 많은 임무를 부여했고 해외여행을 통해 외국지도자들과 협의토록 하고 NSC회의에도 참석하도록 하였다. 닉슨은 1970년대 대통령이 되어 對소련 및 對중국 외교에서 획기적인 외교정책을 전개하였다. 케네디도 존슨 부통령에게 전임자와 같은 임무를 부여하였다. 실제로 존슨은 케네디가 총격을 받아 사망한 이후 외교문제에 관한 상당한 경험을 가지고 대통령직에 임했다. 존슨 역시 험프리(Humphrey) 부통령에게 많은 외교문제에 관한 임무를 위임하였다. 1990년대 클린턴 행정부시절 앨 고어(Al Gore) 부통령은 대부분의 자문회의나 각료회의에 참석하였다.

역대 부통령들 가운데서 2001년에 들어선 조지 W. 부시 행정부의 딕 체니(Dick Cheney) 부통령만큼 외교정책에서 막강한 영향력을 행사하고 있는 사람은 없을 것이다. 그는 부시 행정부의 신보수주의(neo conservatism) 그룹의 수장으로서 힘의 외교, 국익중심, 미국에 적대적인 국가에 대한 강경대응을 내용으로 한 외교정책을 총괄 지휘하고 있으며, 인사(人事)에서도 막강한 영향력을 행사하고 있는 것으로 알려지고 있다.

제 2 절 대통령의 권한과 외교정책 수행

1 제2차대전 이후의 외교정책과 대통령의 권한

미국은 제2차대전을 통해 세계의 지도국으로 부상하였다. 물론 제1차 세계대전도 미국의 개입으로 종결되었고 윌슨 대통령이 그의 14개 조항에 의거 항구적인 국제평화를 정착시키기 위해 국제연맹의 창설을 주도했다. 그러나 그 조약이 미국의 上院에서 거부됨으로써 미국은 그 기구의 창설자이면서도 불참하는 상황이 되었고, 미국은 다시 전통적인 고립주의로 복귀하게 되었다. 그러나 1939년 나치의 폴랜드 침공과 1941년 일본의 진주만 공습으로 미국은 다시 고립주의를 탈퇴하고 제2차 세계대전에 개입하여 전쟁을 승리로 이끄는데 주도적 역할을 수행하였으며, 종전 후에는 다시 국제연맹의 후신인 국제연합 창설에서도 역시 주도적 역할을 하였다. 그러나 종전과정에서부터 소련 공산주의의 군사적 팽창주의가 전개되면서 세계는 결국 미국을 중심으로 한 서방의 자유진영과 소련을 중심으로 하는 공산주의 진영으로 분열 대립되는 소위 냉전체제가 형성되었다. 미국은 자유진영의 리더로서 전세계에 걸쳐 소련과 공산주의의 위협과 팽창을 억제하는 봉쇄정책을 전개하게 되었다. 이러한 동서 양진영 간의 대결과 위기상황은 미국의 대외정책 결정에서 전례 없이 대통령의 권한을 확대 · 강화시키는 계기가 되었다.

그러한 대통령 중심의 대외정책 결정과정이 도전을 받게 된 것은 베트남전쟁과 워터게이트 사건 때문이었다. 즉, 의회가 대외정책 결정과정에서 헌법상의 권리를 다시 주장하게 되었던 것이다. 1973년 의회는 전쟁권한결의안(War Powers Resolution)을 통과시켜 대통령의 군사적 선택권을 제한시켰다. 그러나 1990년을 전후해서 동서 간 냉전의 종식, 동유럽 공산권과 소련의 붕괴, 걸프戰, 그리고 2001년 9.11 테러사건 등이 발생하였고 이는 외교정책 결정에서 대통령의 권한을 강화시켜주는 계기가 되었다.

로자티는 미국대통령의 권력변동 경향을 다음과 같이 설명하고 있다.[13] 즉,

미국 대통령의 권력이 재임 초기에는 강력하고 낙관적인 데 반해 후기에는 비관적이고 좌절을 겪는 경향이라든가 또는 국내정치에서는 허약하고 외교정책에서는 막강한 경향 등은 어느 정도로 나타나는가? 또한 지배의 위기는 외교정책에 어느 정도로 영향을 미치는가? 빌다브스키는 40여년전 "두 개의 대통령직"이라는 주제로 논문을 쓴 적이 있다.[14] 그는 외교정책에선 강력한 대통령의 지위와 국내정책에선 허약한 대통령 지위를 설명하였다. 실제 1950년대와 1960년대 대통령들은 국내정책에서보다는 외교정책에서 훨씬 더 강력한 영향력을 발휘하였음을 보여주고 있다. 그의 설명에 의하면 대통령 권한의 모순과 수명은 주로 국내정책에서만 작용하였고 외교정책 영역에 이르면 대통령은 국가를 잘 이끌고 지배하였다는 것이다. 다시 말해서 냉전시대에선 대통령들이 미국의 외교정책형성에서 매우 강력한 정치적 행동자로서 역할을 수행하였다. 대통령에 대한 제약은 극히 미미했고 국제정치적 불확실성 요소들은 공산주의의 위협을 봉쇄하려는 대통령의 노력을 지지하는 경향이었다. 예를 들어 외교정책 관료기구는 팽창하였고 대통령의 봉쇄정책 수행에 중요한 도구가 되었다. 냉전기간 의회는 대부분의 대통령 정책들을 묵인하고 지지해주었다. 미국 국민들 사이에서도 강렬한 반공주의 합의가 형성되었고 미디어와 이익집단들도 봉쇄정책과 대통령의 대외 조치들을 지지하였다. 이 시기에는 또한 여당과 야당 간의 갈등도 거의 없었고 州정부와 지방정부 그리고 사법기관들도 외교정책에선 수동적이었다. 이러한 분위기는 또한 미국이 세계에서 가장 강력한 국가로 부상하는 경우에도 나타난다.

어떻든 냉전기간 외교정책에서 미국 대통령의 권한은 예외적으로 막강한 것이었다. 그렇다고 해서 아무런 반대도 없었다거나 대통령이 모든 외교정책 문제들을 지배했다는 것은 아니다. 다만 대통령들은 냉전상황의 신념에 따라 정책을 결정하고 수행하였다.

그러나 앞에서 언급한 바와 같이 베트남戰에서의 정책실패와 워터게이트 사건 등은 미국 외교정책의 기초로서의 세계적 봉쇄정책의 종언을 알려주는 것이었고, 따라서 외교정책 수립에서 구사하던 대통령의 비상대권도 종식되게 되었다. 그에 따라 베트남전쟁 이후 대통령들은 외교정책을 형성하는 과정에서 많은 제약과 불확실성의 요소들에 직면하였다. 정부와 사회에 널리 퍼져 있던 반공산주의 합의도 베트남전의 패배를 능가하지는 못했다. 그 결과 의회, 다양한 이익집단들, 각종 운동단체들, 더욱 비판적인 대중매체들, 그리고 우울한 국민대중들은 이제 자기 목소리를 내기 시작하였다. 또한 베트남전 이후에는 국제사회에서 미국의 상대적인 힘도 약화되었고 그리하여 대통령에 취임하는 사람들도 이제 정책결정에서 대통령 권력의 근원들을 효과적으로 이용할 수 있는 능력이 제약되고 있었다. 즉 외교정책결정에서 대통령은 자기 권한을 적극적으로 활용하지 못하게 되었다. 그러니까 냉전시기에서는 대통령 권력의 모순이나 라이프 싸이클이 대통령의 외교정책결정능력에 영향을 주지 못했으나 베트남전과 워터게이트 사건의 결과로 대통령들은 이제 그러한 모순 및 생활주기와 싸워야 했다. 개별적으로 보면 현재에도 대통령은 가장 강력한 행위자들이다. 그러함에도 그들은 더 이상 자동적으로 미국외교정책을 지배하지는 못한다.[15] 물론 2001년의 9 · 11 테러사건으로 상황은 다시 반전되는 경향이다.

미국의 정치에서 통치 위기는 통상 국내정치 영역에서 더욱 뚜렷하게 나타났으나 베트남전 이후에는 외교정책 영역에서도 그러한 통치위기가 나타났다. 존슨, 닉슨, 포드, 카터 등은 모두 외교정책에서 통치의 위기를 경험했던 대통령들이다. 어떻게 보면 레이건만이 그러한 경향에 저항할 수 있었으나 그마저도 이란-콘트라 사건으로 정치적인 피해를 보았고 임기 말의 권력누수를 경험하였다. 그리고 닉슨은 워터게이트 사건으로 클린턴은 백악관 인턴과의 스캔들로 각각 국내정치 영역에서 권력의 약화를 경험했다.

② 전후 역대 대통령들의 외교정책 평가

미국의 외교정책결정에서 대통령이 지배적인 위치를 점하게 되는 과정을 살펴 본다.[16]

1) 프랭클린 루즈벨트(Franklin D. Roosevelt)

외교정책결정에서 대통령의 우세는 1941년 미국이 제2차대전에 개입하면서 대외정책이 고립주의에서 벗어나 적극적 개입주의로 바뀐 데서부터 시작되었다. 루즈벨트는 주저하는 미국으로 하여금 주도적인 국제적 역할을 맡도록 하였으며 나치즘, 파시즘, 그리고 日本의 군국주의를 축출하는 데 주도적 역할을 하였다. 그는 특히 日本의 진주만 공격을 계기로 의회와 협의 없이 최고사령관으로서 외교정책을 장악하는 선례를 남겼다. 그러한 선례를 따라 그 후의 대통령들은 빈번히 우선 행동한 후에 의회에 통보하고 의회지도자들과 국민들을 설득하고 홍정하는 패턴을 보였다. 예를 들어 트루먼은 의회와 협의 없이 미국을 한국전쟁에 개입시켰고, 아이젠하워는 의회에 사전 설득이나 홍정 없이 미해병을 레바논에 상륙시킨 후 그의 조치를 정당화시켰다. 닉슨은 역시 사전 설득이나 홍정 없이 북베트남의 하이풍항에 기뢰를 부설시켰고 대통령 체제 밖의 그 누구와도 협의 없이 캄보디아에서 비밀전쟁을 수행했으며, 이스라엘에 역사상 가장 많은 무기와 장비를 공수하여 무장시킨 후에 자기의 조치를 정당화시켰다.[17] 1991년 걸프전 때 부시는 의회의 반대에도 불구하고 사우디에 대규모 병력을 파병하였다.

2) 트루먼(Harry S. Truman)

1945년 루즈벨트 대통령의 임기 중 사망으로 대통령직에 취임한 트루먼은 전후의 국제질서를 수립하고 냉전시 외교정책의 기초를 닦아놓은 가장 혁혁한 종적을 남긴 대통령이다. 트루먼은 주저하는 미국을 이끌어 마셜계획으로 유럽의 경제재건을 주도하였고, 터키와 그리스의 공산화를 저지하였으며, NATO를 창설하여 공산주의 팽창을 봉쇄하였다. 그는 트루먼 독트린을 선언하며 소련공산주의의 팽창에 대항해서 원조를 요청하는 나라들을 지원했으며, 세계 어디에서든 공산주의 접근을 봉쇄하였다.[18] 그는 또한 전후 UN을 창설하여 집단안보와 국제평화체제 수립에 헌신하였다. 사실 1940년대 루즈벨트와 트루먼 두 사람이 닦아 놓은 대외정책의 틀은 그후 미국외교정책의 초석이 되었고 1952년 이후 모든 대통령들은 소위 "트루먼 독트린"을 모델로 해서 그 자신들의 독트린을 만들려고 노력하였다. 아울러 제2차대전과 냉전으로 의회는 헌법상의 권한을 주장하지 않고 대통령의 대외정책에 수동적인 입장을 취하게 되었다. 특히 냉전기간 소련이 제기한 위협, 즉 소련의 핵무기 개발, 장거리 운반체 개발, 대륙간 탄도미사일 개발 등은 日本의 진주만 공격 때와 같이 기습공격에 대한 두려움을 야기하여 의회가 대통령에게 외교정책 결정권을 넘겨주는 계기가 되었다.

3) 아이젠하워(Dwight D. Eisenhowar)

1957년 의회는 아이젠하워에게 중동에서 공산주의 팽창을 저지하는데 필요할 경우 軍을 사용할 수 있는 권한을 부여하였다. 아이젠하워는 1958년 레바논에 군사적 개입을 실행하는 아이젠하워 닥트린을 발표하였다. 그런데 그러한 의회의 조치는 당시 막강한 아이젠하워의 위신과 그에 대한 의회의 두려움 때문이기도 하였다.[19)]

4) 케네디(John F. Kennedy)

케네디는 1961년 소련이 서베를린을 봉쇄하자 항공수송을 감행하는 등 베를린 수호를 위한 단호한 입장을 취했고, 1962년에는 소련이 쿠바에 미사일 기지를 설치하는 사태에 직면하여 소련수상 후르시초프로 하여금 미사일을 철수하도록 강요하였다. 그러한 쿠바의 경험은 그로 하여금 선제공격능력을 건설하도록 하여 핵우위 확보를 위해 충분한 무기와 미사일을 축적케 하는 등 지속적으로 군비를 증강케 하였다. 그런데 3년 남짓한 재임기간 그는 의회와 거의 상의 없이 외교정책을 수행했다. 1961년 쿠바의 피그만 침공사건, 1962년 쿠바미사일 위기, 그리고 베를린 문제와 베트남 문제들을 다룰 때 그는 의회와 협의 없이 진행하였다. 그러함에도 냉전이 절정에 달했고 위기감이 극도에 달한 상황 때문에 의회는 대통령을 지원했다.

5) 존슨(Lyndon B. Johnson)

존슨은 1963년 케네디의 암살로 그 잔여 임기를 마친 후 1964년 대선에서 공화당의 골드워터(Barry Goldwater)후보에 압승하면서 대통령으로 당선되었다. 그는 미국사회의 5% 빈곤층을 구제한다는 소위 "위대한 사회(Great Society)" 프로그램으로 대통령이 되었으나 재임 기간 내내 베트남 전쟁의 수렁에서 빠져나오지 못했다. 그는 대선기간 중 미군이 인도차이나 전쟁에서 죽는 일은 없을 것이라 약속하였다. 그러나 당선 직후 그는 베트남 사태가 악화되면서 미국의 대량개입으로서만 북베트남으로부터 남베트남의 독립을 유지할 수 있을 것이라 생각하였다. 공산주의 침략을 봉쇄해야 해야 한다는 냉전신념(the cold war beliefs)은 베트남 개입의 확대를 가져왔다. 1963년 케네디 행정부 하에서 18,000명이었던 미군이 1966년 존슨 대통령 하에서는 55만으로 증강되었다. 그리하여 베트남전쟁은 미국의 전쟁이 되었다. 존슨과 군부 지도자들은 베트남戰의 승리는 시간문제라고 국민들에게 말했다. 많은 경우 존슨 행정부는 "터널 끝의 불빛(light at the end of the tunnel)"이 보인다는 낙관적인 주장을 펼쳤다. 그런데 1968년 2월 월맹군과 베트콩 게릴라들의 구정공세(舊正攻勢)에 의해 월남의 대부분의 도시들과 사이공의 미대사관까지 적의 점령에 들어가거나 포위되는 상황이 되었다.

그러한 구정공세는 미군과 월남군에 의해 반격 · 퇴치되었지만 그 피해는 컸다. 그 구정공세로 존슨 행정부의 對국민 낙관주의가 거짓임이 드러난 것이다. 존슨에 대한 국민의 신뢰성은 깨졌다. 대통령과 미국의 베트남전쟁 노력, 그리고 공산주의 봉쇄전략의 기초인 냉전신념은 점차 점증하는 반전운동과 국민들의 각성으로 정부와 사회로부터 모두 도전을 받게 되었다. 결국 존슨은 1968년 대선 출마를 포기하기에 이르렀고 존슨은 실패한 외교정책을 주도한 첫 번째 대통령이 되었다.

사실 1964년 대선 중반전임에도 의회가 통킹만 결의안(the Gulf of Tonkin Resolutions)을 채택할 때도 그는 의회지도자들과 어떤 의미있는 협의도 하지 않았으나 의회는 만장일치로 대통령의 정책을 지지했던 것이다.[20]

6) 닉슨(Richard M. Nixon)

1974년 5월 닉슨은 "외교정책은 더 이상 외교각료들에 의해 만들어지지 않는다. 외교정책은 국가수뇌에 의해 만들어진다"[21]고 천명하였던 바, 닉슨-키신저팀은 개인외교(personal diplomacy)의 전형을 선보였다.

닉슨은 1968년 대통령 선거에서 민주당의 험프리(Hubert Humphrey)와 치열한 접전 끝에 간신히 승리하였다. 그러나 그의 행정부하에서는 외교정책상의 괄목할 만한 변화가 추진되었다. 그는 中共에 문호를 개방하였고, 소련과는 제1차 군비축소협상을 벌여 SALT I 을 탄생시켰다.[22] 그는 1973년 욤 키퍼(the Yom Kippur) 전쟁 동안 이스라엘을 강력한 장비로 무장시켰다. 그는 또한 약화된 경제를 회복시키기 위해 금본위제도에서 달러를 떼어냈고, 일본상품에 대한 10%의 초과관세를 부과시켰고 임금과 가격통제를 실시하였다. 1970년대 초반은 대성공의 시기처럼 보였다. 왜냐하면 그의 정책은 흔쾌히 수용되었고, 그로 인한 1972년의 대선에서 미국 역사상 최대 투표율인 63%를 기록한 가운데 압도적인 표차로 승리하였기 때문이다.[23]

그러나 닉슨의 정치적 운명은 그의 대베트남정책에 의해 결정되었다. 그는 베트남 전쟁을 종식시키기 위해 하나의 "비밀계획(secret plan)"을 수립했던 바, 그것은 미국의 명예를 유지하면서 베트남에 평화를 회복시키려는 것이었다. 즉 그 비밀계획은 쌍방이 동시적으로 전쟁을 축소하면서 확대하고, 협상하는 전략으로 구성되었다. 축전(縮戰)이란 전쟁의 "베트남化" 과정을 통해 미군이 점차적으로 철수하는 것이었고, 확전(escalation)이란 캄보디아와 라오스의 게릴라들의 성역들과 더불어 인도차이나에 대한 미군 폭격을 강화시키는 것이었다.[24] 축전과 확전과정에서 소련 및 中共과는 화해협상을 개시하고 북베트남과는 "명예로운 평화(peace with honor)"를 생산하여 南베트남에 생존을 위한 "품위 있는 휴식기간(decent interval)을 제공한다는 것이었다. 그러한 목적을 위해 월맹, 즉 북베트남과 협상에 의한 협정을 체결하려는 것이었다.

그러나 확전과 더불어 반전운동은 그 절정에 달했다. 반전운동가들은 인도차이나에서 미군의 즉각적인 철수를 요구했고 해외의 미군개입을 반대했다. "정치

초년병 시절부터 콧대가 센 싸움꾼이었던 닉슨은 그 반전운동가들이 마치 자기의 적인 것처럼 공격하고 대응했다."[25] 이것이 닉슨의 백악관으로 하여금 수많은 불법적이고 非헌법적인 행동을 유발케 한 단초였다. 또한 워터게이트 사건으로 알려진 닉슨의 대통령 권한 남용에 관한 폭로는 그의 몰락을 초래시켰다.

의회는 우선 닉슨의 정책 수행능력을 제한하기 위해 예산권을 행사하였고 닉슨이 설정한 목표의 미달 상황에서 휴전을 강요했다. 1973년에 의회는 입법을 통해 외교정책 권한을 뺏어오고, 군사적 선택권을 제한하기 위해 과거에는 상상할 수도 없는 "전쟁권한 결의안"을 통과시켰다.[26] 1974년 하원의 법사위원회가 청문회를 열고 탄핵을 위한 세 가지 기소조항을 표결한 후 상원의 한 위원회에서는 청문회가 열렸다. 이것이 닉슨의 사임을 촉진한 것이다. 닉슨은 하원이 상원의 탄핵 및 기소에 찬성할 것을 두려워했다.[27] 따라서 그는 재선에서 압도적으로 승리한 직후 얼마가지 않아 불명예를 안고 백악관을 떠나야 했다. 닉슨이 직면했던 많은 어려움들은 그 자신이 만든 것이었다. 왜냐하면 그는 대통령의 권한행사에서 베트남전쟁과 같은 사건들에 의해 야기되는 한계와 제약요소들을 이해하지 못했기 때문이다. 워터게이트 사건은 닉슨이 정당한 정치적 반대의 등장을 좌절시키기 위해 자기의 직책을 이용한 그 자신의 노력의 결과로 초래된 것이었다. 그는 자신이 마치 외교정책에 대한 궁극적 권위를 가지고 있는 것처럼 행동하면서 그의 권력행사에 대한 민주적 도전을 용납할 의도도 없었다. 한마디로 닉슨의 추락은 대통령 권한을 남용한 결과였다. 그는 미국 역사상 중범죄와 비행(high crimes and misdemeanors)에 대한 탄핵에 직면한 두 번째 대통령이 되었다.[28] 그리하여 닉슨 대통령은 존슨 대통령에 이어 對베트남 외교정책으로 인해 희생된 두 번째 대통령이 되었다. 어떻게 보면 닉슨의 실패는 그의 개인외교와 비밀외교, 그리고 그의 오만과 독선의 결과였을지도 모른다.

7) 포드(Gerald Ford)

포드 대통령은 워터게이트의 오점과 닉슨의 사면에서 비롯된 수세를 극복하지 못했다. 그는 닉슨 행정부가 촉진해 오던 정책들 중 많은 부분을 계속 추진하였다. 국무장관 키신저를 계속 유임시킨 것도 그 한 예다. 그러나 이들 정책들 중 많은 부분이 이제는 공격의 대상이 되었다. 앙골라 사태에 미국이 개입한 것은 또 다른 베트남의 재판을 우려하는 자유주의적 논객들에 의해 차단되었다. 소련과의 화해와 中共과의 관계정상화 노력은 공화당 내의 보수적 반공주의자들에 의해 너무 "부드러운(soft)" 정책이라고 공격을 받았다. 사실 포드는 공화당의 대통령 지명전에서 로널드 레이건의 도전을 간신히 물리쳤다. 그가 1976년 단 3년간의 대통령직을 끝으로 그 직책에서 투표를 통해 물러난 또 다른 실패한 대통령이 되었다는 사실은 당시로선 놀라운 일도 아니었다. 그는 미국 역사상 최초로 투표 없이 대통령이 된 사람이기도 하다.

8) 카터(Jimmy Carter)

닉슨과 포드 행정부의 현실주의 정치에 비해 카터 행정부의 특징은 이상주의였다. 카터는 미국 국민들에게 인권과 평화를 선거공약으로 내세우고 정직과 이상주의의 새로운 정신을 주입시켜 베트남전쟁과 워터게이트의 비극적인 기억을 국민들의 뇌리에서 지워버리려고 했다. 1976년 카터는 취임연설에서 핵무기제거, 해외무기판매 중단, 인권향상에 대한 확고한 언질을 표명하였다. 특히 그는 "인권은 우리 외교정책의 정수(the soul of our foreign policy)"라고 하였다.

카터는 재임기간 ① 1978년 오랫동안 끌어오던 파나마운하지역 주권을 파나마에 이양하는 파나마운하 조약을 체결하여 의회의 통과를 얻어냈고, ② 1979년 이스라엘과 이집트 간의 최초의 평화조약인 캠프데이비드협정(Camp David Accords)을 성사시켰고, ③ 중국과는 완전한 외교관계를 수립하였다. 그러나 카터는 냉전종식, 인권향상, 군비경쟁 중단, 핵무기 제거 등의 정책에서는 실패하였다. 오히려 닉슨과 포드 행정부에서처럼 핵무기는 증가했고, 무기판매도 증가했으며, 소련을 분개시켜 군축협상에서 실패했고, 중동에서 가장 중요한 동맹국인 이란의 샤정권(the Shah regime)의 붕괴에 기여했다. 즉 카터의 인권정책이 샤의 독재정권을 무너뜨린 것이고 그 결과 이슬람 원리주의자인 호메이니(Ayatollah Khomeini)가 등장하고 테헤란 주재 미국대사관 직원 52명이 인질로 잡히는 사태가 발생하여 444일 동안 인질위기사태가 계속되었다. 카터는 인질사태에 과민반응해서 군사적 구조작전을 전개했으나 실패하였다. 그리하여 미국인 인질을 석방시키지 못한 카터의 무능은 그의 대통령직을 둘러싼 초기의 낙관주의를 파괴시켰다.

특히 카터는 1979년 소련이 카불에 있는 그들의 동맹정권을 지원하기 위해 인접 아프가니스탄을 침공하였을 때 그것을 막지 못하고, 그에 극단적으로 반응해서 대소련곡물선적금지와 고급기술상품 수출금지를 단행하였고, 닉슨이 체결한 전략무기제한협정(SALT II)을 상원 비준과정에서 철회시켰다.

특히 카터의 인권정책은 敵보다는 미국의 동맹국들에게 화살을 날렸다는 점이다. 그의 인권화살은 이란의 샤정권을 붕괴시켰을 뿐만 아니라, 한국, 알젠틴, 남아공, 브라질, 대만, 나카라과 등을 향해 날아갔다. 예를 들어 그는 소련과의 관계개선을 위해 한국에서 핵무기를 철수시켜 미국의 핵우위 입장을 후퇴시켰다.[29] 그의 인권정책은 해외의 발전사태를 관리할 수 있는 미국의 힘과 능력의 현실을 무시한 것이었다.[30] 결국 카터 대통령 역시 대부분의 미국 국민들이 실패로 간주한 통치위기의 또 다른 희생자로 남게 되었다.

9) 레이건(Ronald Reagan)

레이건은 새로운 보수적 어젠다를 가지고 대통령직을 수임하였다. 즉, 그는 미국의 방위력을 강화시키고 대외문제를 해결하면서 국내외에서 경제적 번영을 회복시키기 위해 시장을 개방하며, 해외의 테러리즘 및 공산주의와 싸우기 위한 미국의 노력을 개선하고 강화시키겠다고 하였다.

레이건은 재임기간 소련과 여러 개의 군축협정을 체결하였고, 그레나다의 공산주의 정권을 제거하기 위해 침공한 것과 미국의 팬암 여객기에 테러를 가한 리비아에 공습을 감행한 것 이외에는 8년 동안 큰 전쟁은 하지 않았다. 또한 그는 군비를 증강시켜 東유럽의 공산주의를 퇴각시키는 결과를 가져왔다.

즉 미국의 군비증강을 따라잡으려는 소련의 노력이 소련의 파산을 초래시켰다는 것이다.[31] 그런데 1953년 아이젠하워는 西方의 방위력을 유지하면서 공산주의가 스스로 붕괴될 때를 기다리는 것이 서방의 적절한 정책이라 말한 적이 있다.

레이건은 미국의 안보정책과 관련해서 두 가지 노선을 취했다. 첫째는 對테러전 정책이고 둘째는 소련 공산주의의 팽창을 저지하는 것이었다.

첫째, 레이건은 미국 국민과 미국의 안전보장에 대한 테러리즘의 위협을 극화시켰다. 그는 테러리스트들과는 결코 협상하지 않을 것이라 공약했다. 왜냐하면 테러리스트들이 이해하는 것은 오직 무력이기 때문이라는 것이었다. 그는 중동을 테러리즘의 위협이 가장 큰 지역이라고 강조했다. 왜냐하면 리비아의 가다피(Gadhafi)와 이란의 호메이니가 테러리스트들을 지원하기 때문이라는 것이다. 미국의 정책은 강력한 힘을 과시하는 것이었다. 당시 레바논에서는 호메이니의 지원을 받는 테러리스트들에 의해 5-6명의 미국인들이 인질로 잡혀 있었다.

둘째, 레이건 행정부의 우선순위는 소련공산주의 위협을 패퇴시키고 봉쇄하는 것이었다. 레이건과 그의 참모들이 보기에 세계에서 가장 큰 위험에 처한 지역은 中美였다. 미국외교정책의 목적은 엘살바도르에서 마르크스-레닌주의 게릴라들을 패퇴시키고 무력의 시위와 사용으로 니카라과의 산디니스타 혁명정권(the Sandinista revolutionary regime)을 전복시키는 것이었다. CIA는 비밀리에 산디니스타 정권을 전복시키기 위해 콘트라(the Contras)로 알려진 반혁명군을 창설 · 훈련 · 지원하는 임무를 담당하고 있었다.

그러나 레이건의 중미정책은 많은 국민들의 비판에 직면했고 많은 집단들과 사회운동단체들의 정치적 반대를 촉발시켰다. 레이건은 중미정책을 위해 년 2억달러의 재정지원을 요청했으나 의회는 원조의 일부분만을 허용했다. 더욱이 의회는 미국정부가 1985-1986년에 콘트라 반군에 어떤 지원이나 원조도 제공하지 못하도록 금지했다. 이것이 이란-콘트라 사건(the Iran-Contra affairs)의 단초가 되었다.

이렇게 레이건은 잠재적으로 폭발 가능성이 있는 두가지 문제에 직면했다. 즉 이란의 통제를 받는 레바논에 남아있는 5-6명의 미국인 인질문제와 콘트라 반군에 대한 지원삭감 문제가 그것이다. 레이건은 의회의 금지와 관계없이 공산주의의 위협과 니카라과의 미래를 고려하여 행정부가 반군을 계속 지원할 필요성이 있다고 결정하였다. 콘트라 반군에 대한 미국의 지원책은 국가안보회의(NSC) 직원이 감독 · 수행할 수 있고 주요 작전은 노스(Oliver North) 대령이 수행하는 것이었다. 레이건 대통령이 내린 결정은 이란에 대한 무기판매와 인질을 교환하는 것이었고, 그 무기 판매대금으로 콘트라 반군을 지원한다는 것이었다. 그러나 얼마 지나지 않아 백악관의 콘트라 반군 지원작전이 언론에 누설되었다. 즉, 레이건이 이란의 테러리스트들과 무기거래를 하고 있다는 것이었다. 레이건은 이미 테러리스트들과는 비밀리에 어떤 협상도 하지 않을 것이고 테러리스트들은 오직 힘에 의해서만 다룰 것이라고 천명했었다. 미국 국민들은 대통령이 설마 모든 테러리스트들 중 소위 지도적 테러리스트인 호메이니와의 협상에 동의했다는 사실을 믿을 수가 없었다. 미국 국민들은 행정부가 이란과의 무기거래에서 받은 돈의 일부가 재무부를 통해 불법으로 콘트라 반군에 전달했다는 사실을 알게 되었다. 결국 의회는 워터게이트 사건과 같이 대통령의 권력남용 수준을 확인하였고 행정부의 관련 인사들은 기소되었다. 한때는 대통령 탄핵문제까지 거론되었으나 결국 레이건은 그 위기에서 벗어나 임기를 마쳤다.

레이건의 외교정책 역시 비일관성으로 점철되었다. 그는 근자의 역대 대통령 중에서 가장 호전적인 대통령의 면모를 보였다. 그는 처음에는 소련을 "악의 제국(evil empire)"으로 칭했으나 끝에 가서는 소련 공산당 서기장 고르바초프를 친구라고 불러 사실상 동맹자로 대우했다. 또한 레이건은 선제공격 능력을 주장하면서 출발했지만 냉전기간 최초의 군비축소협정에 서명하였다.[32] 인질에는 결코 대가를 지불하지 않겠다고 약속했으나 비밀리에 인질석방 대가로 이란정부에 무기를 판매하였다. 그는 미국의 군사력 증강을 추진했고 니카라과에서 군사력을 사용하였으며, 뚜렷한 임무 없이 레바논에 병력을 파병하고 그 부대에는 총을 사용하지 말라는 명령을 내려 미군을 도발적 상황에 처하게 하였다.

레이건은 역사상 가장 값비싼 무개발계획인 우주전(star wars)을 위한 전략방위구상(SDI)에 착수하였다. 그는 군비축소를 추진하면서 1986년 아이슬랜드의 레이캬빅에서 고르바초프와 정상회담을 갖고 모든 핵무기와 그것을 운반하는 미사일 체제의 조절에 합의했다.

그러나 의회에서 진행된 이란-콘트라 청문회는 레이건의 외교정책능력을 불구로 만들었다. 퇴임시 인기는 있었으나 그의 정책들은 조롱의 대상이 되었다. 노이스타트는 레이건에 대해 "無知와 고집을 결합시키는 데는 성공하였다"[33]고 평했다.

10) 조지 부시(George H. Bush)

부시 대통령은 1990년을 전후해서 東유럽공산권의 몰락과 소련의 해체기간 그 지역의 民主化를 촉진하고 지지하였다. 닉슨의 워터게이트 사건과 레이건의 이란-콘트라 사건을 거치면서 의회는 제왕적 대통령의 권한을 축소시키려하였는데 그러한 과정에서 부시는 세계에서 가장 중요하고 힘 있는 대통령으로 자리매김 하였다. 특히 1989년 12월 소련의 고르바초프와 몰타정상회담을 통해 동서냉전을 종식시키는 선언을 이끌어냈다. 그는 또한 1991년 걸프戰을 통해 과거 어느 대통령보다도 많은 연합군을 형성하여 걸프전을 승리로 이끌었다. 뿐만 아니라 그는 1991년 8월 보수적인 소련군부가 쿠데타를 일으켰을 때 고르바초프와 옐친(Yeltsin)을 지지하여 러시아 민주주의의 발전을 도왔다. 그럼에도 불구하고 부시는 국내경제의 불황으로 재선에는 실패하였다.

11) 클린턴(Bill Clinton)

클린턴 행정부는 출범당시의 예상보다는 많은 외교적 업적을 남겼다.[34] 클린턴은 1993년 9월 13일 백악관에서 이스라엘의 라빈(Yitzhak Rabin) 수상과 팔레스타인의 아라파트(Yasser Arafat)의장으로 하여금 오슬로 평화협정에 서명토록 하였다. 1993년 12월 8일에는 공화당 행정부에서부터 오랜 기간 추진돼 오던 미국 · 캐나다 · 멕시코 3국간의 자유무역협정(NAFTA)을 마무리하고 서명 · 발효시켰다. 그리고 1994년 6월 25일에는 이스라엘의 라빈 수상과 요르단의 후세인 국왕 간의 평화협정을 조인케 하였다. 1995년 8월 30일 클린턴은 NATO軍을 동원해서 보스니아의 세르비아지역에 역사상 최대공습을 가해 발칸 3국의 대통령들로 하여금 3년 동안의 분쟁을 종식시키고 평화협정을 조인케 하였다. 또한 1998년 4월 10일에는 미국이 주도하여 北아일랜드 聖 금요일 평화협정(Good Friday Peace Accords)을 체결토록 하여 수십 년 동안 끌어오던 분쟁을 종식시키고 北아일랜드에 평화를 정착시켰다. 1998년 10월 23일에는 클린턴의 중재로 이스라엘의 네타냐후(Benzamin Netanyahu)수상과 팔레스타인의 아라파트 의장은 와이江(Wye River) 협정에 서명하였다. 또한 1999년 3월 24일에는 미국과 NATO군이 코소보에서 유고슬라비아군을 철수시키고 78일간의 공습으로 결국 유고의 밀로세비치 대통령을 축출하였으며 유고의 민주화를 이루어 냈다. 클린턴 행정부는 중국의 WTO가입을 위한 장벽들을 축소시켰고, 클린턴은 또한 2000년 11월에는 베트남전쟁 이후 베트남을 최초로 방문한 대통령이 되었다.

12) 평 가

제2차대전에서부터 베트남전쟁 이전까지 미국의 대외정책은 의회와 국민대중의 전폭적인 신뢰와 지지 속에서 대통령 중심으로 결정되고 수행되었다. 그것은 제2차 대전과 이어진 동서냉전체제에서 형성된 미국사회의 위기의식이 자연스럽게 대통령의 입지와 권한을 강화시켜 주었기 때문이었다. 루즈벨트, 트루먼, 아이젠하워 그리고 케네디 등이 그 경우에 해당된다. 그러나 베트남전쟁 이후 미국의 대통령들은 외교정책에서 국가를 다스리고 지도하는 데 상당한 고통과 어려움을 경험하였다. 존슨, 닉슨, 카터, 레이건 등의 경우가 그러했다. 그들 대통령들은 취임 초기에는 높은 대중적 인기를 누렸으나 떠날 때는 국민들의 마음에 깊은 상처와 실망감을 안겨주었던 것이다. 물론 레이건의 경우 그의 정책에 대한 국민의 평가는 매우 낮았지만 대중적 인기는 유지하였다. 그들 대통령들은 외교정책의 위기가 국내정치의 위기로 이어지는 고통을 겪었다. 그들이 대외정책에서 야기된 위기들을 처리할 수 있는 시간, 에너지, 방법들을 찾아내지 못한 데서 국내정치의 위기로 전이된 것이었다. 존슨은 베트남전쟁의 수렁에서 빠져나오지 못했고, 닉슨의 경우 외교정책수행에서 보인 개인주의와 비밀주의의 독선이 의회를 분노케 하여 결국 워터게이트 사건을 계기로 대통령에 대한 탄핵절차를 밟게 하였다. 포드는 소련과의 화해전략을 추진하려다 보수 우익의 혹독한 공격을 받았고, 카터는 이란의 인질사태 해결을 위해 무리한 접근을 시도하다 실패하여 정치적 감정적으로 큰 고통을 겪었으며, 레이건은 이란-콘트라 사건이 폭로되면서 쇼크사태에 빠지기도 하였다. 이들 대통령들이 통치위기에 빠져있는 동안 국정은 대통령의 지휘나 감독 없이 각 부서장들에 의해 수행되었다. 예를 들어 닉슨과 포드가 위기에 처했을 때 미국의 외교정책은 키신저 국무장관 겸 국가안보보좌관에 의해 수행되었고, 레이건의 경우 상황이 매우 심각해지자 그의 보좌관들은 만일 현직 대통령이 육체적 정신적으로 불구자가 되는 경우 부통령이 일시적으로 대통령을 대신할 수 있도록 하는 제25차 헌법수정안을 발동할지를 심각하게 토의했다는 보고도 있었다.[35]

이상에서 살펴본 바와 같이 1941년 이후 지난 50여년 이상 미국 대통령들의 외교정책과정에서 우리는 몇 가지 사실을 관찰할 수 있다.[36]

첫째, 현실주의는 이상주의보다 더욱 효과적이었다.

둘째, 외교정책과정에서 의회는 대통령보다 적극적인 정책을 전개할 수 있는 가능성이 적었다.

셋째, 외교정책의 주도권에 관한 의회와 대통령간의 싸움은 기존의 헌법이 계속되는 한 계속될 것이다.

넷째, 외교정책에서의 일관성은 우연한 그리고 아주 강력한 경우를 제외하곤 성취하기 어렵다.

그 동안에 얻은 교훈이라면 비밀과 기만은 결국 민주주의의 敵이라는 것이고, 공개적이고 장기적인 토론은 민주주의의 위대한 힘이라는 것이다.

반면 실패한 정책들은 충분하고 의미 있는 토론 없이 시행된 정책들이었다. 즉 루즈벨트의 對폴랜드정책, 케네디의 쿠바 피그만 침공작전, 존슨의 베트남전 개입, 닉슨의 데탕트 정책과 對중국정책, 카터의 인권정책, 레이건의 이란-콘트라 정책 등이 그것이다.

반면 성공한 정책들은 장시간의 심도 있는 토론 후 의회와 국민들에 의해 용인된 정책들이었다. 즉 루즈벨트의 완전 승리공약, 트루먼의 마셜플랜과 NATO형성, 카터의 파나마운하 조약과 캠프 데이비드 협정, 부시의 걸프戰을 위한 전력투구 정책, 그리고 클린턴의 일연의 평화정책 등이다. 물론 제2차대전의 무조건 항복 정책이나 닉슨의 개방정책 등은 토의 없이도 성공한 사례다. 그러나 대통령이 의회와 국민을 새로운 정책에 끌어들이는 경우 그 정책은 지속력을 가졌다.

지난 50여 년 동안의 외교정책 역사는 의회에 대해 대통령의 권한이 강화되어온 과정이었다. 물론 제2차대전시 日本의 진주만 공습 때까지만 해도 루즈벨트는 의회에 의해 중립과 군축을 강요당하고 있었다. 닉슨은 의회에 의한 간섭을 가장 많이 받은 대통령이었다. 어떻든 지난 50여 년간 미국의 외교정책은 백악관에서 만들어졌고 1941년 진주만사건 이후 세계지도자로서 미국 대통령의 역할은 증대되었고 권한도 강화되었다.

제 3 절 대통령의 리더십과 통치패턴

① 리더십

미국의 대통령들은 어떻게 그들의 권력과 성공을 극대화하는가?[37] 그들은 미국정치의 내재적인 통치위기를 어떻게 극복하고 최소화시킬 수 있는가? 그들은 외교정책을 지배할 수 있는 능력을 어떻게 증대시킬 수 있는가? 그 열쇠는 대통령의 리더십에 있다. 강력한 대통령들은 그들의 힘과 역량을 극대화하고 그들이 직면하는 제약 요소들을 그들에게 유리하게 전개되도록 할 수 있다. 또한 강력한 대통령들은 그들의 권력을 능률적으로 행사하고 지배할 수 있는데 반해 허약한 대통령들은 권력을 행사하고 지배하는 데 많은 어려움에 직면하게 된다. 왜냐하면 그들은 극복할 수 없는 장애물과 제약 요소들이 압도적인 세계 속에서 그들의 임무를 수행해야 하기 때문이다. 이는 특히 국내정치의 경우에서 두드러진 현상이지만 대통령의 리더십은 외교정책 영역에서도 권한을 행사하고 통치하는데 중요한 것이다. 대통령의 명성과 公的인 위신, 그리고 특권적 통치(prerogative government) 같은 개념들은 대통령의 리더십을 이해하는 데 도움이 된다.

노이스타트에 의하면 대통령 권력의 주요 열쇠는 정치적 리더십의 기능인 설득능력(the power to persuade)이다. 대통령직을 수임하고 명령을 발하고자 하는 대통령들은 쉽사리 실망하고 좌절한다.[38] 軍지도자들은 불호령 같은 명령으로 결과를 얻어낼 수 있지만 정부에선 그렇지 못하다. 대통령의 권한과 임기의 모순 때문에 대통령들은 명령을 내릴 수가 없다. 노이스타트가 지적한 바와 같이 명령을 통해 대통령의 권한을 행사하려는 노력은 대통령이 허약하다는 것을 나타내는 것이다. 왜냐하면 대통령은 마지막 수단으로서만 그들의 법적 형식적 권위에 의존해야 한다. 통치에 관한 명령모델(command model)은 대부분의 미국 국민들이 대통령의 권한에 관해 생각하는 방식과 일치할 수도 있다. 그러나 대통령 통치의 열쇠는 대통령이 선호하는 것을 타인들이 가장 효과적으로 수행하게끔 하는 것이다. 대통령이 직면하는 제약 요소들과 불확실 요소들을 극복하는 유일한 방법은 설득의 힘을 통해서(through the power of persuasion)이다. 이러한 능력은 개인이 관직을 수임하고 대통령이 되는 정치적 리더십의 質에서 나온다. 노이스타트는 정치적 리더십과 대통령 권력의 세 가지 요소를 설명하고 있다. 즉 직업적 명성, 공적인 위신, 대통령의 선택이 그것이다.

직업적 명성(professional reputation)은 워싱턴 D.C.와 그 외의 지역에서 다른 정치인들이 그 대통령의 성취능력을 어떻게 평가하느냐를 언급하는 것이다. 반대에 직면할 때도 권력행사에서 매우 능숙하다는 평판을 듣는 대통령들은 대단한 설득력을 가진 사람들이다. 공적인 위신(public prestige)은 관료들이나 의회의 의원들, 이익집단과 대중매체 종사자들과 같은 다른 정치적 행위자들이 그 대통령에 대한 국민적 지지의 수준을 어떻게 인식하고 있는가를 언급하는 것이다. 긍정적인 대중적 이미지를 가지고 있는 대통령들은 더욱 강력하다. 왜냐하면 전체사회에 걸쳐 높은 신뢰성과 대중적 지지를 받는다는 것은 워싱턴 정가에서는 중요한 정치적 자산이기 때문이다. 성공적으로 설득할 수 있는 강력한 대통령들은 높은 수준의 직업적 명성과 대중적 이미지를 가진 사람들이다.

한 사람의 직업적 명성과 위신을 논한다는 것은 그에 대한 인식과 이미지의 중요성을 강조하는 것이다. 대통령은 다른 사람들이 그에 대해 가지고 있는 이미지를 이용해 리더십을 발휘하고 정치적 권력을 행사한다. 리더십은 강력하다는 환상을 창조할 수 있는 능력을 포함한다. 헤드릭 스미스는 그의 저서 권력게임(The Power Game)에서 "과거, 현재, 미래의 대통령들은 그 나라가 상상하는 것보다 더 적은 권력을 가진다. 그러나 성공적인 대통령들은 문제점들을 가볍게 다루고 몇 개 안되는 승리들을 강조함으로써 강력한 대통령으로서의 인상을 주고 명성을 쌓는다[39]" 고 설명하고 있다. 인식과 이미지는 정치에서 언제나 중요한 요소이다. 그러나 전파매체가 등장하면서 상징주의와 상징적 정치의 중요성이 발전하였다. 사람들과 집단들은 그 이미지들이 현실과 일치하든 아니든 서로에 대해 그들이 지니고 있는 이미지에 기초해서 정치적으로 상호작용한다. 이와 같이 설득능력은 대통령과 그의 행정부가 다른 사람들에 의해 어떻게 인식되고 있느냐에 달려있는 것이다.

한 대통령의 직업적 명성과 대중적 위신의 많은 부분은 그의 개성의 기능인데, 즉 상이한 사회적 상황에 자신을 어떻게 적응시키고 표현하는가 하는 특별한 방법인 것이다.[40] 한 대통령의 개성의 영향은 다양하게 작용한다. 즉, 그의 개인적 성격이 자신의 리더십 스타일에 어떻게 영향을 미치느냐에 따라서 직업적 명성과 대중의 이미지에 기여할 수도 있고 손상을 끼칠 수도 있다. 한 개인이나 대통령은 자신의 개성과 습관을 변경할 수 없다는 사실은 중요하다. 왜냐하면 개성과 습관은 어린시절부터 학습되어 형성되기 때문이다. 그러나 이미지와 상징주의는 직업적 명성과 대중적 이미지에 매우 중요한 것이기 때문에 대통령은 그 자신에 관한 보다 긍정적인 이미지를 형성하려고 노력할 수 있는 것이다. 자기 성격을 성공적으로 관리하고 통치하기를 원하는 대통령들은 대통령직에 출마를 결정하기 오래전부터 이러한 리더십의 국면들을 알아둘 필요가 있다.

대통령 리더십의 세 번째 중요한 요소는 대통령의 선택(presidential choice)이다. 지도하고 설득할 수 있는 대통령의 능력은 바로 그가 행하는 선택의 기능이다. 왜냐하면 그만이 책임이 있기 때문이다. 트루먼 대통령은 언젠가 "책임은 내가 진다(The bukcs stop here)"라고 한 적이 있다. 대통령의 선택은 그의 직업적 명성과 대중적 위신에 영향을 준다. 대통령은 기존의 제약요소들 때문에 가용한 기회가 별로 없을 때 자신의 권한을 행사하여 선택을 통해 새로 발생하는 기회들을 이용할 수도 있다. 대통령은 자기 스스로 아니면 그의 참모들을 통해 집행부서와 정책결정과정을 관장하는 데서 능숙해야할 뿐만 아니라 워싱턴 지역과 여타 지역의 주요 인시들과 정치적으로 상호작용하고 전체사회와 세계를 향해 자기정책의 우선순위와 선호를 상징적으로 알리는데 있어서도 능란해야 한다.

노이스타트에 의하면 소극적인 대통령들은 단지 자리나 지키는 사무실 직원에 불과한 것이다. 지도하고 통치하기 위해 대통령들은 정보에 접근하고 결정을 내리고 결정된 정책의 이행을 감독하는데 적극적으로 개입해야 한다. 그는 행정부 부서와 여타의 기관들에서 그가 믿을 수 있거나 믿을 수 없는 사람이 누구인지를 파악해야 한다. 대통령들은 그들의 언행의 정치적 함의를 간파해야 한다. 다시 말해서 대통령의 선택들은 그가 미국의 복잡한 외교정책 정치(the complex politics of U. S. foreign policy)에서 자신의 리더십과 권력을 행사하는 수단들인 것이다.

리차드 파이어스는 그의 저서 “미국의 대통령(The American Presidency)”에서 대통령의 선택과 적극성이 대통령의 리더십에 미치는 영향에 관해 중요한 통찰력을 보여주고 있다.[41] 파이어스에 의하면 대통령 권한의 패러독스(paradox)는 매우 제약적이기 때문에 대통령은 그가 그 나라를 지도하고 통치하기를 원한다면 특권적 통치권을 행사해야 한다는 것이다. 특권적 통치(prerogative government)란 대통령들이 대통령 권한을 행사하는 경우 헌법이 허용하는 범위 내에서 최대한의 권력을 적극적으로 행사하는 것이다. 대통령들은 헌법상의 근거 위에서 법적으로 열거된 권한 위에서 자기의 결정들을 정당화한다. 그들은 자신의 확대해석이 도전 받을 때는 자기의 행위를 “국가안보”나 “국가이익”의 명분으로 정당화하고 대중의 지지를 호소한다.

대통령의 권한에 관해서 확대해석을 하는 대통령들은 통치에서 가장 성공적인 경향이 있으며 역사상 최고의 대통령들로 기록되는 경향이 있다. 그러나 특권적 통치권을 행사하는 적극적인 대통령들은 또한 그들에게 피해를 주거나 그들을 파멸시킬 수도 있는 권력남용이라는 정치적 위험을 감수해야 한다. 이는 헌법조항의 애매모호성 때문이다. 즉, 대통령이 권력을 정당하게 사용하는지 아니면 남용하는지가 불분명하다는 것이다. 국가적 위기상황이나 비상시에는 대통령들이 특권적 통치권을 행사할 수 있는 최대의 기회를 맞이하게 된다. 그러나 대통령 권한의 정당한 행사여부를 가름하는 최종 결정요소는 정치(politics)속에 있다.

미국 역사상 대통령들이 특권적 통치권을 행사했을 때에는 세 가지 정치적 결과들이 발생하였다. 첫째는 전쟁과 같은 국가적 비상사태 기간에 외교정책 영역에서 특권적 통치권을 행사할 때 가장 성공적이라는 것이다. 예를 들어 에이브러험 링컨과 프랭클린 루즈벨트는 각기 남북전쟁과 제2차대전이라는 국가 최대의 비상사태에 직면하여 특권적 통치권을 성공적으로 행사하였다. 그러한 경우 대통령들이 직면할 수 있는 최악의 사태는 그 비상사태가 진정된 후에 일어날 수 있는 반작용이다. 즉, 대통령들은 의회와 국내정치세력들이 대통령의 권한을 제약하는 평상시 권한을 다시 주장하는 상황에 직면하게 된다는 것이다. 둘째는 대통령들이 국가적 비상기간 국내정치에서 특권적 통치권을 행사하는 경우 정치적 반발을 불러일으킬 수도 있다는 것이다. 외교정책과 달리 국내정치에선 대통령들에게 위기에 대응할 수 있는 많은 여지나 신축성이 주어지지 않는다. 관료들, 의회 의원들, 기타 정치세력들은 국내정치 결정과정에서 그들의 지위를 보호하려는 경향이 강하다. 예를 들어 1951년 한국전쟁 당시 트루먼은 파업에 대응하여 국가안보의 이름으로 강철산업체들을 점유했다. 그것은 분명 국내문제인 노동과 경영 간의 분쟁이었던 바 대통령이 비상 국가안보권을 행사한 데 대하여 정치세력들은 트루먼의 조치에 격렬하게 비판하고 나섰다. 국내의 비상사태기간 헌법을 확대해석하려는 대통령들은 궁극적으로 권력을 남용하는 것으로 인식되고 심각한 정치적 좌절을 겪을 수도 있다.

셋째는 대통령들이 특권적 통치권을 행사할 때 권좌로부터 추락하는 실패와 붕괴를 감수할 수도 있는 것이다. 이러한 사태는 국민들에게 비상사태에 대한 인식이 없는 경우에 발생하고 특히 국내문제가 관련되는 경우 더욱 그러하다. 이러한 상황에서 특권적 통치권을 행사하는 대통령은 그의 권한과 직무선서를 남용하는 것으로 널리 인식된다. 국내의 정치적 저항은 아주 격렬한 것이기 때문에 대통령은 자신의 정치적 운명을 걸고 싸워야 할 수도 있다. 닉슨 대통령은 워터게이트 사건을 둘러싼 사건들의 결과로 몰락의 위험을 겪었다.

② 통치패턴

직업적 명성, 대중적 위신, 특권적 통치권 등의 개념들은 국내외 문제들을 처리함에 있어서 대통령의 지도력 및 통치능력을 이해하는 데 도움이 될 수 있다. 대통령의 리더십에 관한 이들 세 가지 요소들은 현대의 정치사에서 왜 프랭클린 루즈벨트가 가장 성공한 대통령이고 어떻게 트루먼, 아이젠하워, 그리고 케네디가 냉전기간 외교정책을 지배할 수 있었는가, 왜 존슨 대통령 하에서는 상황이 변했는가, 그리고 베트남전쟁 이후 왜 미국의 대통령들은 외교

문제를 다루는데 그토록 많은 어려움을 겪었는가 등의 이유를 설명해 줄 수 있을 것이다.[42)]

1) 경제공황과 제2차대전

루즈벨트가 미국을 이끈 그 방향에 대해 좋아하든 싫어하든 그는 통치와 지도라는 능력의 관점에서 본다면 가장 위대한 역대 미국대통령들 중의 한 사람이었다. 그는 전례 없이 네 번에 걸쳐 대통령에 당선되었고 13년 동안 재임하였다. 왜? 그는 탁월한 지도력의 수완을 지닌 정치인이었고, 그는 미국 역사상 특이한 시점에서 대통령이 되었기 때문이다. 루즈벨트는 1933년 미국이 남북전쟁 이래 직면한 최대의 국가적 비상사태인 대공황을 겪고 있던 때 대통령에 취임하였다. 공화당의 허버트 후버(Herbert Hoover)를 제치고 새로이 당선된 민주당의 대통령으로서 루즈벨트는 경제적 붕괴의 참담한 상황에서 국민들이 찾고 있던 미래를 위한 변화와 희망을 제시하였다. 적극적인 대통령으로서 그는 비상사태를 이용해서 입법부와 집행부 간의 미묘한 관계 속에서 가장 활발한 100일 동안을 주관하여 의회에서 뉴딜(New Deal)법안을 통과시켰다. 그는 원숙한 정치인으로서 라디오를 통한 그 유명한 노변환담(fireside chats)으로 미국 국민의 믿음을 회복시켰다. 더욱이 1941년 진주만에 대한 일본의 공격은 그 대통령과 국가에 또 다른 국가적 위기를 제기했고, 루즈벨트는 최고사령관으로서 전쟁을 수행하기 위한 비상권을 확보하였다.

루즈벨트는 최강의 대통령이었고 성공적인 정치적 지도자였다. 그 이후의 대통령들은 사실상 루즈벨트의 위업에 필적이 불가능하였다. 왜냐하면 루즈벨트는 고도의 직업적 명성과 대중적 위신을 유지했을 뿐 아니라 국내외의 비상사태 기간에 특권적 통치권을 행사하는 데 능숙하였기 때문이다.[43)]

2) 냉전기

미국의 제2차대전 개입은 미국을 경제공황에서 벗어나게 하였다. 그러나 그것은 전후의 영구평화를 생산하지는 못하였다. 대신 미국과 소련 사이에서 일어난 상호의심과 공포의 확대는 대부분의 미국 국민들에게 또 다른 국가긴급사태라는 냉전의 등장을 제기하였다. 이러한 국가 긴급사태는 1950년대와 1960년대에 걸쳐 국가안보와 대외정책에 관한 대통령의 특별권한을 생성시켰다. 따라서 이 기간의 대통령들은 직업적 명성과 국민적 위신에 기초한 위대한 리더십 수완을 지닌 것은 아니었다. 미국 국민들은 냉전의 전쟁에서 미국과 자유세계가 패배할 수 없다는 인식을 가졌다. 그 전쟁은 무력의 위협이나 사용을 강조하는 봉쇄전략을 통해 수행되었다. 이러한 냉전의 신념과 정책은 강력한 대통령을 요구했고, 대통령은 정치적 반대없이 국민들의 지지 속에서 신속하고 은밀하게 적과 싸울 수 있었다. 따라서 공산주의의 위협에 대응하기 위해서는 국가안보의 요구가 우선이었다.

그러한 국가안보 풍조는 전국에 걸쳐 광범위하게 퍼져 있었기 때문에, 대통령들은 20여 년 동안 외교정책에서 특권적 통치권을 규범으로 행사할 수 있었다. 그리하여 냉전기간 트루먼, 아이젠하워, 케네디 그리고 베트남戰의 미국화를 가져온 존슨 대통령 등이 취한 대통령 결정들이 증명하듯 대통령들은 사실상 전쟁과 평화의 문제들에 관해서는 논박되지 않았다.

3) 전환기

얄궂게도 베트남전쟁은 대통령 권력의 절정이었을 뿐만 아니라 외교정책에서 대통령이 행사한 예외적인 특권의 종말이 시작된 계기이기도 하였다. 베트남전쟁 때문에 대통령들은 20여년 만에 최초로 도전을 받게 되었다. 냉전기의 정치적 상황에서는 대통령 권력의 행사가 정당한 것으로 인정되었던 것이 베트남戰 이후의 정치적 분위기에서는 점차 대통령의 권력행사가 남용으로 간주되고 있었다. 냉전기간에는 대통령의 권력행사에 침묵을 지켰거나 지지입장을 취했던 사람들이 이제 대통령의 권력에 도전하거나 제동을 걸기 시작했다.

존슨은 소위 제왕적 대통령(imperial presidency)으로 언급될 정도로 권력의 정점에까지 이르렀다가 추락한 대통령이었다.[44] 그는 변화된 정치환경의 최초의 희생자였다. 상원의 다수파 원내총무였던 시절 이래 존슨은 워싱턴 정계의 권력의 회랑(corridors of power)에서 자기의 뜻대로 회초리를 휘두를 수 있는 능력을 지닌 사람이었다. 그의 높은 직업적 명성은 그의 전제적인 공격성향과 강력한 개인적 상호작용 스타일의 결과였다. 그러나 존슨은 일반대중 앞에서는 매우 불유쾌하였다. 그는 카리스마가 결여돼 있었고 전국적 텔레비전 앞에서나 대중 앞에서는 자신감을 보이지 못했다. 따라서 비록 그는 1964년 대선에서 압도적으로 당선은 되었지만 강력한 대중적 기반이 없었고, 더욱이 베트남전쟁의 처리능력이 불신되면서 그의 권위는 하강하였다. 존슨은 여러 면에서 막후협상의 대가였지만 대중적 위신을 제고시키지 못한 그의 빈약한 수완은 그가 베트남전쟁에서 경험한 위기를 극복할 수 없게 하였다. 그는 그를 둘러싸고 있던 정치적 변화와 싸우기보다는 1968년 대선경쟁에서 철수하는 길을 택했다.

4) 베트남전쟁 이후

1960년대 후반에 접어들면서 대통령들은 더 이상 외교문제에서 대통령의 권한을 예외적으로 행사할 수는 없었고, 새로운 정치환경도 그들에게 호의적이지 않았다. 그리하여 외교문제에서 대통령의 지배력은 점차 직업적 명성, 대중적 위신, 그리고 대통령 자신의 선택 등에 기초한 대통령의 리더십 수완에 의존케 되었다. 그러나 막상 대통령으로 선출된 대부분의 인사들은 위대한 지도자들은 아니었다. 최근의 몇몇 대통령들을 살펴보면 우리는 그들의 재임기간을 통해 보여준 직업적 명성과 대중적 신망에서 높은 점수를 받은 대통령을 찾아보기가 매우 어렵다는 것을 알 수 있다. 강력하고 지속적인 리더십은 공통의 상품은 아니다. 존슨, 닉슨, 포드, 카터, 부시, 클린턴 중 누구도 강력한 리더십 수완을 보여주지는 못하였다. 따라서 이들 대통령들은 임기 말에 실패자들로 인식되었다. 베트남戰 이후 레이건 대통령만이 대통령의 정책구상에 대한 지지에서 높은 직업적 명성과 대중적 신망을 유지했던 것으로 보였다. 그는 이란-콘트라 문제로 고통을 겪고 있는 동안에도 근자의 대통령들 가운데서는 가장 성공적인 대통령으로 평가받고 있다.

전임자 존슨과 같이 닉슨 또한 일반대중 속에서보다는 워싱턴에서 자기 권력을 더 잘 행사한 것으로 알려져 있다. 그러나 또한 전임자와는 달리 닉슨의 직업적 명성은 강력하지도 않았고 그의 대중적 신망은 존슨과 같이 허약하지도 않았다. 뛰어난 웅변가는 아니었지만 닉슨은 자신이 "말 없는 다수"라고 부른 그 계층과는 더 잘 소통할 수 있었고 그의 전체 공직생활을 통해서 보건데 그는 국민 속의 보수층으로부터는 강력한 지지를 받고 있었다.

닉슨의 몰락은 그가 국내정치환경이 변하고 있는 정황을 충분히 파악하지 못한데 그 원인이 있다. 닉슨은 그의 전임자들과 같이 외교정책을 자유롭게 지배하려고 노력했다. 그런데 많은 미국의 국민들은 공산주의가 미국에 대한 주 위협이라는 생각에 의문을 품게 되었고 20여년 이상 유지되던 봉쇄정책의 기반과 외교문제에서의 대통령의 특권행사에 의문을 제기하기 시작하였다. 닉슨의 시각에서 볼 때 이는 국가안보문제에서 대통령 권한의 전통적인 권위가 도전받고 있는 것이었다. 그에 대한 그의 반응은 국내의 정치적 반대세력들과 싸움을 시작하는 것이었고 그것은 결국 대통령 권한의 남용과 워터게이트 사건을 초래하였다.

닉슨 대통령의 실패와 몰락은 대통령의 특권적 통치권 행사의 부정적 결과에서 뿐만 아니라 닉슨의 대중적 신망의 취약성에서 왔다. 닉슨은 그의 정치적 동료들이나 일반 대중들로부터 특별히 칭찬받지도 않았고 사랑받지도 않았다. 그는 1940년대 후반 이후 앨저 히스(Alger Hiss)사건에서와 같이 통상 다른 사람들을 정치적으로 공격하는데 익숙해 있었고 부통령일 때나 1960년 대선경쟁에서 패배한 후에도 자신의 정치적 기록에 대한 변명에 급급하였다. 그는 줄곧 정책들을 만들어 냈고 많은 국민들로부터 야비한 정치인(tricky Dick)의 평판을 얻게 되었다. 그리하여 닉슨의 대중적 신망의 허약한 기반은 워터게이트 사건 기간 그를 정치적으로 무원의 고립상태로 몰아넣게 된 원인이기도 하였다.

포드는 직업적 명성과 대중적 신망에서 낮은 수준에 있었고 비교적 소극적인 대통령으로 평가되고 있다. 그는 호감이 가는 인물이었으나 결코 자기 힘으로 대통령이 된 사람은 아니었다. 닉슨은 부패혐의로 강제로 사임하게 된 애그뉴(Spiro T. Agnew)를 대신해서 포드를 부통령으로 선택하였다. 포드는 하원 소수당 원내총무를 지낸 후 하룻밤 사이에 대통령으로 쏘아 올려졌을 뿐만 아니라 선거를 통하지 않고 대통령이 된 사람이기도 하다. 이러한 상황은 그가 정부를 소극적으로 관리하게 만든 원인이 되었고, 특히 그가 대통령감이 아니라는 일반대중의 인식으로 그러한 상황은 더욱 악화되었다. 실제로 임기 마지막 해에 그의 능력수준은 공공연히 의문시되었고 그는 대중 속에서 농담의 대상이 되기도 하였다. 낮은 수준의 직업적 명성과 대중적 신망으로 포드 행정부가 성취한 업적은 별로 없었고 그것은 곧 1976년 대선에서의 패배를 가져왔다.

현대의 모든 대통령들 가운데서 지미 카터는 당연히 대중들로부터 가장 허약한 대통령으로 기억될 것이다. 얄궂게도 그는 비교적 높은 대중적 신망과 매우 낮은 직업적 명성을 가지고 대통령직에 취임하였다. 카터는 베트남 전쟁과 워터게이트 사건으로 요약된 정부의 부패를 청산하고 구태정치를 타파하겠다는 공약으로 워싱턴 정치문화에 반기를 들고 백악관에 입성한 최초의 인물이었다. 카터는 또한 국가적 정치에서 국외자였던 사람이 대통령이 된 최초의 인물이었다. 그의 정치적 경험은 워싱턴 D.C.가 아니라 조지아주의 주지사로서였다. 그는 워싱턴 정치에 저항하여 대통령직에 들어왔고, 때문에 워싱턴에는 정치적 친구가 없었다. 그러나 그는 대 웅변가는 아니었지만 대중 앞에 서면 국민들 특히 자유주의적인 국민들 속에서는 미래에 대한 희망과 높은 기대감을 갖도록 하였다. 그러나 극단적인 한 知的 인간으로서의 대통령 카터는 대통령 리더십의 중요성과 정치적 권력을 행사하는 어려움에 관해서는 순진함을 벗어나지 못했다. 처음부터 그는 의회 의원들과 관료들을 적대시하였고 그리하여 그들과의 밀월관계를 파괴하였으며 그의 직업적 명성에도 손상을 끼쳤다. 임기 말년에는 경제가 고달파지고 국민들이 이란의 미대사관 인질사태에 직면하면서 카터가 대중 속에 심었던 희망과 기대도 무너져 내렸다.

최근의 대통령들 가운데서 정치적 신망과 직업적 명성 모두를 유지한 사람은 레이건이었다. 그는 8년 임기 중에 직면했던 제약과 불확실성들을 극복할 수 있었다. 무엇이 레이건을 정치적 진드기(tick)로 만들었고 그것이 어떻게 그의 지배능력에 영향을 주었는지에 관한 의견들은 분분하다. 왜냐하면 그는 분명 베트남전쟁 이후 워싱턴 政界가 보지 못했던 정치적 힘을 창조한 리더십 수완을 지니고 있었기 때문이었다.

사실 레이건은 낮은 수준의 대중적 신망과 직업적 명성을 가지고 정치에 입문하였다. 레이건이 처음 캘리포니아 주지사가 되었을 때 그는 보수적 몽상가나 싸구려 배우 정도로 간주되었다. 하지만 그는 정치학자들이 자신을 잘못 평가했음을 증명해 주었다. 레이건 대통령에 관한 이러한 최초의 낮은 기대는 오히려 그에게는 득이 되었다. 레이건은 사실 복잡한 모순 덩어리의 인간이었다. 그는 그러한 문제에 깊이 빠져들지 않았고 매우 적극적인 어젠다를 가지고 직무에 들어갔다. 그는 대통령 통치의 일상적 업무에는 비교적 관여하지 않았지만 그의 정책을 추진할 수 있는 강력한 참모진을 충원하였다. 이것이 그의 최대 힘이었다. 즉, 그는 일반대중과 소통할 수 있는 능력을 가졌던 것이다.

개인으로서의 레이건은 국민들로부터 호감을 샀다. 그는 대중들에게 잘 말할 수 있는 능력과 대부분의 미국인들이 이해할 수 있고 반응할 수 있는 언어와 상징을 사용함으로써 그들의 지지를 얻어낼 수 있었다. 마치 미국 국민들이 그와 더욱 친숙해 질수록 레이건을 더욱 좋아하게 되는 것과 같았다. 예를 들어 그가 취임선서를 한지 불과 7일 만에 그를 암살하려는 기도가 있었을 때 처신했던 그런 방식으로 광범위하게 박수갈채를 받았다. 레이건은 탁월한 달변가(great communicator)로서 대중들에게 말할 때 훌륭했을 뿐만 아니라 실제로 대중의 주시 속에 있을 때 가장 편안함을 느꼈던 것이다. 레이건의 지도력과 통치능력의 열쇠는 그에 대한 대중들의 신망이 상승함과 동시에 일취월장 성장해가는 그의 직업적 명성이었다.

이란-콘트라사건은 레이건이 그가 국가이익에 사활적이라고 생각한 외교정책 목적들을 지원하기 위해 특권적 통치권을 행사하고자 한 대통령이었음을 나타내 준 사건이었다. 그의 전임자 닉슨과 같이 그는 1950년대 이래 정치환경이 변하지 않은 것처럼 행동하였다. 그는 최고사령관으로서 자신이 적절하다고 생각하는 경우 미국의 외교정책을 수행하기 위해서는 냉전시기의 전임 대통령들과 똑같은 권한을 가지고 있다고 생각하였다. 니카라과와 이란에 관련된 그 작전들이 공공(公共)의 어젠다와는 별도로 비밀리에 추진되고 있는 동안은 레이건은 가공할 대통령이었다. 그러나 그러한 작전들의 내용이 드러나면서 그는 그의 직업적 명성과 국민들의 신망 모두를 훼손시킨 통치의 위기를 겪게 되었다. 닉슨과는 달리 레이건 대통령의 권력남용은 외교정책 수행에 국한된 것으로 심각한 것으로 간주되지는 않았고 높은 수준의 대중적 신망으로 정치적 폭풍을 뚫고 나갈 수 있었다. 또한 그는 그의 직전의 전임자들과는 달리 베트남전쟁 이후 두 번의 임기를 모두 마친 유일한 사람이었고 성공적인 대통령으로서 명성을 유지하면서 백악관을 떠났다.

레이건 행정부에서 부통령으로 있었던 조지 부시는 1988년 민주당의 마이클 두카키스(Michael Dukakis)후보와 국민들의 큰 관심을 끌지 못한 가운데 치러진 대선에서 승리하여 대통령이 되었다. 부시는 자신의 풍부한 공직 경험을 토대로 선임자의 정책 대부분은 지속할 것이라고 선언하였다. 그러나 그는 자기의 선임자보다는 "보다 부드럽고 친절한(kinder and gentler)" 접근을 하겠다고 하였다. 부시의 리더십 스타일은 레이건과 아주 달랐다. 부시는 보다 비공식적이고 저자세였으며 보다 적극적이었고 실제적이었으며, 덜 이데올로기적이었고 정치적으로 더욱 민감한 태도를 보였다. 부시에 대한 대부분의 공통적인 비판들은 그가 어떤 비전이나 어젠다 없이 지배하려고 했다는 것이고, 그는 대통령으로서 너무 복고적(reactive)이고 신중하였으며, 국민여론과 정치에 너무 민감하다는 것이었다. 그러나 처음부터 부시의 리더십 스타일은 성과를 올렸다. 그의 집권 3년차 되던 당시 여론의 지지율은 70% 이상으로서 제2차 대전 이후의 대통령들보다 계속 높았다.

그러나 우리가 익히 알고 있는 바와 같이 직무를 강력하게 착수한다는 것은 특별한 것도 아니다. 그는 레이건과 여타 많은 전임자들보다는 국민여론에서 높은 점수를 따고 있었지만, 진정 강력한 정치적 지지는 받지 못하고 있었다. 뿐만 아니라 그는 특별히 훌륭한 대중연설가도 아니었다. 이것은 장차 그의 국민적 위신을 유지해가는 데 길조는 아니었다. 예를 들어 1990년 연방정부의 적자감소방안을 토의할 때 그의 여론지지율은 20%나 떨어졌다. 부시 대통령은 적극적인 국내 어젠다도 개발하지 못했고 경기후퇴를 이겨내야 했다. 그는 현실주의적인 세계관에 기초한 외교정책에서 신뢰감도 주지 못했다. 부시 행정부는 소련의 지도자 미하일 고르바초프나 이라크의 사담 후세인 등이 취한 선제조치에 지나친 반응을 보였다. 반면 이라크의 쿠웨이트 침공에 대한 부시의 강력한 대응과 걸프전(the Persian Gulf War)수행은 대통령으로서의 그의 위치를 강화시켰다. 대부분의 미국 국민들이 전쟁에 들어가기 전에 두려워하는 것은 장기전으로 인한 다수 사상자의 발생이었던 바, 그러한 상황은 부시 대통령의 통치위기를 초래할 것이었다. 그러나 걸프戰은 최소의 사상자를 기록한 가운데 신속한 승리로 끝났고, 그것은 부시의 직업적 명성, 국민적 위신, 그리고 그의 통치능력을 증가시켜 주었다. 이는 부시에게 1992년의 재선 가능성을 높여준 것이었으나 그의 대중적 신망은 오래가지 않았고 그 이유는 무엇보다도 국내경제의 퇴조 때문이었다.

제 4 절 대통령 권한의 한계와 제약

미국의 외교정책과정에서 대통령은 어느 누구보다도 월등한 지위를 점하고 있고 막강한 권한을 행사한다. 따라서 혹자는 대통령 한 사람에게 권한이 집중되어 민주주의를 위협한다고 비난한다.[45] 즉, 대통령이 그 권한을 남용할 유혹을 받을 수 있다는 것이다. 그러나 동시에 대통령의 권한을 과대평가하지 않는 것이 중요하다고 말하는 사람들이 많다. 즉, 대통령의 권한이 상위에 있는 것은 사실이지만 그는 최고는 아니며 의회와 여론 등의 명백한 견제 속에서 그의 권한을 행사하게 된다는 것이다. 사실 모든 미국의 대통령들은 정치인들이기 때문에 그들의 자연적이고 일반적인 경향은 설득을 통해 합의에 도달하는 것이며 자기의사를 국민에게 강요하는 방법을 사용하지 않는다. 대통령들은 그들의 임기가 있음을 잘 알고 있으며 자기 자신 또는 자기 당(黨)의 다른 후보들이 다음 선거에서 다시 국민의 선택에 맡겨져야 한다는 점을 인식하는 것이다. 따라서 대통령들이 의도적으로 국민의 선의(善意)를 위태롭게 할 가능성은 없는 것이다. 실제로 역사는 어느 경우든 대통령들이 외교문제에서 어떤 한계와 제약 속에서 그들의 특권을 행사해 왔음을 보여주고 있다.

로자티는 다음과 같은 요인들을 포함하는 많은 한계와 제약 속에서 대통령들이 그들의 권한을 행사하고 있음을 설명하고 있다.[46] 이들 한계와 제약이란 대통령들이 그들의 소망에도 불구하고 자신의 뜻을 실현하는 데 많은 어려움을 겪고 있다는 것을 뜻한다. 통상 미국의 대통령들은 국내정책(domestic policy)의 결정과 수행에서 매우 심한 제약에 직면하는 것으로 되어 왔으나 근자에 와서는 외교정책의 경우에서도 마찬가지다.

① 시간(Time)

미국 대통령에게 주어지는 첫 번째 주요 문제는 임무를 성공적으로 수행할 수 있는 시간이 부족하다는 점이다. 미국의 대통령은 3억여 명으로 구성된 복잡한 사회를 다스려야 할 뿐만 아니라 복잡한 모든 국제적인 상호작용 관계 속에서 미국을 대표하는 책임을 지고 있다. 대통령은 매일 수백 건의 업무를 처리하고 사람들과 접촉하게 된다. 대통령은 또한 미국과 세계에 관한 자신의 비전을 실현하고자 한다. 그는 먹고 자고 기타 개인적인 필요에 시간을 할애하는 것 이외에는 휴일도 없이 1주일 7일 내내 대통령의 직무에 전념한다.

미국 대통령은 일상적인 업무에서 뿐만 아니라 그의 재임기간에서도 시간상의 제약을 받는다. 미국 대통령은 통상 4년 아니면 8년을 재직한다. 이러한 제한된 기간에 자신의 비전을 실현하고 그 직책을 완수하기에는 시간이 충분치 않다. 바로 그러한 제한된 가용시간 속에서 대통령들은 그들에게 주어진 시간을 어떻게 사용할 것인가에 관해서 자연히 선별적일 수밖에 없다. 대통령이 크게 관심을 가지는 문제들에 대해서는 상당한 권한을 행사할 수도 있다. 그러나 관심이나 시간을 결한 여타 문제들에서는 대통령은 단지 명의로만 남아있게 되는 것이다.

② 정보(Information)

대통령 권한을 제약하는 또 다른 요소는 정보의 문제이다. 대부분의 대통령들은 자신을 둘러싼 세계에 관한 일반적인 지식을 가지고 있을 뿐이다. 그들이 가지고 있는 지식의 많은 부분은 이전에 자기 직업과 직위에서 얻어진 것들이다. 불행하게도 미국의 대통령이 되기 위해 충분히 준비할 수 있는 직업이란 없다. 대부분의 대통령들은 주지사 출신이거나 의회 의원 출신들로서 그들은 그곳에서 상이한 정책들에 종사했고 그 정책들이 운영되는 과정을 배웠을 뿐이다. 그러나 대통령들은 대통령의 직책을 통해 귀중한 시간을 이용해서 많은 참모들로부터 많은 정보와 자료들을 얻게 된다.

대통령들은 정보를 얻는 데 통상 두 가지 문제에 직면한다. 즉, 정보의 부족과 동시에 정보의 과잉이라는 문제이다. 미국의 대통령들은 특히 외교정책 영역에서 정보의 부족에 직면한다. 그들은 특히 시간이 제한되어 있는 위기시에 국제적 사건들에 관한 충분한 정보를 얻는 데 어려움을 겪는다. 문제는 충분한 정보가 없는데도 결정을 내려야 하는 경우이다. 그와는 반대로 대통령은 때때로 하나의 문제를 처리하는데 너무나 많은 정보에 직면한다는 점이다. 매일 매일의 촉박한 일정에서 그는 가용한 모든 정보를 다 소화할 수는 없는 것이고, 심지어는 서로 모순되는 정보들을 접하게 된다는 점이다. 예를 들어 제2차대전 이후 소련의 전략적 군사력의 성격에 관한 수많은 정보가 대통령의 책상에 쌓였고, 그 정보들은 서로 상충적인 해석이 가능한 의미를 가진 정보들이었다. 그럼에도 결정은 내려져야 한다. 또한 미국과 소련 간의 정상회담의 예를 보자. 미국 대통령은 소련공산당 제1서기를 만나기 전에 공산당 서기의 견해와 우선순위, 그리고 정상회담의 의제에 포함되는 중요문제들에 관해 브리핑을 받는다. 대통령은 또한 대단히 많은 양의 정보를 받는다. 그 정상회담 준비를 위해 대통령 자신이 검토해야 하는 "숙제(homework)"가 주어진다. 그러한 때에도 다른 촉박한 문제들이 그의 검토를 기다리고 있는 것이다. 정보가 너무 부족하거나 너무 많다는 것이 대통령이 그의 권한을 성공적으로 행사하는 것을 더욱 어렵게 만들고 있는 것이다.

③ 관료(the Bureaucracy)

대통령의 권한을 제약하는 제3의 요소는 관료기구이다. 대통령은 행정수반이고 이론상 관료기구는 대통령의 요구에 부응해야 한다. 대통령의 개인적인 참모들과 자문위원들은 대통령의 권한행사에 중요하다. 그러나 관료기구는 또한 매우 방대하고 자체의 관행 속에 빠져있기 때문에 때때로 대통령의 요구에 부응하지 않는다. 대규모 관료기구의 발전은 대통령의 권한과 상충적인 결과를 생산해냈다. 최고사령관, 외교의 수장, 행정수반, 내지 최고입법자로서의 대통령의 역할에 관료기구는 매우 중요한 것이다. 그러나 그러한 관료기구가 대통령의 요청이나 명령에 극히 부응하지 못할 때가 있다.

새로운 대통령이 집무에 들어갈 때 직면하는 주요 제약요소는 관료기구들이 이미 설정한 정책들과 프로그램들이다. 각 관료조직체들은 대통령이 선호하는 정책들과 상충할 수 있는 그들 자체의 목적들과 하위문화를 오랜 시간을 거치면서 발전시키는 경향이 있다. 관료기구들은 대통령의 통제에서 벗어날 수 있는 많은 이점을 가지고 있다.

첫째, 대통령은 정보를 관료에 크게 의존한다는 점이다. 관료는 대통령이 사용할 수 있는 정보의 양을 결정할 뿐만 아니라 그 정보의 질도 좌우한다. 즉 정보의 종합적 수준, 그 언어에 잠겨있는 실체의 해석, 그리고 대통령이 고려할 수 있는 가용한 선택들의 범위 등이다. 그러한 정보는 정치적으로 중립적이지 않고 관료들은 그들이 속한 조직의 정치적 지위를 보호하고 향상시키는 정보와 분석내용을 제공하는데 정통해 있다.

둘째, 관료들이 가지고 있는 또 다른 이점은 시간이다. 대통령과 그의 참모들은 기껏해야 4년 아니면 8년을 재임한다. 그러나 많은 관료들은 10년, 20년 또는 30년 동안을 주요 직책에서 근무한다. 즉 그 관료들은 대통령들보다 훨씬 오래 재직한다. 대통령이 관료들의 반대를 극복할 수 있는 방법은 매우 적다. 관료들은 정부의 피고용인들이자 공복들이고 따라서 그들이 혹 무능하다고 해서 대통령이 마음대로 해고하기도 어려운 것은 그들은 정년보장이나 여타 권리를 가지고 있는 사람들이기 때문이다.[47]

셋째, 관료들이 대통령 권한에 영향을 줄 수 있는 또 다른 장점은 의회와의 밀접한 관계이다. 집행부의 제반 부서들의 계획과 예산은 의회가 승인한다는 점이다. 그런데 집행부서의 관리들과 의회 의원들 간에는 네트웍이 형성되어 있어 서로 상부상조한다. 예를 들어 군부의 인사들과 상하원 군사위원회 소속 의원들 간에는 오래 전부터 상호 보강적인 관계가 유지되고 있다. 이러한 네트웍을 대통령이 깬다는 것은 매우 어렵다. 만일 대통령이 그것을 시도한다면 도전을 받는 관리들은 언제든 의회내 친구들에게 지원을 요청할 수 있다.

넷째, 관료기구가 구사하는 마지막 이점은 대통령의 권위로부터 공식적으로 독립성을 유지한다는 점이다. 국무부, 국방부, CIA 등 국가안보에 관련되어 있는 집행부서들은 대통령의 권위 밑에 있다. 그러나 연방준비제도이사회(Federal Reserve Board) 같은 많은 기관들은 최소한 일상적 업무들에서는 대통령의 권한으로부터 독립적이다. 이는 그러한 기구가 의회에 의해 창설될 때 대통령보다 의회에 더욱 부응하도록 법적 자율권을 부여했기 때문이다. 이들 자치적인 기관들은 대통령이 그들의 정보를 이용하려 할 때 저항할 수 있고 대통령의 요청을 무시할 수 있는 법적 권리를 가지고 있다. 따라서 대통령은 행정수반이면서도 그의 권한 행사에 대한 관리들의 상당한 저항에 직면하게 되는 것이다.

④ 의 회

미국에서는 대통령과 의회가 권력을 분점하고 있다. 대통령은 법안을 발의하고 거부권을 행사할 수 있는 반면 의회는 때때로 대통령 권한의 행사에 주요 제약요소가 된다. 대통령이 처음 백악관에 들어갈 때는 의회는 통상 대통령의 요청에 협조적이다. 왜냐하면 미국민 다수가 대통령과 그의 정책을 지지해서 당선되었기 때문이다. 그러나 밀월기간은 통상 6개월 정도를 넘지 못한다. 그 이후에는 의회-대통령 간의 통상적인 업무관계로 복귀한다. 최근 의회 권한의 헌법적 기반과 양원의 역동성으로 대통령은 의회가 대통령의 요청에 때때로 극히 비협조적이고 때로는 매우 방해적인 요소로 작용하고 있음을 알게 된다.

전통적으로 의원들은 국내정책에 적극적으로 영향력을 행사한다. 그러나 제2차대전 이후 외교정책 영역에 대해서는 더욱 협조적이었지만 베트남 전쟁과 워터게이트사건으로 의회는 외교정책 영역에서도 더욱 독립적이고 더욱 적극적인 자기주장을 펴고 있다. 의원들 자신의 독자적인 의제와 계획을 가지고 있는 경우 대통령의 의제와 충돌하게 된다. 특히 의회구성에서 여소 야대인 경우 대통령은 자신의 비전 추진에 어려움을 겪게 된다. 결론적으로 의회는 대통령과 끊임없는 권력투쟁에 들어갈 수밖에 없다. 대통령과 의회 간의 관계에 대해서는 별도의 장에서 좀 더 구체적으로 살펴볼 것이다.

⑤ 주정부와 지방정부(State and Local Government)

대통령의 권한행사 능력을 제약하는 또 다른 요소는 주(state) 및 지방(county) 정부를 지배할 법적 권한이 없다는 것이다. 미국 내에서 주정부는 독자적인 권력기반을 가지고 있다. 창건자들은 연방정부제도에 독자적인 주권과 권위를 가지는 두 차원의 정부를 창설하였다. 즉, 연방정부와 주정부이다. 통상 주정부와 지방정부들은 대내문제 중심이지만 외교문제에 대해서도 점차 그 역할을 증대시키고 있다. 무엇보다도 대외경제정책에 대해서 그들은 영향력을 행사하려 한다.

⑥ 정당(Political Parties)

대통령은 자기 소속 당의 우두머리이다. 그러나 미국에선 당의 지도자가 막강한 정치적 영향력을 갖지 못한다. 다른 나라들과는 달리 미국의 정당들은 허약하다. 즉, 민주당과 공화당은 대통령의 권력에서 큰 힘이 되지 못한다. 예를 들어 대통령은 자기당 의원들에게 자기의 정책을 지지해달라고 강요할 수 없다. 왜냐하면 의원들은 독립적인 권력기반을 가지고 있기 때문이다. 대통령은 자기 후계자의 임명을 당에 지시할 수 없고 자기 자신의 재지명에 대한 어떤 도전도 막을 수 없다. 예를 들어 1976년 포드 대통령은 레이건의 도전을 제지할 수 없었다. 따라서 다른 나라들의 정당과 비교해 볼 때 미국 정당들의 허약성은 대통령이 권력을 성공적으로 행사하는데 훨씬 많은 어려움을 제기한다.

⑦ 이익집단과 사회운동(Interest Groups and Social Movements)

대통령의 권한행사에 대한 또 다른 제약요소는 국내정책과 통치과정에 대한 이익집단과 사회운동단체들의 영향이다. 미국에는 수천 개의 조직체들이 대통령의 의사와는 관계없이 그들 자신의 목적과 이익을 도모하기 위해 활동한다. 이들 단체들은 의회, 집행부 구성원, 미디어, 국민 대중에게 그들의 의사를 알리고 그들의 이익을 도모하기 위해 가용한 모든 수단을 동원한다. 그리하여 대통령은 집행부 부서들과 의회내에서의 그들 집단들의 영향력에 관한 정보와 시간상의 제약에 직면할 뿐만 아니라 수많은 사회집단들의 요구와 싸워야 한다.

공공정책의 변경을 시도하려는 대통령들은 연방관료와 의회 내의 저항에 직면할 뿐만 아니라 현상유지를 원하는 전체 사회단체들의 저항에 부딪힌다.

동시에 많은 사회운동단체들과 이익집단들은 만일 대통령이 반대하는 경우 정치적인 적대세력이나 적을 만들어 낼 수도 있는 정부정책의 변경도 요구한다. 이익집단들과 사회운동단체들은 낙태나 관세와 같은 문제를 담고 있는 국내정책이 나타나면 더욱 적극적인 활동을 전개하는 경향이 있다. 그러나 점차 외교정책영역에서도 이익집단과 사회운동단체들의 영향력이 커지고 있다. 예를 들어 환경정책에 대한 NGO들의 활동이나 국가 간 자유무역협정(FTA)체결에 반대하는 이익집단들의 활동이 그것이다.

제 5 절 불확실 요소(Uncertain Elements)

대통령의 강점과 제약의 요소들에 첨가해서 대통령이 통제할 수 없는 수많은 불확실한 요소들이 대통령의 통치능력에 영향을 미친다.[48] 때로는 그러한 요소들이 대통령에게 유리하게 작용하기도 하나 또 어떤 때는 그의 권한을 제약하는 경우도 있다. 대통령 권력의 구성에서 그러한 불확실 요소들은 법원, 여론, 미디어, 환경 등이다.

① 법원(the Courts)

대통령은 모든 연방판사들을 임명하고 상원은 예외적인 경우를 제외하곤 그들 모두를 인준해 주는 경향이 있지만 판사들의 재판이 대통령의 정책을 지지할 것이라는 보장은 없다. 고전적인 예로 아이젠하워가 임명한 대법원장 얼 워런(Earl Warren)은 적어도 대통령의 시각에서 볼 땐 미친 듯이 설치면서 행패를 부린 경우이다. 아이젠하워는 그를 정치적 온건파로 생각했었다. 그러나 워런은 차후 20여년 넘게 대법원을 자유주의 방향으로 이끌어 갔다. 사법부의 피임명자들의 정치적 견해를 예측하기 어려운 것은 대부분의 사법재판이 전임 대통령들이 지명한 연방판사들에 의해 이루어진다는 사실 때문이다. 따라서 법원들은 일반적으로 외교정책 영역에서는 소극적 역할을 수행하는 경향이지만 대통령 권한에 대한 재판에서의 영향은 다양하게 나타나는 것이다.

② 여론(Public Opinion)

국민대중은 대통령 권한의 중요한 근원이다. 그러나 여론은 또한 현직 대통령에 반기를 들 수도 있다. 존슨, 닉슨, 포드, 카터 등의 예에서 볼 수 있듯이 여론은 대통령 임기의 초반에는 높은 지지를 보내지만 시간이 흐르면서 그 지지도는 떨어진다. 초기에는 국민들이 새로운 대통령을 높게 평가하고 미심쩍은 그를 선의로 해석하는 밀월기간을 갖는다. 또한 위기시에는 국민들은 대통령을 중심으로 뭉치는 경향이 있다. 그러나 대통령과 그의 정책에 대한 국민들의 인정은 그의 재임기간이 오래될수록 감소하는 경향이 있다. 따라서 여론은 집권 초기에는 대통령의 권한을 강화시키지만 점차 시간이 지나면서 그의 권한을 제약하게 된다. 이러한 여론의 영향력에 관해서도 별도의 장에서 좀 더 구체적으로 살펴볼 것이다.

③ 미디어(the Media)

미디어, 즉 대중매체는 대통령 권한의 행사에서 높은 불확실성의 또 다른 근원이다. 정부와 전체사회의 개인 및 집단들은 정부에 대한 통제권을 획득하고 국내정치에 영향력을 행사하기 위해 미디어권력에 접근하려고 노력한다. 특히 대통령들은 대중매체에 많이 의존하는 바, 그러한 미디어를 통해 자신들의 긍정적인 이미지를 만들려고 노력한다. 그런데 대통령 권력에 미치는 미디어의 영향력에는 주기적 패턴이 있다. 즉, 대통령 후보자가 지명을 받고 선거에서 승리한 후 새로운 행정부에서 권력을 행사하는 초기에는 미디어가 대통령 권력의 결정적인 근원이 된다. 그러나 미디어는 또한 대통령들이 임기 후반에 직면하는 많은 장애물의 근원이 되기도 한다. 즉, 미디어는 누가 재임하고 있고 그의 소속 정당이 무엇이냐에 관계 없이 대통령의 권력에 미치는 다른 제약 요소들 및 불확실성 요소들과 마찬가지로 부정적 영향을 미칠 수 있다.

④ 국제적 환경(the International Environment)

대통령의 권력에 예상할 수 없이 영향을 미치는 또 다른 요소는 국제적 환경이다. 미국의 대통령들은 국제적 환경에 영향을 주는 결정을 내리지만 그들은 또한 국제사회에서 일어나는 제반 사건들에 반응해야 한다. 예를 들어 닉슨은 1973년 중동의 석유수출금지에 의해 촉발된 석유가격폭등에 대응해야 했다. 1975년 포드 대통령은 월남軍의 붕괴 후 월남의 혼돈에서 잔여 미국인들을 철수시킬 시간이 없었다. 또한 카터 대통령은 1979년 이란의 샤(the Shah) 왕정의 붕괴에 대처하고 미국인 인질들을 구해낼 방도를 찾는 것 이외에는 선택의 여지가 없었다. 레이건은 1985년 소련의 새로운 지도자로 부상한 고르바초프가 제기한 다양한 군축안에 반응을 보여야 했다. 1980년대 말 부시 대통령은 東유럽과 소련에서 공산주의가 붕괴하면서 냉전이 종식되는 상황에 직면했고 또 한편으로는 이라크가 쿠웨이트를 침공하는 상황에 직면하였다. 국제적인 사건들은 때로는 대통령의 권한을 강화시키기도 하고 때로는 어려운 문제들을 야기하기도 한다.

미국의 대통령들은 특정의 국제적 사태를 수습할 수도 없을 뿐만 아니라 국제체계 내에서 전개되는 어떤 기초적이고 장기적인 흐름들을 관장할 수도 없는 것이다. 트루먼, 아이젠하워, 케네디, 존슨 등은 모든 차원에서 미국이 초강대국이었던 시절에 운좋게 대통령이 된 사람들이었다. 그러나 닉슨 이후의 대통령들은 소련의 군사적 도전과 유럽과 일본 그리고 여타 태평양 연안 국가들의 경제적 도전에 직면하면서 국력이 상대적으로 하향길을 걷는 시절을 맞이하였다. 물론 2001년 9월 11일 알 카에다(Al Quaeda)의 뉴욕 세계무역센터에 대한 테러 이후 조지 W. 부시는 소위 "악 의 축" 국가들에 대해 적극적인 군사적 공세전략을 실행하여 미국의 세계적인 군사대국의 지위를 회복하려고 노력하고 있다. 그러나 경제적으로 미국정부는 여전히 엄청난 재정적자에 허덕이면서 일본과 중국의 경제적 수단의 조작에 취약하다. 또한 냉전 종식 이후 미국의 대통령들은 과거 냉전시대에 행사했던 막강한 세계적 영향력은 구사하지 못하고 있다.

1) Louis E. Koening, The Chief Executive(New York : Harcourt & Brace, 1964), p.211.

2) James J. Kirkpatrick, "Nixon Emphaticically Use Our Resignation, "Los Angeles Times, May 17, 1974, pt.1.

3) Michael H. Armacost, The Foreign Relations of the United States(Belmont, Cal. : Dickinson, 1969), p.96

4) Alexander Hamilton, James Madison, and John Jay, The Federalist Papers, Clinton Rossiter(ed.)(New York : Mentor Book, 1999), pp.358-364.

5) John Spanier and Eric M. Uslaner, How American Foreign Policy is Made(New York : Praeger, 1974), p.15에서 인용.

6) 상게서, pp.17-18.

7) 상게서, p.18.

8) Rosati, The Politics of United States Foreign Policy, p.27.

9) Andrew H. Berding, The Making of Foreign Policy(Washington, D. C. : Potomac Books, 1966), p.23.

10) Robert W. Tucker and David C. Henderson, "Thomas Jefferson and American Foreign Policy," Foreign Affairs, Vol. 69, No. 2(Spring 1990), p.141.

11) Spanier and Uslaner, How American Foreign Policy is Made, p.45.

12) Berding, 전게서, p.31.

13) Jerel A. Rosati, The Politics of United States Foreign Policy, pp.46-56.

14) Aaron Wildavsky, "The Two Presidencies Thesis," Transaction 4(1966), pp.175-86.

15) I. M. Destler, H. Gelb, and Anthony Lake, Our Own Worst Enemy : The Unmaking of American Foreign Policy(New York : Simon & Schuster, 1984) ; Barbara Kellerman and Ryan J. Barilleaux, The President as World Leader(New York : St. Martin' s, 1991) 등 참조.

16) Stephen E. Ambrose, "The Presidency and Foreign Policy," Foreign Affairs, Vol.70, No.5(Winter 1991-1992), pp.120-137.

17) John H. Esterline and Robert B. Black, Inside Foreign Policy(Palo Alto, Cal. : Mayfield, 1975), pp.ix-x.

18) 1947. 3. 12 의회 연설.

19) Ambrose, 전게논문, p.125.

20) 상게서, p.126.

21) Esterline and Black, Inside Foreign Policy, p.x.

22) Ambrose, 전게논문, p.130에 의하면 Nixon은 SALT I 협상에서 미국의 일부미사일 부분에서 우위를 양보하였다고 한다.

23) Rosati, The Politics of United States Foreign Policy, pp.49-50.

24) 상게서, p.49.

25) 상게서, 같은쪽.

26) James J. Kilpatrick, "Nixon Emphatically Use Our Resignation," Los Angeles Times, May 17, 1974; Ambrose, 전게논문, p.132.

27) Rosati, 전게서, p.49.

28) 下院 法司委는 닉슨 대통령에 대한 3가지 탄핵 기소조항을 표결했고, 上院은 닉슨이 사임했기 때문에 닉슨의 기소여부를 결정하는 3개 기소조항 어느 것에 대해서도 표결하지 않았다. Rosati, pp.50, 70.

29) Ambrose, 전게논문, p.133.

30) 1941년 이후 실천되지 않은 공약의 예는 ① 1945년 Yalta협정에서 선언된 Roosevelt의 대 폴랜드 정책, ② 1975년 Johns Foster Dulles 장관이 천명한 東유럽 해방약속, ③ 1961년 Kennedy가 선언한 세계의 自由와 생존을 위해서는 어떤 대가도 지불하겠다는 정책, ④ Carter의 인권정책 등이다.

31) 일부에서는 공산주의 국가의 붕괴는 그들의 부패 때문이라고도 설명하는 반면 다른 일부에서는 Reagan 행정부 시절 소련을 "惡의 帝國(Evil Empire)"으로 규정하여 미국이 엄청난 규모의 국방예산을 책정하여 소련과의 군비경쟁을 유도해 소련을 붕괴의 길로 유도했다고 설명한다. Ambrose, 전게논문, p.135; Los Angeles Times, Sept. 13, 2003 참조.

32) Ambrose, 전게논문, pp.135-37

33) Richard Neustadt, Presidential Power : The Politics of Leadership(New York : John Wiley, 1960); Ambrose, 전게논문, p.135 참조.

34) Los Angeles Times, Jan. 15, 2001.

35) Jane Mayer and Doyle McManus, Landslide : The Unmaking of the President, 1984-1988(Boston : Houghton Mifflin, 1988), Prologue.

36) Ambrose, 전게논문, pp.136-137.

37) James Macgregor Burns, Presidential Government : The Crucible of Leadership(New York : Avon, 1965); Barbara Kellerman, The Political Presidency : Practice of Leadership(New York : Oxford University Press, 1984) ; J. M. Burns, Leadership(New York : Paper Torchbooks, 1978); Rosati, The Politics of United States Foreign Policy, pp.56-59 참조.

38) Richard Neustadt, Presidential Power : the Politics of Leadership(New York : John Wiley, 1960).

39) Hedrick Smith, The Power Game(New York : Ballantine, 1988), p.56.

40) James D. Barber, The Presidential Character : Predicting Performance in the White House(Englewood Cliffs : Prentice-Hall, 1972).

41) Richard Pious, The American Presidency(New York : Basic Books, 1979), p.47.

42) Rosati, The Politics of United States Foreign Policy, pp.56-66.

43) James MacGregor, The Crosswinds of Freedom(New York : Vintage, 1989); William Leuchtenburg, In the Shadow of Franklin D. Roosevelt : From Harry Truman to Ronald Reagan(New York : Cornell University Press, 1985).

44) 이하 Arthur Schlesinger, The Imperial Presidency(New York : Houghton Mifflin, 1989 ; George E. Ready, The Twilight of the Presidency(New York : New American Library, 1970).

45) Andrew H. Berding, The Making of Foreign Policy(Washington, D.C. : Potomac Books, 1966), pp.34-35.

46) Rosati, The Politics of United States Foreign Policy, pp.30-37.

47) 미국 공무원 제도는 원래 1890년대 대통령이 자신을 지지하는 사람들에게 정치적 후원을 제공하기 위해 정부 공무원들을 해고하거나 또는 고용하지 못하도록 만들어졌다.

48) Rosati, The Politics of United States Foreign Policy, pp.37-39.

Memo

Chapter

06

대통령과 의회의 관계

제 1 절 개 요

미국은 외교정책 결정권이 헌법상 의회와 대통령에 분할되어 있는 독특한 정치적 전통을 가지고 있는 나라이다. 바로 그러한 점 때문에 때때로 미국정부와 어떤 조약이나 협정을 맺는 외국정부들이 몹시 당혹에 빠지는 경우들이 있게 된다.[1] 예를 들어 1919년 미국이 제1차 대전을 종식시킨 후 윌슨 대통령이 주도하여 체결한 베르샤이유 조약과 국제연맹헌장을 미국의 상원이 부결시킨 것이나 또는 1979년 카터 대통령과 브레즈네프 서기장 간에 체결된 소위 전략무기제한협정 II (SALT II)가 즉시 상원의 비준을 위해 회부되었으나 거의 7년에 걸친 협상으로 이루어졌고 70% 이상 여론의 지지를 받고 있었음에도[2] 처리되지 않고 있다가, 결국 의회 내부의 분열과 소련의 아프카니스탄 침공사건으로 카터 대통령 자신에 의해 비준이 철회된 경우가 그것이다.

그러면 왜 1787년 필라델피아의 헌법회의에 모인 국가 창건자들(the Founding Fathers)은 외교정책 결정권을 의회와 대통령에 분할시켜 놓았을까? 온스타인에 의하면 "그러한 권력 분할은 완전히 미리 예정되었거나 의도적인 것은 아니었다. 헌법 초안자들 자신이 영국의 식민통치와 연맹제도

(Confederacy)의 경험을 가지고 있는 터에 누가 외교정책을 결정하느냐에 대해서는 불확실하였다"[3]는 것이다. 무엇보다도 헌법 기초자들은 영국 국왕의 일방적인 식민통치의 쓰라린 경험을 가지고 있던 상황에서 록크의 자유주의 사상에 기초한 권력 분립이론을 정부구성의 토대로 삼아 권력의 편중이나 집중이 초래할 수 있는 권력남용을 방지하기 위한 견제와 균형 체제를 수립하려고 했던 것이다. 즉, 이상적인 견제와 균형의 체제는 곧 이상적인 민주정치를 가능케 할 수 있을 것으로 생각하였다. 그들은 일면 대통령에게는 비상시 신속한 조치를 취할 수 있는 명백한 지휘권을 부여한 반면 타면에서는 의회에 견제와 균형을 유지할 수 있는 권한을 부여하여 양자 사이에서 적절한 균형을 수립해 보려고 하였다. 미국 헌법은 외교정책 수행에서 명백한 역할을 의회, 특히 상원에 주고 있는 바, 그것은 집행부에 대한 강력한 입법적 견제를 목적으로 한 것으로서, 그렇게 할 때 국가가 보다 안전할 수 있다는 생각에서였다. 물론 반대론자들은 한 국가의 외교적, 군사적, 경제적 정책들을 결정하고 수행하는데 긴요한 비밀과 결정력을 방해하는 것이라고 주장하였다. 어떻든 그러한 이유로 해서 미국의 외교정책 과정은 중복적이고 경쟁적인 권력질서로 특징지어지게 되었다. 코윈(Corwin)은 일찍이 그러한 외교정책 결정권의 공유를 평하여 의회와 대통령을 "싸움에 초대"[4]한 것이라 하였다.

특히 헌법기초자들 가운데서 매디슨(James Madison)은 의회에 보다 강력한 권한을 부여하는 의회중심의 헌법을 주장하였고, 대통령 중심제를 주장하던 해밀턴(Alexander Hamilton) 같은 사람은 온건한 성격의 대통령을 강조하였다. 그들의 입장에서 보선네 타국과 그도록 중대하고 미묘한 교섭을 대통령과 같은 한 사람의 임의적 처분에 맡긴다는 것이 과연 현명한 일인지를 보장할 수 없다는 것이었다. 즉, 타국과의 협상에서 국가이익을 대변하는 데 단일의 목소리가 가지는 이점들을 충분히 알고 있었음에도 외교정책 결정권을 집행부에 완전히 위임하는 것을 주저하였다. 같은 논리로 인간의 임의성이라는 관점에서 上院에 무제한적인 외교정책 결정권을 위임하는 데에도 주저하였다. 그리하여 효율적인 외교정책 수행을 위해서 의회와 대통령간의 조정과 협력을 요구한 것이었다.[5] 즉, 헌법 기초자들은 외교정책을 실질적으로 관리할 수 있는 의회와 그것을 전체적으로 지휘하고 집행할 수 있는 총사령관(Commander in Chief)으로서의 대통령이 협의와 합의를 통해 외교정책을 결정·수행할 수 있도록 하는 틀을 만들었던 것이다.

그러나 의회와 대통령 양자 간의 권한과 책임의 범위 및 한계가 구체적으로 명시되지 않은 모호성과 중립적인 공간 때문에 그 헌법 규정들이 각자 자기에게 유리한 쪽으로 해석됨으로써 미국의 외교정책은 때로는 "제왕적 대통령(imperial president)"에 의해 주도되기도 하고, 때로는 "제왕적 의회(imperial Congress)"에 의해 주도되기도 한다. 역사적으로 볼 때 위기시나 전시에는 대통령의 재량권이 커졌고, 평시에는 입법부의 영향력이 우세하였음을 볼 수 있다.

그런데 미국의 외교정책은 의회와 대통령 간의 협의와 국민적 합의를 통해 결정·수행되었을 때는 예외 없이 성공적이었고, 어느 한쪽의 일방적 결정으로 추진되었을 때는 실패하였다는 점이다.

제 2 절 헌법과 외교정책 결정권

1 권력분립의 사상적 배경

헌법 기초자들이 외교정책 결정권을 의회와 집행부에 공유시킨 이념적 기초는 무엇인가? 그들은 불가양(不可讓)의 권리를 가진 피치자의 동의에 의한 정부, 자유와 평등의 이념 위에 세워진 정부는 외교정책을 그 이념에 부합하도록 결정·수행해야 했으며, 그 외교정책 목적에 맞는 제도를 수립해야 했던 것이다. 그런데 그들의 사고(思考)의 기초는 존 록크의 자유주의 사상과 시민정부론이었다.

17세기 군주정하에서 살고 있던 록크는 그 자신이 왕조의 모험주의 그리고 입법권에 의해 제재되지 않는 집행권의 위험성을 목격하였고,[6] 당시 외교권은 집행부의 고유 권한으로 되어 있었다. 그는 그의 「시민정부론」에서 정부의 권력을 입법권(the Legislative), 집행권(the Executive), 그리고 연방권(the Federative)등 삼권으로 분할하였다.[7] 여기서 연방권이 곧 외교권(foreign affairs power)을 의미하였고, 그 외교권은 입법부나 집행부 어디에도 속하지 않는 독립적인 제3의 기능으로 분리되었다. 법을 만드는 입법부, 그 법을 집행하는 집행부와는 다른 연방권은 다른 나라와의 관계를 관리하는 권한인 만큼 공동으로 수용된 강제성이 없는 권한이었다.

록크에 있어서 외교권은 전쟁과 평화, 그리고 연맹과 동맹의 권한, 타국의 모든 개인 및 정부와 거래를 수행하는 권한을 포함한다. 그러나 시민정부 수립의 일차목적이 "법의 지배(rule of law)"를 수립하는 것이었기 때문에 입법부가 최고의 권력기관이 되어야 했다.[8] 즉, 입법권 우월의 관점에서 집행부 뿐만 아니라 외교권도 입법부에 예속시키려했다. 그러나 외교권을 입법부에 예속시키는 경우 현실적으로 상황에 따라 판단하고 수행해야 하는 외교권을 일정한 원칙과 법 규정에 얽매어 자유롭지 못하게 하는 경우가 발생할 수 있는 문제들이 있었다. 즉, 록크의 자유주의적 외교권은 입법부가 제정한 일반원칙에 순응해야한다는 점과 국가 이익을 위한 현실적 자유재량의 관리(management)가 필요하다는 상충적인 이중성을 지니게 되었다. 결국 록크는 이 제3의 권력인 외교권은 성격상 집행권은 아니지만 집행부의 수중에 있는 것이 보다 낫다고 보았다. 즉, 입법부에 최고 권한을 주면서도 집행부의 일부 특권을 위한 상황을 만든 것이었다. 그리하여 이상주의와 현실주의, 원칙(principle)과 재량권(prudence)이라는 대립적인 개념을 조화 · 균형시켜야 했다. 코윈에 의하면 "록크가 우리에게 준 것은 진정 입법적 우월성이 아니라 균형헌법이었다."[9]

따라서 미국의 외교정책은 바로 그와 같은 두 가지 원칙에 의해 지도되고 있다. 즉, 그것은 미국정부가 전쟁을 수행하고 평화조약을 체결하며, 동맹을 맺고, 상업관계를 수립하고, 기타 독립국가들이 정당하게 수행할 수 있는 모든 사항을 처리할 수 있는 기본원칙인 것이다.

"연방주의 보고서(The Federalist Papers)" No.3과 No.4에서 설명되고 있는 바와 같이 외교문제에서 정의와 권력 그리고 원칙과 재량권의 이중성은 그 헌법 하에서 탄생한 새로운 정부의 외교권의 범위와 성격에 관한 연방주의자들의 구상이었다.[10]

록크는 외교업무 수행권을 입법부가 만든 현행법의 지시를 받지 않고 집행부의 재량권에 맡겼다. 미국 헌법 기초자들 중 연방주의자들은 기본적인 외교업무 수행권의 범위를 헌법적 제한에 의한 지시에서 자유로운 연방정부의 재량권에 맡기려 하였다. 그들은 "제한 없는 상황에 제한 없는 권능"을 부여하려 했다. 입법부는 일반적인 법을 제정하는 권능을 가지고 있으나 국내문제를 지배하는 원칙과 외교문제를 지배하는 정의의 원칙들을 동일하게 관련시킬 수 없다고 생각하였다. 그러함에도 특히 상원은 안정성을 지닌 외교정책, 해외의 평판에 대한 관심, 체제의 성격, 그리고 원칙에의 순응성 등을 제공할 수 있는 것으로 생각되었다.[11] 반면 대통령은 비밀과 신속성, 그리고 자유재량적 관리(prudent management)등을 유지할 수 있는 것으로 생각되었다.[12]

결국 입법부는 집행부의 외교정책 수행을 입법부 지시에 예속시키기 위해 원칙에의 순응 필요성을 주장하게 될 것이고, 집행부는 입법부의 지시에 저항하기 위해 외국의 행위들에 대한 자유재량적인 관리의 필요성을 호소하게 될 것이었다.[13]

2 외교정책 결정권 분할의 역사적 배경

1787년 필라델피아에서 개최된 헌법회의(The Constitutional Convention)에서 가장 핵심적인 논쟁사항은 "누가 미국의 외교정책을 결정하는가?" 였다. 이 질문에 대한 대답은 세 가지였다.[14]

첫째는 해밀턴과 그의 추종자들의 견해로서 집행부 우위론을 주장한 것이었다. 즉, "인민의회는 흔히 격정, 분노, 질시, 탐욕, 그리고 기타 비정상적인 폭력적 성향의 충동에 휩쓸릴 수 있기 때문에 의회가 아니라 대통령에 그 권한이 주어져야 한다는 것이었다.

둘째는 의회가 인민에 책임이 있기 때문에 외교정책결정에서 지배적인 권한을 가져야 할 뿐만 아니라 예산권, 전쟁선언권, 그리고 조약을 비준하는 권한도 가져야 한다는 것이었다.

셋째는 책임분담과 권한중복이론으로서 균형헌법 이념을 주장하는 것이다. 즉, 헌법의 기초는 견제와 균형을 제공하고 인간성의 "보다 덜 중요한 동기들(lesser motives)"을 제한해야 한다는 통치이념이었다.

그런데 헌법 기초자들의 견해를 형성하는 데는 세 가지 조류의 경험들이 작용하였다.[15] 첫째는 영국의 역사적 경험이었다. 즉, 외교정책 결정권이 혼합되어 있는 형태로서 왕정, 집행부, 및 입법부의 지배가 유동적이었던 기간에 얻어진 경험이었다. 즉, 의회는 예산권을 가지고 있었고, 王은 정보관리와 외교권을 가지고 있었다. 17, 18세기 그러한 경향은 의회가 왕을 희생시켜 권한을 증대시키는 것이었고, 아메리카의 식민지들에 대한 조지(George) Ⅲ세의 조치는 견제되지 않는 집행권의 남용에 대한 우려를 부가시켰다. 그러나 그것이 미국인들에게 준 영국적 교훈은 입법부 우위가 아니라 중복된 권한의 교훈이었다.

둘째 조류는 식민통치시대의 경험이었다. 그러한 경험의 영향은 입법부와 집행부에 대한 혼합적 감정이었다. 즉, 식민지 거주자들은 王이건 총독이건 집행부에 대해선 적대적인 감정을 가지고 있었다. 그 결과 1776년 이후 성문헌법을 가지고 있던 8個 주국(州國)가운데서 뉴욕주 만이 집행부 우위의 체제를 가지고 있었다. 그러나 허약한 집행부를 가지고 있던 주들은 셰이즈(Shays)지역의 반란과 같은 통제할 수 없는 혼란과 불안 및 좌절감을 겪게 되었다.

세 번째 조류는 연맹헌장(The Articles of Confederation)에 나타나고 있다. 즉 독립혁명 기간 중앙의 결정기구인 대륙회의(The Continental Congress)는 과세권도 없고 재원도 결핍된 무기력한 조직에 불과했다. 즉, 州입법부들에 의해 견제 받던 허약한 대륙회의와 이름뿐인 집행부는 보다 강력한 중앙정부의 필요성을 절감케 하였다.

독립전쟁 후 그러한 체제의 결점들은 조약체결권, 동맹형성권, 질서 유지권 등이 결여된 대륙회의에서 다시 한 번 명백하게 드러났다. 따라서 1787년 필라델피아에 모인 각 주 대표들은 그와 같은 과거의 교훈을 간직하고 있었으며, 다수가 강력한 국가정부를 골간으로 한 버지니아계획(The Virginia Plan)을 찬성하는 쪽으로 모아졌다. 연방의회는 지배적인 지위가 부여되었고 외교정책에서 주 행동자로 설정되었으며, 의회의 권한은 정책결정에 관련되고, 집행부는 정책의 관리권이 주어졌다. 이러한 외교정책 권한의 중복적 분할은 영국의 경험과 이론적 기반에 기초하고 있다. 아메리카 식민지 이주자들은 영국에 반란을 일으켰으나 그들은 또한 영국적인 전통과 文化, 그리고 이념을 간직하고 있는 사람들이었다. 다시 말해서 "그들의 배경은 영국적이었고, 그들은 영국의 통치제도에 익숙해 있던 사람들이었다."[16]

15세기 후반과 16세기 튜더(Tudors)와 스튜어드(Sturarts) 왕조하의 강력한 집행부의 지도력은 내란과 찰스 I 세의 처형 이후 최고 입법부(Supreme Legislature)로 이어졌고 그것은 다시 군사정권으로 계승되었다. 1714년 하노버(Hanover)의 조지(George)가 국왕이 되었을 때 상대적인 안정과 균형의 시기가 뒤따랐다. 그러나 그 균형은 1760년 조지 III세의 등극으로 깨지게 되었다. 그의 치세기간은 왕의 각료들과 의회 간의 통치권 장악을 위한 격렬한 투쟁으로 가득 찼다. 바로 그러한 영국의 경험, 즉 집행부 지배와 의회지배가 유동적이던 기간이 있었으나 일반적인 경향은 입법부 우세의 경향이었다. 소패어(Sofaer)의 설명에 의하면 17, 18세기 동안 영국의 일반적인 경향은 王을 희생시켜 의회가 권력을 장악하는 것이었다.[17]

다시 말해서 1787년의 미국헌법 기초자들은 외교정책 결정권을 둘러싸고 벌인 영국의 입법부와 집행부 간의 싸움의 역사를 기억하고 있었다는 점이다. 영국의 의회는 예산권을 장악했고, 집행부는 정보를 관리하고 외교를 지배하고 있었다. 의회는 법안을 통과시킬 수도 차단할 수도 있었고, 각료들을 탄핵할 수도 있었다. 반면 집행부는 돈을 빌릴 수도, 의회를 해산할 수도 있었고, 비회기중에는 일방적으로 행동할 수도 있었다.

바로 그러한 영국의 역사적 경험에 기초하여 미국헌법 기초자들은 잠재적으로 강력한 의회와 중복적인 외교정책 결정권을 생각해낸 것이었다.

③ 대통령과 의회의 권한

1787년 5월 헌법회의가 열렸을 때 각 주의 대표들의 마음 속에는 연맹헌장 체제의 힘없는 의회와 이름뿐인 집행부의 결함들이 자리하고 있었다. 물론 작은 州에서 온 대표들은 대부분 보다 약한 중앙정부를 주장하기도 하였으나 다수의 감정은 달랐다. 결국 6월 19일 강력한 연방국가제도를 요구하는 「버지니아 계획안」이 표결에서 가결되었다. 기초자들은 의회(Congress)는 국민의 목소리를 대변하는 기관으로서 미국 민주주의 이념의 보고(寶庫)로 여겼던 반면 집행부에 대해선 심히 의심하고 있었다.[18)]

헌법 그 자체로서만 본다면 집행부에 대한 의회의 우월성은 그 권한과 역할 등에서 명백하게 나타나 있다. 특히 어느 분야보다 외교문제에 관해서는 의회가 주행동자로서 정책결정의 책임이 주어진 반면 집행부는 정책을 관리하는 역할만 주어졌다.

헌법 제1조 8항에 규정된 의회의 권한에는 ① 전쟁선언권[19)], ② 예산의 승인 및 지출권, ③ 육군과 해군을 양성하고 지원할 수 있는 권한, ④ 입법권, ⑤ 조약의 협상과정에서 대통령에게 상원이 자문과 동의를 부여할 수 있는 권한 및 조약 비준권, ⑥ 대통령이 임명한 대사를 비롯한 고위 공직자들에 대한 인준권, 그리고 ⑦ 외국과의 상업을 통제할 수 있는 권한 등이다.

헌법 제2조 2항에 규정되어 있는 대통령의 권한에는 ① 미국 육 · 해군의 최고사령관(Commander in Chief of the Army and Navy), ② 조약의 협상과 체결, ③ 대사와 영사, 장관, 최고법원 판사 및 기타 고위 공직자의 임명과 해고, ④ 외국대사의 접수, ⑤ 정부정책의 집행, ⑥ 특별사면, ⑦ 법안거부 등의 권한이 있다. 이 가운데서 외국과 조약을 협상하는 과정에서 대통령은 上院의 자문과 동의를 얻어야 하며, 체결된 조약은 상원의 비준을 받아야 한다. 그리고 대통령이 임명한 대사를 비롯한 고위 공직자들은 상원의 인준을 득해야 한다.

이상에서 본 바와 같이 헌법 그 자체에서 규정된 의회의 권한과 역할은 대통령의 그것에 비해 훨씬 우월하다. 즉, 의회는 정부의 첫 번째 기관이며, 특히 외교문제에선 주행동자로 설정되어 있고 의회의 18가지 권한 중 7가지가 외교정책에 관련되어 있는 권한이다. 의회가 예산을 관장하고, 전쟁을 선언하고, 조약을 비준할 수 있는 권한을 가지고 있다는 것은 의회 우월성의 대표적인 사항이다. 일예로 의회는 예산권만을 가지고서도 집행부의 군사 및 외교정책을 통제할 수 있기 때문이다. 헌법기초자들은 이러한 권한들이 국가의 외교문제 수행에서 의회가 주도적인 역할을 수행할 수 있는 수단으로 보았던 것이다. 헌법 기초자들은 대통령의 경솔한 행위가 국가의 安全을 위태롭게 할 수도 있는 지나치게 강력한 집행부를 원치 않았다.[20]

그러나 또 한편으로는 입법부의 우월한 권한들이 실제 전쟁수행에 있어서 한계에 직면한다는 현실, 즉 독립전쟁 기간 워싱턴 사령관의 좌절감에서 표출된 현실을 반영할 수밖에 없었다. 그리하여 헌법 기초자들은 상당한 토론 후에 대통령 선거권을 입법부가 아닌 선거인단에 주기로 하였고[21], 집행부에 상당한 독립적 권한을 부여하게 되었다. 즉, 대통령은 최고사령관으로서의 권한, 입법 거부권, 고위관리 임명권, 조약협상권, 대사 접수권 등이 포함된 직접적이고 독립적으로 행사할 수 있는 권한을 가지게 되었다.

제 3 절 대통령과 의회의 갈등관계

1 제도적 부조화

외교정책결정과 그 수행에 있어서 의회와 대통령 간의 갈등의 본질은 기본적으로 대통령의 권력남용을 견제하기 위해 외교정책의 결정 · 관리권을 의회와 대통령 간에 분담시킨데 있으며, 2차적으로는 그 분담된 권한의 구분과 한계가 불분명하게 설정된 데에 있다고 할 수 있다. 당초 헌법의 초안과정에서부터 외교정책결정에서 의회와 대통령 중 누가 중심이 되어야 하느냐의 문제에서부터 갈등을 빚었다. 예를 들어 해밀턴은 외교문제는 본질적으로 집행기능이라고 말하고 헌법 제2조는 대통령에게 외교정책을 관리할 수 있는 권한을 포함해서 그 권한의 성격을 해석하는 모든 권리와 특권을 부여한 것을 뜻하며, 헌법상 명백한 제한규정이 없는 것은 대통령의 관리권을 추정할 수 있는 것이라 하였다.[22] 반면 매디슨은 헌법이 의회에 전쟁선포권을 부여한 것은 대통령의 권한이 각료적 수준의 것이거나 기본적으로 집행권을 뜻하는 것이라 하였다.[23]

바로 이들 두 사람의 논쟁은 그 후 외교정책 결정권에 관한 의회와 대통령 간의 모든 논쟁과 갈등의 불씨이자 출발점이 되었다.

그러한 쟁점의 근원을 해소하기 어려운 것은 ① 헌법이 결정적인 문제에 침묵을 지켰다는 점, ② 헌법이 입법부와 집행부 간의 긴장관계를 아주 팽팽하고 선명하게 나타내고 있다는 점, ③ 집행권이라는 매우 불분명한 헌법상의 용어가 지니는 의미때문이라는 점, ④ 헌법상 외교정책 결정권의 성격과 분할을 결정할 때, 앞으로 어떤 특정 해석이 그 국가의 존속에 유익할 지의 여부를 고려토록 한 점 때문이다.[24]

따라서 외교정책 결정권에 관한 의회와 대통령 간의 갈등은 우선 헌법 규정상 외교정책 권한들이 의회에 편중되어 있어 대통령이 임무수행 과정에서 많은 제약을 받게 되자 현실적으로 임의 또는 불가피하게 그의 권한을 확대하는 과정에서 발생하였고, 반대로 이제는 대통령이 그의 권한을 남용하거나 의회의 권위를 무시하였을 때 의회가 그들의 본래의 권위를 회복하거나 또는 확대하려는 과정에서 발생하였다. 라스키(Laski)는 "의회는 본질적으로 반대통령적인 바, 그 이유는 그렇게 하는 것이 의회의 위신을 고양시킬 수 있도록 허용하기 때문이다"[25]라고 하였다.

예를 들어 1789년 새로운 헌법정부가 출범한 이후 초기 몇 년은 의회와 대통령 간의 권력관계를 실험하는 기간이었다. 워싱턴 대통령은 집권 8년 기간 외교정책 과정에서 대통령의 강력하고 적극적인 역할을 설정 · 확립하고, 선례를 남겨놓으려고 시도한 기간이었다.[26] 실제로 외교정책의 결정과 수행에서 의회나 대통령 간의 광범위에 걸친 관계는 제1대 대통령이던 워싱턴에 의해 정형화되었다고 할 수 있다.

실제 새로운 정부가 출범하자 헌법회의 기간 논쟁거리였던 문제점들, 즉 조약체결에서의 상원의 역할, 전쟁권의 행사, 공직자 임명과 인준, 외교정책 수단으로서의 관세의 이용 등에 관한 문제들이 발생하였다. 예를 들어 1789년 워싱턴 대통령은 당시로서는 사실상 외적(外敵)이었던 크리크 인디언들(Creek Indians)과 협상하기 전 헌법규정대로 상원과 직접 협의를 시작하였다. 그러나 준비가 되어있지 않은 상원으로부터 아무런 정확한 자문을 받지 못했고, 그의 상원 방문이 시간낭비라는 것을 깨닫자 그 후 상원과 협의 없이 내각과 협의하였다. 워싱턴 대통령의 대리인들은 1793년에는 西部 인디언들과 그리고 1794년에는 영국과의 협상에서 비밀을 보호하기 위해 상원과 협의 없이 참여했다. 그렇다고 해서 워싱턴이 상원의 자문제공권, 협상된 조약의 수정권, 조약비준권 등을 무시한 것은 아니었다.[27]

워싱턴 대통령은 특히 하원과 조약에 관해 많은 갈등을 겪었다. 조약비준권은 상원에 있음에도 하원은 조약의 동의(同意)과정에 참여하려 하였고, 조약협상에도 참여하려 했다. 1789년 인디언조약 협상시 협상대표 임명에 영향력을 행사하려 했고, 1793년에는 영국으로부터의 상품수입 차단을 요청하는 결의안을 채택하겠다고 위협하기도 하였다. 또한 1794년에 체결된 제이 조약(the Jay Treaty)의 이행에 영향력을 행사하려고 예산권을 사용하려 했다. 그러나 워싱턴은 헌법상 조약체결문제는 대통령과 상원 간의 문제라고 말하고, 자신의 권한을 적극적으로 보호했으며, 결국 하원은 그들의 주장을 철회하기에 이르렀다. 실제로 워싱턴은 단호하고 강력한 대통령이었다. 그는 초대 대통령으로서 외국과의 관계를 적극 추진하였다. 그는 1793년 의회의 휴회시 일방적으로 영국과 프랑스 간에 전쟁이 발발하자 중립을 선언했고, 그 정책을 시행하기 위해 많은 정치적 조치를 취했다. 물론 그러한 조치는 엄청난 논쟁을 야기하였다. 그러나 그는 의회의 회기가 시작되자 자신의 조치에 관해서 의회에 충분히 설명해 주었다.

따라서 워싱턴 대통령의 선례는 외교문제와 군사적 업무에서 강력하고 단호한 대통령이 존재할 수 있음을 보여주었다. 그러나 그는 "제왕적 대통령(imperial president)"는 아니었다. 그는 모든 면에서 의회의 헌법상의 권위를 존중하려고 하였다.

사실 워싱턴 대통령 이후 몇 사람은 전쟁결정에서 대통령의 역할을 확대하는 데 워싱턴 대통령의 선례를 따랐다. 예를 들어 아담스(John Adams)는 최고법원으로 하여금 의회가 선언하지 않은 전쟁을 질적 교전상태(qualified hostility) 개념으로 승인하도록 하였다. 또한 제퍼슨은 자신의 독단으로 바버리 해역(the Barbary Coast)의 해적 소탕을 위해 의회의 승인 없이 병력을 파견했고, 매디슨은 東西 플로리다의 스페인에 대항키 위해 일방적인 군사작전을 전개시켰다.[28] 특히 1846년 제임스 포크(James Polk)는 미군병력을 텍사스와 멕시코 간의 분쟁지역에 파견한 후, 멕시코가 그것을 침략행위로 규정하고 공격하자, 의회로 하여금 전쟁을 선언토록 유도하였다.[29] 그런데 당시 포크의 조치를 비판했던 에이브러험 링컨(Abraham Lincoln)은 얼마 후 그의 태도를 바꾸어 포크를 지지했으며, 그가 대통령이 된 후 남북전쟁 시에는 전례 없는 대통령의 권한을 요구하기도 하였다.[30]

이와 같이 워싱턴 대통령으로부터 전개된 대통령 권한의 확대는 20세기 초반까지도 계속되었다. 그러다가 제1차대전 직전과 제2차대전 당시 일본이 진주만을 기습할 때까지는 의회가 우세를 회복한 기간이었다. 그것은 미래의 유럽 전쟁에서 미국을 격리시키려는 의회의 적극적인 의지에서 비롯되었으며, 그에 따라 의회는 일연의 중립법들을 통과시키게 되었다. 그러함에도 미국은 결국 윌슨 대통령에 의해 제1차 대전에 개입하게 되었고, 종전처리과정에서 윌슨은 파리강화조약(The Treaty of Verseilles)과 국제연맹규약(The Covenant of the League of Nations)을 산출시켰다. 그러나 상원은 그 조약의 비준을 부결시켰다. 제2차 대전 직전에 루주벨트는 영국을 지원하기 위해 중립법의 일부, 즉 히틀러 억제에 도움이 되는 법 일부의 변경을 상원에 요청했으나 역시 거절되었다.[31] 그러나 1941년 12월 일본의 진주만 공격은 대세를 완전히 역전시켰고, 그 후 제2차대전과 냉전 기간에 걸쳐 대통령의 우세는 지속되었다. 물론 전후에도 의회는 외교정책에 적극 참여하고 대통령을 억제하며 굴욕적으로 주변으로 밀리는 대신 대통령이 받는 각광을 공유하려고 기도하였다. 예를 들어 1950년대 상원의 브릭커(The Bricker) 수정안은 바로 상원이 자기를 내세우고 집행부를 제한하려는 기도에서 나온 것이었다.[32]

이와 같이 이상주의적인 견제와 균형의 원리에 기초한 외교정책 결정권의 분할은 그것이 현실성을 결여함으로써 양자 간의 제도적 부조화는 불가피하게 되었다.

② 대립의 논리

스페니어에 의하면 "오늘날 대통령과 의회는 서로 반대방향으로 끌고 가려하기 때문에 미국이 직면하고 있는 복잡하고 많은 문제들을 처리할 수 있는 국가적 정책형성이 어렵다"[33]는 것이다. 예를 들어 1973년 이스라엘과 아랍국들 간의 욤 키퍼(Yom Kippur)전쟁 이후 행정부가 이스라엘이 보다 유화적인 태도를 가지도록 촉구하는 압력을 가하려고 했을 때 의회내 이스라엘 로비로 의회는 대통령의 분쟁 중재 역할을 어렵게 하였다. 또한 싸이프러스에 관한 그리스와 터키 간의 분쟁시 행정부는 터키 편에 서 있었고, 의회는 그리스 편에 서 있었는데, 그것은 미국내 그리스 단체가 의회에 압력을 가해 행정부의 對터키 무기판매를 금지하도록 한 때문이었다.

이러한 의회와 대통령 간의 대립적 논리와 입장은 초기의 논쟁에서부터 시작되었다. 해밀턴에 의하면 대통령은 해외에서 국가이익을 증진하는데 더욱 유리한 장비를 갖추고 있기 때문에 외교정책형성에서 주도적이 되어야 한다는 것이었다. 그러나 매디슨과 윌슨은 집행부의 권한을 제한적이고 한정된 것으로 만들려는 의도를 가지고 있었다. 미국 역사의 수정주의적 해석은 외교정

책 수행에서 의회의 새로운 역할수행을 정당화하도록 하는 것이었다.[34]

즉, 의회가 외교문제에서 더욱 적극적일수록 대통령의 권한을 더욱 견제·약화시킬 수 있고 대통령을 지배하기 위해 의회는 더욱 자기의 권위를 주장할 수밖에 없다는 것이다. 예를 들어 1970년대 의회는 그 자체의 신화(神話)를 만들면서, 대통령이 헌법적 권한과 정신을 위반하고 권력을 부당하게 남용하고 입법부를 무시·기만·위협하면서 국가를 분별없고 불법적인 대외공약(對外公約)의 굴레 속으로 몰아넣었다고 규탄하였다.[35] 이러한 점들이 의회로 하여금 자기 위치를 확인하고 주장하도록 하였으며 헌법제정자들의 의도에 일치할 수 있는 기능을 수행할 수 있다고 생각하게 하였다. 역사학자 슐레신저는 그의 "제왕적 대통령"이라는 책에서 "의회는 정책의 모든 국면에 대한 감독을 증대시키고 완전한 정보를 요구함으로써 제재와 금지를 행하며, 더욱 자신감을 가지고 예산지출권을 행사하여 대통령이 해외에서 더욱 인도적이고 책임있는 목적을 지향하도록 하는 정책을 지시하고, 국내에선 견제와 균형체계를 회복하는 데 도울 수 있다"[36]고 하였다.

③ 대통령 우위론

미국 연방공화국의 초대 대통령 워싱턴에 의해 확립된 대통령의 행동패턴이 20세기 대부분에 이르기까지 우세를 보여 외교정책 영역에서 백악관의 역할과 권한을 확대시키도록 하였다. 현대의 많은 헌법학자들은 헌법 제2조 2항의 조약체결권과 관리 임명권 조항은 헌법기초자들이 외교정책 형성과 외교관계 수행에서 대통령에게 명백한 주도권과 역할을 부여한 것이라고 말한다.[37]

다시 말해서 헌법상 외교정책에서 의회가 대통령을 따라야 할 근거는 대통령이 국가의 최고사령관이자 최고외교관이라는 데 있다는 것이다. 대통령은 타국정부를 승인하고, 조약을 협상·체결(물론 上院의 자문과 동의를 요하지만) 하며, 기타 협정을 체결하고,(의회가 재원을 마련해 주고 전쟁을 선언해 주면) 대통령은 전쟁을 적극적으로 수행하기 때문이다. 특히 대통령에게 입법

거부권을 준 것은 당파적 이익을 배제하고 국가이익을 보전할 수 있도록 하기 위한 것이다.[38] 일찍이 존 록크는 "법의 규정 없이 공공선(公共善)을 위해 자유재량에 따라 행동할 수 있는 집행부의 특권"[39]이라 하였다.

조지 워싱턴의 행동패턴을 이어받은 제퍼슨은 "성문법의 엄격한 준수는 선량한 시민의 높은 의무의 하나이다. 그러나 그것이 최고는 아니다. 필요의 法, 자기보존의 법, 위기시 자기 국가를 구하는 法이 더 높은 의무이고 성문법에 집착한 나머지 국가를 잃는 것은 法 그 자체를 잃는 것이 된다"[40]고 하였다. 그는 1801년 미국 상선들을 약탈하는 지중해의 해적들을 응징하기 위해 의회와 사전 협의 없이 병력을 파견하였고, 또한 의회의 위임도 없는 상황에서 나폴레옹으로부터 루이지애나주를 1600만 달러에 구매하였으며, 의회와 협의 없이 군병기를 사들인 혐의 등으로 의회에 의해 기소되기도 하였다.

1845년 포크 대통령은 의회의 반대에도 멕시칸 전쟁을 주도하였고, 1854년 피어스(Pierce) 대통령은 역시 의회의 승인 없이 그레이타운(Greytown)을 파괴하였다. 그러나 일부 의원들이 추진했던 징계 기도는 굴욕적으로 실패하였다. 1861년 4월 링컨 대통령은 남북전쟁시 의회와 서전 협의 없이 南部 항구를 봉쇄시켰고, 의회의 지출승인 없는 돈을 사용하여 군사력 증강에 사용하였다.[41] 링컨은 "필요하다면 연방국가를 구하기 위해 헌법을 위반하겠다"고까지 하였다.

그리고 모든 외국과의 조약은 상원의 비준을 받도록 헌법은 규정하고 있지만 1789-1935년 기간 대통령들은 외국과 1300개의 행정협정을 상원의 동의 없이 체결하였다. 이러한 행정협정은 대외정책에서 대통령의 주도권을 구성한 것으로 인식되었다.[42]

특히 20세기에 접어들어 미국이 세계국가로 부상하면서 국가이익에 대한 광범위한 고려의 필요성에 따라 대통령의 위상이 제고되었다. 1919년 윌슨이 주도한 베르샤이유조약은 의회가 거부하고[43], 1935-1937 기간 일년의 중립법들을 제정했지만 대통령은 군사안보분야의 특권이 인정되는 한 의회 내 고립주의 감정이나 당파적 이익을 추구하려는 기도를 극복할 수 있었다. 더욱이

1941년 12월 日本의 진주만 기습과 그로 인한 태평양 전쟁의 발발, 그리고 종전 후 소련공산주의의 팽창정책은 의회를 대통령의 리더십에 예속시키는 상황을 조성하였다. 1947년 상원 외교위원장으로 완강한 고립주의자였던 반덴버그(Arthur Vandenberg)는 對소봉쇄정책의 출발이었던 트루먼의 對그리서-터키 지원법안을 통과시키는 데 주도적 역할을 수행하였다. 1950-53년 기간의 한국전쟁, 1954-55년 기간 대만의 금문 · 마조 양도에 대한 중공의 포격, 1956년의 헝가리 폭동, 1958-62년 기간의 베를린 위기, 1961-62년의 쿠바사태, 그리고 1961년 이후 베트남에의 개입과 전쟁 등의 사건들과 그 과정을 통해 드러난 소련 공산주의의 위협과 긴장은 대통령의 단기적이고 신속한 결정을 필요로 하는 상황이었기 때문에, 대통령은 주로 자신의 보좌관들과의 협의를 통해 정책을 결정하였고, 의회에는 사후(事後)에 결정을 통보하는 형식을 취했다. 물론 의회와 대통령 간에 협의할 수 있는 여유가 있을 때는 정책이 수정될 수도 있었으나 의회는 통상 대통령의 정책을 추인해 주는 패턴을 보였다.[44] 예를 들어 트루먼의 구적(舊敵)이었던 로버트 태프트(Robert Taft) 상원의원과 또 다른 공화당의 강력한 상원의원 놀랜드(William Knowland)는 당시 한국과 상호방위조약도 없는 상황임에도 한국정부를 지원하는 데 日本주둔 미군의 "승인 없는" 사용에 결정적인 의회지원을 제공하였고, 1955년 공화당의 아이젠하워 대통령 시절 민주당의 상원 원내총무 존슨(L.B.Johnson)은 대만과 팽호열도를 중공의 무력공격으로부터 보호할 목적을 위해 대통령이 필요하다고 생각할 때 군사력을 사용할 수 있는 권한을 아이젠하워 대통령에게 부여했다. 그리고 또한 1964년에 의회는 자유의 방어를 위해 원조를 요청하는 동남아집단안보의 회원국 또는 협정국가들을 지원하는 데 무력사용을 포함한 필요한 모든 조치를 취할 수 있도록 한 "통킹만 결의안"(The Gulf of Tonkin Resolution)을 하원 만장일치, 상원 반대 2명 외의 전원찬성으로 통과시켰다.

이와같이 1941년 태평양전쟁의 발발 이후 1960년대 후반까지는 의회가 대통령의 외교정책에 협력하고 지원하는 기간이었다. 즉 의회와 대통령 간에 그러한 협력과 합의가 가능했던 것은 ① 종전 후 미국의 생존을 위협할 수 있는 소련의 팽창주의가 등장하였고, ② 의회는 행정부의 방대한 조직의 외교정책에 관한 전문성을 인정해야 했으며, 행정부 관료들의 정보와 사건해석에 의존해야 했고, ③ 제2차대전 이후 의회와 대통령은 세계 속에서 미국의 역할과 목적에 대한 공동의 신념을 가지고 있었기 때문이었다.

4 의회의 반격과 권위회복 노력

베트남전쟁 이전까지만 해도 미국외교정책의 효율적 수행은 강력한 대통령의 리더십에 의해서 이루어졌다. 그러나 베트남전쟁은 "제왕적 대통령"에 대한 광범위한 환멸을 야기하였다. 대통령은 미국의 사활적 이익이 걸려있지 않았음에도 불필요한 개입을 하였을 뿐만 아니라 어떤 경우에는 군사개입을 비밀리에 추진하기에 이르렀던 것이다. 이러한 상황에서 의회는 대통령의 대외정책을 제약하고, 외교정책의 책임 있는 수행을 위해 더욱 적극적으로 행동해야 할 필요성을 느끼게 되었다.[45)]

1969년 6월 의회는 대통령의 행정협정 체결권에 일제 사격을 가하기 시작하였다. 행정협정은 원래 의회의 우유부단성과 당파성을 극복하여 국가정책의 통일성과 지속성을 보장하기 위해 실행된 것이었다. 상원은 미국이 만일 타국을 위해 군사력을 사용할 수 있는 구속력 있는 국가적 공약이 조약, 법률 또는 양원의 동시적 결의에 의해 허용되지 않을 경우 대통령이 국가적 공약을 할 수 없도록 하는 결의안을 통과시켰다. 그런데 1년 후 닉슨 행정부는 스페인과 다양한 안전보장을 포함하는 군사기지협정을 체결했고, 의회는 그것을 국가적 공약으로 인정할 수 없다고 대응했다. 닉슨은 의회가 대통령의 법적 효력을 가진 집행명령권을 박탈할 수 없다고 주장하면서 의회의 잇따른 상하원 동시결의안을 거부하였다. 1971년에는 닉슨 행정부가 다시 포르투갈과 일정한 군사기지를 이용하고 4억불 신용차관을 제공하는 협정을 체결하자 의회는 상원의 비준을 위해 그 협정을 송부하도록 요구하였으나 닉슨은 다시 거부하였다.

당시 의회는 대통령을 의회가 부여한 권한만을 가지는 명목상의 수반으로 만들려는 운동의 초기단계에 있었다. 특히 베트남전쟁의 종반기에 미국이 좌절과 굴욕 속에 빠지면서 대통령에 대한 의회의 맹공은 행정부의 권력남용과 대통령에 의한 입법부의 전쟁 결정권 박탈에 대해 가해졌다. 그리고 그러한 공격은 정당화되었다. 즉, 집행부의 전쟁에 관한 정책제안과 그 집행을 금지시키는 것이었다. 예를 들어 1970년의 방위비법은 그 법으로 승인된 예산의 어떤 액수도 지상군을 라오스에서 태국으로 진입시키는 데 사용될 수 없다는 것이었고, 1971년의 "대외승인법"(Foreign Authorization Act)은 캄보디아軍에 대한 지원을 금하는 법이었으며, 1972년의 "방위조달승인법"(Defense Pro cure ment Authorization Act)은 인도차이나에서 모든 군사작전을 가능한 빠른 시일내 종결하도록 한 법이었다. 그리고 1973년에는 대통령이 또 다른 "베트남 전쟁"에 개입하지 못하도록 하는 전쟁권한법(the War Powers Act)을 통과시켰고, 1974년에는 대외원조법 수정안(the Hughes-Ryan Amendment to the Foreign Assistance Act)을 통과시켜 외국에서 CIA의 정보수집활동 이외의 활동을 금지시켰다.[46]

그런데 70년대에 만들어진 일연의 법안들은 제도의 내부적 개혁과 동시에 외교정책 형성에서 의회가 수행하는 역할에서 심대하고 영구적인 변화를 초래하려는 것으로서 다음과 같은 목적이 있었다.

첫째, 상하원은 닉슨의 거부권에 대응해서 2/3다수결로 전쟁권한법을 통과시켜 대통령이 값비싼 해외에서의 모험적인 사업들과 "대통령의 전쟁들"[47]에 미국을 개입시키지 못하도록 제한하고 군사력의 사용결정에서 의회의 역할을 회복 · 강화시키려 했다. 이 전쟁권한법은 "결코 다시는" 입법화될 수 없는 문제의 법으로 지칭되고 있는 바, 그 법은 의회가 미국의 참전을 승인하는 선언을 하지 않는 경우 미국이 결코 어떤 전쟁에도 개입할 수 없다는 내용으로 되어 있다.[48] 이 전쟁권한법은 한마디로 국가가 공격을 받고 있지 않는 한 대통령은 헌법상 병력을 사용할 수 없게 된다. 그런데 이는 대통령의 헌법상의 고유권을 제한하는 것으로 용납될 수 없다는 것이다.[49] 다시 말해서 이는 1787년 헌법회의가 의회에 전쟁결정권(the power to make war)이 아니라 전쟁선언권(the power to declare war)만을 부여한 조항에 위배된다는 것이다.[50] 대통령 옹호자들은 미국 역사의 초기부터 대통령들은 기습공격에 대한 방어차원을 넘어 법적 승인 없이 목적을 위해 병력을 배치하였다는 것이다.[51] 실제 1997년에도 클린턴 대통령은 의회의 동의 없이 보스니아(Bosnia)에 수천 명의 미군을 파견했고, 그로인해 전쟁권 결의안이 합헌적인가의 논란은 계속되고 있다.[52]

둘째, 조약의 경우 대통령들이 上院의 2/3 지지 획득의 어려움을 피하기 위해 외국과 체결하는 행정협정을 의회에 보고하도록 하였다. 특히 중대한 행정협정은 조약으로 제출해야 한다고 하였다.

셋째, 수백만 달러를 초과하는 무기이양에 대한 의회의 거부권을 포함, 타국에 군사원조 또는 무기이양에 점진적 제약을 가하려고 하였다.

넷째, 타국에 대한 공공연한 간섭과 CIA의 외국정부 전복활동은 우선 대통령의 승인을 받고 그 후 관련된 상하원 위원회에 보고해야 한다.

의회의 그러한 일련의 금지법안들은 단순히 대통령의 재량권을 구속하는 것을 뜻할 뿐만 아니라 대통령 정책의 오류를 방지하자는 데 있었다. 주로 그러한 법안들은 정책결정에서 신축성을 제한할 뿐만 아니라 상호 모순적인 입장에 서게 되고, 법안이 당파적 그리고 이데올로기적 기초에서 제정되어 외교정책의 혼선을 야기하는 요인이 되기도 하였다.

1970년대 이후 외교정책 문제들에 관한 의회와 대통령 간의 갈등관계 속에서 의회가 우세를 확보하려는 "월권적"[53] 활동이 지속되는 가운데 다음과 같은 의회의 기능이 강화되었다.

첫째는 행정부 활동에 대한 의회의 감독 · 조사 기능을 확대한 것이었다. 외교정책에 관련된 위원회들은 행정부 관리들로 하여금 더 많은 보고회의를 갖도록 하였다. 예를 들면 1975년 상원군사위원회는 81회의 감독 · 조사회의를 가졌고, 외교위원회는 40여회의 군사회의를 가졌다.[54] 특히 상하 양원은 정보위원회를 설치하여 정보기관의 활동을 감독하였다.

둘째는 의회가 입법을 통한 거부권(legislative veto)을 행사하여 대통령의 대외정책을 통제하고 정책결정과정에 지속적인 참여를 보장하였다. 즉 외교정책에서 그러한 입법거부규정은 해외병력파견, 무기판매, 핵기술 이전, 무역 등의 문제에 적용되고 있다.[55] 예를 들어 1980년대 레이건 행정부가 中美의 니카라과에서 산디니스타(the Sandinistas) 사회주의 정권이 들어서고 인접국에 혁명을 수출하려는 상황에서 니카라과의 반정부군(the Contras)을 지원하게 되자, 1982년 하원은 제1차 볼랜드(Boland) 수정안을 채택하여 반군 지원을 금지시켰고, 산디니스타 정권의 전복을 위한 어떤 지원도 금지시켰다.[56] 물론 1983년에는 제2차 볼랜드 수정안을 통해 2400만불의 사용을 허용했고, 1985년에는 인도주의적 원조와 반군에 2700만불, 그리고 1986년에는 군사원조를 포함한 총 1억불의 원조안을 통과시켰다. 이는 의회가 예산권을 가지고 대외정책을 통제하는 사례들이다.

셋째는 의회가 행정부의 활동을 감시 · 감독하기위해 보고요건(reporting requirements)을 강화시켜 사용하고 있는 것이다. 예를 들어 1981년에 요구된 300건중 200건이 외교정책 활동에 관한 것이다. 이는 해외 병력 파견 및 인권과 같은 사항에 관한 정보를 획득하고 행정부의 관심을 집중시키기 위해 이용되고 있다.

그러한 보고요건 가운데서 대표적인 것이 행정부의 해외 비밀작전(covert operations)에 관해 대통령은 의회에 48시간 이내에 통보하도록 요구하고 있는 것이다. 이는 원래 1980년 정보감시법(the Intelligence Oversight Act)을 개정하기 위해 제안된 案에 대한 수정안에서 제기되었다. 1980년의 法은 예상된 중대한 정보활동 개시 전에 상하원 정보위원회에 통보하도록 되어 있던 것을 의회가 정보 없이는 예산을 책정할 수 없다는 이유로 대통령은 어떤 상황하에서도 비밀작전에 관해 48시간 이내에 통보하도록 하는 내용이었다.[57] 이에 대해 행정부 측에서는 "대통령은 법규 없이도 해외에서 미국민의 생명을 보호하고 일정한 중요 외교정책을 성취하기 위해 재량권으로 자원을 이용할 수 있다"[58]고 반박하였다.

넷째는 의원들이 독자적인 외교활동을 확대한 것이다. 즉 의원들이 국무성을 통하지 않고 외국의 정치지도자들과 막후 협상채널을 통해 접촉한다는 점이다. 예를 들어 1980년대 후반 레이건 정부가 니카라과의 공산주의 산디니스타 정권의 전복을 위해 반군을 지원하고 있는 가운데, 1987년 11월 하원의장 제임스 라이트(James Wright)는 자기 집무실에서 산디니스타 정권의 다니엘 오르테가(Daniel Ortega)를 만나 협상한다든가, 민주당 원내총무 데이비드 보니어(David Bonior)가 워싱턴 주재 바티칸 대사관에서 비밀리에 오르테가와 니카라과의 카톨릭 주교를 만나는 등의 소위 "의원외교"를 전개한 것이다. 체니는 그러한 의회의 외교간섭은 국제영역에서 효율적인 국가능력을 파괴하는 것이라고 하였다.[59)]

제 4 절 대통령과 의회의 협력관계

미국의 외교정책사를 보면 의회와 대통령 간의 관계는 갈등과 협력이 반복되어온 관계였다. 전술한 바와 같이 양자 간의 갈등은 ① 헌법상 외교정책 결정권의 분할에서 나타난 그 한계의 모호성을 의회와 대통령이 각자 자기에게 유리하게 해석하고 그 권한을 유지 · 확대하려는 과정에서, ② 대통령과 의원들 개인의 정치적 야심을 달성하기 위해 외교정책을 이용하려는 데서, 그리고 ③ 민주 · 공화 양당 간의 당파적 이해관계로 상대당의 대통령을 견제 · 약화시키려는 데서 발생하였다.

그리고 의회와 대통령 간의 협력은 ① 대통령이 외교정책 결정과정에서 의회와 사전 협의하고 그 수행과정을 보고하는 등 소위 상원의 "자문과 동의를 받을 권리"(advice and consent)를 충족시키는 과정에서, 그리고 ② 미국의 안보와 같은 국가이익이 위협을 받는 상황에서 의회가 대통령의 일방적 결정을 지지해 주거나 묵인해 주는 과정에서 이루어졌다.

특히 오늘날과 같이 미국이 세계적 상호의존성의 네트워크 속에 깊숙히

갇혀있게 되어 과거처럼 그 자체의 경제 및 군사적인 문제들을 마음대로 통제할 수 없는 더욱 복잡한 상황에 직면하면서 의회와 대통령 간의 갈등은 세계 속에서 미국의 역할을 축소시키고 협상과정에서 대통령의 지위를 약화시킬 수 있다는 논리 때문에 양자 간의 협력의 필요성이 제기되는 것이다. 다시 말해서 외교정책 결정과 그 수행에서 의회와 대통령이 서로 다른 목소리를 내고, 적과 동지를 혼동하고, 미국외교정책의 안정성과 지속성을 손상·방해하는 것은 미국의 국가이익을 위해 치명적인 결과를 가져올 수 있다는 것이다.

스패니어는 의회와 대통령 간의 협력의 필요성을 다음과 같이 4가지로 설명하고 있다.[60]

첫째, 미국의 안전과 관련된 전략적 상황, 빈국과 부국 간의 분열, 非서방지역의 정치적 불안정, 석유 등 해외자원에의 의존과 같은 상황에서 대통령은 수시로 비상권을 행사할 수 있어야 하는 바, 대통령은 의회의 지지 없이는 이들 권한을 효과적으로 행사할 수 없다.

둘째, 대통령은 때때로 예기치 못한 위기들에 직면하는 바, 안보와 같은 주요 가치가 위협에 직면할 때 악화된 상황이 더 악화되지 않도록 방지하기 위해 행동할 수 있어야 한다. 예를 들어 1962년 소련의 쿠바 미사일기지 건설과 그 위협, 그리고 中東의 대서방 석유공급 중단 등의 위기사태에 직면할 때 대통령은 신속한 조치를 취해야 하는 바, 의회의 지지를 받는다면 위기 기간 대통령이 효과적으로 대응할 수 있는 지속적 능력을 유지할 수 있을 것이다.

셋째, 미국은 안보관계에서 NATO를 기초로 해서 서방세계의 지도자로 역할을 수행하고 있고, 아시아에서는 일본과 주요 동맹관계에 있을 뿐만 아니라 경제적 재정적으로는 그 시장의 규모 때문에 일본 및 유럽 산업민주주의 국가들과 상호의존적인 관계에 있다. 따라서 그들 국가의 안보와 번영이 미국의 그것과 연계되어 있는 상황에서 미국의 중대한 결정들은 지속적으로 취해져야 하는 바, 그러한 결정들은 때때로 의회의 지원을 필요로 하는 것이다. 미국의 군사적 경제적인 중심역할, 미국의 지도력, 안정된 정책, 관련 국가들 간의 상호신뢰 등은 긴요한 사항이다. 그런데 이러한 사항들이 의회와 대통령 간의 제도적인 갈등의 희생물이 되어서는 안되는 것이다.

넷째, 외교정책과 국내의 정책들은 모두 가격표(the price tag)를 달고 있다. 미국의 군사력 규모, 외원, MX미사일 예산, 추가 예산지출, 그리고 무역관계 입법 등은 모두 국내과세와 같은 문제에 관련되어 있기 때문에 대내적으로 영향을 미치게 된다. 다시 말해서 과세, 연방지출, 국가채무, 군복무, 인플레이션, 그리고 고용 등과 같은 국내-국제 연계 정책들에서 가격표는 더욱 명백하다. 그리고 OPEC의 석유금수, 생산감소, 가격상승 등은 인플레이션, 경기후퇴, 달러가치, 그리고 생활수준 등에 영향을 준다. 이렇게 외교정책이 국내정책에 영향을 미치게 되면 의회의 협력이 필요하다는 것은 더욱 명백해진다.

① 협의(Consultation)

헌법 제2조 2항에서 대통령은 상원의 자문과 동의를 얻어 조약을 체결하고 대사 및 고위관리를 임명할 수 있다고 규정하고 있다. 여기서 자문과 동의는 협의와 합의를 의미한다. 즉, 대통령은 외교정책의 결정단계에서 뿐만 아니라 시행단계에서도 의회와 협의해야 하는 것이다.[61] 그리고 1973년의 전쟁권한법에서 의회가 중요한 정보획득 이외에 전투개입에 관한 입법적 통제를 수행하기 위해 대통령이 의원들과 의견을 교환하고 상황이 협의를 완전히 어렵게 할 경우를 제외하곤 의원들의 자문을 구해야 한다고 되어 있다. 또한 그 法은 가능한 모든 경우 대통령은 교전상태나 교전상황에 의해 개입이 명백해질 때 미군을 투입하기 전에 의회와 협의해야 한다고 되어 있다.[2]

초대 대통령이었던 워싱턴의 행보는 선례를 남기는 데 중요한 것이었다. 그는 때로는 의회의 자문제공권, 협상된 조약의 수정권 그리고 체결된 조약의 비준권을 완전히 수용하고 존중한[63] 반면 때로는 의회와 사전 협의 없이 조치를 취함으로써 대통령의 재량권을 확립하기도 하였다. 그는 1789년 크리크 인디언들과 협상하기 전 상원의 자문을 얻으려 했고, 상원과 직접 협의하여 조약의 개요를 잡으려고 하였다. 그러나 당시 준비 없는 상원의 자문을 받지 못하게 되자 시간낭비라 생각하고 그 후엔 서면으로 협의할 것을 결정하기도 하였다.[64]

1812년에는 오히려 의회가 매디슨 대통령을 부추겨 영국과 전쟁에 들어가도록 하였거니와 19세기 전체를 통해 볼 때 의회가 대통령으로 하여금 영토 획득을 추진시키거나 여러 외국군 및 타국에 대해 빈번히 군사적 조치를 취하도록 하였다.[65] 그리고 1846년에는 포크 대통령이 텍사스와 멕시코 분쟁지역에 병력을 파견하였던 바, 멕시코 부대들은 그것을 침략으로 간주하고 공격했고, 포크는 그것을 기회로 의회와 협의하여 전쟁을 선포하도록 하였다.

특히 1940년대부터 1960년대 중반까지는 의회와 대통령간의 협력이 잘 이루어진 기간이었다. 물론 이 기간은 대통령이 행정부의 대외정책을 의원들에 설명 · 설득하여 의회의 지지와 협력을 이끌어 냈기 때문에 외교정책의 결정과 수행에서 대통령이 주도적인 역할을 한 기간이다. 프랭클린 루즈벨트 대통령은 주요 정책들에 의원들을 개입시켰다. 그는 신중하고 협조적인 설득으로 對영국 지원을 끌어내었고 그리하여 일본의 진주만 공격 수개월 전에 징병과 무기대여에 관한 法의 승인을 얻어냈다.[66]

1945년 트루먼은 의회와 적극적인 협의를 통해 UN헌장과 마셜플랜, 그리고 NATO 등에 관한 의회의 지지를 획득하는데 성공하였다. 예를 들어 1947년 상원의 외교위원장이자 완강한 고립주의자였던 공화당의 반덴버그는 對소련 봉쇄정책의 출발점이었던 트루먼의 對그리스-터키 지원법안의 상원 통과에 적극적인 역할을 했다. 1955년 아이젠하워는 야당인 민주당으로부터 대만의 팽호열도를 中共의 무력공격으로부터 보호하기 위해 군사력을 사용할 수 있는 권한을 부여받는 데 협력을 얻어내었다. 그리고 1963년에는 케네디 대통령은 그가 주도했던 핵실험금지조약의 비준에서 상원의 압도적 지지를 획득하였다. 그리고 1964년 존슨 대통령은 "自由의 방위를 위해 원조를 요청하는 동남아집단안보의 회원국 또는 협정국가를 지원하는 데 무력사용을 포함한 필요한 모든 조치를 취할 수 있는" 통킹만 결의안을 통과시키는 데 성공하였다.

미국 외교사상 1967년에서부터 시작되어 1978년에 승인된 파나마 운하 반환에 관한 조약의 협상과 체결과정에서처럼 의회와 행정부 간의 협의가 그렇게 철저하게 이루어진 예는 없다.[67] 1967년 존슨 행정부에서부터 협상이 시작되어, 닉슨과 포드를 거쳐 카터 대통령에 이르러서 조약이 체결되었던 바, 상하원 4개의 위원회가 수많은 청문회를 개최했고, 42명의 상원의원이 파나마를 방문하였으며, 38일간의 토론회를 개최하였고, 90건의 유보조항, 양해각서 및 조건들이 검토되고 두 개의 수정안이 조약에 첨가되었으며, 일부 상원의원들이 파나마 지도자들과 직접 협상하는 등의 과정을 통해 체결 · 비준된 것이 파나마 운하 조약이었다.

전체적으로 볼 때 과거 대통령들의 성공적인 외교정책들은 대통령과 의회 간의 적극적인 협조결과로 나타났다.

2 초당적 외교(Bipartisan Diplomacy)

한 나라의 외교정책이 국내정책에 의해서 영향을 받지 않고 통일된 입장을 견지한다는 것이 초당외교의 논리이다. 즉, 국가이익은 당파적 경합과 파벌을 초월한다는 것으로 그러한 경합과 당파적 행위는 국가에 해를 끼치게 되기 때문에 외교정책은 초당적 지지를 요구한다는 것이다.

많은 학자, 언론인, 그리고 정치인들은 외교정책에서 초당주의를 지지한다. 이는 민주 · 공화 양당 간의 당파성, 그리고 의회와 집행부 두 기관 간의 권력분할이 외교정책수행에 제기하는 저해요인들을 인식시키는 것이다. 즉, "정치는 해안에서 끝나야 한다(Politics should stop at the water' s edge)"는 것이다. 입법부와 행정부 간의 적대관계와 외교정책에 관한 당파적 논쟁은 미국외교정책의 안정성과 지속성을 파괴할 수 있고, 세계문제에서 한 목소리를 내는 것을 불가능하게 만들며, 우방 및 敵과의 협상에서 미국에 대한 신뢰를 침식시키는 것이다.

그런데 미국 정치에서 각 당은 흔히 국가이익과 자기당의 입장을 일치시키는 경향이다. 그러니까 대통령과 의회 간의 갈등은 당적 경합과 밀접하게 관련되어 있다. 당파적 경합은 제도적 경합에 영향을 주게 된다. 그러한 당파성은 비준과정에서 문제가 되는 데 어느 대통령도 상원에서 2/3의 지지를 획득할 가능성은 적다. 미국정치의 특성상 자기 당의 지지도 받기 어려운 상황에서 반대당의 지지를 얻는다는 것은 더욱 어려운 것이다.[68] 또한 조약비준의 성공 과실은 대통령과 여당이 독차지하기 때문에 초당적 외교란 그만큼 어려운 것이다.

당파적 이유로 상원에서 부결된 조약 가운데서 가장 대표적인 것이 제1차대전 후 윌슨 대통령이 주도한 베르샤이유조약이었다. 그것은 상원의 공화당 의원이 부결시켰던 것인데, 그 이유는 윌슨 대통령이 그 조약협상과정에서 상원의 다수파인 공화당 의원 중 단 한사람도 참여시키지 않은 데다 상원 공화당 원내총무였던 로지(Lodge) 의원과 私的인 적대관계가 결부되었던 데 있었다.

흔히 미국외교정책의 역사에서 초당외교가 가장 잘 이루어진 것은 제2차대전 때 부터 1960년대 중반기까지로 되어 있다. 스패니어는 냉전기간 의회가 대통령 정책에 협력한 것을 의회의 예속이라고 설명하고 있지만,[69] 그 기간에 보여진 초당적 외교정책은 의회와 대통령, 민주당과 공화당 간의 협력의 결과였다. 그러한 초당적 협력이 가능했던 것은 다음과 같은 요인들 때문이었다.[70] 첫째는 미 · 소간 냉전상황과 소련 공산주의의 팽창정책이 미국 국민들로 하여금 위협을 느끼게 만든 것이었다. 둘째는 그러한 위협인식은 ① 1946-47년 기간 그리스-터키의 공산화 위협, ② 1948-49년의 베를린 위기, ③ 1950-53년의 한국전쟁, ④ 1954-55년의 대만의 금문-마조도 위기, ⑤ 1956년의 헝가리 폭동과 그 진압과정, ⑥ 1958-62년의 베르린 위기, ⑦ 1961-62년의 쿠바사태, ⑧ 1961년 이후의 베트남 개입과 참전 등이 그것이다. 따라서 의회는 통상 대통령의 정책을 초당적으로 지원해 주었다.

셋째, 의회는 행정부의 외교정책에 관한 전문성을 인정하고, 대통령이 방대한 관료기구를 장악하고 있는 상황에서 의회, 특히 상원의원들은 정보와 사건의 해석에서 행정부관료들에게 의존할 수밖에 없었던 것이다.

넷째, 무엇보다도 냉전 이후 의회와 대통령은 세계 속의 미국의 역할과 목적에 관한 공동의 신념을 공유하고 있었다.

냉전기간 국제정치의 중심적 갈등은 소련이 주도하는 공산주의 세계와 미국이 주도하는 자유세계 간의 갈등이었고, 공산주의의 팽창은 곧 자유세계에 대한 위협이었다. 미국의 정책은 바로 그러한 소련의 팽창을 저지하는 것이었고, 공산주의 팽창을 봉쇄하는 일차적 책임을 지니고 있었다. 이러한 상황에서 미국의 외교정책목적에 관해 의회와 대통령 간에서 합의가 이루어졌던 것이다.

제 5 절 요약과 결어

미국은 헌법상 외교정책 결정권이 의회와 대통령에 분할되어 있는 독특한 정치적 전통을 유지하고 있는 나라이다. 그것은 한마디로 집행부의 권력남용을 방지하기 위한 견제와 균형의 원리에 기초한 때문이었다. 1787년 필라델피아에서 개최된 헌법회의에 참여한 13개주 대표들은 自由와 平等의 이념에 기초한 새로운 국가를 창설함에 있어서 철저한 견제와 균형의 워리에 기초해서 징부의 권력을 분할하였다. 그러한 思考와 이념의 배경에는 ① 영국의 국왕에 의한 임의적인 식민지통치의 경험, ② 당시까지 자치권을 유지하고 있던 13개 주들의 새로이 형성될 연방정부의 집행부 권력에 대한 두려움, ③ 존 록크의 자유주의 사상과 그의 권력분립이론 등이 작용하였다.

그런데 헌법기초자들이 외교정책 결정권을 의회와 대통령에게 분할시키면서 그 권한의 범위와 한계를 명확히 규정하지 않음으로 해서 모호성과 중립지대가 발생하게 되었고, 의회와 대통령은 각자 그 모호성과 중립성을 자신에게 유리하도록 해석하고 행동함으로써 갈등이 발생하게 되었다. 그동안의 미국의 외교정책사를 보면 대통령은 자신의 권한을 확대하려고 노력하고, 반면 의회는 대통령의 월권을 견제하려는 조치 사이에서 갈등이 지속되어 왔다. 의회와 대통령 간의 갈등의 대표적인 예는 1919년 제1차대전 후 윌슨 대통령이 주도하여 체결한 파리 강화조약을 上院이 부결시킨 것과 1972년 의회가 인도차이나 전쟁을 종식시키려는 방위조달법을 닉슨이 거부권을 행사하자 상하 양원이 2/3 다수결로 대통령의 전쟁수행권을 엄격히 제한한 소위 전쟁권한법을 통과시킨 경우이다. 그러나 의회와 대통령 간에는 갈등적인 국면만 있는 것은 아니고 협력의 관계도 유지된다. 통상 초당적인 외교정책을 생산하는 양자 간의 협력관계는 다음과 같은 경우에 이루어진다.

첫째, 미 · 소 냉전관계에서와 같이 국제관계에서 미국의 安保에 대한 직접적인 위협상황이 발생할 때 의회는 통상 대통령의 외교정책을 묵인하거나 지지하게 된다.

둘째, 대통령이 의회와 사전 협의하고 동의를 구해 외교정책을 수행하는 경우이다.

셋째, 중동의 석유금수조치와 같이 미국의 국가이익에 심대한 영향을 미치게 될 때 두 기관은 긴밀한 협력관계를 유지한다.

또한 오늘날과 같이 대외정책과 대내정책 간의 연계성이 강할 때(예: 외교정책 수행을 위한 국내의 과세) 대통령은 의회와 긴밀한 협의가 필요하게 된다.

의회와 대통령 간에서 협력이 가장 잘 이루어졌던 기간은 1940년대부터 1960년대 중반까지의 냉전 기간이었고, 단일의 사안으로는 1967년부터 시작되어 1978년에 종결된 파나마 운하조약으로서 이는 행정부와 의회가 거의 공동 작업을 통해 성사된 것이었다.

일반적으로 미국의 성공적인 외교정책들은 대통령과 의회 간의 적극적인 협조의 결과였다.

1) SALT II 논쟁시 러시아의 한 관찰자는 "미국에 있는 누구와 협상해야 하는가? 대통령이 그의 조치들을 조정하고 의회와 함계 해야 한다면 국제 협정을 체결하기 전에 해야 하지 않는가? 외국정부는 미국 행정부와 협상하고 그다음에는 議會와의 협정에 도달해야 하지 않는가?"라고 질문하였다. John Spanier, "Introduction-Congress and the Presidency : The Weakest Link in the Policy Process," John Spanier and Joseph Nogee (eds.), Congress, the Presidency and American Foreign Policy (New York : Pergamon Press, 1981), p.xi.

2) Stephen J. Flanagan, "The Domestic Politics of SALT II : Implications for the Foreign Policy Process," Spanier and Nogee(eds.),전게서, P. 54.

3) Norman J. Ornstein, "The Constitution and the Sharing of Foreign Policy Responsibility," E. S. Muskie, K. Rush,and K. W. Thompson(eds.),The President, the Congress, and Foreign Policy (Lanham : University Press of America, 1986). p. 25.

4) Cecil Crabb and Pat Holt, Invitation to Struggle : Congres, the President and Foreign Policy(Washington, D.C. : Congressional Quarterly Press, 1984.

5) Robert A. Goldwin and Robert A. Licht(eds), Foreign Policy and the Constitution (Washington, D.C. : The AEI Press, 1990). P. Xi.

6) 상게서, P.X.

7) John Locke, Two Treatises of Government(New York : The New American Library, 1865), 98. 131-3, 144, 146-8, 151-159.

8) 상게서, II, 99. 134, 149-10, 153, 243.

9) Abraham Sofaer, War, Foreign Affairs and Constitutional Power(Cambridge, Mass. : Ballinger, 1976), p. 15 참조; Edward S. Corwin (ed.), The President : Office and Powers (New York : New York University Press, 1957).

10) John Jay, "Comparing Dangers From Foreign Force and Influemce," Clinton Rossiter(ed.). The Federalist Papers, No. 3 and 4(New York : Mentor Books, 1999), pp. 9-18.

11) James Madison (probably), "The Senate," The Federalist Papers, No. 62-64, 99. 344-364.

12) Alexander Hamilton, "The Executive Department Further Considered," The Federalist Papers, No. 70, 99. 391-399 ; John Jay, 상게서, No. 64, PP. 358-364.

13) Nathan Tarcov, "Principle, Prudence, and the Constitutional Decision of Foreign Policy," Goldwin and Licht(eds.), 전게서, PP. 38-39.

14) Kenneth W. Thompson, "The President, the Congress and Foreign Policy ; The Policy Paper," E. S. Muskie, K. Rush,and K. W. Thompson(eds.), The President, The Congress and Foreign Policy, (Lanham, M.D. : University Press of America, 1986), P. 8.

15) 상게서, P.9.

16) Sofaer, 전게서, P.12.

17) 상게서, 같은 쪽.

18) Cecil V. Crabb and Pat Holt, 전게서, p. 41.

19) 헌법기초자들은 원래 전쟁결정권(the power to make war)으로 하였으나 James Madison이 국가에 대한 外部勢力의 기습공격을 격퇴할 수 있는 권한을 대통령에게 주어야 한다고 주장하여 전쟁선언권

(the Power to Declare War)으로 변경하였다 한다. Thompson, 전게서, p. 10.

20) Jack N.Rakove, "Making Foreign Policy-The View from 1787," Goldwin and Licht(eds.), 전게서 p. 14.

21) Ornstein, 전게서, p. 39.

22) Hamilton, The Federalist Papers, No. 74-No. 77, pp 415-432.

23) Madison, 상게서, No. 52, No. 62, No. 63, pp. 293-358.

24) Michael M. Uhlman, "Reflections on the Role of the Judiciary in Foreign Policy," Goldwin and Licht(eds.), p. 41.

25) James H. Burns, Congress on Trial(New York : Harper, 1949), pp. 182-183 참조.

26) Ornstein, 전게서, p. 45.

27) Sofaer, 전게서, pp. 94-96.

28) Franck and Wiesband, 전게서, pp. 63-64.

29) 그러나 19C 전체로 보면 議會와 議會의 매파들이 대통령을 부추켜 영토확장을 추진하거나 外國軍 및 외국에 대해서 군사적 조치를 취하도록 한 경우가 빈번하였다. 예를 들어 1812년 의회는 Madison을 사주하여 英國과 전쟁에 들어가도록 하였다. Ornstein, 전게서, p. 47.

30) K.W. Thompson, 전게서, p. 47; Arthur C. Schlesinger, The Imperial Presidency(New York : Popular Library, 1974), p. 53.

31) 당시 上院外交委員長은 행정부에 대해서 자기의 정보자료가 국무성 자료보다 더욱 정확하다고 말하고, 자기 정보에 의하면 전쟁이 없을 것이라고 하였다. John Spanier, "Introduction-Congress and the Presidency : The Weakest Link in the Policy Process" Congress, the Presidency and American Foreign Policy(New York : Pergamon Press, 1981), p. xix.

32) 상게서, p. xix.

33) 상게서, p. xi.

34) George Szamuely, "The Imperial Congress," J. A. Rosati(ed.), Readings in the Politics of U.S.Foreign Policy (Fort Worth : Harcourt Brace, 1998), pp. 238-239.

35) 상게서, p. 239.

36) 상게서, p. 239.

37) Jack N. Rakove, "Making Foreign Policy-The View from 1787", Goldwin and Lieht(eds.), 전게서 pp. 4-5.

38) 議會가 대통령의 거부권을 극복하려면 上下院의원 2/3+1을 필요로 한다. 그리고 헌법에서 대통령에게 거부권을 준 이유는 때때로 의회의 편협한 이익추구와 우유부단한 행동을 제약하기 위한 것이다.

39) Szamuely, 전게서, p. 242.

40) 상게서, p. 242.

41) 헌법 제1조 제8항에는 議會는 軍을 조직하고, 무장시키며 훈련시킬 수 있는 권한을 가진다고 규정되어 있다.

42) 행정협정은 사전 승인도 사후 비준도 필요치 않다. 1800년 대법원장 John Marshall은 "대통령은 외국과의 관계에서 미국의 헌법상 대표이다. 그는 언제, 어떻게, 어떤 主題에 관해서 협상이 최고의 성공 가능성을 가지고 추진될 수 있는지를 결정하는 데 가장 적절한 위치에 있다" 고 선언하였다.

43) 1919년 民主黨출신의 Wilson 대통령이 주도한 파리조약을 부결시킨데는 ① 당시 공화당이 上院의 다수파였고, ② 파리강화조약 협상과정에 윌슨이 단 한명의 공화당 의원도 참여시키지 않았으며, ③ Wilson 대통령과 上院공화당 원내총무였던 Henry C. Rodge 간의 상호 멸시와 증오심 때문으로서, 특히 대통령선거를 1년 앞두고 民主黨 주도로 만든 평화조약에 공화당이 도장을 찍어줄 생각이 전혀 없었기 때문이었다. Spanier, 전게서, p. xxi.

44) 상게서, p. xiv.

45) Thomas M. Franck and E. Wiesband, Foreign Policy by Congress(New York : Oxford University Press, 1979), p. 3.

46) 이 CIA 활동 제한법은 이란의 미국인 인질사건과 1979년 소련의 아프가니스탄 침공사건으로 그 제약이 완화되었다.

47) 당시 議會가 Nixon의 거부권에도 불구하고 the War Powers Resolution을 통과시킨 것은 한국전쟁과 베트남전쟁에서 대통령이 議會가 선포하지 않은 전쟁에 개입하여 의회의 전쟁선포권이 파괴되었기 때문이었다 한다.

48) 이 戰爭權限法(the War Powers Act)의 핵심사상은 다음 4개의 규정이다. ① 대통령은 하원의장과 상원 임시의장에게 교전상태에의 미군의 필요한 개입을 설명하는 보고서를 48시간 이내에 제출해야 한다. ② 대통령은 만일 議會가 전쟁을 선언하지 않거나 그 기간을 연장해 주지 않을 경우 60일 이내에 미군의 개입을 종결시켜야 한다. ③ 議會는 항상 上下兩院 同時決議案(a Concurrent Resolution)을-대통령 서명이 필요없는 의회의 조치-통과시켜 미군의 철수를 요청할 수 있다. ④ 어떤 예산지출법안이나 조약도 美軍의 사용이 과거에 비준된 조약에 의해 요청되었다 하더라도 병력사용을 위한 의회 승인으로 간주되지 않는다.

49) Cheney, 전게서, p. 118.

50) 헌법회의당시 Roger Sherman은 Congress에 전쟁선포권만을 부여한 것은 대통령이 "전쟁을 개시할 수 있는 권한을 가지는 것이고 단순히 침략에 대한 방어만하는 것이 아니라는 것을 의미한다"고 하였다. Max Farrand, The Records of the Federal Convention of 1787(New Haven : Yale University Press, 1937), pp. 318-319.

51) J.T. Emerson, "War Power Legislation", West Virginia Law Review, Vol. 74(1972), p. 53.

52) Miles A. Pomper, House Shies Away from Conflict with Clinton over War Powers, Congressional Quarterly Weekly Report, 03/21/98, Vol. 56 Issues 12, p. 760, 2p. 1bw.

53) Dick Cheney, "Congressional Overreaching in Foreign Policy", Goldwin and Licht(eds.), 전게서, pp. 101-122.

54) Susan W.Hammond, "Congress in Foreign Policy", Muskie, Rush, and Thompson (eds.), 전게서, p. 86.

55) 1983년 연방최고법원은 Chadha 결정에서 입법 거부 규정이 非憲法的이라고 판결했으나 議會는 위원회 및 法令의 지시를 통해 대응하였다.

56) Cheney, 전게서, p.

57) 1989년 하원의장은 새로운 Bush 정부에 의회의 호의라고 하면서 그 법안 시행을 잠정 보류시켰다.

58) Cheney, 전게서, p. 111.

59) 상게서, p. 110.

60) Spanier, 전게서, pp. xv-xvi.

61) 미국헌법 제2조 2항의 "advice and consent"의 해석에는 3가지 입장이 있다. 첫째는 광의의 의견으로서 대통령은 국가이익을 고려, 자신의 권위에 기초하여 군병력을 자유롭게 파견할 수 있어야 하지만, 미국이 전쟁에 개입하기 전에 의회의 사전승인을 받아야 한다는 것이다. 둘째는 대통령은 어떤 상황에서도 議會의 사전 승인없이 행동할 수 있는 권위를 가지고 있다는 견해이다. 예를 들어 기습공격을 격퇴해야 되고, 초강국들에 의한 도전에 응전해야 하며, 전쟁에 이르지 않도록 하기 위해 병력을 사용할 수 있어야 한다는 견해이다. 셋째는 대통령이 의회에 즉시 보고하고, 그 결정이 용인되는 한에서 대통령에 의한 一方的 조치는 받아들여질 수 있다는 입장이다. W.T. Reveley III, "The Power to Make War," F. O. Wilcox and R. A. Frank(eds.), The Constitution and the Conduct of Foreign Policy (New York : Praeger, 1976), p. 83.

62) 상게서, p. 120.

63) Ornstein, 전게서, p. 46.

64) 전술한 바와 같이 워싱턴 대통령은 1793년에는 의회와 협의없이 서부 인디안들과 협상했고, 의회의 휴회중 영국-프랑스 간 전쟁에서 中立을 선언하기도 했으며, 1794년에도 의회와 협의없이 英國과 협상에 들어가기도 하였다.

65) 상게서, p. 47.

66) Edmund S. Muskie, "The Reins of Liberty-Congress, the President, and American Security," Goldlwin and Licht(eds.), 전게서, p. 94.

67) William L. Furlong, "Negotiations and Ratification of the Panama Canal Treaties," Spanier and Nogee(eds.), 전게서, pp. 77-100.

68) 1978년 Panama 운하조약이 상원에서 비준되는 과정에서 야당인 공화당의원 41명을 지휘하고 있던 원내총무가 민주당의 Carter 대통령이 성사시킨 그 조약을 지지한다고 했을 때 일부 의원들로부터 반역자로 규탄되었다. Furlong, 전게서 참조.

69) Spanier, 전게서, p. xiii.

70) 상게서, pp. xiii-xiv.

Chapter

07

국가안전보장회의와 외교정책

제 1 절 창설 목적과 배경

국가안전보장회의(the National Security Council)는 1947년 7월 26일 트루먼 대통령 당시 의회가 창설하였으며, 이어 1949년 의회가 국가안전보장법(the National Security Act)을 수정·통과시켜 확정된 대통령 자문기관이다. 그러니까 NSC는 제2차대전이 끝난 후 곧 이어 미국이 소련 공산주의의 팽창주의에 직면하게 된 새로운 사태에 부응하고자 만들어진 것이다. 당시 영국의 처칠 수상은 소련이 지배하는 東유럽에 철의 장막이 쳐지고 있다는 유명한 연설을 했었다. 또한 그리스와 터키에서는 소련 공산주의 사주를 받은 반란세력들이 체제를 위협하고 있는 상황이었고, 그에 대응하여 그리스와 터키를 군사 및 경제원조를 통해 보강한다는 트루먼 독트린이 발표되었다. 또한 제2차대전 기간 외교정책과정에서 주도적 역할을 했던 軍部의 새로운 역할을 제도화할 필요성이 인식되고 있던 터였다. 다시 말해서 NSC는 제2차대전 기간 정책결정자들이 군사·외교정책을 조정하려고 하였을 때 직면했던 좌절감을 해결하려던 노력의 일환으로 탄생한 것이다.[1)] 당시만 하더라도 국방부는 없었다. 따라서 정책조정은 국무부-전쟁성-해군성 조정위원회(the State-War-Navy

Coordinating Committee) 같은 전시기구에 의해 이루어졌다.[2] 그러니까 NSC는 바로 국무부-전쟁성-해군성 조정위원회의 후속기구로 창설된 것이었다.

NSC는 군부와 여타 정부부서들이 국가안전을 포함한 제반 문제에 더욱 효율적으로 협력할 수 있도록 하기 위해 국가안전에 관한 대내외정책 및 군사정책의 조정 · 통합에 관해서 대통령에게 자문하는 기관이다.[3] 즉, 군사적 자원과 외교정책 목적을 연결시키는 수단으로 창설된 것이다.

따라서 NSC를 설치한 목적은 첫째는 국가안보문제에 관한 정책결정을 중앙집권화하고, 둘째는 외교정책 문제에 있어서 정치적 군사적 요소들의 상호연관성을 확인하고 이들 두 요소를 조정 통합할 필요성이 이전보다 더욱 확실해졌으며, 셋째는 주요 외교정책 자문위원들이 정책결정과정에 참여할 수 있도록 하기 위한 것이었다.

제 2 절 NSC의 성격과 조직

NSC는 기본적으로 정책결정기구가 아니다. 즉, NSC는 그 자체가 정책을 결정하지 않는다. NSC는 대통령이 단독으로 수행할 결정에 도달할 수 있도록 도와주는 대통령의 자문기구의 기능을 한다. NSC 창설에 참여한 트루먼 대통령은 "NSC 구성원들은 모두 만일 우리가 그리스에 경제 군사원조를 하게 되면 세상은 끝장날 것이라고 예측하였다. 그러나 우리는 원조를 실행했고 세계는 종말에 이르지 않았다"[4]고 하여, NSC가 對그리스 원조에 반대했음에도 대통령이 독단으로 원조를 집행했음을 알려주고 있다. 아이젠하워 대통령의 회고록에 따르면 NSC는 다만 자문기구일 뿐이다. 그 임무는 대통령의 자문에 응하는 것이다. 그러나 대통령은 그것을 이용할 수도 있고 무시할 수도 있다. 대통령은 NSC 구성원 개인의 자문을 수용할 수도 있고 그 자문의 전체 또는 일부를 수용할 수도 있으며, 그가 적절하다고 생각할 때는 어떤 개인을 NSC 구성원에 포함시킬 수도 있다고 하였다.[5] 결국 그 회의 자체는 대통령과 그 주요 참모들이 국가의 안전문제들을 토의하고 해결할 수 있는 하나의 토론場(forum)이라 할 수 있다.

NSC의 법정 구성원은 대통령, 부통령[6], 국무장관, 국방장관, 민방위 동원국장 등인데, 2001년 9.11 테러사건 이후에는 신설된 국토안보부 장관이 추가되었고, 법정 자문위원에는 CIA국장(과 신설 국가정보국장)그리고 합참의장 등이다. 그러나 대통령이 필요하다고 생각할 때는 비상계획관, 국가안보 보좌관, 재무장관, 국무부와 국방부의 차관과 차관보들도 참석한다. 따라서 그 규모는 다양하다. 대통령은 때때로 극소수 인사들과만 만나서 중요 업무를 수행한다. 많은 경우 30-40여명이 참석할 때도 있고 10명, 15명, 또는 24명 정도가 참석할 때도 있다. 통상 24명 정도가 참석한다고 한다.[7] 회의에서는 통상 대통령이 의장이 되나 닉슨 대통령 하에서는 안보특별보좌관이던 키신저(Henry A. Kissinger)가 회의를 주재하였다. 케네디 대통령은 자기 동생인 로버트 케네디 법무장관, 참모보좌관이던 소렌슨(Theodore Sorensen)과 슐레신저(Arthur M. Schlesinger) 등을 참석시켰고, 존슨은 정부의 관직이 없는 외교관계 경력을 가진 사람들까지 광범하게 참여시켰다.

제 3 절 NSC의 부속기관

1947년 NSC창설 이래 NSC조직은 고도로 제도화된 절차와 참모장치, 그리고 복잡한 부처 간 위원회들로 구성되어 있다. 이들 기구들은 모두 안보회의 활동을 지원하는 NSC 하부구조들이다.

1 기획위원회(the Planning Board)

NSC회의 의제에 올라있는 대부분의 문제들은 기획위원회의 정책보고서(policy paper)[8]에서 제기된 것들이다. 기획위원회는 차관보급의 안보회의 구성원들과 맞먹는 부처 간 위원회이다. 정책보고서의 초안은 통상 개별적이거나 또는 합동으로 작업하는 외교정책관련 부처들에 의해 작성되지만 안보회의에 제출되는 대부분의 내용이나 용어에 대해서는 기획위원회가 책임을 진다. 통상 기획위원회는 안보회의 의제의 95%를 담당하고 있고 안보회의가 어떤 보고서를 변경시키는 경우는 드물다.

기획위원회는 외교정책 관련 부처 간의 위원회로서 대통령 국가안보담당특별보좌관이 의장이 된다. 형식상 대통령은 기획위원회의 구성원들에게 정치가다운 해결책을 촉구하면서 그들을 임명하지만 그 구성원들은 통상 자기 소속 부처의 입장을 고려하는 경우가 많다. 다시 말해서 기획위원회의 보고서 초안은 처음부터 많은 관련 부처간의 협상, 흥정, 제안, 역제안 등의 과정을 통해 작성된다. 즉, 이해가 걸린 각 부처들의 당사자들은 토의 중인 그 문제와의 관계에서 각자의 역할을 가지고 자기 소속부처의 의견을 정책방침(position paper)에 반영시키려고 타 부처 대표들과 매우 신중하게 작업을 하는 것이다.[9] 그들은 주어진 정책목적을 침해하지 않으면서 자신들의 입장과 책임을 유지하려 한다. 그리하여 그 정책보고서가 안보회의에 도달할 때쯤에는 물 탄 내용이 되거나 표현상 너무 불분명한 포괄적 언어로 작성되기도 한다. 기획위원회는 정책영역에서 창의적이고 잘 정의된 대안들을 개발하고 제출하는 창조적인 기구가 아니다. 그 보고서는 매우 낮은 수준의 공통분모를 가진 해결책을 제시한다. 이러한 단편적인 조각들로 구성된 보고서를 안보회의에서 제대로 이해할 수 있을지는 불분명하다. 부처 간 흥정의 산물인 그러한 기획위원회의 보고서는 가장 일반적인 경우를 제외하곤 비중 있게 다루어지지 않는다.

기획위원회 보고서에서 건의된 사항들은 안보회의에서 토의되고 그 결과는 필요한 경우 수정을 가해 대통령에게 보고하고 승인을 받는다. 이 승인된 문서는 NSC의 또 다른 부속기구인 실행조정위원회를 거쳐 각 부처의 집행부서로 보내진다.

② 실행조정위원회(the Operations Coordinating Board)

안보회의를 거쳐 대통령이 승인한 정책을 집행하는 업무는 실행조정위원회(OCB)가 담당한다. NSC체제에서 기획위원회가 정책개발 부서라면 OCB는 정책수행 부서이다. 이 기구도 차관급의 부처 간 위원회로서 대통령의 안보문제 특별보좌관이 의장이 된다. OCB는 부처 간 합동작업팀의 지원을 받으면서 NSC의 의도를 수행하는 계획을 마련하고 그 정책을 해당부처에 전달하며 실행 중인 프로그램의 현재 상황을 파악하여 그 진척상황에 관한 보고를 NSC를 통해 대통령에게 한다. 이론상 OCB는 정책을 만들지 않고, 그 수행을 지원하는 것으로 되어 있다. 그렇다고 제약이 있는 것은 아니다. OCB가 NSC의 정책보고서를 접수하면 우선 그 보고서의 진의가 무엇인지를 파악한다. 때때로 OCB는 NSC의 그 정책문서가 담고 있는 일반적인 목적을 구체적인 목적으로 바꾸고 그 목적을 달성할 수 있도록 계획을 수립한다. 이 과정에서 각 부처의 목적과 이익이 문제가 된다. NSC문서를 실행계획으로 바꾸는 과정은 기획위원회(PB)에서 일어났던 부처 간 교환 및 협상과정과 같다. OCB는 그 정책을 각 부처 집행기관에 이첩한 후에는 조언은 할 수 있으나 지시할 수는 없다. 그런 관계로 기획과정에 대한 영향력 행사는 OCB 틀 밖에서 이루어진다. 또한 각 부처들은 때때로 이첩된 정책에 그들 사신의 해석을 내리거나 비밀조정을 가하여 OCB를 우회하기도 한다.

따라서 OCB 같은 부처 간 위원회가 마무리를 위한 주요 책임을 효과적으로 이행할 것으로 기대할 수는 없다.[10)]

제 4 절 NSC의 새로운 방향

NSC의 새로운 방향에 대해 스캇과 도슨은 다음과 같은 두 가지 결론을 내리고 있다.[11)]

첫째, NSC는 대통령과 소수 고위자문위원들이 진정한 조정을 위해 필요한

知的 친근성과 상호이해를 도출해낼 수 있는 친숙한 토론장소가 되어야 한다는 것이다. 이렇게 볼 때 안보회의는 대통령이 그의 예하 부서장들로부터 정책대안들에 관한 충분한 설명을 듣고 그들 부서장들에게 명백한 행동지침을 부여하는 장소가 되어야 한다.

둘째, 안보회의의 이러한 일차적 역할에서 그 효율성은 NSC의 하위체계들로 인해 감소되었다는 것이다. 예를 들어 기획위원회의 복잡한 의제설정, 지나치게 정교하고 특이성을 지닌 절차, 예하 부처 간 기구에 대한 과도한 의존, 그리고 포괄적인 조정과 이행책임을 위한 NSC 체제의 이용 등에서 문제점이 나타났다는 것이다.

따라서 스캇과 도슨은 NSC체계를 탈제도화시키고 인간화시켜야 한다고 주장하고 있는 바, 그 내용은 다음과 같다.

첫째, 안보회의는 오직 대통령에게 봉사하는 기능으로 존재해야 한다.

둘째, 안보회의는 대통령이 그의 정책과 입장을 표명할 수 있도록 기본적인 문제에 대한 정의를 내리고 주요 정책에 관한 다양한 의견을 개진토록 하는 매개기능을 해야 한다.

셋째, 안보회의의 참석범위를 극소수로 제한하는 것이 좋다. 국무장관과 국방장관 등 부서장들만 참석시킨다.

넷째, 기획위원회는 각 부처에서 올라온 정책제안들을 비판하고 논평하는 일을 주로 해야 한다. 그 기구가 각 부처들의 입장들을 협상하는 수단으로 이용돼서는 안된다.

다섯째, 대통령은 주로 국무부 장관에게 의존해야 한다. 응집적인 국가전략의 수립에서도, 정치 군사 경제 및 기타 요소들을 최초로 종합하는 작업에서도 국무장관에게 의존해야 한다.

여섯째, 실행조정위원회는 철폐하는 것이 좋다. OCB는 정책수행 문제를 지원하는 수단으로서 내재적 한계를 지니고 있다. 각 부처의 노선을 초월하는 정책이행 책임은 아마도 비공식 부처간 기구의 도움을 받는 특정 부처나 특정 집행관리에게 주면 되는 것이다.

일곱째, 대통령은 항상 소규모 개인 참모진을 가지는 것이 옳을 것이다. 즉 체계 밖에서 일하는 참모진으로서 대통령이 필요로 하는 정보의 수집, 각료들에 대한 질문자료, 정책개발의 암시와 주문, 정책집행시 차질을 탐지하는 등의 업무를 위해서이다.

여덟째, 안보회의는 소수 유능한 보좌관들을 두는 것이 필요하다. 그들은 안보회의의 업무를 준비하고 결정을 기록하고 각 부서들간의 분쟁을 조정하는 기능을 수행하는 보좌관들이다.

제 5 절 대통령들과 NSC운용

① 신임 대통령의 선택

신임 대통령들은 NSC의 활용에서 두 가지 방법을 사용하게 된다.

첫째, 대통령은 장기적이고 중요한 전략적인 선택 문제를 포함해서 시급한 조치를 요구하는 일부 제한된 주요 현안들을 토의하는 데 있어서 그의 핵심 보좌관들과만 회동하는 어떤 친밀한 모임으로 그 안보회의를 이용할 수 있다.

둘째, 대통령은 그 안보회의를 다른 측면에서 볼 수도 있다. 즉, 그 안보회의를 정책제안들을 발의시키고 대통령이 승인한 결정들을 속행시키기 위한 종합적이고 고도로 제도화된 체계(system)의 정점으로 볼 수 있다. 이런 관점에서 보면 그 안보회의는 소위 "정책의 高地(policy hill)"라 부를 수 있는 최고 지위에 있게 되는 것이다. 정책보고서들은 부처 간 위원회들을 통해 그 언덕의 한쪽 면을 타고 올라온 후 그 안보회의에서 검토하게 된다. 만일 그 정책보고서들이 대통령에 의해 승인되면 그것들은 다시 다른 부처 간 구조를 통해 언덕의 다른 쪽 면을 타고 내려가서 집행부서에 도달하게 된다.

② NSC의 운용사례

제2차대전 이후 東西냉전 기간 가장 중요한 외교정책들은 국가안전에 관련된 것들이었다. 모든 대통령들은 군부와 민간부서에서 올라오는 투입물(inputs)을 검토하고 이용할 수 있는 어떤 형태의 협의체가 필요했다.

1) 아이젠하워

아이젠하워는 NSC사무국에 위원회기구를 설치하였다. 즉, 실행조정위원회가 그것이다. 그리고 군사업무에 관해 합참(the Joint Chiefs of Staff)으로부터 정기적으로 건의를 받을 수 있는 대통령 부속기구를 설치하였다. 일부 논자들은 대통령이 거의 필요 없을 정도로 그의 직무를 제도화하고 구분시켰다고 평했다. 아이젠하워의 하위체계(subsystem) 운용은 그가 평생 익혀온 軍의 참모기능 패턴을 반영한 것이라 하였다.

2) 존 F. 케네디

1961년 아이젠하워를 계승한 케네디 대통령은 국가안보문제 특별보좌관이자 NSC참모장으로 번디(McGeorge Bundy)를 임명하였다. 그는 명목상으로는 NSC에 있었지만 실제로는 백악관에 있으면서 강력한 외교정책 참모진을 발전시키기 위해 공적인 NSC를 이용하였다. 쿠바의 피그만 침공사건 이후 케네디는 제도적 절차와 부가적인 중앙집권적 국가안보정책, 즉 외교정책 형성을 백악관에서 주도하기 위해 더욱 세심한 주의를 기울였다. 그는 주로 개인적인 자문위원들과 접촉했고 그들의 비공식적 자문에 의존했다. 특히 1962년 쿠바 미사일 위기시에 그러하였다.

3) 린든 B. 존슨

존슨은 케네디의 비공식적인 백악관의 대외정책 위기관리팀들을 상속받았다. 그들은 맥나마라(Robert McNamara) 국방, 번디 안보담당 특보, 러스크(Dean Rusk) 국무, 그리고 테일러(Maxwell Taylor), 헬름즈(Richard Helms), 로스토우(Walt Rostow), 휠러(Earle Wheeler) 등 미국의 베트남戰 성안자들이었다. 존슨 대통령은 비공식적인 "화요일 오찬팀(the Tuesday Lunch Bunch)"을 만들어 자기가 가장 경청하고 싶은 사람들만 참석시켰다. 로스토우에 의하면 "화요일 오찬"은 "다면적인 NSC 과정(the many sided NSC process)"이었고, 그 모임은 NSC 공식회의를 능가했다는 것이다.[12] 물론 존슨은 자기 회고록에서 NSC 공식회의 내용을 빈번히 경청하였다고 썼다.[13] 로스토우에 의하면 NSC는 관리들로 하여금 어떤 문제의 응집적인 요체를 제시하고 대통령이 해결해야 할 여러 대안들을 제시하도록 하는데 유용한 기구로서 기능하였다는 것이다. 그것은 대통령이 참모들에게 미리 어떤 문제점들을 시사해주는데 유용하다는 것이다.[14]

4) 리차드 닉슨

닉슨은 NSC를 국가안보문제를 기획하는 탁월한 역할기구로 다시 회복시켰고 모든 정책결정들을 공평하게 심의하도록 하였다. 닉슨은 키신저를 안보문제 특별보좌관 및 NSC 사무총장을 겸임토록 하였다. 닉슨 행정부의 NSC참모진에 관한 프로그램 분석팀장이었던 오딘(Philip Odeen)은 3명의 전임 대통령들과 닉슨을 대조시켰다. 아이젠하워는 NSC구성원들과 행정부처들과의 타협에 초점을 맞추었고, 케네디와 존슨 시절의 NSC구성원들은 그 회의에서 각자의 견해를 표명하도록 요청되었다는 것이다.[15]

닉슨은 모든 정책대안들을 회의테이블 위에 올려놓고 검토시켰으며 무엇보다 대통령의 신축성을 유지하려고 하였다.

이와 같이 1969년 NSC는 키신저가 주도하면서 그 구성을 정규멤버들과 외교정책 관료들, 그리고 관련부처 대표들로 하였고, 그들로 NSC위원회들을 만들어서 여러 정책대안들을 탐구 · 개발하도록 하였다.

그러나 닉슨의 NSC 중시 태도는 실제보다는 다분히 수사적인 것으로 나타났다. 닉슨 대통령의 보좌관 중의 한 사람이었던 헤이그(Alexander Haig)에 의하면 닉슨 행정부 시절 NSC의 공식역할은 대통령을 위한 단순한 자문역할에 그쳤다는 것이다. "해결이 어려운 문제들에 관해서는 닉슨은 매우 참을성 있게 정규멤버들 또는 특별초청멤버들의 견해를 유도해 냈다. 만일 그들이 표명하는 주제에 특별한 관심이 있는 경우, 그는 자기의 자문위원에게로 갈 것이다. 그는 표결에 붙이지 않는다. 그것은 합의가 아니다. 나는 그가 그 회의에서 강력한 합의를 거친 것을 역전시킨 몇 가지 주요 결정들을 알고 있었다"[16]고 헤이그 보좌관은 술회하였다. 즉, NSC의 역할이 주변적이었다는 것이다.

우선 키신저에서부터 해당기관 및 특별집단에 이르기까지 그들은 모두 국가안전에 관한 연구 비망록을 발간하고 그것을 평가하고 선택 대안들을 작성하도록 요구된다. 그 다음 NSC의 가장 중요한 위원회인 고위심의위원회가 그것을 검토한 후 궁극적으로 잘 수정된 대안들이 대통령에게로 간다. 그러한 문제들을 토의하는 NSC 전원회의는 열리지 않는다. 예를 들어 오딘(Odeen)은 두 번째 단계의 전략무기제한회담(SALT II)의 NSC의 준비과정을 기술하고 있다. 주로 NSC위원회와 실무작업팀이 준비한 내용은 다음과 같다.

첫째, SALT I 협정의 서명과 공표 이후 키신저는 만일 소련이 모든 형태의 무기제한을 수용하는 경우 미국이 그것을 검증할 수 있는지를 검토하기 위해 확대회의를 소집하였다. 즉, 6~8명의 NSC요원들로 구성된 위원회로 확대회의를 개최하였다.

둘째, 키신저는 그 위원회의 평가에 기초한 "합의서(consensus paper)"를 발표하였다.

셋째, 기타 NSC 위원들은 미국이 소련과 함께 추진할 수도 있는 가능한 모든 무기통제대책들을 준비하기 시작했다.

넷째, NSC위원회들은 ① 미국의 전략적 공격체제의 생존 가능성의 향상, ② 양측의 전략적 공격체제의 안정화, ③ 쌍방의 전략적 공격체제의 감축 등과 같은 일연의 전체적인 목적들을 정의(定義)하도록 하였다.

다섯째, 검증회의(the verification panel)는 소련이 그러한 미국의 대책에 순응하고 있는지를 검증할 수 있는 미국의 능력대책을 실험하기 위한 새로운 회의를 소집하였다.

여섯째, 검증실험을 통과한 대책들은 NSC를 통해 대통령에게 보내진다.

여타 닉슨-키신저의 외교정책 발의는 NSC와 별 관련이 없었다. 예를 들어 오딘은 그의 증언에서 "현재의 對중국정책은 NSC체제를 통해 성안되지 않았다"고 하였다. 더욱이 그러한 정책목적은 어느 다른 외교정책 기관과도 협의되지 않았고 1971년 중반 키신저의 중국 방문도 위장되고 있었다. 파키스탄에서 건강이 "나쁜" 것으로 알려졌고, 그의 방문이 끝날 때까지 보도가 되지 않았다. 1972년 2월 닉슨의 중국 공식방문까지 국무부 관리들에게는 다가오는 그 방문에 대한 토의도 상상도 하지 않도록 지시되어 있었다. 1973년 중동에서 소련의 군사개입 위협이 감지된 상황에서 전세계적으로 내려진 미군의 경계태세 발령은 대통령이 참여한 NSC회의에서 키신저의 사회로 토론 없이 발표되었다.

통상 대통령들은 비상시를 제외하곤 국가안보정책에 관한 모든 결정들은 NSC의 틀 내에서 이루어질 것이라고 규정한다. 따라서 이론상 안보문제들에 관한 NSC의 관할권은 전제적이다. 그러나 국가안보에 영향을 주는 가장 중대한 문제들 중 상당수가 실제로는 NSC틀 내에서 처리되지 않는다. NSC의 주 작업은 국가안전문제보다는 외교정책문제의 검토에 집중되어 왔다.[17] 안보회의의 많은 시간이 소위 "국별보고서(country paper)"의 생산에 치중된다. 예를 들어 안보회의는 다음과 같은 중요문제 등에는 주변적 관심을 가지는 것으로 보인다. 즉, ① 전체국방예산의 규모와 그 구성에 관한 결정, ② 軍의 전력과 구조, ③ 대외경제정책 및 원자력과 같은 분야에서 주요 관련 기관들의 계획의 규모와 범위, ④ 정책목적들을 예산과정을 통해 구체적 계획과 프로그램으로 전환시키는 작업, ⑤ 장기적으로 중대한 결과를 가져올 많은 중요한 운용결정들이다.[18]

이러한 사실들을 볼 때 각 부처들이 NSC체계 밖에서 중대한 정책문제들을 추진하기 위해 적극적이고 성공적으로 작업을 수행한다는 것이다. 정책비중이 높고 부처 간 차이가 클 경우 각 부처장들이 그러한 문제들을 NSC 조정위원회나 안보회의 심의에 넘기지 않고 막후에서 그들간 협상으로 해결하려 한다는 것이다. 또한 그들은 대통령의 입장에 의심이 갈 경우 대통령을 교묘히 피해가려 한다는 것이다.

따라서 NSC의 적극적인 활동에도 불구하고 그 체계가 장기적인 국가전략을 결정하는 가장 중요한 문제들과 또는 미래정책에 결정적이고 지속적으로 영향을 미칠 많은 중대한 운용적 결정들에 얼마나 관심을 가지고 있는지가 분명치 않다는 것이다.[19]

이상에서 살펴본 바와 같이 외교정책 결정에 미치는 공식적인 NSC의 영향은 거의 전적으로 대통령의 태도에 달려있다. 케네디-존슨 기간 맥나마라와 같은 NSC의 유력 멤버가 강력하게 주장하는 경우를 제외하곤 대통령들은 NSC 체계 밖에서 이루어진 결정들이 NSC의 영향을 받는 것을 피하는 경향이었다. 또한 많은 주요 결정들은 케네디의 경우 백악관의 개인 자문위원들, 존슨의 경우 화요일 오찬모임과 같은 비공식 집단들과의 상호작용 후에 나왔다.[20]

1969년 닉슨은 백악관에 들어온 이후 NSC체제 속에서 외교정책을 백악관이 장악할 수 있는 가능성을 보았다. 1968년 대통령 선거운동 기간 닉슨은 외교정책에 강렬한 관심을 보였고 외교정책결정을 자신이 직접 지휘할 것(call the turn)이라고 천명하였다.

5) 지미 카터

지미 카터는 변화하는 국제환경에 부응하기 위한 새롭고 낙관적인 외교정책 어젠다를 가지고 대통령직에 취임하였다.[21] 비록 카터의 세계관은 닉슨의 세계관과는 달랐지만 카터 행정부의 외교정책결정기구는 닉슨 행정부의 초기 형태와 비슷하였다. 카터의 외교정책체계는 백악관에 집중되고 있었으나 각료들과 부처의 의견에 비교적 개방적이었다. 카터의 외교정책은 일면 공식적인 NSC과정에 의존하면서도 안보보좌관 및 국무장관과 상의하는 비공식 자문과정에 의존하였다.[22]

NSC는 다시 주요 정책결정기구로 사용되기 시작했지만, 카터 행정부 초기에는 별로 이용되지 않았다. NSC체계내 두 개의 합동기구가 일차적으로 외교정책 과정을 담당하게 되었다. 즉, 정책검토위원회(the Policy Review Committee : PRC)와 특별조정위원회(the Special Coordinating Committee : SCC)가 그것이다. PRC는 각료급 정책개발기구로서 대통령이 지명하는 부서가 주관했던 바, 해롤드 브라운(Harold Brown) 국방장관은(예를 들어 中東지역 국가들에 대한 무기공급과 같은) 군사문제를 다룰 때는 의장으로서 주관하였고, 파나마운하 협상이라든가 中共과의 관계 개선 문제같은 보다 혼합적인 정치-군사문제 등을 다룰 때는 싸이러스 밴스(Cyrus Vance)국무장관이 의장직을 맡았다. 브레진스키(Zbigniew Brzezinski) 안보보좌관이 주재하는 특별조정위원회는 군비축소와 위기관리 같은 포괄적인 문제들을 다루기 위해 설치되었다. NSC체계의 최하위급에는 차관보급으로 구성된 지역적 기반의 부처 간 기구와 특별기구라는 두 개의 집단이 있었는데, 이들 기구는 PRC와 SCC의 많은 실무를 담당하였고 보다 덜 중요한 문제들을 처리하였다.

닉슨 행정부에서와 같이 외교정책과정은 대통령이 어떤 문제를 확인하고 그것을 해당부서에 연구하도록 지시하는 대통령 검토메모(a presidential review memorandum)를 발부하는 때 그 작동을 개시한다. 그 연구가 완성되고 대통령에게 보고되면, 대통령은 특정 조치를 내릴 것이다. 여기서 대통령의 결정을 설명하고 관료들에게 그 수행절차를 지시하는 대통령의 지령이 떨어진다. 그런데 이러한 과정은 생각보다는 훨씬 더 복잡하고 미묘하다. 보고서들을 준비하고 수정해야 하며 그러한 문제를 토론할 회의를 소집해야 한다. 이러한 모든 과정을 거치는 데는 많은 시간과 노력이 든다. 그러한 보고서 작성이 완료되면 통상 간단한 개요와 한 두 페이지의 비망록을 첨부해서 대통령에게 보고된다. 그러면 대통령은 그 자료를 검토하고 보좌관들과 협의한 다음에 어떤 결정을 내리게 된다. 그런 다음에 그 결정은 집행단계로 들어간다.

카터 대통령은 외교정책과정을 효율적으로 운영하는데 있어서 그가 존경하고 신뢰하는 두 사람, 즉 브레진스키와 밴스에 주로 의존하였다. 브레진스키 안보보좌관 겸 NSC참모장은 일차적으로 NSC체제의 부처 간 업무를 조정하는 책임을 지고 있었고, 밴스 국무장관은 대통령을 대리하는 최고 협상자요 주 대변인이었다. 두 사람 모두 대통령과의 지근거리에 머물면서 외교문제에 관해 대통령에게 조언하는 핵심적인 보좌관이었다. 브레진스키는 통상 세계의 주요 사태의 발전과 그것들이 미국외교정책에 미치는 영향에 관해 대통령에게 아침 브리핑을 해주었다. 저녁에는 종종 밴스장관이 그날의 사태에 관한 자신의 견해를 보고서로 작성해 대통령에게 직접 보냈다. 중요한 문제들은 금요일에 모이는 카터의 "외교정책 조찬" 모임에서 토의되었다. 그 조찬모임에는 통상 브레진스키 보좌관, 밴스 국무장관, 그리고 브라운 국방, 먼데일(Walter Mondale) 부통령, 조던(Hamilton Jordan) 비서실장 등이 참여했다. 브레진스키는 또한 밴스 및 브라운과 주례 오찬회동을 주재했다. 그러나 비공식 자문과정은 거기서 끝나는 것이 아니었다. 왜냐하면 카터 대통령은 통상 백악관 집무실에서 그의 보좌관들을 면담하거나 전화로 그들과 정책을 토의하곤 하였다. 최초 2년간에는 외교정책체계가 상당히 잘 가동되었다. 외교정책은 백악관 중심으로 이루어졌으나 개방적이고 신축적이어서 대통령에게는 광범위에 걸친 정보와 조언이 제공되었다. 카터는 외교문제에 있어선 경험과 지식이 결여되어 있었다. 그때문인지 그는 국제정치를 배우는 데 매우 적극적이었고 매일 결정과정에 참여했다. 카터, 브레진스키, 밴스는 함께 지냈고 미국 외교정책의 미래에 대해서는 낙관주의를 공유하고 있었다. 카터가 이 기간에 보였던 주요 문제점은 그가 너무 많은 구상(initiatives)을 너무 빨리 추진하려 했다는 점이다. 즉, 그는 인권을 향상시키고, 소련과 SALT II를 협상하고, 무기수출을 제한하고 핵확산을 억제하며, 한국주둔 미군을 감축하고, 중화인민공화국 및 베트남과의 관계를 정상화시키고, 파나마운하조약을 체결하며, 중동지역의 갈등을 포괄적으로 해결하려 하였다. 카터 대통령은 대부분의 경우 그의 보좌관들과 외교정책 관료들을 앞서 나갔다.

임기 3년차에 접어들어 그의 외교정책과정은 와해의 조짐을 보이기 시작했다. 최초의 악화조짐은 브레진스키 보좌관이 소련의 팽창주의를 억제할 필요성에 관해 점차 강경노선을 취한 때문이었고, 이러한 조짐은 이란의 불안한 샤(the Shah)왕정과 같은 사태를 다루는데 있어서 무력의 사용에 관한 카터 대통령의 우유부단으로 더욱 보강되었다. 브레진스키 보좌관과 밴스 국무장관 두 사람은 점차 적절한 정책이 무엇이냐에 관해 의견을 달리했을 뿐만 아니라 그들 각자의 행동 스타일도 사태를 악화시켰다. 밴스 장관은 냉전기간 국무성의 외교정책 관료구조 속에서 성장하면서 신사적이고 비당파적이며 조용한 성품의 스타일을 보여주고 있었던 반면 브레진스키 보좌관은 야심적이고 당파적이고 행동주의적인 새로운 타입의 외교정책을 보여주었다. 결국 정책과 개인적 스타일의 차이에서 야기된 갈등의 증폭은 관료사회의 내분, 특히 두 사람의 참모진 간의 갈등으로까지 이어졌다.

1979년 후반 이란 주재 미국대사관 직원들이 인질로 잡히고 소련이 아프가니스탄을 침공하는 사태에 직면하면서 카터 대통령은 밴스 국무장관보다 브레진스키 보좌관의 노선을 지지하게 되었고 미국 외교정책의 초석이었던 봉쇄전략을 복원시키게 되었다. 카터는 또한 인질구출을 위한 군사작전을 결정하였던 바, 그 시각 밴스는 플로리다에서 휴가를 보내고 있었다. 밴스는 더 이상 대통령의 신뢰를 받지 못했고, 그의 정책견해는 카터 행정부 내에서 점차 고립적이 되었다. 그는 결국 사임하게 되었고, 지난 60여 년 동안 원칙의 문제로 스스로 사임한 최초의 국무장관이 되었다.[23] 결과적으로 브레진스키와 그의 NSC 참모진은 카터 행정부의 임기 말까지 외교정책과정에서 우세한 입장을 견지했다.

6) 로널드 레이건

레이건 대통령은 강력한 국가안보 보좌관과 NSC참모진에 대한 카터의 편향을 역전시키려는 태도로 집무에 들어갔다.[24] 레이건은 정보와 자문을 구할 때 외교정책 관리들과 해당 부처에 의존하였다. 그것은 내각중심의 정부에 훨씬 더 가까웠다. 그러함에도 레이건의 백악관 참모들이 지배적인 역할을 수행함으로써 정책과정은 여전히 백악관 중심이었다. 이전의 대통령들에서와 같이 외교정책과정은 이중체계로 발전하였다. 즉, 하나는 공식적인 NSC과정이었고 또 하나는 더욱 중요한 비공식 자문과정이었다. 그러나 근자의 다른 대통령들과는 달리 레이건의 국가안보 보좌관과 그 참모진은 NSC 초기의 역할을 떠올리게 하는 조정역할 이상은 아니었다.[25] 대통령에게 정보와 자문을 제공하는 수단으로 3개의 부처 간 고위급 위원회가 창설되었다. 하나는 정보문제를 담당했고 CIA국장이 주관했다. 또 하나는 방위정책을 담당하는 위원회로서 국방장관이 주관했으며, 세 번째는 전통적인 외교정책문제를 취급하는 위원회로서 국무장관이 주관했다. 카터 대통령 하에서와 같이 부처간 과정은 대통령의 검토메모(a presidential review memorandom)를 작성하는 것이었고, 궁극적으로는 그 메모에 기초해서 대통령의 결정이 이루어졌다. 또한 위기관리단이 창설되었는데 조지 부시 부통령이 그 기구를 주관하였다. 이들 각 위원회들은 백악관 비서실을 통해 대통령에게 보고하였다.

키신저 보좌관이 모든 부처간 위원회들을 주재한 닉슨 행정부나 브레진스키 보좌관이 일부 부처 간 위원회를 주관했던 카터 행정부와는 달리, 레이건의 국가안보 보좌관은 어느 위원회도 주관하지 않았다. 국가안보 보좌관의 임무는 NSC 직원들을 감독하고 공식적인 NSC 과정을 지원하는 것이었다. 레이건의 첫 번째 국가안보 보좌관으로 임명된 앨런(Richard Allen)은 대통령의 핵심 보좌관이자 대변인이었다. 전임 대통령들과 달리 레이건 대통령 하의 국가안보 보좌관은 백악관 비서실을 통해 보고했다. 레이건 행정부 시절 국가안보 보좌관의 위상과 영향력이 퇴조를 보인 증거로는 그의 사무실이 백악관 지하실로 옮겨졌다는 사실이다.

레이건 대통령은 전임자들보다 훨씬 더 많이 비공식 자문과정에 의존하였다. 그는 권위를 위임하기를 좋아했고, 일상적인 작업에는 관여하지 않으려했으며, 외교문제에 관한 경험과 지식도 없었다. 레이건이 정보와 조언을 구하기 위해 의존했던 주요 외교정책 관리들은 헤이그 국무장관(후에는 조지 슐츠), 캐스퍼 와인버거(Casper Weinberger)국방장관, 그리고 케이시(William

Casey) CIA국장 등이었다. 레이건은 또한 직전의 전임자들과는 달리 주로 백악관 참모들에 의존하였던 바, 집권 제1기에는 제임스 베이커(James Baker), 마이클 디버(Michael Deaver), 그리고 에드윈 미즈(Edwin Meese) 등이었고, 제2기에는 하워드 베이커(Howard Baker)였다. 그들은 레이건의 최측근 참모들이었을 뿐만 아니라 대통령과 NSC체계 간의 중계역할까지 담당하였다.

레이건 행정부의 외교정책과정은 초기부터 삐걱거리기 시작했다. 첫 번째 주요 문제는 국무장관의 역할과 관련되었다. 헤이그 국무는 대통령을 위한 외교정책과정에서 국무부가 중심이 되어야 한다고 생각하였다. 헤이그는 외교문제에서 많은 경험을 가지고 있었다. 그는 닉슨 행정부시절 키신저 국가안보보좌관의 부보좌관을 지냈고, 닉슨의 비서실장을 지냈으며, 포드 대통령 시절에는 NATO軍 사령관을 지내기도 하였다. 그는 자기주장이 강했고 개성 또한 강했다. 그는 국무장관인 그가 외교정책의 주 대변자이고, 외교정책의 주 보좌관이며 관리자라고 생각하였다.[26)]

헤이그는 레이건 대통령이 국가안보보좌관과 그 참모진을 별로 중시하지는 않았지만 자신의 개인적 참모진에 기초한 백악관 중심 체제를 선호하고 있음을 이해하지 못했다. 레이건은 자기 보좌관들과의 회동도 대학의 써클모임처럼 편안한 분위기를 원했기 때문에 헤이그 같은 딱딱하고 강직한 개성을 가진 사람과는 불편함을 느꼈다. 특히 레이건 대통령이 총격을 당해 병원에 있을 때 전국적인 TV방송에서 외교정책을 "내가 관리한다(I am in control)"고 했을 때, 그는 백악관 참모진들과 정치적 갈등상황으로 빠져 들어갔다.[27)] 외교정책 과정의 관리문제로 인한 분열, 특히 정책적 입장차이가 아주 심각해져서 헤이그 국무는 여러 차례 사임 압력을 받았다. 결국 1982년 유럽에 소련의 천연가스관을 설치하는 문제를 놓고 격론을 벌이는 과정에서 레이건이 설치, 용인 쪽의 손을 들어주면서 헤이그의 사표는 수리되었다.

두 번째 주요 문제점은 레이건 대통령 하에서 주요 인사들이 빈번히 교체되었다는 점이다. 레이건은 여섯 명의 국가안보 보좌관을 교체했는데, 그 보좌관들은 일 년 이상을 넘기지 못하였다. 물론 레이건 대통령 하에서는 국가안보 보좌관의 역할이 경시된 것은 사실이지만 국가안보 보좌관은 여전히 정책과정을 조정하는 데 있어서 중요한 지위를 가지고 있었으며, 외교정책 관료의 규모와 복잡성에 비추어 볼 때 집행부 부서의 업무를 파악하고 그 관료기구를 관장하는 적절한 전략을 구상하는 데는 상당한 시간을 필요로 했었다. 국가안보 보좌관들은 대통령과 같이 그 업무를 숙지해야 한다. 그들은 대통령 및 외교정책 관리들과 긴밀한 업무관계를 형성해야 한다. 그런데 레이건 대통령 하에서는 국가안보 보좌관이 정책결정과정을 파악하고 적응하여 이제 막 어설프게나마 문제를 다루려고 하면 몇 달 뒤에 전혀 새로운 사람으로 교체되는 것이었다. 리처드 알렌으로부터 시작해서 윌리엄 클라크, 로버트 맥팔레인, 존 포인덱스터, 프랭크 칼루치, 그리고 마지막으로 콜린 파월 등으로 교체가 이루어졌다.

이와 같이 주요 인사들의 빈번한 교체는 외교정책과정의 대 황폐화를 가져왔다. 그러한 빈번한 교체는 대통령이 원래 의도했던 것보다 훨씬 더 심각하게 국가안보 보좌관의 역할을 축소시켰다. 예외가 있었다면 윌리엄 클라크(William Clark)였는데 그는 비록 외교정책에 관해 별로 아는 것은 없었지만 개인적으로 대통령과 친밀한 관계를 유지했다.[28] 결과적으로 국가안보 보좌관은 종종 영향력 부족이나 경험의 결여로 외교정책과정을 관장할 수 없게 되었다. 그리하여 외교정책과정의 주도권은 백악관 참모인 베이커와 미즈(Meese), 헤이그 국무를 대체한 조지 슐츠(George Shultz), 그리고 와인버거 국방 등에게로 이전되었다. 레이건 대통령의 주요 보좌관들 사이의 정치적 내분은 믿기 어려울 정도였다. 국가안보 보좌관은 그러한 싸움을 중단시킬 수도 없었고 또한 그러한 내분을 보다 생산적인 방향으로 유도할 수도 없었다. 레이건 대통령은 그러한 대립 속에서 심한 고통을 겪었고 자기 부하들을 통제하지도 못하였다. 주요 정치적 싸움은 차기 국가안보 보좌관을 누구로 할 것이냐에 관한 것이었다. 특히 레이건 대통령의 측근이던 베이커, 디버(Deaver), 미즈 등이 백악관을 떠났을 때 정책과정의 혼란은 더욱 악화되었다.

레이건 행정부 중반기 정책과정에 대한 체계적 관리가 약화되면서 여러 상이한 문제들을 놓고 관리들과 백악관팀들 간에 비공식적인 연합적 행동이 일어났다. 예를 들어 의회에 의해 니카라과의 반군(the Contras)에 대한 미국의 지원이 금지된 이후에도 니카라과의 사회주의 정권인 산디니스타(the Sandinistas) 정권을 전복시키려는 반군의 활동을 지원하기 위한 행정부 내의 합의가 이루어졌다는 것이다. 따라서 대부분의 주요 관리들과 외교정책 관료들은 반군에 대한 지속적 지원에 관여하였다. 그러나 이란에 억류되 있는 미국인 인질의 석방대가로 이란에 무기를 판매하는 문제에 대해서는 레이건의 보좌관들 사이에서 심각한 분열이 일어났다. 즉, 슐츠국무와 와인버거 국방 사이에서 주도권 싸움이 일어났던 것이다. 그러나 레이건이 對이란 무기판매방안에 찬성하면서 정책과정에의 참여폭은 축소되었다. 즉 백악관, NSC, 그리고 CIA는 외교정책과정에 잔류하게 되었고 국무장관과 국방장관은 배제되었다. 니카라과의 반군지원문제와 대이란 무기판매 문제의 실질적인 처리는 NSC 참모진에 의해 수행되었다. 레이건 행정부하에서 NSC역할이 처음으로 그 절정기에 이르렀고, 그것은 제2기 레이건 행정부에서 NSC의 부상에 기여했던 것이다.

결국 대통령의 이름으로 관료사회를 장악하는 데 성공한 것은 레이건 행정부 후반기였다. 프랭크 칼루치와 그 다음에 콜린 파월이 국가안보 보좌관으로 기용되면서 였다. 이들은 상당한 외교정책 경험을 가진 유능한 인물들이었고, 그들은 국가안보 보좌관과 그 참모요원들의 위상을 회복시켰고 정책과정에 대한 그들의 영향력을 증대시켰다. 레이건 행정부의 이들 두 유력한 인사들과 외교정책 관리들은 와인버거 국방을 은퇴시켰고 케이시 CIA국장은 재임중 사망했다. 또한 안보보좌관은 전 상원의원 하워드 베이커에서 도널드 리건(Donald Regan)으로 교체되어 정책과정이 대통령을 위해 더욱 능률적으로 기능하도록 강화되었다. 이렇게 해서 레이건 대통령은 강화된 국가안보 보좌관과 그 참모진으로 갖추어진 백악관 중심 체제를 만들어 놓고 임기를 마쳤다.

7) 조지 H. 부시

부시 행정부의 초기 외교정책과정은 포드 대통령, 카터 행정부의 초기, 그리고 레이건 행정부의 후반기에 보였던 형태와 유사했다.[29] 즉, 내각의 관리들과 부처들이 지배적인 역할을 수행하는 NSC체제를 축으로해서 돌아가는 백악관 중심체제였다. 부시는 백악관 중심의 정책결정과정에 만족하였다. 왜냐하면 그 자신이 닉슨, 포드, 레이건 행정부 하에서 CIA국장, 주 유엔대사, 그리고 부통령 등의 역할을 수행하면서 얻은 외교정책 전문성과 정책결정의 경험을 가지고 있었기 때문이었다.

부시 대통령은 NSC 참모진의 공식적인 부처간 정책과정과 국가안보 보좌관 브렌트 스코우크로프트(Brent Scowcroft)의 조정 역할에 의존하게 되었던 바, 스코우크로프트는 포드 행정부에서도 국가안보 보좌관을 지냈었다. 부처간 합동팀들은 여러 상이한 수준에서 기능을 수행하였다. 보다 중대하고 전체적인 문제들은 고위급 정부관리들로 구성된 팀이 담당하였고, 보다 덜 중대한 문제들은 지역적 기능적 업무를 담당하는 외교정책 관련부서들의 하급관리들이 담당하였다. 부시는 소규모의 비공식 자문과정에 주로 의존하였던 바, 그 집단에는 국가안보 보좌관 스코우크로프트, 국무장관 제임스 베이커, 국방장관 리처드 체니(Richard Cheney), 그리고 합참의장 콜린 파월 등이 참여했다. 예를 들어 부시는 1990년 8월 2일 이라크가 쿠웨이트를 침공한 이후 사우디의 방어에 강력하게 대응하고, 쿠웨이트에서 이라크가 철수하도록 벼랑 끝 정책을 추구하며, 그러한 정책들이 실패할 경우 전쟁에 들어간다는 일련의 결정들을 작성할 때 필요한 정보와 자문을 바로 그 소규모 회의체에 의존하였다.

제 6 절 국가안보담당 보좌관

1947년 NSC가 창설된 이후 그 기구의 역할과 기능, 참모진과 특별보좌관들은 각 대통령들의 선택과 기호, 그리고 시간의 흐름에 따라 변하였다.[30] 멀케이와 켄드릭 두 사람은 정책결정과 그 수행이라는 두 가지 중요 기능을 수행하는 안보담당 보좌관의 역할에 기초해서 NSC의 업무수행을 범주화하고 평가하였다.[31]

미국의 대통령은 대외정책을 결정하고 집행하는 데 많은 도움을 필요로 한다. 그는 世界 전체 또는 상당 부분의 안전과 평화를 추구해야 하는 상황에서 신속하고 효율적으로 대처해야 하기 때문이다. 그는 국무장관과 국방장관 등 당연직 참모들의 보좌만으로는 불충분하다. 그는 정부의 관리기구들과 행정부서들을 총괄하는 직속 보좌관이 필요한 것이다. 대통령은 또한 어느 집행부서이든 그들이 소유하고 있는 관련 정보 모두를 신속히 획득하여 자신을 도울 수 있는 보좌기능이 필요한 것이다. 안보보좌관은 대통령이 책임 있는 정책을 결정하고 그 결정이 이루어졌을 때 모든 행정부서와 기관들이 그 결정을 신속하게 통보받고 집행에 들어갈 수 있도록 보좌하는 사람이다. 따라서 안보보좌관은 백악관의 기본적인 외교정책 구현에서 귀중한 동맹자이다. 특히 정책결정과정에서 안보보좌관은 중요하다. 그는 국가의 안보를 관리하는 역할을 대통령을 대신해서 수행하는 사람이다. 멀케이와 켄드릭은 외교정책 결정과정에서 안보보좌관의 직무 특징을 네 가지로 설명하였다.[32)]

첫째, 안보보좌관은 대통령의 독특한 시각을 공유하면서 정치적으로 그의 개인적인 운명은 대통령의 운명과 밀접히 연결돼 있다.

둘째, 외교정책결성권이 백악관에 집중되어 있는 것은 대내외정책을 보다 밀접하게 통합할 수 있고 대통령의 대내정책 자문위원들과 보다 밀접한 관계 속에서 외교문제에 관한 주요 자문을 할 수 있도록 하기 위한 것이다.

셋째, 외교정책이란 다양한 기관들의 활동을 포괄하는 것이기 때문에 어느 한 기관(예, 국무부)이나 여타 기관을 지휘할 수 있는 관료기관은 없다. 그리하여 이들 모든 수평적 기관들을 초월하여 총괄할 수 있는 안보보좌관의 필요성이 생긴다.[33)]

넷째, 따라서 어떤 장관이든 백악관의 외교정책결정과정에서 자기 소속부처의 이익을 챙길 수 없게 된다.[34)] 미국의 외교정책결정과정에서 안보보좌관의 역할은 다음과 같다.[35)]

① 행정관(Administrator)

안보보좌관은 대통령 개인의 보좌관이라기보다는 대통령 제도하의 NSC 공복(a servant)이다.

첫째, 대통령에게 국내 상황을 브리핑 해준다.

둘째, 대통령의 결정을 기다리는 문제들의 일정을 잡는다.

셋째, 각 부처의 제안들과 의견을 대통령에게 설명해 준다.

넷째, NSC의 지시사항들을 감독한다.

이상과 같은 행정관으로서의 역할은 외교정책결정과정의 일상적인 업무이다.

② 조정자(Coordinator)

국가안보정책의 결정과정에는 두 가지 지속적인 특징이 있다. 첫째는 아무리 강력한 국무장관과 함께 작업을 한다 하더라도 대부분의 결정들은 외교 이상의 많은 것을 포함하고 있기 때문에 안보 보좌관과 NSC가 국무성의 예비대로 남아 있을 수는 없다는 점이다. 둘째는 부처 간 정책들과 계획들은 상충적이거나 갈등적인 요소가 있기 때문에 그러한 것들을 조정·관리할 필요가 생기는 것이다. 이러한 과정의 전반적인 조정은 대통령의 과제인 것이다. 그런데 안보보좌관은 그러한 대통령의 과제를 대신해서 처리하는 대통령의 公事감독관(taskmaster)이다. 안보보좌관은 물론 정책결정을 촉진하는 조정자이지 정책의 발의자는 아니니다.[36] 그러나 NSC의 검토를 위해 정책을 선택하고 정의하는 책임이 있다. 그는 국가안보과정에 포함된 아이디어, 정보, 정책들과 프로그램들의 흐름을 관리한다. 그러나 그는 상당한 영향력을 행사할 수 있지만 어디까지나 대통령의 보좌관에 불과하다. 즉, 그는 독립적인 행위자가 아니라는 것이다. 안보보좌관의 기본 역할은 정책검토와 프로그램 관리를 포함한다. 특히 대통령과 국무장관이 제반 결정들을 만들고 수행하는 동안에서는 그렇다. 그러나 실제에 있어서는 대통령의 개성에 따라 정책의 결정과 수행에서 안보 보좌관의 역할이 국무장관보다 더 클 수도 있다.

③ 자문위원(Counselor)

외교정책 결정에서 대통령을 위한 안보보좌관의 자문기능은 중요하다. 안보보좌관은 대통령과의 개인적인 관계에서 단순히 정책대안들을 제시하기보다는 그것들을 평가하는 일을 한다. 그리고 그는 정보나 기타 의견들을 얻기 위해 각 부처에 개입하고, 대통령의 뜻을 제시된 정책에 반영시킬 뿐만 아니라 그것을 주장하며, 자신의 견해를 강요하기보다는 다른 사람들의 편견들을 지적하고 균형을 잡아주는 일을 한다.[37] 안보보좌관은 제도상의 자문기구를 관장하지는 않으나 공식적인 자문과정에 참여하는 주요 인사이다. 결론적으로 그는 특별한 정책결정에 더 많은 시간을 투여하고 당면한 대통령의 필요에 부응하는 사람이다.

④ 대리인(Agent)

안보보좌관은 외교정책과정에서 대통령의 대리인으로서 조정자와 자문위원의 두 가지 역할을 결합하는 일을 한다. 대리인으로서의 안보보좌관은 국가안보정책의 형성과정을 지배한다. 실제로 그 자신이 많은 결정을 내리고 다른 사람들을 대신한다. 일차적으로는 외교문제에 대한 대통령의 대리인으로서 사실상 국가안보 보좌관의 임무와 국무장관 임무간의 차이가 없다. 이와 같이 안보보좌관은 모두 주요 국면에서 주요 정책노선의 운용자로서 기능한다.[38]

이러한 국가안보 보좌관 제도는 대통령이 국가안보 정책결정에 대한 직접적인 통제를 유지하기 위해 백악관의 知的 관료적 자원을 강화시킨 결과인 것이다.

이와 같이 NSC와 안보 보좌관의 등장은 국무부가 주변부로 전락하는 결과를 가져왔고 NSC 요원들과 국무부 관리들 간의 경합이 이루어지는 상황을 초래하였다.

제 7 절 키신저 영주(Feudal)의 등장

닉슨 대통령은 취임 후 외교정책관료를 통제하기 위해 고위 심의위원회(the Senior Review Group)를 설치하고 키신저에게 그 관리임무를 부여했다. 닉슨 행정부 하에서 키신저는 미국의 외교정책결정에 영향력을 행사한 역대 국가안보 특별보좌관들 가운데서 가장 강력한 인물이었다. 그는 국가안보 특별보좌관으로서 NSC 참모장을 겸임하면서 대통령이 주재하던 NSC회의를 주재하였다. 그는 국무장관에 임명된 이후에도 국가안보 보좌관을 겸임하였다. 에스터라인과 블랙은 키신저를 영주(feudal)로 빗대어 그의 권한이 막강했음을 설명하고 있다.[39)]

첫째, 국가안보 보좌관으로서 NSC참모장이 되었고, 그것은 NSC의 사실상의 의장직으로 전환된 것이었으며, 그는 NSC회의 의사일정을 결정했고, 때로는 회의를 주재하기도 하였다.

둘째, 고위심의위원회의 이론적 근거는 외교정책 관료들로부터 닉슨이 주장한 정책선택을 유도해낸다는 것이었다. 키신저가 NSC의 사실상의 의장으로서 고위심의위원회의 역할을 결정하였고 부처간 위원회(Intergovernmental Group)의 역할 및 차관위원회(Undersecretary Committee)의 역할을 결정하였다.

키신저는 고위심의의원회에서부터 여타 위원회에 이르기까지 제반 문제들을 정의하고 건의안을 요청하였다. 결과적으로 외교정책 관리들은 대통령의 고려대상이 될 수 있는 의미 있는 정책대안을 생산하기 위해 서로 경쟁상태로 들어가게 되었다. 즉 조정기능보다는 정책개발에 몰두하게 된 것이다.

셋째, 1969년에 시작된 일련의 NSC 특별위원회들은 모두 키신저가 주재하였다. 전문적인 문제들을 다루기 위한 위원회들도 생겨났다. 예를 들어 40인 위원회(Forty Committee)는 비밀정보활동을 승인하고 조정하는 임무를 맡고 있었다. 베트남특별연구위원회는 베트남정책을 연구했고, 방위계획심의위원회(the Defense Program Review Committee)는 국방부에 예산 및 내용검증위원회를 두어 소련과 전략무기제한회담을 지속할 것인지를 검토하게 하였으며, 워싱턴특별조치위원회(A Washington Special Actions Group)는 돌발 사태에 대한 기획과 위기관리에 종사케 하였다.

넷째, 키신저는 NSC 내부요원 100여명 이상으로 구성된 내부 참모진의 의장이 되었다. 그 이전보다 세배나 많은 이들 요원들은 젊고 키신저에 헌신하는 사람들로 구성되었고, 키신저는 이들 관료들에게 철저한 정책대안을 개발하고 건의하도록 하였다.

다섯째, 닉슨은 1973년 1월 5일 또 다른 행정명령으로 키신저를 외교문제 보좌관으로 임명하여 국가안보와 더불어 더욱 막중한 역할을 부여했고, 더욱이 그를 백악관 사무실에 있도록 하였을 때는 또 다른 차원의 역할을 그에게 첨가시켜준 것이었다.

여섯째, 1973년 9월 키신저가 국무장관으로 임명되었을 때, 그가 더욱 광범한 역할을 맡게 되자 하룻밤 사이에 외교정책에서 논란의 여지가 없는 힘이 부가되었다. 1974년 중순까지 키신저의 개인적 역할은 이론적으로 난공불락이었다. 우선 워터게이트 사건으로 시달리고 취약한 상태에 놓여있던 닉슨의 입장 때문에 키신저는 더욱 막강한 영향력을 행사하게 되었고, 닉슨의 사임 후 초년병 포드가 대통령으로 취임하게 되자 외교와 안보 문제의 결정에서 그는 더욱 막강한 영향력을 행사하게 되었다.

사실 닉슨은 그의 재임 후반기에 키신저에게 큰 빚을 지고 있었다. 키신저는 1974년 이스라엘과 아랍통일국가 간의 군사적 격리를 협상하였고, 이스라엘-시리아 간의 군사적 격리협상을 성공시켰다. 또한 키신저는 국내에서 궁지에 몰려있던 닉슨에 대한 소련정부의 유보태도 속에서도 닉슨의 마지막 모스크바 방문을 성사시켰다. 키신저는 닉슨 행정부에서 어느 정도의 개인적 자아 실현의 꿈을 성취하였다. 다만 그가 유럽에서 극동으로 가는 여행도중 의회가 초기 워터게이트 도청활동이 진행되고 있던 시기에 그의 무관성(無關性)이 완전히 입증되지 않는 한 사임해야 한다는 압력을 공개적으로 받고 있었다. 오랫동안 국무장관들의 복수(復讐)의 대상이었던 풀브라이트(Fulbright) 상원의원이 지도하는 의회도 그러한 주장에 동조하였다.

1974년 포드가 취임하면서 키신저에게 유임할 것을 부탁하여 그는 그 지위를 계속 유지하였다. 그러나 포드의 인수팀은 NSC구조를 지배한 키신저의 권한을 제한할 것을 건의했다. 그러나 몇 시간 뒤 백악관은 그러한 건의를 거부했고, 포드는 키신저를 신뢰하여 키신저의 국가안보 보좌관 및 국무장관 겸임의 이중 역할을 지속시킬 것임을 보장하였다.

키신저는 1973년 9월에서 1974년 6월에 걸쳐 NSC팀을 동반하고 중동을 여러 차례 방문하면서 휘황찬란한 성공적인 왕복외교(shuttle diplomacy)를 전개하였고 중국과 소련을 수차례 방문하였다.[40] 국무부 내의 수직적 접촉은 전임자들에 비해 훨씬 제한되었다.

국무부와 같은 大관료조직은 침투하기가 어렵기 때문에 닉슨과 포드같은 대통령들은 통상 백악관의 NSC 참모진을 관료화시켜, NSC 참모진 위에 국무장관을 앉힘으로써 외교정책의 성공을 자신과 연결시킬 수 있다고 생각했고 실패할 경우에는 국무부나 기타 외교문제 관료들에게 책임을 떠넘길 수 있다고 생각했던 것이다.

1) 혹자는 제2차 대전 기간 Franklin Roosevelt 대통령이 어떤 특정 결정과정에의 참여 인사와 부서들을 마음대로 선택하였기 때문에 대통령의 자유재량을 견제하고자 議會가 NSC를 창설한 것이라고도 한다. John Spanier and Eric Uslaner, How American Foreign Policy is Made(New York : Praeger, 1974), p.57.
2) 제2차 대전 당시에는 국방부는 없었고, 육군성과 해군성만 있었던 것이 1947년 NSC와 더불어 국방부와 합참이 창설되었고 공군성도 독립되었다.
3) Public Law 80-253, Title Ⅰ, Secs, 101(a), (b).
4) Margaret Truman, Harry S. Truman(New York : William Morrow, 1973), pp.418-19.
5) Dwight D. Eisenhower, Waging Peace, 1956-1961(Garden City : Double & Co., 1965), p.246.
6) 부통령은 1950년 이후 Eisenhower 대통령이 Nixon 부통령을 참석시킴으로써 멤버가 되었다. 그러나 부통령의 참석은 각 대통령의 기호에 달려 있다.
7) Andrew M. Scott and Raymond H. Dawson, Readings in the Making of American Foreign Policy(New York : Macmillan, 1965), p.340.
8) Policy Paper는 Policy는 아니다.
9) Scott and Dawson, 전게서, p.339.
10) Scott and Dawson, 전게서, p.342.
11) 상게서 pp.342-344
12) Walt W. Rostow, The Diffusion of Power(New York : Macmillan, 1972), p.360.
13) Lyndon B. Jonson, The Vantage Point : Perspectives of the Presidency 1963-1969(New York : Halt, Rinehart and Winston, 1971).
14) Rostow는 1966년 Bundy를 대체하여 안보특별보좌관이 되었고 NSC총장을 겸했다. 그에 의하면 NSC는 대통령 결정을 위한 중요한 문제들을 연구하였으며, 주로 미래 사태를 연구하였다 한다. Rostow, 전게서, p.36.
15) Kennedy-Johnson 행정부 시절 국방상관이던 McNamara는 국방정책에서 자기주장이 관철되기를 기대했고, NSC를 용납하지 않으려 했으며, 백악관의 의견도 수용치 않으려 했다 한다. 그는 軍部에 영향주는 결정에 대한 어떤 간섭도 용납하지 않으려 했다 한다. John H. Esterline and Robert B. Black, Inside Foreign Policy(Palo Alto, Cal. : Mayfield, 1975), p.20.
16) Frank Carmier, "Nixon Prefers Solitude in Deciding Issues," Los Angeles Times, Nov.16, 1972, pt.7, p.1.
17) Scott and Dawson, 전게서, p.337.
18) 상게서, 같은쪽.
19) 상게서, p.338.
20) Esterline and Black, 전게서, p.22.
21) Rosati; The Politics of United States Foreign Policy, pp.96-98.
22) Zbigniew Brzezinski, Power and Principle : Memoirs of the National Security Adviser, 1977-1981(New York : Farrar, Straus, Giroux, 1983) ; Alexander Moens, Foreign Policy Under Carter : Testing Multiple Advocacy Decision Making(Boulder, Co. : Westview Press, 1990).
23) R. Ajemian, "Vance Nearly Quit Over Strauss," Washington Star(August 27, 1979), p.1.

24) Rosati, 전게서, pp.98-102.

25) Alexander Haig, Caveat : Realism, Reagan, and Foreign Policy(New York : Macmillan, 1984) ; Hedrick Smith, The Power Game : How Washington Works(New York : Ballentine, 1988).

26) Rosati, 상게서, p.100.

27) 당시 누가 위기관리팀을 지휘하느냐로 내분이 일어났고, 결국 타협에 의해 Bush 부통령이 그 팀을 주재하게 되었다. 왜냐하면 Bush가 다른 관리들의 영향력과 지위에 덜 위협적이라고 생각되었기 때문이었다. 상게서, p.105, 註19.

28) Clark는 최초에는 국무부 부장관으로 임명되었다가 국가안보 보좌관으로 임명되었던 것인데, 그는 의회 청문회 당시 국가의 주요 외교정책 지도자들의 이름조차 알지 못하고 있었다 한다. 상게서, p.105, 註20.

29) Rosati, 전게서, p.102.

30) 국가안보담당 특별 보좌관과 그 지위는 Eisenhoweer 행정부의 국무장관이던 Dulles에 의해 창설되었으며 최초의 특보는 Robert Cutler였다. Theodore C. Sorensen, "The President and the Secretary of State," Foreign Affairs, Vol. 66. No.2(Wint. 1987), p.233.

31) Kevin V. Mulcahy and Harold F. Kendrick, "The National Security Advisor : A Presidential Perspective," Rosati(ed.), Readings in the Politics of U. S. Foreign Policy, pp.53-69.

32) 상게논문, p.56.

33) Zbinew Brzezinski, Power and Principle : Memoirs of National Security Advisor, 1977-1981(New York : Farrar, Straus and Giroux, 1983), pp.534-35.

34) Cecil Crabb and Kevin Mulcahy, Presidents and Foreign Policy Making : From FDR to Reagan(Baton Rouge : Louisiana State University Press, 1986), pp.334-335.

35) Mulcahy and Kendrick, 전게논문, pp.59-63.

36) NSC의 조정역할에 관해서 1980년대 NSC에서 중국담당 요원으로 있었던 앨런 롬버그 스팀슨연구소 선임연구원에 의하면 "미국 국무부와 국방부는 전통적으로 상호견제가 심하다. 두 부처는 서로 상충하는 내용의 보고서를 백악관에 보내곤 한다. 하지만 최종적으로 대통령을 움직이는 것은 두 부처의 보고서에 대한 백악관 NSC의 '검토의견"이라는 것이다. 동아일보, 2005. 3. 3일자 참조.

37) Fred I. Greenstein and John P. Burke, "Comparative Models of Presidential Decision-Making : Eisenhower and Johnson," Presented at the Annual Meeting fo the American Political Science Association, 1985, pp.13-14.

38) I. Destler, "National Security II : The Rise of the Assistant," in The Illusion of Presidential Government, eds. Hugh Heclo and Lester M. Salamon(Boulder : Westview Press, 1981), p.268.

39) Esterline and Black, 전게서, pp.24-25.

40) Kissinger는 어느 한해에는 근무일 260일 중에서 100일을 외국에서 보냈다고 한다.

Chapter

08

국무부와 외교정책

전통적으로 외교관계의 제1차적 책임은 국무부에 있다. 미국의 외무장관은 국무부 장관이다. 국무부는 1790년 새로이 탄생한 미국정부 내각의 네 개의 部 가운데 하나로 창설되었다. 원래의 명칭은 외무부(the Department of Foreign Affairs)였다. 그런데 제1차 의회가 외무부의 명칭을 국무부로 변경한 것은 그 외무부에 대통령의 성명서를 작성 · 발표하고 국새(the Seal of State)를 보관하는 등의 많은 내부적 국가기능을 부여했기 때문이다. 내각의 부처들 중에서 국무부의 수석 지위는 항상 다른 부서들의 도전을 받았다. 즉, 일부 부서들은 자기들이 독립적으로 외교 분야의 업무를 수행할 수 있는 권한이 있다고 주장하였던 것이다. 그러던 것이 1953년 아이젠하워 대통령이 외교문제에 관한 한 모든 부처 가운데서 국무부가 제1의 위치에 있다는 성명서를 발표하게 되었고, 그 후 케네디와 존슨 등이 국무부에 관해 같은 태도를 보이면서 국무부는 외교문제의 주무 부서로 자리 잡게 된 것이다.[1] 어떻든 국무부는 오랜 기간 미국의 외교정책 수행을 책임져온 주도적 기관임에는 틀림이 없다.

물론 미국의 대외정책의 최종 산물은 여러 관련부처 간의 조정을 거친 것이다. 그러나 정책의 구상과 입안의 최초 착수는 국무부에서 이루어진다. 그러나 제2차대전 이후 새로운 냉전시대의 등장과 더불어 국가안보문제가 제일의

■ [도표 8-1] 국무부

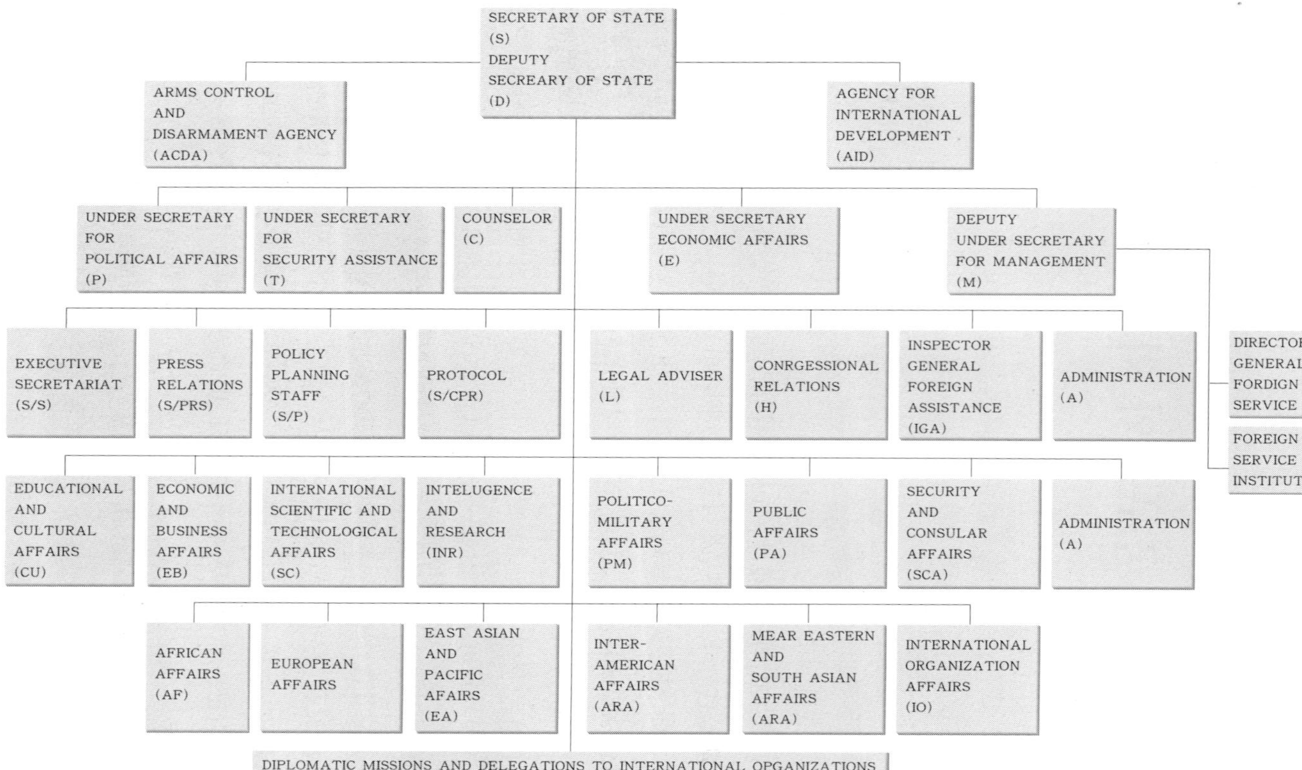

출처: John H. Esterline and Robert B. Black, Inside Foreign Policy (Palo Alto, Cal. : Mayfield, 1975) ,p.41

주요 과제로 떠오르게 되고 외교정책을 대통령이 직접 관리하게 되면서 외교정책 결정과정에서 국무부의 역할은 축소되었다. 그리하여 대외정책 결정의 중심은 더 이상 국무부가 아니게 되었지만 그럼에도 불구하고 국무부는 여전히 외교정책과정에서 주요 기구로 남아있는 것이다.

제 1 절 국무부의 위상과 그 변화

제2차대전까지 150년 이상 국무부는 외교문제의 주무 기관이었다. 미국의 대외정책은 국무부에서 만들어졌고 국무부 관리들에 의해 관리되었으며, 그 정책은 해외에 파견되어 있는 대사들과 공관요원들에 의해 수행되었다. 재무부 및 군부와 같은 다른 기관들도 외교정책 수행에 관여했으나 국무부가 주도적인 외교정책 기관이었다. 그러나 20세기에 접어들어 외교정책 결정과 수행 권한은 백악관과 다른 정부기관에 흘러들어가기 시작했다. 그리하여 오늘날 국무부의 권한은 전반적인 외교정책 수행에서 상당히 위축되었다. 그러한 국무부의 영향력 감소 원인은 무엇인가? 로자티는 그 이유를 다음과 같은 4가지 역사적 패턴으로 설명하고 있다.[2)]

첫째는 국제문제의 중요성 증가였다.

19세기 전반에 걸쳐 미국은 운 좋게 지정학적으로 대서양과 태평양으로 격리되어 있었고 그 주변은 약소국가들로 둘러싸인 덕분에 외부의 큰 간섭 없이 내부발전과 대륙적 영토 확장에 집중할 수 있었다. 그러나 20세기에 접어들어 제1차 세계대전에 개입하게 되었고, 1930년대에는 세계적인 경제공황에 직면하였으며, 1940년대에는 제2차 세계대전을 치러야 했다. 뿐만 아니라 미국은 1950년 전후에는 소위 미 · 소 냉전체제를 관리해야 했으며, 국제적인 정치경제의 상호의존성이 증가하는 상황에 직면하였다. 이러한 사건들은 자연적으로 미국의 대내외정책에 큰 영향을 주게 되었다. 다시 말해서 이제 미국은 더 이상 국내문제에만 집중하여 국제사회의 문제를 외면할 수 없게 되었다. 따라서 관료조직들은 그러한 국제적인 변화와 복잡성 속에서 크게 확장되었다. NSC, 국방부, CIA, 재무부 및 기타 외교문제 담당기관들의 창설과 확대에 따라 국무부는 더 이상 외교문제를 전담하는 유일기관은 아니게 되었다.

둘째는 미국의 국력이 상승하였다는 점이다. 미국은 20세기에 접어들어 더욱 강력한 국가가 되었다. 20세기 초만 하더라도 지역대국으로 머물러 있었으나 제2차대전에 참가하여 승리를 이끌어내면서 미국은 세계역사상 가장 강력한 국가로 변신하였다. 그리하여 미국은 점차 국제체계의 영향을 받게 되었을 뿐만 아니라 그 반대로 국제체계에 영향을 미치는 나라가 되었다. 이제 미국은 세계 속에서 아주 강력한 국가가 되었고 그리하여 미국의 대외적 행위의 함의(implication)는 매우 중요하게 되었기 때문에 외교정책의 수행이 더 이상 국무부에만 맡겨질 성질의 것이 아니게 되었다. 대통령들은 이제 대외정책을 직접 챙기려고 하였고 팽창하는 외교정책 관료들을 장악하려고 하였다. 대통령들은 국무부가 더 이상 국가의 최상의 이익과 대통령의 뜻에 부응하지 못하고 있다고 생각하게 되었다. 외교정책에 대한 대통령의 관심과 개입이 확대되면서 외교정책체제의 관리는 NSC와 그 참모진에 기초한 백악관 중심체제로 이루어졌다.

셋째는 세계적인 통신혁명이 이루어졌다는 점이다. 즉 국무부의 영향력이 하강한 또 다른 이유는 통신에서 혁명적인 발전이 이루어졌기 때문이었다. 항공기와 전화가 등장하기 이전에는 미국의 관리들이 해외여행을 하거나 다른 나라 관리들과 통신을 하는 데는 수개월이 걸리곤 하였다. 대통령은 통상 해외에서 공식적으로 미국정부를 대표하는 국무부와 그 관리들에게 의존할 수밖에 없었다. 따라서 미국의 대사들과 여타 국무부 관리들은 외교정책과정에 광범위하게 영향을 미쳤다. 그러나 통신기술의 발전으로 대통령은 일상적인 외교정책 관리에서 국무성에 덜 의존하게 된 것이다.

넷째는 외교정책 수행에서 무력의 사용이 증가하였다는 점이다. 즉 외교정책의 주요 수단이 군사력이 되었기 때문이다. 미 · 소간 냉전체제가 등장하면서 미국의 외교정책은 전 세계적으로 소련 공산주의의 팽창위협을 봉쇄하는 것이었다. 즉 봉쇄전략(the containment strategy)에 기초하여 무력의 위협을 통해 소련제국을 東유럽과 중국대륙에 국한시키려는 것이었다. 만일 그러한 위협이 실패할 경우에는 무력을 사용해서라도 소련의 이득을 원상태로 되돌려 놓아 국제적 현상유지에 대한 소련의 도전을 억지하려는 것이었다. 그러한 봉쇄정책은 핵무기 발전, 대규모 상비군의 유지, 반란 진압군 병력의 등장, 그리고 비밀작전 등을 촉진시킴으로써 미국 군사능력의 팽창을 가져왔다. 이는 군부와 CIA를 성장시켰고 대통령이 이들 조직들을 외교정책 수단으로 사용하는 빈도를 증가시켰다. 냉전기간 국무부의 강점인 外交는 무력의 위협과 사용으로 대체되었다. 그리하여 미국외교정책의 주요 수단으로 무력이 등장함으로써 상대적으로 국무부의 위축이 촉진되었던 것이다.

제 2 절 국무부의 역할과 기능

① 역 할

오늘날 많은 미국 행정부 기관들이 외교정책과정에 참여하고 있지만 국무부는 역시 미국 외교정책과정의 중심에 있다. 즉, 미국외교정책의 구상과 입안의 최초 착수는 국무부에서 이루어진다. 국무부는 그 어느 다른 기관들보다도 외교정책 과정에서 더 많은 역할을 수행하고 있는 것이다. 키신저는 국무부를 제1차적인 기관(a primary one)이라 칭하면서 "국무부에서 수행되는 업무는 매우 확실한 것이기 때문에 대통령의 제1자문관이 국무장관이라는 것은 관료적인 문제로 남지 않는다. 그 업무가 필요한 것이라면 국무부는 불가피하게 정책결정의 기구가 될 것"[3]이라고 천명하였다.

법률적인 준거의 틀 내에서 보건데 국무부와 그 예하 부서들은 의회로부터 미국의 외교정책을 수행할 수 있는 배타적 권위를 부여받고 있다. 행정부 내 다른 어떤 기관도 외교정책영역에서 공식적으로 부여된 동등한 정통성을 보유하고 있지 않다. 이론적으로는 행정부 내 많은 기관들이 외교정책결정과 조정과정에서 그들의 의견과 요구를 투입하고 정책산출물의 집행에 함께 참여하지만 그들은 주로 국내문제와 관련된 문제들을 외교정책에 투입할 뿐이다.

근자 외교정책에 관한 많은 문헌들이 국방부의 엄청난 영향력을 강조하고 있는 것도 사실이다. 그러나 엄밀히 따져 보면 국방부는 해외보다 국내에서 더 많은 인적자원을 고용하고 있고 국내에서 더 많은 예산을 사용한다. 국방부는 외교정책의 역할에 대한 요구 보다는 더욱 협소한 국내의 요구에 따라 움직인다. 광범한 국내 유권자들의 요구에 부응해야 하는 국방부는 수십억 달러의 계약을 요구하는 군수산업체들의 요구에서부터 국내 군사시설에 종사하고 있는 민간노동자들의 이익을 대변하는 노동조합의 요구와 기대에 부응해야 하는 압력 하에 있는 것이다.[4]

② 조직과 기능

일반적으로 역할과 기능은 조직과 구조 속에서 수행되는 것이며 그 위계조직에 따라 권한과 책임이 분배된다. 즉, 조직구조란 권한, 권리, 그리고 책임의 형식적인 할당과 분배를 나타내는 것이다. 그리고 권한과 관리능력은 분명 그 조직의 위계질서 속에서 자신이 처해있는 그 직책에 의해 결정되는 것이다. 흔히 형태주의 연구자들은 정책결정에 영향을 주는 형식적 구조를 무시하는 경향이었지만 정책결정과정에서 형식적 구조를 무시하는 경우 관료적 활동의 중요한 부분을 간과할 수 있다. 데이비스는 "표면 아래 놓여 있는 것을 발견하기 위해 표면이 무시되었다"[5]고 형태주의를 비판한 적이 있다.

국무부는 1790년 새로운 연방헌법 하에서 창설되었다. 초대 국무장관은 제퍼슨(Thomas Jefferson)이었고 5명의 직원과 연 7,961달러의 예산으로 출발하였으며 두 개의 재외공관을 설치하였다. 그러나 그로부터 200년 후인 1989년 현재 국무부는 24,000명 이상을 고용하고 있고 연 40억 달러의 예산을 집행하고 있으며 해외에 250개의 공관을 설치하고 있다.[6] 24,000명 고용인 중 대략 3,500명 정도가 해외근무 요원들이고 나머지는 의사, 보안요원, 운전사 등 기본적으로 지원인력들이다. 3,500명의 외무관리들(FSOs : Foreign Service Officers)이 국무부의 주요 기능을 수행하는 일차적 책임을 맡고 있다. 국무부의 전체 고용인 중 대략 2/3가 워싱턴에 있는 국무부 본부(Foggy Bottom)에서 근무하고 있고 나머지 1/3은 해외에서 근무하고 있다. 국무부 내 외교관리들의 경우 1/3이 워싱턴의 국무부에서 근무하고 있고 2/3가 해외에 나가 있다.[7]

행정부내 다른 부처들과 비교할 경우 국무부는 사실 아주 적은 인원을 보유하고 있는 셈이다. 24,000여명의 직원들의 지원을 받는 3,500명의 외교관리들인 것이다. 동시에 국무부는 매우 복잡한 조직체이다. 왜냐하면 국무부는 세계적인 관료제도이고 대부분의 외교관리들이 해외에서 근무하고 있기 때문이다.

국무부를 좀 더 세밀히 검토해 볼 필요가 있다. 왜냐하면 국무부의 독특한 기능방식과 일반 관료제도로서의 기능방식을 이해해야 할 필요가 있고 더 나아가 국무부가 어떤 역할과 기능을 하고 있는지를 파악할 필요가 있기 때문이다. 따라서 본국과 해외에서 기능하는 국무부의 관료조직을 간단히 검토하고자 한다.

국무성도 여타 정부 부처와 마찬가지로 위계제(hierarchy), 선문화(specialization), 일상화(routinization) 등의 공통적인 특성을 지니고 있다. 특히 관료조직들은 권위와 역할이 위계적으로 구조화되어 있다. 위계구조의 상부로 올라갈수록 권한은 더 많아지고 더욱 일반적인 지식(general knowledge)이 요구된다. 반면 위계조직의 아래로 내려갈수록 권한은 더욱 제한되고 더 많은 전문지식이 요구되며 업무의 일상화가 이루어진다.[8]

국무부의 중심적인 권력은 7층, 6층 그리고 5층에 분포되어 있다.[9]

1) 7층

존슨 행정부 시절 국무부 정책기획위원회의 위원장이었던 월트 로스토우 교수가 책 제목을 "7층에서 본 조망(the view from the seventh floor)" 이라고 표현했듯이 국무부 건물의 7층은 정책결정의 중심이다. 그러니까 7층은 미국의 대외정책의 관리와 기획에서 국무부 최고위관리들의 역할이 집중되어 있는 곳이다. 7층에는 장관, 부장관, 그리고 차관들이 있다. 장관은 대통령을 위해 국무부를 지배 · 관리하는 책임을 가진 최고위관리이다. 부장관은 장관이 해외여행 중이거나 부재중일 때 국무부를 관리하며 때로는 장관을 대신하기도 한다. 장관과 부장관은 4명의 차관으로부터 보좌를 받는다. 도표에서 보는 바와 같이 次官에는 ① 정치문제 담당 차관, ② 경제문제담당 차관, ③ 과학기술담당 차관, ④ 예산과 인사문제를 포함하는 관리담당 차관이 있다. 부장관 산하에는 고문(counselor)과 정책기획위원장(director of policy planning council)이 있으며, 이들 직책은 제2차 대전 후에 창설되었고, 장관에게 광범위하고 장기적인 안목을 제공하는 부서들로서 장관에게는 중요한 사람들이다. 이들 고문과 정책기획위원장 및 그 예하 직원들은 장관에 의해 여러 방면으로 활용된다. 물론 장관의 개성에 따라 차이는 있지만 7층 인사들은 국무부의 최고위관리들이자 또한 일반주의자들(generalists)로서 국무부의 전반적인 업무를 총괄한다.

2) 6층

국무부는 다른 외교정책관련 부처들과 같이 지역문제들을 담당하는 5개 부서를 가지고 있다. 즉, ① 아프리카, ② 동아시아 및 태평양, ③ 유럽 및 캐나다(러시아도 여기에 포함되어 있다). ④ 남북미대륙, ⑤ 근동 및 남아시아(여기에는 북아프리카의 아랍국가들이 포함되어 있다) 등이다. 각 지역은 차관보(assistant secretary)가 맡고 있으며, 그를 보좌하는 부차관보(deputy assistant secretary)가 있다. 이들은 국무부 위계조직상 서열 4位와 5位에 위치한다.

각 지역문제를 담당하는 차관보들은 담당지역의 전문가들로서 관련지역의 경제, 문화, 유엔문제 등을 취급하는 국무부내의 다른 부서들에게도 구심적인 영향력을 행사한다. 1960년대 이래 국무부 고위층과 백악관으로부터 내려오는 지시사항들은 일관되게 지역담당 차관보의 조정 및 방향지시의 역할을 강조하는 것이었다.

(1) 지역담당 차관보와 정책결정

국무부의 정책결정은 주로 지역담당 차관보의 수준에서 이루어지는 데 담당지역내의 다양한 국가들에서 추구되어야 하는 미국의 정책목적들이 검토된다. 예를 들어 이스라엘의 안보에 대한 미국의 기대는 아랍국가들과의 우호관계를 확보하고 힘의 균형이 이루어져야 한다는 것이다.

국방부, 국제개발처(AID), 미국공보처(USIA)들 사이에서 종종 발생하는 상충하는 이해관계는 국무부 지역국(regional bureau)에서 정의를 내려야 한다. 이 지역국은 정치적인 영향력이 가장 많이 행사되는 곳이며 민간 이익집단들의 압력이 가장 예민하게 느껴지는 곳이다. 차관보의 건의는 또한 국무부의 최고 결정자인 장관과 차관들이 내릴 중대한 결정들의 기초가 된다. 장관과 차관들은 정책의 형성에서 미국의 세계적 목적이라는 관점에서 지역적 이익을 상대적으로 평가해야 한다. 어떤 지역이 위기에 처하는 경우 그 지역을 담당하는 지역국에 강한 압력이 부과된다.

국무부 지역국은 통상 차관보의 감독하에서 3명 또는 6명의 부차관보와 함께 운영된다. 지역문제에 제한된 시간과 에너지를 할애할 수밖에 없는 7층의 고위층들에게는 차관보만이 무제한적으로 접근할 수가 있다.

국무부에서 처리하는 결정들에는 7층에서 내리는 중대한 결정(significant decisions), 차관보 수준에서 처리되는 일상적인 결정(routine decisions), 국가담당 국장 선에서 처리되는 사소한 결정들(minor decisions)이 있다.[10] 국무부에서는 하루 1,700건에서 4,000건에 이르는 전문들이 入出된다. 일부 지역문제들에 관해서는 차관보가 7층에 보고하지만 지역문제라도 특별히 중요성을 띤 문제들은 미리 7층에서 검토가 이루어지기도 한다. 그런데 어떤 지역의 문제가 중대성을 띠자마자 그 문제는 지역차관보의 손을 떠난다. 차관보는 그러한 중대한 문제를 조정할 만한 권한이 없기 때문에 백악관, 국무부, 국방부 등에서 오가는 커뮤니케이션에 차관보는 더는 당사자가 아니다.

지역차관보는 그의 상관들보다 특정지역에 영향을 미치는 어떤 문제에 대해 더 많은 사실을 소유할 수도 있다. 또한 지역차관보는 지역문제의 평가에서 중요한 현지경험을 이미 가지고 있을 가능성이 높다. 그는 이미 어떤 문제에 관해 해당지역 大使들의 보고서와 의견, 정보기관 및 군부의 보고서, 그리고 그 자신의 예하 국가담당 국장들의 보고서와 의견 등을 숙지하고 있을 것이다. 그러나 장관들은 어느 한 지역이나 국가에서 일어나는 모든 문제에 관해 그 지역담당 차관보가 제공할 수 있는 구체적인 많은 정보를 모두 접할 수는 없다. 때문에 최종 결정자들은 평가와 판단에서 지역차관보의 정보기반을 필요로 한다. 그러나 지역차관보는 상관의 지시나 위임 없이는 기본적인 문제해결에 영향을 미칠 수 없다.

장차관들은 정책을 결정하지만 그것을 설명하는 정책설명서는 작성하지 않는다. 설혹 그들의 결정이 불완전할지라도 일단 내려진 결정의 해석과 문서화 작업은 지역국에 위임한다. 바로 이러한 작업이 차관보가 수행하는 주요 기능인 것이다. 지역차관보들은 윗선의 실제적인 결정들을 반영시키려고 노력할 뿐만 아니라 그 결정의 이론적 근거를 마련하여 전달하려고 한다. 정책설명서의 초안을 작성하는 일, 그 정책의 이론적 근거를 지역국 참모들에게 알려줄지 말지를 결정하는 일, 그 정책이나 결정에 관련된 여타 부서들에 보낼 전문을 준비하는 일, 그리고 대민홍보 등이 차관보가 하는 일이다. 그러나 지역차관보는 그러한 자신의 결정에 대해 상관의 동의를 얻기 위해 빈번히 7층에 가야만 한다.[11]

그런데 차관보들에게 부여된 그러한 결정영역에 의해 그들은 때때로 정책문제들을 개인화 또는 사유화시키는 경향이 있다. 차관보는 정책결정에 주변적으로 참여하지만 결정된 정책을 운용하는 책임을 맡게 된다. 문제가 클수록 그는 어떤 개인적 내지 독점적인 이익을 발전시킬 가능성이 있는 것이다. 그의 관여가 개인적일수록 그것을 자기 휘하 참모들과 함께 나눌 가능성은 더욱 적다는 것이다.[12]

(2) 번디(William P. Bundy) 차관보와 베트남 정책

보울링은 "최고 정책결정자들은 때때로 비공식 회의를 통해 그들이 실질적으로 토의한 내용을 거의 기록도 남기지 않은 채 정책을 결정한다"[13]고 했다. 그에 따르면 최고위 정책결정자들은 자기들이 최고 명성의 직위를 점하고 있다는 의식을 하면서 비협조적인 태도를 보이지 않고 제기된 문제에 관해서는 정통한 지식을 가지고 있다는 인식을 심어주려고 노력하며, 마치 옛 친구들의 모임에서 느끼는 편안한 마음으로, 실제는 그렇지 않으면서도, 그 문제에 동의하는 체 한다는 것이다.

문제가 되고 있는 지역을 담당하는 차관보는 자기 상관들이 실제 어떤 정책코스에 동의하고 있는지 여부를 파악해야 하는 과제를 안고 있다. 그는 정책결정 회의에 직접 참여하지 않을 수도 있지만 장차 이루어질 합의를 미리 감지하여 대안을 작성한다. 그는 상관들에게 추정된 합의내용을 자기 식으로 설명함으로써 재빨리 그 합의의 범위를 알게 되는 것이다.

번디는 1964-1969년 존슨 행정부 하에서 국무부 동아시아 및 태평양 문제 담당 차관보로 있었다. 그는 상관들의 의도를 헤아리는 특별한 능력을 지녔을 뿐만 아니라 맹렬한 군부에 의해 지배되었을지도 모를 對베트남정책 지침서에 의미 있는 관점들을 짜 넣는 능력을 보였다. 예를 들어 1964년 8월 26일 비망록에 의하면 당시 합참은 北베트남에 대한 반격작전을 건의했다. 그 작전은 "정도에서 도발(provocation)보다 더욱 강력한 것이어야 하고 반드시 목표물을 제한해서 공격할 필요가 없다"는 것이었다. 그러한 주장에 번디 차관보는 "베트남 정부가 발끝으로 싸우고 있는 동안은 그와 같이 고의적으로 도발적인 요소들을 가까운 미래에 첨가해서는 안된다"고 반론을 제기했다. 그러한 번디 차관보의 건의는 1964년 9월 10일 국무부, 국방부, 그리고 백악관 간에서 합의가 되어 존슨 대통령에 의해 승인되었다.[14]

번디 차관보는 재임 기간 對베트남 정책에서 주요 정책 발의자였고 주요 투입물(inputs)의 처리자였다. 1965-1968년 번디는 최고 결정자들에게 직접 정책을 건의하는 중요한 역할을 수행하였다. 그는 존슨 대통령이 주요 정책을 토의하는 화요일 오찬모임(Tuesday Lunch Bunch)에도 참여하여 특별 자문위원단의 일원으로 활동하였다. 그는 딘 러스크 국무장관 등 자기의 상관들에게는 베트남에 관한 지식의 원천이었고 대통령의 하위체계(presidential subsystem), 즉 대통령을 보좌하는 행정부내 정치, 군사, 정보부서 간의 중재자라는 제한된 권위까지 가지고 있었다. 그는 정책결정 소용돌이의 한 가운데에 있었다(Bundy was at the vortex of decision making)[15] 베트남정책 형성과정에서 그의 역할은 같은 지위에 있는 다른 관리들과는 다른 것이었다. 지금까지 번디가 對베트남 정책형성에 관여했던 것만큼 그렇게 오랜 기간 기본정책에 관해 광범위한 역할을 수행한 국무부 차관보들은 없었다. 그 기간 그는 아주 출중하고 특별하게 활동하였다. 그의 정책 주장은 곧 "펜타곤 보고서(Pentagon Papers)"에 올라갔고 데이비드 할베스탐(David Halbestam)의 저서 "The Best and the Brightest" 에서도 계속 언급되었다.

(3) **地域局**(Regional Bureaus)

지역담당 차관보들은 매일 그들의 상관들을 만나려고 7층을 방문하고 공식 비공식적으로 자신들의 예하 부차관보들을 만나며, 각 국가담당 국장들도 만나고, 소규모 참모회의나 확대참모회의를 소집한다. 확대참모회의에는 국장들은 물론 담당지역 국가들과 관련 있는 국제개발처 요원, 文化문제와 유엔문제 담당요원, 미국정보처(USIA) 요원, 및 軍연락관들이 참석한다.

차관보가 부차관보들과 만날 때는 국무부 내부문제도 토의되며, 7층과의 관계, 지역정책 운영문제, 국무부 정책에 관한 정보교환, 7층에 정책을 건의하는 데 따른 정책입장 조율, 지역국 예산과 관리문제, 그리고 인사문제 등을 토의 · 결정한다.

확대참모회의시 국가담당 국장들은 차관보와 함께 같은 테이블에 앉고, 기능직 전문인들은 뒷줄에 앉게 된다. 이 회의에서는 정책 운용자들이 현재 어떤 문제와 사업을 수행하고 있는지를 알 수 있다.

지역차관보 참모회의는 세 개의 범주로 나눌 수 있다.

첫째, 각 국가에 대한 정책 추진에서 발생하는 문제들을 해결하기 위해 현지에서 뛰는 사람들을 지원할 수 있는 메시지를 초안하는 문제들을 토의한다.

둘째, 주요 정책 추진에 영향을 주는 다른 지역의 사태발전에 관해 차관보와 부차관보 중의 한 사람이나 국가담당 국장의 브리핑이 이루어진다.

셋째, 각 국가담당 국장 또는 참석 중인 전문가들로부터 일반적인 관심사항에 관한 다양한 보고가 이루어진다.

지역차관보의 역할에 관한 한 예가 있다. 1967년 참모회의에서는 對베트남 정책 형성에 대한 학계의 주장이 주요 관심사였다. 참모회의 토의과정에서 지역담당 관리들은 정확하고 합리적인 베트남정책이라고 생각했지만 학자들은 무관심했고 그것은 관리들에게 좌절감을 안겨주었다. 당시 동양학(東洋學) 국제회의가 열리고 있었는데 베트남에 관한 논문은 단 한편도 발표되지 않았던 것이다. 의회에서도 맨스필드(Mansfield) 상원의원의 평화주의 성명 등을 비롯해 反戰기류가 강하게 퍼져 있었다. 번디 차관보는 베트콩으로부터 노획한 문서에서 나타난 그들의 공격의도에 관한 내용을 홍보하려고 하였다. 그는 국무부 회보에 그것을 실어 국가담당 국장들에게 숙독하도록 지시하기도 하였다.

그러나 1968년 3월 1일 존슨 대통령은 對베트남정책을 전환하여 북베트남과 파리회담을 개시한다는 성명을 냈다.

미국의 외교정책은 지역국 참모회의에서 형성되는 것이 아니다. 마찬가지로 중대성을 지닌 정책문제들은 지역차관보에 의해 결정되는 것이 아니다. 중요문제들은 7층에 있는 외교정책 관리들에 의해서 언급되며 통상 다른 유사부처의 책임자들을 포함한 대통령 직속기구들의 책임자들에 의해 논의되는 것이다. 그러나 특정 정책을 강조하거나 정책의 건의 또는 수정 등에 관한 주간(週間) 결정작성은 지역담당 차관보의 수준에서 이루어진다. 지역차관보들이 실제로 해결하는 실질적인 문제들은 지역차관보, 부차관보, 해당국가 담당국장 등이 모이는 특별회의에서 논의된다. 합의가 이루어지면 그 결정은 그 회의에서 보고자로서 행동하는 국가담당 국장이 문서화 한다. 그 결정의 초안은 차관보가 다시 검토하고 그 자신이 7층에 있는 상급자들에게 보고한 후 검토와 승인을 거친 후에 집행에 들어간다.

지역차관보는 경험상 자신의 결정들 가운데 어느 것이 일선 외교기관에 송부되기전 7층 상급자들의 검토를 필요로 할 것인지를 익히 알고 있다. 7층의 상급자들은 통상 자신이 직접 또는 참모들을 통해 특정의 정책문제들을 이미 파악하고 사태의 발전을 지켜보고 있는 것이다. 지역차관보들은 이미 그 문제에 대한 7층의 관심정도를 평가하고 있기 때문에 그에 따라 동의를 구할 것인지 아닌지를 결정하게 된다. 많은 경우 최종적인 同意는 국무부가 아닌 국방부, 백악관, 또는 정보기관에서 얻어져야 한다. 최종 허가를 받은 후에 나온 그 문서는 정책성명서가 된다. 차관보는 흔히 관료적인 행위패턴에 따라 행동하는 경향이 있다. 즉 현저한 변화보다는 점진적인 변화를 추구함으로써 보수적으로 행동하고 책임이 분산될 수 있도록 7층과 함께 동의를 구함으로써 안전하게 행동하는 것이다.[16)]

3) 5층

지역국 내의 국가담당 국장(the country director)은 그 분야의 전문가이자 그 지역의 현안문제들에 관한 전문가이다. 그는 국무부 내의 직속상관과 해당 국가 또는 지역에 주재하고 있는 외교관 사이에서 담당지역의 모든 정보와 결정들을 중개해 주는 역할을 맡는다. 각 나라의 비중에 따라 국장 한 명이 이집트와 같은 한 나라를 담당하기도 하고, 어떤 국장은 알제리, 리비아, 모로코, 튜니시아 등 네 나라를 담당하기도 한다.

이론상 국가담당 국장들은 자기가 담당하는 나라에 관련하여 모든 미국의 이익을 관장한다. 그러나 실제로는 국무부 이외, 특히 국방부같은 부처들의 외교정책 이익이 확대되면서 국장들의 그러한 역할 수행은 제한된다. 그리하여 많은 국가담당 국장들은 외교정책 추진을 조정하는 데보다는 그들이 담당하는 국가들에 영향을 미치는 정부내 타 부처들의 업무진행에 뒤지지 않고 따라가는 데 더 많은 시간을 할애하게 된다. 무엇보다도 국가담당 국장들은 자기가 관할하는 국가들에 관한 많은 정보를 갖추고 있어야 한다. 그래서 그는 지역국의 자기 상관에게는 책사 또는 자원 인간(a resource person)이 되어야 한다.

통상 국가담당 국장들은 그들의 업무영역에 영향을 주는 범정부적인 교신 및 기획의 내용, 그리고 토의과정 등을 숙지하고 있는 정도에 따라 고객 국가들과 미국 사이의 관계에서 중요한 위치를 점하게 되는 것이다. 그렇게 함으로써 그들은 차관보 수준에 있는 상급자들에게 유용한 자원인간(資源人間)이 되는 것이다. 실제로 정책결과에 영향을 미치고자 하는 모든 국가담당 국장들의 목적은 불가능한 것도 아니다. 결재과정이라는 장애물, 타 부처 이권들과의 경쟁, 차관보 사무실의 엄격한 지휘권, 그가 소화해야 하는 정보의 홍수 등이 제기하는 권한의 제약에도 불구하고 그는 정부의 타 부처 경쟁상대들보다 더 많은 정치적 자원을 가지고 있는 것이다. 공식적으로 지명된 미국 이익의 범정부적 조정자로서, 공식협의가 필요치 않은 문제들을 포함해서 외교정책에 영향을 주는 타 정부기관들의 주장을 처리할 수 있는 경험있고 능숙한 해당 국장의 주장은 무시되지 않을 것이며, 上位에 있는 주요 정책결정 지위에 있는 사람들을 위한 이론적 근거도 제시할 수 있을 것이다. 그는 상부로부터 역할을 지시받을 수도 있고 또한 묘안배출자(brainstormer)로서 인정될 수도 있다.

그러나 다른 부처의 압력은 제외하더라도 국무부 내의 절차는 국가담당자들을 제약한다. 해외로 발송되는 메시지의 결재요건은 실제로 그 국장에게 공식적으로 위임된 책임사항들의 수준에 맞추어 수행할 수 없도록 한 행정장치를 거쳐야 하기 때문이다. 그 국장의 예하 관리들이 준비한 별로 중요치 않은 메시지들만 그의 전결로 발송된다. 그 이유는 무엇보다도 다른 사람들의 이익을 침해하지 않기 위해서이다. 각 국별 담당 국장들로부터 해외 현지 공관들에게 보내지는 여타 대부분의 메시지들은 차관보 수준의 결재를 필요로 한다. 반대로 국장들은 차관보의 지시에 따라 메시지를 작성하고 후에 차관보와 함께 검토하기도 한다. 통상 각국 주재 대사들에게 보내지는 문서들은 27명의 결재를 받아야 한다.[17)]

이와 같이 결재과정이 복잡하고 지루하기 때문에 국가담당 국장들은 수신자 이외에는 볼 수 없는 공식 · 비공식 私信장치를 이용하거나 제한된 電文 또는 메시지 전달통로를 이용해 현지 외교기관과 상호작용을 하려고 한다.

또한 국가담당 국장은 미국에 파견돼 있는 고객국가(the client country)의 외교대표들과의 관계에서 상징적인 역할은 물론 운용적인 역할도 맡아 수행한다. 그는 그 외국대사가 대통령과 국무장관에게 신임장을 제출한 후 그 외국대사와 미국정부를 접촉하게 해주는 주요 가교가 된다. 그는 또한 고객국가에 파견되어 있는 미국외교사절과 워싱턴 국무부의 해당 관료들 사이에서 연락 역할을 수행하기도 하고 국무부에서 고객국가에 파견돼 있는 미국대사의 대리인 역할을 하기도 한다.

이러한 역할수행 결과로 국가담당 국장은 미국의 외교정책체계 내에서 자기가 담당하는 국가의 옹호자가 되는 경향이 있고 때로는 그 국가를 변호하는 데까지 이른다. 그는 또한 자기가 담당하는 국가에서 타 부처의 외교정책 수행자들보다 더욱 광범위한 미국의 이익을 인식하는 경향이 있다.

담당국가에 파견돼 있는 미국대사의 어떤 자질이나 행태는 국무부 내에서 국가담당 국장이 행하는 투입(input)의 질에도 영향을 준다. 차관보와 공식 비공식적으로 직접 교신을 하거나 기밀문서를 통해 교신하여 담당국장을 우회하는 자기중심적인 大使는 이제 거꾸로 담당국장의 유용성 여부를 논하는 데에도 영향을 줄 것이다. 반면 국무부의 정치적 내지 경제적인 보고 요건에 부응해야 하는 다소 게으른 어떤 미국대사가 있다면 그는 이제 그 담당국장에게는 골칫거리가 되는 것이다. 만일 그 현지 대사가 외교문제 협의차 워싱턴에 와서 국무부의 국장이 자기가 주재하고 있는 그 국가를 위해 수행하는 업무를 목격하는 경우 그는 그 국장의 역할에 감사하게 될 것이다. 한편 그 대사는 해외 현지에서는 미국 정부를 대표하는 지위에 있지만 국무부 내에서는 담당국장이 내주는 하급관리의 의자에 앉아 있어야 하는 처지가 된다.

4) 해외공관

국무부의 해외 주재 외교대표부들은 미국의 외교정책 형성과 수행에서 불가결의 역할을 수행한다. 해외공관들은 상호방위, 군비축소, 무역과 관세, 마약규제, 비자발급, 항공노선 설정 등 매우 광범위하고 다양한 문제들을 취급한다. 뿐만 아니라 해외 공관들은 끊임없는 정보교류를 통해 해외에서 전개되는 사태에 관한 1차정보를 워싱턴에 보내고 대사관들은 주재국에서 일어나고 있는 사태를 지속적으로 파악하도록 훈령을 받는다.

제2차대전 후 대사관들은 그 수와 양에서 급팽창하였다. 예를 들어 제2차대전 파리주재 대사관은 그 직원과 여타 기관의 고용원을 포함해서 모두 78명이었다. 그러나 현재에는 23개의 여타 기관요원을 포함해서 모두 700명이나 된다.

현재 국무부의 해외 외교사절은 250여개 이상이다. 이 중 150개 이상이 미국이 공식적인 외교관계를 가지고 있는 대사관이다. 나머지 100여개의 기관들은 미국인들을 위해 서비스를 제공하거나 미국 여행자를 위한 비자를 발급해 주고 수도권 지역에서 대사관 본부를 지원하거나 유엔과 미주기구(Organization of American States)와 같은 여타 상주 기관들을 유지하는 영사관들이다.

국무부는 이러한 해외업무를 위해 8,000명 이상을 고용하고 있고, 총 해외근무요원 중 2/3정도인 2,300명 정도가 해외에서 근무하고 있다.

이러한 해외공관 구조도 일반 관료구조와 같이 위계제, 전문화, 그리고 日常化와 같은 특징을 띠고 있다. 大使는 외교사절의 수장이자 해외에서 미국정부를 대표하는 최고 인사로서 대사관이 고용하는 사람들에 대한 책임도 지고 있다. 그는 부대사와 국가팀(a country team)의 지원을 받는다. 국가팀이란 국무부에서 파견된 외교관리들과 무역이나 농업 등 보다 전문적인 분야를 담당하는 정부 내의 다른 부처에서 파견된 관리들로 구성된다. 대사관의 규모와 복잡성은 천차만별이다. 최대 규모의 대사관은 주영대사관이며 274명의 직원으로 구성되어 있다. 최소의 대사관은 콩고공화국의 수도인 브라자빌에 있고, 그 직원은 8명이다.

흥미로운 것은 대사관에 국무부 이외의 다른 정부기관의 관리들이 함께 주재하고 있다는 점이다. 제2차대전 이전까지만 해도 해외 주재 대부분의 관리들은 국무부의 관리들이었다. 그러나 그것이 미국 외교정책의 결정과 수행에서 국무부의 역할 축소를 의미하는 것은 아니다. 미국정부는 최소한 3만명 정도의 인력을 고용하고 있다. 물론 해외에 주둔하고 있는 군병력이나 CIA 요원은 포함되지 않는다. 이들 중 국무부 인력은 대략 25% 정도이다. 국무부 다음으로는 국제개발처(AID) 요원이 20% 정도이고, 국방부 요원(병력 제외)이 약 25%이며, 평화봉사단(Peace Corps)이 20%, 그리고 미국공보처(USIS) 요원이 5% 정도이다. 이들 기관 중에는 규모가 상당히 커서 대사관과 별도의 공관을 사용하는 곳도 있다. 물론 대사는 그 주재국 내에서 미국정부를 대표하는 최고 인사이다. 행정부 내 거의 모든 부처들이 어떤 식으로든 국제적으로 관련이 있고 해외에 대표자를 주재시키고 있다. 그 중에서도 대표적인 것이 CIA이다. CIA는 해외에 주재하는 주요 기관이기는 하나 공식적으로는 비밀이 유지된다. 예를 들어 CIA 총책은 신분을 위장하고 외교적 면책특권을 위해 대사관 소속의 공식 직함을 가질 가능성이 있다. 여타 CIA 요원들은 대사관 소속 관리로 되어 있거나 그 국가에 주재하고 있는 다국적 기업과 같은 민간단체의 구성원으로 활동한다. 해외 주재 정부관리들을 살펴보면 국무부의 영향력이 하강하고 국방부와 CIA의 영향력이 크게 증대했음을 알 수 있다.

③ 국무부 관료조직의 특징

로자티는 국무부 관료구조의 특징을 세가지로 설명하고 있다.[18)]

1) 위계적 조직

국무부는 권한과 업무가 위계적으로 조직되어 있을 뿐만 아니라 각 직급마다 서열(pecking order) 또한 뚜렷하다. 예를 들어 4명의 차관급에서 관리담당 차관은 그 중요성과 위신에서 가장 낮은 평가를 받는다. 반면 정치문제 담당차관은 외교관리들 중에서 가장 중요하고 명성 있는 자리로 평가된다. 왜냐하면 그것은 국무부 활동의 본업에 관련된 정책직위(policy position)이기 때문이다. 국장급이나 해외근무 관리들의 경우도 마찬가지이다. 지역국 중에서도 전통적으로 西유럽, 東유럽 및 소련을 담당하는 유럽局의 명성이 가장 높고 아프리카局의 명성이 가장 낮다. 또한 정치-군사局과 같이 정치문제를 다루는 局들은 더욱 중요한 부서로 평가된다. 해외공관의 경우도 마찬가지이다. 영국 런던에 있는 대사관과 같이 선진산업국가들에 있는 대규모 대사관들은 제3세계의 공관들보다는 더욱 선망의 대상이 된다. 마찬가지로 정치문제 상담역은 행정문제 상담역보다 더욱 선호된다. 이러한 위계와 명성의 패턴은 일반적으로 유지되지만 어떤 특별한 문제가 발생하는 경우에는 그 지역담당 부서는 타부서를 능가한다. 예를 들어 북한의 핵문제가 "뜨거운" 문제("hot" issue)로 부상하면서 東아시아 및 태평양지역 담당 차관보는 6자회담의 미국 대표로 참가하면서 국가적 또는 세계적인 각광을 받고 있는 것이다. 또한 1960년대 베트남 전쟁 시절에도 동아시아 및 태평양지역을 담당하고 있던 번디 차관보는 미국 대외정책의 중요성과 명성에서 여타 차관보들을 단연 능가하였다. 1980년대 레이건 행정부 시절 이란에서 미국인 인질사태가 발생하고 니카라과의 반군지원문제가 대두되었을 때에는 近東지역담당 차관보와 미주국(美洲局)담당 차관보의 중요성과 명성이 급부상하였다.

2) 현안의 외교정책문제 중심

국무부의 복잡한 정책과정을 이해하기 위해서는 문제에 따라 그참여자와 직위가 결정된다는 점을 알아야 한다. 국무장관은 대통령과 같이 그가 가장 많은 관심을 가지는 문제들에 가장 많은 영향력을 행사한다. 그러나 대부분의 문제들(비자, 보고서, 해외의 현지사건 등)은 일상적인 것들이고 그것들은 국내외의 담당자들이 처리할 것이다. 이 경우 관료과정에 따라 정보와 결정들은 국무부 내에서는 물론 워싱턴과 해외 현지 공관 사이에서도 정규통로를 통해 일상적으로 오갈 것이다.

미국의 외교정책에서 보다 중대한 것으로 인식되는 문제들은 국무부 안팎의 고위층 인사들을 포함한 보다 광범위한 과정에서 처리된다. 예를 들어 미국정부는 20여 년 동안 팔레스타인 해방기구(PLO)를 공식적으로 승인한 적도 없었고 또한 그들과 회담을 한 적도 없었다. 그러나 레이건 행정부 후반에는 아랍-이스라엘 분쟁을 포괄적으로 해결하기 위해 PLO와의 공식적인 대화를 시작하려는 새로운 정책이 착수되었다. 그 문제는 近東지역국의 관할에 속한다. 그 회담은 튜니스에서 개최되었기 때문에 국무부 내에서는 튜니스담당 국장이 일차적인 책임을 맡게 되었고, 주튜니스 대사는 그 나라 현지에서 일차적인 책임을 맡게 되었다. 그러나 그 문제의 중요성 때문에 참여자의 범위는 확대되었다. 근동지역국의 주요 책임자들과 장관을 포함한 7층의 고위 인사들이 관여할 것이었다. 더욱이 그 회담은 그 지역국 내 다른 국가들(이스라엘, 욜단, 이집트, 시리아, 레바논)을 담당하는 국장들에게도 중요한 것이었고, 아랍국가들과 밀접한 관계가 있는 유럽문제담당 지역국에도 중요한 것이었다. 또한 그 회담은 이스라엘-아랍 분쟁과 관련이 있기 때문에 정치-군사문제 담당국, 팔레스타인의 난민문제와 요르단강 서안(West Bank) 및 가자 지구의 폭력갈등 문제 때문에 인권 및 인도주의 문제 담당국, 그 때문에 국제법 관련의 법률문제 담당국, 의회의 일부 의원들과 위원회들의 관심 때문에 의회관계局, 미디어와 국민의 관심사이기 때문에 대민홍보국 등이 참여하게 될 것이었다. 또한 이러한 문제는 국무부에만 국한되는 것이 아니다. 대통령과 외교정책 관련의 다른 부서들도 관여할 수 있다. 따라서 어떤 문제가 더욱 중대한 것으로 인식될수록 다양한 부처들이 개입할 가능성이 더 많은 것이다. 어떤 문제가 국무부의 고위층에로 더 높이 올라갈수록 다른 외교정책 부처들이 관여할 가능성은 더 높은 것이다.

3) 임명과정과 인사에 관한 논쟁

대통령은 기술적으로는 모든 대사와 국무부의 주요 관리들, 즉 부차관보급까지 임명할 수 있다. 대통령은 외교정책 전문가가 아닐 수 있기 때문에 해당 관리들을 선정할 때 자신의 개인 참모와 국무장관의 자문에 의존한다. 국가담당 국장들이나 해외공관 요원들과 같은 여타 직원들은 관리담당 차관 휘하의 총무국장이 관리하는 장기 인사체계를 통해 임명된다. 대통령은 공무(公務)나

軍務에서와 같이 외교업무 기관의 인사결정에는 영향력을 행사하지 못한다.

그런데 논쟁은 항상 대통령의 임명에 관해서 일어난다. 국무부 관리들은 대사와 국무장관 이하의 고위직에는 외교관리들이 임명돼야 한다고 생각하는 경향이 있다. 왜냐하면 외교관리들만이 최고의 전문성을 가지고 있고 국무부의 업무를 이해하고 있기 때문이라는 것이다. 물론 어떤 대통령들은 중요한 정책지위에 외무관리들을 임명하기도 한다. 그러나 지금까지 외무관리들은 차관보나 부차관보 수준에 그리고 중요성이 덜한 군소국가의 대사직에 임명되어 왔다. 7층의 직위에 임명되는 사람들은 통상 외교문제에 대한 지식을 가지고 있을 수도 있고, 기업, 학계, 연구기관 또는 정부기관 등에서 선임될 수도 있다. 실제 그들은 외교업무나 국무부의 운영에 대해 별로 아는 것이 없을 수도 있기 때문에, 그러한 대통령의 선임패턴은 외교업무에는 지장을 줄 수 있는 것이고, 더욱이 대통령 선거에 정치적 기여를 한 데 대한 보상으로 자신이 파견되는 그 나라에 관해 아무런 지식도 없는 사람들을 대통령이 대사로 임명한다는 것은 역겨운 일인 것이다.

국무부의 관료적 패턴들은 여타 외교정책 관련기관도 마찬가지지만 일반적으로 관료사회에선 공통적인 현상이다. 국무부도 그렇지만 관료제도에서는 일반적으로 그 정책과정이 제기된 문제의 성격에 따라 영향을 받는데, 그것은 위계제, 전문화, 그리고 일상화(日常化) 라는 복잡한 관료제도의 성격 때문인 것이다. 이로 인해 직업관료들(insiders)과 대통령이 임명한 관리들(in-outers) 사이에서 때때로 긴장이 발생한다. 왜냐하면 임명직 관리들은 이 부서에서 저 부서로 옮겨 다니거나 관직과 私的인 영역을 들락날락거리기 때문이다. 국무부의 직업 관료들은 그들 나름의 독특한 하위문화(sub-culture)를 유지하고 있고, 자신들이 다년간 봉직해 온 그 조직에 충성스런 경향이 있다. 반면 정치적으로 임명된 관리들은 그들이 복무하는 특정 관료조직에 대한 이해심도 부족하고 충성스럽지도 못한 경향이었다. 양자 간의 이러한 긴장이 어떻게 해소되느냐 하는 문제는 외교정책과정에서 국무부의 역할과 외교업무에 관한 중요한 결과를 가져올 것이다.

④ 외교관리들의 하위문화

국무부와 같은 관료조직의 행위를 완전히 이해하기 위해서는 그 조직구조의 이해와 더불어 그 조직의 하위문화를 이해하는 것이 중요하다.[19] 모든 조직이나 관료제도는 궁극적으로 어떤 하위문화를 발전시키게 마련이다. 하위문화란 국무부의 외교업무와 같이 어떤 조직이나 집단을 구성하는 구성원들이 터득한 공동의 목적과 규범을 말한다. 이러한 신념과 규범은 조직구성원들의 행동을 촉진하거나 방해하는 요소가 된다.

한 집단이나 조직의 신참자들은 그 조직을 지배하는 그러한 규범들을 배우고 터득하는 것이 필요하다는 것을 재빨리 간파하는 것이 필요하다는 것을 알게 된다. 규범들은 조직 구성원들에게 공식적으로 적절한 직업적 행위에 관한 그 조직의 지침을 전달해주기도 하고 비공식적으로는 동료들 간의 상호작용을 통해 그 지침의 습득을 강요하기도 한다.[20] 사람들은 조직 내에서 동료들로부터 인정받고 직업적으로 성공하기 위해서는 그 조직의 규범을 어떻게 지켜야 하는지를 쉽사리 파악해야 된다. 이러한 과정이 대부분의 조직구성원들의 행동을 일치하게 만들고 그 조직의 하위문화를 강화시키고 촉진시키는 것이다. 국무부의 하위문화는 다른 관료기구들에 비해 3500명이라는 적은 규모 때문에 더욱 강력하다. 또한 국무부 관료조직의 구조와 하위문화는 그 조직의 일차적인 기능들을 효율적으로 수행할 것인지 여부를 결정할 수 있으며 그리하여 전반적인 정책 결정과정에 영향을 미칠 수 있다.

그러면 국무부 하위문화의 공통적인 특징은 무엇일까? 그러한 하위문화를 확인하고 기술하는 것은 단순하지가 않다. 로자티는 5가지의 주요 특징들이 외무관리들의 하위문화를 형성하고 있다고 설명한다.[21]

1) 엘리트주의 경향

국무부는 통상 엘리트 집단으로 간주된다. 외교관이 된다는 것이 어렵다는 의미에서 국무부는 엘리트 집단으로 일컬어졌다. 외무관리들(foreign service officers : FSOs)은 그들 자신을 외교 업무에서 우수한 사람들(creme de la creme)로 생각한다. 그 이유는 외교관 지망자는 매우 많은데 자리는 적기 때문이다. 외교관 시험은 매우 어렵다. 소수만이 시험에 통과하고 고득점자라고 해서 어떤 자리가 보장되는 것도 아니다.

외무관리들을 엘리트주의자들이라고 부르는 또다른 이유는 대부분의 미국 역사에서 외교관이 된 사람들은 아이비리그(IVY League) 대학 출신들로서 東部의 부유한 도시출신들로서 앵글로-색슨계의 기독교를 믿는 백인들(WASPs)이었기 때문이다. 즉 가문, 배경, 교육, 그리고 개인의 연고관계에 기초한 것이다. 이것이 국무부 관리들로 하여금 타 부처 관리들에 대해 우월감을 가지도록 한 요인이다. 특히 제2차대전 이후 증가된 타 부처 외교정책관리들에 대해 그러하였다.

그러나 지난 수십 년 동안 국무부에도 많은 변화가 있었다. 구체제(the old boy system)는 새로운 진입자들에게 개방되었다. 즉, 여성, 소수민족, 非기독교인, 非상류층, 그리고 타 지역 출신 등도 국무부에 들어오게 되었다. 물론 그러한 변화는 아주 점진적이고 부분적이다. 다시 말해 국무부 관리들은 여전히 백인, 상류출신 남성들이 주류를 이루고 있다. 즉, 국무부는 오랜 역사와 전통, 그리고 하위문화를 가진 과거의 엘리트주의에 의해 크게 지배되고 있는 것이다.

2) 해외근무의 선호와 외부적 관점

국무부 하위문화의 두 번째 특징은 외무관리들은 통상 해외근무를 선호하고 외부적 관점을 가지는 경향이 있다는 것이다. 외교관리들에게 있어서는 워싱턴 D.C.에서 근무하는 것보다 해외에 나가 근무하는 것이 새로운 활동과 흥분을 경험할 수 있는 기회가 되는 것이다. 해외근무는 세계를 보고 경험하는 길이며, 그것은 또한 외교관 지망자들의 주요 동기이기도 하다. 뿐만 아니라 그것은 해외근무 관리들의 특권의식이기도 하다. 그런데 그와 같은 해외근무 선호는 해외경험을 위한 것일 뿐만 아니라 런던, 파리, 로마와 같은 근무지 선택과도 관계가 있다. 이러한 해외근무 선호는 승진 기초가 해외근무를 중시하는 국무부의 인사제도 때문이기도 하다. 국무부 관리가 워싱턴에 빈번히 또는 오랫동안 머문다는 것은 경력을 쌓을 기회를 상실하게 되는 것과 같다. 사실 외교관리들의 궁극적 목표는 대통령과 가까운 거리에서 외교정책결정을 보좌하는 장관이나 여타 정책관리가 되는 것이 아니라 대사가 되는 것이다.

이러한 해외근무 경험의 강조와 대외적 관점의 유지는 외무관리들이 본국의 외교정책과정에서 성공적인 활동을 전개하는 데는 장해요인이 된다. 왜냐하면 외무관리들은 본국에서보다 해외에서 일어나는 일에 더 많은 관심과 지식을 가지고 있기 때문에 백악관과 같은 국무부 이외의 정책결정과정에 영향을 줄 수 있는 동기나 태도를 갖추지 못할 수도 있기 때문이다. 외무관리들은 외부적 관점을 가지고 있는 것으로 인식되기 때문에 종종 다른 나라 사람처럼 행동하는 것으로 비판받기도 한다. 그때문에 정책결정과정에 있는 다른 부처 관리들은 외무관리들의 정책입장을 심각하게 고려하지 않을 수도 있다. 로렌스 이글버거(Lawrence Eagleburger)와 같이 제임스 베이커(James Baker) 장관 밑에서 국무부 부장관을 지내면서 고위정책결정자 반열에 오른 사람도 있기는 하지만 정부정치(governmental politics)를 하는 인사들은 외교관리들과는 궁합이 잘 맞지 않는다. 이러한 下位文化의 특징은 국무부가 외교정책결정과정에 강력한 영향력을 행사할 수 없게 만드는 요인이기도 하다.

3) 외교적 수단의 강조

외교관리들의 세 번째 특징은 외교정책의 주요 수단으로 외교적인 접근방법을 강조한다는 점이다. 외교관리들은 자신들이 세계정치사에서 가장 오래되고 명예로운 직업인 외교관(diplomats)이라고 생각하고 있으며 外交에 종사하고 협상을 수행하는 능력을 하나의 예술이라고 생각한다. 즉, 외교(diplomacy)란 책에서 배우는 어떤 것이 아니라 해외의 현지 경험을 통해 얻어지는 그 어떤 것이고, 외교의 기술은 천부적으로 타고나는 엘리트 하위문화의 일부라는 것이다. 그런데 외교관리들이 외교를 강조하는 것과는 달리 냉전시대의 등장과 더불어 미국은 외교정책 수단으로 외교의 역할을 중시하지 않게 되었다. 즉, 냉전시기에는 외교정책이 군사적, 경제적, 문화적 수단들에 더 많이 의존하게 되었던 것이다. 이와 같이 미국의 외교정책을 지원하는 수단들이 다양화되면서 외교의 역할을 강조하는 국무부는 쇠락의 길로 들어서게 되었다.

4) 일반주의 경향

네 번째 특징은 외교관리들이 일반주의자(generalists) 또는 팔방미인이 되려는 경향이 있다는 점이다. 그들은 외교정책에 관한 직업적 전문성에 긍지를 가지고 있지만 실제로 대다수 외교관리들은 전문가(specialists)가 아니다. 이는 국무부의 인사제도의 기능 때문이기도 하다. 즉, 국무부의 관행이 해외근무를 강조할 뿐만 아니라 3년 단위로 새로운 근무지로 전근되는 순환식 인사제도인 것이다. 물론 그 근무지가 본국일 수도 있다. 예를 들어 東아시아 연구로 학위를 가지고 있다 하더라도 최초의 근무지는 아이티, 그 다음에는 소말리아, 그 다음에는 워싱턴, 그리고 그 다음에는 南美 등으로 발령을 받을 수 있는 것이다. 따라서 자기의 전공을 살릴 기회는 없을 수도 있다. 대학원 수준의 학위를 취득해야 할 아무런 동기도 부여되지 않는다. 요구되는 것은 어떤 외교정책이라도 수행할 수 있는 광범위한 경험과 직관적인 이해력을 갖춘 나방면의 전문가(experts)가 되는 것이다. 한 곳에 오래 머문다는 것은 승진을 위한 경력 쌓기에 장애가 될 뿐이다. 예외가 있다면 일부 외교관리가 애초부터 고위직에서 출발하는 경우이고 그 위치에서는 전문영역이 개척될 수도 있을 것이다. 그러나 대부분의 외교관리들의 꿈은 유럽에서 근무하는 것이고 대사가 되는 것이다.

그런데 일반주의자들로서 다방면의 능력을 갖춘 외교관리들의 생산을 강조한다는 것은 전문가(specialists)로서의 발전을 강조하는 관료제의 경향에 역행하는 것이다. 물론 일반적인 지식과 폭넓은 견해를 가진 사람들의 성장은 전문화의 성장으로 인해 침식되는 어떤 부분, 즉 정책분석에서 환경과 역사를 통합시키는 작업에서는 기여할 수 있다. 그러나 외교관리들은 때때로 다른 부처들의 상대역들에 비해 불이익에 처하기도 한다. 왜냐하면 그들은 정책과정을 헤쳐 나가는 데서 중요한 세부적 지식을 결(缺)할 수 있기 때문이다. 근무지 순환제도는 현지의 언어와 문화를 배우는 동기를 부여하지 못한다. 어떤 임지는 오직 승진을 위한 정거장에 불과하기 때문이다.

5) 충성, 성실, 신중성의 경향

미국 외교관리들의 다섯 번째 공통 특징은 외교업무에 대해서 충성스럽고, 성실하며, 신중하다는 것이다. 즉 그들은 자신들의 업무에 충성스럽고 성실하며, 제도로서의 국무부와 자신을 밀접하게 일치시키려는 경향이 있다. 그러한 충성심은 이해하기 쉽다. 왜냐하면 대부분의 외교관리들은 그들의 청장년 시절을 해외공관과 국무부에서 보냈기 때문이다. 많지 않은 외교관리들로서 그들은 15년에서 20여 년 동안을 친숙한 동료들과 함께 업무를 수행하고 상호작용을 하게 된다. 시간이 흐르면서 형성되는 비공식적인 인간관계들은 직속상관이 정기적으로 하급직 관리들의 업적을 평가하는 공식 인사과정으로 이어지는 것이다. 이러한 요인들은 왜 외무직 관리들의 下位文化가 그토록 삼투적(pervasive)이고 제도적 충성심이 강렬한지를 설명해 주는 것이다. 그들은 외교관리들의 지배적인 신념과 규범에 어긋나지 않으려고 노력한다. 또한 그들은 상급자들에게 자문을 요청받을 때도 위험을 피하려고 신중한 접근을 하며 개인적으로 정책을 구상하는 일 따위도 주저하게 된다. 국무부는 그 규모는 작지만 매우 큰 관료기구처럼 기능한다. 예를 들어 해외공관에 어떤 요청서를 보내거나 국무부의 결정을 송신하기 전에 담당관리는 그 문제에 관심 있는 다른 모든 관리들의 승인을 받았는지를 확인한다. 만일 어떠한 문제가 7, 8개 局들과 관련된 것이라면 그들의 관여가 아무리 미미한 것일지라도 모든 관련자들이 그 과정의 평가에 참여하고, 어떠한 결정에 대해서도 비록 그 결정이 사소하고 일상적인 것일지라도 그 것의 승인과정에 참여한다. 이러한 중복적인 관할권들은 관련 당사자들 간의 타협과 합의의 관습 때문에 신중하고 지루한 과정을 만들어 내는 것이다.

그러면 국무부 관리들은 왜 그토록 충성스럽고 신중한 태도를 보이는가? 그러한 특징들은 국무부의 역사 출발에서부터 있었다. 그러한 특징들은 1940년대 후반과 1950년대에 걸쳐서 더욱 강화되었다. 제2차대전의 종전과 냉전시대의 도래는 미국사회와 정부, 특히 의회에서 반공산주의와 매카시즘(McCarthyism)의 등장을 초래하였다. 그런데 東유럽이 공산화되고 공산주의 중화인민공화국이 선포되고, 북한이 남한을 침략함에 따라 미국인들에게는 마치 전쟁에서 쟁취한 대승리가 평화 속에서 사라지고 있는 것처럼 보였다. 미국인들은 세계를 정복하려는 스탈린의 지시에 따라 공산주의의 기도를 도와주고 교사하는 간첩과 반역자들이 미국사회와 미국정부 내에 있다고 생각함으로써 위안을 찾고 있다는 설명이 있었다.[22] 위스컨신州 출신 공화당 상원의원 조셉 매카시(Joseph McCarthy)는 1950년대 초 그러한 시나리오를 대중화시켰고 극우 보수주의 운동에 자신의 이름을 따 "매카시즘"이라는 레테르를 붙였다. 물론 하나의 정치적 운동으로서의 매카시즘은 그의 개인적인 흥망과 운명을 같이 하였다.

매카시즘은 전체 미국사회와 정부에 걸쳐 일부 개인들과 정부기관들에 반미주의와 공산주의라는 정치적 죄명을 씌웠다. 그런데 매카시가 공격한 여러 정부기관 중의 하나가 국무부였다. 그는 국무부가 "냉전에서 패하고 미국을 공산주의에 팔아 넘겼다(losing the cold war and selling out America to communism)"고 공격했던 것이다. 국무부의 고위관리로 있던 앨저 히스(Alger Hiss)는 1948년 전쟁기간의 그의 활동으로 인해 반역자라는 규탄을 받았고 위증죄로 기소되었다.[23] 1949년 중국의 국민당정권이 붕괴되었다. 그런데 중국 국민당정권이 부패와 잔인한 권위주의 통치로 중공군과의 내전에서 패배할 것이라고 예측했던 국무부 극동국(the Far Eastern Bureau)의 고위 관리들이 희생양이 되었다. 그들은 결국 국무부에서 축출되었고 그들의 경력은 파괴되었다. 1950년대 초 매카시즘은 매우 강력하고 무자비하였기 때문에 트루먼 행정부 내의 고위관리들은 "유화주의자들(appeasers)"이고 공산주의의 "동반자들(fellow travelers)"이라고 공격받았다. 닉슨 의원은 국무장관과 국무부를

"공산주의에 대해 비겁한 봉쇄를 하기 위한 딘 에치슨 대학(Dean Acheson college for cowardly containment of communism)"이라고 규탄했다. 민주당의 트루먼 대통령 하에서 계속된 그와 같은 공격은 결국 공화당의 아이젠하워가 대통령으로 선출된 이후 관리들의 충성서약과 충성프로그램이 마련되어 제도화 되었다. 또한 그러한 관행은 비밀정보의 범위를 확대시켰으며 국가안보의 이름으로 비밀정보에 국민이 접근하지 못하도록 하는 조치로 굳어졌다.

이러한 정치적 분위기 속에서 국무부내 많은 관리들이 올바르고 충분한 "강경노선"의 반공주의 견해를 갖지 않았다는 이유로 숙청되었다. 당시 극동국에 있었고 케네디와 존슨 대통령 하에서 국무장관을 지낸 딘 러스크와 같이 국무부 내에서 진행된 정치적 공격과 숙청 속에서 살아남은 생존자들은 하나의 명백한 교훈을 끌어냈다. 그것은 "외교정책에서 새로운 것을 구상하고 무리 중에서 우뚝 서는 사람은 자기 경력에 큰 위험을 부과하는 것이다"라는 것이었다. 前 국무부 관리였던 조지 케난(George Kennan)과 같이 현상유지에 반대하고 정책기획자로서 활동했던 사람들은 그들이 외무직에 계속 남아 있었던 경우 모두 쫓겨났던 것이다. 이와 같이 어떤 개인이 정치적으로 논쟁성이 있는 결정들을 승인하는 경우 혼자서 하지 않는다는 것을 확실시하기 위해 국무부에서는 신중성과 비밀주의를 강화하였다.[24)]

제 3 절 국무장관

① 역할과 지위

미국의 국무장관은 형식적으로나 이론적으로 미국의 대외정책과정에서 중심적인 지위를 점하고 있다. 그는 미국의 대외정책 수립을 위한 대통령의 자문관(adviser)으로서, 대통령을 대리해서 타국 정부들을 상대해 교섭하는 협상자(negotiator)로서, 그날그날의 세계적인 중대 사안들을 대통령에게 알려주는 보고자(reporter)로서, 국무부의 관료조직과 전세계적인 활동을 지휘 감독하는 관리자(manager)로서, 그리고 국무부 내 또는 외교정책 관련 정부기관들 간의 수많은 정책요소들을 조율하는 조정자(coordinator)로서 역할을 수행한다.[25] 의회가 평가하고 있는 바와 같이 국무장관은 타국과의 관계에서 미국의 주요 정책을 수행하기 위해 지도력을 발휘할 수 있는 사람인 것이다.

국무장관은 휘하 부장관과 4명의 차관, 자문위원, 정책기획실장, 5명의 지역담당 차관보들을 지휘하면서 임무를 수행한다. 물론 관료주의적 대외정책 수립에 점차 여타 집행기관들이 참여하고, 특히 외교정책결정이 백악관에 집중되고 있는 오늘날에 와서는 국무장관의 위상이 예전 같지는 않다. 그러나 여전히 국무장관은 외부세계와의 공식적인 관계를 조정하고 유지하며, 국내외에서 활동하는 수많은 외교관리들을 임명하고, 국가간에서 체결된 협정이나 조약을 검토하고 유지하는 등의 중요 기능을 수행한다.

장관의 예하에 있는 차관들은 기능적인 지역담당 차관보들의 요구에 부응해서 차관보들이 제시하는 조치나 입장에 대해 국무부 내의 여타 관련 행위자들의 서면동의를 받은 메시지들을 수합하여 최종결정의 지위에 있는 장관에게 보고한다. 부장관과 차관들은 장관, 백악관, 국방부, 의회, 미디어, 이익집단 그리고 공식적인 관계를 가지고 있는 외국정부 등의 요구들을 처리한다. 장관은 이렇게 차관들로부터 오는 각 지역국가들의 문제들에 관한 정보와 자료들을 국무부의 입장에서 정리해서 대통령에게 보고하는 것이다.

국무장관의 조정기능은 무엇보다도 중요하다. 국무장관은 대외정책 문제를 놓고 국내에서는 국방부, CIA, AID, USIA 및 여타 정부기관들과의 관계에서 조정기능을 수행하고 외국정부들과의 관계에서는 협상과 타협이라는 유사한 조정기능을 수행한다. 국무장관은 방위정책(defense policy)에 관해서는 주요 자문기관이 아니다. 방위정책의 주 자문기관은 국가안보 보좌관과 국방부 장관이다. 그러나 국무장관은 방위정책과 외교정책을 조정 · 통합하는 임무를 가지고 있다. 한 나라의 대외적인 계획과 운용이 조정되어야 하는 경우 그것은 한 사람에 의해 이루어져야 하는 바, 그것은 논리적으로 국무장관이 될 수밖에 없는 것이다. 왜냐하면 각료들 중 국무장관만이 일차적으로 외부세계와의 관계에서 국가를 전체로 바라보는 책임이 있기 때문이다. 법적으로 국무장관의 직위는 어느 각료들보다 대통령과 근접한 시각을 갖도록 되어 있다.

그런데 국무장관의 임무수행은 국무장관에 대한 대통령의 태도에 달려 있다. 국무부내의 휘하 관리들, 동료 각료들, 의회 및 기타 정부관리들은 국무장관과 대통령의 관계를 지켜볼 것이다. 만일 트루먼 대통령과 마셜 및 에치슨 장관, 아이젠하워 대통령과 덜레스 장관, 케네디 대통령과 러스크 장관, 클린턴과 크리스토퍼 및 올브라이트 장관 사이의 관계에서처럼 대통령이 국무장관과 긴밀하게 행동하고 국무장관을 신뢰하고, 그에게 주로 의존하게 된다면 그 국무장관은 훌륭한 장관이 될 기회를 가지게 될 것이다. 사실 미국의 정치체계에서 대통령과 국무장관은 상호적 의무관계에 있다. 장관은 대외관계에서 일어나는 주요 문제와 위기사태를 대통령이 처리할 수 있도록 신속하고 완전하게 정보를 제공해야 하고 선택의 폭을 넓게 하여 대통령이 자유롭게 선택할 수 있도록 해야 한다. 또한 국무장관은 외교 일선에서 자기의 입장을 가지고 자신의 관심사를 적절히 처리할 의무가 있다. 반면 대통령은 국무장관의 결정권을 분명히 하고 장관의 결정을 지원하여 장관의 조치가 원활하게 수행될 수 있도록 해야 한다. 그런데 사실 모든 것은 관련자들의 기질과 성격에 달려 있는 것이다(Everything depends on the temperament and character of the men involved).[26]

② 국무부와 국무장관의 역할 축소

20세기에 접어들면서 외교정책 결정과정에서 국무장관의 위상은 극적으로 변했다. 이전까지만 해도 미국의 대외정책 주도기관은 국무부였다. 즉, 미국의 외교정책은 주로 국무부에서 만들어졌고 관리되었으며 해외주재 대사들과 국무부 관리들에 의해 수행되었다. 따라서 대통령들은 국무부와 국무장관의 보고서와 분석에 의존해서 외교정책을 결정하게 되었다.

그러나 앞에서 설명한 바와 같이 외교정책결정 권한이 국무부에서 백악관으로 이전되게 된 데에는 다음과 같은 이유가 있었다.[27)]

첫째, 교통과 통신의 발달로 대통령들은 외국의 지도자들과 직접 교신이나 접촉을 통해 정책을 조율하게 되었다.

둘째, 국무부 이외의 대외정책 관련 기관들과 매스미디어의 등장으로 대통령들이 타국 정부의 정책을 배우는 데 더 이상 국무부에만 의존하지 않게 되었다.

셋째, 대통령들은 국가안보와 같은 문제는 너무나 중요한 문제여서 자신의 책임을 국무부 관료들에게 맡기기가 어렵게 되었다.

넷째, 과거에는 세계정치와 국제적 사건들에 관해서 국무부 보고에만 의존했으나 현재는 대통령 자신의 특별 보좌관이나 정보기관으로부터 보고를 받고 아니면 대중매체들로부터 정보를 얻는다.

다섯째, 1940년대 이후 대통령들은 일상적인 외교정책 관리를 위한 정보와 자문을 NSC 보좌관과 그 참모들에게 의존하게 되었다.

또한 대통령들이 외교정책결정에서 국무장관을 소외시키고 대내외정책을 직접 챙기고자 한 데는 다음과 같은 요인들도 있다.

첫째, 제2차대전 이후 세계가 미·소 냉전체제로 설정되면서 대통령들은 국가안보와 생존뿐만 아니라 그 자신의 정치적 효율성과 정치적 생존을 위해서도 대외정책을 전문관료나 자기와 같은 시각을 갖지 않은 국무장관에게 위임하기를 원치 않았다. 즉, 대통령은 자기가 상의하고 싶은 사람들과만 만나려고 한다. 레이건 대통령은 "위기관리는 속도, 정확성, 비밀의 문제에 기초해야 하기 때문에 백악관에서 직접 처리해야 한다"[28)]고 주장한 바 있다.

둘째, 냉전체제에서 국방부와 CIA의 역할이 확대되면서 국무부와 국무장관의 역할은 상대적으로 약화되었다. 더욱이 대통령은 국무부의 경직된 절차나 수많은 "재고정리"에 시달리지 않으면서 국방부와 CIA로부터는 신속한 답변을 들을 수 있고 보다 명백한 결과를 얻을 수 있는 것이다.

셋째, 대통령들은 군사문제보다는 외교문제가 자신이 직접 다루기가 더 쉽다고 생각하는 경향이다.

넷째, 대부분의 대통령들은 새로 취임하면서 새로운 정책을 전개하고 자신의 독트린(doctrine)을 선언하고 전임자의 정책을 변경함으로써 보수적인 국무부의 입장을 무시하게 된다.

다섯째, 특히 대중영합주의적(populist) 대통령들은 전문관료들을 의심한다.

실제로 오늘날의 대통령들은 개인적으로 다음과 같은 세 가지 필요에 직면한다.[29)]

첫째, 대통령은 국제문제를 검토 · 토의하는데 그를 근접에서 도와줄 수 있는 사람을 필요로 한다. 즉, 무수한 정보들을 정리해서 대통령의 책상 위에 올려놓고 국내외정치 간의 중요성과 우선순위에 따라 각 문제들을 연결시켜줄 수 있는 사람을 필요로 한다.

둘째, 대통령들은 국무장관, 국방장관, CIA 국장 등을 포함한 여타 40여 개의 기관들로부터 올라오는 국제적인 금융, 무역, 수송, 통신, 기타 기능들에 관한 건의내용들을 해결하는데 도움을 줄 수 있는 사람이 필요하다. 이러한 모든 문제들 가운데서 문제점들을 확인하고 선택하고 각 문제들이 지니고 있는 위험성과 결과들을 정의하고, 그리고 대통령 결정들의 이행 여부를 감독하고 대통령을 대신해서 정부조치를 위한 촉매자의 역할을 수행할 수 있는 사람을 필요로 하는 것이다.

셋째 강력한 대통령들은 독립적인 자문과 분석을 해주고 국무부와 기타 기관들의 건의서들에 대한 대안적(代案的) 평가를 해주고, 각 부처의 건의서들을 보충할 수 있는 새롭고 장기적인 제안들을 만들어낼 수 있는 사람을 필요로 한다.

그런데 이러한 조정역할은 국가안보보좌관과 그 참모들이 수행한다. 국가안보보좌관들은 자신들의 시각에서 전체 정부를 관찰하고 대통령의 필요를 이해하는 사람들이다. 그런데 국무장관은 그러한 역할을 할 수 없다. 국무장관은 자기 휘하 관리들에게도 위탁할 수 없다. 또한 국방, 재무, 농무, 상무 등의 장관들은 국무장관의 결정을 공정하고 최종적인 것으로 수용하지도 않는다. 백악관은 국무부의 제안에 대한 국무장관의 평가를 객관적인 것으로 수용하지 않는다.[30] 예를 들어 트루먼 행정부 시절 국무장관이 제안한 마셜 플랜이 허가된 것은 선거가 가까워지면서 의회를 장악하고 있는 공화당의 비판에 직면했을 때였다. 레이건 행정부의 국가안보보좌관이었던 포인덱스터(Poindexter)는 국무부와 국방부의 경력관리들은 위험을 감당하려는 의지가 없다고 말하고 수십 년 동안 백악관 보좌관들이 국무부보다 대통령의 견해를 더 잘 대표할 수 있다고 기자들에게 설명한 적이 있다.

케네디, 존슨, 닉슨, 카터, 레이건 등은 모두 그들의 국무장관 지명자가 공식적으로 외교정책에 관한 대통령의 주요 자문관이고, 외교정책 관리자이며, 정책형성자이고, 대변인이라고 확인시켰다. 레이건은 대통령 선거 당시 카터 행정부 하의 백악관과 국무부 사이의 반목관계를 비난하였다. 카터는 자신의 행정부 하에선 키신저 같은 "西部치안관(lone Ranger)"은 없을 것이라 하였다. 그러나 실제로는 그러한 약속과 희망은 곧 좌절로 바뀌었다.

흔히 대통령과 국무장관 사이의 황금시대는 트루먼 대통령과 마셜 및 에치슨 국무장관 때였다고 한다. 이들 두 장관은 외교정책결정에서 진정한 우월성을 구가했다. 신설된 국가안보회의(NSC) 참모들의 간섭 없이 정책을 조정하고 외교기관들을 강화시켰다.

아이젠하워 대통령 시설 덜레스 국무장관은 개인적으로 도전받지 않는 권위를 유지했다. 아이젠하워는 덜레스 장관과 의논하지 않고는 그의 형제나 부통령을 해외에 내보내지도 않았다고 한다. 덜레스는 NSC참모들과 그 임무를 확대하고 국가안보문제를 위한 대통령 특별 보좌관(Robert Cutler)의 직책을 창설하기도 하였다. 물론 덜레스는 정책결정에서 국무부 관리들에 의존하기보다는 소그룹에 주로 의존했고, 외교기관 대부분을 무시했을 뿐만 아니라 국무부가 조셉 매카시(Joe McCarthy) 등에 의해 내부적으로 파괴되는 것을 허용했다.

케네디 행정부 하에서 러스크 국무장관은 대통령에게 무제한적으로 접근한 인물이었다. 러스크 장관은 안보보좌관이던 번디(McGeorge Bundy) 및 기타 인사들과도 불화가 없었다. 그렇다고 해서 러스크가 NSC참모들의 참여를 항상 환영한 것도 아니었다.[31] 물론 케네디 대통령은 러스크는 존중했지만 국무부에 대해서는 부정적 이미지를 가지고 있었다.

케네디의 후계자인 존슨 대통령은 자문을 얻기 위해 국무부와 NSC 인사들도 접촉했다. 그럼에도 불구하고 베트남전쟁에 관한 정책결정은 백악관에서 이루어졌다.

3 백악관과 국무부

지난 반세기 이상 동안 대통령들과 그의 측근 보좌관들은 대체로 국무부의 업무수행 능력에 부정적인 인식을 가지고 있었다. 예를 들어 프랭클린 루즈벨트는 국무부를 "낡은 기관(horse and buggy)"이라고 언급했고 케네디는 국무부를 수월한 일만 하려는 "젤리 그릇(bowl of jelly)"이라 평하면서 국무부 관리들은 어떤 아이디어도 없고 어떤 새로운 것을 찾아내지도 않는다고 불만을 토로했다.[32] 케네디의 백악관 고문이었던 슐레신저(Arthur Schlesinger)는 국무부 관리들을 "知的 고갈상태"라고 평했다. 존슨 대통령은 외교관리들을 희생정신은 별로 없고 국가보다는 그들 자신들을 더 많이 생각하는 계집애같은 사내들(sissies)이고 신사연하는 속물들(snobs)이며, 표준 이하의 사람들(lightweights)이라고 평했다. 1968년 대통령 선거기간 리처드 닉슨은 "나는 국무부를 청소하는 데 나를 참여시킬 국무장관을 원한다"고 하였던 바, 그 후 닉슨의 안보보좌관이던 키신저는 국무부의 정책을 "죽같은 타협물(mushy compromises)"[33]이라 평했다. 또한 레이건 대통령의 안보보좌관이던 포인덱스터는 국무부 관리들은 "실패의 두려움에 찬 사람들(fear of failure)"이라 하였다.

그러면 대통령들과 그 백악관 보좌관들은 국무부에 대하여 왜 그러한 평가를 하였던 것일까? 흔히 그 이유를 국무부의 관료구조와 그 하위문화에서 찾는다.

로자티는 그 원인을 국무부의 비능률성과 완만성, 관리들의 빈약한 업무수행과 반응성의 결여(unresponsiveness), 변화에의 저항, 정돈력 부족(incapable of putting its house in order), 그리고 지도력 부족 등 6가지로 설명하고 있다.[34)]

첫째는 국무부가 때때로 비능률적이고 느리게 움직인다는 것이다. 국무부는 어떤 문제에 대해 수많은 관리들과 부서들이 모두 동의절차에 참여하는 매우 번거롭고 귀찮은 관료구조로 기능한다. 즉, 대통령과 다른 주요 외교정책 관리들에게는 절박한 문제인데도 국무부 관리들은 너무 느리게 움직인다는 것이다.

둘째는 국무부 관리들의 작업내용이 너무 빈약하다는 것이다. 닉슨 행정부 시절 국가안보보좌관이던 키신저가 외교정책관련 관료기구들에 정보, 분석, 그리고 정책대안들을 제공하라는 지시를 내린 적이 있는데, 그는 국무부가 작성한 보고서에 실망하여 새로운 연구를 강요한 적이 있다고 한다.

셋째는 국무부가 대통령의 요구와 필요에 부응하지 못한다는 것이다. 국무부 관리들의 작업은 느리고 불충분할 뿐만 아니라 명령도 잘 따르지 못한다는 것이다. 흔히 대통령의 임기는 짧고 국무부 관리들의 임기는 길기 때문에 비부응적(非副應的)인 것으로 알려져 있다. 더욱이 외교업무의 특성상 무엇이 미국외교정책을 위해 최선인가를 관리들이 더 잘 알고 있는 것처럼 행동한다는 것이다.

넷째는 국무부가 변화에 저항적이라는 점이다. 변화에 대한 관료적 저항은 국무부에만 존재하는 것은 아니다. 모든 관료기구들은 대통령들이 시도할 수 있는 개혁에 저항하도록 만드는 어떤 패턴과 정책을 발전시킨다는 것이다.

다섯째는 국무부가 그 자체의 구조와 하위문화를 보다 능률적인 것으로 개혁하지 못하고, 높은 질의 작업을 수행하지 못하며, 대통령의 명령과 구상에 잘 부응하지 못한다는 것이다. 제2차대전 이래 많은 연구와 개혁노력에도 피상적인 변화만 있을 뿐 그 하위문화와 일상적인 업무관행은 여전하다는 것이다.

여섯째는 국무부가 미국의 외교정책을 지도해갈 수 없다는 것이다. 어느 대통령이 미국의 외교정책 수행을 위해 국무부에 아무리 의존하고 싶어해도 그는 머지않아 국무부가 외교정책을 지도할 수 없다는 것을 알게 된다. 왜냐하면 국무부가 내부적 업무관행의 변화에 저항하기 때문이다. 바로 이러한 이유로 대통령들은 국무부를 희생시키고 국가안보보좌관과 그 참모들의 역할을 크게 확대하게 되었다는 것이다.

그렇다고 한 제도로서의 국무부가 대통령을 위한 외교정책결정에서 정선된 국무부 관리들의 영향력 있는 역할까지를 막는 것은 아니다. 국무장관은 때론 미국외교정책의 주요 대변자로서 기능하고 대통령의 주 자문위원으로 활동하는 것이다. 예를 들어 외교정책결정이 백악관 중심체제로 바뀐 이후에도 키신저와 베이커 등은 미국외교정책과정에서 강력한 영향력을 행사한 사람들이었다. 때문에 외교정책결정에서 하나의 제도로서 국무부의 쇠락이 주요 국무부 관리들의 영향력 행사까지 배제시킨 것은 아니었다.

그런데 1990년을 전후해서 東유럽공산주의 국가의 붕괴와 소련의 해체에 따른 냉전의 종식으로 국무부는 미국외교정책의 형성과정에서 새로운 전기를 맞이하게 되었다. 즉 냉전 이후의 국제정치적 환경에서 국무부의 역할이 더욱 요구되는 상황이 전개된 것이다. 그러나 국무부의 능력에 대해 정치지도자들이 공유하고 있는 부정적인 인식에다 페르샤만의 걸프戰과 이라크전쟁과 같은 세계적 갈등이 재발하는 경우 국무부 위신의 하강 경향이 그렇게 쉽게 반전될 것 같지는 않다. 물론 국무부가 외교정책의 주무기관으로는 계속 남아있겠지만 대통령들은 국가안보정책을 위한 정보, 자문, 관리를 위해서는 국무부보다는 국가안보회의(NSC)와 더불어 국방부와 정보기관 등에 더 많이 의존하게 될 것이다.

④ 국무장관의 소외

국무장관과 대통령 간의 문제는 초대 국무장관이던 제퍼슨 때부터 있었던 것 같다. 제퍼슨에 의하면 재무장관이던 해밀턴(Alexander Hamilton)이 자신의 권위에 도전하고 워싱턴 대통령의 수상이라고 자처하면서 국무장관을 지배하려 했다고 한다.[35] 맥킨리(William Mckinley) 대통령은 對스페인 전쟁 당시 국무장관 데이(William Day)와 상의조차 하지 않았다 한다. 씨어도어 루즈벨트 또한 때때로 국무장관 존 헤이(John Hey)를 무시하였고 국무장관과 상의 없이 외국 정상들과 직접 교신하였으며, 파나마에 관한 모든 결정을 개인적으로 처리하였다 한다. 윌슨은 그 자신의 외교메시지들을 직접 작성하였고, 국무장관 브라이언(William Bryan)과 랜싱(Robert Lansing) 등과는 협의도 없이 독일에 대한 전쟁선언을 하였다고 한다. 윌슨 대통령은 또한 빈번히 개인적인 외교사절이었던 하우스(Edward House) 대령을 통해 외교관계를 수행하였으며, 심지어는 자기가 임명했던 국무장관들을 사임하도록 유도하였다는 것이다. 프랭클린 루즈벨트는 자신이 임명했던 헐(Cordell Hull) 장관에 대해 몹시 싫증을 내었다 한다. 루즈벨트는 국무부를 의심하기까지 해서 국무부에 웰리스(Sumner Welles), 몰리(Raymond Morley), 벌(Adolf Berle) 등 자기 사람들을 집어넣어 감시토록 하였고, 전시동맹 정상회담에 국무장관을 대동하는 것을 거절하였다는 것이다. 뿐만 아니라 루즈벨트는 주요 외교적인 결정들(예, 원자탄 제조)에 관해서 국무장관에게는 알려주지도 않았으며, 국무장관과 협의 없이 새로운 진시 기관들을 설치하였고, 정책조정자, 외교사절 및 자문위원으로 충성스런 홉킨스(Harry Hopkins)를 이용했다 한나. 당시 국무장관직을 유지했던 헐은 대통령이 겉으로는 자기에게 의존하는 척하면서 실제로는 자신을 무시하고 있음을 알고 있었다고 한다.

흔히 트루먼 행정부 시절 마셜과 에치슨 두 장관의 재임기간을 국무장관의 황금기라고 한다. 그러나 트루먼 역시 대통령의 전국 라디오 연설을 폐지하는데 실패한 바이니스(James Byrness)를 용서하지 않았으며, 1948년 대통령 취임 연설에서는 국무부가 지워버린 포인트 4(Point Four) 외교정책 프로그램을 다시 집어넣었다 한다. 또한 백악관은 팔레스타인 문제를 국무부에서 떼어내 버렸는데, 그로 인해 먀샬 장관은 백악관의 클리포드(Clark Clifford) 보좌관의 對팔레스타인 정책에 격분을 토했다 한다.

케네디 행정부 시절 백악관 안보특별보좌관 번디는 외교정책에서 더욱 중요한 역할을 담당하였다. 딘 러스크 국무장관은 대통령에게 무제한적으로 접근할 수 있었지만 번디 보좌관과의 불화는 없었다. 그러나 러스크가 백악관 참모들의 참여를 항상 환영한 것은 아니었다. 러스크는 케네디의 사망으로 대통령이 된 존슨과 번디의 후계자로 안보보좌관이된 로스토우(Walt Rostow)와도 긴밀했지만 베트남전쟁이 진행되면서 백악관의 외교정책권한은 더욱 증대되었다. 존슨 대통령은 선임자로부터 물려받은 광범위한 국가정책 노선을 수행할 것이라고 천명했지만 그는 머지 않아 자신의 작업방식을 채택하였다. 특히 베트남전쟁 기간 외교문제에서 군사적 요소가 커지면서 국가안보문제에서 국방부 장관이 주요 자문관이 되었고, 따라서 국무장관의 역할은 축소되었던 것이다.[36)]

어떤 평론가에 의하면 백악관과 국무부 간에 완전한 조화가 이루어진 것은 키신저가 국무장관과 백악관 안보보좌관을 겸직한 때였다고 한다.[37)] 닉슨 행정부에서 키신저 보좌관은 국무장관 로저스(William P. Rogers)를 가능한 한 많이 우회하려고 하였다. 키신저는 자신의 가시성(可視性)을 높이고 참모진을 확대시키려고 노력하였다. 닉슨은 외교에 無知한 로저스를 국무장관에 임명하고 키신저를 사용함으로써 "키신저 국무장관"이라고 하는 조롱도 있었다. 당시 외교정책과정에서 키신저의 지배적 역할은 언론과 외국의 정부들도 그대로 인정하는 상황이었고, 정치적 책략과 외교정책 문제에 박식한 닉슨은 자신의 기호를 그대로 드러내었다. 닉슨은 언젠가 "국무부에서 새로운 아이디어를 얻으려면 20년은 기다려야 한다"고 말한 적이 있다. 키신저는 국무장관이 된 후에도 국무부를 소홀히 했다. 그는 과거 덜레스가 그랬던 것처럼 자문을 구하는데 소집단에 의존했고 국무부를 포함한 외교정책기관 대부분을 무시했다.[38)]

카터는 자기 정부에선 키신저와 같은 "론 레인저(Lone Ranger : 미국 西部의 치안관)"는 없을 것이라 하여 키신저 보좌관이 국무장관을 소외시키는 것을 비난했었다.[39)] 카터는 보좌관 브레진스키(Zbigniew Brzezinski)와 국무장관 밴스(Cyrus Vance)를 균형시키고 두 마리 말을 타고 있는 것으로 생각했다. 그러나 그 궁극적 결과는 지체와 비효율성이었다. 브레진스키는 국무장관 밴스를 제치고 대사들에게 직접 통화했고 협상을 주도했으며, 언론사에는 자신이 직접 브리핑을 해주었고 또한 정책선언을 하기도 하였다.

레이건은 대선 후보시절 카터 행정부의 백악관과 국무부 간의 반목을 비난한 적이 있다. 그런데 레이건의 안보담당 보좌관이었던 포인덱스터는 "지난 수십 년 동안 백악관 보좌관들이 국무부보다 대통령의 견해를 더 많이 감당하는 이유는 세계가 더욱 위험해지고 있기 때문"[40]이라 하였다. 레이건 행정부하의 국무장관 슐츠(George Shultz)는 의회 증언에서 외교정책결정에서 국무부의 약화를 확인해 주었다. 그는 "주요 외교정책 결정에 관해서 대통령은 자기에게 결코 알려주지 않았고, 백악관 참모진들은 미국의 외교정책수행을 위해 수상한 인물들을 이용했으며, 그러한 백악관 도당들(junta)은 국무장관을 의도적으로 기만하였고, 따라서 국무장관은 백악관 참모들과 좋은 관계에 있지 않았으며, 소외감을 느낀다"[41]고 증언하였다. 안보 보좌관 포인덱스터는 어떤 해외작전에 관해 알 필요 없는 사람들의 명단에 국무부를 올려놓았다. 前 안보 보좌관 맥팔레인과 포인덱스터는 국무부에 알리지도 않고 비밀리에 해외여행을 했고 또 다른 백악관 참모는 국무장관 슐츠의 여행을 거부하기도 하였으며, 익명으로 슐츠의 사임을 신문에 시사하기도 하였다. 레이건 대통령은 국무장관 헤이그에게 "당신은 나의 외교정책 자문관이다.(You are my foreign policy guy)"라고 했음에도 헤이그의 정책선언은 백악관 보좌관들에 의해서 공개적으로 논박되었다. 백악관 보좌관들은 헤이그 국무장관의 절차적 요청도 무시했다. 결국 人事와 위기관리에 관한 국무장관의 권위는 격하되었던 것이다. 슐츠와 같이 헤이그도 그의 요청이 백악관에 먹혀들지 않는다는 것을 인정하지 않을 수 없었다.

2001년에 들어선 부시(George W. Bush) 행정부의 초기, 적어도 같은 해에 발생한 9.11 테러사건 때까지는 부시 대통령과 파월(Colin Powell) 국무장관의 관계는 조화로운 것 같았다. 부시는 취임 후 얼마 지나지 않은 2월 15일 국무부를 방문하여 4개 항의 대외정책 기조를 설명하는 가운데 "미국의 공약과 책임이 전 세계에 걸쳐 있기 때문에 객관성과 겸손으로 대외정책을 수행할 것"이라고 천명함으로 국무부 중심의 대외정책을 전개할 것임을 시사하였다.[42] 그러나 9.11 테러사건 이후 부시의 대외정책은 라이스(C. Rice) 보좌관, 럼즈펠드(Donald Rumsfeld) 국방장관, 체니(Dick Cheney) 부통령 등 보수강경파에 의해 對테러戰 외교로 바뀌면서 온건 합리주의를 추구하는 파월 국무장관과 국무부는 사실상 백악관과 국방부의 심부름꾼 내지 보조자로 전락하였다. 백악관과 국무부 사이에서는 빈번히 엇박자의 정책노선이 발표되었고, 그럴 때마다 파월 국무장관은 무안을 당하고 나오는 상황이 되었다. 결국 파월 국무장관은 백악관 중심의 외교정책 과정에서 주변인으로 머물다가 부시의 제1기 임기가 끝나면서 사퇴하였다. 그의 후임으로 들어선 라이스 장관은 백악관의 의중에 부응하는 정책노선을 견지하고 있다.

조지 슐츠(George Shultz) 국무장관은 재임시 덜레스와 같이 백악관 옆에 집무실을 가지고 있으면 레이건 대통령에 무제한적으로 접근할 수 있고 대통령식으로 생각할 수 있다고 말했다고 한다.[43] 그러나 이는 시각과 인접성을 혼동한 처사일 것이다. 백악관에 가까이 있는 것은 대통령이 국무장관을 필요로 할 때는 편리하겠지만 대통령이 백악관 참모의 지원을 필요로 할 경우에는 사정이 다를 것이다. 국무부는 주로 제도적 역할을 수행하는 집단이기 때문이다.

5 국무부와 국무장관의 역할 재정립

스캇과 도슨은 미국외교정책과정에서 국무부의 역할과 기능을 보다 긍정적으로 설명한다.[44] 대통령들이 4년이나 8년마다 바뀌는 상황에서 국무부가 상이한 개성을 가진 대통령들에 적응하다 보면 결국 미국의 외교정책은 혼란에 빠지기 쉽다는 것이다. 앞으로도 대통령들은 국무장관을 자신의 집사장, 서기 또는 연락담당 역할쯤으로 격하시킬 수 있다. 그러나 국무부가 비난받고 있는 신중성(caution), 지속성(continuity), 일관성(constant) 등의 요소들이

대통령이 계속 바뀌는 상황에서 위험한 세계의 변치 않는 현실을 반영할 수 있다.[45)]

국무부의 제도적 기억, 면밀한 기획, 질서 있는 절차들은 敵들로부터는 물론 대통령 자신의 실수에서도 그를 보호할 수 있는 것이다. 경력관리들의 경험 많은 눈과 실용적 시각은 선거공약과 대중감정에 영합하여 신속하고 극적인 해결책을 추구하려는 백악관의 압력을 균형시키는 데 필요한 것이다. NSC의 맥팔레인과 포인덱스터 팀의 많은 요원들이 이전에 국무부에서 근무했던 사람들인데 그들이 제안한 비현실적 제안의 10분의 9가 실패한 것으로 나타났다. 백악관에 들어간 그들의 행동에는 필터가 없기 때문이다. 대통령 보좌관들은 의회에 책임이 없고 법령의 제재를 덜 받는 사람들로서 대통령과 국무부에 충성하는 경력관리들보다 솔깃한 말로 대통령의 귀를 즐겁게 할 수도 있다. 레이건 행정부 시절 국무장관이던 헤이그는 "알랑쇠들이 백악관 주변에 무릎까지 빠져 있다(Sycophants are knee deep around the White House)"[46)] 고 힐난한 적이 있다.

앞에서도 인용한 바 있지만 케네디 대통령도 국무부 관리들에게 불평은 했지만 그들의 능력은 인정했다. 즉, 쿠바 미사일 위기시의 정책결정에서 그는 국무장관과 차관, 그리고 차관보들을 부르기 전에 먼저 경력관리들을 불러 자문을 얻었다.

트루먼 대통령 시절 국무부 관리들은 대통령이 외교정책 성안을 일차로 국무장관에게 위임했을 때 고무되었다. 반면 국내에서 국무부 예산이 삭감되고 해외에서 테러공격을 받을 때는 사기가 저하되었다. 특히 매카시 선풍이 불어 국무부가 제1의 공격대상이었을 때는 절망하였다.

대통령이 헌법을 읽어 본다면 국무부의 참여 없는 외교정책결정은 의회의 지지를 받을 가능성이 적다는 것을 알게 될 것이다. 집행부 특권에 의해 지배되는 NSC 보좌관과 그 참모들과는 달리 국무장관은 대통령과 의회에 동시에 책임을 지게 되어 있는 것이다. 왜냐하면 국무장관의 임명은 대통령이 하지만 그 인준은 의회가 하기 때문이다. 또한 의회는 국무장관에게 예산을 주고 법적 권위를 부여하고 그의 증언을 청취한다. 따라서 성공적인 국무장관은 백악관의 비판에 직면할 때에도 양당의 입법부 의원들로부터 대통령과의 상호존중관계가 유지될 것을 권유받는다.

의회는 주요 외교문제 결정에서 소외되는 국무장관을 원치 않는다. 키신저 NSC 보좌관이 상원 외교위원회 의원들이나 외교위원장에게 개인적이고 비공식적인 브리핑을 하고 있을 때 여타 의원들은 국무장관 로저스로부터 빈 껍데기 증언을 듣고 있다는 사실에 분노했다. 즉, 외교정책결정에서 국무장관이 소외되는 정도로 의회도 소외되고 있기 때문이다.

백악관은 NSC 기구가 크지 않을 경우 초강대국으로서 미국이 매일 결정하는 수 많은 외교정책들을 이행할 수 없다. 대통령은 국무장관의 도움을 받아 신문의 머릿기사와 역사에서 자신의 위치를 만들어가게 되는 것이다. 국무부 관리들은 매일 10여개 이상의 국제회의에 참석하고, 매일 장관의 서명을 필요로 하는 1천개 이상의 전문을 처리해야 하며, 언론과 의회의 요청은 제쳐 두고라도 160여 개국 이상의 국가들의 외상과 대사들이 워싱턴과 유엔 그리고 각국의 수도에서 무수한 문제들에 대해 국무부의 입장을 요청하는 사안들을 처리해야 한다. 만일 대통령이 국무장관의 일을 떠맡으려 한다면 그는 곧 지쳐버릴 것이다. "자기 입장을 대변하려는 변호사는 고객에게는 어리석은 사람(A lawyer trying to represent himself has a fool for a client)"이라는 격언처럼 자신이 국무장관이 되려는 대통령은 그와 똑같은 입장에 서게 될 것이다. 대통령 자신은 외교적 협상자가 될 수 없다. 대통령은 정상의 영광을 누리고 있지만 그곳에는 위험과 압력이 있다. 대통령을 대신하는 국무장관과 관리들은 답변을 늦출 수 있고, 공격적인 모험을 감행할 수도 있으며, 실수를 부인할 수도 있고, 대통령을 위해 완충지대를 제공하고 대통령의 위신을 보호할 수도 있는 것이다. 레이건 행정부에서 국무장관이었던 슐츠는 "대통령이 자기의 간판을 내걸고 국무부에 갈 필요는 없다. 그가 국무부를 곧바로 백악관으로 끌어들이려 할 때 그는 모든 업무를 감당해야 될 것"[47]이라고 하였다. 국무장관을 위압하거나 약화시키는 대통령은 잠재적으로 국가나 의회에 장관의 사임을 강요하는 것이 된다. 프랭클린 루즈벨트는 헐 국무장관을 사임토록 몰아붙이는 것을 피하려고 심적 고통을 겪은 것으로 알려져 있다. 윌슨은 랜싱 국무장관의 사임을 유도하기도 했으나 1915년 그의 친전쟁정책을 맹렬히 비난한 브라이언 국무장관이 격분하여 사임했을 때는 덜 유쾌하였다. 그러나 실제로는 브라이언 국무는 장관으로서 존경도 받지 못했고 능력도 부족한 것으로 알려져 있다. 그런데 당시 브라이언은 어떤 사람의 사임압력을 받고 있었다. 그는 심지어 애국심이 없다는 공격을 받기도 하였다. 브라이언은 1916년 민주당 전당대회에서 대표로 선출될 수도 없었다. 미국의 국무장관은 영국의 내각 멤버가 정책에 반대한 후 의회로 돌아가 그 정책과 싸울 수 있는 것과는 달리 일단 사임하면 정책에 영향력을 행사하기가 어렵다. 분노로 사임할 경우 논쟁은 촉진할 수 있으나 대부분의 경우 그러한 방법은 불충하다거나 非직업적으로 보여진다. 애덤스(John Quincy Adams)는 국무장관으로 임명되었을 때 자기 모친에게 "나의 임무는 대통령 행정부를 지원하는 것이 될 것이다"라고 하였고, 싸이러스 밴스는 카터 대통령의 이란 인질구출작전에 반대하면서 "내가 할 수 없다면 나의 임무는 공직에서 철수하는 것"이라고 하면서 "국가에 최선인 것에 관한 나의 판단에 역행하는 대통령의 결정에 내가 강하게 반대했을 때 국무장관으로서 명예롭게 머무를 수가 없었다"[48]고 하였다.

흔히 사임의 타당한 근거란 장관이 양심적으로 수행할 수 없는 대통령의 정책을 공개적으로 지지하는 위선을 행할 때일 것이다. 슐츠의 말대로 원하지 않는 업무를 잘 수행할 수는 없는 것이다. 물론 슐츠는 그가 무리라고 생각한 정책을 대통령이 승인했을 때에도 사임하지 않았다. 또한 그가 사임했어도 대통령의 對이란정책은 변경되지 않았을 것이다. 대통령들은 장관이 사임한다고 해서 자기정책을 바꾸지는 않는다. 현실과 헌법은 대통령에게 집행부수장이 될 것을 허용한다. 대통령만이 최종의 결정권을 가진다. 만일 대통령이 트루먼과 아이젠하워처럼 국무장관을 일관되게 지지한다면 그는 모든 자문위원들 중에서 국무장관에게 사실상의 首位 자리를 주는 것이 될 것이다. 그러나 논쟁 중에 있는 어떤 외교정책 구상이 대통령의 개인적인 결정물이 아니라는 것이 알려지면 제3, 제4의 관료들 속에서 끊임없는 공방이 계속될 것이다. 이 경우 NSC 참모는 대통령이 국무장관에게 위탁한 결정사항과 그 수행을 감독하고 조정할 수 있다. 슐츠 장관에 의하면 NSC 참모들에 의한 조정은 반드시 결정작성의 핵심이라는 것이다.[49] 그런데 국무부를 수십 년 동안 고립 속에 가두어 두고 약화시킨 그 NSC란 사실 프랭클린 루즈벨트 재임시 국무부의 혹사에 대한 비판을 반영해서 창설된 기구인 것이다.

각 대통령들은 외교정책결정에서 자기가 상의하고 싶은 사람과 협의할 것이다. 최종적으로 선택된 보고서를 작성하는 사람, 그것을 읽는 사람이 대통령의 선택에 영향을 줄 것이다. 그러나 대통령은 종종 자기 부인, 개인 비서, 이발사 등을 포함해서 기록도 되지 않고 통제도 되지 않는 대화의 기초 위에서 정책을 선택하기도 한다.

제 4 절 국무부의 정책결정과정

에스터라인과 블랙 두 사람에 의하면 국무부의 정책결정은 다섯가지 범주로 나뉜다.[50] 즉, 군소문제결정(minor decisions), 일상적인 결정(routine decisions), 중대한 결정(significant decisions), 기본적인 결정(fundamental decisions), 그리고 위기시 결정(critical decisions) 등이다.

첫째, 국가담당 국장들(country directors)은 자기가 담당하고 있는 국가들에 관한 군소문제들을 결정한다. 물론 그들은 상급자들에게 일상적이고 중대한 결정들을 위한 정보와 자료를 제공한다.

둘째, 차관보들(assistant secretaries)은 그들이 담당하고 있는 지역에 영향을 주는 일상적인 결정들을 작성한다. 물론 지역담당 차관보들은 대안정책의 방향을 지시하는 투입(inputs)을 통해 자신이 담당하는 지역과 때로는 다른 지역이 포함되는 중대한(significant) 결정들을 위한 정보와 자료를 상급자들에게 제공한다. 베트남정책의 형성에서 번디 차관보가 행한 매우 중대한 역할이 그것이다. 여러 증거로 보아 번디 차관보는 단순히 베트남 문제를 관장하였다기보다는 국무부 내외의 고위 정책결정자들과 함께 일한 것으로 보인다.

셋째, 중대한 결정들은 국무부 7층에 있는 장관과 차관들에 의해 이루어진다. 뿐만 아니라 많은 중대한 결정들은 백악관(대통령과 보좌관들)과의 상호작용의 결과로 이루어진다.

넷째, 모든 근본적이고 위기시의 결정들은 백악관에서 이루어진다.

아트에 의하면 제2차대전 후 외교정책과정에서 관료들의 역할은 정책의 형성보다는 정책의 집행이었다.[51] 미국의 정치체계에서 국무부는 워싱턴에서의 상호작용과 해외주재 외교관리들을 통해서 모든 외교정책들을 수행한다.

1 대통령으로부터의 권한 수임

미국의 대외정책 결정과정에서 국무부의 권위는 다른 부처와는 달리 대통령으로부터 직접 나온다.[52] 1789년 설치된 국무부의 기본법령에 따르면 "국무장관은 수시로 미국 대통령의 명령이나 위임에 의해 부여된 임무를 수행 · 집행한다"고 되어 있나. 통상 미국의 대통령들은 그들이 외교문제에 관해 국무장관에게 부여한 책임의 정도에 따라 매우 다르게 행동한다. 일부 대통령들은 국무장관에게 막강한 권한을 위임했다. 예를 들어 링컨 대통령은 외교정책 형성과 집행에서 시워드(William H. Seward) 국무장관에게 대부분의 주요 외교정책 결정을 위임하였다. 하딩(Warren G. Harding)과 쿨리지(Coolige) 대통령은 아이젠하워 대통령이 덜레스 국무장관에게 그러했던 것처럼 국무장관 휴즈(Charles E. Hughes)에게 외교정책 관리를 위임하였다. 반면 씨어도어 루즈벨트, 우드로우 윌슨, 프랭클린 루즈벨트 등은 외교문제에서 본인들이 직접 적극적으로 활동했고 때로는 국무장관을 무시하기도 하였다. 윌슨 대통령은 외교문서를 자신의 타이프라이터로 직접 작성했으며, 그의 유명한 14개 조항(Fourteen Points) 연설문도 국무장관 랜싱과 협의 없이 작성하였다.

그러나 오늘날에는 미국의 대외관계가 방대하고 복잡해지면서 어느 대통령도 자기 자신이 직접 국무장관이 될 수는 없다. 오늘날의 국무장관은 하루에도 몇 차례씩 대통령과 접촉한다. 국무장관은 私的 또는 개인적으로 백악관을 방문할 수도 있고 백악관 회의에 참석할 수도 있으며 전화로 대통령과 접촉할 수도 있다. 장관의 오른쪽 뒤에는 백색전화가 있다. 그 전화는 백악관과의 직통전화로 그 전화벨이 울릴 때는 대통령이 직접 수화기를 든다. 장관이 대통령에게 직접 전화할 때에는 거의 모든 경우 대통령의 비서실장이 받아 대통령에게 연결시켜 준다. 대통령의 전화를 받은 장관은 그 내용을 평할 때도 있고 그렇지 않을 때도 있다. 때로는 장관이 즉시 자기 보좌관 중의 한 사람에게 행동을 지시할 때도 있다.

② 국무장관의 참모들

국무장관을 직접 보좌하는 사람은 4명의 차관들(undersecretary)이다. 장관이 해외 회의에 참석중일 때는 차관이 임무를 대행한다. 정치문제담당 차관, 경제문제담당 차관, 관리담당 차관, 그리고 안보원조담당(security assistance) 차관 등이다. 마치 장관이 쉽게 협의할 수 있는 소내각과도 같은 형태이다. 이들 차관들은 미국의 외교정책을 실행에 옮기는 주책임을 맡고 있다. 5개의 지역담당 차관보가 이들 차관들의 업무를 지원한다. 이들 차관들은 일주일에 2번 정도 장관이 참석하는 회의에 참석한다. 그 회의에서는 국무부 정보국을 통해 들어온 정보와 자료를 평가하고, 주어진 현안과 상황을 분석한다. 대체로 1년에 500여개의 비망록이 작성되고, 매년 300만 여장의 입출문서(入出文書)를 접수, 소화, 분석하게 된다. 장관이 주재하는 정기참모회의에서는 국무부 정보국장의 브리핑이 행해진다.

③ 정책의 탄생

정책이 발의되고 형성되는 과정을 도식화하는 청사진은 없다. 최초의 의제는 여러 방법으로 제기될 수 있다. 그 의제들의 출처는 국무부 관리들과 보좌관들로부터, 해외공관들에서 오는 전문에서, 대통령의 질문에서, 유엔안보리나 총회의 의제에 관한 항목에서, 라디오나 TV방송 뉴스에서, 상하원 의원들의 연설에서, 의회에서 제안되는 발의(motions)에서, 또는 의원들이 국무장관에게 접근해서 이루어지는 대화 등이다.

새로운 정책이나 또는 기존정책의 상당한 수정은 장관이 주재하는 ① 일일참모회의, ② 최고 보좌관들과의 회의, ③ 차관보급 회의 등에서 이루어진다. 통상 정보조사국장의 브리핑이 있은 후 장관은 자기 의견을 개진하고 참석자들에게 중요하다고 생각하는 사항이 있으면 의견을 말하도록 요청한다. 그때 어느 한 차관보가 해결을 요구하는 한 가지 문제가 생겼다고 말한다. 즉 중국-소련 진영과 전략물자를 거래해 온 X국정부가 미국에 경제지원을 요청해 왔다는 것이다. 그 지역담당 차관보는 원조를 제공해야 될 것이라고 건의한다. 왜냐하면 그것은 미국과 X국간의 유대를 강화시킬 것이기 때문이라는 것이었다. X국의 미국대사관에서도 같은 의견이라고 전한다. 그러나 이전의 정책은 공산주의 진영과 전략물자를 거래하는 국가들에게는 원조하지 말도록 돼 있다. 따라서 원조를 할 경우 하나의 새로운 정책이 만들어져야 할 것이었다. 그 지역담당 차관보는 X국의 경우 전략물자의 선적은 그 형태나 양에서 주변적인 중요성밖에 없는 것들이었다고 말한다. 경제문제담당 차관보는 X국은 지원되어야 한다고 말한다. 그러나 다른 지역담당 차관보는 반대한다. 왜냐하면 자기가 담당하는 지역의 한 국가는 유사한 문제로 심의가 되었던 바, 결국 그 국가에 경제원조를 하지 못하도록 하는 판결이 내려졌기 때문이라는 것이었다. 의회관계 담당 차관보는 상당수의 의원들로부터 날카로운 비판이 예상된다고 하였다. 民事 담당 차관보는 미국 언론들로부터 X국은 오랫동안 동정을 받아왔기 때문에 큰 반대는 없을 것이라 하였다. 이에 국무장관은 자신의 예비적 판단으로는 X국에 대한 정책변경에는 찬성하나 그것은 자기의 최종결심이 아니라고 언급한다. 장관은 차관에게 국방부, 상무부, 재무부 등과 협의해 보도록 지시한다. 장관은 의회담당 차관보에게 상하양원의 주요 인사들을 만나보라고 지시한다. 정치문제 담당 부차관에게는 국무부와 다른 관련 부처들의 관리들로 구성된 특별위원회를 만들라고 말하고 그 문제를 대통령과 의회 의원들에게 제의할 수 있는 건의서를 준비하라고 지시한다.

그 후 특별위원회는 몇 차례 만났다. 그 위원회의 한 사람이 국무부, 재무부, 상무부의 반응을 조사한 후 국무부와 다른 부에서 회람되는 새로운 정책의 개요를 담은 보고서를 작성한다. 논평과 반대의견은 잇따른 수정과정에서 고려된다. 그동안 일연의 메시지가 X국 주재 대사와 교신되고 그 대사의 논평은 주요한 참고요소가 된다. 그런 후 마침내 최종 보고서가 완성된다. 국방부, 재무부, 상무부도 동의한다. 그 후 그 보고서는 국무장관에게 가고 그는 한두 군데 수정을 한 다음 그것을 승인하고 대통령에게 가지고 간다. 대통령은 그것을 국무부가 공식 발표하기 전에 의회지도자들을 불러 토의하게 된다.

④ 의견충돌

장관은 통상 어떤 정책을 입안하는 때 자기의 고위 참모들에게 솔직한 의견을 개진하도록 장려한다. 장관은 이견이나 비판이 관련된 현안을 명료하게 밝히고 그 해결책에 도움이 된다는 것을 알고 있기 때문이다. 오랫동안 함께 근무해 온 경력관리들 간의 의견충돌은 별로 없다. 그러나 고위관리들 간에는 의견의 불일치를 야기할 수 있는 충분한 요소들이 있기 마련이다. 어떤 경우 일부 고위관리들은 미리 면담 예약을 하고 그 보고서를 장관에게 가지고 가서 자기의 이견을 말하게 된다. 상충적인 이견들 중 어느 것을 선택하느냐 하는 것은 장관의 몫이다.

많은 경우 새로운 정책발의는 국무부 차관보 휘하에 있는 지역국에서 나온다. 이들 지역국들은 그들이 관할하는 지역에 관련된 정책의 개발에서 많은 관할권을 가지고 있다. 지역담당 차관보 수준에서는 上下로부터 오는 두 가지 조치가 만나게 된다. 하나는 대통령과 장관의 지시 형태로서 상부에서 오는 것이고, 다른 하나는 그 지역국의 하위 관리들로부터 올라오는 건의, 분석, 그리고 보고서의 형태이다. 일반적으로 미국의 외교정책은 최고위 수준에서 발원되고, 그 정책의 집행은 하향적 관료조직을 타고 내려가면서 이루어진다. 그러나 실제로는 많은 정책들이 낮은 수준에서 그 아이디어의 기초가 형성되어 이루어진다.

지역국은 각 지역에 있는 1개 국가 또는 그 이상의 국가들과 관련되는 정책을 개발한다.

⑤ 정책기획위원회

국무부에는 최근 새로운 정책개발과 기존정책의 변경 등의 임무를 담당하는 소규모 집단이 생겼다. 바로 정책기획위원회(the Policy Planning Council)이다. 그 위원회의 長은 카운슬러(councellor)로서 차관보급이다. 1947년 조지 마셜 장관이 창설하였다. 그 위원회는 일상적인 업무나 운용·관리 등의 업무와는 다른 정책기획업무에 치중한다. 이 위원회는 국제적 상황의 전개와 변화를 파악하고 현재의 정책이 충분한가를 살피고, 그렇지 않으면 변경을 건의한다. 이 위원회는 개별 국가에 관한 정책도 준비한다. 케네디와 존슨 행정부 시절 로스토우(Walt W. Rostow)는 그 기획위원회의 長으로서 소련과 동독이 베를린장벽을 설치할 때 그에 대한 대응책을 집중적으로 준비하였다. 1961년 12월 그 장벽에 직면한 西베를린과 미국 국무부는 상당한 우려를 하고 있었다.[53] 정책기획실은 국무부 유럽국의 다른 관리들과 협의한 다음 어떤 잠재적인 구상을 마련하였다. 그 후 위원회의 한 관리를 독일에 파견하였다. 그곳에서 그 관리는 미국 정책기획위원회의 아이디어와 그곳 사람들의 생각을 결합해서 거의 즉각적으로 독일 친구들과 긴밀하고 효과적인 작업반을 설치하였다. 그리고 비교적 빠른 시간 내에 그 구상은 西베를린시, 본(Bonn)의 연방정부, 그리고 미국대표들과의 사이에서 일치된 실행 프로그램을 작성하였다.

국가안보정책 분야에서 정부 내 다른 부처와 기획위원회 간의 조정은 기획위원회 의장이 책임을 맡는다. 이 합동회의는 백악관 참모, 국방부, 재무부,

그리고 다른 정부기관의 대표들로 구성된다. 통상 주 1회 만나며 필요할 경우에는 언제든지 회의가 열린다.

케네디 행정부 시절 그 합동팀은 다양한 지역의 경제 외교정책과 수많은 정치 군사 문제들에 관한 30여개의 문제들을 개괄하여 국가안보정책을 재검토하였다.[54] 국무부와 국방부 간의 정책조정은 특히 중요하다. 왜냐하면 미국의 군사능력의 문제들은 외교관계의 모든 부분들과 관계되기 때문이다. 제2차대전 이후 취해진 하나의 적극적 조치는 두 기관에서는 많은 관리들이 여러 해 동안 서로 교대로 全日 근무를 하기도 하였다.

6 위기 시 조치(Action in Crisis)

이는 어떤 위기사태가 발생하였을 때 국무부가 그 상황에 어떻게 대처하는가의 과정이다. 흔히 미국 학자들은 위기시 조치를 설명할 때면 1962년 10월 소련이 쿠바에 중거리 미사일 기지를 설치하면서 발생한 그 위기사태를 예로 든다. 케네디 대통령은 매일 딘 러스크 국무장관과 맥나마라 국방장관 등 여타 유관 기관장들과 회동하였다. 모든 사람들의 의견이 청취되고 모든 정보자료가 수집되어 철저히 검토되었다. 그리하여 최종적으로 소련에 그 미사일들을 철수할 것을 요구하는 결정에 도달하였다. 일단 그러한 결정이 이루어지자 만일 그 미사일들이 철거되지 않을 경우 미국은 쿠바에 병력을 파견하여 그 미사일들을 제거 또는 파괴할 것이라는 점을 소련 지도자들에게 명백히 밝히기로 하였다.

국무부는 즉시 일련의 조치를 취하기 시작하였다. 국무장관은 케네디 대통령이 자신의 입장을 밝히기로 되어 있던 대국민 연설문을 다시 검토하였다. 국무부 관리들은 해외에 있는 모든 기관에 보낼 전문을 준비하였다. 그 전문은 대통령의 결정이 발표될 것이라는 것과 그 결정의 이유가 설명될 것이라는 것, 그리고 거기에 따라 해외공관들이 취해야 할 조치를 지시하는 내용이었다. 해외주재 대사들은 케네디 대통령이 발표하기 1시간 전에 그들이 통보해

주어야 할 필요가 있는 주재국 외무장관들에게 그 사실을 알려주었다. 소련 수상 후르시초프를 포함한 43개국 수뇌들에게 대통령 연설문의 사본이 전달되었다.

국무부는 일연의 문서들을 초안했다. 첫째는 대통령이 쿠바에 더 이상의 미사일이 도입되는 것을 차단하기 위해 쿠바 주변해역을 봉쇄한다는 선언이고, 둘째는 미주기구(OAS)와 유엔 안보리에 제출되는 결의안이며, 셋째는 국무장관과 유엔 주재 미국대표가 OAS와 UN에서 행할 연설문 등이었다. 동시에 前 국무장관이었던 딘 에치슨을 프랑스 파리의 NATO에 보내 동맹국들에게 사태를 설명하고, 그들의 질문에 답한 후 협조를 구하도록 파견하였다.

긴급 연락망이 국무부 작전센터(Operation Center)에 설치되었다. 그리고 펜타곤에는 전쟁실(War Room), 백악관에는 "상황실(Situations Room)"이 설치 가동되어 위기사태에서 중추기능을 담당하였다. 국무부의 작전센터는 그 당시 위기에 대처하도록 설치되었으며 소수의 관리들로 편성된 특별직책이었다. 하루 24시간 가동되었으며 위기사태에 관한 뉴스의 최초 접수처였다. 따라서 다른 관련 기관요원들과 정부의 요직 인사들이 경각심을 가지게 되는 최초의 시점은 바로 이 작전센터로부터 오는 소식이 도착되는 시점이다.

대통령의 연설에 앞서 국무부 작전센터는 해외에 전문, 서신, 문서들을 암호로 보내느라 매우 바빴다. 대통령 연설직전 국무장관은 소련 대사를 방문하였다. 동시에 국무차관은 46개국 대사들을 만났다. 美洲지역담당 차관보는 별도로 미주기구 대사들을 만났고, 비동맹국 대사들과의 회동도 있었으며, 특히 신문기자들과도 만났다.

그렇게 하면서 숨가쁜 5일이 지났다. 국무장관은 다른 부처의 관리들 및 대통령과 빈번한 접촉을 가졌다. 그 때 소련의 후르시초프 수상은 미국이 필요할 경우 행동할 것이라는 결의가 섰음을 인식하고 쿠바로 향하고 있는 소련 미사일 수송선의 회항을 명령했고, 이미 쿠바에 있는 미사일들을 철수한다는데 동의하였다. 그렇게 하여 쿠바 미사일 위기사태는 종결되었다.

1) Andrew H. Berding, The Making of Foreign Policy(Washington, D.C. : Potomac Books, 1966), p.37.

2) Jerel A. Rosati, The Politics of U. S. Foreign Policy(Forth Worth : Harcourt Brace, 1993), pp.107-109.

3) 1974년 10월 3일 The New Times의 James Reston 기자와의 인터뷰 그리고 1974년 10월 13일자 국무부 대민홍보국 발행 "국무장관 인터뷰" 참조.

4) John H. Esterline and Robert B. Black, Inside Foreign Policy(Palo Alto, Cal. : Mayfield, 1975), p.12.

5) James W. Davis, The National Executive Branch(New York : The Free Press, 1970), pp.194-95.

6) U. S. Department of State, "Department Commemorates 200th Anniversary," Update(Sept.-Oct, 1989), p.1.

7) 국무부만이 해외활동을 하는 유일 미국정부기관은 아니다. 22개의 다른 연방정부 기관들이 138개국에서 35,752명의 미국인을 고용하고 있다. 이들 업무중 52%가 국방부의 것이고 그 다음 37%가 AID(국제개발처) 및 USIA(미국공보처)의 업무이며, 나머지 11%가 여타 연방정부기관들의 업무이다. 해외 현지 고용 외국인들은 총 91,591명이다. Berding, 전게서, p.38.

8) Rosati, 전게서, pp.112-113 ; Esterline and Black, 전게서, p.41.

9) 1961년에 완공된 국무부 8층건물은 워싱턴 D. C. Virginia Drive와 C가, 21가, 23가에 위치하고 있으며, 국제개발처(AID)와 군비통제처(ACDA)도 같은 건물에 있다. 8층은 국무 장관의 식당과 3개의 우아한 대형 접견장이 있다.

10) 1966년 이전에는 국가별 담당 관리가 課長이었으나 1966년에 지역국의 역할이 강화되면서 과장이 국장으로 승급되었다.

11) Esterline and Black, 전게서, p.49.

12) 상게서, 같은쪽.

13) John W. Bowling, "How We Do Our Thing : Crisis Management," Foreign Service Journal(May 1970), pp.19-21, 48.

14) Neil Sheehan, The Pentagon Papers(Bantam Books, 1971), pp.357-59.

15) Easterline and Black, 전게서, p.53.

16) William D. Coplin, Introduction to International Politics : A Theoretical Overview(Chicago : Markham, 1971), pp.48-54.

17) Easterline and Black, 전게서, p.60 ; Terrence Smith, "Foreign Policy : Ebbing of Power at the State Department," New York Times, Jan. 17, 1971.

18) Rosati, 전게서, pp.117-21.

19) 상게서, pp.121-29.

20) Morton H. Halperin, Bureaucratic Politics and Foreign Policy(Washington, D. C. : Brookings, 1974).

21) Rosati, 전게서, p.122.

22) 상게서, p.126 참조.

23) 당시 Richard Nixon의원은 Alger Hiss에 대한 정치적 공격을 주도해서 의회와 사회에서 주목받는 인물이 되었다.

24) David Halberstam, The Best and the Brightest(New York : Random House, 1969) ; E. J. Kahn, Jr.,

The China Hands : America' s Foreign Service Officers and What Befell Them(New York : Viking Press, 1972).

25) Andrew M. Scott and Raymond H. Dawson(eds.), Readings in the Making of American Foreign Policy(New York : Macmillan, 1965), pp.219-260.

26) 상게서, p.225.

27) Rosati, 전게서, pp.109-111.

28) Theodore C. Sorensen, "The President and the Secretary of State," Foreign Affairs, Vol. 66, No.2(Winter, 1987), p.236.

29) 상게서, pp.237-38.

30) 상게서, p.237.

31) 상게서, pp.235-36. Rusk는 "백악관 자문기관들은 세계가 그들의 제안을 달갑게 여기지 않는다는 말을 듣기 싫어하고 그 심부름꾼을 저격하려는 경향이 있다" 고 하였다.

32) 상게서, p.235.

33) David Halberstam, The Best and the Brightest(New York : Random House, 1979), p.299 ; I. M. Destler, President, Bureaucrats, and Foreign Policy(Princeton : Princeton University Press, 1972), p.154.

34) Rosati, 전게서, pp.130-31.

35) Sorensen, 전게서, p.234

36) Scott and Dawson, 전게서, p.258.

37) 상게서, pp.232-33.

38) 상게서, p.233.

39) Sorensen, 전게서, p.232.

40) 상게서, 같은쪽.

41) 상게서, p.231.

42) Los Angeles Times, Feb. 16, 2001.

43) Sorensen, 전게서, p.237.

44) Scott and Dawson, p.238.

45) Sorensen, 전게서, pp.238-43.

46) 상게서, 같은쪽.

47) 상게서, p.240.

48) 상게서, 같은쪽.

49) 상게서, p.242.

50) Esterline and Black, 전게서.

51) Robert J. Art, "Bureaucratic Politics and American Foreign Policy : A Critique," Policy Science(Dec. 1973), pp.467-69.

52) Berding, 전게서, pp.38-50.

53) 상게서, pp.44-45.

54) 상게서, pp.45-46.

Memo

Chapter

09

국방부와 외교정책

제 1 절 개 관

제2차대전 이후 외교정책 산출문제에 관한 많은 문헌들은 CIA와 더불어 국방부(the Department of Defense)의 엄청난 영향력을 강조한다. 미국의 국방부는 1947년 의회에서 국가보안법(National Security Act)이 통과됨으로써 설치되었다.[1] 최초의 명칭은 국군성(National Military Establishment)이었는데 1949년 오늘의 국방부로 개칭되었다. 그때까지는 해병대를 포함하고 있던 해군성(the Department of the Navy)과 육군항공대를 포함하고 있던 육군성(the Department of War)이 각각 독립적으로 기능하였다. 그러다가 국방부가 설치되면서 해군에서 해병대(Marine Corps)가 분리되었고 육군에서 육군항공대가 분리되어 공군(Air Force)이 되었다. 이와 같이 각 군이 국방부로 통합된 것은 제2차대전과 특히 태평양 전쟁을 치루면서 드러난 軍의 중앙집권화의 필요성 때문이었다.

제2차대전 기간 대통령이 통합적인 군사정책을 결정해야하는 데서 생긴 문제점과 전쟁노력을 지원하는 각 軍 사이의 알력 및 단편화에서 오는 조정의 결여 등의 문제점이 드러난 것이었다. 그러니까 태평양 전쟁은 통합사령관 없이 치루어졌던 것이다. 예를 들어 동남아시아는 맥아더(Douglas MacAthur),

중국-인도-버마 지역은 스틸웰(Joseph Stilwell), 북부와 중부 태평양의 군사작전은 니미츠(Chester Nimitz) 제독이 각각 분할 지휘하였다.

오늘날 국방부 산하 육군, 해군, 공군, 해병대의 4개 軍은 합동참모본부(The Joint Chiefs of Staff)의 조정하에 있다. 정무직(政務職)인 국방장관직은 군의 최고사령관인 대통령을 더욱 효율적으로 보좌하기 위해 설치되었다. 이러한 국방장관의 역할은 의회에서 격렬한 논쟁 끝에 설정되었다.

국방부의 2006년 기준 1년 예산은 5,287억 달러 정도이고 총고용은 民과 軍을 합쳐 400만 정도가 된다. 즉, 상비군 200만, 방위군을 포함한 예비군 100만, 그리고 민간인 100만명으로 구성되어 있다. 이는 국방부가 미국정부 전체 고용의 60%를 점하는 것이다. 군사기지는 국내외에 걸쳐 900개 이상이고 전세계 3천개 이상의 시설에 50만의 상시 주둔군을 주로 유럽과 아시아-태평양 지역에서 유지하고 있다. 또한 21개 국가에 330개의 군사기지를 가지고 있다.[2]

이와 같이 미국의 국방부는 미국정부 내에서 최대의 관료조직으로 성장하였다. 그것은 군부가 제2차대전과 동서 냉전시대를 거치면서 양적 질적으로 확대되었기 때문이고, 특히 미국이 초강대국으로 부상하면서 군사력도 그에 부합하여 성장하였기 때문이다.

軍의 기능과 목적은 영토를 보전하고 국가와 정부를 방위 보전하며, 해외에서 미국의 무역과 이익을 보호하는 수단으로 기능한다. 특히 미국의 민주주의 체제를 안전하게 보전하기 위해서는 세계가 민주화되어야 한다는 신념에서 군은 세계의 민주화를 위한 하나의 수단으로 사용되기도 한다. 이러한 목적을 위해 군은 헌법의 규정에 따라 민간 지도자인 대통령의 요구에 부응하는 기능을 수행한다. 예를 들어 냉전기간 군사력은 공산주의 세력의 팽창을 봉쇄하고 억제하기 위한 봉쇄정책과 핵억지 외교의 기초가 되었다. 1950년 한국전쟁 당시 미군의 파병과 1960년대 베트남파병은 그러한 정책에 기초한 것이었다.

미국의 외교정책과정에서 군사력이 정책수단으로 사용된 경우는 1798-1945년 기간 162차례였고[3], 1946-1975년 기간에는 무려 215차례나 되었다.[4]

국방부의 조직은 국방장관을 정점으로 그 밑에 합참이 있고, 합참 밑에 육군, 해군, 공군, 그리고 해병대 4개 군이 있다. 장관은 군부에 대한 민간통제의 기능을 수행하면서 군사문제에 관한 대통령의 자문에 응한다.

로자티에 의하면 軍이 미국의 외교정책 형성에서 영향을 미치는 과정에는 세 가지 통로가 있다.[5)]

첫째는 자문과정이다. 군사문제에 관해서 대통령의 자문에 응하는 사람은 국방장관뿐만 아니라 합참의장도 대통령의 자문에 응한다. 합참의장은 4년의 임기로 각 군으로부터 400여명의 지원을 받아 임무를 수행한다. 합참의장은 전반적인 군사전략을 수립하고 장관과 함께 대통령의 자문에 응한다. 대통령은 통상 무력사용의 결정에서 합참의장의 자문을 받는다. 그런데 합참의 실제는 허약하다. 왜냐하면 예산과 인사체계는 각 군에서 결정하고 무기체계와 그 배치 및 사용방법 등은 각 군별로 결정하기 때문이다.

둘째는 작전과정(operation process)이다. 장관이 전략적 수준에서 최대의 영향력을 행사한다는 것은 명백하다. 대통령은 전쟁의 준비에선 권위를 행사한다. 그러나 이는 주로 군사정책의 기능이다. 예를 들어 1950년대 대통령들은 핵억지(nuclear deterrence) 외교의 전개와 해외에 있는 재래식 무기의 규모 및 범위 결정에 영향을 미쳤다. 1980년대 레이건 대통령은 전략방위구상(SDI: the Strategic Defense Initiativc) 정책에 영향력을 행사하였다. 즉 민간지도자들은 전반적인 병력구조(예를 들어 군함 600척 건조, MX미사일 생산 등) 등을 결정하는 데 영향력을 행사한다. 예를 들어 국방장관이 행사하는 전략적 영향력의 많은 부분도 정책기능의 일환인 것이다. 전쟁의 결정은 대통령이 하고 그 전쟁의 수행은 군이 담당하는 것이다.

세번째는 행정과정(administrative process)이다. 다시 말해서 군의 사용결정은 대통령이 하고 작전의 관리는 각 군이 담당한다. 대통령은 언제 어디서 군을 사용할 것인가를 결정하고, 전쟁의 시작과 종결을 결정하며, 군은 전쟁의 수행을 담당한다.

그런데 핵시대에 접어들어 대통령은 더 많은 권위를 행사하려 하였고, 군은 더욱 관료적이고 정치적이 되었다. 이 때문에 대통령은 군에 영향력을 행사하

■ [도표 9-1] 국방부

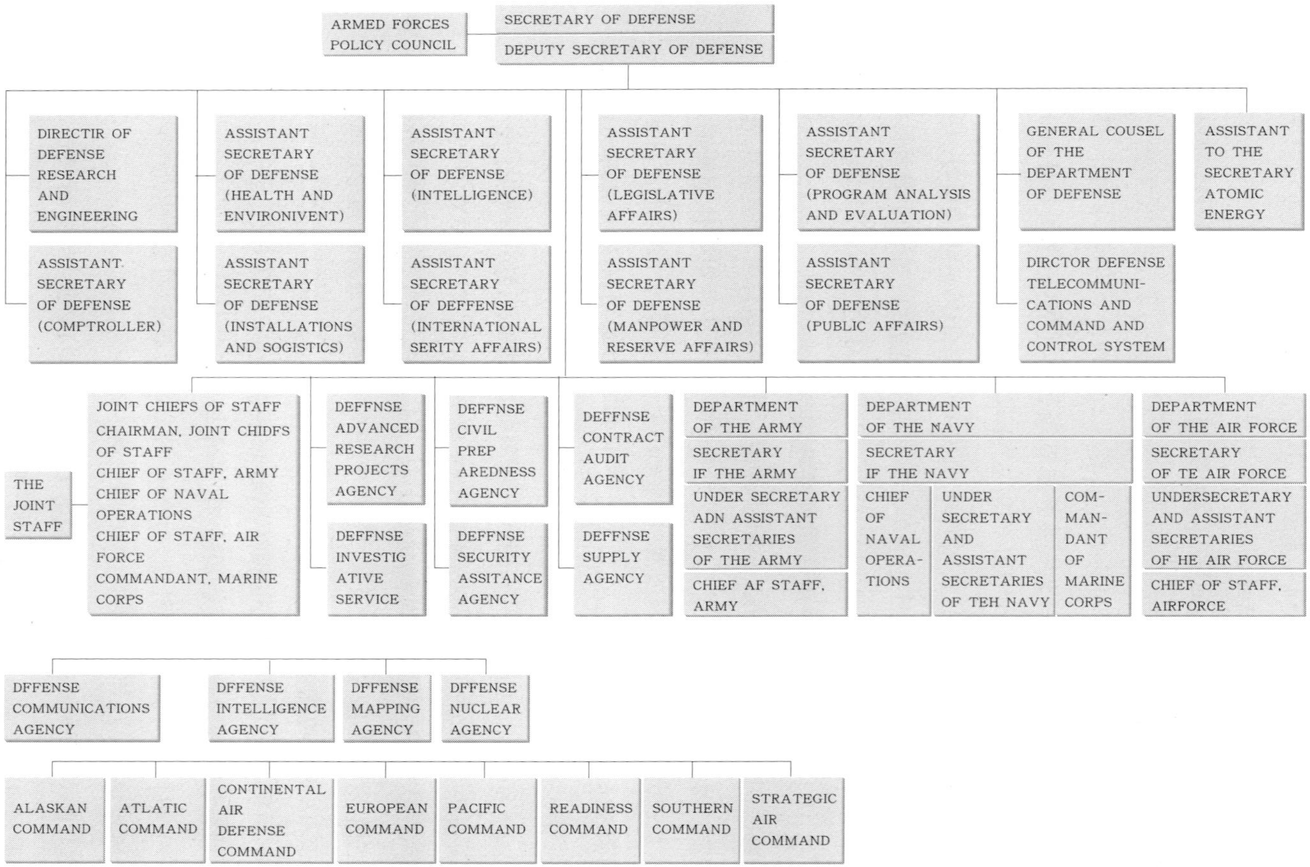

출처: John H. Esterline and Robert B. Black, Inside Foreign Policy (Palo Alto, Cal.:Mayfield, 1975),p.27.

기가 더욱 어려워졌다. 이는 미국의 외교정책을 관리하고 지배하려는 대통령들을 좌절케 하였다.[6] 현대의 군은 소모전[7]과 그리고 무기 및 첨단기술 등을 강조하면서 더욱 적극적으로 정치적 역할을 맡으려고 한다. 군은 더 많은 장비획득과 첨단기술을 확보하려고 대통령에 영향을 주고, 의회에 로비하고, 매스 미디어를 이용하며, 대중운동을 조작함으로써 유력한 정치세력이 되었다.[8] 더욱이 오늘날과 같은 상비군 시대에는 전시와 평시가 따로 없는 상황이기 때문에 군은 항상 정치적 영향력 세력으로 존재한다. "평화는 전쟁을 준비하는 시간(Peace is a time in which to prepare war)" 이라고 생각하기 때문이다.

제 2 절 군부와 외교정책

미국의 외교정책 형성과정에서 군부가 영향력을 행사하게 된 것은 제2차대전과 냉전시대를 거치면서 미국이 세계 최강국이 되고 그에 따라 군사력에서도 최강국이 되면서부터이다. 군이 제2차대전과 한국전쟁 및 베트남전쟁을 치르면서 대외군사정책에서 더욱 적극적인 역할을 수행하였기 때문이다.

아이젠하워 대통령은 자기 정권을 마감하는 즈음의 의회연설에서 1948년 이후 軍-産복합체가 외교정책결정을 지배한다고 주장하였다. 특히 냉전시대 미국과 소련(또는 이스라엘)에서만 군부가 정치적 경제적 영역에서 단일 최대의 세력으로 나타나고 있다고 하였다.[9]

그러나 미국의 군부가 외교정책과정에 영향력을 행사한다는 가설은 논자에 따라 그 설명이 다르고, 특히 대통령들의 정치적 개성에 따라 다르게 평가된다.

뉴욕 타임즈의 분석에 따르면 1971년 국방부의 의견은 그들의 주장이 수용된 것 만큼 거절되었다. 군부는 최고사령관인 대통령이 군부의 주장을 허용한 경우를 제외하곤 어떤 경우에도 그렇게 강력하지 못하다는 것이다.[10]

1961-1962 멀 밀러가 트루먼과의 인터뷰에서 왜 맥아더 장군을 해임했느냐

고 물었을 때, 그는 한 속담을 인용해 설명하면서 "맥아더는 군사적 판단을 했을 뿐 정치적 판단을 하지 못했다"[11]고 답변하였다. 대통령이나 국방장관 등 민간지도자들은 대체로 군의 의견에 회의적이었다. 각 군은 주로 자기들의 이익을 대변하는 경향이 있고 합참의장만이 그렇지 않았다.[12] 그러니까 군의 자문가치(諮問價値)는 대통령의 개성과 업무내용에 따라 달라진다. 예를 들어 닉슨은 군의 자문에 회의적이었고 레이건은 수용적이었다.

제2차대전 기간 군부의 역할을 확대한 것은 프랭클린 루즈벨트였다. 그는 항복조건과 점령정책의 형성에서 군에 주도적 역할을 부여했다. 새로이 창설된 UN에 관해서도 군부의 건의를 받아들였다. 그러나 루즈벨트의 후계자들은 외교정책형성에서 군부의 주도적 역할에 반복적으로 회의를 표시했다. 트루먼은 국가방위군 장교로서 경험했던 군부의 관료적 형식주의의 문제점 때문에 본능적으로 군을 불신했다. 그러나 무엇보다도 군부에 대한 그의 최대 불신은 제2차대전 기간 군비지출을 감독하도록 설치된 국가방위 프로그램(the National Defense Program)에 대한 상원 군사위원회 위원장으로서 겪었던 경험의 결과 때문이었다. 아이젠하워는 자신이 군 출신이었기 때문에 이전의 자기 동료들의 볼모처럼 보이지 않으려고 노력하였다. 케네디는 제2차 대전 이후 처음으로 예외적인 모습을 보였다. 그는 베트남에의 군사개입의 기초를 마련했고 쿠바와 베르린 위기시 對소련 외교정책의 기초로서 군사적 위협을 외교수단으로 사용하였다. 케네디의 후임자인 존슨은 케네디가 벌여 놓은 외교정책 문제들을 수습하느라 외교정책에서 군부의 요구에 대한 선택의 여지가 별로 없었던 것이다. 그러나 그는 상원 군사위원회에서 오랜 경험을 가지고 있었던 터라 언젠가 "장군들이란 오직 '소모와 폭격(spend and bomb)' 밖에 모른다"고 언급한 적이 있다.[13]

그리하여 트루먼과 존슨은 모두 군부로부터 "제한적 목적을 위한 제한적 전쟁(limited wars for limited ends)"만을 수행한다는 비판을 받았다. 두 사람에게 있어서 한국전쟁과 베트남전쟁의 목적은 오직 적군을 제어하고 봉쇄하는 것이었다. 어떤 경우에도 북한이나 北베트남을 점령하거나 무조건 항복을 강요할 계획은 없었다. 다시 말해서 맥아더의 전면전(total war) 대 트루먼의 제한전(limited war)의 문제는 양자 간의 갈등의 요점이었다. 또한 베트남戰의 패전원인에 대해서도 군은 전쟁임무 수행 중 대통령의 지나친 간섭때문이라 하였고 민간지도부는 군의 무능력때문이라고 하였다.

닉슨은 군의 자문에 회의적이었지만 중요한 사항에선 군부의 견해와 일치하였다. 그는 1970년 캄보디아 침입과 1971년의 라오스 침입 건의를 지지했고 1972년 베트남에서의 "크리스머스 폭격" 경우에서도 그러했다. 여하튼 닉슨은 군을 지배하였다. 그는 생물학 무기의 재고를 파괴하도록 지시했고, 1972년 소련과의 전략무기제한협정(SALT)에서 군부의 견해를 거부했다. 더욱이 소련 및 중공과의 화해정책은 군사적 대결과는 정반대되는 것이었다.

1 국방부의 투입(Department of Defense Inputs)

외교정책 결정과정에서 효과적인 요구 관철을 위한 국방부의 정치적 자원은 가공할 만하다. 국방부는 그 엄청난 규모의 조직 및 人的 物的 자원을 보유하고 있을 뿐만 아니라 고도의 목적 공유를 과시하고 그들의 주장을 정당화시킬 수 있는 기술전문가늘을 보유하고 있다.

국방부의 기획관리 예산 등을 다루는 관리들은 의회의 위원회들, 특히 군사위원회 및 예산위원회와 지속적이고 깊은 관계를 유지한다. 의회 의원들, 산업계 지도자들, 언론사 대표들, 교육자 및 학생들을 포괄하는 전체 미국사회의 집단 및 개인들은 국방부의 정교한 공공홍보와 설득운동에 종속적이다.[14] 예를 들어 1971년 2월 23일 CBS TV특별프로그램에서 보여진 "펜타곤의 판매(the Selling of the Pentagon)"는 군부가 투입과정에서 영향력을 행사할 때 사용하는 선전기법을 소상히 보여준 것이었다.

외교정책 형성과정에서 국방부의 영향력은 1960년대에 강화되었다. 당시 최우선의 외교정책 과제는 군사적인 문제였는데 맥나마라 국방장관은 국방부의 고위직에 "젊은 수재들(Whiz Kids)"을[15] 채워넣었다. 그들은 위기관리에서 능력을 발휘하였다. 미국의 동남아 군사개입은 그들에게 정책형성과정에서 영향력을 행사할 수 있는 예외적 기회를 제공하였다. 맥나마라 국방이 주기적으로 베트남을 방문한 후 대통령에 제출한 보고서들은 바로 국방부의 투입을 반영한 것이었다.

많은 예산은 국방부 관리들로 하여금 정책의 관리와 조정 및 설득의 수완을 발휘할 수 있는 많은 기회를 부여했다. 국방부의 정책투입에는 NSC구조를 통해 대통령 보좌진에 들어가는 군부의 투입물 뿐만 아니라 의회의 위원회에 대한 국방부의 로비활동, 특히 하원의 군사 및 예산위원회의 위원장들과의 긴밀한 관계유지 등이 포함된다. 또한 각 군의 국가안보정책에 관한 연구보고서들, 대통령 군사자문위원회의 자문 연구물, 1946년 마셜 국무장관의 對중국 견해, 1960년대 테일러(Maxwell D. Taylor) 보좌관의 베트남에 관한 주장 등이 외교정책과정에 영향을 주는 투입물들이다. 국방부의 투입을 이해하기 위해서는 합참과 국제안보문제연구소의 역할을 살펴 볼 필요가 있다.

② 합동참모본부의 투입

합참(Joint Chiefs of Staff)은 육군참모총장, 해군작전참모장, 공군참모장, 해병대 사령관으로 구성된다. 의장은 상원의 자문과 동의를 얻어 대통령이 군부의 정규군 장교 중에서 임명한다. 합참의 구성원들은 대통령의 고위 군사자문관들이다. 그들은 또한 미군에 전략적 지침을 제공하는 임무를 수행한다. 그들의 요구 또는 건의는 국방장관을 통해 NSC에 보고되거나 대통령에게 직접 전달될 수도 있다.

군부의 자문 및 기획의 역할을 수행하는 합참구성원들은 외교정책 목적을 성취하기 위해 군사능력을 평가한다(The joint chiefs assess the capablitiy of armed forces to achieve foreign policy ends).[16] 1958년 이후 합참 구성원들은 국방장관은 물론 야전사령관들과도 함께 일연의 작전명령을 작성하는 과정에 참여하여 군사력의 사용을 포함하는 외교정책 수행에 관여한다.

1947년 합참 조직이 국가보안법으로 출범한 이래 합참은 외교정책에 대해 매우 강력한 영향력을 행사하였다.[17] 1949년 NATO 창설과 더불어 한국전쟁, 빈번한 중동의 위기사태, 여러 차례의 쿠바 위기사태, 도미니카 공화국에의 미국의 군사개입, 그리고 베트남 등 동남아에의 대량 군사개입 등의 기록은 외교정책결정에서 군사적 요소가 투입되어야 하는 지속적 필요성을 나타낸 것이다.

국가안보정책에 대한 합참의 투입과 영향력의 질은 다양하다. 1961년 케네디가 퇴역한 테일러 장군으로 하여금 합참을 지도하도록 한 것은 그 해 초 쿠바침공에 관한 합참의 자문의 質에 환멸을 느꼈기 때문이었다.[18] 제임스 도노반에 의하면 합참의 문제해결 접근방법은 절름발이격이고 시간 소모적이며 의례적이다.[19] 그리하여 맥나마라 장관은 그가 충원한 민간인들로 하여금 합참의 권력을 찬탈하도록 하였다는 것이다. 예를 들어 합참 구성원들은 맥나마라가 기업계에서 도입한 프로그램-기획-예산-시스템(program-planning-budgeting-system), 즉 비용-효과 표준에 적응하지 못하였다고 한다.

1961-67년의 맥나마라 재임기간 충원되었던 민간인들은 결국 국방부를 장악하게되었고 합참은 패퇴하였다. 그러다가 닉슨 행정부 초기 레어드(Melvin Laird)가 국방장관이 되면서 민간인들의 우세는 한풀 꺾이게 되었다. 레어드는 의회 의원으로 재임했던 기간 군사문제를 광범위하게 처리한 경험을 가지고 있었다. 그는 합참의 자문을 구함으로써 합참과 화해를 이루었다. 레어드의 후임자 제임스 슐레신저(James R. Schlesinger)는 합참의 역할을 지속적으로 인정했다. 그런데 합참은 그 잘못이 무엇이든 간에 문제에의 접근에서 끊임없이 무력사용을 고려했다. 예를 들어 1969년 북한 해안에서 비무장 정찰비행기가 격추되었을 때, 그리고 1970년 수백 대의 시리아 탱크가 요르단을 침입하였을 때도 그러했다.[20]

③ 국제안보문제국(ISA : Office of the International Security Affairs)

국방부내에서 외교정책과정에 투입되는 주요 관료적 통로는 국제안보문제국이다. 흔히 국방부 내의 작은 국무부라고 칭해진다. 베트남戰에 미군이 개입하고 있던 기간 국제안보문제담당 차관보들 즉, 윌리암 번디와 존 맥노튼(John T. McNaughton) 등은 ISA직원을 300명 이상으로 확대시켰고 따라서 외교정책과정에의 투입물도 상당히 증가했다. 맥나마라 장관의 "젊은 수재들"은 ISA를 작은 국무부(a little State Department)로 변경시켰다. 군대식으로 작성한 간단명료하고 철저한 그들의 직무보고서들(position papers)은 산만하고 요령부득한 국무부의 보고서들과 비교해 볼 때 문제의 핵심에 직접 접근한 것들이었다.[21] ISA는 미국의 개입을 확대시키는 데서 뿐만 아니라 미국의 개입을 축소시키는 국가안보정책에도 영향을 미치는 정치적 자원을 결집시킬 수 있음을 과시하였다. 펜타곤 보고서에 의하면 1964-1967년 베트남에서 미군이 증가되던 기간 ISA를 주도했던 존 맥노튼은 그의 국무부 상대역과 ISA 선임자였던 윌리엄 번디보다도 더욱 강력한 베트남노선을 취했다고 한다. 그러나 1967년 후반 맥노튼이 그 전쟁에 회의를 느끼면서 ISA 분석가들과 기획자들은 축전(縮戰)쪽으로 그들의 영향력을 행사하였다는 것이다. 맥노튼의 제1부관이었던 후프스(Townsend Hoopes)에 의하면 ISA의 가치는 외교 및 군사문제의 중요한 영역에서 합참의 입장을 검토하고 상이한 입장을 제시할 수 있는 독립적인 평형축으로서 참모지원의 대안적 근원으로서 기능하는데 있었다는 것이다.[22] 존슨 대통령의 베트남 정책이 어떻게 역전되었는가에 대한 후푸스의 설명에 의하면 ISA는 베트남에서의 군사적 승리는 국내외적으로 용인할 수 없는 대가를 치루고서만이 성취될 수 있을 뿐이라고 클라크 클리포드(Clark Clifford) 국방장관을 납득시켰고, 클리포드는 1968년 3월 같은 의견으로 존슨 대통령을 설득하였다는 것이다.

미국 외교가의 고참들은 워싱턴의 7가 펜실바니아 애비뉴에 있는 19세기 고딕 양식으로 지어진 국무부, 전쟁성, 해군성 등이 전력투구 했던 제2차 대전 이전을 회고한다. 제2차대전 이전만 해도 국무부 장관들은 군부의 요원들에게 거의 말조차 건네지 않았다는 것이다. 그런데 프랭클린 루즈벨트와 제2차 대전이 그러한 상황을 극적으로 변경시켰다는 것이다. 왜냐하면 외교정책과정에서 영속적인 군사적 역할은 전쟁에서 발생하는 것이고 그 역할은 1947년 국가보안법으로 제도화된 것이었다. 외교정책 과정에서 군부의 투입(military inputs)이 중요하게 된 것은 군사동맹, 군사원조, 군사개입 등이 상시화되고 전후 냉전기를 거치면서 군사적 요소가 미국외교정책의 일관된 정책요소가 된 때문이었다.

합참의 영향력은 최고사령관인 대통령이 그들에게 얼마나 큰 역할을 맡기느냐에 따라 달라질 것이고 각 국방장관들이 합참구성원들의 자문을 얼마나 경청하느냐에 따라 달라질 것이다.

ISA는 베트남전쟁 기간 외교정책에 많은 영향력을 발휘하였다. 그러나 닉슨 행정부 시절에는 뚜렷한 역할을 수행하지 못했다. 왜냐하면 닉슨과 키신저가 모든 외교문제 담당기관들에게 외교정책 대안을 만들어 올리라는 지시를 내림으로써 국방부의 "작은 국무부"를 치열한 정책경쟁 속으로 몰아 넣었기 때문이다. 그리하여 관료기관들은 생존을 위해 투쟁해야 했다. 그러한 상황에서 포드 행정부 첫 해에 ISA는 해양법 협상에서 국가안전 부분에 관련된 새로운 역할을 찾으려는 노력도 하였다.

제 3 절 군사적 행위패턴과 외교정책

1 군부의 하위문화

로자티는 미국 군부의 하위문화(sub culture)를 관리적(管理的) 스타일의 우세, 획득과 첨단기술의 추구, 경력주의 강조, 소모전 전략의 추진, 정치와 전투의 분리 신념 등으로 설명하였다.[23]

1) 관리적 스타일의 우세(Prevalence of a Managerial Style)

오늘날 미국의 군부는 더 이상 戰士들(warriors)은 배출하지 않고 관리자들

(managers)을 배출하고 있다. 원래 군의 일차적 목적은 전쟁을 준비하고 수행하는 것으로서 이를 위해 전사계급을 양성하는 것이었다. 이러한 전사전통은 미국에서도 마찬가지였다. 그러나 현대의 관료적인 전쟁(bureaucratic warfare)이 군 장교들로 하여금 "폭력의 관리자들(managers of violence)"이 될 것을 요구하고 있기 때문에 관리자가 전사보다 우세하게 되었다는 것이다. 이는 군부의 관료조직이 그 규모와 범위 및 복잡성에서 엄청나게 팽창했기 때문이다. 전사는 전장(戰場)의 지휘자로서는 가장 적합할 수 있으나 거대 관료조직을 관리하는 데는 부적합한 것이다. 즉 군부의 규모가 팽창하면서 관리 · 행정 기술이 더 많이 요구되었기 때문이다. 이러한 발전은 특히 케네디 행정부 시절 맥나마라 국방장관이 들어와 군부를 대통령에게 더욱 부응적이고 능률적으로 만들기 위해 군부의 운영에 기업경영과 공공행정공학 등의 방법을 도입하여 군부를 더욱 합리화 능률화시키고자 한 데서부터 더욱 촉진되었다.

2) 획득과 첨단기술의 추구(Pursuit of Procurement and High Technology)

관리주의(managerialism)의 발전은 보다 많은 획득과 첨단기술의 추구라는 특징으로 더욱 촉진되었다. 즉, 현대적인 군은 값비싼 무기와 지원시설이라는 "하드웨어(hardware)"를 필요로 한다는 어떤 강력한 규범이 발전되었다. 양에서 뿐만 아니라 기술에서도 최첨단의 무기체계를 요구한다는 것이다. 예를 들어 B-52 폭격기를 B-1이나 B-2스텔스 전폭기로 대체해야 한다는 것이다. 그 목적은 전쟁을 억제하고 승리하기 위해서 뿐만 아니라 첨단무기가 보여주는 상징적인 가치와 위신의 가치를 획득하기 위한 것이다. 보다 많은 무기, 특히 첨단의 무기를 획득하려는 이러한 물질주의적 경향은 전사의 중요성을 쇄락케 하였고 하드웨어를 유지 · 관리하는 요원들을 더 많이 필요케 하였으며 전시의 리더십과 의지(leadership and will) 등과 같은 정신적인 요소들을 경시하게 하였다. 그리하여 이는 군으로 하여금 민-군관계에서 더욱 적극적인 정치적 역할을 수행하게 만들었다. 즉, 대통령에게 영향력을 행사하고, 의회에 대해서는 방위산업체들의 민간업자들과 함께 로비활동을 벌이며, 대중매체를 이용하고 대국민 홍보활동을 전개한다. 이렇게 하여 군부와 그 지지세력들은 국가방위의 정치에서 강력한 정치세력이 되었다. 이는 결국 민간 지도부에 대한 군의 책임을 감소시키고 대통령의 어려움을 더욱 악화시키는 결과를 가져왔다.

3) 경력주의의 성장(the Rise of Careerism)

많은 젊은 장교들은 군 본연의 임무에 충실하지 않는 사무적인 업무, 하이텍 추구, 그리고 정치활동 등을 개탄한다. 그렇다고 해서 그들이 냉큼 관료제의 힘에 저항하려는 것은 아니다. 각 군의 인사체계는 개인들로 하여금 지배적인 규범과 현상의 유지에 순응하도록 요구하고 있으며 개개인의 경력향상에 전념하도록 권장하고 있다. 한 장교가 성공적으로 승진하기 위해서는 그의 상관으로부터 무결점(zero defects)의 평가를 받아야 하고 그들의 군인생활 동안 다양한 역할과 직책을 섭렵할 수 있어야 한다. 군의 경력 사다리(career ladder)는 정부나 대기업 조직과 같이 "조직 인간(organization man)"의 발전을 요구한다. 그 결과적 산물은 조직규범을 배우고 각 군의 임무수행에 기여할 수 있는 군장교인 것이다.

4) 소모전 전략의 추구(Promotion of Attrition Warfare Strategies)

군 장교들이 집중적으로 교육받고 훈련받는 신념의 하나는 전쟁에의 기초적인 군사적 접근방법으로서 소모전 전략이다. 소모전 전략이란 대량의 화력을 집중 · 발사하여 적을 억제, 약화, 고갈, 패배시키려는 노력이다. 각 군의 상이한 책임과 임무에서 그러한 소모전 전략은 세 가지 상이한 전략이 나오게 된다. 육군은 적군을 파괴하고 적 영토를 점령해서 지상의 통제권을 장악하는 육상전략이고, 해군은 적 함대를 격파해서 해상의 통제권을 장악하는 전략이며, 공군은 적을 패퇴시키는 모든 형태의 전투행위에서 공군력이 우선한다고 주장하는 공중전략이다.

제2차대전 이후 소모전 전략은 군국주의적이고 팽창주의적인 소련을 목표로 한 것이었다. 그러한 목적으로 동맹국들의 기지에 주둔한 미군의 임무는 소련이 군사적으로 유라시아 대륙을 넘지 못하도록 방어하는 것이었다. 이러한 재래식 군사력은 전멸의 위협으로 소련의 공격을 차단하기 위해 대규모 핵군으로 보강되었다. 이러한 소모전 전략을 실행함에 따라 각 군은 대규모 관료장치가 관리하는 첨단 기술을 갖춘 군사력(high-technology military)의 필요성을 인식하게 된 것이다. 그러나 소련제국의 붕괴로 군부는 세계의 새로운 적과 지역들에 적응하기 위해 소모전 전략을 재정립해야 했다.

5) 정치와 전투의 분리(Separation of Politics and Military Combat)

미국의 헌법에 나타난 군사적 관점은 대통령과 의회로 대표되는 민간 지도부가 언제 어디서 전쟁에 들어갈 것인가를 결정하게 되면 정치인들과 민간인들은 일단 옆으로 물러서고 군이 전쟁을 수행하기 위해 최선이라고 생각하는 바를 수행한다는 관점이다. 군부 내 일부에서는 또한 "평화란 전쟁을 준비하는 시간"이기 때문에 전쟁기간은 물론 평시에도 행정 및 작전과정을 각 군이 통제해야 한다는 결론을 내렸다. 반면 대통령들과 여타 민간 지도부는 민-군관계의 성격을 다르게 설명한다. 즉, 그들은 대통령이란 전전(before a war), 전시(during a war), 그리고 전후(after a war)의 전 기간에 걸쳐 최고사령관(the commander in chief)이라는 것이며, 미국헌법에 규정된 바와 같이 군은 민간 지도부와 대통령의 명령에 부응해야 한다는 것이다.

이러한 상이한 입장 때문에 전시나 평시 군부와 민간지도부 사이에서는 가끔 정치적 갈등이 표출되었다. 예를 들어 한국전쟁시 트루먼 대통령은 전쟁수행과 봉쇄정책에 관한 국가적 논쟁을 촉발시키면서 대통령의 명령에 복종하지 않았다는 이유로 맥아더 장군을 유엔군사령관직에서 해임하였다. 베트남전쟁의 실패도 유사한 논쟁을 불러일으켰다. 즉 많은 사람들은 패전 이유로 민간지도부가 군의 임무수행에 간섭한 것을 들었고, 다른 측에서는 민간지도부가 설정한 적절한 한계 내에서 군이 임무를 제대로 수행하지 못한 무능력을 지적하였다.

② 군사적 행위패턴

국방부의 관료구조와 군의 하위문화는 군의 행위와 외교정책과정에 어떤 영향을 미치는 것일까? 로자티는 미국 군의 행위패턴 특징을 7가지로 설명하고 있다.[24)]

1) 군의 조정 결여(Lack of Military Coordination)

미국정부에는 응집적인 군사정책이 결여되어 있다. 그것은 군부 내에서 목적과 전략에 관한 합의가 이루어지지 않기 때문이다. 각 군은 통합적이고 상호 보강적인 전략을 발전시키지 못하고 있다. 각 군은 각각의 임무와 전략을 독립적으로 추구한다. 그리하여 미국정부는 각 군의 상이한 임무와 전략을 대변하는 잡동사니 군사정책(patchwork military policy)을 가지고 있는 바, 이는 미국외교정책의 최우선의 목적과 때로는 일치할 수도 있고 때로는 불일치할 수도 있다.

그러면 왜 미국의 군부는 조정이 되지 않을까? 첫째는 군 관료제도의 방대한 규모와 분권화로 군에 대한 민간통제가 잘 이루어지지 않고 있고 특히 각 군의 하위문화의 힘이 강력하게 작용하고 있기 때문이다. 물론 1947년 실치된 국방부의 합동참모본부(JSC)와 국방장관실(the Office of the Secretary of Defense)을 통해 민간 지도부에 부응하는 군사정책 조정을 촉진하는 기능이 있다. 그러나 그러한 노력은 실패했다. 왜냐하면 JSC와 OSD는 군을 위로부터 통제 · 조정할 수 있는 법적 권위와 정치적 권한을 결여하고 있기 때문이다.

둘째는 최소의 민간통제와 더불어 각 군 사이의 경쟁의식이 강하다는 점이다. 또한 국방부의 분권화뿐만 아니라 각 군의 하위문화도 매우 경쟁적이라는 점이다. 육군, 해군, 공군, 해병대는 자원과 통제권, 그리고 우월성을 놓고 서로 경쟁을 벌이고 있다. 각 군 지도자들은 통상 떡을 비슷하게 나누는데 합의를 보지만 공군은 전략핵과 첨단 전투기를 운용하기 때문에 가장 많은 혜택을 누리고 있고, 人力을 기초로 하는 육군은 가장 적은 혜택을 받아 왔다. 이러한 점이 각 군의 예산청구를 하나로 묶도록 해주었고 대통령과 의회에 대해 통일적인 입장을 주장하게 하였으며, 그것은 그들의 정치적 성공 가능성을 극대화시켜 주었다.

군의 작전에서도 똑같은 조정의 결여가 나타난다. 미군이 해외전투에 개입하는 경우 각 군이 모두 참여를 원한다. 베트남전쟁시 육 · 해 · 공 · 해병대 등 모든 군이 참여했을 뿐만 아니라 미국의 해안경비대까지 메콩강 수로를 따라 내륙까지 들어가 정찰활동을 할 정도였다. 1980년 이란 인질 구조대는 각 군에서 차출된 혼성팀으로 구성되었다. 사막작전용 장비를 갖춘 특수 육군헬리콥터로 훈련시켰는데 막판에 해군의 요청으로 해군 헬리콥터를 포함시키는 결정이 내려졌다. 이와 같은 조정의 결여는 군사작전의 성공적 수행을 어렵게 만들었다.

각 군 간의 경쟁과 더불어 각 군의 내부적 경쟁 또한 만만치 않다. 예를 들어 공군에는 핵무기를 담당하는 전략공군사령부, 재래식 폭격기 및 전투기를 운용하는 전술공군사령부, 병력과 장비를 수송하는 수송사령부 등이 있는데 이들은 각기 상이한 임무를 띠고 있으면서 상호지원 임무를 맡고 있다. 그런데 이들 각 사령부는 공군내의 제한된 가용자원을 획득하기 위해 서로를 경쟁상대로 본다. 또한 각 군 내에는 위신의 위계질서도 있다. 예를 들어 해군의 대들보는 항공모함이기 때문에 비행사들은 함상 선원들과 잠수함 선원들보다 더 많은 존경을 받는다.

이러한 각 군 내 경쟁상황은 미군의 성공적인 전쟁수행능력에서 중요한 의미를 지닌다. 케네디 행정부 시절 베트남 전쟁 초기 베트남에 파견된 18,000명 중 대다수가 육군 특수부대 또는 그린베레(Green Berets)였다. 1960년대초 그린 베레는 특별히 對게릴라전을 위해 훈련되었다. 이들은 군사훈련에 더해 현지 주민을 지원하기 위한 일정한 정치적 경제적 문화적 기술(skill)까지 훈련받았다.[25] 그러나 베트남전쟁이 미국화되고 재래식 병력이 증파되면서 게릴라전은 뒷전으로 밀렸고 전쟁은 전통적인 재래식 군의 문화와 작전양식으로 주도 되었다. 즉, 그린베레는 재래식 전술훈련을 받지 않았고 그들의 임무도 첨단무기로 화력의 집중을 통한 작전을 수행하는 것이 아니었다. 그리하여 그린베레는 분명 육군의 일부였음에도 주변으로 밀려났던 것이다.

2) 정보의 문제(Problems of Information)

군부의 거대한 관료조직 내에서 소통이 어렵다는 문제와 더불어 또 다른 정보의 문제가 군을 괴롭혔다. 냉전 이후 관료제의 성장, 통제와 획득을 극대화하려는 관리주의(managerialism)의 강조, 그리고 경력주의 지향 등은 모두 군부 내에서 두 가지 정보패턴을 만들어 냈다. 그 첫째는 전쟁의 정신적 측면을 경시하고 군사적 능력과 운용이라는 측정 가능한 지표 획득을 강조하게 되었다는 점이다. 둘째는 각 군의 이해관계에 따라 정보를 부풀리거나 축소하려는 경향이 나타났던 것이다. 두 가지 예를 들어보자.

매년 대통령은 의회에 국방예산을 요청한다. 대통령과 군부는 전년도 예산액을 정당화하고 수십억달러에 달하는 연례적 증액을 요청하고 설명해야 한다. 통상 군의 고위 간부들은 의회에서 차트와 숫자를 가지고 미국과 소련의 군사력을 비교하여 그들의 주장을 합리화시킨다. 그들은 핵탄두 같은 무기의 수준에서 소련에 주도권을 빼앗기고 있고 더욱이 소련은 전략미사일, 탱크, 병력 등에서 미국을 앞지르려 하고 있다고 설명한다. 물론 이들은 미국 핵무기의 정확성, 동맹국의 신뢰성 및 군사능력, 군지휘부의 리더십 기질, 그리고 병사의 훈련상황 같은 미국 군사력의 강점은 강조하지 않는다. 동시에 군은 미국 국민들의 지지를 얻기 위해 미국 국민들의 知性에 호소할 뿐만 아니라 애국심이나 공산주의에 대한 두려움과 같은 국민들의 감정에도 호소한다. 그런데 그와 같은 계량적인 자료를 사용하고 국가안보에 대한 위협을 부풀리는 경향은 때때로 대통령을 포함한 민간 지도부에도 있다.

냉전이 절정기에 있던 기간 군이 그들의 요청에 대한 국내의 지지를 얻어내는 데는 별 어려움이 없었다. 그러나 베트남전쟁은 국내환경을 더욱 비판적인 분위기로 만들었다. 그리하여 군부는 매년 의회와 국민들에게 적, 즉 소련과 공산주의의 군사력이 더욱 증대되고 더욱 위협적이 되고 있다는 사실에 관하여 보다 적극적인 홍보활동을 전개해야 했다. 그러나 공산주의의 붕괴, 소련 제국의 쇠퇴, 그리고 냉전의 종식 등으로 군의 대규모 예산은 1950년대 이후 최초로 위협받게 되었다. 1990년대 초 페르샤만 전쟁(the Persian Gulf War)에서 미군의 성공은 후기 냉전상황에서의 군비 감축논자들의 정치적 전기를 약화시킬 수 있었다.

정보에 관한 또 다른 문제점은 베트남전쟁에서 겪은 미국의 경험에서 왔다. 주월 미군사령관 웨스트머런드(Westmoreland) 장군과 맥나마라 국방장관 하에서 미군의 전투수행 업적의 지표는 적군의 "시체 數(body counts)" 였다. 즉 적군의 시체 수가 증가한다는 것은 미국이 승리하고 있다는 신호가 되는 것이었다. 이는 다른 관련정보를 무시하고 상황을 큰 틀에서 분석하는 데 실패하게 만들었다. 그런데도 군부나 민간 지도부는 계속 시체의 수를 원했다는 것이다. 그렇게 되자 한 전투가 끝나면 병사들은 그 전투지역에서 시체 찾는 일에 종사하게 되었고 지휘계통을 통해 그 시체 수를 보고하도록 되어 있었다. 장교들은 자기 상관들의 기분을 맞추고 승진에 유리한 점수를 따기 위해서 더 많은 전사자 수를 보고하는 경우도 있었다.

그런데 적의 전사자 수를 부풀리는 것과는 달리 호지명 루트(the Hochi-Minh Trail)를 타고 남쪽으로 내려오는 월맹군의 숫자를 축소하려는 인센티브도 있었다. 즉, 월남에 있는 적군의 병력규모에 관해 CIA와 군부 간에 정치적 싸움이 벌어진 것이었다. 1967년 내내 CIA의 집계는 군의 집계보다 훨씬 많았다. CIA는 월맹군 병력이 증가하고 있다고 주장한 반면 군부는 월맹군의 對월남 침투병력이 일정하다고 주장하였다. 워싱턴에서의 양자 간 정치적 싸움에서는 군이 승리했으나 역사적 증거는 CIA의 입장을 지지하고 있다. 그로부터 15년 후 CBS방송의 "60분" 이라는 한 TV프로그램에서는 당시 월남에 침투해 있던 월맹군의 병력이 대규모였다는 사실을 군이 은닉했었다고 하면서 웨스트머런드 전 사령관과 베트남 군수사령부의 지도부를 비난했다. 웨스트머런드는 CBS를 고소했고 오랜 기간의 법적 절차와 심리 후에 양 당사자는 법정 밖에서 화해했다. 재판과정에서 공개된 정보에 의하면 CBS의 비난이 옳았음이 판명되었으나 그 은닉의 최고 책임자가 웨스트머런드였다는 지적은 잘못이었음이 드러났다. 그런데 사실에 있어서 그 은닉에 관해서 합참뿐만 아니라 존슨 대통령을 비롯한 민간지도부가 적군의 규모가 대규모였다는 사실을 정확히 알고 있었던 것으로 드러난 것이다. 당시 민간 지도부는 정치적으로 국민들에게 낙관적인 전망을 심어주어야 했고 국내의 반전데모를 꺾어야 할 입장에 있었다. 전투현장의 지휘부에서는 워싱턴에 있는 민간 지도부에 적의 시체 숫자를 과대 보고했고 적의 병력에 관해서는 축소 보고했다. 그것은 미국 국민들에게 "터널의 끝이 보인다(light at the end of the tunnel)"는 그릇된 낙관론을 심어주려고 했던 것이다.

3) 활동의 중복(Duplication and Overlapping Activities)

육군 해군 공군 및 해병대 간의 규모, 자율성 및 경쟁 등의 요인들 때문에 중복적인 활동이 많이 일어난다. 흔히 대부분의 미국 국민들은 하나의 공군이 있는 줄 알고 있다. 그러나 미군에는 4개의 공군이 있다. ① 공군 그 자체, ② 기본적으로 지상군 임무수행을 지원하는 헬리콥터 및 수송기 등으로 갖추어진 공군보다 더 많은 수량을 가지고 있는 육군항공대, ③ 함대를 보호하고 공중공격을 수행하는 내항 항공모함 항공대, ④ 자체 임무를 지원하는 해병항공대 등이 그것이다. 베트남전쟁 당시 각 군은 대적작전에서 때때로 각 군 간 조정 없이 독자적으로 출격하였다.

그러면 왜 각 군은 독자적인 공군부대를 가지고 있고 독자적인 임무수행에 들어가는가? 한마디로 군의 관료적 구조와 각 군의 하위문화가 통합적 협동작전을 못하도록 하고 있기 때문이다. 지원이 필요할 때에도 타군(他軍)의 지원을 신뢰할 수 없기 때문에 각 군은 독자적으로 꾸려나갔고 그것이 활동의 중복을 초래한 것이다. 어떤 중복의 경우에는 부분적으로는 성공에 도움이 되기도 하지만 각 군은 매우 분권화되어 있고 자율적이기 때문에 과도한 중복현상이 발생하게 된다. 예를 들어 베트남戰의 상황은 매우 복잡한 것이었다. 왜냐하면 존슨 대통령과 그의 외교정책 자문관들은 北베트남에서의 공중전을 지휘하였고 南베트남에서는 각 군이 독자적으로 공중전을 지휘하고 있었기 때문이다. 더욱이 CIA는 그 자체의 비밀작전을 지원하기 위해 자체의 공군력을 운용하고 있었다. 이와 같이 미국은 인도차이나에서 하늘을 지배하였을 뿐만 아니라 동시에 수많은 공중전을 수행하였다. 사실 베트남전쟁의 미국화를 이해할 수 있는 가장 좋은 방법은 단일 사령관의 지휘 하에서 통합적인 군사적 노력을 한 것이 아니라 미국정부의 상이한 구성부분들이 각기 상이한 전쟁을 수행하였다는 점을 이해하는 것이다.

중복의 또 다른 예는 미국의 전략핵군이다. 전략핵군은 삼두체제(triad)로 유지되고 있다. 1960년대 이래 미국은 소련 영토에 핵탄두를 운반하는 데 세 가지 방법을 가지고 있었다. 첫째는 지대지(from land to land) 대륙간 탄도미사일(ICBM)이고, 둘째는 해대지(from sea to land) 잠수함 발사 탄도미사일(SLBM)이며, 셋째는 전폭기에 의한 공대지(from air to land)미사일이다. 1960년대 맥나마라 국방장관은 소련의 사회적 기능을 마비시키는 데는 대략 1메가톤짜리 200개 탄두면 충분하다고 결론을 내린 바가 있다. 미국은 1960년 후반 소련의 핵능력이 미국과 비슷한 수준에 도달하기 오래전에 30년 이상 동안 수천 개의 핵탄두를 가지고 있었다.

그에 대한 이유는 많이 제시되었다. 첫째는 소련이 선제공격을 한 후에도 보복을 할 수 있는 충분한 군사력을 발전시키는 것이고, 둘째는 소련의 군사력에 관한 잘못된 정보의 악영향을 극복하는 것이며, 셋째는 소련의 핵군사력을 과대평가하는 것이다. 그러나 그러한 설명의 일부는 관료적이고 구조적인 성격에 기인하는 것이다. 1950년대 민간 지도부가 소련의 팽창을 억제하기 위한 핵군을 발전시키려는 정책을 추진하자 각 군은 독자적으로 핵군의 역할을 떠맡으려 했다. 그리하여 1960년대 공군은 전략폭격기와 ICBM의 책임을 맡게 되었고, 해군은 SLBM을 맡게 되었다. 육군의 핵 역할은 전역(戰域)핵무기(theater nuclear weapons)와 요격미사일(anti ballistic missile)의 개발에 국한되었다. 그런데 이 요격미사일체제는 그 후 레이건 대통령이 시작한 전략방위구상의 주요 기초가 되었다. 그리하여 각 군은 전력핵 임무를 가능한 한 많이 많으려고 노력했고, 각자 그들의 전략핵군의 규모와 기술적 정교성을 증가시키려고 지속적으로 노력하였다. 그와 같이 전략핵군의 장악과 획득을 위한 각 군 간의 관료주의적 경쟁은 삼두체제의 발전과 미국 핵군의 엄청난 파괴력의 성장에 기여했으며, 그 결과 미 · 소간 핵무기 경쟁을 안정화시키기 보다는 오히려 강화시키는 결과를 가져왔다.

4) 낭비와 비능률(Waste and Inefficiency)

대부분의 미국인들은 거대 관료조직들에 대해 불신하는 경향이 있다. 그들은 관료조직체들이 낭비적이고 비능률적이라고 믿는다. 이러한 거대 관료조직체들이 미국민들에게 비호의적인 고정관념을 심어주었다는 주장에는 충분한 근거가 있다. 그런데 미국에서 최대의 관료조직은 군부이다. 따라서 군부 내에서 많은 낭비와 비능률을 목격한다는 것은 놀라운 일이 아니다. 그런데 무기 획득과정에서보다 더욱 가시적인 낭비는 찾아볼 수 없다. 국방부는 예산에서 의회와 대통령이 동의한 무기와 장비를 생산하기 위해 민간업체들과 계약을 체결한다. 방위계약과정은 민간회사들 간의 경쟁, 질적 생산(quality production), 그리고 공정한 가격 등의 유지를 보장하기 위해 국방장관실과 각 군의 문관부서에 의해 감독을 받는다. 그러나 현실적으로 무기획득과정은 있어도 그것이 이상적으로 운용되지는 않는다. 대신 1950년대와 1960년대 군의 관료기구와 예산이 엄청나게 팽창되던 시기, 군부, 국방부 내 민간인들, 의회 의원들, 많은 과학계의 지원을 받는 민간산업체들 간에는 어떤 관계망들(a network of relationships)이 발전하였다. 그런데 이들 기관들 내에서는 인사교체가 일어나는 상황인 바, 퇴역 군장교들은 방위산업체들에 의해 고용되고, 방위산업체의 중역들이나 의회의 군사위원회 간부들은 국방부장관실 내의 직책에 임명된다. 따라서 모든 사람들이 이익을 본다. 각 군은 그들이 원하는 무기를 획득하기 위해 의회로부터 예산을 따내고, 의회 의원들의 입장에선 군비의 지출과 방산업체의 자금이 그들 지역구 주민들을 위한 일자리를 창출해주는 것이 되며, 회사중역들은 그들의 기업활동을 확대하고 무기생산으로 수지를 맞추고, 국방부 내 민간인들은 미국역사에서 최대의 평시 병력증강을 감독함으로써 봉쇄정책과 억지정책에 대한 권한을 행사한다.[26)] 물론 관련된 모든 사람들을 만족시킬 정도의 돈은 아니지만 그러나 그러한 액수는 항상 충분한 것이었다. 왜냐하면 군은 미국 정부 내에서 호의가 베풀어진 집단이기 때문이었다. 1950년대에는 미국정부 예산의 절반 이상이 한 부서, 즉 국방부에 돌아갔었다.

40여년 이상 동안 국가안보와 애국심의 이름으로 이루어진 군의 성장과 생산은 정부와 사회에서 주요 관심사였다. 결과적으로 예산과 무기 획득과정은 능률적이지 못했고 효과적이지도 못했다. 무기구입 과정에서 높은 가격과 과비용이 아예 표준이 되어버렸다. 국방부가 점차 소수의 핵심적인 방위산업체에 더 많이 의존하게 되었던 1950년 이래 가격과 비용은 더욱 증가하였고, 인플레이션은 팽창하였으며 무기체계는 기술적으로 더욱 복잡하고 정교하게 되었다. 민간 산업체의 입찰은 때로는 한 두 개의 업체만이 참여하게 되어 경쟁적이질 못했고 때로는 계약체결 가능성을 극대화하기 위해 정부에 추정 비용보다 적은 가격으로 입찰에 응하기도 하였다. 군은 모든 종류의 기술적 기계장치를 무기체계에 첨가시켜 줄 것을 요구하는 일종의 "금 도금"을 통한 방법으로 예산증액을 요구했다. 그리하여 정부가 어떤 불투명한 전망 등으로 인해 어떤 계획을 취소하지 않는 한 비용은 최소한 원래의 계획보다 50% 정도가 상승하는 결과가 되었다.

비용 인플레이션(cost-push)은 값비싼 군장비들에서 가장 현저하게 나타났다. 즉, 폭격기, 전투기, 미사일, 항공수송기, 대형 함정과 잠수함 및 탱크 등이다. 예를 들어 F-15 전투기는 5천만 달러 이상이고 이지스(Aegis) 미사일 유도함은 대당 12억5천만 달러이다. 믿을 수 없는 이러한 고가품들은 비단 그러한 장비에 그치는 것이 아니라 거의 모든 군사장비 구매에서 나타나고 있다. 예를 들어 군부는 단순한 예비 부품들까지도 방위산업체에서 터무니없는 높은 가격으로 구매하였다. 망치는 동네 철문점에서 18달러면 사는데 군은 460달러를 주고 산다. 13센트짜리 볼트의 똬리쇠(wasler)는 2,043달러라는 고가로 구매된다. 또한 군은 한 번에 몇 개 품목만 사는 것이 아니다. 수백, 수천, 수만개를 사는 것이다. 아마도 군의 모든 비용 중에서 가장 어처구니없는 것은 군이 대당 3,046달러에 구매하는 전투기에 설치되는 커피 끓이는 기계일 것이다. 그러한 터무니없는 비용을 변호하기 위해 업체 대변인이 주장하는 말은 "당신이 지금 가지고 있는 것은 매우 복잡한 고안품이다. 개중에는 수퍼마켓에 가서 항공기용 품목을 사는 사람도 있으나 나는 특히 그런 비행기에는 타고 싶지 않다[27)]"는 것이었다.

그러한 높은 가격과 일상적인 과대 산정은 단순한 경제와 정치의 기능이 아니라 부패의 기능인 것이다. 이러한 현상은 수십 년 동안 군부의 획득 부서에 널리 스며들었고 그 내부 인사들에겐 잘 알려져 있는 사실이다. 그러나 일반 국민들은 어둠속에 갇혀있다. 왜냐하면 그 내부자들은 공개적으로 말하는 경우가 거의 없고, 만일 "나팔 불고 다니는 자(whistle blowers)"가 있다면 그는 직장에서 쫓겨나거나 그의 개인적인 입지는 상실되었기 때문이다.[28)] 그 밖에도 20여 년 동안 미국에서는 반공산주의 분위기가 지배적이었고 미국의 군부를 의심하는 것은 비애국적인 것으로 간주되었다. 그러나 최근에는 납세자들의 세금이 군 내부의 낭비와 부패로 허비되고 있다는 보고서와 연구서들이 나오면서 대중매체들과 국민들이 그러한 문제들에 더욱 민감한 반응을 보이고 있다. 마침내 미국 법무부는 군의 부정과 부패에 대한 법적 조치를 취했다.

군부에는 상당한 낭비풍조가 스며들고 있다. 군부의 물자획득과정에서 발생하는 낭비와 부패 액수는 적게는 연 500억 달러에서 많게는 1천억 달러에 이른다. 레이건 행정부 시절 국방부 획득차관이었던 로버트 코스텔로(Robert Costello)는 펜타곤의 획득과정에서 지출되는 연간 1500억 달러의 30%가 낭비되었다고 공개적으로 언급한 바 있다.[29)] 펜타곤의 지출에 관한 그러한 정보는 공개된 기록에서 종합되어질 수도 있지만 B-2 스텔스 폭격기와 같은 값비싼 무기들의 비용 중 상당부분은 원래 정보부서의 비밀활동을 비밀리에 지원하는 국방부의 "비밀예산(black budget)으로 충당되며 대중들에게는 숨겨진 채로 남아 있는 것이다.[30)]

불행하게도 그것은 믿을 수 없는 낭비의 문제이자 군의 준비태세와 임무수행의 문제인 것이다. 무기들은 대단히 비싸기 때문에 탱크나 전투기 같은 품목들에 관한 비용은 軍 자체로부터 제공받을 수 없다. 많은 주요 무기들의 숫자는 시간이 지나면서 감소할 뿐만 아니라 그 무기들은 기술적으로 매우 복잡한 것들이어서 사용하는 데 훨씬 많은 전문성을 필요로 하고 특히 전투에선 신뢰성이 더 떨어질 수도 있으며 수리하는 데도 더 많은 시간과 기술을 요하게 된다. 무기들이 더욱 정교하게 되면서 디자인과 생산에서 결함의 가능성은 증가한다. 따라서 수적으로는 더욱 적고 기술적으로는 더욱 복잡한 무기들에 의존하게 된다는 것은, 비록 화력을 운반하는 잠재력은 더 클 수 있지만, 어떤 면에서는 군의 전반적인 전투태세와 효율성을 감소시켰다고도 할 수 있다. 군과 방위산업체들이 무기를 개발하고 과시적으로 배치하고는 있지만 그들은 때때로 그 무기의 실제 성능보다 더 많은 것을 약속하는 것이다. F-16과 F-18은 마하 2(시속 1200마일)보다 더 빠른 속도를 낼 수 있도록 추진되었지만 그러한 속도에서는 연료가 빠르게 소모되어 대부분의 전투상황에서 그 성능은 별 효용성이 없게 된다. 기술적으로 정교한 무기가 야기하는 문제들 중 일부는 일반적인 전쟁의 위험성을 넘어 인명을 위협할 수 있다는 사실이 전장(戰場)의 병사들에게는 잘 알려져 있다. 탱크를 요격하는 토우(TOW) 미사일은 대단한 정확성을 지니고 있으나 그 미사일이 수백마일 떨어진 탱크를 적중시킬 때까지는 병사들이 움직이지 않을 것을 요구한다. 육군을 위해 개발된 브래들리 장갑차(Bradley Fighting Vehicle)는 적의 화력으로부터 보호를 제공하는 동안 그 전투지역 주위를 신속하게 이동할 수 있도록 만들어졌으나 실험결과 접촉으로 쉽게 폭발하여 그 내부의 모든 탑승자들을 살상케 하는 것이었다. 그러나 육군은 대당 200만달러로 6800대 이상을 구매하여 구식 M113장갑병력 수송차를 대체시켰다.[31)]

일부 비판자들은 그러한 무기들은 결코 생산되지 말아야 했고, 현실적인 작전수행능력과 신뢰성 표준에 따라 재설계되어야 했으며, 병사들의 안전을 염두에 두었어야 했다고 말한다. 그러나 지지자들은 무기개발의 기술적 어려움을 강조한다. 그런데 군은 어떤 종류의 무기를 실전 배치하기 위해 일단 생산을 결정하게 되면 어떠한 비판에도 아랑곳하지 않고 전속력으로 그 생산을 추진한다. 브래들리 장갑차의 경우 방위산업체 계약자와 함께 국방부 내의 民軍 요원들은 치명적인 설계상의 결함이 드러났음에도 그것을 덮어 가리기 위한 실험을 준비하게 된다.

무기체계가 약속대로 제 기능을 수행하지 못하고, 그 과정에서 미군병사들이 죽게될 때 군 당국의 공식 입장은 항상 인간의 실수라는 것이었다. 예를 들어 1987년 페르샤만에서 USS Stark호의 레이다는 스타크호를 타격하여 37명의 병사들을 사망케 한 이라크 미사일이 날아오는 것을 탐지할 수 없었다. 또한 일년 뒤 가장 정교한 방공체계를 갖춘 이지스함 USS 빈센스(Vincennes)호는 이란의 민간제트여객기를 F-14전투기로 오인 · 격추시켜 290명의 죄없는 민간인들을 사망케 하였다. 두 경우 해군의 공식 보고서는 그 책임을 인간의 오류에 돌렸다. 그러나 USS Stark호는 당초 설계가 잘못되어 그렇게 정교하다던 전자감시장치는 이라크 미사일이 접근하는 것을 탐지하지 못하였던 것이다. 그러한 사실은 그 미사일이 타격하기 직전 승선한 한 선원에 의해 알려지게 되었다. 또한 USS 빈센스호의 정교한 지휘 · 통신센터는 민간항공기와 전투기를 식별할 수 없었을 뿐만 아니라 전투상황과 같은 심한 긴장상태에서는 작동이 극히 복잡하고 어려워 인간의 오류를 야기할 수 있는 가능성을 지니고 있다.[32] 그러나 만일 군 당국이 "인간오류"가 아닌 어떤 공식입장을 밝혔다면 군과 방위산업체는 잠재적으로 비판과 명예훼손을 면치 못했을 것이고, 그것은 군의 획득과정에서 발전된 다정한 관계망(cozy network of relationships)을 위협했을 것이다.

이는 국가안보와 민주주의 간의 경쟁적 요구가 야기하는 긴장관계를 나타내는 것이 될 것이다.

5) 리더십과 사기의 쇠퇴

군이 점차 관료적이고 관리적(管理的)인 경향으로 발전하면서 특히 전장의 강력한 리더십과 전투병사들의 사기는 저하되었다. 리더십과 사기의 문제가 실로 심각하게 대두된 것은 베트남전쟁에서 군이 겪은 경험 때문이었다. 당시 미국의 민간 지도층과 대부분의 미국 시민들은 물론 군 장병들의 공통된 인식은 강력한 군사적 대응으로 월남을 미국의 독립적인 비공산주의 동맹국으로 지킬 수 있을 것이라는 것이었다. 이러한 낙관주의와 높은 사기는 1968년 북베트남의 구정공세(Tet Offensive) 이후 미국 국민들의 신뢰를 상실함으로써 산산조각이 났다.

미국이 그 전쟁에서 승리하고 있지 않다는 사실이 명백해지면서 군의 사기와 리더십은 특히 일선에서 싸우고 있는 병사들 속에서 타격을 받고 있었다. 성공을 거두지 못한 실패는 사기저하의 주원인이었으나 군의 관료적 구조와 절차 또한 그러한 경향을 부채질 하였다. 예를 들어 미국 육군에서 장교들의 전투 근무기간은 6개월인데 사병들은 1년이었다. 이는 전장에서 많은 문제점들을 야기하였다. 이러한 점을 이해하기 위해서는 다음과 같은 사실을 이해하는 것이 중요하다. 즉, 재래식 전쟁을 위해 훈련된 미군이 며칠도 지나지 않아 비재래식 전쟁이 수행되고 문화도 상이한 이국땅으로 수송되었다는 사실이다. 한 보병에게 주어진 안내서는 베트남에 관해 아무것도 알려주고 있지 않았다. 그러므로 "시골출신" 신병들은 베트남에 관한 모든 것을 배워야 했고 행군 도중에도 새로운 적응기술을 배워야 했다. 몇 달이 지나서 그들은 단련된 군인이 되어 적과 싸워 살아남는 방법을 터득하게 되었다. 불행하게도 전쟁터에서 단련된 그 병사들은 때때로 베트남에 대해 아무것도 모르고 교본대로 지휘하는 장교들의 지휘를 받는다.

미군은 6개월의 지휘관 근무교대 제도를 운용하고 있는 데 대부분의 장교들은 일년간의 참모부서 근무 전에 그들의 경력을 쌓기 위해 전투현장에 들어가게 되었다. 그런데 경험이 없는 신임 장교들이 많아지는 상황에서 죽거나 부상당하지 않는 한 꼬박 1년을 숲속에서 보내야 하는 대부분의 징발된 젊은 병사들의 입장에서 볼 때 장교들의 6개월 근무교대 관행은 때때로 부대 내 갈등의 요인이 되었다. 그러한 갈등상황은 특히 본국에서 반전(反戰) 운동이 일어나고 미군 병력이 전쟁의 베트남화 과정의 일부로 철수하게 되던 1960년대 후반에 들어서 확산되었던 것이다. 특히 장교들이 서툴거나 부주의한 경우 병사들의 불만은 확산되었고 일부 병사들은 상관살해(fragging incidents), 즉 지휘관 암살을 기도하는 사건들도 발생하였다.

전투병사들 가운데서 발생한 많은 고통은 베트남 주둔 미군의 절반 이하만이 전투에 참가하였다는 사실로 가중되었는데, 대부분의 병력은 군수와 행정 등 지원업무에 종사하고 있었다. 전쟁의 절정기에 베트남 주둔 50여만 가운데서 20만 정도만이 실전에 참가하였다.[33] 이는 군의 행정적 정향(定向)의 결과일 뿐만 아니라 첨단 무기체계를 지원하고 미군 병사들에게 최상의 보호시설과 음식 및 피복을 제공하고 가능한 휴식과 오락시설을 제공하기 위해 군 기지들을 건설하여 전쟁을 미국화시키려는 정책 때문이었다. 이는 해외의 전투상황을 가능한 한 지속적인 것으로 만들려는 노력이라고도 할 수 있으나 이러한 목적은 많은 지원병력을 필요로 하는 것이었다.

리더십과 사기의 문제는 본토에서 일어나고 있는 제반 사건들로 인해서 더욱 심각해졌다. 징병제를 실시하면서 정부가 대학생들에게 징집유예 기회를 주게 되자 육군의 징집대상은 주로 노동자계급과 소수민족 출신들이 되었고 그것은 형평성에 어긋난다는 문제를 제기하였다. 특히 일선에서 싸우는 보병들의 경우 군의 과소 대표성은 흑인병사들과 소수민족 출신 병사들을 분노케 하였다. 특히 흑인병사들은 해외에서 "백인의 나라"를 위해 전투를 해야 하는 고통의 시간을 보내고 있는 동안 본국에서는 그들의 형제들이 흑인의 민권을 위해 싸우고 있는 상황이었다. 놀라운 일은 아니지만 군에서는 많은 인종갈등을 경험한다. 사기는 아주 떨어져서 미군병사들 속에서는 마약사용이 일반화되었고 특히 인도차이나의 황금 삼각주(the Golden Triangle : 미얀마, 라오스, 태국의 접경지역)에서는 마리화나와 헤로인의 사용이 쉬웠다. 마약사용을 통제하려는 군의 노력은 때때로 권위에 대한 갈등을 증폭시켰다.

1960년대 후반과 1970년대 초반 전상자들에 대한 모욕에 더해 베트남에서 돌아온 미군 장병들은 그들의 나라가 내부적 혼란 속에 빠져 있는 것을 보았다. 그들은 근무교대 후 즉시 미국으로 날아왔다. 불행히도 전쟁의 참상을 겪은 후 많은 사람들은 사회복지와 생활을 위한 준비도 되어 있지 않았고 군당국으로부터도 아무런 지원도 받지 못했다. 그들의 "귀향"은 때로는 충격 그것이었다. 왜냐하면 그들은 고향사람들로부터 두 가지 반응을 겪었다. 한편으로 귀향장병들은 그들을 향한 반전운동을 보아야 했고(왜냐하면 그 장병들은 군을 대표했기 때문에) 또 한편으로는 미국이 진 전쟁을 잊어버리고 싶은 대중들로부터 무시를 당해야 했다. 그 전쟁에선 귀향을 환영하는 퍼레이드란 없었다. 군복은 재빨리 벗어 던져버려야 했고, 참전 재향 군인들은 그들이 수행했던 그 전쟁의 결과와 개인적인 문제들을 스스로 해결해야 했다. 베트남 참전 재향군인들에 대한 지원은 사회나 정부로부터도 없었다. 그들은 제2차대전과 한국전쟁에 참전한 용사들로 구성된 재향군인 단체들로 부터도 소외되었고 군 당국과 정부의 재항군인 담당관청으로부터도 지원받지 못했다.[34)]

베트남의 부정적 유산은 아직도 미군에서 어른거리고 있다. 미국인들이 베트남의 후유증을 이겨내는 데는 상당한 시간이 소요될 것이다. 그러나 워싱턴 D.C.의 전쟁기념비 완성은 전쟁의 일부 상처, 특히 베트남 참전용사들의 상처를 치유하는 데 도움이 되었다. 레이건 대통령이 강력한 국방력 재건을 약속하고 미군을 칭찬하여 군의 사기를 진작시켰고, 그레나다와 파나마에서의 성공적인 군사작전의 결과를 가져오기도 하였다. 더욱 중요한 것은 페르샤만의 걸프전에서 이루어낸 군사적 성공과 미국민의 환영은 군과 미국 사회의 사기 복원에 기여하였다.

6) 지원병제도의 등장(Rise of a Volunteer Military)

시간이 흐르고 관료주의가 발전하면서 군은 군의 관리(管理)에서 민간관리로 바뀐 소위 민간화(civilianized)가 되었을 뿐만 아니라 전원 지원병제로 바뀌었다. 1973년 베트남전에 대한 반작용으로 평시 징병제도는 철폐되었다. 여론조사에 의하면 대부분의 미국인들은 징병제도에 강하게 반대하는 것으로 나타났다. 그러나 전원 지원병제도는 미군과 미국의 외교정책에 새로운 문제점을 제기한다.

군 특히 육군은 충분한 수의 숙련된 인력을 모집 충원하는데 어려움을 겪어 왔다. 실업자가 증가할 때는 신병모집이 별 문제가 없다. 왜냐하면 군은 실업자들에게는 아주 매력적인 선택의 대상이 되기 때문이다. 군은 홍보활동 특히 TV 광고를 통해 신병들을 유치하려고 공동으로 노력해왔다. 그러나 베트남전쟁 이후 신병모집 노력은(해병대의 경우를 제외하곤) 군복무의 전사적(戰士的) 측면을 홍보하는 것이 아니라 외국 땅을 방문하는 흥분을 자극하는 것이었고 제대 후 직업을 얻는 데 도움이 될 수 있는 기술들을 습득할 수 있다는 점들을 부각시켰다.

지원병으로 형성된 민간화 된 군의 등장은 특히 육군에서 군복무의 질에 관한 논란을 야기하였다. 일부 관찰자들은 오늘날의 병사의 질이 전체적으로 볼 때 그 어느 때보다도 높다고 말한다. 그들은 전반적으로 높은 병사들의 교육수준을 지적한다. 그러나 다른 관찰자들은 신병들의 잠재적인 기술력은 향상되지 않았다고 말하면서 점차 더욱 정교해지고 있는 무기체계의 시대에서는 특히 난처한 상황을 야기하였다고 본다. 보유율(재입대)은 감소하여 무기체계를 다루는 기술에서 지속성을 유지하지 못하고 있다. 결과적으로 무기체계의 정교화가 향상되면서 군의 준비태세와 업무수행은 오히려 방해되고 있다는 것이다.

또 다른 문제는 민주주의 사회에서 미군의 전반적인 대표성의 문제이다. 전원 지원병제도가 시작되면서 군에 복무하는 백인들과 중간층 및 상위계층 출신들이 더욱 적어졌다는 점이다. 여러 가지 면에서 군은 더욱 불리한 배경을 가진 계층 출신들에게 기회를 촉진할 수 있는 매개체가 되었다. 그러나 가장 혜택을 받지 못하는 계층이 모든 미국민을 방위하는 짐을 짊어져야 한다는 상황은 젊은 미국인들의 국가적 징병의 가치와 국가를 위한 복무의 가치에 관한 논쟁을 야기하였다. 페르샤만전쟁(The Persian Gulf War)은 소수 민족의 대표성과 공정성에 관한 중요한 문제들을 제기하였을 뿐만 아니라 미군에서 여성의 적절한 역할과 가족들이 직면한 사태에 관한 문제점들을 야기하였다.

이는 또 다른 관련된 문제를 야기하였다. 즉, 군과 군사력의 사용에 관련된

知的 인력이 감소한다는 문제점이다. 군은 점차 정치적으로 참여가능성이 가장 적은 미국인들에 의존하고 있는 데 반해 정치에 참여하는 사람들은 군 경험이 없는 사회계층에서 나온다는 점이다. 다시 말해서 방위비와 군사력에 관한 중요한 공공정책 결정들이 점차 군과 전쟁에 대한 경험과 지식이 없는 사람들에 의해 영향을 받거나 이루어지고 있다는 사실이다. 이러한 문제점들에 대한 쉬운 해답은 없다. 그러나 전원 지원병제도 대신 보편적 복무제도를 지향하는 것은 군의 구성, 일선에서의 군의 행위, 그리고 미래의 미국외교정책에 대해서 분명 함축적인 의미를 지니고 있는 것이다.

7) 군의 자문 가치(Value of Military Advice)

군사적 행위의 마지막 패턴은 종종 국방부 장관과 대통령을 포함한 민간 지도부가 군의 조언에 회의적이라는 점이다. 그들은 합참을 포함한 군부의 지도부가 각 군의 이익을 대변하고 헌신하고 있음을 알고 있다. 합참의장은 최고의 신뢰성을 유지하려고 노력하는 경향을 보인다. 왜냐하면 그는 각 군의 이익을 대변하지 않는 유일한 고위 장교이기 때문이다. 결국 군 자문의 가치는 인물들과 업무관계에 의존하게 될 것이다. 예를 들어 닉슨 대통령은 군의 조언에 회의적이었으나 레이건 대통령은 수용적인 편이었다.[35]

일반적인 고정관념으로 군은 국제적인 위기사태를 다루는 데 있어서 항상 무력의 사용을 건의하는 것으로 그려진다. 그러나 사실에 있어서 위기시에 군의 건의를 연구한 문헌들을 보면 군은 무력사용 제안을 주저하는 경향이 있다. 리처드 벳츠가 쓴 "군인, 정치가 그리고 냉전의 위기들"이란 책을 보면 육군은 무력사용을 건의하는 데서 가장 신중하다는 것이다. 왜냐하면 그것은 곧 사상자를 가장 먼저 내기 때문이다. 반면 공군은 공군력의 사용에서 아주 낙관적인 경향이라는 것이다. 벳츠는 또한 군의 건의는 무력사용을 반대할 때 민간 지도부에 가장 큰 영향력을 미치고 있음을 발견했다. 반면 무력사용을 건의할 때는 신뢰성이 가장 적다는 것이다. 군은 보다 정밀한 무기와 더 많은 병력을 통해 그들의 역량을 확대하는데 열성적일 수 있으나 병사들을 위험에 투입시키는 데는 주저한다. 그러나 일단 무력사용의 결정이 이루어지면 민간인들은 옆으로 비켜서서 군이 확전의 경우를 포함하여 성공에 필요한 것은 무엇이라도 할 수 있도록 허용해야 한다고 강력하게 주장한다. 그러나 실제에 있어서는 대부분의 냉전기간 베트남전쟁에서 보여준 바와 같이 무력사용을 건의하고 군부지도자들을 감동시킨 강경노선을 취한 것은 민간인들이었다.[36] 이러한 경향은 대통령의 경우에도 지속되었고 무력사용에 관해 내부싸움이 잇따랐던 레이건 행정부 시절에서도 분명했었다. 예를 들어 해외 테러리즘에 대해서도 조지 슐츠국무장관은 군사적 대응의 주 옹호자였고 반대로 군을 대변하는 캐스퍼 와인버거 국방장관은 미국 국민의 완전한 지지가 없는 한 무력사용은 신중해야 한다고 주장 하였다. 中美에 대한 미국의 외교정책에 대해 알렉산더 헤이그 국무장관과 미주문제 담당 차관보였던 故 엘리엇 에이브럼즈는 윌리엄 크로우(Crowe) 합참의장의 회의적인 태도에 반대해 무력의 위협과 사용을 주장한 옹호자들이었다.[37] 조지 부시 행정부에서도 마찬가지였는데, 밥 우드워드의 저서 "사령관들"에 의하면 부시 대통령과 브렌트 스코우크로프트 안보보좌관은 이라크의 쿠웨이트 침략에 강력한 군사적 대응을 주장하고 사담 후세인軍을 철수시키기 위해 그를 전쟁의 벼랑으로 몰아갈 필요성을 역설했던 반면 제임스 베이커 국무장관과 특히 콜린 파월 합참의장은 무력사용 대신 경제적 제재를 지지하면서 무력사용에 극히 신중한 태도를 보였다.[38] 軍 특히 육군이 베트남전쟁에서 얻은 주요 교훈 중의 한 가지는 국민들의 강력하고 가시적인 지지가 없는 경우 병력사용을 피해야 한다는 것이다.

어떻든 군의 관료주의적 구조와 하위문화가 때때로 전장에서 발휘되는 군의 능력을 방해하는 그런 종류의 행위를 촉진한다는 것이다.[39]

③ 군사전략과 그 수행(Military Strategy and Performance)

이상에서 설명한 바와 같이 국방부 구조의 결과, 군 하위문화의 정향(orientation), 그리고 행위패턴 등은 엄청난 패러독스를 생산한다. 즉, 미군은 지금까지 최강의 군사력이었으나 그 수행능력에서는 제한적이었다. 군은 일차적으로 핵전쟁이나 재래식 전쟁을 위해 조직되고 훈련되어 있다. 반면 준재래식 전쟁(subconventional war)이나 게릴라전 같은 저강도 전쟁(low intensity war)에 맞추어 훈련된 병력은 제한되어 있다. 1950년대 이후 전쟁기록을 살펴보면 재래식 전쟁을 포함한 몇 번의 경우를 제외하곤 군사작전 수행능력이 별 볼일 없었음을 알 수 있다.

미국의 역사에서 군은 고전적인 재래식 전쟁에 맞추어 조직되고 훈련되어 왔다. 역사적으로 미국의 군에 영향을 끼쳐온 위대한 군사전략가들과 전쟁들은 유럽에서 왔고 특히 영국군은 경쟁의 모델이었다. 세계사에서 최대의 군사적인 재래식 전쟁이었던 제1차 대전과 제2차 대전은 전면적인 대규모 재래식 전쟁을 위해 조직하고 훈련할 필요성을 입증해 주었고, 적을 패퇴시키기 위한 소모전 전략(a strategy of attrition)에 집중할 것을 요구하였다. 이러한 전략은 한국전쟁에 의해 보강되었다. 비록 제한적이긴 했지만 제2차 대전 이후 1991년 페르샤만의 걸프전에 이르기까지 한국전쟁은 미국이 수행한 유일한 전통적인 재래식 전쟁이었다. 히로시마와 나가사키의 원폭투하도 기본적으로는 그러한 소모전전략의 일환이었다. 즉, 핵무기는 단지 재래식의 소모전 전략을 지원하기 위한 병기의 일부였을 뿐이다. 1950년대 핵억지이론의 발전, 핵무기 파괴력의 증가, 미사일 기술의 발전 등은 새로운 전쟁형태, 즉 핵전쟁을 위한 조직과 훈련을 요구하였다. 오늘날 미군은 재래식 전쟁과 핵전쟁이라는 두 가지 형태의 전쟁에 대응하는 데는 최상의 준비태세를 갖추고 있다.

제2차대전 이후 40여 년 동안 미군의 계획은 소련과의 재래식 전쟁과 핵전쟁에 초점이 맞추어졌다. 이는 무력의 위협과 사용을 통한 소련 팽창주의를 차단하기 위해 채택된 봉쇄전략(containment strategy)과 억지전략(deterrence strategy)의 기초였다. 미국의 군사계획들은 중부유럽과 한반도에서 재래식 전쟁의 발발 가능성이 가장 높다는 것을 전제로 한 것이었다. 그러한 군사계획들은 또한 미국과 소련의 영토에서 치러질 핵전쟁을 위한 것이었다. 그리하여 제한적인 핵전쟁, 제한적인 재래식 전쟁, 신속기동군(a Rapid Deployment Force)의 창설 등과 관련된 이러한 일반전략을 치밀하게 정리하였던 것이다. 그렇다고 모든 전략이 소련에만 집중된 것은 아니었다. 그러나 미군은 일차적으로 일반적인 재래식 전쟁에 대응하기 위해 조직되었고, 장비가 갖추어지고, 훈련되고 배치되었으며, 그 다음으로 핵전쟁에 대비한 것이었다.

역사적으로 재래식으로 훈련된 군에 의존하는 것이 봉기나 게릴라전을 수행하는데서 어떤 문제점을 제기하지는 않았다. 그러한 분쟁은 널리 확산되지는 않았고 니카라과와 같은 장소들에는 미국의 해병대를 파견함으로써 쉽게 안정을 회복시켰다. 그러나 제2차대전의 시작으로 유럽에서 제국주의 국가들이 붕괴한 이후 미국과 소련이 등장한 데 이어 전세계적으로 민족주의가 폭발하고 신생국들과 非국가단체들이 증가하게 되었으며, 무기의 확산이 이루어졌다. 이러한 현상은 전쟁에 두 가지 의미를 제기하였다. 첫째는 제3세계 국가들이 해외에 주둔하고 있는 강대국 군사력에 군사적으로 더 잘 저항할 수 있게 되었고, 둘째는 전세계적으로 내란, 게릴라전, 테러리즘과 같은 대부분의 분쟁들은 저강도 분쟁이라는 용어가 의미하듯 강대국을 직접 관련시키지는 않았다. 그리하여 재래식 군사력은 시간이 지남에 따라 그 적합성이 떨어지게 되었고 성공하기가 훨씬 더 어렵다는 사실이 드러나게 되었던 것이다. 예를 들어 1980년대 미국의 지원을 받은 15,000명의 강력한 니카라과 반군세력은 산디니스타 정권을 군사적으로 축출할 수가 없었다. 이러한 상황은 미국만이 직면했던 것은 아니었고 소련의 재래식 군사력도 아프가니스탄에서 똑같은 상황에 빠졌던 것이다.

미국은 베트남에서 최초로 이러한 새로운 환경에 직면했었다. 대부분의 미국 지도자들과 국민들은 미군을 베트남에 투입하면 적을 신속하게 봉쇄하고 상황을 안정화시킬 것이라는 가정하에서 움직였다. 그러나 전선(戰線)도 없고 적과 아군을 구분할 수도 없으며 낮에는 농민으로 일하다가 밤에는 베트콩 게릴라로 변하는 그러한 곳에서, 그리고 적의 저항의지가 미군의 승리의지보다 더 강한 그러한 전쟁에 미국과 미군은 준비가 되어있지 않았다. 이와 같이 재래식으로 훈련된 군이 아주 비재래적인 전쟁에 투입되었던 것이다. 군은 상황

전개에 따라 재래식 전략을 적응시키려고 노력하였다. 그러나 50만 병력과 연간 350억 달러를 투입했어도 적을 패퇴시키지도 못했고 미국 정치지도부의 목적을 달성하는 데도 충분치 않았다. 대신 군과 미국은 전쟁에서 처음으로 대패를 겪었다(its first major defeat).

군이 베트남에서 얻은 교훈은 뜨겁게 토론되었다. 일부에서는 또다시 그러한 전쟁이 일어나는 경우 미군은 정치권으로부터의 간섭 없이 대량의 재래식 군사력을 신속하게 투입할 수 있는 능력을 유지해야 한다고 강조했고, 다른 일부에서는 변화하는 전쟁환경에 적응할 수 있고 미국 대통령의 목적에 부응할 수 있는 보다 능률적이고 신축적인 군사력을 보유하기 위해 군사개혁을 단행해야 할 필요성을 강조하였다.

미육군 대령인 해리 서머스는 그의 전략론에서 최초로 베트남전쟁에서의 미군의 경험을 분석하여 군에서 상당한 반향을 불러일으켰다.[40] 그에 의하면 1960년대 중반 적이 주로 재래식 전투에 종사하고 있을 때 미군은 잘못된 판단으로 對게릴라전을 수행하는 전략과 전술을 적용하려고 했다고 주장하였다. 그는 미국이 월남(南베트남) 공화국으로 하여금 월남에서 대게릴라전을 추구하도록 허용하고 미군은 남북베트남 군사분계선을 따라 재래식 전선을 구축하고 라오스로 진입해서 그 전선을 라오스에서 태국에 이르는 전선으로 확대하여 남베트남으로 침 투해 들어오는 북베트남군을 차단했어야 한다고 주장하였다. 서머스에 의하면 南베트남군을 대게릴라전 방식으로 훈련시키는 것이 어려웠고 대게릴라전에 대한 미군의 장비도 제대로 갖추어지지 않았다고 했다. 그러한 서머스의 분석은 베트남전쟁의 성격을 잘못 해석한 것으로 호된 비판을 받았다. 앤드류 크레피네비치는 그의 저서 "육군과 베트남"에서 적은 전쟁 후반까지 비재래식 전략에 의존했다고 주장했다. 그에 따르면 미군은 전술적 수정에도 불구하고 군사고문단을 파견하고 군사개입이 이루어졌던 1954년에서 1974년에 이르는 기간 그 전쟁에 적응할 수 있는 적절한 장비도 갖추어져 있지 않았고 훈련도 잘 되어있지 않았다고 주장하였다.[41] 또한 공군 소령이었던 마크 클로드 펠터는 그의 저서 "공군력의 한계"에서 미국은 제2

차대전 기간 모든 동맹국들이 투하한 폭탄보다 더 많은 폭탄을 인도차이나에 퍼부었지만 공군의 재래식 사용은 적을 억제하지 못했다고 썼다.[42] 이러한 관점에서 보건데 베트남의 교훈은 만일 미군이 진정한 대게릴라전에 부응할 수 있는 저강도 군사능력을 확보하지 못한다면 분쟁이 재래식 특성에 맞지 않을 경우 계속해서 큰 문제점들에 직면하게 될 것이라는 점이다.

베트남전쟁은 대부분 소모전 전략으로 수행되었다. 즉, 대규모 화력을 신속하게 발사하여 적을 압도하는 전략으로서 그것은 결국 군의 관료적 구조와 하위문화를 보강한 계기가 되었다. 따라서 낮은 우선순위를 부여한 저강도 분쟁을 준비하기 위해 군이 사용한 돈, 자원, 인력은 매우 적었다. 케네디 행정부는 육군을 대게릴라전에 적합하도록 훈련시키려고 시도했으나 실패하였다. 현재의 군은 대게릴라전과 저강도 전쟁을 위한 일부 병력을 가지고 있다. 육군의 경우 그린베러(Green Berets)와 델타 포스(Delta Force), 해군의 경우 실(SEALS)이 그것이다. 그러나 그들은 그 수가 적고 통상 재래식 대군의 임무수행을 지원하는 역할을 수행할 뿐이다. 이러한 징후는 1980년대 미국이 과거 남베트남의 내란을 수습하기 위해 사용했던 똑같은 전략과 전술로 엘살바도르 육군을 훈련시키는데 사용한 데서도 나타난다. 이러한 저강도 전쟁능력의 결여는 군이 비재래식 군사상황에서 임무수행을 요청받았을 때 여실히 드러났던 것이다.

더욱이 미군은 재래식 분쟁들에서 임무를 수행하는 데서도 어려움에 직면한다. 합참의장이던 존슨 장군에 의하면 미군은 궤도에 올라타고 임무를 수행하는데 항상 느리다는 것이다. 대부분 미국인들은 제2차대전을 군사적 대승으로 기억한다. 그러나 존슨에 의하면 미국승리의 주 열쇠는 시간과 산업생산, 즉 산업을 전쟁물자 생산에 동원한 시간과 그 장비와 병력을 전선으로 운반하는 시간의 요인 때문이었다는 것이다. 군이 조직과 군비를 갖추어 적에게 피해를 주고 약화시키는 데는 실로 2년이 걸렸다.[43]

미국사회와 정부는 제2차대전 이후 지속적으로 전쟁준비를 해왔지만 군의 성과는 특히 베트남전 이후에는 종종 부족한 것으로 나타난다. 군사 전략가인

에드워드 루트웍은 그의 저서 "펜타곤과 전술"에서 다음과 같이 지적했다.

> "반박할 수 없는 사실들이 전쟁에서의 실패들을 간과하고 싶은 애국적 충동들을 압도한다. 전체적으로 변화무쌍했고 질질 끌었던 베트남전쟁에서부터 1975년 40명을 구하기 위해 45명을 희생시켰던 서툰 마야구에즈(Mayaguez) 공격, 1980년 8명이 사망하고 한 사람도 구하지 못하고 참혹한 굴욕으로 끝났던 이란인질 구출작전, 1983년 10월 241명의 해병과 다른 요원들의 생명을 빼앗긴 베이루트의 비극, 같은 달 부대의 강렬한 영웅주의가 작전기획과 지휘의 대실패를 벌충해야 했던 그레나다 작전, 1983년 12월 타군은 비행기 한 대도 상실하지 않고도 매일 폭격했던 곳에서 해군이 값비싼 두 대의 항공기를 잃었던 레바논 폭격 등에 이르기까지 실패한 사실들이 애국적 충동을 압도한다.[44]

베트남 전쟁 이후 군사적 무능은 아마도 그레나다 침공 기간 그 절정에 이르렀다고 할 수 있다. 그러나 미군의 실제 작전과정에 관해서는 대체로 미국 국민들에게는 알려지지 않았다. 그 이유는 펜타곤이 해외에서 미군이 작전을 전개할 때 국민의 지지를 강화시키기 위해 언론매체를 통해 정보가 새어나가지 못하도록 통제했기 때문이다. 펜타곤은 그러한 교훈을 베트남전쟁에서 배웠던 것이다. 정부의 언론 검열 정책은 사실 그레나다침공과 더불어 시작되었다. 레이건 대통령은 미군의 지상작전이 빈약했음에도 불구하고 그것을 대승인 양 선언했다. 근래 미군의 작전은 때로는 수준 미달인 것으로 나타나지만 파나마 침공과 걸프전에서는 대성공으로 나타났다.

1989년 12월 파나마 침공은 불가피한 결과였지만 마누엘 노리에가(Manuel Noriega) 장군의 정권을 전복시키는 데는 성공하였다. 그러나 그 침공에는 많은 문제점들이 있었고, 파나마는 예외적인 경우일 수도 있었다. 미군은 파나마운하 지역에 12,000명의 병력이 주둔하고 있었고 파나마와 가까운 거리에 있었으며, 10월 초 그 작전을 위한 계획을 짜기 시작했다. 더욱이 미군의 그 지역 남부사령부는 파나마의 수도인 파나마시에 있었고 따라서 미국인들은 그 나라에 매우 친숙해 있었다. 이러한 이점에도 불구하고 그 침공병력은 24,000명이라는 대규모 병력을 투입하고도 훈련도 제대로 안된 파나마 방위군을 기습하는데 실패했다. 뿐만 아니라 미군은 노리에가의 행방과 그의 저항력에 관한 확실한 정보도 획득하지 못하였고, 거의 하루 종일 노리에가가 전국적인 방송망을 통해 말할 수 있을 정도로 파나마 정부의 통신센터를 장악하지도 못했으며, 광범위하게 자행된 약탈도 통제하지 못했다. 이러한 상황은 뉴욕 타임즈에서도 지적되었지만 파나마 공격의 대부분은 사실상 제2차대전 전투의 재판이었는데, 공중에서 낙하된 공수부대병력과 적을 압도하기 위해 전시가지를 폭파시키는 탱크들을 중심으로 한 전투였다.[45] 결국 미국은 노리에가 정권을 전복시키는데 성공하였고 단기간에 파나마에 새로운 정부를 수립하도록 하였으며 미국 국민들의 정치적 기대도 충족시켰다. 그러나 그 승리는 미군 25명이 사망하고 수백 명(주로 아군의 포격으로)이 부상당하는 결과로 얻은 것이었다. 뿐만 아니라 미군의 무차별 포격은 수천 명의 파나마 시민을 사상케 하였다. 미국은 그 승리 후에 파나마에 점령군을 주둔시키고 새 정부의 재건사업을 위해 수백만달러를 제공해야 했다. 특히 미국의 포함외교(gunboat diplomacy)와 12번에 걸친 파나마 침공 등에 대한 국제사회의 광범위한 비난을 초래하는 등의 대가를 치러야 했다.[46]

재래식 소모전 전략은 걸프전에 적용하여 큰 성공을 거두었다. 분명 1990년 8월 2일 이라크의 쿠웨이트 침공 이후 페르샤만 지역에 50만 이상의 미군병력을 이동시킨 것은 아주 인상적인 묘기였다. 미국 이외의 어떤 나라도 대량의 병력을 그렇게 멀리 그렇게 오랫동안 이동하고 유지할 수 있는 능력을 가지지 못한다. 이는 부시 대통령의 공격결정에 부응한 공군작전으로 전쟁에서 군의 신속한 성공을 가능케 하였다. 군이 페르샤만의 걸프전에서 왜 그렇게 성공했을까? 그것은 주로 미군이 최상의 훈련을 받고 최상의 장비를 갖추고 치른 전쟁이었기 때문이다.

미군과 그 동맹군들은 쿠웨이트와 이라크에서 공중을 장악하고 대량의 화력을 사용해서 고향으로부터 멀리 떨어져서 사기가 떨어졌을 뿐만 아니라 주로 재래식으로 훈련되고 장비를 갖춘 이라크 육군을 서서히 파괴할 수 있었던 것이다. 군사전략가 엘리엇 코헨에 의하면 "미국은 우리의 군사적 능력에 이상적으로 알맞은 전장, 즉 텅빈 사막(an empty desert)에서 싸웠다. 우리는 반년 동안에 병력을 동원해서 부대를 훈련시켰고 치밀한 공격계획을 수립해야 했다. 우리는 우리의 기술자들이 건설한 군사시설을 포함해 최상의 항구와 도로, 그리고 공군기지를 확보하고 있었고 특히 부유하고 협조적인 주재국의 지원을 받고 있었다. 또한 세계로부터 경제적 제재를 받으면서 고립되어 있는 이라크에 대해 소련의 반대에 대한 두려움 없이 냉전기간에 다져진 군의 실력을 발휘할 수 있었다"[47]는 것이다. 다시 말해서 걸프戰은 강력한 미군의 승전에 적합한 상황을 제공하였다는 것이다. 걸프전은 한국전쟁 이래 최초의 고전적인 재래식 대결이었던 것이다.

성공적인 군사작전과 더불어 지적해야 할 점은 이라크가 그레나다나 파나마와 같이 쉬운 군사적 상대는 아니었다는 점이다. GNP가 단지 400억달러 밖에 되지 않는 나라인 이라크의 군사패배는 50만 이상의 미군과 그리고 연합군의 소모전 전략에 의한 대공세작전의 결과였다고 볼 수 있다. 그러한 미국의 대규모 군사력의 개입은 제2차대전 이후 한국전쟁과 베트남전쟁 두 번의 경우에 한했다. 군사작전은 성공적이었지만 몇 가지 중대한 문제도 제기되었다. 공중전의 모든 성공에서 최첨단 고가의 전략폭격기 B-1과 B-2스텔스는 전투에 투입되지 않았는데 그것은 설계상의 결함과 체공(滯空) 중에 발생한 문제들 때문이었다. 대신 공군은 B-52와 F-III 폭격기에 의존하였다. 그렇지만 공중전의 엄청난 성공은 아주 혁혁해서 지상전을 단축시키고 이라크 육군의 보급로를 차단하여 육군과 해병대는 실로 전투다운 전투도 실험해보지 못했던 것이다. 그러나 장비와 훈련의 문제점들은 지상전에 영향을 끼쳤다. 예를 들어 리처드 체니 국방장관은 국가방위군(National Guard)이 단기적인 준비태세가 결여돼 있다고 비판했다. 즉, 국가방위군이 전시체제로 편성되었으나 비전투부대들만 배치되었다는 것이었다.[48] 따라서 걸프전은 미군의 승리였으나 올바른 견해로 평가되어야 할 전쟁이었다.

전체적으로 볼 때 대통령은 무력의 사용에 관해 심각한 한계에 부딪혔다. 첫째는 대통령이 할 수 있는 군사적인 선택의 폭이 좁았다는 것이다. 즉, 핵전쟁이 기피되고 재래식 전쟁이 드문 세계에서 핵공격을 선택하느냐 아니면 재래식 공격을 선택하느냐 하는 문제가 발생한 것이다. 둘째는 민족주의나 무기 확산 같은 국제적 환경의 변화로 강대국이 해외에서 군사력을 성공적으로 사용하는 것을 점차 값비싸고 어렵게 만들고 있다는 점이다. 셋째는 군이 해외에서 군사력을 사용할 때 그 성과는 특히 저강도 분쟁(low intensity conflict)의 경우 매우 빈약하다는 것이다. 넷째는 대통령이 무력의 사용을 요청했을 때 그것을 항상 지지해주던 미국사회의 反공산주의 합의가 베트남전쟁을 통해 깨졌다는 점이다.

오늘날에는 그러한 반공산주의 합의가 붕괴하고 미국 국민들은 신속한 성공만을 기대하고 있기 때문에 미국 대통령들은 과거 냉전 시절보다 훨씬 더 신중해야 하는 입장에 있는 것이다.[49)]

부시 대통령이 1991년 1월17일 국론이 분열된 나라를 페르샤만 전쟁 속으로 몰아넣었던 것은 매우 중요하다. 이와 같이 대통령들은 무력사용에 관한 어렵고 정치적으로 위험한 결정들을 내려야 하는 것이다. 더욱이 탈냉전기의 복잡한 환경에서 적절한 군사전략에 관한 단순한 해법은 없는 것이다. 일부 비판자들은 만일 미국의 외교정책이 무력의 위협과 사용에 계속 의존하려 한다면 재래식 군사력의 성능을 개선하고 저강도 전쟁을 위한 실질적 역량을 향상시키기 위해 개혁해야 한다고 주장한다. 또다른 논자들은 미국정부와 군은 핵과 재래식 무기에 계속 의존해야 한다고 말한다. 이러한 주장들은 미래의 미군에 영향을 미치게 될 중요한 문제들이다.

④ 軍의 개혁과 그 미래

미국의 군부가 지니고 있는 많은 특징들은 여타 큰 조직체들이 지니고 있는 특징들과 유사하다. 미국의 군부 역시 관료주의적이고 특정의 하위문화(subculture)를 가지고 있고 실제의 능력보다 더 많은 것을 약속하는 등의 특징을 보인다. 그러한 특징들은 민간 기업체들의 경우도 마찬가지이다. 1970년대 크라이슬러 회사의 파산이라든가 GM의 시장 점유율이 66%에서 오늘날 30%대로 급격히 하락한 것이 그 예일 것이다. 이러한 특징들은 미국의 적대국들에게도 적용될 수 있다. 예를 들어 소련의 군부는 제2차대전 이후 줄곧 똑같은 문제들로 고통을 받았다. 실제로 미군은 그 조직의 엄청난 규모와 범위에도 불구하고 임무와 규범의 수행에서 비교적 능률적이었다. 그러나 문제점들은 여전히 남아있다. 즉, 현재와 미래 미국의 외교정책과 국가안보가 직면하는 제반 문제들을 헤쳐 나가는 데 있어서 그러한 군부의 임무들과 규범들은 과연 얼마나 적절한 것인가?

이상에서 설명한 많은 관료주의적인 문제점들은 근대사회가 안고 있는 불가피한 기능들일 수도 있다. 즉, 거대 인구는 거대 관료조직들을 필요로 하는 것이다. 그런데 그러한 거대 관료조직체들은 환경의 변화에 쉽게 적응하지 못한다. 그렇다고 해서 미국의 군부와 같은 관료조직체에서 변화가 이루어질 수 없다거나 그러한 조직은 개혁이 불가능하다는 이야기는 아니다. 그러나 제도적 변화와 개혁은 용이하지 않다. 진정한 개혁은 조직의 구조와 하위문화의 변혁을 필요로 한다. 그와 같은 군부조직의 구조적 및 하위문화적 패턴은 오랜 시간에 걸쳐 일정한 행동습관을 생산해냈다. 이러한 요소들이 군부를 현재 있는 대로 유지하려는 기득권의 인사들과 조직들로 하여금 변화에 저항을 하도록 하고 있는 것이다.

그럼에도 불구하고 국방부는 여러 해에 걸쳐 부분적인 재편성을 수행하였다. 베트남전쟁은 군 개혁의 계기가 되었고 1980년대 일부 구체적인 조치가 취해졌다. 육군은 空地작전(Air-Land Maneuver Warfare) 형태로 나아갔다. 의회는 많은 청문회를 개최한 후 합참요원들이 각 군 참모총장들보다 합참의장에게 더욱 부응적이 되도록 하는 다소 많은 권한을 합참의장에게 주는 골드워터-니콜스(the Goldwater-Nichols) 법안을 통과시켰다. 그리고 레이건 대통령이 임명한 패커드 위원회(the Packard Commission)는 다수의 불필요한 군사기지들을 점차 철거하도록 건의하였다.[50] 이러한 조치들은 유익하다. 그러나 군은 매우 거대하고 복잡해서 군부 내의 현상을 근본적으로 변혁시키지 못했다. 베트남전쟁의 재앙과 기타 군의 잘못된 수행결과만으로는 군부의 괄목할 만한 개혁을 이끌어내지 못했다. 미국의 군부에 변화가 일어날 수 있다면 그 근원은 미국 밖에서 올 수도 있다. 40여 년 동안 미군은 전세계에 걸쳐 팽창하였고 對소련 투쟁지향적이었다. 소련 공산당 서기장 미하일 고르바초프의 등장으로 소련은 스탈린주의 국가에서 미국인들이 두려움을 덜 느낄 수 있는 체제개혁을 시도하였다. 더욱이 공산주의는 東유럽 전 지역에서 붕괴하였다. 미국은 이러한 복잡한 세계에서 해외에서 군사력을 성공적으로 투사한다는 것이 어렵다는 것을 알게 되었고 또한 그렇게 할 필요성도 덜 느끼고 있었다. 공산주의에 의한 위협의 감소는 군의 성장을 제한하려는 국내외 정치적 분위기를 더욱 고조시켰다. 이는 미군 규모의 축소를 가져올 수도 있고 군부의 진정한 개혁을 단행하게 할 수도 있다.

물론 군부와 정부 및 사회의 많은 부분들은 개혁을 위한 도전에 저항할 것이다. 공산주의와 소련제국의 붕괴로 미군은 유럽을 넘어 남미의 "마약전쟁"이나 중동의 쿠르드족을 지원하기 위한 인도주의적 간섭과 같은 제3세계의 저강도 분쟁을 해결하는 새로운 군사적 임무가 주어졌다. 페르샤만 걸프전의 성공은 군부의 현상유지의 변화에 저항하는 사람들을 북돋아 주었다. 따라서 냉전의 종식과 걸프전의 성공은 군부의 미래에 내해 상충적인 함의를 지니고 있다. 결국 군부의 변화와 진정한 개혁의 범위 및 정도는 미국외교정책의 정치에 달려있게 될 것이다.

1) 1947년 제정된 국가보안법으로 국가안보정책에 관련된 외교정책 체계에서 군부의 영구적이고 제도적인 역할을 합법화시켰다 한다. John H. Esterline and Robert B. Black, Inside Foreign Policy(Palo Alto, Cal. : Mayfield, 1975), pp.26-28.

2) James Coates and Michael Kilian, Heavy Losses, The Dangerous Decline Defense(New York : Penguin, 1985), Chap. 2 ; Edward N. Luttwak, The Pentagon and The Art of War(New York : Simon & Schuster, 1985), pp.68-92 ; U. S. Congress, Senate, Committee on Foreign Relations, U. S. Foreign Policy Objectives and Overseas Military Installations, Committee Print(96th Cong. Ist Sess., 1979).

3) U. S. Congress, House of Representatives, Committee on International Relations, Background Information on the Use of U. S. Armed Forces in Foreign Countries, Committee Print(94th Cong., Ist Sess., 1975), pp.58-66.

4) Barry Bechman and Stephen Kaplan, Force without War : U. S. Armed Forces as Political Instrument(Washington, D. C. : The Brookings Inst., 1978)

5) Jerel A. Rosati, The Politics of United States Foreign Policy(Fort Worth : Halt, Rinehart and Winston, 1993), pp.142-47.

6) 상게서, p.147.

7) 소모전(the strategy of attrition)이란 대규모 화력의 운반과 집중을 통해 적을 억제, 약화, 고갈, 패배시키는 전략이다.

8) Rosati, 전게서, pp.148-49.

9) Esterline and Black, 전게서, pp.26-28.

10) 상게서, p.28.

11) Truman은 "I didn' t fire him because he was a dumbson of a bitch, although he was, but that' s not against the law for generals, If it was, half to three quarter of them would be in jail," 이라고 말했다. Merle Miller, Plain Speaking : An Oral Biography of Harry S. Truman(New York : Berkeley Pub. Co., 1973), p.287.

12) Rosati, 전게서, pp.167-68.

13) Esterline and Black, 전게서, p.29.

14) John H. Averill, "Defense Budget Each Year See New Red Threat," Los Angeles Times, Sept. 29, 1973.

15) 이들은 Kennedy 행정부 시절 McNamara국방장관이 충원한 국방부내 민간관료들로서, 그들은 주로 東部지역학교 출신들이며 높은 학위를 소지한 사람들이었다. 그들은 국방부의 전통적인 관료들에 비해 권력행사에 별관심이 없었고 軍계급에 의해 위압당하지도 않았다고 한다.

James A. Donovan, Militarism, U.S.A.(New York : Charles Scribner' s Sons, 1970), p.127.

16) Esterline and Black, 전게서, pp.30-31.

17) 합동참모본부는 실제로는 1942년 제2차 대전기간에 만들어 졌다고 한다. 상게서, p.31 참조.

18) John C. Donovan, The Cold Warriors : A Policy-Making Elite (Lexington, Mass. : D. C. Heath and Co., 1974), p.178 ; Los Angeles Times, Sept. 29, 1973.

19) James A. Donvovan, 전게서, p.132.

20) William Beecher, "Foreign Policy : Pentagon Suffering Rebuffs as White House Expands Role," New York Times, Jan. 21, 1971.

21) Esterline and Black, 전게서, p.32.

22) 상게서, 같은쪽.

23) Rosati, 전게서, pp.147-50.

24) 상게서, pp.150-169.

25) Green Berets은 원래 1950년대 후반 냉전기간 유럽에서 미국의 적들에 대항하기 위한 비밀 빨치산 활동을 위해 조직되고 훈련되었다.

26) Jacob Goodwin, Brotherhood of Arms : General Dynamics and the Business of Defending America(New York : Times Books, 1985) ; William H. Gregory, The Defense Procurement Press(Lexington, M. A : Lexington Books, 1989); Nick Kotz, Wild Blue Yonder and the B-I Bombers(Princeton : Princeton University Press, 1988) ; Patrick Tyler, Running Critical : The Silent War, Rickover, and General Dynamics(New York : Harper & Row, 1986).

27) "Producers Defend Costs of Military Parts," The State, Columbia, SC(September 26, 1984), p.2A.

28) Ernest Fitzerald, The Pentagonists : An Insider' s View of Waste, Mismanagement and Fraud in Defense Spending(Boston: Houghton Miffln, 1989) ; Dina Rason, The Pentagon Underground(New York : Times Books, 1985).

29) "Pentagon Efficiency Stressed," The State, Columbia, SC(Feb. 11, 1988), p.2a ; U. S. Congress, General Accounting Office, Financial Audit : Air Force Doesnot Effectively Account for Billions of Dollars of Resources(Feb. 1990).

30) Tim Weiner, Blank Check : The Pentagon' s Black Budget(New York : Warner Books, 1990).

31) "The Winds of Reform : Runaway Weapons Coasts Prompt a New Look at Military Planning," Time(Mar. 7, 1983), pp.12-16, 23, 26-30; U. S. Congress, General Accounting Office, Weapon Performance : Operational Test and Evaluation Can Contribute More to Decision Making(Dec. 1986).

32) Wane Biddle, "Testing Charade," The Nation(Aug.271 Sept. 2, 1988), p.153; "A Case of Human Error(Aug.15, 1988), pp.18-20.

33) Luttwak, In the Pentagon and the Art of War, p.32.

34) Myra Macperson, Long Time Passing : Vietnam and the Haunted Generation(New York : New American Library, 1984) ; Richard Severo and Lewis Milford, in The Wages of War : When America' s Soldiers Came Home-From Valley to Vietnam(New York : Simon & Schuster, 1989).

35) Richard Halloran, "Reagan as Military Commander," New York Times Magazine(Jan. 15, 1984), pp.25, 56-62.

36) Paul M. Kattenburg, The Vietnam Trauma in American Foreign Policy, 1945-1975(New Brunswick, NJ. : Transaction Books, 1980), pp.73-75.

37) Leslie H. Gelb, "Shultz, Pushing a Hard Line, Becomes Key Voice in Crises," New York Times(Nov. 7, 1983), pp.1, 15 ; Elaine Sciolino," Crowe vs. Abrams : Bitterness and Reagan Policies," Washington Post(Oct. 23, 1989), p.7.

38) Bob Woodward, The Commanders(New York : Simon & Schuster, 1991).

39) Hedrick Smith, The Power Game : How Washington Works(New York : Ballantine, 1988), Chap. 8.

40) Harry G. Summers, Jr, On Strategy : A Critical Analysis of the Vietnam War(Novato, CA. : Presidio, 1982).

41) Andrew F. Krepinevich, Jr., The Army and Vietnam(Baltimore : Johns Hopkins University Press, 1986)

42) Mark Clodfelter, The Limits of Air Power : The American Bombing of North Vietnam(New York : Free Press, 1989).

43) David C. Jones, "What' s Wrong With Our Defense Eastablishment," New York Times Magazine(Nov. 7, 1982).

44) Luttwak, The Pentagon and the Art of War, p.17.

45) Bernard E. Rainor, "Flaws in Panama Attack," New York Times(Dec. 31, 1989), pp.1, 6.

46) "An Accident-Prone Army," Newsweek(Nov. 5, 1990), p.7; Bob Sector, "U. S., Noriega Both Found Invasion Surprises," Los Angeles Times(Dec. 27, 1989), pp.A1, A6, A10.

47) Eliot A. Cohen, "After the Battle," New Republic(April 1, 1991), p.22.

48) Barton Gellman, "Cheney Says Guard Units May Need Reorganizing," Washington Post(March 15, 1991).

49) Eliot Cohen, "Constraints on America' s Conduct of Small Wars," International Security 9(Fall, 1984), pp.151-181.

50) U. S. Congress, Congressional Research Service, Defense Department Reorganization, Issue Brief Number IB77028(Sept. 7, 1979); U. S. Congress, General Accounting Office, Defense Reorganization : Progress and Concerns at JSC and Combatant Commands(Mar. 1989) ; U. S. Congress, General Accounting Office, Military Bases : An Analysis of the Commission' s Realignment and Closure Recommendation(Nov. 1989).

Chapter

10

정보기관과 외교정책

제 1 절 외교정책결정과 정보의 역할

대외정책은 통상 첩보나 정보에 기초해서 이루어진다. 정보자료는 그것이 정확하게 평가되고 효과적으로 사용된다면 외교정책결정에서 중대한 영향을 미치게 된다.[1] 랜섬에 의하면 정보의 핵심적 중요성은 그 형식이 무엇이든 합리적 정책결정체계에서는 필수적인 것이나.[2] 예를 들어 1962년 쿠바에 대한 소련의 공격용 미사일 공급에 관한 정보탐지는 케네디 대통령으로 하여금 소련에 그 철수를 요구할 수 있게 하였고, 1968년 미국의 정보탐지선 푸에블로호가 북한에 의해 나포되었을 때 북한의 공군력 우세를 지적한 정보는 존슨 대통령으로 하여금 보복공격을 단념시키게 하였다. 1972년 소련과 전략무기제한회담 기간 동안 미국 관리들은 소련의 미사일, 핵잠수함, 공군기 등의 숫자, 전개현황, 그 무기들의 특징 등에 관해 정확한 일람표를 가지고 임하였다.

제2차대전 이후 미국의 외교정책형성과정에 영향을 준 중요 부분은 정보영역이었다. 미국에선 제2차대전 이전만 해도 대통령과 군부도 그랬지만 정보기관들도 외교정책결정에서 부분적인 영향력밖에 없었다. 하지만 전후 미·

소진영 간에 냉전이 시작되고 미국의 대공산권 봉쇄정책이 전개되면서 대규모 정보기관들이 발전하게 되었다.

"Intelligence"라는 용어는 신축적으로 사용되어 왔다. 20세기 초에는 뉴스(news) 또는 소식(information)정도로 언급되었고, 1940년대에는 "information"을 의미하였다. 그러다가 1950년대 들어서 "intelligence"는 일정의 정부기관에 의해 수행되는 몇 가지 활동을 언급하는 용어로 사용되었다.

CIA에 관해서는 별도로 다시 설명하겠지만, 전직 CIA 요원이었던 게이츠는 외교정책형성과정에서 CIA가 수행하는 역할을 세 가지로 설명하였다.[3)]

첫째, CIA는 정보의 수집과 분석, 그리고 정책결정자들, 주로 대통령, NSC, 그리고 국무부와 국방부 등에 정보를 제공하는 등의 역할을 한다.

둘째, CIA는 정책수행 지역에서 비밀 작전을 수행하는 임무를 가지고 있다. 국가 정보예산의 95% 이상이 정보의 수집과 분석에 투입된다는 점을 지적할 수 있고 CIA 요원의 3%만이 비밀작전에 관련된다.

셋째, CIA의 가장 중요한 역할은 정보기관과 정책결정체계 간의 상호작용이다. CIA의 영향력과 역할이 결정되는 것은 바로 이러한 양자 간의 관계의 역동성에 있다. 즉 CIA의 효율성은 CIA의 평가가 주목을 끄느냐에 달려있다. 즉 CIA 정보가 시의적절한가, 정책결정자들과 CIA 간의 관계가 상호협조적인가 아니면 갈등적인가 하는 점에 달려있는 것이다.

로자티는 또한 외교정책형성과정에서 정보기관들이 수행하는 역할을 다음과 같이 정리하고 있다.[4)]

첫째, 대부분의 정보기관들은 자료를 수집하고 분석하여 그 정보를 정책결정자들, 즉 대통령, 국가안전보장회의(NSC), 국무부, 그리고 국방부 등에 제공한다. 물론 근자에는 여타 관련기관들에게도 제공된다. 누구보다도 대통령은 정책을 결정하고 미국의 외교정책을 장악하기 위해서 정보가 필요하다. 따라서 정보는 대통령 권한의 주요 근원이자 제약요소도 된다.

둘째, 정보기관의 중요한 역할은 방첩활동(counter-intelligence)이다. 즉 상대국의 도청, 첩자, 그리고 이중간첩 등으로부터 자국의 첩보 및 정보, 첩보

요원, 그리고 국가안보기관들을 보호하는 기능이다. 제2차대전 이후 1990년대 초반까지 미국의 방첩활동은 주요 적대국이었던 소련과 그 동맹국들의 침투로부터 국가안보기관들을 보호하는 데 역점을 두었다. 그런데 적으로부터 정보기관들과 국가안보기관들을 격리시킬 필요성은 정부영역에서 광범위하게 안전과 비밀체계를 발전시키는 계기가 되었다.

셋째, 미국의 정보기관들은 때때로 미국의 외교정책을 지원하기 위해 정치적 내지 군사적인 비밀작전을 전개하였다. 앞에서 설명한 바와 같이 게이츠에 의하면 CIA의 경우 그러한 비밀 작전에 투입되는 요원은 전체의 3% 밖에 되지 않지만 그들의 역할은 외교정책 수행에서 결정적일 수가 있다. 그러한 비밀작전에는 상대국에 대한 선전활동, 심리전, 비밀자금 지원, 소요나 봉기의 사주, 빨치산 저항운동, 암살, 쿠데타 조장 등이 포함된다. 과거 대부분의 경우 그러한 사건들에는 CIA가 개입되었고, 어떤 부분에서는 그 작전이 악명을 떨친 경우도 있었다.[5)]

로저 힐즈맨은 정보기관의 기능을 경고(warning)와 정보제공으로 설명하고 있다.[6)]

첫째, 경고의 기능이란 정보분석가들이 정보를 분석하는 과정에서 모든 종류의 문제점들을 찾아내고 미국의 안전과 이익에 관련된 문제들을 예견하는 것이고, 필요하다고 생각하는 경우 정책결정자들에게 정책형성의 필요성을 환기시켜주는 기능이다. 그리고 문제를 풀어가는 과정에서 그들은 어떤 정보가 미국적 가치와 이익에 어떤 관련이 있는지의 지식을 획득하려고 노력하며, 그 정보에는 어떤 문제가 있는가를 분석하여 그 문제가 초래할 수 있는 결과와 그것이 미국적 가치에 미칠 영향을 파악하고, 그에 대한 여러 가지 대안들을 작성하며 각 대안들의 득실을 계산하게 된다. 두 번째는 정책결정자들에게 정보를 제공하는 기능이다. 정보는 정책형성의 기초일 뿐만 아니라 정책의 내용을 조절하고 안내하는 지침이 된다. 이들이 제공한 정보가 정책결정자가 필요로 하는 것인가 하는 것과 또는 그들이 제공한 정보를 정책결정자들이 적절하다고 생각하도록 하여 선택하도록 할 수는 없는가 하는 등의 문제는 그 다

■ [도표 10-1] 중앙정보국(CIA)

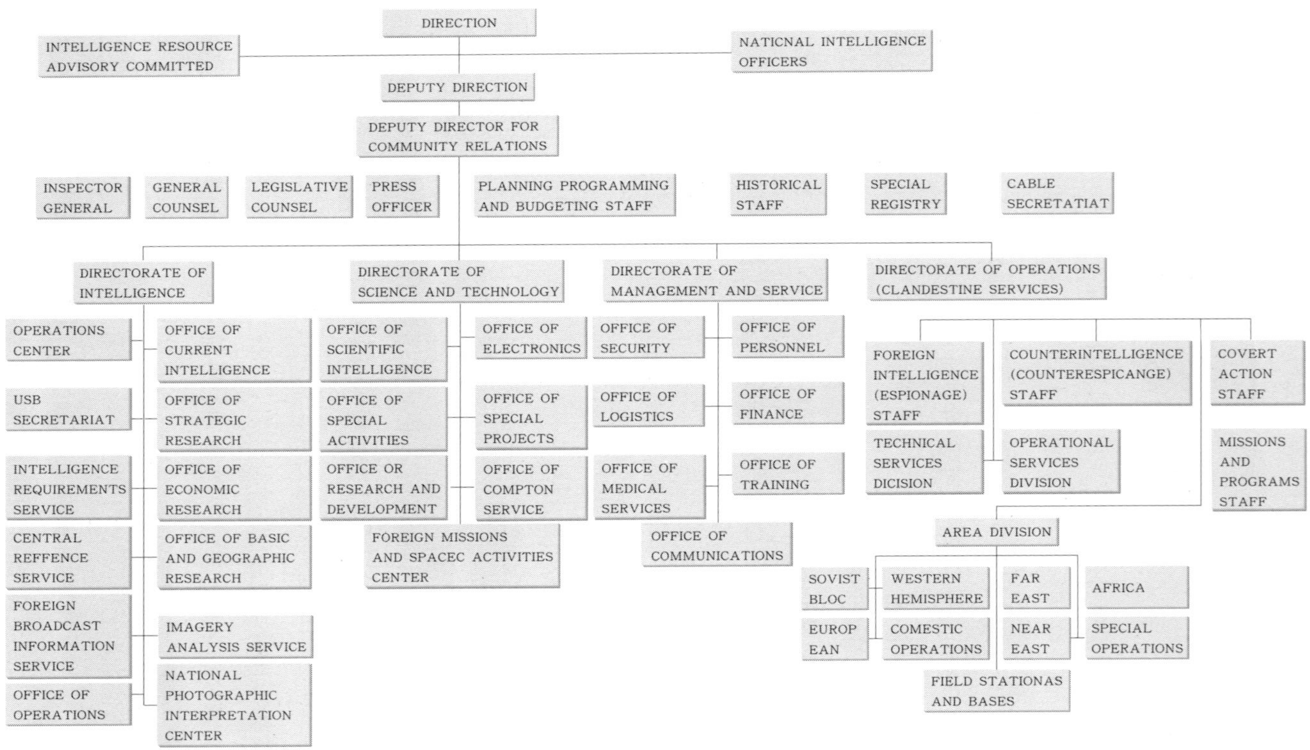

출처: John H. Esterline and Robert B. Black, Inside Foreign Policy (Palo Alto, Cal. : Mayfield, 1975), p34.

음 일이 될 것이다. 아마도 최상의 상황은 정보기관들이 제공한 정보가 정책 결정자의 가치와 신념에 적합하고 미국적 가치의 유지와 향상에 필요한 경우일 것이다.

제 2 절 주요 정보기관

근대적인 정보활동이 시작된 것은 20세기 초 영국에서였다. 그 후 1920년대와 1930년대 정보활동은 대부분의 유럽국가들에서 발전하였다. 미국의 경우 정보활동은 매우 느리게 발전하였다.[7] 적어도 제2차 대전 이전까지만 해도 그러했다. 미국사회의 정보활동에 대한 일반적인 태도는 1929년 정보의 필요성에 관한 토의에서 국무장관이던 헨리 스팀슨(Henry Stimson)이 "신사들은 상대방의 편지를 읽지 않는다(Gentleman do not read each other' s mail)"[8] 고 말한 데서도 잘 드러나 있다. 이러한 태도는 미국사회의 정치문화와 일치되는 것이기도 하다. 즉, 미국인들은 미국정부가 유럽사회에서 만연한 호전적 태도와 세력균형 정치를 반대하고 민주주의의 이상과 원칙을 대변하고 있다고 믿고 있었고 국내에서 스파이 활동을 수행하는 큰 정부에는 두려움을 느끼고 있었으며, 개인의 자유와 권리를 지지하고 있었다.

미국에서 정보의 필요성이 제기된 것은 20세기 초반이었고, 제2차대전 기간에는 정보활동이 높은 우선순위로 올라가게 되었다. 그 후 냉전 기간이던 1947년 의회에서 국가보안법이 통과되면서 정보기관은 근대적 형태로 발전하게 되었다. 국가보안법(National Security Act)은 국가안보회의(NSC)를 창설하였고, 새로 창설된 국방부 산하의 軍을 재편성하여 대통령에게 정책자문을 하도록 재조정하였다. 또한 국가보안법은 새로이 창설된 CIA 지휘하에 대통령에게 상시적으로 필요한 정보를 제공하도록 하였다.

흔히 많은 사람들은 정부의 정보활동을 CIA와 일치시키고 있지만 실제로 정보기관은 CIA만 있는 것이 아니다.

1940년 이후 창설된 정보기관들은 ① 국가보안국, ② 육해공군 정보대, ③ 국가정찰국, ④ 방위정보국, ⑤ 국방부 정보조사국, ⑥ 연방수사국, ⑦ CIA 등이 있다.

1 국가보안국(The National Security Agency)

뉴욕 타임즈에 의하면 오늘날 국가보안국(NSA)은 정보의 독점과 일상적 감시를 상징하는 "전체주의의 화신"에 근접한다는 것이다.[9] 1975년 상원 정보위원회 위원장 프랭크 처취(Frank Church)의원은 "이 기구가 미국인을 향해 운영된다면 미국에서는 어떤 프라이버시의 공간도 없을 것"[10]이라 하여 "완전 독재"도 가능케 할 것이라 하였다. NSA는 전세계의 전화, 전신, e-메일, 인터넷상의 금융 및 의료기록 확인은 물론 개인 휴대폰까지 도청할 수 있다. 이러한 NSA의 능력은 CIA와 FBI를 능가하고 있다. 예를 들어 NSA국장인 마이클 하이든(Michael Heiden) 장군은 9.11 하루 전 NSA는 두 개의 메시지를 잡아냈는데, 하나는 "경기는 내일 시작된다"였고, 또 하나는 "내일 0시"였다. 그러나 NSA는 그것을 12일까지 보고하지 않았다고 한다.

NSA는 1952년 트루먼 행정부하에서 극비로 국방부내에 설치되었다. 그 전신은 제1차대전으로 거슬러 올라가며, 당시는 육군통신단(The Army' s Signal Corps)이었다. 이 기관은 CIA와 더불어 가장 크고 가장 중요한 정보기관이었다. 이 국가보안국은 CIA와는 달리 일반 국민들에게는 잘 알려져 있지 않은 채로 그 활동을 성공적으로 수행해 왔다. 국가보안국, 즉 NSA의 주요 기능은 타국의 통신망을 교란시키고 타국의 통신및 전자정보를 감청 · 수집 · 분석하는 것이다. 1973년 상원의원 프록스마이어(William Proxmire)에 의하면 NSA는 2만여 명의 직원과 연 10억 달러의 예산을 집행하는 기관이라고 한다.[11]

NSA는 세계 곳곳에 청음초(listening posts)를 설치하여 전화 및 극초단파를 통해 전달되는 통신메시지들을 가로채는 정교한 전자장비를 갖추고 있다. 이 청음초는 주로 해외주재 미국대사관이나 미군기지들에 설치되어 있다. 가로챈 메시지들은 매릴랜드에 있는 NSA본부 포트 미드(Fort Meade)로 보내지고 정보분석팀의 부가적인 평가를 위해 정밀한 대용량의 컴퓨터들이 그 정보들을 처리한다.

NSA는 또한 암호를 제작하고 해독하는 특별한 임무를 맡고 있다. 정보업무에 종사하는 사람들은 타국 정부들의 도청노력도 잘 알고 있기 때문에 보안에 극히 신중하게 되고 정부관리들 사이에서 오가는 메시지들은 그 내용을 보호하기 위해 암호화된다. NSA가 가로채는 많은 정보들은 암호화되어 있기 때문에 타국의 암호를 해독하고 원래의 근원을 알아내기 위해 메시지들을 해독하게 된다. 특히 전시에 적의 암호를 해독해내는 일은 중요한 것이다. 제2차대전시 추축세력(the Axis Power)에 대해 연합국이 조기성공을 많이 거둔 것은 영국과 미국이 독일과 일본의 암호를 해독한 결과였다. 일예로 해군의 태평양 장악을 위한 미드웨이 전투는 미국이 일본의 암호를 해독해서 일본함대의 행선지를 미리 알고 있었기 때문에 승리를 거둘 수 있었다. 최근의 또 다른 예로서 영국과 아르헨티나 사이에서 포크랜드섬 영유권 분쟁시 양국은 모두 미국의 동맹국으로서 미국은 공식적으로는 중립을 선언했으나 비밀리에 영국의 마가렛 대처 수상을 지원하였고, 미국의 NSA는 아르헨티나가 사용하는 암호를 해독하여 영국에 제공함으로써 먼거리에서 출정한 영국의 승리에 결정적으로 기여했던 것이다. 이 포크랜드섬 전쟁의 결과는 영국의 대처(Margaret Thatcher) 정부와 미국의 레이건 정부를 더욱 밀접하게 만들어 주었다.

② 방위정보국(The Defence Intelligence Agency)

방위정보국(DIA)은 1961년 쿠바의 피그만 침공의 실패에 대한 대책으로 창설되었다. 그것은 CIA가 쿠바 망명자들을 훈련시켜 쿠바를 침공하여 카스트로 정권을 전복시키려다 실패한 사건이었다. 그 작전은 실패하였고 미국은 전세계의 비난을 면치 못하였다. DIA는 5016여명의 직원과 연 1억 달러의 예산을 사용한다.[12)]

DIA의 설치 목적은 국방부가 軍의 한 목소리를 낼 수 있도록 국방부내 많은 정보활동을 좀 더 잘 조정 통합하려는 것이었다. 군의 정보과정을 조정하고 집중시키기 위해 새로운 기구를 만들려고 노력했지만 실제로는 생각대로 잘 되지 않았다. 군부를 괴롭히는 문제들은 상당수가 방위정보국도 괴롭힌다. 방위정보국은 各軍과 국방장관실에서 차출된 民 · 軍 분석가들로 구성되어 있다. DIA는 기본적으로 타협적으로 정보를 평가하는 합참체계와 유사하게 기능한다.

③ 육 · 해 · 공군 정보대

육군정보대는 대략 38,500여명의 요원과 7억 7,800만 달러의 예산으로 운용되고 있고, 공군정보대는 6만 여명의 요원과 28억달러의 예산을 사용한다. 그런데 이들 軍정보대는 국가보안국(NSA)과 긴밀한 연계 속에서 기능한다. 미국의 육해공군은 이와 같이 독자적인 정보부대를 운용하고 있다. 이들은 적 병력의 구조, 적군의 전술 및 작전능력 등을 포함하여 주로 적에 관한 전술적인 군사정보를 수집 · 분석한다. 특히 제2차대전 이후에는 소련군에 관한 것이 중심이었다. 군의 정보부대(G-2)는 가장 오랜 역사를 가진 국가 정보활동기관의 하나이다. 그런데 G-2는 군사적인 전술정보의 획득과 분석에 더하여 방첩활동을 수행할 뿐만 아니라 국내외에서 반역행위, 첩자, 태업, 도박, 매춘 및 암거래 등을 차단하고 방지하는 기능을 수행하는 오랜 역사를 가지고 있다.

군사적인 정보활동에 종사하는 많은 사람들은 또한 국가보안국을 위해서도 일한다. 적의 통신을 교란시키고 가로채는 NSA의 청음초의 대부분이 군사정보대가 사용하는 미군기지와 시설을 이용하고 있기 때문이다.

1968년 미국정부는 북한과 "푸에블로 사건(Pueblo incident)"으로 갈등상태에 있었다. 미국정부는 푸에블로가 북한지역의 공해상을 항해하는 민간선박이라고 주장하였다. 선체와 승무원들은 9개월 동안 북한에 억류되어 있었다. 나중에 알려진 사실이었지만 푸에블로는 전자장비를 갖춘 선박으로서

NSA가 북한에 대한 도청을 하기 위해 띄운 정보 탐지선이었던 것이다. NSA는 전세계에 3,000여개 이상의 시설을 통해 상시정찰을 수행하면서 전세계적인 통신을 감청하고 교란시키는 엄청난 능력을 가지고 있다.

④ 국가정찰국(The National Reconnaissance Office)

국가정찰국(NRO)은 오랫동안 일반인에게 알려져 있지 않은 국방부 내의 또 다른 중요 정보기관이다. NRO는 고공(高空) 감시기구이다. 공중감시로 제공되는 정보는 1950년대 이후 미국의 방위정책과 군축정책 수행에서 중요한 역할을 수행하였다.

1950년대만 하여도 미국 정부는 소련에 대해 아는 것이 별로 없었다. 그러나 이제 중대한 국가안보정책을 수립해야 했다. 그리하여 새로운 소련 연구가 시작되었다. 그러나 소련은 폐쇄사회였기 때문에 접근이 어려웠다. 더욱이 강렬한 반공산주의 분위기가 미국사회에 스며들고 있었을 때 소련에 관한 정보의 부족사태가 드러났다. 미국인들은 무엇보다도 "전폭기 격차(bomber gap)"를 두려워했고, 그 다음에는 1958년 소련이 최초의 인공위성을 지구궤도 위에 올려놓았을 때 "미사일 격차(missile gap)"를 두려워하고 있었다. 이러한 상황에서 미국정부는 소련의 군사적 위협과 능력에 관한 "최악의 시나리오(worst case scenario)"를 작성하고 그에 기초한 봉쇄정책에 따라 군사력과 핵전략군의 확대를 위한 국가안보정책을 수립하였다.

1950년대 후반 이러한 정보문제를 해결하는데 도움을 준 주요 기술적 발전이 이루어졌다. 즉 미국은 소련 상공을 장거리 비행하면서 지상의 시설을 정밀 촬영할 수 있는 기재를 탑재한 U-2 정찰기를 개발한 것이다. U-2기는 소련 군사력에 관한 조기정보를 얻는 중요한 자원이었고 무엇보다도 전폭기와 미사일 격차가 미국쪽에 유리하게 전개되고 있음을 과시했다. CIA와 공군 정보대가 운용하는 U-2기들은 1962년 쿠바 미사일위기사태의 초반 쿠바에 소련의 중거리 미사일들이 설치되고 있는 사실을 입증하는데 기여했다.[13]

일반국민들이 U-2 스파이기의 실체를 알게 된 것은 1960년 게리 파워즈(Gary Powers)의 U-2기가 소련 상공에서 격추되어 체포되던 때였다. 이 사건으로 항공정찰을 개선하기 위해 1960년 국가정찰국(NRO)이 창설된 것이다. 쿠바 미사일 위기사태 기간에도 U-2기 한 대가 쿠바 상공에서 격추되었다. 이와 같이 U-2기가 지대공 미사일에 취약하다는 사실이 드러남에 따라 NRO는 새로운 첩보기인 SR-71에 의존하게 되었고, 소련에 관한 군사정보를 획득하기 위해 위성을 사용하게 되었다. 시간이 지나면서 정찰위성은 지상을 세밀하게 관찰할 수 있을 정도로 발전하였다. 1972년 닉슨 대통령이 추진했던 전략무기제한조약(SALT I)이 발효되면서 위성정찰은 소련이 군비축소조약을 이행하고 있는지 여부를 검증하는 주요 수단이 되었다.

⑤ 정보조사국(The Bureau of Intelligence and Research)

정보조사국(INR)은 국무부 산하기구로서 정보업무를 수행한다. INR은 해외로부터 오는 국무부의 유선통화 내용과 미국내 정보기관들로부터 오는 정보를 분석한다. INR은 전체 정보계의 정보평가작업에 적극적으로 관여하고 장관과 정보업무에 종사하는 국무부 직원들에게 자문을 제공한다.

⑥ 연방수사국(The Federal Bureau of Investigation)

FBI는 법무부 산하 기관이다. 1908년 수사국(the Bureau of Investigation)으로 출발하였고 정보업무를 취급한 가장 오래된 기구이다. FBI는 일차적으로 국내의 방첩활동과 안보를 책임지고 있는 정보기관이다. 그러나 창설 초기에는 다양한 업무를 수행하였다.

제2차대전 기간 그리고 CIA가 창설되기 전에는 FBI는 라틴아메리카 전역에서 활동하였다. 당시 라틴아메리카, 특히 카리비아 및 중미지역은 미국이 주요 재정적 군사적 영향력을 행사하던 지역이었다. 미국이 제2차대전에 개입하게 되면서 프랭클린 루즈벨트 대통령은 FBI로 하여금 그 지역에서 정보를 수집하고 방첩활동을 수행하며, 그리고 정치적인 조치를 취할 수 있는 정보능력을 발전시키도록 지시하였다.

CIA가 창설된 이후 FBI의 법적 권한은 미국의 내부활동에 국한되었다. FBI는 그 활동이 미국에 국한된다는 지리적 조건의 독특성을 지니고 있음에도 대내기능과 대외정책 기능을 모두 수행하고 있다. 즉, FBI는 연방법을 집행하고 외국과 관련된 방첩기능을 수행하며 미국정부에 대한 위협에 대처하는 대내적 안보기능도 수행한다. 1924년에서 1972년까지 FBI는 한 사람 즉, 에드가 후버(J.Edgar Hoover)에 의해 운영되었다. FBI의 구조, 하위문화, 활동들은 후버 국장에 의해 크게 영향을 받았고 오늘날에도 계속 그의 치세를 반영하고 있다.

7 중앙정보국(Central Intelligence Agency)

흔히 CIA는 "보이지 않는 정부(invisible government)"로 불리고 있다. 그러나 게이츠에 의하면 CIA는 세계에서 가장 가시적이고 대외적으로 가장 많이 조사되며, 가장 많이 공개된 정보업무기관이라는 것이다.[14)]

여러 정보분야 가운데서도 군사정보는 오랫동안 그 중요성에서 첫 번째로 자리매김되어 있다. 특히 제2차대전 기간 그 활동은 광범위하게 확대되었다. 전후 각 군의 정보활동을 통합 · 조정할 필요성이 제기되어 1947년 국가보안법 하에 CIA를 설치하게 되었다. 그러나 국가안전에 관한 관심은 군사정보를 넘어 정치, 경제, 과학 등의 정보수집에 이르게 되었다. 이러한 상황에서 CIA는 모든 해외정보활동을 조정할 수 있는 권한을 가지고 있으면서 집행부 기간 요원들의 정보활동을 NSC에 알려주는 책무도 지니고 있다.

CIA는 거대 조직은 아니다. 즉, CIA는 그 활동을 조정하는 NSA, DIA, 그리고 공군정보대보다도 그 규모가 작다. 1973년 상원의원이던 프록스마이어(William Proximire)에 의하면 CIA는 15,000명의 직원과 연 7억 5,000만 달러의 예산을 집행하는 것으로 되어 있다.[15)]

CIA는 정보나 첩보의 수집과 분석이 그 일차적 업무이다. 한 나라의 외교정책결정은 통상 공개적 또는 비밀적인 수단을 통해 획득된 정보에 의존한다.[16)]

CIA국장은 NSC회의 및 기타 고위급 회의에 참석하고 의회지도자들을 위한 백악관 브리핑을 수행한다. CIA가 수집한 정보는 본부에서 분석 · 평가되고 백악관, 국무부, 국방부 및 기타 관련 부서들에 제공된다. CIA는 기본적으로 정책결정기구는 아니다.

앞에서 언급한 바와 같이 CIA는 일차적으로 정보를 수집 · 분석 · 평가하는 업무를 수행하며, 그 다음으로 방첩활동과 해외에서 정치적 또는 준군사적 활동을 수행한다. 뿐만 아니라 CIA는 미국의 대통령을 위해 전체 정보기관들을 조정하는 기능도 수행한다. 9.11 테러사건 이후에는 신설된 국토안보부(Department of Homeland Security)산하로 들어가 있다. CIA에 관해서는 나중에 좀 더 자세히 설명할 것이다.

제 3 절 정보과정의 패턴

미국의 정보기관들은 제2차대전 이후 엄청난 발전을 하였다. 실제로 제2차대전 기간 대외정보 활동은 OSS(the Office of Strategic Services)의 활동이 고작이었다. 특히 19세기까지는 SS(the Secret Service), 군사정보대, 그리고 국무부의 정보부서 등 뿐이었다. 그러다가 20세기에 접어들어 군부의 활동부서가 확장되었고 FBI가 창설되었으며 CIA의 전신인 OSS가 설치되었다. 그리고 제2차대전 후 동서 냉전 상황이 전개되면서 국가안보문제가 중시되게 되었다. 그리하여 1947년 국가보안법이 제정되어 국방부와 더불어 CIA가 창설된 것이다. 이러한 과정을 거쳐 형성된 미국의 정보기관들은 모두 15만 여명의 직원을 거느리고 연간 150억 달러의 예산을 사용하는 관료기구로 발전하게 되었다.[17)] 오늘날 7개 이상의 정보기관들과 여타 행정부 기관들이 각기 독특한 정보활동 목적과 임무를 가지고 미국의 외교정책과정에서 일정한 역할을 수행하고 있다. 이러한 정보기관들은 각기 상이한 하위문화(subculture)를 가지고 있으면서 독특한 상황과 리더십 하에서 발전하였고 상이한 정보활동을 수행하고 있다.

이들 정보기관들은 정보의 수집, 분석, 그리고 그 정보의 이용에서 세 가지 패턴을 보이고 있다.[18]

1 조정의 문제

미국의 정보기관들은 그 규모가 매우 크고 복잡해서 대통령의 외교정책과정을 함께 지원하기 위해 여러 기관들을 조정하는 데는 많은 어려움이 따른다. 2001년 9.11 테러사건이 발생하여 국토안보부(Department of Homeland Security)가 창설되기 전 까지는 CIA국장이 정보과정을 조정하였고 대통령의 주요 정보참모이자 자문관으로 기능하였다. 그러나 CIA국장은 CIA 자체를 관리하고 어떤 정보사항의 우선순위를 조율하는 것 이외에 모든 정보기관들을 지배할 수 있는 권위와 권한은 제한되어 있다.

국가안보국(NSA), 육해공군 정보대, 국가정찰국, 그리고 방위정보국 등은 국방부 소속이고, 정보조사국은 국무부 소속이며, FBI는 법무부 소속으로 되어 있다.

정보기관들의 분권적이고 관료적인 성격은 그 기관들이 상당한 독립성을 가지고 활동하고 있기 때문이다. 따라서 정책결정은 그들 기관들 사이에서 반목과 타협의 과정을 거치게 마련이다. 예를 들어 1962년 쿠바 미사일 위기사태시 대통령은 쿠바에 설치된 중거리 전략미사일이 미국에 도달할 수 있는지를 확실하게 알고 싶어 했는 데 그때 국방부의 국가정찰국과 CIA는 U-2 첩보기의 운용책임이 어디에 있느냐를 놓고 싸우고 있었다. 그리하여 U-2기의 정찰은 이틀간 지연되었고, NRO와 CIA가 교대로 운용하기로 합의한 후에야 정찰임무가 시작되었다. 이와 같이 미국과 소련 양국이 최대 위기에 직면하고 있는 상황에서 결정적인 정보가 늦어지는 상황이 발생한 것이었다.

② 생산자-소비자 문제(Producer-Consumer Problems)

정보생산자(정보기관의 정보분석가들)와 정보소비자(그 정보를 사용해서 정책을 결정하고 정당화시키는 대통령 및 고위 관리들인 정책결정자들) 사이에서는 때때로 문제점이 발생한다.

대통령들은 통상 자신의 정치적 입장에 유리한 정보를 원한다. 즉, 자신들의 정책을 합리화 정당화 내지 옹호할 수 있는 정보를 원하며, 무엇보다도 자신들의 개인적인 신념과 이데올로기에 부합하는 정보를 원한다. 또한 대통령들은 때때로 정보기관의 평가를 대통령 자신들의 知的 능력에 대한 모욕으로 보기도 한다.[19] 반면 일부 정보관리들은 정보의 분석 · 평가에서 개인적 가치나 편견을 개입시킬 수도 있다. 또한 정보관리들은 때때로 대통령과 상관들로부터 내려오는 지침들이 모호하고 상충적인 것들이라고 생각한다. 특히 정보관리들은 정책결정자들의 정책결정과정에서 보여지는 오만성과 즉흥성에 분노하게 된다. 왜냐하면 정보관리들이 정교하고 선진적인 방법을 동원해서 성심성의를 다한 정보가 일거에 무시된다든가 폄하되는 경우가 있기 때문이다. 즉, 정보관리들은 정책결정자들의 객관성에 회의를 느끼는 것이다.

그러면 왜 그러한 정보생산자와 정보소비자간의 간격이 발생하는가? 첫째는 정책결정자와 정보분석가들이 맡고 있는 역할이 다르기 때문이다. 정책결정자들은 거시적인 입장에서 숲을 바라보는 입장이고 관리들은 미시적인 입장에서 나무들을 바라보는 입장에 있는 것이다. 둘째는 대통령을 비롯한 정책결정자들은 주로 정치적인 관점에서 문제에 접근하고, 관리들은 사실의 관점에서 문제에 접근하기 때문이다. 셋째는 정책결정자들과 관리들은 기본적으로 하위문화가 달라 인식방법에 차이가 있을 뿐만 아니라 무엇보다도 양자는 "서로의 세계에 대하여 무지하다"[20]는 점이다.

다시 말해서 대통령들은 항상 그들이 전개하는 정책들이 지니는 국내정치적 함의에 민감하기 때문에 관료구조를 장악하고 외교정책 영역을 지배하면서 국가를 이끌어 가려고 노력한다. 대통령들은 통상 어떤 문제에 대해 마음을 굳히고 있지 않거나 또는 특정 방향으로 기울고 있지 않을 경우 주어진 문제를 보다 잘 이해하고 적절한 결정을 내리기 위해 적절한 정보와 정직한 정보평가를 원한다. 그러나 어떤 조치가 이미 내려져 있거나 또는 대통령이 어떤 이데올로기적인 편견을 가지고 있는 경우 자신의 견해를 보강할 수 있는 정보를 원할 가능성이 있다. 그렇지 않고 대통령이 자기 테이블에 올라온 정보가 정보기관들의 타협의 결과물일 경우 그러한 정보에는 좌절감을 느낄 수 있다는 것이다. 반면 정보관리들의 이상적인 임무는 가용한 정보에 대한 종합적이고 정직한 평가를 해서 제공하는 것이다. 그러나 관료적이고 정치적인 환경에서 작업을 하면서 그들의 작업이 그들의 경력에 얼마나 영향을 줄 것인가도 인식하게 될 것이다. 더욱이 그들은 대통령과 자신들을 임명한 상관들의 정책기호와 개인적 시각에 맞추지 않을 수 없을 것이다.[21]

이러한 정보생산자-정보소비자 문제는 베트남전쟁 시기 미국의 외교정책에 영향을 주었다. 존슨 행정부 시절 소련문제 정보평가 책임자였던 존 후이젱가(John Huizenga)는 베트남에 관한 정보평가에서 "만일 그가 추진하고 있는 정책이 실패할 것 같다고 보고했다면 그는 아마도 해고되었을 것"이라고 했다.[22] 반공산주의와 미국의 불패성(不敗性)에 대한 믿음은 미국 관리들의 마음에 매우 확고하게 자리잡고 있어서 정보정책과 일치되는 자료를 해석하는데 있어서 달리 생각할 여유가 별로 없는 것이다.

이러한 패턴은 레이건 행정부 시절의 정보과정에서도 나타났다. 레이건의 관리들은 1983년 한국의 민간 여객기를 격추하도록 명령한 소련군 장성들은 실제로 그 여객기가 스파이기였다고 믿었다고 보고한 국가보안국(NSA)의 정보를 무시했다. 또한 레이건의 참모들은 CIA에 대해 엘살바도르의 게릴라들과 니카라과정부가 미국의 안보에 위협을 제기하고 있다는 결론을 내리는 연구보고서를 작성하도록 압력을 가했고, 또한 소련군의 예산과 생산물의 평가를 군정보대가 작성한 비관적 평가에 따르도록 압박을 가했다.[23] 다시 말해서 레이건 대통령과 케이시(William Casey) CIA 국장과 같은 고위 관리들의 강렬한 반공산주의는 정보 수집과 평가를 담당하는 사람들의 정직성을 왜곡시켰다. 분명 정보기관의 요원들은 때때로 교차압력에 부응해야 하고, 이는 곧 정보과정에 영향을 미치게 되며 정보의 생산자와 소비자 간의 문제점들을 야기하게 된다. 그런데 힐즈맨에 의하면 정보관리들은 일단 정책에 적응해야 되고 정책결정자들의 자료와 분석 요구에 부응해야 한다는 것이다.[24] 그러나 다른 한편에서는 백악관이 정치적 필요성의 기초 위에서 정보평가를 지시한다면 합리적 외교정책의 형성에서 정보의 역할은 감소될 수 있다고 지적한다.[25]

③ 성공적 정보과정의 변이(Variation in Intelligence Success)

정보기관들은 매우 위험한 업무에 종사하고 있다고 할 수 있다.[26] 정보관리들이 비록 생산자-소비자 관계에서 발생하는 문제점들이나 조정의 어려움에 직면하지 않는다 하더라도 정보업무의 성공은 보장되지 않는다. 세상은 넓고 크고 끊임없이 변하기 때문에 정보라는 것은 항상 불완전하고 불충분할 수밖에 없다. 따라서 미래 행위에 관한 예측과 경향들을 개연성만으로 설명할 수는 없다. 예를 들어 1980년대 후반과 1990년대 초반 소련과 동유럽에서 일어난 변화들은 서방측의 정보기관들을 당혹케 하였고 충격을 주었던 것이다. 1989년 초 서독의 콜 수상은 기자회견에서 동서독의 통일은 향후 20년쯤은 걸릴 것이라 하였다. 그러나 동서독의 통일은 바로 그해 11월에 이루어졌던 것이다. 이와 같이 정보의 실패는 불가피하다.

따라서 정보기관의 규모와 복잡성의 패턴, 조정의 어려움, 그리고 생산자-소비자 간의 문제점들이 결합되는 경우 실제로 정보의 실패는 자명하게 되는 것이다. 현상의 모호성, 정보기관의 관료적 구조, 그리고 정책결정자들의 개성과 신념 등 여러 요인들이 정보과정의 성격과 최종 결과물의 가치를 결정하게 되는 것이다. 쿠바 미사일 위기사태에서와 같이 성공적인 정보활동도 있지만 실패 또한 있기 마련이다.

베트남전쟁 기간 직면했던 주요 문제점들은 적군의 힘, 남부 베트남으로 유입되는 적의 인적 물적 자원을 파괴할 수 있는 미군의 능력 그리고 그로 인한 적군의 의지의 약화 등에 관련된 것들이었다. 불확실성은 특히 본국에서 멀리 떨어진 장소에서 치러지는 게릴라전과 같이 비재래식으로 수행되는 전쟁에서는 더욱 클 수밖에 없다. 1960년대 중반 군과 CIA는 베트남전쟁 상황에 대한 정보평가를 놓고 끊임없이 싸웠다. 그런데 존슨 대통령과 그의 측근 民軍자문위원들은 보다 낙관적인 군부의 평가를 지지했던 것이다. 그리하여 북베트남의 구정공세(the Tet Offensive)에 관한 정보과정의 결정적인 실패는 결국 존슨 대통령의 낙마를 초래하였고, 미국이 베트남에서 패배하는 결과를 가져왔던 것이다.

1979년 이란의 샤(The Shah)왕정에 대한 국내 혁명운동의 규모와 범위는 그것을 진압하지 못한 샤 정부의 실패와 더불어 미국정부의 정책결정자들에게도 충격을 준 것이었다. 다른 나라의 국내 소요사태의 시기와 강도를 예측한다는 것은 불가능한 일이지만, 이란사태를 초래한 원인의 하나는 미국의 정책결정자들이 의존했던 정보가 샤 정권에 밀착된 근원에서 나왔다는 데 있었다. 미국 정보기관은 샤 정권에 비판적인 이란인들에게 접근하지 않았다. 1953년 미국과 이란정부 간의 긴밀한 관계가 시작된 이래 미국 정보기관들은 이란의 국내사태에 관한 정보획득을 위해 이란의 공식적인 출처와 이란의 정보기관인 사바크(Savak)에 주로 의존하고 있었다. 국내의 반대세력이 서서히 그들의 세력을 축적하고 있는 상황인데도 미국에 제공되는 정보는 샤 정권이 안정돼 있고 활기차다는 것이었다.

이란에서 봉기가 시작되자 샤 정권의 생존여부와 그에 대한 미국의 대책에 관한 문제가 제기되었다. 여전히 샤 정권에 밀착되어 있던 전통적인 정보기관들은 군사력을 동원해 반대세력을 진압한다면 샤 정권은 생존할 수 있고 샤 정권이 붕괴한다 하더라도 군부의 쿠데타로 질서는 회복될 수 있다고 주장했다. 그런데 이러한 노선은 당시 카터 행정부의 국가안보보좌관이던 즈비그뉴 브레진스키가 지지했다. 카터 행정부내 다른 분석가들은 샤 왕정의 붕괴는 초읽기에 들어갔으며 국민연립정부를 지원하는 보다 온건한 해결책을 제시했다. 이러한 입장은 국무장관이던 싸이러스 밴스가 지지했다. 카터 행정부가 앞으로의 사태발전의 성격에 관해 논쟁을 벌이고 있는 동안 사태는 이미 미국의 손을 떠나고 있었다. 그 해 샤 정부는 무너졌고 두 번의 온건파 민간정부가 등장했다가 사라졌으며 이윽고 아야톨라 호메이니(Ayatollah Khomeini)가 권력을 장악하는 혁명적 변화가 완성되었다. 샤 정권의 안정과 봉기로 인한 새로운 정치적 상황을 평가함에 있어서 정보기관의 실패는 변명의 여지가 없는 것이었다.[27)]

1990년 8월 2일 쿠웨이트에 대한 이라크의 공격은 정보기관의 실패와 성공을 동시에 보여주었다. 첫째, 미국의 정보기관과 정책결정자들은 이라크가 미국의 이익에 반하는 행동을 할 것이라는 점을 전혀 예측하지 못했다. 그와는 반대로 이란에서 아야톨라 호메이니가 등장한 이후 레이건과 부시 행정부들은 1980년대 사담 후세인 정권을 지원하고 편들었다. 둘째, 정보기관의 예측이 없는 가운데 사담 후세인은 쿠웨이트에 대한 위협을 가중시켰고 이윽고 1990년 7월 이라크 병력을 쿠웨이트 국경에 집결시키기 시작했을 때 CIA는 부시 행정부 정책결정자들에게 이라크의 침공을 경고하였다. 그러한 경고 중에는 24시간에서 48시간 이내에 침공이 있을 것이라는 예측도 있었다. 셋째, 이라크의 공격 가능성에 대한 정보기관의 경고가 있었지만 부시 대통령과 그의 측근 보좌관들은 그러한 경고들을 가능성이 없는 것으로 무시했다. 이는 정보 평가에 관한 생산자와 소비자 간에서 일어나는 고전적인 문제의 예이다. 어떻든 1990년 8월 2일 이라크의 침공은 일어났고 부시 대통령과 그의 보좌관들은 처음에는 충격을 받았고 경악했다. 후에 들리는 이야기였지만 당시 임박한 이라크 침공에 관한 경고를 했던 담당 정보관리는 강등되었다고 한다.[28)] 또한 부시 대통령이 페르샤만에 파견한 미군 병력을 공격수준인 50만 이상으로 배가시킨 결정은 쿠웨이트에 30만 정도의 이라크군이 있다고 과대평가한 정보기관의 보고서에 기초했을 수도 있다는 것이다.[29)]

1991년 8월 18일에 부시 대통령과 그의 측근 참모들은 미하일 고르바초프 소련 대통령의 정권이 전복되었다는 사실을 알고 충격을 받았다. 그러나 거의 일년동안 CIA와 국방부의 방위정보국(DIA)은 부시 행정부에 고르바초프의 실각이 초읽기에 들어갔다는 일련의 긴박한 경고들을 보냈었다. 그러한 경고는 누구의 주의도 끌지 못했다.[30] 실제로 쿠데타 하루 전날인 8월 17일 행정부 고위 관리들에게만 배포되는 CIA 발행 「국가 일일정보 현황」(National Intelligence Daily)은 "크렘린의 보수파들이 소련 대통령에 반기를 들 준비를 하고 있다"고 쓰고 있다. "그러나 탱크가 모스코 거리를 굴러다니고 있을 때까지도 백악관과 국무부는 고르바초프는 어떤 도전도 뚫고 나갈 수 있다"[31]고 주장했다. 문제점의 하나는 국무부 정보조사국이 고르바초프의 미래가 안전하다고 주장했다는 점이다. 그러나 더욱 중요한 것은 부시 대통령과 그의 측근 보좌관들이 미 · 소 관계에서 고르바초프를 인간적으로 신뢰하였고 따라서 그와의 약속에 대해서도 깊은 신뢰를 부여했다는 점인 바, 그러한 점이 부시의 낙관주의를 더욱 보강했던 것으로 나타난다. 그러면 그와 같이 대단히 성공적인 정보가 될 수 있었던 것이 실패한 정보로 막을 내리게 된 것은 왜일까?

정보평가는 미국외교정책의 성공을 극대화시키는 데 있어서 정책결정과정의 결정적인 부분이자 매우 지난(至難)한 과정이기도 하다. 그러나 조정의 문제, 소비자-생산자 문제, 성공적 정보과정의 변이성(variations) 등의 패턴은 일반 국민들에게는 잘 알려지지도 않거나 이해되고 있지도 않다. 미국인들은 과학과 학문, 기술, 그리고 미국적 재능에 대한 대단한 확신을 가지고 성장하여, 대통령과 정부가 정책을 형성하고 수행하는 데서 부딪쳐야 하는 세계적인 복잡성, 불확실성, 불예측성 등을 감지하지 못한다. 정보의 실패는 불가피하고 미래사태란 때때로 예측할 수도 통제할 수도 없는 것이다. 미국의 대통령들은 주로 그러한 외부사태에 어떻게 대응하느냐에 의해 평가되고 특히 그들이 취한 정책의 결과에 따라 평가되며, 그것은 결국 그들의 차후 통치능력에도 영향을 주게 될 것이다.

제 4 절 중앙정보국(CIA)과 외교정책

대부분의 일반 사람들은 CIA를 생각할 때 비밀작전(covert operations)과 더러운 음모활동(dirty tricks)을 연상한다. 그러나 CIA는 비밀작전에 종사하는 유일 정보기관도 아닐 뿐만 아니라 그러한 비밀활동에는 전체 예산의 5%, 전체 요원의 3%만이 관련될 뿐이다.[32] 다시 말해서 전체 예산의 95%와 전체 요원의 97%는 자료와 정보의 수집 및 분석작업에 종사하고 있는 것이다. CIA는 기본적으로 ① 정보의 수집과 분석 또는 평가, ② 방첩활동, ③ 비밀작전 등 세 가지 업무를 수행하고 있으며, 부가적으로 미국내 주요 정보기관들의 조정임무를 맡고 있다. 그 중에서도 CIA의 가장 중요한 역할은 정책결정자들과의 상호작용을 통해 정책결정에 영향을 주는 것이다. 물론 CIA의 의견이 정책결정에 얼마나 반영되느냐 하는 것은 CIA의 보고서에 정책결정자들이 얼마나 주의를 기울이느냐에 달려 있는 것이다. 어떻든 CIA가 수집 분석하고 평가한 정보보고서는 몇 가지 방법으로 정책결정자들에게로 간다.[33]

첫째, 세계 도처에서 일어나는 일상적 사건과 사태들에 관한 정보는 매일 고위 관리들에게 하루에도 몇 차례 제공된다. 매일 아침 대통령에게 서면 브리핑이 이루어진다. 1981년 레이건 대통령의 지시에 따라 CIA 분석 담당관들은 매일 아침 워싱턴에 산재해 있는 부통령, 국무 및 국방장관, NSC 보좌관, 그리고 합참의장 등에게 대통령에게 브리핑한 내용을 복사해서 전해준다. 위기시의 상황보고서들은 몇 시간마다 제공된다.

둘째, CIA는 미국을 위해 현행 사건들과 잠재적 가능성 또는 문제점들을 설명하고 정책형성과정에 분석결과를 제공한다. 거의 모든 NSC회의나 하위각료회의들은 중앙정보부 국장이나 예하 전문가들의 브리핑으로 시작된다.

셋째, 국가 정보평가는 정책결정에서 중요한 역할을 수행할 수 있기 때문에 그 평가는 한 주제를 사실에 입각하여 검토하고 미래의 발전사태를 예측하는 것이다.

넷째, 정책결정자들은 각 개별기관들의 전문적 평가서를 받는다. CIA의 평가 및 연구 보고서는 세계 최대분석기관의 산물인 것이다. CIA가 분석 · 평가하는 대상과 범위에는 전략무기, 식량공급, 유행병, 우주물질과 기후, 제3세계의 정치적 불안사태, 광물 및 에너지 자원, 국제금융, 러시아의 레이저 무기,

오지의 부족, 생화학무기의 확산, 일용 생필품 공급, 그 외 수많은 사항들에 관한 문제들이 포함된다.

어떻든 CIA는 어떤 근원으로부터라도 미국의 안전에 영향을 주는 정보를 수집, 분석, 평가할 수 있도록 1947년 국가보안법의 규정에 따라 창설된 기구이다. 따라서 이 기관은 미국의 모든 해외정보 및 역정보 활동을 조정하는 권한도 부여받고 있고, NSC의 명령을 받아 정보 및 기타 요소들에 대한 공동관심사항(common concern)의 업무를 수행하는 권한도 위임받고 있다. 예를 들어 1960년 NSC는 CIA에게 소련 상공의 항공정찰과 같은 비밀활동을 위한 "면허"를 주었다. 소련의 상공정찰임무는 소련의 추적, 미국U-2기 격추, 조종사의 체포로 이루어지면서 종결되었다.

그러나 실제로 CIA의 기본 역할은 주로 외교정책체계가 사용할 자료의 수집과 평가에 있다. 더욱이 매일 홍수같이 쏟아져 들어오는 정보는 공개적인 근원, 즉 신문, 정기간행물, 보고서, 통계자료, 라디오, 감청 등에서 오는 것이고 그 다음 1/3은 위성과 원격측정장치에서 들어오는 것이며, 10-15% 정도가 해외에서 활동하는 정보요원들로부터 오는 것이다.[34] 케네디와 존슨 행정부에서 국무장관을 지냈던 딘 러스크는 언젠가 "더러운 음모활동"이라고 묘사되는 정치적 목적 달성을 위한 비밀정치활동은 CIA 활동의 5%를 넘지 않으며 정책결정자들은 그것들을 모두 알고 승인한다고 말하였다.[35]

앞에서도 간단히 언급한 바 있지만, CIA의 기원은 OSS(the Office of the Strategic Service)에서 시작된다.[36] OSS는 1941년 제2차대전 기간 미국정부를 지원하기 위한 정보활동을 수행하기 위해 창설되었다. OSS는 도노반(Donovan) 국장의 지휘하에 적후방에 침투하여 대담한 비밀작전을 수행했던 기관으로 알려지고 있지만, 그 기관은 모든 연령층의 다양한 배경을 가진 영리하고 젊은 정신을 가진 사람들을 사용해서 적을 분석하는 작업에 종사했다. OSS는 전후에 해산되었지만 정보활동에 종사하던 많은 사람들은 1947년 국가보안법이 통과될 때까지 중앙정보단(the Central Intelligence Group)에 임시 편재되어 있었다.

CIA를 해외정보활동을 담당하는 주요 기관으로 창설한 국가보안법은 정치적 타협의 산물이었다. 많은 인사들은 평시 해외 정보능력의 필요성이 있음을 인식하였고, 그리하여 정보과정을 중앙집권화시킬 수 있는 기관을 지지했다. 이에 대해 일부 인사들은 독일의 비밀경찰(Gestapo)을 떠올리면서 초월적 첩보기관의 등장에 반대하였고, 또 다른 일부 인사들은 중앙집권화를 기존의 정보활동기관들에 대한 위협으로 보았다. 그리하여 새로운 정보기관은 창설하되 민간지도력 하에 두도록 하였다. 국장과 부국장중 최소한 한 명은 민간인이 되어야 했다. 두 자리는 상원의 인준을 받아야 했고 국장(the Director of Central Intelligence Agency)은 대통령에게 직접 보고하도록 하였다. 국장은 정부의 모든 정보과정을 조정하고 정보문제에 관해서 대통령의 주요 자문관으로 행동할 수 있는 권위가 주어졌다. 물론 다른 정보기관들은 자율성을 유지하였다. 국가보안법은 법적인 경계선과 분쟁을 명백히 하여 FBI는 국내활동에 국한시키고 CIA는 미국 밖의 역할에 한정시켰다.

CIA는 창설 이래 대규모 관료조직으로 성장하였다. CIA는 정보, 과학기술, 행정, 작전 등 네 개 부서로 조직되었다. 오늘날 대부분의 CIA요원은 자료의 수집과 분석작업에 종사한다. 우선 정보과(the intelligence division)는 정책결정자들을 위한 그 자체의 정보평가서를 마련하는 동시에 미국내 여타 모든 정보기관들이 작성한 정보평가서들을 조정하는 임무를 맡고 있다. 두 번째 과학기술과(the science and technology division)는 제임스 본드가 출연하는 007영화 등에 등장하는 첩보활동에서 사용되는 도구와 장치들을 개발하고 있다. 예를 들어 과학기술과는 U-2첩보기와 SR-71 정찰기 등을 개발하였다. 행정과(the administration division)는 전체 CIA의 인사업무를 담당하고 문서업무를 관리한다. 정보, 과학기술, 행정과의 직원들은 전통적인 전문적 역할을 수행하고 있는데, 바로 이들 세 개 과의 업무에 전체 예산의 95%가 사용된다는 이야기이다. 마지막으로 작전과(the operation division)의 요원들은 비밀작전(covert operation)에 종사한다.

작전과는 CIA의 가장 널리 알려진 활동인 비밀작전을 담당하고 있으며, 그

작전요원은 전체 CIA요원의 3% 정도가 된다.[37] 작전은 첩보활동(espionage)과 정치적 및 준 군사적 간섭(political/paramilitary intervention) 활동으로 전개된다. 첩보활동은 정보획득을 위해 해외에서 간첩과 이중간첩들을 운용하며 외국의 첩자들이 CIA에 침투하지 못하도록 방지하는 방첩활동(counter intelligence)으로 이루어진다. 정치적 및 준 군사적 작전은 소위 더러운 음모활동으로 알려지고 있는 비밀작전을 포함한다.

그러니까 CIA는 의미 있는 분업으로 이루어진 대규모 관료기구로서 기능한다. 그와 같은 큰 규모와 복잡성을 지닌 CIA는 서로 다른 하위문화를 가지고 있다. 정보과와 과학기술과는 분석가와 과학자들을 고용하는 경향이 있다. 그들의 대부분은 대체로 대학이나 연구소에서 일하는 사람들처럼 학자적 소양을 지닌 사람들이다. 반면 작전과는 두 가지 상이한 하위문화를 가지고 있다. 왜냐하면 간첩활동과 정치적 및 준 군사적 개입활동은 서로 다를 뿐만 아니라 상이한 수완을 필요로 하기 때문이다. 첩보활동에 종사하는 요원들은 간첩으로 활동하고 은밀하고 신중하고 충성스런 경향이 있다. 그들의 작전 스타일은 존 까레(John le Carre)의 "고립에서 빠져 나온 스파이(the Spy who Come in From the Cold)"라는 소설에서 아주 현실적으로 그려지고 있다. 정치적 및 준 군사적 활동에 종사하는 작전요원들은 행동지향적이고 모험적이며 대담하고 때로는 현란한 경향마저 보인다. 실제로 OSS의 시절에 까지 소급하는 그러한 작전의 상층부는 엘리트 의식으로 가득 차있다. 왜냐하면 그들은 가장 유명한 대학출신자들이자 사회경제적인 상층부 출신자들이기 때문이다.

제 5 절 CIA의 성장과 비밀작전

무엇보다도 CIA는 미국의 국가안전을 위해서 외국인들을 조작하는 작업 이상의 일을 한다는 점을 이해하는 것이 중요하다. 그러나 특히 정치적 및 준

군사적 활동영역에서는 두 가지 관점에서 CIA와 그 비밀작전의 성장과정을 이해할 필요가 있다.[38)]

첫째, 때때로 "카우보이들(cowboys)"로 언급되는 작전들과 행동형태는 대부분 CIA 역사를 통해 CIA 리더십을 지배하여 왔다. 예를 들어 대개의 경우 CIA 국장들은 CIA 작전부서 출신들이었고 그들은 또한 주로 OSS 출신들이었다.

둘째, 제2차대전 이후 미국의 정책결정자들은 주요 외교정책 수단으로 CIA의 비밀작전에 의존해왔다. 미국정부가 핵전쟁과 재래식 전쟁의 위협으로 소련의 팽창을 억제하려고 노력하면서 냉전 기간 전세계에 걸쳐 공산주의와 은밀하게 투쟁하는 CIA의 정치적 및 준 군사적 활동에 의존하였다. CIA 요원으로 28년 동안 활동했던 원로 비밀작전 전문가인 색클리(Theodore Shackley)는 외교와 전쟁보다 더욱 우월한 제3의 선택(The Third Option)으로서 정치적 및 준 군사적인 활동을 언급하였다.[39)]

제2차대전 이후 미국의 정보기관과 외교정책 간의 관계를 충분히 이해하기 위해서는 정보의 공개적인 행위를 넘어 정부의 비밀공작을 검토하는 것이 중요하다. CIA는 미국의 비밀외교정책 수행을 맡고 있는 정부내 주요 기관이다. 그러나 대부분의 미국인들은 국제사회의 지하세계(地下世界)에 침투해 들어가서 활동하는 개인들과 동맹단체들을 이해하지 못한다. 일반 백성들은 지하의 세계에서 비밀작전을 수행하는 사람들이 40여년 이상 냉전상황을 극복하기 위해 수행했던 중요한 역할을 과소평가한다. 우리는 CIA가 비밀공작에 전념하기 때문에 그러한 비밀작전에 관해 아는 것이 없고 그러한 활동으로부터 생기는 새로운 정보에도 회의적인 경우가 많다. 그러나 1970년대부터 CIA의 활동에 관한 대부분의 정보들은 미국의 안보를 추구하기 위한 CIA의 비밀작전 모습만을 그려내고 있다.[40)] 로자티에 의하면 CIA는 창설된 이후 ① 1947-1970년대 초의 성장기, ② 1970년대 초에서-1979년까지의 추락기와 개혁기, ③ 1980년에서 현재까지의 부활기를 거치고 있다.[41)]

1 성장기(1947-1970년대초)

미국 내 대부분의 국가안보 관련 기구에서와 같이 1940년대 후반과 1950년대는 CIA가 그 예산, 인력 및 임무에서 급속히 팽창하던 시기였다. CIA의 관료적 조직과 기능도 역시 팽창하였다. 그러나 그러한 팽창에도 불구하고 작전부분의 성장 만큼에는 미치지 못하였다. 특히 냉전기간 CIA의 예산과 인력의 대부분은 작전부분에 투입되었다. 대통령은 어떤 은밀한 정치적 준 군사적 조치를 수행하기 위해서 CIA를 이용했고 공식적으로는 그 활동이 부인되고 있었다. 따라서 CIA의 비밀작전은 미국 외교정책의 "보이지 않는 손(invisible hand)" 이 되었다.

CIA는 대통령의 감독하에 비밀작전을 수행함에 있어서 상당한 독립성이 허용되었다. 새로운 대통령들은 때때로 전임 CIA 국장을 유임시켰고 새로운 사람을 임명할 때도 CIA의 내부인사들 중에서도, 특히 작전팀에서 승진 · 발령하였다. 이러한 관행은 오랫동안 CIA의 지속성과 권한을 극대화시켰다. 비밀작전의 전성기는 당시 국무장관이던 존 포스터 덜레스의 아우인 알렌 델레스가 1952-1961년 기간 국장으로 재임하던 기간이었다. 비록 대통령은 때때로 CIA의 세부적인 작전과는 거리가 있었지만 CIA 국장은 대통령의 구상과 선택에 부응하였다. 또한 CIA는 행정부 이외의 기관으로부터는 어떤 실질적인 감독도 받지 않았다. 그리하여 CIA는 대통령과 집행부가 국가안보정책을 주도하고 정부와 일반사회에서 반공산주의 합의가 이루어지던 냉전기간에는 비밀작전에서 상당한 자유재량권을 유지하였다. 의회의 의원들은 기본적으로 대통령의 외교정책을 지지하여 외교정책과정에 개입하지 않았고 그리하여 대개의 경우 의원들에게는 CIA의 비밀작전에 관한 정보도 주어지지 않았다. 대중매체나 일반국민의 경우에도 마찬가지였다.

CIA에 대한 그러한 관용적인 태도는 그 창설시기에는 보이지 않았다. 1947년 제정된 국가보안법의 관련 규정에 따르면 어떤 정치적 또는 준 군사적 역할도 구상되지 않았다. CIA는 자료를 수집하고 분석하여 대통령에게 제공하고 당시의 여러 정보기관들을 조정하기 위해 창설되었다. 실제로 트루먼 독트린이 반공산주의 취지로 이루어져 있었고 의회에서도 반공산주의 경향이 강렬했음에도 불구하고 의회의 어떤 사람도 국가보안법의 CIA 규정에 관한 토의에서 소련이나 소련의 비밀정보기관들에 관해서는 일체 언급이 없었다. 의원들은 단지 CIA가 국내에서 나치 독일의 비밀경찰과 같은 경향을 갖지 않을까 하는 문제에만 관심을 가지고 있었다.[42] 그러나 CIA 규정의 한 조항이 때때로 "국가안보회의가 지시하는 바에 따라 국가안보에 영향을 줄 수 있는 정보활동에 관련된 여타 기능과 임무는 수행할 수 있도록" 허용했고, 이 조항은 나중에 CIA가 스파이 활동을 할 수 있는 법적 근거를 제공한 것이었다.[43] 이리하여 CIA는 곧 對공산권 봉쇄정책을 지원하기 위해 해외에서 비밀작전을 담당하는 주요 정부기관이 되었다. 대부분의 미국 지도자들이 본 전후세계를 상상해 본다면 CIA의 정치적 내지 준 군사적 역할이 미국의 외교정책수행에서 중요하다는 것을 잘 이해할 수 있을 것이다. 당시의 세계는 선과 악의 세력, 즉 미국이 대표하는 민주주의, 자유, 기독교에 바탕을 둔 자유세계와 소련으로 대표되는 공산주의, 전체주의, 무신론에 바탕을 둔 공산주의 블록으로 나뉘어진 세계였다. 당시의 세계는 소련이 영토지배권을 확대하려는 침략국가로 보여지고 있었고, 그것은 곧 미국의 이익과 현상유지 정책을 위협하는 그 강대국과 경쟁하는 세계였다. 미국의 정책결정자들은 소련의 팽창주의를 억제하기 위해 재무장하고 동맹체를 창설하는데 몰두하였고, 만일 억지가 실패하는 경우 "실전(hot war)"을 치룰 각오를 하고 있었다. 동시에 미국의 정책결정자들은 점차 "냉전(cold war)"을 치루기 위해 비밀작전에 의존하게 되었다. 더욱이 한국전쟁의 종전 전망이 불투명해지고 미국의 병사들이 부상하거나 죽어 돌아오는 상황에서 미국의 여론이 군사적인 고착상태에 회의를 느끼게 됨에 따라 비밀작전에의 의존도는 높아졌다.

CIA는 1947년 창설 이후 곧 트루먼 행정부 기간 미국 외교정책의 중요한 수단이 되었다. 초기 활동 중의 하나는 1948년 선전활동을 통해 이태리 선거를 조작하려는 노력이었다. 제2차 세계대전은 유럽국가들의 경제를 파괴했고 전 유럽의 정치적 불안정을 야기하였다. 프랑스와 이태리에서는 합법적인 공산당들이 번성하고 있었다. 미국의 정책결정자들은 1948년 선거에서 이태리 공산당의 승리가 이태리 민주주의의 붕괴를 초래하고 그렇게 되면 소련블록에 중요한 전략적 동맹을 제공하게 될 수도 있다고 우려했다. CIA는 기독교 민주당에 자금을 제공하고 지원했다. CIA의 개입 활동은 신문, 잡지, 라디오 기자 및 편집자들로 구성된 이태리 매체들을 통해 선전물을 배포하고 역정보를 흘려 이태리 공산당에 대한 신뢰를 떨어뜨리는 것이었다. 그 선거에서 CIA의 활동이 결정적으로 주요했는지는 불분명하지만 어떻든 기독교 민주당이 승리했다.

이태리 선거에 개입한 비밀작전이 웃기는 것은 미국의 외교정책이 타국의 민주적 선거를 조작하면서 겉으로는 민주적 발전에 기여했다고 하는 것이었다. 이태리에서 비밀작전의 성공은 차후 이태리, 유럽, 그리고 미국의 이익에 위협이 된다고 생각되는 어느 곳에서든 CIA가 개입하게 되는 계기를 만들어 주었다.

1940년대 후반과 1950년대 CIA는 공산주의 국가들의 내부 불안과 봉기를 촉진하기 위해 빨치산 저항운동을 지원했다. CIA는 이민자들을 훈련시켜 비밀리에 알바니아, 폴랜드, 유고슬라비아, 발틱 국가들, 소련의 조지아 및 우크라이나 등에 침투시켰다. 장개석 국민당 정부가 중국 본토에서 쫓겨나 대만에서 새로운 정부를 수립한 이후에도 CIA는 많은 민족주의 세력이 도망쳐 온 미얀마에서 빨치산 운동을 조직하였다. 이들 빨치산의 저항 노력들은 거의 진전을 보지 못했고 대부분의 경우 완전한 실패로 끝나 버렸다.

1953년 아이젠하워 대통령 하에서 CIA는 최초로 외국정부를 전복시키는데 성공한 작전에 개입하였다. 역사적으로 이란은 영국이 지배하던 세계의 한 지역으로 팔래비(Pahlavi)왕조의 샤왕이 지배하고 있었다. 그러나 제2차대전으로 해방된 제3세계의 민족주의가 이란에서 힘을 얻으면서 1953년 샤 왕정이 붕괴되었다. 이란 민족주의 세력의 지도자였던 모하메드 모사덱(Mohamed Mossadegh)은 동서 냉전의 조성기에 중립적인 독립국가를 선언하고 영국에 매우 유리하게 체결되었던 이란과의 석유협정을 재협상하자고 요구하였다. 대영제국이 황혼길에 접어들고 있던 당시 영국은 이란의 새로운 민족주의 정권을 축출하기 위해 미국에 지원을 요청하였다. 미국의 정책결정자들은 모사덱이 공산주의자들과 소련의 손아귀에서 놀고 있지 않나를 우려하고 있었다. 그리하여 CIA와 영국의 CIA 격인 MI6는 군부쿠데타를 도모하여 모사덱 정권을 전복시켰고, 샤 왕정은 회복되었다. 그 후 샤는 석유회사 걸프, 뉴저지의 스탠다드, 텍사코, 소코니 모빌에 이란 석유 권리의 40%를 부여했다.[44)]

1954년 과테말라의 쿠데타는 CIA가 행한 더욱 중요한 작전 중의 하나였다. 그 작전은 그 후 CIA가 행한 많은 작전을 위한 하나의 모델이 되었다. 과테말라는 1950년 야카보 아르벤츠(Jacabo Arbenz)를 대통령으로 선출함으로써 최초의 민주주의를 경험하였다. 그러나 아르벤츠가 기아선상의 대중의 처지를 개선하기 위해 농업개혁을 추진하게 되자 과테말라와 미국 간의 관계는 비틀거렸다. 이들 개혁조치들은 과테말라 경제를 지배했던 과두 자본가들을 소외시켰고, 경제개발 방법으로 미국의 해외투자와 시장경제를 촉진하려던 미국의 정책결정자들을 배제하는 것이었다. 특히 아르벤츠가 과테말라 영토의 40% 이상을 소유하고 있던 미국의 연합과일재배회사(The United Fruit Company) 소유의 미개간지 234,000 에이커를 몰수하자 사태는 더욱 악화되었다. 1953년 여름 아이젠하워 대통령, 덜레스 국무장관 등의 정책결정자들은 아르벤츠 정권이 점차 공산화되고 있고 미국의 안보에 위협을 제기하고 있다고 결론을 내리게 되었다. 1954년 5월 미국이 유대관계를 단절한 소련블럭 국가인 체코의 무기가 과테말라 軍에 선적되자 미국정부는 이제 아르벤츠 정권의 은밀한 전복의 필요성을 확인하고 정당화하게 되었다.

이란의 경우와는 달리 과테말라 케이스는 처음부터 끝까지 CIA가 전개한 작전이었다. 왜냐하면 중앙아메리카는 전통적으로 미국이 지배하던 지역이었기 때문이었다. CIA는 혼듀라스에 인접한 연합과일재배 회사의 땅에서 수백 명의 과테말라인들을 훈련시켰고 그 공격작전을 지휘한 카르로스 카스티오 아르마스(Carlos Castillo Armas) 대령을 그 지도자로 선택하였다. 6월 18일 아르마스 대령이 이끄는 소규모 군병력이 국경을 넘어 수도인 과테말라시로 진입하였다. 사실 아르벤츠 대통령은 소규모 침공군을 쉽게 패배시킬 수 있었다. 그러나 그 침공군은 CIA의 심리전 결과로 대규모 병력이 근접하는 것으로 보이게 되었다. 비밀리에 진행된 심리전은 CIA가 운용하는 몇 대의 경비행기가 과테말라시와 여타의 주요 도시를 폭격함으로써 더욱 보강되었다. 아르벤츠는 기가 죽어 과테말라를 탈주하였고 아르마스는 새로운 군사 독재자가 되었다. 이렇게 해서 과테말라의 민주주의는 CIA에 의해 끝이 났고, 과테말라에는 1980년대까지는 입헌민주주의를 향한 어떤 움직임도 없었다.[45]

가장 불미스러운 CIA의 비밀작전 형태는 외국인 암살이었다. 1960년 콩고(지금은 자이레) 독립 위기 기간에 CIA는 초대 수상이자 아프리카 민족주의 지도자인 파트리체 루뭄바(Patrice Lumumba)를 암살하려고 기도했다. 그는 미국의 이익을 너무 무시했고 공산주의 전복활동을 방치한 것으로 인식되었다. CIA는 아마도 그의 암살기도에서 성공하지 못한 것 같다. 그러나 그는 결국 암살되었고 누가 범죄자였는지도 밝혀지지 않고 있다. 루뭄바와 여타 인사들이 축출되면서 CIA와 미국정부는 육군 장군인 모부투 세세 세코(Mobutu Sese Seko)의 집권을 후원했다. 그는 부패정권을 30여년간 통치했고 그 나라를 불모회(不毛化)시켰다.[46]

CIA는 소위 비우호적인 정권들과 지도자들을 흔들고 전복하고 제거하는 한편 미국과 동맹을 맺은 외국정부의 안정을 유지하고 현상을 지원하는 데서는 적극적이었다. CIA는 때때로 동맹국 정부가 자국의 국민들을 무자비하게 탄압하는 데에도 일조를 하였다. 예를 들어 미국정부와 CIA는 1958년부터 제3세계 비동맹운동의 탁월한 지도자였던 인도네시아의 수카르노 대통령을 약화시키려고 적극적으로 노력했었다. 1965년 그의 정권을 전복시킨 후 미국정보 기관은 인도네시아 공산당(PKI) 당원들을 제거하고 모든 내부 반대자들을 억압하는데 수하르토 장군의 새정부를 지원했다. 그러한 지원 가운데는 체포해서 처형해야 할 명단들도 인도네시아 軍에게 제공되었다. 인도네시아 주재 미국대사관의 한 전직 관리는 “그것은 육군에게는 큰 도움이었다. 그들은 아마도 많은 사람들을 처형했을 것이다. 그리고 나도 내 손에 많은 피를 묻혔다. 그러나 모두가 나쁜 것은 아니었다. 결정적인 순간에 타격을 가해야 할 때가 있는 것이다"[47]라고 술회하였다. 무자비한 작전에서 사망한 인도네시아인들의 숫자는 어림잡아 30만에서 1백만에 이르고 재판 없이 구금된 사람도 수십만 명이 되었을 것이다.[48] 그 정보기관에서는 인도네시아의 경험이 미래작전의 한 모델로 생각되었다. 사실 전 세계에 걸쳐 야만적인 독재정권에 대한 미국정부의 지원은 일반적이었다. 즉 자이레의 모부투 정권, 이란의 샤 정권, 그리고 니카라과의 소모사 정권 등이 그 예이다.

CIA는 동맹국 정부들을 지원하는 데 적극적이었고 때로는 외국 지도자들이 CIA의 봉급명단에 올라있기도 했다. CIA는 빈번히 외국 정보기관 요원들을 훈련시켰고, 그들의 일부는 CIA의 비밀작전에 종사하기도 하였다. 미국과 동맹을 맺고 있는 많은 외국정부들의 군과 경찰은 미국과 미국 정부요원에 의해 훈련을 받았다. 이와같이 미국정부는 냉전과 싸우기 위한 대규모 작전의 일환으로 우호국 정부들에 안보를 보장해주기 위해 수십억 달러의 원조를 제공하면서 공개적 또는 비공개적 지원을 제공하는데 깊숙이 개입하였다. 당시 CIA 관리들이 그들이 개입한 최대 쿠데타 중의 하나로 생각했던 사건이 있었다. 1962년 8월 5일 南아프리카에서 위장한 CIA 요원이 남아공 백인정권과 인종차별정책에 반대하던 주요 조직인, 남아프리카 민족회의(the African National Congress)의 지하 지도자였던 넬슨 만델라(Nelson Mandela)를 체포하는 작전을 전개했다.[49] 만델라는 1990년 2월에서야 남아공 정부에 의해 감옥에서 석방되었다.

미국정부는 아이젠하워 행정부 시절부터 쿠바의 피델 카스트로를 제거하기 위해 비밀작전을 전개했다. 그 작전은 1954년 과테말라 작전과 매우 흡사한 방식으로 계획되고 시행되었다. CIA는 쿠바를 떠나 마이애미에서 살고 있던 수백 명의 쿠바인들을 모집해서 온듀라스에서 침공군으로 훈련시켰다. 1961년 케네디 대통령은 피그만 작전(the Bay of Pigs Operations)을 지원했고, CIA가 제공한 제한된 공군력으로 엄호하면서 쿠바를 침공하였다. 그런데 과테말라 작전과는 달리 피그만 침공작전은 완전한 실패로 끝났다. 침공전략은 처음부터 결단났고, 카스트로는 도망가지도 않았으며, 그의 군대를 동원해 침공군을 격파하고 생포하였다. 피크만 재앙은 CIA가 주도한 비밀작전 가운데서 최초로 실패한 것이었고 그것은 곧 미국정부와 케네디 대통령을 당혹케 하였으며, 그러한 과정은 일반국민에게 공개되기에 이르렀다.[50)]

그 시점에서부터 케네디 대통령과 법무장관이던 그의 아우 로버트 케네디는 피델 카스트로에 복수전을 개시했다. 두 사람은 카스트로를 흔들고 암살하기 위해 가용한 모든 수단을 사용할 수 있는 권한을 CIA에게 주었다. CIA는 마피아에게까지 도움을 요청하였다. 왜냐하면 마피아는 카스트로가 집권하기 전에 그들이 쿠바에서 카지노를 운영하던 시절 만들어 놓았던 연고자들을 가지고 있었기 때문이었다. 그러나 카스트로를 암살하려는 비밀계획들은 실패하였다. 대부분의 계획들은 제임스 본드나 해낼 수 있는 계획들이었다. 예를 들어 심리전 전문가들에 의하면 카스트로에게 환각제가 들어있는 시거를 슬쩍 밀어넣는다든가, 독이 묻은 펜을 준다든가, 그가 카리비아 해변에서 수영을 할 때 조개폭탄을 터트린다든가, 그의 구두 속에 약품을 뿌려넣어 그의 턱수염이 빠져서 그것 때문에 라틴 사내들의 기질대로 다투도록 한다든가 하는 것 등이었다.[51)]

그러나 CIA는 그러한 작전에서 실패했다고 해서 비밀작전을 중단하지도 않았고 대통령 역시 미국외교정책의 주요 수단으로 그러한 작전에의 신뢰성을 철회하지도 않았다. 이태리의 선거 및 이란과 과테말라 등에서 보여 주었던 초기의 성공은 비밀작전에 관한 낙관주의를 보장해 주었다. 베트남전쟁의 미국화는 南베트남을 北베트남의 공산주의로부터 독립을 유지하도록 하기 위해 보다 많은 공개적인 군사적 노력을 초래시켰을 뿐만 아니라 많은 비밀작전도 수행케 했다. 미국정부는 CIA를 활용하면서 1954년부터 출범한 고 딘 디엠(Ngo Dinh Diem) 대통령 정부를 지원하였다. 그런데 디엠 대통령의 통치능력이 떨어지고 南베트남의 독립국 지도자로서 그가 신뢰를 상실하게 되자 미국정부는 1963년 군부 쿠데타를 후원했다. 그 시점에서부터 남베트남은 회전문(revolving door) 정부가 되어 군장성들이 잇달아 대통령이 되었으며 각 지도자의 운명은 미국정부의 지지 여하에 달려있게 되었다. CIA는 또한 라오스에서의 비밀전쟁을 포함한 군사작전 수행을 돕기 위해 메오(Meo)족과 몽(Hmong)족들을 훈련시키는 일에도 적극적인 역할을 수행하였다. CIA가 악명을 떨쳤던 베트남전쟁 시대의 프로그램이 피닉스 프로그램(the Pheonix Program)이었는데 그것은 수천 명의 의심스런 베트콩과 공산주의 지지자들을 확인하고 제압하기 위해 육중한 내부 비밀장치를 개발한 것이었다. 많은 죄 없는 사람들이 투옥되었고 고문, 테러, 정치적 암살 등이 피닉스 작전의 일환으로 사용되었다.

피그만의 재앙으로 시작된 1960년대 CIA는 하강하기 시작하였다. CIA의 정보 평가는 백악관에서 신뢰를 잃고 있었다. 특히 존슨과 닉슨 두 대통령 하에서 그러했다. 작전들은 1950년대보다 성공률이 떨어졌고 그러한 CIA 활동이 언론매체에 노출되면서 국내외에서 미국정부와 미국 국민들을 당혹케 하는 일들이 벌어졌다. 그리하여 CIA의 정치적 운명은 내리막길에 있었지만 대통령은 미국의 대외적 공약을 지원하고 미국의 안보에 제기되는 위협을 제거시키려는 對공산권 봉쇄전략을 유지하기 위해서는 CIA와 CIA의 비밀작전에 의존할 수밖에 없었다.

소위 CIA의 전성기에 있었던 마지막 비밀작전은 닉슨 행정부 시절 칠레에서 일어났다. 칠레는 1960년대 초부터 민주주의를 유지하고 있었다. 그러나 1960년대 후반 기독교 민주당 지도자였던 에드워드 프레이(Edward Frei)의 인기가 하강하였다. 1970년 대선의 주요 경쟁자는 사회민주주의를 신봉하는 자칭 마르크스주의자였던 살바도르 아헨데(Salvador Allende)였다. CIA는 그 선거에 깊이 관여했지만 아헨데는 다수표를 얻어 대통령이 되었다. 아헨데의 경제정책은 ITT와 구리산업체와 같은 미국의 다국적 기업들을 분노케 하였고 미국정부는 신정부에 경제적 제재를 가했다. 닉슨 대통령하에서 CIA는 비밀리에 칠레 경제를 흔드는 작전을 전개했고 칠레의 군부를 사주해서 쿠데타를 일으키도록 하였다. 1973년 군사쿠데타가 일어났고 아우고스토 피노체

(Augusto Pinochet)가 차후 16년 동안 칠레의 독재자로 등장하게 되었다.

이상에서 설명한 사례들은 단지 중요한 비밀작전들 중에서 일부만 밝혔을 뿐으로 CIA가 수행한 그 비밀작전들이란 예를 들어 우방국 정부지원, 방첩작전, 선전활동과 심리전, 빨치산 저항운동, 태업과 정권 흔들기 작전, 침공과 쿠데타, 그리고 암살과 같은 것들이다. 1953년까지 CIA는 48개 국가들에서 주요 비밀 작전을 수행하였다. CIA 예산의 3/4과 고용인원의 2/3가 첩보활동과 정치적 개입에 투입되었다.[52)]

1975년 미국 상원특별위원회는 해외 및 군사정보기관을 조사했던 바, CIA가 1961년 이후 약 900건의 민감하거나 중대한 비밀작전계획을 수행하였고, 수천여건의 군소계획을 수행했음을 밝혔다.[53)] 다시 말해서 CIA는 그 전성기에는 전세계에 걸쳐 비밀작전에 종사했고 그 개입의 1/3정도는 친서방 민주주의 국가들에서 행해졌다.[54)] 다음의 일람표는 전성기에 있었던 주요 비밀작전의 일부이다. 비밀작전의 성격과 그 비밀성으로 CIA의 많은 비밀작전들이 알려지지 않았음을 뜻한다.

비밀작전 전성기 시대 CIA의 주요 비밀작전

1947-48 : 1948년 이태리 총선기간 선전활동

1947-48 : 1948년 프랑스 총선기간 선전활동

1948-52 : 東유럽과 소련에서 빨치산 저항운동

1945 : 알바니아 정부 전복을 위한 미국과 영국의 기도

1950-70년대 : 자유의 소리 방송과 유럽 자유의 소리 방송

1952-60 : 중국-버마 국경지역에서의 중국 국민당 빨치산 운동

1953 : 영국과 미국에 의한 이란의 모하메드 모사덱 수상 정부 전복

1953-54 : 필리핀 라몬 막사이사이 대통령 후보 지원운동과 후크 반군저지 활동

1954 : 과테말라의 Jacobo Arbenz 대통령 정부 전복

1950-70년대 : 국내외 집단들과 출판사들에의 보조금 지원

1953-70년대 : 약물실험 및 심리통제 프로그램 개발 추진

1954-70년대 : 북베트남의 Hochiminh과 그 정부 전복기도

1955 : Costa Rica의 Jose Figueres 정부의 교란기도

1958 : 中國에서 티베트의 빨치산 저항운동 지워

1958-65 : 인도네시아의 Sukarno 대통령 교란기도

1960 : 이라크의 지도자 Abdul Kassem 장군 암살기도설

1960 : 이집트의 Abdul Nasser 암살기도설

1960 : Congo의 정치지도자 Patrice Lumumba 암살기도설

1961 : Cuba의 지도자 Fidel Castro 전복기도

1961 : 도미니카 공화국 지도자 Rafael Trujillo 암살기도

1961 : Ghana의 Kwame NKrumah대통령 교란기도

1960년대 : Cuba의 Fidel Castro 암살기도

1960년대 : 라오스에서의 비밀전쟁 수행

1962-63 : 에콰도르의 Ibarra 및 Arosementa정부 교란 활동

1963 : 英領 Guiana의 Cheddi Jagan 수상정부 교란활동

1963 : 南베트남의 Ngo Dinh Diem 대통령 전복지원

1960년대 : 베트남의 평화정착 및 피닉스 프로그램 수행

1964 : 1964년 칠레 선거에서 Edward Frei 대통령 지원활동

1964 : 브라질의 Jao Goulart 대통령 제거를 위한 군부 쿠데타 지원

1967 : 그리스 군부 쿠데타 지원

1967-70년대 : 미국내 반전운동과 정치적 반대파들에 대한 저지 활동

1970-73 : 칠레의 Salvador Allende 대통령 교란 활동

자료출처 : Jeffreys-Jones, CIA and American Democracy(New Haven : Yale University Press, 1989) ; Jonathan Kwitney, Endless Enemies(New York : Penguin, 1984); Thomas Powers, The Man Who Kept the Secrets(New York : Rocket, 1979) ; John Prados, President' s Secret Wars(New York : William Morrow, 1986) ; John Ranelagh, The Agency(New York : Simon & Schuster, 1986) ; David Wise and Thomas B. Ross, The Invisible Government(New York : Vintage, 1974) ; U.S. Congress, Senate, Alleged Assassination Plots Involving Foreign Leaders, Congressional Report(94th Cong., Ist Sess., Nov. 18, 1975) ; U.S., Congress, Senate, Final Report of the

Select Committee to Study Governmental Operations with Respect to Intelligence Activites, Books 1-6. Congressional Report(94th Cong., 2nd Sess., April 14, 1976).

CIA의 국내 비밀활동은 국가보안법의 규정에 따라 금지되어 있지만 실제로는 국내에서도 활동하였다. CIA는 수백만 달러를 들여 기업, 노조, 언론단체, 교육기관, 자선단체, 종교단체, 그리고 예술단체 등에 반공산주의 메시지를 전파시키고 미국의 봉쇄정책에 대한 반대자들을 억제하는 작업을 수행한다. 100개 이상의 대학에서 수백 명의 대학인들이 CIA 기금 프로젝트에 종사하였으며, 미국내 최대 학생단체인 전국대학생연합회는 1952년부터 1967년까지 CIA자금을 받았다. 직접 지원을 받은 학생들은 CIA를 위해 일하고 앞장섰지만 여타 수천 명의 학생들은 CIA가 후원하는 단체들에 가입하여 CIA가 요구하는 사항들을 모른 채 간접적으로 도왔다.[55]

1960년대 중반 베트남전에 반대하는 운동이 확산되면서 존슨과 닉슨 대통령 하의 CIA는 소련인, 중국 공산주의자들, 그리고 쿠바인들이 첩보활동과 파괴활동을 통해 미국의 국내문제를 이용하고 있는 현황을 알아내기 위한 혼돈작전(Operation Chaos)을 수행하였다.[56] 이는 반전운동에 침투해서 그 운동의 신뢰성과 영향력을 파괴하려는 CIA의 기도였다. 그 반전운동은 자연발생적이고 민주적이었으며 어떤 다른 침투 증거는 발견되지 않았다. 그러나 CIA의 컴퓨터에 입력된 명단에는 수십만 명의 시민과 단체들이 잠재적인 안보에 위협적인 것으로 분류돼 있었다.[57] 대통령과 CIA는 정보법을 위반했을 뿐만 아니라 그 혼돈작전은 자기 의견을 자유롭게 개진하고 민주적인 정치행사에 참여할 수 있는 미국시민의 헌법적 권리를 침해했던 것이다.[58]

2 추락과 개혁(1970-1979)

베트남戰의 미국화와 미군의 군사적 실패는 미국사회의 일부를 政治化시켰고 그것은 곧 반공산주의의 합의를 깨뜨리는 결과를 가져왔다. 더욱이 워터게이트 사건이 폭로되어 대통령의 권한 남용이 드러남으로써 국내정치환경은 더욱 더 비판적이 되었다. 그러한 권력 남용에는 불법적이고 위헌적이었던 쿠바의 피그만 침공에 가담한 전현직 CIA 요원들도 관련돼 있었다. 그러한 새로운 정치적 분위기에서 대통령의 권한이 너무 비대해져서 대통령이 국가안보의 명분으로 자기의 직책을 남용하게 되었다는 비난이 일어났다. 따라서 CIA는 특별한 주시의 대상이 되었고 비도덕적이고 불법적인 활동을 자행한 것으로 규탄받았으며, 그것은 결국 미국 국민의 장기적인 이익에 반하는 것으로 생각되었다. 그리하여 포드 대통령은 1975년 록펠러 위원회(the Rockfeller Commission)를 지명하여 정보기관을 조사해서 개혁안을 건의하도록 하였다. 그러나 많은 대통령위원회가 그러했듯이 그 록펠러위원회는 신뢰를 얻지 못했다. 그 위원회 활동은 비밀작전 문제를 국민적 관심사로부터 분리시키고 국민들의 개혁요구를 최소화시키려는 수단으로 보였다. 대통령의 입장에서 보면 비밀작전들은 외교정책의 유용한 수단이었다. 실제 록펠러위원회가 활동하고 있는 동안에도 포드 대통령과 키신저 국무장관은 앙골라에서 진행하고 있던 CIA의 주요 비밀작전을 감독하고 있었다. 포르투갈의 식민통치가 종식된 이후 여러 세력들이 앙골라의 지배권을 놓고 싸우고 있던 상황에서 CIA는 소련의 후원을 받고 있던 한 독립군 세력에 맞서 다른 두 독립군 세력에 자금을 제공하고 훈련시키고 무기를 제공하는 작전을 벌이고 있었다. 포드와 키신저는 의회 의원들이 외교문제에서 그들의 권한을 다시 주장하고 있을 때 그 비밀 작전을 의회가 알지 못하도록 비밀을 유지하려고 노력하였다. 그런데 앙골라 작전 내용이 누설되면서 의회는 그 것을 중단시키기 위한 표결에 들어갔고 정보기관에 대한 자체조사에 착수하였다.[59]

上下院은 각기 정보기관과 비밀작전에 관한 전면적인 조사를 단행했다. 의회의 조사단들은 CIA가 수행한 비밀작전들의 규모를 처음으로 국민들에게 공개하였다. 온건한 표현을 빌리더라도 대다수의 미국인들은 그들의 정부가 민주주의를 전복하고 쿠데타를 사주하고 정치적 암살들을 자행한 데 관여했음을 알고 충격을 받았다. 그 같은 폭로로 인해 오늘날 미국인들은 CIA를 미국

정부의 특급비밀 스파이 활동기관으로 생각한다. 또한 그러한 폭로는 CIA의 추락과 정보기관의 개혁을 요구하는데 일조하였다.

이러한 정치적 분위기 속에서 정보기관 특히 CIA와 그 비밀작전들은 전반적으로 쇠락기에 들어갔다. 포드 대통령과 지미 카터 대통령 하에서는 CIA예산과 인원이 감축되었고 이제 그 기능도 정보업무와 기술력 향상에 중점이 맞추어졌다. 이 시기 포드 대통령하의 조지 부시와 카터 대통령하의 스탠스필드 터너 제독과 같은 CIA국장들은 정보기관 밖에서 충원된 인물들이다. 첩보활동과 정치적 활동을 위한 작전분야는 가장 많은 요원 감축이 이루어졌다. 이 시기 1800명 이상의 비밀작전 요원들이 해고되거나 조기퇴직을 강요당했고 대부분의 주요 정치적 내지 준 군사적 비밀프로그램들은 중단되었다. CIA가 수행할 수 있었던 비밀작전들의 종류를 제한하는 대통령의 집행명령이 발령되었다. 예를 들어 미국정부 인사가 정치적 암살에 개입하지 못하도록 하는 명령이 그것이다.

행정부 내 정보활동에 대한 제한과 감독에 덧붙여 의회는 상하원에 각기 정보위원회를 설치해서 비밀작전을 적극적으로 감독하게 되었다. 1967년에 통과된 정보자유법(The Freedom of Information Act)은 국민이 비밀정보에 접근할 수 있도록 강화되었다. 의원들은 또한 정보기관에 대한 부가적 통제를 허용하는 새로운 정보헌장을 제정하려고도 하였다. 그러나 최종안의 합의에는 실패하였다. 그리하여 미국외교정책의 수단으로서의 비밀작전의 이용과 비밀작전 요원들의 사기는 1970년대 말경에 이르러서는 최저점에 달했다.

③ 재기(the Resurgence)

1980년을 기점으로 해서 CIA와 비밀작전은 활기를 되찾았다. CIA의 재기는 카터 행정부 마지막 해에 시작되었다. 그것은 정치적 보수주의의 등장과 점증하는 소련의 위협을 반영한 것이었다. 카터 대통령이 직면한 이란의 미국인 인질사태와 1979년 12월 소련의 아프가니스탄 침공은 미국외교정책의 최전선에서 봉쇄정책의 복원을 불러오게 하였다. 페르샤만 지역에서 소련을 봉쇄한다는 공약의 일환으로서 카터 대통령은 파키스탄 내에 있던 미국관할 거점과 첩보원들을 통해 아프간 저항세력에 자금과 무기를 보내는 대규모 비밀작전을 승인했던 것이다.

그러나 미국외교정책에서 CIA와 비밀작전의 이용은 레이건 행정부가 들어선 이후에 본격화 되었다. 레이건의 개인적인 친구이자 자수성가한 기업인이고 백만장자이면서 강력한 반공산주의자이고 제2차대전 기간에는 OSS 요원이었던 윌리엄 케이시(William Casey)가 CIA 국장으로 선임된 것이었다. 케이시 하에서 CIA는 비밀작전 부서를 재가동시켰고 이전에 비밀작전 요원이었던 많은 사람들을 다시 고용하였다. CIA예산은 비밀인 채로 남아 있지만 전문가들이 믿기에는 CIA 예산이 국내지출을 삭감하려던 때에 군비증강 속도보다도 더욱 빠르게 연 20% 정도로 증가했던 것으로 되어있다.[60]

미국외교정책은 다시 소련 공산주의의 위협에 대처하기 위해 골몰하게 되었다. 레이건 행정부는 적군을 억제하고 맞서기 위해 군사력과 정보능력을 대폭 팽창시켰다. 또한 레이건 행정부는 국가안보가 정책의 제 1 순위로 부상했던 냉전시대의 분위기를 재창출하려고 노력했다. 케이시의 CIA는 즉시 해외 공산주의와 싸우는 데 적극적으로 나섰다. CIA는 中美, 아프가니스탄, 앙골라, 이란, 리비아, 이치오피아, 모리셔스, 그리고 캄보디아 같은 나라들에서 10여건 이상의 대대적인 비밀작전들을 전개하였다.[61]

방위력 증강을 예외로 한다면 레이건 대통령은 대다수 미국인들에게 뿐만 아니라 中美국가들에 대해서도 공산주의 위협의 심각성이나 임박성을 납득시킬 수 없었다. 레이건 행정부의 정책결정자들은 비밀작전에 의존하고 對中美정책들에 관해서 국민들을 오도하는 것 이외에는 선택의 여지가 없었다고 했다. 이들 비밀작전 가운데서 가장 중요한 작전은 니카라과에서 새로 등장한 산디니스타 사회주의 정권을 전복시키기 위해 반군세력(the Contra Resistance)을 창설하는 것이었다. 이는 레이건 행정부 기간 가장 중요한 비밀작전이었다.

그러나 콘트라 비밀작전은 결국 1985년과 1986년 의회에 의해 위법으로 결정나게 되었다. 그러함에도 레이건 행정부는 NSC 참모들을 통해 반군지원작전을 추진했고 사설집단과 민간요원들에 의존하여 법을 피해 나갔다. 레이건 대통령은 대부분의 미국인들이 공산주의의 위협이 국가적 비상사태를 야기하고 있다는 것은 납득하지 못하자 통치상의 특권을 행사하는 방법을 선택하게 되었다. 그러나 베트남전 이후의 정치적 환경에서 비밀작전을 오랫동안 비밀로 유지한다는 것은 극히 어려운 일이었다. 콘트라 반군 지원 비밀작전의 진실이 노출되었을 때 냉전시대로의 복귀를 위한 국내의 정치적 지지가 추락하면서 레이건 대통령은 통치위기를 맞게 되었다.

리비아의 지도자 모아마르 가다피(Moammar Gadhafi) 대령은 레이건 행정부의 정권 전복의 대상이었다. 레이건 대통령의 마음에서 소련이 세상 모든 악의 근원을 대표했던 것처럼 가다피는 세계 테러리즘의 주요 사주자로 인식되었다. 비록 대부분의 CIA 음모가 실행되지 못하였거나 실패하였지만 미국과 리비아 간의 군사적 갈등은 시작되었고 1986년에는 미국의 군사적 공격이 실행되었다. 세이무어 허쉬에 의하면 미국의 공격목적의 하나는 가다피의 숙소를 폭격하고 그를 암살하는 것이었다. 1986년 10월에는 백악관이 미국과 서방 세계의 언론매체를 통해 그릇된 정보를 흘려서 리비아 정부를 전복시키려고 기도하였다.[62)]

실제로 주목을 끌지 못했던 한 음모는 1981년 초여름 CIA가 그레나다의 마르크스주의 정권을 전복시키려는 계획이었다. 이 그레나다 침공은 그 나라에 있는 미국인들의 생명을 구조하기 위한 인도주의적 노력으로 설명되었다. 그러나 그 이야기는 레이건 행정부가 설명했던 것보다는 훨씬 더 복잡하다. 손바닥만한 西인도 제도의 그레나다는 모리스 비숍(Maurice Bishop)수상이 이끄는 마르크스주의 정부였는데 쿠바의 원조를 받고 있었다. 레이건이 집권하자 곧 CIA는 그 비숍정부를 전복시키기 위한 비밀작전을 의회 정보위원회에 설명하였다. 그에 대한 상하원 정보위원회의 태도는 부정적이었고 그 계획은 서랍 속으로 들어갔다. 그러나 1982년 마르크스주의적 지배집단 내부에서 권력투쟁이 벌어졌고 비숍 수상은 보다 급진적인 적대세력에 의해 밀려났다. 유혈 쿠데타는 레이건 행정부에게 원래 비밀리에 추진하려 했던 작전을 공개적으로 개입할 수 있는 구실을 주게 되었다. 미군은 마르크스주의 정부를 전복하기 위해 그레나다를 침공·점령하였고 나카라과의 산디니스타와 이들의 정권을 지원하고 있던 피델 카스트로에게 하나의 신호를 보냈다. 미국은 그 쿠데타로 결코 위협을 당하고 있지 않던 미국의 의대생들을 구출한다고 설명하였다. 이러한 침공은 대중들에게 별로 강조되지 않았지만 中美의 공산주의를 근절시키려는 레이건 행정부의 전반적인 노력의 일환이었다.[63]

CIA는 정치적 내지 준 군사적 활동에서 더욱 적극적이었을 뿐만 아니라 포드와 카터 대통령에 의해 가해졌던 많은 제약 요소들이 레이건 대통령과 케이시 국장에 의해 유보되거나 무시되었다. 1970년대 제한되었던 해외의 미국인들에 대한 정보기관의 감시는 다시 허용되었다. 정보기관들은 법무장관의 승인하에 우편검열을 할 수 있게 되었다. 그런데 포드와 카터 대통령 하에서는 법원의 명령에 의해서만 가능했다. 레이건 대통령은 미국내에서 정보활동 수행에 대한 제한을 완화시켰다. 이러한 변화는 레이건 행정부 구성원들이 국내외에서 공산주의 위협을 인식하였기 때문이었다.

레이건 대통령은 또한 정보기관과 정부기관 전반에 걸쳐 전개되었던 보안과 비밀체계를 강화했다. 그리하여 대중은 정보자유법 하에서조차 정보에 접근하기가 더욱 어렵게 되었다. 레이건은 정보기관 구성원들뿐만 아니라 미국정부의 모든 민간 공무원들에게도 거짓말 탐지 프로그램을 적용시키려 했다. 이러한 조치들은 행정부 안팎에서 정치적 논쟁을 야기시켰다. 대통령은 그러한 조치가 불러 온 비판과 반대에 부딪혀 대부분의 시도를 완화시켜야 했다. 국무장관 조지 슐츠는 그러한 조치에 비판적이라 하여 사임 압력을 받았다. 그러나 정보기관과 정부기관들은 레이건 행정부 시절 보안에 더욱 신경을 쓰게 되었다. 그러나 얄궂게도 미국의 정보기관은 1980년대 과거 그 어느 때보다도 워커 가족의 간첩사건으로 상징되는 보안상의 허점과 반역적 행위를 더 많이 겪었다. 대부분의 경우 미국 정보기관의 구성원들은 이데올로기적인 이유에서

가 아니라 돈과 개인적 탐욕 때문에 소련에 비밀정보를 넘겨주었던 것이다.

레이건 행정부는 비밀작전을 추진하기 위해 정보기관에 대한 의회의 감독에 저항했고 우회하였다. 행정부 관리들은 의회 의원들을 정식으로 오도했고 거짓말을 했다. 예를 들어 CIA 국장 케이시는 상하원 정보위원회에 정보를 제공하기를 극히 주저했고 질문을 피하고 답변을 얼버무리기로 정평이 나 있었다. 그러나 행정부 관리들은 정치적 목적을 위해 정보를 누설하고 비밀정보를 조직하는데 주저하지 않았다.

레이건 행정부가 정책변경을 기도한 가장 논쟁이 심했던 분야의 하나는 정치적 암살음모에 미국이 개입하는 것이었다. 이는 콘트라 작전기간에 주요 문제가 되었다. 콘트라 반군에게 CIA가 제공한 훈련교본의 한 가지는 심지어 민간인들에 대해서 까지도 테러와 암살을 지시하는 작전용어가 들어가 있었던 것이다. 이런 용어가 언론에 누설되자 정치적 대소동이 일어났다. 레이건 대통령은 암살 개입에 대한 제한조치의 어떤 변경도 이루어지지 않았다고 공개적인 성명을 발표하기에 이르렀다.

부시 대통령 하에서 CIA의 예산 증가는 그 속도가 느렸으나 비밀작전은 계속 적극적인 역할을 수행하였다.[64] 파나마 사건이 이를 설명해준다. 부시 대통령은 마누엘 노리에가(Manuel Noriega)장군을 제거하기 위해 1989년 12월 24,000명의 미군에 파나마 침공을 명령하였다. 노리에가는 파나마 운하와 미국인의 생명에 위협을 가하는 것으로 설명되었다. 노리에가가 체포된 후 그 작전에 대한 여론의 지지를 극대화하기 위해 부시 행정부는 노리에가를 무술(巫術 : Voodoo)에 빠져 있던 소인배 독재자(petty dictator)이며 상습 범죄자(common criminal)요 마약중독자로 설명하였다. 이러한 설명은 상당 부분 사실이기도 했다. 그러나 그러한 설명은 아주 복잡한 부분이 있으며 대부분 미국인들이 알고 있는 것보다는 더 긴 역사가 있는 것이었다.

부시 대통령은 부통령직을 마감한 이후 노리에가 장군을 전복시킬 필요성을 오래전부터 느끼고 있었던 것 같다. 부시는 과거 케네디가 카스트로에 대해 그리고 레이건이 가다피에 대해 느끼고 있던 것처럼 노리에가를 목에 가시처럼 느끼고 있었던 것 같다. 레이건 행정부 말기 노리에가를 제거하기 위해 다섯 가지의 비밀작전이 실행되었다. 네 번째 계획이었던 1989년 10월의 쿠데타 기도 실패가 세상에 알려졌을 때 부시는 무능과 소심증의 실패라는 정치적 규탄을 받았다. 부시 행정부의 반응은 정치적 암살을 제한한 조치들이 대통령으로 하여금 쿠데타에 개입하지 못하도록 제동을 걸고 있다는 것이었다. 노리에가의 제거 실패는 정치적 암살에 관한 제한 규정에 정치적 논쟁을 야기시켰고 미래의 비밀작전에 그러한 제한규정을 완화시킬 필요성을 불러 일으켰다.

노리에가와 미국 정보기관 사이의 관계는 더더욱 복잡하다. 왜냐하면 노리에가는 조지 부시를 포함한 미국정보기관 요원들과 오랜 역사를 가지고 있기 때문이다. 노리에가는 1960년대 초 미국정보기관에 의해 페루의 군사관학교 훈련장교로 채용되면서 CIA의 정보원이 되었다. 그는 또한 파나마에 있는 미국의 군사학교에서 훈련을 받았고 세 개 코스의 첩보원 훈련에서 탁월한 능력을 발휘하였다. 그는 파나마의 정보기관 책임자가 되었고 파나마 대통령이 된 후에도 CIA의 봉급대상 명부에 올라 있었다. 1976년 조지 부시가 CIA 국장으로 있는 동안에도 그는 정보제공과 협조의 대가로 연 10만달러 이상을 받은 것으로 알려지고 있다.[65] 카터 대통령 하의 스탠필드 CIA 국장은 노리에가가 여전히 미국 정보기관의 연락책으로 이용되고 있었는 데도 노리에가와 CIA 간의 관계를 끊었다. 그러나 1981년 레이건 대통령하에서 케이시가 새로운 CIA 국장이 되자 노리에가는 연 20만 달러를 받는 것으로 갱신되었다. 1984년 노리에가는 대중적인 야당후보와 파나마 대통령 선거에 나서고 있었지만 그 후 계속 미국의 지원을 받고 있었다.

노리에가는 부(富)와 권력을 이해하고 있었다. 그는 CIA에 의해 고용되어 있었을 뿐만 아니라 쿠바의 카스트로, 콜럼비아의 메들린(Medellin) 마약 카르텔, 그리고 니카라과의 좌파 산디니스타를 위해서도 일하고 있었고, 그 과정에서 거액의 돈거래를 하고 있었다는 것이다. CIA는 그가 1971년 이후 마약거래에 개입하고 있다는 것과 그의 이중성과 이중거래 사실을 알고 있었다. 그러나 CIA는 노리에가를 보호하기로 했다. 왜냐하면 그는 때때로 마약단속

반이 마약 불법거래를 차단할 수 있는 정보를 제공하였기 때문이었다. 물론 노리에가는 거물 마약거래자들을 보호하였다. 무엇보다도 가장 중요한 것은 노리에가가 니카라과의 산디니스타 좌파정권에 대한 비밀전쟁에서 콘트라 반군에게 무기와 돈 그리고 훈련을 제공하고 있는 레이건 행정부와 CIA를 돕고 있었다는 것이었다.

레이건 행정부와 노리에가 사이의 관계는 결국 쓸모없게 되었다. 1986년 레이건 행정부의 관리들, 특히 노스(North) 대령과 국가안보회의 보좌관 포인덱스터가 노리에가에게 코스타리카로 하여금 니카라과의 산디니스타 정권에 대항하는 남부전선에 원조를 제공하도록 압력을 가하라고 요청했을 때, 노리에가가 그 요청을 거절했던 것이다. 노리에가의 파나마는 외교를 통한 中美平和를 촉진한 콘타도라(Contadora) 과정을 추진하는 4개 주요 라틴아메리카 국가들 중의 하나였다. 노리에가가 오랫동안 미국 정보기관과 관계를 맺어왔고 마약거래에도 관여했다는 사실이 미국의 언론에 노출되기 시작하자 그는 미국정부의 골칫거리가 되었다. 레이건 및 부시 행정부가 노리에가 정권에 대한 경제제재, 비밀전복계획, 미국의 파나마 침공에로 이어지는 과정에서 결국 그를 제거하도록 한 것은 그가 제기한 잠재적인 안보위협과 미국민들의 당황심리, 그리고 노리에가의 對니카라과 정책의 반전 때문이었음이 드러났다.[66]

제 6 절 국가안보와 민주주의 긴장관계

냉전시기 미국의 국가안보에 대한 위협과 그에 대한 집착, 그리고 대규모 정보기관들의 복잡한 발전 등은 정부 전반에 걸쳐 광범위하게 보안 및 비밀체제를 생산해 냈다. 그러한 발전은 미국과 미국시민들에게 일종의 딜레마를 안겨주었다. 즉 그것은 국가안보요구와 민주주의 요구가 때때로 양립할 수 없기 때문이었다. 양자 간의 긴장은 특히 책임성 대 독립성, 정보에의 접근성과 비밀주의, 그리고 비밀작전의 정당성 등 세 가지 영역에서 나타났다.[67]

민주주의는 정부기관들이 선출 지도자들과 국민에게 책임질 것을 요구한다. 책임은 국민의 알 권리, 감시권, 그리고 정치참여의 권리를 요구하는 것이다. 그러한 민주주의 과정은 때때로 느리고 귀찮은 과정이기도 하다. 국내 민주주의 관행과 시민자유 및 인권의 강조는 선거를 조작하고 쿠데타를 사주하고 해외에서 자유와 민주주의의 이름으로 정치적 암살에 개입하는 것과 같은 불미스럽고 무자비한 비밀작전들의 정당성에 시민들이 문제를 제기하도록 하는 경향이 있다.

한편 국가안보의 요구는 때때로 신속하고 능률적인 외교정책 대응을 요구한다. 그리하여 적을 저지해야 하는 정부 작전들의 독립성과 비밀성의 유지에 우선순위가 부여되는 것이다. 국가안보를 유지하고 촉진시키기 위해 가용한 모든 수단을 이용하는 것은 도덕성이 별로 통용되지 않는 세계에서는 필수적인 것으로 고려되는 것이다. 결과적으로 국가안보의 이익은 국민들이 정부의 외교정책을 지지해 줄 것을 요구한다.

그런데 국가안보 요구와 민주주의 요구 간의 긴장은 시간에 따라 유동적이었다. 랜섬에 의하면 미국인들의 위협인식 정도는 국가안보와 민주주의 사이에서 변화하는 긴장상태를 설명하는 데 중요 요인이 되는 것이다. 적에 대한 위협인식이 높아지면 국가안보 요구는 우세하고 정보활동 특히 비밀작전의 증가를 가져오는 경향이 있다는 것이다. 반면 위협인식이 감소하면 민주적 고려는 증가하는 경향이고 정보기능 특히 비밀작전의 정당성은 때때로 의문시된다.[68] 이것이 제2차대전이 끝난 이후 나타난 주요 패턴이다. 즉, 냉전기간 동안에는 국가안보 요구가 민주주의를 압도했고 베트남전 이후에는 민주적 규범의 중요성이 증가하였다. 즉, 국가안보의 요구는 특히 정부 밖에서 그 정당성의 상당부분을 상실하게 된 것이었다.

1 국가안보정신의 우세

냉전기간이란 대부분의 미국인들이 미국의 안보가 소련과 공산주의에 의해 크게 위협받고 있다고 생각하는 시기를 말한다. 이 시기에 대규모의 복잡한 정보기관들이 생성될 수 있는 정치적 환경이 조성되었다. 민주적 책임성은 최소화되고, 정보기관의 독립성은 극대화 되었으며, 대부분의 정보는 비밀로 분류되었고, 비밀은 규범이 되었으며, 비밀작전들에 대해서는 "무엇을 해도 괜찮다"는 분위기가 조성된 것이었다. 이렇게 해서 권력은 대통령에게 집중되었고 CIA의 비밀작전은 외교정책의 주요 수단이 되었다. 이러한 관행들은 권력정치, 독립성, 비밀 등의 가치들이 국가안보기관의 일부를 맡고 있는 개인들과 조직들의 정신과 下位文化 속으로 스며들어 소위 국가안보정신(National Security Ethos)의 성장을 가져왔다. 이러한 태도는 국가안보의 이름으로 강대국간 경쟁, 안정과 질서의 유지, 그리고 국내 민주정치와는 거리가 먼 권력과 무력의 행사 등에 전념할 것을 강조하는 것이다.

냉전시대와 CIA의 전성기 동안 국가안보와 권력정치(power politics)에의 과도한 집착은 상당한 월권을 키워 주었다. 정보기관과 CIA의 비밀작전 등에 대한 아무런 감독기능이 없게 된 것이었다. 집행부내에 소위 "독립적"인 감독위원회들이 간헐적으로 활동을 하고 있었으나 그 위원회는 국가안보정신을 함께 나누고 있는 동료들로 구성되어 있었다. 정보비 지출은 국방예산 속에 숨겨져 있었다. 우세한 반공산주의 정서와 대통령의 봉쇄징책 때문에 CIA는 해외활동에서 광범위한 활동영역을 유지하고 있었다. 대부분의 경우 의회, 사법부, 언론매체, 그리고 국민대중들은 국가안보의 명분으로 주입된 사고와 함께 했다.

국가안보정신은 외국의 적들로부터 미국의 안전을 지킨다는 생각에서 연유하였다. 그러나 그것은 곧 비밀주의에의 집착을 초래하였고 국민대중의 불신을 키우는 결과를 가져왔다. 비밀 분류제도는 형식상 1951년까지는 정부내에 존재하지 않았지만 그 규범은 빠르게 국가안보에 관련된 모든 문서와 정보들에 비밀딱지를 붙이게 했다.[69] 이는 내막을 잘 알고 있는 사람들과 여타 사람들 간의 갈등을 야기시켰다. 정보에 관한 제약은 대통령과 국가안보 관료들이 정보를 독점하고 외교정책과정을 통제하도록 만들었다. 국민대중은 무지한 상태가 되고 공식 정책들을 액면가 그대로 받아들이도록 강요되었다. 이것으로 인해 공직관리들이 국민대중의 무지와 변덕을 경멸하는 풍조가 생겨났다.

국가안보정신으로 인한 비밀주의에의 집착은 관리들이 국민들을 오도하고 국민들에게 거짓말을 할 수 있는 권리를 정당화시켜 주었다. 믿을 수 없을 만큼 정부는 비밀작전에의 개입을 공식적으로 부인했을 뿐만 아니라 실제로 한동안은 CIA의 존재조차 부인하였다. 그러한 절반의 진실 또는 거짓말은 항상 국가안보라는 궁극적인 목적으로 정당화되었다. 1963년 국방부의 아서 실베스터(Arthur Sylvester) 차관보는 "국가안보가 걸려있는 경우 정부는 필요하다면 적을 오도하고 정부가 대표하고 있는 그 국민을 보호하기 위해 거짓말을 할 수 있는 권리, 아니 거짓말을 할 수 있는 의무를 가지고 있다"[70]고 하였다. 따라서 1955년 3월 12일 NSC 5412/1과 같은 대통령 명령서는 "비밀작전에 직접 관련되지 않은 사람들의 책임을 모호하게 하여 그 작전이 노출될 경우 미국정부가 그 책임을 회피할 수 있도록 비밀작전을 계획하고 집행하라" 고 지시하고 있다.[71]

비밀제도는 미국사회에서 대통령과 국가안보 관료가 그들의 무능력을 숨기고 정치적 지지를 끌어내는 데 비밀정보를 이용하도록 하였다. 더욱이 비밀과 기만은 만일 일부 정보가 노출되는 경우 일어날지도 모를 정치적 또는 국민적 반발로부터 관리들을 보호하였다. 왜냐하면 첩보활동들은 때때로 민주주의, 인권, 자유에 관한 公的인 수사(rhetoric)와 불일치하기 때문이었다. 예를 들어 제2차대전 직후 미국 정보기관은 나치의 비밀경찰과 친위대 출신 정보장교들을 충원하였다. 그 중 일부는 전범자나 반인도적인 범죄자로 알려졌지만 소련과 東유럽에 관한 지식을 얻기 위해서 뿐만 아니라 반공산주의 첩보망에의 접근방법을 알기 위해서 채용하였으며, 그것은 미국의 냉전시기 비밀작전을 위해서는 중요한 것으로 생각되었다. 미육군방첩단(The Army' s Counterintelligence Corps)은 나치들을 추적하고 체포하여 충원한 일차집단이었다. "리용의 도살자(butcher of Lyon)" 인 클라우스 바르비(Klaus Barbie)

는 육군방첩단에 의해 충원되었다. 육군방첩단은 1951년 그를 전범으로 추적하고 있는 프랑스로 추방하지 않고 그가 南美로 도피하는 것을 도왔다.[72)]

비밀작전에서는 그 비밀활동의 유형에 관해서 차별을 두지 않았다. 도덕, 고상한 원칙, 국제법 등은 권력정치에서는 물론 미국의 안보가 걸려있다고 생각되는 냉전과의 싸움에서는 장애물이 될 뿐이었다. NSC 5412/1이 규정하고 있는 바와 같이 목적을 위해서는 무엇이든 허용된다.

> 선전과 정치행위; 경제戰; 도피, 탈출, 철수 등의 대책; 지하운동, 게릴라 및 난민해방집단 등에 대한 지원과 그리고 적국과 적대집단의 전복; 위협을 받고 있는 자유세계 국가들의 토착 및 반공인사들에 대한 지원; 기만적인 계획과 작전; 그리고 이상에서 언급한 목적을 성취하는데 필요한 모든 활동[73)].

1955년의 이러한 지령은 무자비한 독재정권의 지원은 물론 민주선거의 조작, 필요한 경우 민주정부의 전복, 정치적 암살과 살해를 지원하는 결과를 초래하였다. 이러한 방법들이 정당화된 데에는 국가안보논리의 기초가 된 반공산주의 철학과 권력정치의 "목적이 수단을 정당화한다(Ends-justifies-means)"는 전략 때문이었다. 1954년 제임스 두리틀(James Doolittle)장군 위원회가 정부조직 후버위원회에 보고한 내용은 다음과 같다.

> 우리는 분명 적(敵)이 공언한 목적이 수단과 방법을 가리지 않는 세계지배라는 사실에 직면하고 있는 것이다. 이러한 게임에는 규칙이라는 것이 없다. 지금까지는 용인할 수 있었던 인간행위 규범이 이제 적용되지 않는다. 만일 미국이 생존해야 한다면 "공명정대"라는 오랜 미국적 개념들은 재고되어야 마땅하다. 우리는 효과적인 첩보 및 방첩기관을 육성시켜야 한다. 우리는 이제 우리에 대해 사용되어진 그런 방법보다도 더욱 현명하고 더욱 정교하고 더욱 효과적인 방법으로 우리의 적들을 전복하고 방해하고 파괴하는 방법을 배워야 한다. 미국 국민들은 이렇게 근본적으로 불유쾌한 철학을 숙지하고 이해하고 지원해야 한다.[74)]

비밀성이 그 본질인 많은 비밀작전들은 미국의 자유민주주의 정치문화와 양립할 수 없었다. 그 목적은 때로는 정말 해외의 적들로부터 비밀을 유지하려는 것도 아니었다. 어떤 CIA 작전의 유출은 그 작전의 성공을 촉진하기 위해 상당한 공포분위기를 조성하려는 의도에서였다. 대신 국내에선 정보누설이 비밀작전의 미래를 위태롭게 할 수도 있는 반발을 촉발시킬 수 있기 때문에 비밀유지가 필수적이다. 미국 관리들은 공산주의와 싸우는 데 전력을 기울였다. 그들은 국가안보가 관련된 경우라면 나치나 기타 범죄집단과도 교류를 서슴지 않았다.

국가안보와 비밀주의에 대한 집착은 또한 국내의 민주주의와 헌법적 권리에 대한 불신도 조장시켰다. 대통령과 정보기관들은 공산주의에 대한 두려움이 매우 커서 국내의 어느 반대자도 내부의 위협 인물로 간주하였고 그것을 억압하기 위한 조치를 취했다. 국내의 비밀작전들에는 CIA의 혼돈작전(Operation Chaos), 치안을 위협하는 개인이나 단체의 움직임을 은밀히 분쇄하는 FBI의 對파괴자 정보활동(Operation Cointelpro), 그리고 NSA와 육군정보대의 대규모 탐정활동(Spying Operations) 등이 있다. CIA는 미국시민의 우편물을 개봉해서 150만 명 이상의 명단을 작성해 가지고 있고, 종교계, 언론계, 교육기관들에 침투해 있다. FBI는 법원의 허가 없이 50만 명 이상의 미국인들에 관한 조사를 실시했고, 국가보안국(NSA)은 1947년에서 1975년 사이 미국인들의 모든 국제적 송수신 내용을 감청했다. 육군정보대는 베트남전 기간 10만 명 이상의 미국 시민들을 조사했고, 국세청은 정치적 목적을 위해 정보기관들이 오용할 수 있도록 과세정보를 제공했다.[75]

다시 말해서 광범위하게 실행된 국내 비밀작전 체제는 미국의 민주주의를 보호한다는 명분아래 미국 시민의 안전과 자유를 침범했다.[76] 국가안보나 정치가 완전히 얽혀져서 민주주의의 실제는 고통을 당했다. 대통령과 정보기관은 법과 헌법을 장악해서 그들의 정치적 목적과 이익에 도전하는 개인들과 단체들을 침묵시키고 파괴하였다.[77] 리처드 파이어스에 의하면 1950년대와 1960년대는 대통령이 외교정책 수행에서 특권을 행사한 시기였다.[78]

국가안보와 권력정치의 사고방식에서는 사실 어떤 종류의 활동도 법과 윤리 또는 인간의 권리와 안전에 관계없이 냉전과 싸우기 위해서는 필요한 것으로 생각되었다. 1950년대에 보여졌던 안보위협에 대한 편집증은 더욱 심해져서 MKULTRA 계획이 수립되었다. 그 계획의 목적은 미국정보기관이 확신하고 있던 바, 중국, 북한, 東유럽 국가들이 사용하던 "세뇌(brainwashing)" 기술을 획득하는 것이었다. 그 계획은 인간의 정신통제 실험을 포함하는 프랑켄슈타인(Frankenstein) 계획들로 구성되었다. CIA가 후원한 한 계획은 캐나다의 한 정신병 학자에 의해 실험되었다. 즉 그것은 전기충격, LSD 주사, 그리고 수 주간의 마약 유도에 의한 인사불성 상태 등을 통해 인간의 정신을 세척하는 작업이었다. 이러한 탈정형화(脫定型化:depatterning) 과정에서 그 환자의 추정상 파괴된 메시지 대신 새로 고안된 일연의 긍정적 메시지들을 주입시키는 것이다. 1953년부터 1963년까지 CIA는 그 MKULTRA하에서 미국과 캐나다의 대학과 연구기관에서 미국인들과 캐나다인들에 200개 이상의 정신통제 계획을 지원하였다.[79)]

CIA의 비밀작전에 의해 논증된 바 있지만 국가안보정신의 과잉은 미국정부와 미국의 외교정책에 대한 평판에 상처를 주었다. CIA가 요청했던 독립성과 비밀주의는 미국과 동맹국들의 안전과 민주주의를 촉진하면서 공산주의를 패퇴시키는데 기여했던 것으로 생각된다. 대신 그러한 미국인들의 월권은 미국을 비판하는 사람들의 표적이 되었고 해외에서 미국정부와 CIA를 악의 화신으로 만들었다. 예를 들어 이란에서 미국정부는 민족주의 지도자를 전복시키고 샤를 왕좌에 올려놓고 25년 이상을 그의 무자비하고 잔인한 독재를 후원하였다. 미국인들이 이러한 사실을 아는 경우 왜 그토록 많은 이란인들이 미국에 증오심을 가지고 있고 아야툴라 호메이니 하에서는 미국을 "대 사탄"으로 그렸는지를 보다 잘 이해할 것이다. 이는 미국에 대한 동맹국들의 불신을 조장하였는데, 동맹국들의 비밀요원들의 명예는 더럽혀지고 그들의 관여는 상당한 정치적 곤혹을 치르게 하였다. 이는 곧 CIA가 우수한 인재를 충원하고 신뢰할 만한 정보평가를 생산해내는 것을 어렵게 만들었다. 그리고 그것은 또한 미국 국민들의 불신을 조장하였고 그들은 자기들의 정부로부터 기만을 당했다고 느꼈으며 그들의 정부를 어떻게 믿어야 할지를 모르게 하였다.

② 민주적 규범의 성장

베트남에서의 미국의 실패, 중공과의 관계 정상화, 1970년대 초, 중반의 동서화해 정책 등은 이제 많은 미국인들이 소련이나 국제공산주의를 미국의 국가안보에 대한 위협으로 보지 않는 정치적 분위기를 조성하였다. 다른 문제들 역시 주목을 끌기 시작하였다. 즉, 국내외에서 미국의 경제력이 크게 향상되고 있었다는 점이었다. 이러한 정치적 환경 속에서 냉전시대의 전형이었던 대통령의 외교정책 활동과 비밀작전들은 이제 불필요하고 비도덕적이며, 불법적인 것으로 보였던 것이다. 베트남전 이후 비밀작전들은 보다 민주적인 행위규범으로 재정립되었으며, 그로 인해 워터게이트 사건, CIA의 몰락, 정보기관의 개혁노력 등을 초래시켰다.

이 시기 정치적 시계추는 양 극단을 오갔다. CIA와 그 비밀작전에 관한 폭로들은 전례 없는 국내의 정치적 소동을 야기하였다. 과거에는 그러한 정보활동의 목적과 필요에 관한 知的 논쟁은 없었던 것이다. 대신 특히 의회 지도자들은 새로운 정치적 분위기에 편승하여 정보기관의 허물을 찾고 매질하기에 여념이 없었다. CIA의 비밀작전들은 고통을 겪게 되었고 CIA의 정보평가에 대한 신뢰성도 의문시 되었다.

정보의 수집과 활동에서는 변화가 일어났으나 진정한 개혁은 별로 이루어지지 않았다. 대통령과 의회는 국가안보와 민주주의를 균형시키는 방법으로 정보기관에 법적 지침을 설정하는 정보헌장 마련에 합의를 볼 수 없었다. 오히려 CIA와 작전부서는 심각한 인력감축, 인사교체, 그리고 사기저하를 겪게 되었다. 그러나 미국 CIA는 비록 쇠락과 제재를 경험하였지만 그 조직구조와 하위문화는 그대로 남아 있었고 국가안보정신은 닉슨 행정부 기간 내내 지속적으로 우세하였다.

③ 국가안보와 민주주의의 불안한 공존

레이건 대통령은 국가안보와 민주주의 간의 긴장을 증가시켰다. 그러한 긴장은 이란-콘트라(the Iran-Contra) 사건으로 상징화 되었던 바, 그 사건들은 후기 냉전시대의 정치적 환경에서 과거의 낡은 냉전시대의 정책을 되살리는 것이었다. 이란-콘트라 구상은, 특히 콘트라 비밀전쟁은 대통령이 미국의 외교정책에서 의회와 국민대중의 역할을 우회하려는 노력이었다. 레이건 행정부 관리들은 그들만이 미국의 최상 이익을 알고 있다고 생각하였다. 즉, 니카라과의 산디니스타 정권이 미국의 안전에 위협을 제기하고 있는 반면 콘트라 반군은 니카라과에서 자유와 민주주의의 희망을 제시하고 있다고 생각한 것이었다. 레이건 행정부는 미국이 직면하고 있는 위기가 매우 심각해서 타국에서 민주주의를 추진하기 위해 국내의 민주주의를 우회할 수 있는 권리를 가진다고 했다. 해외에서 비밀전쟁을 수행하려는 대통령의 노력과 이란 콘트라 작전에 관련된 부분적인 그의 월권은 역사적 탈선이 아니라는 것이었다. 그러나 1980년대 그러한 탈선행위들은 냉전기간에서와는 달리 국가안보에 덜 수용적인 정치적 환경에서 진행되었다.

1970년대 진정한 정보기관 개혁의 결여와 1980년대의 이란-콘트라 사건은 정부와 정보기관에 스며든 국가안보 기류가 사그러들지 않았음을 보여주었다. 또한 이란-콘트라 사건이 정치적 헌법적 위기를 생산했음에도 새로운 개혁을 유발하지는 못했다. 1975년 CIA 활동에 관한 의회의 폭로와는 달리 타워 위원회(Tower Commission)와 의회 합동조사위원회의 보고서는 이란-콘트라 사건과 관련된 의심스런 비밀활동을 단순히 잘못된 리더십 때문에 발생한 탈선으로 취급했다. 그것은 미국의 국가안보정책에서 오랫동안 지속되어온 제도적 역사적 패턴과 반대되는 것이었다.[80] 당시 국가안보의 관료구조는 그 어느 때보다도 대규모로 확대되었다. 변한 것이라면 국내의 정치환경이었던 바, 그것은 베트남전 이후 민주주의적인 원칙에 더욱 민감하였다는 점이었다. 이와 같이 국가안보정신은 다수의 미국인들이 정보기관의 무책임성, 비밀주의,

비밀작전 등에 의심을 품고 있던 시기에서도 전체 집행부 관료사회에선 계속 우세를 보이고 있었다.

냉전 이후 국내환경에서 작동하고 있던 국가안보의 관료구조와 기류는 월권, 남용, 스캔들의 정치상황을 생산해냈다.[81] 정보기관은 과거의 산물이고 낡은 습관은 강력한 경향이 있다. 국가안보 관료들과 정책결정자들은 계속 비밀주의에 집착하고 있다. 예로서 1988년경 미국정부는 1천40만개의 결정들을 "1급 비밀(Top Secret)", "2급 비밀(Secret)", 또는 "3급 비밀(Confidential)"로 분류하였다. 주로 국방부, CIA, 법무부 등에서였다.[82] 언론인 팀 와이너에 의하면 비밀정보활동을 위한 정부지출은 국방부의 "검은 예산(black budget) 속에 감추어져 있으며 그 액수는 1989년 360억달러 이상으로 늘어났다. 만일 그것이 민주주의 관행에 따라 책임을 져야 할 것이라면 그러한 정보활동을 어렵게 만들 것"이라는 것이었고, 그러한 액수는 "교통부나 농무부의 연방예산보다 더 많고, 교육부 예산의 두 배이며, 환경보호기관의 예산보다 8배 많은 예산이다. 그것은 또한 소련을 제외한 어느 다른 나라의 국방예산보다 더 많은 액수"[83]라는 것이었다.

CIA는 범죄자들이 우글거리는 지하세계에 깊숙이 들어가 그 범죄자들로 하여금 미국의 국가안보 명분으로 CIA의 비밀활동을 지원하도록 요청하는 것이다. 예를 들어 CIA가 마피아, 노리에가 장군, 그리고 콘트라 등과 관계를 맺고 있다는 것은 CIA가 불법적인 마약거래에 개입하고 있는 개인과 조직들에 의존해 왔음을 설명해주는 것이다. 테러, 마약, 그리고 대외관계위원회의 국제활동 등에 관한 미국상원 소위원회의 한 보고서에 따르면 외교정책 고려가 마약과의 전쟁에 우선한다는 예들이 있다. 즉, 콘트라와 연계된 불법활동의 조사활동, 바하마 정부의 고위관리들을 대상으로 한 마약 함정수사, 마약-테러 음모로 유죄를 선고 받은 혼듀라스 장군을 위한 미국관리들의 간섭, 그리고 파나마의 노리에가 장군의 조종 등이 그 예들이다.[84] 그러나 그러한 비밀작전들은 "마약과의 전쟁(war on drugs)"에 관한 미국정부의 표면적인 수사학(rhetoric)과는 정면으로 배치되는 것이다.[85]

남용 가능성은 CIA에 국한되는 것이 아니라 여타 정보기관과 국가안보 관료에 이르기까지 전체적으로 확대된다. 예를 들어 1980년 이란 인질 구출작전이 실패하고 각 군 간 경합과 CIA의 부조리 등이 드러난 이후에도 합참은 많은 비밀군사정보대들을 창설하였다. CIA와 유사한 역량을 가진 이들 군정보대들의 과제는 반테러 임무를 수행하는 것이었고 전세계에 걸쳐 비밀작전을 수행하는 것이었다. 이러한 특급 비밀작전에 관한 정보가 국가안보 관료 내부에서 유출되기 시작하였기 때문에 관료적 경쟁과 그 부적절성에 대한 비난들로 인해 그 정보부대들이 해산된 1980년대 중반 일연의 비밀군사재판이 열리기까지 하였다.[86] CIA 국장 윌리엄 케이시는 이들 비밀정보대들을 콘트라를 지원하고 의회를 우회하는데 이용했다.

냉전시대 비밀작전의 유산의 한 가지는 "처리문제(disposal problem)"였다. 즉, 1970년대 그 CIA에 의해 방출되어 지하세계에서 정보 및 준 군사작전을 지속하도록 관리되어온 수백 명의 비밀작전 요원들을 어떻게 처리할 것인가의 문제였다. 레이건 행정부와 CIA가 콘트라 전쟁을 지원하게 된 것은 이들 비밀작전 요원들과 그들의 작전 네트웍 때문이었다. 의회의 이란-콘트라 사건 조사기간 올리버 노스(Oliver North)의 증언에 따르면 케이시는 비용을 자체 조달하고 완전히 비정부적(非政府的)인 사설비밀요원들로 구성된 세계적인 정보기관을 구상하였다. 세코드(Secord) 장군이 운용하고 앨버트 하킴(Albert Hakim)이 재정을 지원하는 "기업"에 유사한 그러한 정보기관은 1970년대 이후 CIA의 남용에 대한 반작용으로 제도화된 법적 통제들을 피해갈 수 있는 방법이었다.

FBI의 최근 활동들은 후버(Hoover)의 유산이 아직도 계속 살아있음을 보여준다. 1981년에서 1985년에 이르는 기간 FBI의 전국 59개 지부 중 52개가 레이건 대통령의 중미정책을 반대한 2300여명과 1300여 단체들에 대해 조사를 벌였다. 그 단체들 중에는 전국교회회의, 메리놀 수녀회, 전국 자동차노조, 전국교육협회 등도 있었다. 그 조사에서는 어떠한 범죄활동도 밝혀지지 않았고 FBI 요원 6명만이 징계를 받았고 당시 FBI 국장이던 윌리엄 웹스터(William

Webster)는 후에 레이건 대통령에 의해 CIA 국장으로 임명되었다.[87] 논쟁거리가 되었던 또 다른 예가 있다. 미하일 고르바초프가 소련 지도자로 등장한 4년 차이자 東유럽 공산주의가 최초로 붕괴하기 몇 달 전인 1980년대 후반 FBI는 "도서관 인식 프로그램(Library Awareness Program)"으로서 FBI가 소련 스파이들을 확인하는 것을 도서관 직원들이 도와주도록 하였다. 이 프로그램을 반대하고 비판한 도서관 직원들은 FBI의 감시하에 있었는 데, 1989년 2월 6일자 윌리엄 S. 세션즈(William S. Sessions) 국장에게 보낸 메모에 따르면 FBI는 도서관 인식 프로그램을 방해하려는 소련의 적극적인 활동이 시작되었는지를 확인하려고 하였다.[88] 이러한 예들은 정보기관들의 낡은 습관들이 지속되고 있으며 국가안보와 민주주의 간의 미해결의 모순들이 계속 강화되고 있음을 보여주는 것이다.

국가안보 요구와 민주주의 간의 적절한 관계는 무엇인가? 미국이 21세기로 진입하는데 요구되는 정보기관의 규모와 종류는 어떤 것이어야 하는가? 정보기관이 어느 정도의 책임과 독립성을 가져야 하는가? 국민들이 접근할 수 있는 정보의 양은 어느 정도여야 되고, 정부가 필요한 비밀은 어느 정도여야 하는가? 미국이 국내외에서 민주주의에 대해 약속한 상황에서 어떤 형태의 비밀작전이 정당성을 지니고 있는 것인가? 미국인들은 이처럼 중요한 물음에 많은 숙고를 해야 한다. 미국인들은 또한 국가안보와 민주주의 간의 엄청난 긴장을 전개한 이후 세계 속에서 미국의 적절한 역할에 대해 숙고해야 한다. 불행하게도 쉽고 단순한 대답은 없다.[89]

전후 정보기관이 완전히 발전했을 때 이러한 질문들에 대한 대답은 압도적으로 국가안보의 요구에 찬성하는 것이었다. 오늘날 그와 같은 정치체제에 대한 합의는 별로 없다. 국가안보에 대한 요구도 있지만 민주주의에 대한 관심도 더욱 커지고 있다. 이와 같이 국가안보와 민주주의 간의 긴장은 머지않은 장래에 미국을 근본적인 딜레마 속으로 빠트릴 가능성이 있다.

소련과 동구권에서 모두 체제변화가 이루어진 상황에서 정보기관의 미래와 국가안보정신에 대한 가장 명백한 위협은 냉전의 종식이다. 1977년부터

1981년까지 CIA국장으로 있었던 스탠필드 터너(Stanfield Turner)는 "냉전이 시작된 이후 소련 특히 소련의 군사력에 관한 철저한 정보수집 활동이 미국 정보활동을 지배했다고 해도 과장이 아니다. 오늘날 서유럽에 대한 소련의 군사위협이 감소하고, 소련경제가 악화되고, 소련을 해체하려는 원심적인 운동이 일어나는 상황에서 정보기관의 상당한 조정이 이루어지지 않고 있다고 주장해도 지나치지 않다"[90]고 하였다.

그러나 미래에 정책결정자들이 국가라는 배를 조정하도록 도와주기 위해서 정보를 수집하고 분석해야 할 막중한 필요성은 지속될 것이다. 터너는 정보기관의 미래활동에 대해 세계적인 경제정보와 제3세계 국가들에 대한 정치적 정보를 비롯해서 테러, 마약거래 및 환경 등과 같은 점증하는 세계적인 문제 등에 관한 정보를 수집하는 방향으로 전환시킬 필요성이 있다고 하였다. 그러나 터너 자신도 인정했듯이 냉전기류가 심화되고 있는 한 소련에 대한 일부 활동들이 축소되는 경우 CIA 내부에서 강한 반발이 일어날 가능성이 있고, 결국 미국에 대한 위협이 정보기관의 존재이유가 되는 때는 그러한 축소움직임에 대한 군사정보기관들의 강한 반대에 직면할 것이라고 하였다. 더욱이 페르샤만 전쟁의 승리는 정보활동의 현상유지 변경에 대한 저항을 강화시킬 뿐일 것이다. 따라서 이들 상충적인 세력들이 정보기관의 미래에 어떻게 영향을 줄 것이며 국가안보와 민주주의 간의 긴장에는 어떤 영향을 줄 것인지는 국제적인 상황전개와 미국외교정책의 복잡한 정치적 현실에 의존하게 될 것이다.

1) John H. Esterline and Robert B. Black, Inside Foreign Policy(Palo Alto, Cal. : Mayfield, 1975), p.35.
2) Harry H. Ransom, Strategic Intelligence(Morristown, NJ. : General Learning Press, 1973), p.2.
3) Robert M. Gates, "The CIA and American Foreign Policy," Foreign Affairs, Vol.66, No.2(Winter 1987), pp.215-230.
4) Jerel A. Rosati, The Politics of United States Foreign Policy(Orlando, FL. : Rinehart & Winston, 1993), p.183.
5) 상게서, pp.183-84.
6) Roger Hilsman, "Intelligence and Policy-Making in Foreign Affairs," World Politics V(Oct. 1962), pp.33-45.
7) Rosati, 전게서, pp.183-228.
8) John Ranelagh, The Agency : The Rise and Decline of the CIA(New York : Simon & Schuster, 1986), p.27.
9) 동아일보, 2005. 12. 27자 참조.
10) 상게신문, 같은쪽.
11) Esterline and Black, 전게서, p.33.
12) Esterline and Black, 전게서, p.33.
13) Graham T. Allison, Essence of Decision : Explaining the Cuban Missile Crissi(Boston : Little & Brwon, 1971) 참조.
14) Gates, 전게논문, p.215.
15) Esterline and Black, 전게서, p.33.
16) Andrew H. Berding, The Making of Foreign Policy(Washington, D. C. : Potomac Books, 1966), p.55.
17) Loch Johnson, America' s Secret Power : The CIA in a Democratic Society(New York : Oxford University Press, 1989) ; Jeffrey Richelson, The United States Intelligence Community(Cambridge, MA. : Ballinger, 1985).
18) Rosati, 전게서, pp.192-197.
19) Gates, 전게논문, p.220.
20) Yehachafat Harkabi, "The Intelligence-Policy-Maker," The Jerusalem Quarterly(Winter, 1984), pp.125-131; Gates, 전게논문, p.219 참조.
21) Rosati, 전게서, pp.193-194.
22) John Ranelagh, The Agency : The Rise and Decline of the CIA(New York : Simon& Schuster, 1986), p.455.
23) Jefferys-Jones, CIA and American Democracy(New Havem, CT.: Yale University Press, 1989), pp.238-45.
24) Gates, 전게논문, p.220에서 인용.
25) Esterline and Black, 전게서, p.38.
26) Rosati, 전게서, pp.194-197.
27) Gary Sick, All Fall Down : America' s Tragic Encounter with Iran(New York : Penguin Books, 1985).

28) Michael Wines, "CIA Sidelines Its Gulf Cassandra" , New York Times(Jan. 24, 1991), p.A13, and Michael Wines, "U.S. Says Bush was Surprised by the Iraqi Strikes," New York Times(Aug. 5, 1990), p.8.

29) Bob Woodward, The Commanders(New York : Simon & Schuster, 1991).

30) Bob Woodward, "The CIA Called It-But Nobody Listened," Newsweek(Sept. 2, 1991), p.44.

31) 상게서, 같은쪽.

32) Gates, 전게논문, pp.215-16.

33) 상게논문, pp.216-18.

34) Esterline and Black, 전게서, p.36.

35) Benzamin Welles, "Nixon Dissatisfied with Size and Cost of Intelligence Setup," New York Times, Jan. 22, 1971 ; Esterline and Black, 전게서, p.36 참조.

36) Rosati, 전게서, pp.197-98.

37) Gates, 전게서, p.216.

38) Rosati, 전게서, pp.198-215.

39) Theodore Shackley, The Third Option : An American View of Counterinsurgency Operations(New York : Dell, 1981).

40) Loch K. Johnson, "Covert Action and Accountability : Decision-Making for America' s Secret Foreign Policy," International Studies Quarterly 33(March 1989), pp.81-109.

41) Rosati, 전게서, pp.199-215.

42) Jay Peterzell, "Legal and Constitutional Authority for Covert Operations," First Principles 10(Spring 1985), pp.1-3; Jeffreys-Jones, 전게서, Chapter 1 참조.

43) Jeffreys-Jones, CIA and American Democracy, p.41.

44) James A. Bill, The Eagle and the Lion : The Tragedy of American-Iranian Relations(New Haven : Yale University Press, 1988).

45) Richard H. Immerman, The CIA in Guatemala : The Foreign Policy of Intervention(Austin : University of Texas Press, 1982) ; Stephen Schlesinger and Stephen Kinzer, Bitter Fruit : The Untold Story of the American Coup in Guatemala(New York : Doubleday, 1982).

46) Madelaine G. Kalb, The Congo Cables : The Cold War in Africa from Eisenhower to Kennedy(New York : Macmillan, 1981).

47) Rosati, 전게서, p.202 참조.

48) 상게서, pp.202-203; Joel Bleifuss, "The First Stone," These Times(July 4-17, 1990), p.4 ; Peter Dale Scott, "The United States and the Overthrow of Sukarno, 1965-1967," Pacific Affairs and Joseph B. Smith, Portrait of a Cold Warrior(New York : Ballantine Books, 1976).

49) Joseph Albright and Marcia Kustel, "CIA Tip Led to ' 62 Arrest of Mandela : Ex-Offical Tells of U.S. 'Coup' to South Africa," Atlanta Constitution (June 10, 1990), p.A14.

50) Peter Wyden, Bay of Pigs : The Untold Story(London : Jonathan Cape, 1979).

51) Jeffreys-Jones, CIA and American Democracy, p.132.

52) Kornbluh, "The Iran-Contra Scandal," p.139 ; Harry H. Ransom, Strategic Intelligence and

Intermestic Politics," in Charlers W. Kegley, Jr., and Eugene R. Wittkopf, eds., Perspectives on American Foreign Policy ; Selected Readings(New York : St. Martins, 1983), p.303.

53) U. S. Congress, Senate, Final Report of the Select Committee to Study Governmental Operations with Respect to Intelligence Activities, Foreign and Military Intelligence Activities, Foreign and Military Intelligence, Book I, Congressional Report(94th Cong, 2nd Sess, April 14, 1976), p.445.

54) Jeffreys-Jones, CIA and American Democracy, p.51.

55) Robin W. Winks, Cloack & Gown : Scholars in the Secret War(New York : William Morrow, 1987).

56) Jeffreys-Jones, CIA and American Democracy, p.167.

57) 상게서, p.203.

58) Rosati, 전게서, p.205.

59) John Stockwell, In Search of Enemies : A CIA Story(New York : Norton, 1978).

60) Philip Taubman, "Casey and His CIA on the Rebound," New York Times Magazine(Jan. 16, 1983), p.21.

61) 의회의 정보위원회들에 의하면 1개작전, 예를들어 외국의 한 정부를 전복시키는데는 500만달러 이상의 예산이 소요된 것으로 추정되었다.
Rosati, 전게서, p.200.

62) Seymour Hersh, "Target Gadhafi, "New York Times Magazine(Feb. 22, 1987), pp.16-26, 48, and Bob Woodward, Veil : The Secret Wars of the CIA, 1981-1987(New York : Simon & Schuster, 1987).

63) Patrick E. Tyler, "U.S. Tracks Cuban Aid to Grenada," Washington Post(Feb. 27, 1983), pp.A1, A11.

64) Rosati, 전게서, pp.214-215.

65) 상게서, p.215.

66) 상게서, 같은쪽; "Anatomy of a Fiasco," Newsweek(June 6, 1988), pp.36-39; John Dinger, Our Man In Panama : How General Noriega Used the U.S. and Made Millions in Drugs and Arms(New York : Random House, 1990); Stephen Engelberg with Susan F. Rasky, "White House, Noriega, and Battle in Congress," New York Times(Oct. 25, 1989), p.4; "Noriega Surrender," Newsweek(Jan. 15, 1990); pp.14-18.

67) Rosati, 전게서, pp.215-223.

68) Harry Ransom, "Strategic Intelligence and Intermestic Politics, pp.299-319; Charles W. Kegley, Jr., and R. Wittkopf, eds. Perspectives On American Foreign Policy : Selected Readings(New York : St. Martin' s, 1983).

69) 제1차 대전기간 육군이 조직상의 기초에서 비밀분류 제도를 처음으로 사용하였다. 그러다가 1940년 3월 Franklin Roosevelt 대통령이 군사비밀 분류제도를 위한 집행명령을 발했다. 그후 Harry Truman 대통령의 집행명령으로 비밀제도는 모든 민간정부 부처로 확대되었다. David Wise, The Politics of Lying : Government Deception, Secrecy, and Power(New York : Vintage, 1973), pp.89-91); U. S. Congress, Committee on Foreign Relations, Securtiy Classification as a Problem in the Congressional Role in Foreign Policy(92nd Cong., Ist Sess., Dec, 1971).

70) U. S. Congress, Senate, 69th Cong., Ist Sess., Congressional Record(June 24, 1963), p.859.

71) Jeffreys-Jones, CIA and American Democracy, p.83.

72) Christopher Sympson, Blow Black : America' s Recruitment of Nazis and its Effects On the Cold War(New York : Weidenfeld & Nicolson, 1988).

73) Jeffreys-Jones, 전게서, p.83.

74) U. S. Congress, Senate, Final Report(94th Cong., 2nd Sess, 1975), p.9.

75) Frank J. Donner, The Age of Surveillance(New York : Vintage Books, 1981) ; Robert J. Goldstein, Political Repression in America : From 1870 to the Present(Cambridge, MA. : Schenkman, 1977) ; Athan Theoharis, Spying on Americans : Political Surveillance from Hoover to the Huston Plan(Philadephia : Temple University Press, 1978).

76) Rosati, 전게서, p.214.

77) 상게서, 같은쪽.

78) 상게서, 같은쪽.

79) Ann Colins, In the Sleep Room : The Story of the CIA Brainwashing Experiments in Canada(Toronto : Lester & Orpen Dennys, 1990); Harvey Weinstein, A Father, A Son ad the CIA(Toronto : James Lorimer, 1990); U. S. Congress, Final Report, Chapter 17.

80) Theodore Draper, A Very Thin Line : The Iran-Contra Affairs(New York : Hill and Wang, 1991), and Kenneth E. Sharpe, "The Real Cause of Iran Gate," Foreign Policy 68(Fall 1987), pp.19-41.

81) Richard O. Curry, Freedom at Risk : Secrecy, Censorship, and Repression in the 1980s(Philadephia : Temple University Press, 1988).

82) George Lardner, Jr., "A Cutback in Classified Information," Washington Post(April 10, 1990), p.A21.

83) Tim Weiner, Blank Check : The Pentagon' s Blank Budget(New York : Warmer Books, 1990), pp.5-6.

84) U. S. Congress, Senate, Subcommittee On Terrorism, Narcotics and International Operations of the Committee on Foreign Relations, Drugs, Law-Inforcement and Foreign Policy, Committee Print(100th Cong., 2nd Sess., 1989), pp.18, 120, 136.

85) Jonathan Kwitny, Crimes of Patriots : A True Tale of Dope, Dirty Money, and the CIA(New York : Norton, 1987), p.184.

86) Steven Emerson, Secret Warriors : Inside the Covert Military Operations of the Reagan Era(New York : Putman, 1988).

87) "Going After Dissidents," Newsweek(Feb. 8, 1988), p.29; "FBI Will Purge Files on Protesters," New York Times(Nov. 5, 1989), p.17; U. S. Congress, General Accounting Office, FBI Investigates Domestic Activities to Identify Terrorists(Sept. 1990).

88) David Johnston, "Documents Disclose FBI Investigations of Some Librarians," New York Times(Nov. 7, 1989), p.1, and Michael Wines, "Director of FBI Defends Checks into Backgrounds of Librarians," New York Times(Nov. 8, 1989), p.12.

89) Alan Goodman, "Dateline Langley : Fixing the Intelligence Mess," Foreign Policy 57(Winter 1984,

1985), pp.100-179; Alan Goodman, "Reforming U. S. Intelligence," Foreign Policy 67(Summer 1987), pp.121-136.

90) Stansfield Turner, "Intelligence for a New-World Order," Foreign Affairs(Fall 1991), p.150.

Chapter
11

경제 및 문화기관과 외교정책

미국의 국가안보정책 결정에서 대통령과 국무부 및 국방부 등 행정기관들은 가장 중요한 역할을 수행한다. 그러나 미국의 외교정책 결정에서는 별로 드러나지 않지만 중요한 역할을 수행하는 부처들도 있다. 그 중에는 대외경제정책과 문화정책을 결정하는 기관들이 있다. 따라서 본 장에서는 로자티 교수의 저술에 기초해서 대외 경제정책과 문화정책을 주도하는 기관들을 중심으로 해서 여타 관련 행정부 기관들의 참여과정을 살펴보고자 한다.[1]

제 1 절 대외경제정책 기관

미국의 대외경제 기관들은 20세기를 거치면서 그 규모와 중요성에서 크게 팽창과 위축을 거듭 하였다. 즉 산업화의 가속화, 해외에서의 경제적 팽창, 대공황의 기습, 제2차대전과 냉전 이후 미국경제의 세계적 부상, 그리고 베트남전쟁 이후 미국경제의 상대적 하강과 국제적인 정치경제에서의 역할 축소 등이 그것이다.

오늘날 연방정부 경제기관의 중요성과 관련된 중요 기관들, 그리고 미국의 외교정책 결정에서 그들 기관들이 행사하는 영향력을 보다 잘 이해하기 위해서는 이에 대한 역사적 배경 설명이 필요할 것 같다.

1 역사적 관점에서 본 미국의 대외경제정책

미국은 항상 적극적인 대외경제정책을 추구해 왔다. 미국은 그 역사의 대부분을 내부적인 경제발전, 외국과의 경쟁과 투자에서 국내산업의 보호, 특히 라틴 아메리카와 아시아에서의 무역확대 등에 역점을 두어 왔다. 이러한 미국의 대외경제정책 패턴은 대공황과 제2차대전으로 인한 국제경제의 붕괴로 크게 영향을 받았다. 이는 결국 미국이 전세계에 걸쳐 경제적으로 부상하는 결과가 되었고 국제적인 정치경제에 새로운 안정과 번영을 회복하기 위해 적극적으로 개입하는 계기가 되었다. 이러한 노력으로 자유무역과 금본위제도에 기초한 고정환율제도의 원칙에 기초해서 브레튼우즈(Bretton Woods) 국제경제체제를 창설하게 되었고, 재건과 개발 원조, 관세와 무역에 관한 일반협정, 즉 GATT, IMF, 그리고 세계은행 등과 같은 국제경제기구들을 창설하게 되었다.[2] 이러한 발전으로 미국의 외교정책에서 대외경제가 대단히 중요하게 되었고 그에 따라 대외경제기관의 팽창이 이루어지게 되었다.

냉전 기간 국제적인 정치경제에서 미국경제의 탁월성으로 미국 대통령은 대외경제정책을 소련 공산주의 팽창을 봉쇄하기 위한 국가안보정책에 예속시킬 수 있었다. 1950년대와 1960년대 미국경제는 대공황에서 회복되었고 번창하였다. 미국의 기업들은 전세계에 걸쳐 다국적 기업으로 확장되었고, 유럽경제는 회복되었으며, 국제경제는 미국이 세계적인 은행가 및 소비자의 역할을 점하면서 성장하였다. 이러한 경제적 역량에 기초해서 미국은 봉쇄정책을 지원하기 위해 소련과 그 동맹국들에 경제적 제재를 부과하였다. 그런데 대부분의 정책결정자들이 국가안보문제라는 "고강도" 정치("high" politics)에 관여하게 되면서 대외경제정책은 전형적으로 관심과 전문성이 별로 요구되지 않는 "저강도" 정책("low" policy)으로 간주되었다. 그리하여 냉전기간 미국의 대외경제정책 책임은 대외경제기관에 있었다. 그러나 오늘날 대외경제정책은 더 이상 저강도 정책이 아니다. 1960년대를 시작으로 국제경제체제는 점차 불안정속으로 빠져들고 있었고 미국의 경제력은 하강하였다. 미국경제의 한 가지 약화지표로서 1968년 미국 자동차의 해외 수출은 최초로 수입차에 의해 추월당했다. 1971년 브레튼우즈체제는 더 이상 유지될 수 없었다. 닉슨 대통령은 약화된 달러를 금본위에서 철수해서 다른 주요 화폐들에 대해 상대적인 변동환율제를 채택하였다. 무역수지에서 점증하는 결손과 국내의 보호적 분위기를 해소하기 위해 일본 상품들에 추징금을 부과했고 국내 인플레이션을 잡기 위해 미국경제에 임금과 가격의 통제를 가했다. 1973년 초 석유공급에 영향력을 행사할 수 있는 OPEC의 능력이 상승하면서 미국의 에너지 비용은 증가하기 시작했다. 국제경제환경의 이러한 변화들은 인플레이션, 실업, 그리고 적자 등과 같은 많은 문제점들을 심화시켰다. 이러한 상황은 국제적인 경제문제들을 정부 및 공공기관의 어젠다에 설정하도록 하였고 외교정책과 대외경제정책을 고강도(高强度) 정치의 일부로 만들게 하였다.[3)]

② 현대 미국의 세계적 경제 개입과 상호의존

국제적인 정치경제에서 미국의 부상은 1950년대에 그 정점에 도달한 이후 하강기에 접어들었다. 오늘날 미국경제는 국제적인 경제기구들과 더 많이 얽혀져 있다. 미국의 경제거래는 해외에서 확산되어왔고 국제적인 정치경제의 발전에 지속적으로 지대한 영향을 미치고 있다. 동시에 해외에서 발원한 경제거래는 점증적으로 미국경제의 영역으로 스며들고 영향을 미쳤다. 이와 같이 미국경제는 더욱 짙게 국제적 정치경제의 일부가 되었고 국제정치경제에 더욱 많이 의존하게 되었다. 그리하여 대외경제정책의 중요성이 증가하게 되었다. 따라서 무역, 에너지, 투자 등에서 이러한 패턴과 경향은 앞으로도 지속될 가능성이 높다. 이는 곧바로 미국사회와 미국인들의 생활수준에 영향을 미치는 고용, 임금 및 기타 경제패턴들에도 심각하게 영향을 미치게 된다.

그동안 미국의 국제무역은 증가되기도 하고 감소되기도 하였다. 미국의 상품수출은 1955년 155억 달러였던 것이 1972년에는 490억 달러로 상승했고, 1988년에는 3200억 달러로 폭증하였다. 동시에 해외로부터의 수입은 1955년 116억 달러였고, 1972년에는 553억 달러, 그리고 1988년에는 4410억 달러가 되었다.[4] 미국 국내에서 생산된 모든 상품의 수출은 1970년 9.1%에서 1988년 16.6%로 성장했다. 대부분의 미국무역은 日本, 캐나다, 서유럽과 이루어졌다. 물론 1988년 1320억달러의 수출입중 950억달러 이상은 개도국들과의 거래였다. 1950년대와 1960년대에는 상품무역에서 소규모의 흑자를 냈으나 1971년부터는 매년 적자를 내고 있고, 그것은 이제 만성적이 되었다. 무역적자가 1987년과 1988년에는 각각 1590억달러와 1270억달러가 되었고, 2000년에는 3775억 달러, 2005년에는 7167억달러가 되었다.[5] 이와 같이 미국의 경제와 미국인들의 생활수준은 점점 더 국제무역의 흐름으로 영향을 받고 있다. 1970년대부터 미국 경제는 더 이상 신뢰할 수 있는 값싼 석유의 유통에 의존할 수 없게 되었다. 국내의 석유생산은 감소 추세에 있었고 미국과 서유럽의 다국적 석유업체들은 1973년 이후 점차 해외 석유생산의 통제권을 상실하고 있었다. 왜냐하면 아랍-이스라엘 간의 욤 키퍼 전쟁(Yom Kippur War) 발발 이후 아랍석유기구 OPEC이 석유수출을 금하였기 때문이었다. 에너지 소비율을 완화시키려는 조치들이 취해졌다. 그러나 미국은 전세계 인구의 5%를 차지하고 있는 데 비해 세계 에너지의 25%를 소비하고 있다. 이와 같이 미국은 산업사회의 주 에너지 근원인 석유를 해외로부터의 수입에 크게 의존하고 있다. 1988년 석유소비의 50%정도를 420억달러에 수입하였다. 미국의 해외 석유의존은 1991년 걸프戰에서 나타난 바와 같이 中東지역을 대단히 중요한 전략지역으로 삼고 있는 것이다.

미국의 해외투자는 극적으로 확대되었으나 미국경제는 또한 외국의 미국투자에 더 많이 영향을 받았다. 정부와 민간기업을 포함한 미국의 해외투자 자산은 1960년 856억 달러였던 것이 1988년에는 총 1조 2500억 달러에 이르렀다. 미국내 전체 외국인 투자액은 1960년 409억달러에서 1988년 1조 7900

억달러로 증가하였다. 이들 외국인 자산 중 1조 3900억 달러는 주식과 1980년대 이후 늘어난 미국의 회사 및 정부의 재정적자를 메우는 채권에 투자된 것이다. 미국의 해외투자의 90%는 민간자산이다. 미국인 기업들의 해외 직접투자는 1988년 3270억달러였는데 이는 제2차대전 이후 최초로 외국인의 미국내 직접투자액인 3270억달러보다 적은 것이었다. 미국인의 해외 직접투자 중에서 3/4은 선진국에 대한 것이었고 770억 달러는 개도국 특히 라틴 아메리카와 아시아에 대한 것이었다. 이러한 미국의 대외 경제거래 지표는 국제적인 정치경제가 미국경제에 미치는 중요성이 증가했음을 보여주는 것이라 하겠다. 이는 경제문제가 미국의 외교정책에서 고강도 정치영역에로 진입했음을 보여주는 것이다. 따라서 이제 대외경제정책에 관여하는 정부기관들을 개괄해 보는 것이 필요할 것 같다.

3 관련 정부기관들

미국의 대외경제정책 과정에 대한 정부의 개입은 확대되었다. 1950년대 이후 국제적인 업무를 담당하던 부처의 소규모 자문위원들은 정식 담당부서로 변했고 백악관의 행정실 내 부서들은 국제경제문제들에 더욱 적극적이 되었다. 더욱이 대외경제정책에 반대되는 국내경제정책 업무를 담당하는 정부기관들 간의 법적 권한의 경계선도 모호하게 되었다. 왜냐하면 국내경제와 국제경제가 훨씬 더 많이 얽혀지게 되었기 때문이다. 그리하여 많은 정부기관들이 미국의 대외경제정책 결정과정에서 크고 작은 역할을 수행하게 되었다.[6] 대외경제정책에 가장 직접적으로 관여하는 정부 부서들은 다음과 같다.[7]

재무부, 국무부, 농림부, 상무부, 에너지부, 연방준비제도이사회, 국제개발처, 평화봉사단, 노동부, 국제무역위원회, 수출입은행, 해외민간 투자단, 경제자문위원회, 관리예산국, 미국무역대표부

1) 재무부(The Treasury Department)

재무부는 아마도 무역이나 금융문제와 같은 국제경제영역에서 가장 중요한 기관일 것이다. 재무부는 대외경제정책 문제를 일반적으로 주관한다. 재무장관은 대통령의 주요 자문기관으로서 대내외의 재정, 경제, 그리고 세무정책을 담당하며, 또한 IMF, 세계은행, 미주개발은행, 아프리카개발은행과 같은 국제경제기구들에서 공식적으로 미국정부를 대표한다. 국제문제담당 차관보는 국제적인 금융, 재정, 상업, 에너지 및 무역 등의 정책과 프로그램에 관한 일차적인 책임을 맡아서 재무장관을 보좌한다. 그 차관보는 국제경제문제들과 해외의 다국간 개발은행들에 미국이 참여하는 등의 외교적 협상에서 중요한 역할을 한다. 1987년 미국 정부가 세계은행에 공여와 차관으로 93억 달러를 제공한 것이 그 예이다.[8)]

2) 국무부

국무부 또한 미국의 모든 대외경제정책 분야에서 두드러진 역할을 수행한다. 그러나 국무부는 미국의 대외관계를 관리해 온 오랜 역사를 가지고 있지만 미국의 국제경제정책에 대한 영향력에서는 재무부에 비해 상대적으로 약하다. 국무부 고위급 관리에는 경제 및 농업문제 담당 부장관이 있으며 그는 국제적인 무역, 농업, 에너지, 재정, 수송 및 개도국들과의 관계 등에 관해서 장관의 주 자문위원으로 행동한다. 하위 직급에는 경제 및 기업담당국이 있고, 이는 대외경제문제들에 관한 정책을 수립하고 수행하는 일차적이고 일상적인 업무를 맡고 있다. 국제기구국을 비롯해서 해양, 국제환경 그리고 과학문제 등을 담당하는 여타의 局들도 국제경제문제에서 일부의 책임을 맡고 있다. 국무부와 재무부는 모든 부문의 대외경제정책 결정에 관여하는 두 주요 관료기구들이다.

3) 농무부

농무부는 농산물 무역 분야에서 주 역할을 수행한다. 국제협력 및 개발국은 국제식량 및 농업기구들과 협력하고 타국 특히 개발도상국들에 기술원조와 훈련을 제공한다. 1953년에 창설된 대외농업청(Foreign Agriculture Service)은 미국농산물의 해외시장 개척 임무를 맡고 있으며 그러한 업무는 주로 해외에 주재하면서 국내외 지원팀에 의해 보강되고 있는 농업담당 참사관, 농무관 및 무역담당 관리들의 네트웍을 통해 이루어진다. 대외농업청은 국무부의 해외공관과 같이 그 자체의 조직과 하위문화를 가지고 있다. 대외농업청은 범세계적인 농업정보와 보고체계를 유지하고 미국정부의 무역정책과 무역협상에서 주도적인 역할을 수행한다. 대외농업청은 또한 공법 480프로그램에 의한 평화를 위한 식량계획(the Food for Peace Program)과 상품신용협회(the Commodity Credit Corporation)를 감독하고 참여한다. 특히 상품신용협회는 외국정부와 외국구매자들에게 경제원조로서 보조금과 신용을 제공하고 미국의 농산품 판매를 위한 해외시장을 개척하고 확대하는 일을 한다.

4) 상무부

상무부는 무역분야에서 중요한 국제적 역할을 수행한다. 상무부내 국제무역국은 외국상품의 수입, 국제경제정책, 무역증진, 특히 非농업분야의 무역증진을 위한 일차적인 책임을 맡고 있다. 해외상품국은 해외에 주둔하면서 미국의 수출과 국제적인 기업활동을 지원한다. 미국여행 및 관광국은 해외 관광객 유치를 담당하는 관료기관이다. 1987년 3천만명의 해외관광객이 미국을 방문하여 190억 달러를 소비하였다.[9] 수출관리국은 특허 신청처리, 수출통제법 집행 등을 포함하는 정부의 수출 통제 정책을 담당한다. 수출 통제는 제2차대전 이후 서방 동맹국들과의 조정하에서 국가안보목적을 위해 가장 빈번히 사용되어 왔다. 이는 일차적으로 대공산권 봉쇄전략의 일환으로 소련 및 그 동맹국들에 대한 수출을 제한하는 것이었다. 비록 국제적으로는 긴장완화가 이루어지고 동유럽과 러시아의 정치적 경제적 환경은 급변하였지만 국가안보목적을 위한 미국의 수출통제는 첨단기술제품들과 같은 상품에 대해서는 계속되고 있다.

5) 에너지부

에너지부는 에너지 정책, 에너지 계획 및 프로그램 등에 관한 주요 담당부서이다. 국제문제 및 에너지비상대책 담당 차관보는 전반적인 에너지 정책 중에서 국제적인 프로그램과 활동을 관리한다. 이들은 국가 비상시의 에너지 대책과 계획, 국제 에너지 협상, 그리고 외국정부 및 국제 에너지 기구와 국제원자력 기구 같은 국제기구들과의 국제적인 에너지 프로그램을 조정하는 등의 임무를 수행한다.

6) 연방준비제도 이사회

FRB(Federal Reserve Board)로 불리는 연방준비제도이사회가 국제경제 영역에 개입하는 것은 국제경제 관리 임무에서 기인한다. 정부의 중앙은행 기능을 하는 FRB는 국가의 일반적인 금융, 신용 및 운영의 원칙들을 결정하고 집행하는 독립기관이다. 이 FRB는 상업적인 은행들의 대출 및 투자활동 그리고 돈과 신용의 가용성 등에 영향력을 행사하며 미국경제과정에 영향을 줄 뿐만 아니라 미국의 국제수지와 정부의 대외경제정책에 영향을 준다.[10)]

7) 국제개발처

AID(the Agencey for International Development)라고 불리는 국제개발처의 일차적인 임무는 해외에서 경제원조와 경제개발 정책을 관리하는 기구이다. 미국의 대외원조는 다양한 기관에서 관장한다. 외국 정부를 안정시키고 경찰과 군을 강화시키기 위해 지원하는 군사원조는 주로 CIA와 국방부에 의해 제공된다. 타국의 국민복지, 경제개발 및 정치적 안정을 촉진시키기 위해 지원하는 경제 원조는 농무부와 평화봉사단, 그리고 가장 중요한 기관인 국제개발처에 이해 이루어졌다. 1987년 타국에 대한 미국정부의 군사 및 경제원조액은 각각 51억 달러와 93억 달러에 달했다.[11] AID는 개발도상국들의 경제개발을 촉진하기 위해 차관, 무상공여 및 기술지원 등의 임무를 수행한다. 경제원조의 대부분은 예를 들어 중미의 엘살바도르의 경우에서와 같이, 미국의 정치적 안보적 이익이 관련된 동맹국들에게 제공된다. AID는 해외에서 경제개발 및 경제지원 프로그램을 지원하는 임무를 수행한다.

8) 노동부

노동부는 다른 기관들에 비해 영향력은 다소 떨어지지만 미국의 대외경제정책에 영향을 주는 기관들 중의 하나이다. 노동부는 국내외의 노동문제에 관한 문제들을 취급한다. 노동부의 국제문제 담당국은 미국의 노동자들에 영향을 주는 국제경제정책과 무역정책을 수립하는데 기여하고 국제노동기구(ILO)와 같은 국제기구들에서 미국을 대표하여 해외기술원조와 노조교환프로그램 등의 업무에 종사한다.

9) 국제무역위원회

ITC(International Trade Commission)로 불리는 이 국제무역위원회는 관세법, 수출입 무역, 대외경쟁 등과 관련된 광범위한 조사권을 가진 독립적인 기관이다. 예를 들어 그 위원회는 종종 미국 업체와 미국내 외국기업들 간에서 일어나는 불공정 거래에 관한 고발사건들을 심판한다.

10) 수출입은행

수출입은행은 미국회사의 해외수출을 보조하는 정부기관이다. 원래는 1934년 소련과의 무역을 촉진하기 위해 설립되었지만 수출입은행의 전체 역사에서 그러한 목적을 위해 이용되지는 않았다. 대신 수출입은행은 미국의 상품과 용역을 해외로 수출할 때 보조금과 신용대부를 지원해 주지만 민간 금융기관들의 경쟁은 금지되어 있다. 수출입 은행이 제공한 신용대부의 절정은 1988년 12월 31일자로 660억 달러에 이르렀다.[12] 수출입은행은 또한 계약불이행에 따른 수출거래의 위험성을 해소하기 위해 1961년에 설립된 미국보증보험회사연합회인 대외신용보증보험협회를 보증한다. 일부에서 수출입은행이 국내경제에서 고용과 소득을 유발하고 미국의 대외무역을 촉진하는 중요한 도구라고 지지하는데 반해 다른 일부에서는 수출지원에 정부의 개입은 불공정한 것이고 민간부분에 대한 불필요한 침해이며 특히 원자력과 상업용 항공기 수출을 강조하는 것은 잘못된 것이라 비판한다.[13]

11) 해외민간투자협회

OPIC(The Overseas Private Investment Corporation)는 해외투자 특히 개발도상국들에의 투자를 촉진하는 독립기관이다. OPIC는 미국 수출업자들의 투자기회를 찾는 것을 지원하고 그들의 투자를 보호하고 그들의 계획을 재정적으로 지원하는 대여 및 대여보증을 제공한다. OPIC는 외국의 전쟁, 혁명, 폭동, 또는 내란 등으로 인한 몰수와 피해 등과 같은 해외투자의 정치적 위험에 대해 미국회사들을 보증한다. 東유럽에서 스탈린주의 정권들이 붕괴하면서 OPIC는 동유럽 경제에서 미국인들의 투자를 지원하는 데 적극적인 역할을 하였다.[14]

12) 경제자문위원회

백악관 행정실 내에는 경제자문위원회, 관리 · 예산국(The Office of Management and Budget), 미국무역대표부(USTR) 등이 있다. 경제자문위원회는 3명의 위원과 소수의 직원들로 구성되어 있다. 이 기구는 1946년 미국의 경제상태를 평가하고 경제문제에 관해 대통령에게 자문하기 위해 설치되었다. 자문위원들 중 한 사람은 서유럽과 캐나다 등으로 구성된 경제개발협력기구(OECD)에 미국의 공식 대표단의 일원으로 참여한다. 관리예산국과 무역대표부는 예산과 무역문제에 관한 임무를 맡고 있으며 미국의 외교정책이 경제생활에 영향을 주기 때문에 미국외교정책을 조정 · 관리하는 대통령의 업무수행을 도와주는 데 중요한 역할을 수행한다.

④ 조정의 문제와 자유시장정신

매우 많은 기관들이 미국의 대외경제정책과정에 관여하게 됨으로써 집행부 내에서는 당연히 정부의 조정 문제가 떠오르게 되었다.[15] 역사적으로 국무부는, 전쟁기간에 통상 백악관이 중심이 되어 수행되던 때를 제외하곤, 미국의 대외경제정책을 담당하는 주무기관이었다. 그러나 주도기관으로서의 국무부는 국가안보문제에서는 물론 대외경제정책 결정에서도 그 역할이 쇠락하였다. 반면 재무부는 특히 국제금융정책에 관해서 그 역할이 증대되었다. 부가적으로 대외경제 관료기관은 전후 그 규모와 복잡성에서 급팽창하였고 1960년 이후에는 미국의 외교정책과정에서 중요한 위치를 점하게 되었다. 따라서 대외경제정책을 다루는 관료기관의 권한은 극도로 분권화되었다. 이는 대통령이 외교정책내의 경제문제를 관리하는 것을 매우 어렵게 하였다. 예산국은 1921년에 설치되었고 정부의 확대에 따른 예산과정을 조정하고 합리화시키기 위해 1939년 프랭클린 루즈벨트 대통령이 백악관 행정실 내에 두었다. 예산국은 관리 · 예산회의 후신으로서 대통령을 위한 예산 및 재정 프로그램을 조정 · 감독하기 위해 1970년도에 설치되었다. 미국정부의 예산수립은 대단히 중요하다. 왜냐하면 그것은 모든 관료기관의 활동에 영향을 주고 연간 거금 1조 5천억 달러 이상의 연방정부 재정 및 지출정책을 수립하기 때문이다. 그러한 예산은 미국의 경제와 특히 대외경제정책에 크게 영향을 미친다. 언론인 헨드릭 스미스에 의하면 레이건 행정부 기간 그 관리예산처는 백악관에서 두번째로 막강한 기구였고, 직원은 600여명에 달했으며 그 중에는 정부 내 최상의 전문요원과 각 분야 전문가들이 있었다고 한다.[16] 정부의 예산과 재정정책을 조정하고 관리해야하는 대통령의 능력은 관리 · 예산회의 도움으로 향상되어 왔지만 이것이 국제적인 금융문제들, 무역, 투자, 에너지, 그리고 원조 등과 같은 문제들에 관해서 대통령이 응집적인 정부정책을 발전시킬 수 있게 한다는 것은 아니다.

1971년 브레튼 우즈체제의 와해에 따라 대외경제정책과정을 중앙집권화하고 조정할 수 있는 대통령의 필요성이 새롭게 떠올랐다. 대부분의 대통령들은 대외경제정책의 조정을 촉진하기 위해 내각 수준 또는 소내각 수준의 부처간 위원회들의 창설에 의존케 되었다. 이들 기관들은 대부분 재무부를 주무기관으로 해서 운영되었다. 이러한 노력으로 어느 정도의 성공을 거두기는 하였으나 어느 부처 간 합동위원회도 NSC가 국가안보정책 과정에서 구사하는 그 영구성과 위신을 확보하지는 못했다. 그러나 NSC체제는 대외경제정책에서는 주변적 역할만 할 뿐이었다. 왜냐하면 NSC는 주로 정치군사문제에 더욱 진력하기 때문이다. 언론인 존 리카코스가 언급한 바와 같이 NSC의 아킬레스 건은 국제경제였다.[17]

유관기관들 간의 합동기구에 지속적으로 의존하는 것 이외에 1970년대 후반 미국무역정책의 조정자로서 미국무역대표부(the Office of the United States Trade Representative)가 점차 부상하게 되었다. 1962년 의회가 대통령 행정실의 일부로 설치한 이 미국무역대표부 대표는 大使의 지위를 갖는 장관급 관리로서 대통령의 주 자문위원이자 무역문제에 관한 미국정부의 최고책임자이다. 전체적으로 USTR은 대통령을 위해 미국무역정책을 지도·관리하는 일에서 부분적인 성공만을 거두었다. 업무의 많은 부분이 대표의 개인적인 힘과 대통령과의 관계, 그리고 USTR의 직원들의 자질에 의존하였다.

USTR이 직면하고 있는 문제점들은 국제경제문제들에 관한 대통령들의 관심과 지식이 부족하다는 점이다. 대부분의 대통령들과 그들의 최측근 외교정책 자문관들은 국가안보정책의 정치적 군사적인 문제들을 다루는 것을 너무 편하게 생각한다는 것이다. 前 연방준비제도이사회 의장이었던 폴 볼커(Paul Volcker)의 논평에 의하면 미국 대통령들은 복잡한 국제적 재정문제에는 많은 시간을 소모하지 않으려 했다는 것이다.[18] 미국외교정책에 종사하는 대부분의 학자들과 실무자들은 국가안보와 대외경제문제를 분리해서 보는 이분법적(二分法的)인 사고를 가지고 있다. 때문에 1950년대와 1960년대의 국제경제는 많은 미국의 정책결정자들에게는 낮은 우선순위에 있었고, 이는 곧 미국 외교정책의 강력한 유산으로 남게 되었다.

전 무역대표부 특별부대표였던 해롤드 멀그렌에 의하면 "누가 무엇을 책임지고 있느냐"에 관한 광범위한 혼돈이 존재하고 있다는 것이다. 즉, "정책과 일상적인 결정들은 동시에 여러 상이한 방향으로 추진되는 것 같다"[19]는 것이다. 정책 분석가 데슬러가 설명한 바와 같이 "운영책임 뿐만 아니라 리더십과 조정책임의 분권화가 불가피하다. 어떤 정책 분야에서는 해방 주도기관이 용이하게 드러난다. 재무부는 금융문제, USTR은 대부분의 무역문제, 농무부는 식량, 에너지부는 에너지문제, 국무부는 원조와 제3세계 문제들에 관해 그 취급영역이 뚜렷하다. 그러나 각 부처들이 그들의 편협성을 억제할 것이라는 보장은 더욱 어렵다. 그리고 어느 단일의 부처나 내각 구성원도 전반적인 대외경제정책을 효과적으로 감독할 수가 없는 것이다"[20]

조정과 응집성을 촉진하기 위해 코헌은 국제무역부의 창설, 소규모 직원을 가지는 국제경제문제 담당 대통령 특별보좌관의 설치, 대통령을 의장으로 하는 국제경제정책 담당 각료급 위원회의 창설 등을 제안하였다.[21] 그러나 이러한 현상변경의 정치적 가능성은 매우 낮다. 따라서 그러한 개혁이 일어날 때까지는 대외경제정책 형성은 분권화 되고 혼란스럽고, 임시적인 정치과정으로 남게될 것이다.

비록 대외경제 관료기구들은 분권적이고 경쟁적인 이익구조로 되어 있지만, 경제문화와 공유가치에서의 기초적인 합의는 미국의 대외경제정책에서 일정한 정도의 응집력과 공통방향을 제공한다.[22] 자유주의 경제원리에 기초한 강력한 자유시장정신은 대부분의 미국사회와 대외경제관료사회를 지배한다. 자유시장 정신은 최소한의 정부 간섭 하에서 시장과 번영을 촉진시킬 수 있다는 신조와 믿음을 말하는 것이다. 자본주의 발전에 관한 자유시장정신의 강력한 신조는 미국사회의 전체 역사과정을 통해 성장하였다. 그러나 미국의 경제적 민족주의와 보호주의가 과거에 있었다고 가정한다면 미국이 세계 최강의 경제대국이 된 제2차대전 이후에는 자유시장정신이 미국의 대외경제정책의 기초를 제공하고 있다고 할 것이다. 오늘날 이러한 신념은 미국문화에 확고하게 자리잡고 있기 때문에 자유시장정신은 공통의 이해를 제공하고 있는 것이다. 대부분의 미국인들은 자유무역의 이점을 믿고 있고 그것이 경제발전의 적절한 길임을 이해하고 있다.[23)]

자유시장정신은 대부분의 정책결정자들이 지니고 있는 생각이다. 前 재무부 국제문제 담당 차관보였던 제랄드 파스키 같은 대외경제 관료들은 정책기조로서 자유시장정책을 일관되게 주장한다. 즉 "자유시장 구조가 전체적으로 유동적인 세계에서 상품의 수요와 공급이 균형을 유지하도록 보장하는 가장 능률적인 방법이라는 것이 우리의 확고한 신념이다. 비록 시장이 항상 능률적으로 작동하는 것은 아니지만 적절한 구제책으로서 시장의 기능을 간섭 없이 강화시킬 수 있는 것이다."[24)] 대통령들과 여타 고위 관리들은 전문가에 비하면 국제경제문제들에 대한 지식과 확신은 모자랄 수도 있지만 세상에 대한 그들의 이해와 정책경향들은 자유시장 관점에서 많은 정보를 얻는 것 같다.

정부에 스며든 자유시장정신이 정치적 관료적인 격렬한 내부 갈등을 근절시키지는 못한다. 그러나 자본주의와 자유무역을 지향하는 공통의 견해는 타협을 가능케 하고 미국의 대외경제정책에 대해서는 비교적 일관되고 일반적인 정향(定向)을 제공한다. 국제경제에 관한 정부기관들 內外 간의 차이점들은 정책의 우선순위나 전술적 측면에 관련된 정도의 것들이다. 미국의 일부 관리들은 국제적인 정치경제 문제에 있어서 시장(市場)의 마법이 작동할 수 있도록 정부의 협력과 간섭을 최소화할 필요가 있음을 강조한다. 반면 다른 측에서는 상호의존성이 증가하는 상황에서 세계경제의 불안정을 최소화하고, 경제성장을 극대화시키기 위한 보다 강력한 다변적 관리의 필요성을 제기한다. 그러나 양자 모두 시장지향적이고 자유시장정신을 가지고 있다.[25)] 코헌에 의하면 "어떤 기관도 제2차대전 이후 해외투자를 원하는 미국기업들이나 미국내 투자를 원하는 외국기업들을 위한 문호개방정책의 영구적 변경을 공개적으로 주장하지는 않았다. 행정부 내에서는 상품, 용역, 그리고 자본의 세계적 유동에 정부가 나서서 제재나 보호를 해야 한다는 주장에 대해 아직 일반적인 합의가 이루어지지 않고 있다"[26]는 것이다. 따라서 비록 자유무역을 지지하는 원칙과 제도들이 비판에서 벗어난 것은 아니지만 골드슈타인 같은 학자는 "자유주의는 여전히 정책결정기관에서 비판할 수 없는 성스런 '聖牛(sacred cows)' 와 같은 사회적 지위를 유지하고 있다"[27]고 말한다. 미국정부와 사회의 이러한 공통의 자유시장정신은 왜 미국 대통령들이 국가안보영역에서 기도해온 것처럼 대외경제기관들을 조정하고 중앙집권화시킬 필요성을 절실히 느끼지 않고 있는가를 설명하는 데 도움이 될 것이다.

제 2 절 문화 · 홍보기관

미국 정부는 제2차대전 이후 해외에서 미국에 관한 정보를 전파시키고 미국의 문화활동을 촉진시키는 작업을 하였다. 미국외교정책의 세계화와 봉쇄정책의 반공산주의적 기초는 선전과 문화외교를 담당하는 중요한 관료기관을 출현케 하였다.[28]

그와 같은 국제적인 방송은 미국정부가 미국사회와 세계를 향해 미국외교정책을 지지하도록 정보와 홍보물을 전파시키는 주요 수단이 된다. 예를 들어 미국 정부는 1950년에 자유유럽 라디오방송(Radio Free Europe), 1953년에 자유라디오방송(Radio Liberty)을 설립하여 東유럽과 소련 인민들에게 반공산주의 선전을 방송하였다. 이 RFE와 RL은 동유럽과 소련 이민자들로 구성된 민간단체로 출발했으나 CIA가 비밀리에 자금을 제공하였다. 대중사회의 인민들은 단순하고 적극적인 설득에 취약하다는 가정하에서 그 지역의 사회적 불안과 소요를 조장하려는 것이었다. 1970년대 CIA의 비밀역할이 세상에 알려지면서 RFE와 RL은 CIA와 독립적으로 운영되었고 독립적인 국제방송위원회의 감독하에 들어갔다. 그러나 그 방송사들의 구조와 하위문화는 근본적으로 변경되지 않았고 동유럽과 소련 사회의 불안을 야기하려는 선전활동을 지속하였다.[29] 1979년 소련의 아프가니스탄 침공에 대한 대응으로 RL은 자유아프가니스탄방송(Radio Free Afghanistan)을 운용하기 시작하였다. 1980년대 RFE와 RL은 동유럽에 6개국 언어로 24시간 방송하였고, 소련에는 15개 언어로 방송했으며, 이를 위해 1700명을 고용했고 연 1억 달러의 예산을 지출하였다.[30]

소련과 동유럽에서 스탈린주의 정권들이 붕괴되면서 RL과 RFE에 큰 영향을 미쳤다. 그 때까지는 선전방송을 위한 정보와 자료는 소련과 동유럽에 접근이 제한되었기 때문에 제3자의 출처에 의존하였다. 그러나 그 이후 방송내용은 그 지역들의 내부사태에 대해 보다 적극성을 띠었다. 방송국 편집자들과 기자들은 그들이 방송하고자 하는 나라들에 접근했고 그들 자신의 취재내용을 토대로 해서 방송하였다. 1891년경 자유유럽방송(RFE)은 부다페스트, 프라하, 바르샤바 등에 기지국을 설립했고 대소련방송은 시간제 봉사자들의 팀으로 운영되었다. 그리고 방송이 정기적으로 방해되는 곳에서는 각국 정부들이 각 지역의 수신장치들을 개선하도록 하는 협상이 진행되기도 하였다. 결과적으로 동유럽의 극적인 변화는 RL과 RFE의 궁극적 목적에 관한 의문을 제기하는 계기가 되었다. 즉, 일부에서는 그러한 형태의 방송은 이제 동유럽에서 공산주의가 붕괴했고 소련도 위협세력이 아니기 때문에 더 이상 필요하지 않게 되었다고 주장했다. 반면 다른 일부에서는 RL과 RFE는 그 지역에서 민주주의를 촉진할 수 있도록 대안적인 국내 방송체제를 제공하는 새로운 임무를 수행해야 한다고 주장했다.[31]

미국정부의 공식적인 주요 방송매체는 미국정보처(U. S. Information Agency)의 주관하에 운영되는 "미국의 소리(Voice of America)" 이다. 제2차 대전 기간 시작된 VOA는 전세계에 걸쳐 40개 이상의 언어로 일반뉴스, 공공문제, 음악, 오락 등의 프로그램을 방송한다. VOA의 창설 이래 그 방송 구성과 내용의 성격에 대해 논란이 있었다. 일부에서는 VOA가 세계 속에서 미국의 이미지가 긍정적으로 그려질 수 있도록 하는 선전 출구로 기능해야 하고 미국에 적대적인 사람들은 부정적인 이미지로 그려지도록 해야 한다고 주장한다. 반면 다른 쪽에서는 전문적인 언론매체의 규범에 따라 더욱 정교하게 기능해야 한다고 주장한다. 이런 논란 때문에 VOA의 프로그램은 정권이 바뀔 때마다 변경되었다. 예를 들어 레이건 행정부하에서 VOA는 쿠바 인민들에게 미국적 생활양식의 미덕을 선전하기 위해 라디오 마르티(Radio Marti)와 TV 마르티를 개발해서 더욱 선전지향적으로 운용했다.

방송기능에 덧붙여 해외에서 흔히 USIS(U.S. Information Service)로 알려진 미국공보처는 전세계 120여 개 이상의 나라 200여 개 이상의 위치에서 홍보, 교육, 문화 등의 영역에서 다양한 활동을 수행한다. 이들 활동들에는 신문배포, 잡지발간, 영화, TV 및 비디오 프로그램들의 제작, 배포 등이 있으며, 도서실 운영, 강연과 문화행사 및 영어교육 프로그램을 실행한다. USIA의 사업 중에는 또한 미국과 외국 간에서 학생과 학자들의 국제적 교환 프로그램을 조정하는 플브라이트 프로그램도 있다. 이들 프로그램들과 활동들은 개발도상 국가들에서 가장 가시적으로 진행된다. USIA의 목적은 미국외교정책을 위해 보다 호의적인 환경을 만들 수 있는 비교문화적인 지식과 이해를 증진시키려는 것이다.

1983년 민주주의를 위한 국가재단(the National Endowment for Democracy)이 창설되었다. 이는 순수 정부기관으로서 선세계의 자유와 민주주의 제도를 지원하는 것을 목적으로 한다. USIA가 제공하는 NED는 미국의 노동자, 기업인, 그리고 민주당과 공화당 두 당에 의해 수행되는 국제활동을 재정지원한다. NED는 초기부터 논란이 되었다. 왜냐하면 사람들은 그것이 미국사회의 협소한 보수적 영역을 대변한다고 생각했기 때문이다. 레이건 행정부하에서 그 재단이 제공한 기금의 대부분은 강력한 반공단체인 두 민간기구에 들어갔던 바, 그것은 미국노동총연맹과 미국상공회의소였다. 1990년 니카라과의 선거시 그 재단은 니카라과의 민주주의를 촉진하기 위해 600만달러 이상을 지출하였는데 그 중 많은 액수가 비올레타 차마로(violeta chamarro)가 이끄는 정치연합체에 주어졌다. 그녀는 결국 승리하였다. 지지자들은 그러한 활동이 해외에서 민주주의를 촉진시키는데 도움을 주는 것이라 주장한다. 그러나 비판자들은 그러한 지원책의 많은 부분이 국가안보의 이름으로 민주주의를 간섭하고 조작하려는 의도에서 출발하는 것이라고 말한다.[32)]

국가안보 및 대외경제의 관료기구와는 달리 문화 · 홍보 관료기구는 그 규모가 매우 작다. 더욱이 그것은 정책결정자들의 눈에는 그 우선순위가 낮게 보인다. 왜냐하면 문화 · 홍보정책은 미국외교정책의 주변적인 수단으로 고려되기 때문이다. 일예로 USIA의 총 운영비는 총 군사비의 1% 중의 0.25% 보다도 적다.[33)] 때문에 미국외교정책에서 그렇게 제한된 가용 재원을 어떻게 쓰느냐에 관한 논쟁과 문화 및 홍보 역할의 중요성에 관한 논쟁이 계속되고 있는 것이다. 이러한 점에서 東유럽 공산주의의 붕괴는 미국의 문화 및 홍보정책의 우선순위와 목적을 재고할 수 있는 계기가 되었다.

많은 사람들은 미국외교정책에서 문화 및 홍보정책은 강력한 수단이기 때문에 더욱 중요한 역할을 수행해야 한다고 말한다. 반면 일부에서는 레이건 행정부 하에서 그랬던 것처럼 미국외교정책을 지원하는 국제방송과 선전의 위력에 더 많이 의존할 것을 주장하였다. 또 다른 일부에서는 미국외교정책의 중요한 기반으로서 상호이해와 우의를 촉진할 수 있는 교육 및 문화 프로그램

■ [도표 11-1] 외교정책 기관들

	국제중심기관	국내중심기관
대통령 행정실	국가안보회의 미국무역대표부	백악관 사무처 예산관리국 과학 기술국
내각부처	국무부, 국방부, 에너지부, CIA, 국제개발처, 미국공보처, 군비통제 및 군축저, 평화봉사단	재무부, 농무부, 상무부, 법무부, 재향군인부, 교통부, 환경보호처
독립기관들	국제방송위원회, 국제무역위원회, 수출입은행, 해외투자보호위원회, 아프리카 개발재단, 미주간재단, 파나마운하위원회, 미국평화연구소	연방준비제도이사회 국립항공우주국 연방해양위원회

출처: United States Government Manual

에 더 많은 비중을 두어야 한다고 주장하였다. 그러나 대부분의 정책결정자들은 문화 · 홍보정책에 별로 주의를 기울이지 않는다. 따라서 그와 관련된 문화홍보 관료기관들은 그들이 가지고 있는 자원의 범위 내에서 상대적으로 자율성을 가지고 활동하게 된다.

제 3 절 여타기관

오늘날 외교정책 관련 정부기관들은 사실 국가안보정책, 대외경제정책, 문화홍보정책 등에만 국한되지 않는다. 과학기술, 수송, 이민, 환경, 그리고 마약 등의 문제들 또한 미국외교정책의 중요 부분이 되었고 그에 따라 새로운 관련 기관들이 창설되었다. 모스에 의하면 과학기술의 전파, 근대화, 세계적 상호의존은 외교정책과 국내정책의 분리를 무의미하게 만들었다.[34] 따라서 전통적으로 국내지향적이던 많은 정부기관들이 이제는 국제문제들에 관여하게 되었다.

첫째, 과학기술국은 국가안보와 대외관계에 관련된 과학기술의 문제들에 관해 대통령에게 자문한다.

둘째, 교통부는 정책 및 국제문제 담당차관보, 연방항공국, 해양국 등을 통해 국제 항공 및 해양문제 등에 관한 정부 정책을 담당한다.

셋째, 국토안보부는 이민문제에서 매우 중요한 역할을 수행한다.

넷째, 환경보호처는 국제환경문제를 담당한다.

다섯째, 연방해양위원회는 미국의 국내외 해상교역을 조정 · 통제하는 독립기관이다.

여섯째, 아프리카 개발재단 및 미주(美洲)재단은 지역개발을 촉진하는 민간단체들에 공여 및 차관을 체공하는 비영리 정부기관이다.

일곱째, 파나마운하위원회는 파나마운하와 주변지역을 관리하고 유지하는 독립기관이다.

여덟째, 미국평화협회는 국제분쟁의 평화적 해결에 관한 지식을 개발하고 전파시키는 것을 목적으로 한 연방 비영리 독립기관이다.

사실상 미국의 모든 행정부 부처들이 어떤 형식으로든 국제문제에 관여한다. 예를 들어 내무부의 영토 및 국제문제 담당 차관보는 마셜 군도와 마이크로네시아와 같은 미국의 영토들을 관장한다. 또는 국제교육센터는 교육부의 일부로 기능하고 있으며, 보건복지부는 국제적 건강문제를 다룬다. 연방통신위원회는 미국인들의 국제적 통신을 관장하며, 연방비상관리처는 국가적 안보의 비상사태에 대처하기 위한 국가계획을 개발하고 조정한다.

이와 같이 국제문제에 대한 정부개입이 많아지는 것은 국가간 상호의존성의 증가와 국제화 경향의 증대를 반영하는 것이다. 레이먼드 홉킨스에 의하면 "식량, 에너지, 금융, 통신, 환경, 경제성장, 그리고 기술의 확산 등의 주요 영역들에서 국내 관료기관들이 국제화되는 것은 관료적 상호작용의 세계적 네트웍이 발전하기 때문이라는 것이다.[35]

제 4 절 주요 대외정책 패턴의 재고

행정부 내에서 외교정책과정을 적절하게 평가하기 위해서는 제2차대전 이후의 외교정책 패턴을 검토하는 것이 중요하다.[36]

첫째, 제2차대전과 냉전이 미국외교정책의 세계화를 가져왔다는 점이다.

둘째, 제2차대전과 냉전기간이 외교정책에서 대통령의 권한을 강화시켰다는 점이다. 그러나 베트남 전쟁, 브레튼 우즈 경제체제의 붕괴, 그리고 워터게이트 사건은 대통령의 권한을 제약하는데 기여했고 국내외 정책과정을 더욱 복잡하게 만들었다.

셋째, 국가안보회의 체제는 더욱 강화되었고 그리하여 점차 국가안보정책에 관한 대통령의 관리수단으로서의 국무부를 대체하게 되었다.

넷째, 군부와 정보기관과 같은 부서들의 외교정책 역할이 증대되어 국가안보 관료기구의 성장을 가져왔다.

다섯째, 전통적인 국가안보문제에 관여치 않던 관료기구들, 특히 대외경제 관료기구들이 베트남전 이후 미국외교정책에서 더욱 가시적이고 중요하게 되었다.

여섯째, 대외정책 기관들의 규모, 범위, 및 복잡성이 엄청나게 팽창해 온 과정에서 이상의 모든 패턴들은 행정부 내의 외교정책을 관리 · 통제하려는 대통령의 노력을 매우 어렵게 하였다.

이러한 패턴들은 몇 가지 모순된 결과를 초래하였다. 즉, 한편에서는 외교정책에서 대통령의 권한이 더욱 강화되었는데 다른 편에서는 대통령이 외교정책 관료들을 관장하기가 더욱 어려워졌다. 또 NSC 보좌관과 그 참모들은 대통령의 업무수행에서 더욱 중요하게 되었으나 오늘날의 미국외교정책은 과거의 국가안보정책보다 더 많은 것들을 취급하게 되었다.

1) Jerel A. Rosati, The Politics of U. S. Foreign Policy(Orlando, FL. : Rinehart and Winston, 1993), pp.229-248.

2) Charles P. Kindleberger, "U. S. Foreign Economic Policy, 1776-1976," Foreign Affairs(Jan. 1977), pp.395-417; David A. Lake, Power, Protection, and Free Trade : International Source of U. S. Commercial Strategy, 1887-1939(Ithaca, NV. : Cornell University Press, 1988).

3) Edward L. Morse, Foreign Policy and Interdependence in Gaullist France(Princeton : NJ. : Princeton University Press, 1973). 모스에 의하면 상호의존성 시대에서는 고강도 정치와 저강도 정치 간의 구별은 사라진다고 한다.

4) UN, International Trade Statistics Year Book(1987) and U. S. Statistical Abstracts of the United States(1990).

5) 1987년과 1988의 무역적자 수치는 Rosati, 전게서, p.231에서, 그리고 2000년도와 2005년도 수치는 U.S.Census Bureau Website, 2007년 2월 9일 검색.

6) Chester Roe Goddard, The Politics of Market Maintenance : U. S. Foreign Economic Policy and Latin American Debt Issue, 1982-1985(University of South Carolina Dissertation(1990); Stephen D. Cohen, The Making of United States International Economic Policy : Principles, Problems, and Proposals for Reform(New York : Praeger, 1988); United States, The United States Government Manual(1989, 1990).

7) Rosati, 전게서, pp.232-235.

8) United States, Statistical Abstracts, p.799.

9) Europa World Yearbook(1989), p.2806.

10) William Greider, Secrets of the Temple : How the Federal Reserve Runs the Country(New York : Simon and Schuster, 1987).

11) U. S. Statistical Abstracts(1990), p.802.

12) U. S. Statistical Abstracts(1990), p.799.

13) James J. Emery and Michael C. Oppenheimer, The U. S. Export-Import Bank(Boulder, Co. : Westview Press, 1983).

14) Clyde H. Farnsworth, "A Spotlight on Obscure Agency," New York Times(Feb. 19, 1990), pp.C1, C3.

15) Stephen D. Cohen, Making of U. S. Economic Policy(New York : Prager, 1988); I. M. Destler, Making Foreign Economic Policy(Washington, D. C. : Brookings, 1983).

16) Hendrick Smith, The Power Game : How Washington Works(New York : Ballantine, 1988), p.350.

17) John Leacacos, "The Nixon NSC : Kissinger' s Apparat," Foreign Policy 5(Winter 1971-1972), p.18.

18) Chester Roe Goddard, 전게논문, p.176.

19) Harold B. Malmgren, "Managing Foreign Economic Policy," Foreign Policy 6(Spring, 1972), pp.42-63.

20) I. M. Destler, Making Foreign Economic Policy(Washington, D. C. : Brookingo, 1983).

21) Stephen Cohen, Making of U. S. International Economic Policy(New York : Praeger, 1988).

22) Paul Egon Rohrlich, "Economic Culture and Foreign Policy : The Collective Analysis of Economic Policy Making," International Organization 41(Winter 1987), pp.61-92.

23) Goddard, The Politics of Market Maintenance, Chapter 4 ; Robert Pastor, Congress and the Politics of U. S. Foreign Economic Policy : 1929-1976(Berkeley : University of California Berkeley, 1980).

24) Rosati, 전게서, p.238.

25) M. Leann Brown and Jerel A. Rosati, "The Reagan Administration and Economic Interdependence : Turbulent Relations with EC," International Journal 42(Summer 1987), pp.438-72.

26) Stephen Cohen, The Making of U. S. International Economic Policy, p.159. 문호개방의 뿌리에 관해서는 William Appleman Williams, The Tragedy of American Diplomacy(New York : Delta, 1959)를 참조.

27) Judith Goldstein, "Ideas, Institutions, and American Trade Policy," International Organization 42(Winter 1988), p.187.

28) Kim Andrew Elliot, "Too Many Voices of America," Foreign Policy 77(Winter 197\89-90), pp.13-31; Richard N. Gardener, "Selling America in the Market Place of Ideas," New York Times Magazine(March 20, 1983), pp.44, 56-61; Allen C. Hansen, U. S. Information Agency : Public Diplomacy in the Computer Age(New York : Praeger, 1984).

29) Lars-Erick Nelson, "Dateline Washington : Anti Semitism and the Airwaves," Foreign Policy 61(Winter, 1985-1986), pp.180-96.

30) Sig Michelson, America' s Other Voice : The Story of Radio Free Europe and Radio Liberty(New York : Praeger, 1983).

31) Henry Kamm, "Free Europe Embraces that Radio and Its Mate," New York Times(May 6, 1990), p.8.

32) Jacqueline Sharkey, "Anatomy of an Election : How U.S. Money Affected the Outcome in Nicaragua," Common Cause Magazine(May/June 1990), pp.20-29; U. S. Congress, General Accounting Office, Promoting Democracy : The National Endowment for Democracy' s Management of Grants Overseas(Sept, 1986).

33) Richard N. Gardener, "Selling America in the Marketplace of Ideas, "New York Times Magazine(March 20, 1983), pp.58-61.

34) Edward L. Morse, Foreign Policy and Interdependence in Gaullist France(Princeton : Princeton University Press, 1973), Chapter 1-2.

35) Raymond F. Hopkins, "Global Management Network : The Internationalization of Domestic Bureaucracies," International Social Science Journal 30(1978), pp.31-45.

36) Rosati, 전게서, pp.245-246.

Memo

Chapter

12

여론과 외교정책

제 1 절 여론과 민주주의

① 여론과 민주주의의 관계

제임스 브라이스(James Bryce)에 의하면 한 나라의 정부가 人民의 정부가 되면서 여론(public opinion)은 새로운 힘으로 부상하게 되었다.[1)] 민주정치의 근대적인 이념, 즉 일반 국민이 그들 자신의 주권을 행사할 수 있다는 그 이념은 민주주의 사회에서 인민 대중의 역할을 규정하는 수단이다. 즉, 민주주의 체제에서는 의사결정을 합리적으로 수행할 수 있는 국민의 여론이 공공정책으로 전환되어야 한다는 것이다.

18세기 합리주의 사상가들은 여론을 이성(理性)의 소리(the voice of reason)와 동일시하였다. 벤담(Jeremy Bentham)은 여론에 의한 구제이론(the doctrine of Salvation by public opinion)을 만들어낸 최초의 사상가였다. 그에 의하면 이성을 소유한 모든 인간은 증거에 의해 최대다수만이 옳게 판단하고, 최대의 증거능력은 최대의 효과를 산출할 것이라는 도덕적 확실성을 가진다는 것이다.[2] 그의 제자인 밀(James Mill)은 여론의 무오류성(無誤謬性: the infallibility of public opinion)에 관한 가장 완벽한 논리를 제기하였다.[3] 이러한 밀의 논지는 정치제도로서의 민주주의를 옹호하는 것으로 19세기의 모든 자유주의자들이 명시적 묵시적으로 수용한 것이었다. 즉, 합리적으로 제기된 어떤 문제에 대해 여론이 옳게 판단할 것이라는 밀의 신념은 자유주의 신조의 근본이었다. 19세기의 여론에 대한 믿음은 ① 여론은 궁극적으로 승리할 것이다(Public opinion is bound in the long run to prevail)라는 것과 ② 여론은 항상 옳다(Public opinion is always right)라는 것이었다.[4] 이러한 신념에 따르면 민주주의 국가에서 여론은 반드시 이기는 것이고, 여론은 항상 옳은 편으로 귀착되는 것이다. 따라서 국제적 분쟁의 해결과 민주국가의 외교정책은 여론의 합리적 힘(the rational force of public opinion)에 기초해야 하는 것이다.

이와 같이 여론은 이성의 소리이자 인민의 의사이기 때문에 민주주의 정치에서는 정통성(legitimacy)의 기초가 되는 것이다. "여론이란 실로 거의 모든 시기, 거의 모든 국가에서 최고의 근본적인 힘이었다."[5] 심지어 군주국가나 독재자들도 인민의 의사에 反해 그들의 권위를 유지한 경우는 드물었다. 브라이스는 독재국가나 자유국가 모두 결국 여론에 의해 지배된다고 보았다. 특히 민주선거제도가 지도자 충원제도로 기능하는 곳에서는 대내외정책에 대한 대중여론의 영향이 큰 것이다. 인민은 바로 투표소에서 그들의 의사를 표현하기 때문이다.

미국의 연방헌법 기초자들이자 「The Federalist Papers」의 저자들인 해밀턴과 매디슨 등은 인민의 대표들이 천명한 대중의 소리(the public voice)를 언급하고 있다. 즉, 그들은 공공정책을 결정할 때 인민의 의사를 반영할 필요성을 인식하였던 것이다.[6] 매디슨에 의하면 여론은 모든 자유국가에서 진정한 지배자이다. 즉, 대중여론은 책임있는 정책이 넘어갈 수 없는 한계를 설정해주기 때문이다.[7] 이는 국가의 정책결정과정에서 국민의 여론 및 성인들의 의견 그리고 미국 국민의 생각이 반영되어야 한다는 것을 뜻한다. 정부수립의 기초가 여론이라는 흄(David Hume)의 기본원칙은 미국창건자들의 신조가 되었다. 따라서 여론의 중요성은 미국의 역사를 통해 분명하게 나타났다. 링컨 대통령은 "정치에서 여론은 모든 것이며, 여론에 근거하는 경우 어느 것도 실패할 수 없는 반면 여론에 근거하지 않는 경우에는 어느 것도 성공할 수 없다" [8)]고 하였다.

이러한 전통은 현대에 이르러서도 지속되고 있다. 1965년 러스크(Dean Rusk) 국무장관은 "미국의 장기적인 외교정책은 미국인에 의해 결정된다[9)]" 고 언급하였고, "모든 정책은 그 궁극적 효과를 위해 여론의 지지에 의존한다" [10)] 고 하였다.

이와 같이 인민의 의사 또는 여론이 공공정책에 영향을 미칠 수 있는 것은 기본적으로 민주정치가 선거제도에 기초해서 운영되기 때문이다. 즉 민주적 선거제도를 통해 지도자들을 선출하는 곳에서는 대내외정책의 결정에 미치는 대중여론의 영향이 클 수밖에 없다. 결국 여론은 민주주의 사회에서는 하나의 정치적 세력이 되는 것이다.

2 민주정치에서 여론과 그 규범적 역할

미국은 창건 때부터 시민의 의사를 크게 유념하는 전통을 유지하고 있다. 예를 들어 독립선언서의 첫째 절에는 "인간의 의사에 대한 공평한 존중은 미국이 영국과 분리 · 독립하도록 한 대의(大義)를 선언할 것을 요청하고 있다" 라고 되어있다. 워싱턴 대통령의 고별사에도 정부구조가 여론을 중시하는 것만큼 여론이 계발되어야 한다고 되어있다.

외교 정책에 대한 인민통제의 근거는 인민의 의사, 즉 여론이 민주정치에서 정통성의 기초라는 데 있다.[11)] 즉, 정책결정에 대한 인민통제 없이는 민주정부는 한낱 신화(神話)에 불과할 것이라는 논리이다. 정치지도자들은 인민이 원하는 것을 정책에 반영토록 한다는 것이다.

여론에 관한 규범적인 민주주의이론에는 강력한 삼투적 원칙들(the pervasive principles)이 있다.[12)] 정책결정에 참여하는 외교정책관리들의 회고록이나 국무부의 공개성명서들에 따르면 여론이 외교정책을 윤곽짓는 것으로 나타난다. 즉, 정책결정자들은 정책결정에서 여론을 반영한다는 것이고, 정책은 여론 없이는 기능할 수 없다는 것이다. 물론 국무부가 여론을 지속적으로 참작한다고 말하는 것은 그들의 정책결정행위의 정통성을 확보하려는 정치적 제스쳐일 수도 있다. 일부 정치평론가들과 정치지도자들은 無知의 대중이 외교정책을 만들기 때문에 세계정치에서 미국의 책임있는 참여를 방해한다고 말하기도 한다.[13)]

그러나 미국의 정치적 전통에서 외교정책이 행정부, 대중 및 의회의 상호작용과정에서 이루어지는 것은 사실이다. 미국의 외교정책들이 대중의 의사에서 직접 나오는 것은 아니지만, 대중여론이 때때로 미국의 대외정책의 범위와 한계를 설정해주는 것만은 확실하다.

제 2 절 여론의 의미와 특징

1 여론의 개념

루소는 일찍이 여론에 관해 광범위한 분석을 시도했던 최초의 사상가였다. 그에 의하면 모든 정부는 기본적으로 法이나 강제보다 여론에 의존한다는 것이다.[14)] 이러한 여론은 일정한 시점에서 한 공동체와 관련된 문제들에 대해 大衆이 가지고 있는 의견들로 구성된다. 즉 한 국가의 대내외정책이나 문제들은 그 국민들이 지니고 있는 의견과 태도, 즉 민심의 표현인 것이다. 키(V.O.Key)는 여론을 "정부가 유의하고 있는 개인들의 의견"[15)]이라 하였고, 먼로는 "어떤 특정문제에 관한 개인들의 의견의 총계"[16)]라 했다. 싸이먼은 "공동체에 영향을 주는 문제들에 관해 백성들이 가지고 있는 집합적 의견"[17)]이라 하였고, 헤네씨는 여론을 "일반적 중요성을 지닌 어떤 문제에 관해 상당수의 사람들이 표출하는 선호(選好)의 복합체"[18)](the complex of preferences)라 하였다. 또한 에릭슨은 "정부에 관련되는 제반 문제들에 대한 성인들의 집성된 사적의견"[19] 이라 하였고, 트루먼은 "여론은 심의 중인 문제에 공중을 구성하고 있는 개인 집합체의 의견으로 구성된다"[20]고 하였다. 여론에 관한 이상의 정의(定義)들은 어떤 면에서 보면 정적(靜的)인 것이고, 신념과 태도로 구성되어 있으며, 전체적 합의가 아닌 공중의견의 단면으로 되어있다.[21] 그러면 여론, 즉 public opinion에서 "public"이란 "일시적 비지속적인 공통의 이해관계나 목적을 가진 한 공동체구성원의 전체"[22]로서 그 public은 서로 얼굴을 맞대고 모여 있는 사람들의 집단이 아니라 간접적이고 기계적인 통신수단이 제공한 자극에 공통적으로 반응하는 공간적으로 흩어져 있는 사람들이다. 즉, 어떤 문제에 관련된 상당규모의 인간집단들로서 "특정행위나 이념으로 함께 영향을 받는 개인들로 구성된 대중"[23]이다. 다시 말해서 어떤 문제들을 중심으로 해서 형성된 사람들의 집합체(complex)인 것이다.

사람들의 태도, 의견, 신념은 모두 공공정책에 영향을 미칠 수 있다는 점에서 중요한 요소이다. 의견(opinion)이란 신념(beliefs) 또는 가치(value)에 기초한 태도(attitude)의 구두 표현이다.[24] 의견이란 어떤 단순한 생각보다는 좀 더 강한 어떤 믿음일 뿐 완전한 증거에 기초한 확실한 지식보다는 덜 확실하다.[25] 신념이란 어떤 것이 진실이라고 용인하는 의향이고, 대도란 여론이 전개되는 기초로서 어떤 문제나 대상물에 대한 개인들의 지속적인 정향(orientation)이라고 할 수 있다. 그런데 현실세계에서는 의견과 태도는 통상 혼용된다. 태도는 행동경향이고 습관 및 외향적 행위와 밀접히 관련된다. 의견은 구술적이고 상징적이다. 태도는 대상물에 대한 규범적 실용적 선호이고 신념군(信念群)으로 구성된 일종의 신념체계이다.[26] 의견은 어떤 대상에 관한 규범적 실용적 판단으로서 태도보다 더욱 구체적이다. 즉, 태도는 반응하는 경향이고 의견은 반응이다.[27]

2 공중(Public)의 유형

미국의 외교정책결정에 영향을 미치는 여론은 누구의 여론이며, 그러한 여론을 생산한 사람들의 태도를 형성시킨 배경은 어떤 것인가? 일반적으로 한 국민의 태도를 이해하는 데는 그 나라의 정치 이데올로기와 정치문화를 검토하는 것이 필수적이다. 예를 들어 미국의 정치문화는 미국외교정책을 결정하는 장치가 작동하는 광범위한 틀을 제공하는 것이며, 미국의 정치 이데올로기적 신념은 미국외교정책의 목적과 방향을 설정하는 중요한 지침이 되는 것이다. 예컨데 미국의 자유주의 이데올로기는 미국외교정책의 타협적인 협상방법과 무력사용의 신중성을 지시하는 경향이 있다. 호프만은 "국제문제에 관한 자유주의적 견해는 세계역사에서 무력의 역할을 완전히 이해하지 못하는 데서 고통을 겪고 있다. 국제적 힘의 사용에 대한 미국의 접근에는 아직도 본능적인 금기가 남아있다"[28]고 하였다.

로자티는 공중(the public)[29]을 ① 엘리트층(the elite public), ② 관심대중(the attentive public), ③ 대중(the mass public)으로 나눈다.[30] 미국의 public은 2억 7천만이라는 매우 복잡하고 다양한 인구로 구성되어 있다. 그 중에서 첫 번째의 엘리트층은 국가적 여론지도자들로서 미국사회에서 다양한 지도적 지위를 점령하고 있는 사람들이다. 정부와 기업의 지도층, 저명 언론인들, 교수와 전문인들, 여타 유명 인사들이다. 이들은 소수에 불과하나 각 문제에 따라 그 규모는 유동적이다. 이들은 통상 주어진 각 문제들에 관한 전문적 식견을 가지고 있으며, 그들의 생각과 의견을 전파시킬 수 있는 능력을 가지고 있다. 물론, 그들의 정보와 의견이 모두 정확한 것은 아니다. 그러나 통상 그들의 의견은 사회적으로 신뢰되고 정통성 있는 것으로 인식되기 때문에 영향력을 지니게 된다.

두 번째는 관심대중으로서 그 규모는 문제에 따라 다소 유동적이나 대체로 미국 인구중 10% 이하에 해당되는 사람들이다. 즉, 국내외 문제들에 비교적 높은 관심을 가지고 있고 정보와 지식을 가지고 있는 사람들이다. 물론 그들의 의견은 여론지도자들만큼 광범위한 파급성도 없고 언론의 조명도 받지 못한다. 그러나 그 중 일부는 여론지도자로서 행동할 수 있다.

세 번째는 일반대중으로서 대부분의 미국인들에 해당된다. 인구 중 2/3 내지 3/4을 차지하는 사람들이다. 이들은 통상 국내외 문제에 대한 관심과 정보의 수준이 낮고, 다만 신문의 톱기사에 오르거나 매스컴의 집중 조명을 받는 문제들에 관심을 가질 뿐이다.

전통적인 입장에서 대중은 외교정책 결정에서 큰 역할을 수행하지 않는 것이었다. 즉 대중은 외교정책에 대한 관심도 없고 지식과 정보도 갖추어져 있지 않은 계층이다. 대중은 다만 위기시 지도자에 부응적 추종적일 뿐이라는 것이다. 특히 대중은 지도자들에 의해 쉽게 조작될 수 있는 대상으로 여겨진다. 실제 미국의 많은 연구자, 관찰자, 정책결정자들이 외교정책에 대해 엘리트주의적 관점을 가지고 있는 것도 사실이다.[31] 심지어 대중은 무지하고 감정적인 폭도(emotional mob)라고도 한다. 그러나 1970년대 베트남전 이후 그리고 탈냉전시대에 접어들면서 정책결정에서 국민과 그 대표들의 의견을 배제하기가 어렵게 되었다.[32]

3 여론의 성격과 특징

외교정책에 미치는 여론의 영향력에 관하여 비판자들은 다음과 같은 성격과 특징을 열거한다.

즉, 그들은 여론이 변덕성, 비합리성, 無知 내지는 정보의 빈약, 그리고 지나친 단순성 등의 특징을 지니고 있다고 본다. 1823년 영국의 정치가 필(Robert Peel)은 여론을 "어리석음, 빈약, 편견, 그릇된 감정과 옳은 감정, 완고성 및 신문의 단편기사들의 대혼합물(大混合物)"[33]이라 하였다. 오늘날의 현실주의적 논지도 여론이 효율적인 외교정책 수행에 별로 기여를 할 수 없다고 설명한다. 즉 여론이란 "한 나라의 국가이익의 근본을 구성하는 장기적인 이익과 목적을 확고하게 추구함에 있어서 때때로 정치가들을 오도하는 변덕스럽고 무식하고 감정적인 지배를 받는 세력"[34]이라는 것이다. 또한 대중의 無知보다 태도의 경직성에 초점을 맞추는 경우도 있다. 즉, 고정관념에 젖어 있는 대중의 기호를 유념하다 보면 국제적인 기회와 도전에 효과적으로 대응할 수 있는 신축성과 기민성을 상실할 수 있다는 것이다. 퀸시 라이트(Quincy

Wright)에 의하면 효율적인 외교는 비밀, 신속, 신축성이라는 세 가지 특성을 요구하는 데, 민주주의체제는 무정부적인 국제환경의 불가피한 요소들과 싸우는 과정에서 방해를 받는다.[35] 물론 이러한 비판적 논지에 대해 긍정론자들은 국민대중이 그들 자신이 죽느냐 사느냐하는 문제가 결정되는 데 아무런 의견도 제기할 수 없어도 되는 것인가라고 반론을 제기한다.[36]

첫째는 여론의 변덕성 문제이다. 즉, 비판자들은 국제문제에서 여론은 불안정하고 크게 유동적이며, 특히 단기간에 변화가 일어난다는 것이다. 여론은 매우 건전한 외교정책을 발전 · 유지시키는 데에는 매우 변덕스럽고, 그리하여 매우 모호한 기반이 된다는 것이다.[37] 즉, 새로운 사태의 발전이나 외교정책의 내용이 변하는 경우 대중의 태도가 변한다는 것이다. 예를 들어 한국전쟁이나 베트남전쟁 초기에는 대중여론이 미국의 개입정책을 지지하였으나 전쟁이 장기화되고 사상자수가 증가하면서 사태가 불확실성 속으로 빠져들자 개입반대로 돌아선 것이다. 또한 1967년과 1973년 이스라엘의 對중동전쟁 초기 미국의 여론은 親이스라엘적이었다. 그러나 이스라엘이 레바논을 침공하자 미국의 여론은 反이스라엘적으로 변했고, 친아랍감정이 일어났다. 그러나 그 후 이라크가 이스라엘에 미사일 공격을 감행했을 때는 다시 이스라엘을 지지하는 쪽으로 변했다.

그렇다고 이상의 논지를 부정적 의미의 변덕이라고 볼 수는 없다. 그러한 "변덕"은 대중의 현실적 합리적 사고의 산물이자 도덕적 판단의 결과라고 보는 것이 옳을 것이다.

둘째는 여론의 비합리성 문제이다. 푸찰라(Puchala)는 여론이 이성보다는 감성이 강해 사건에 따라 반응이 유동적이라고 한다.[38] 이는 대중의 여론이 기분과 감정에 의해 좌우될 수 있다는 것이다. 다시 말해서 여론이 대중의 분개한 정의감이나 악의의 증오심과 같은 비합리적인 감정에 휩쓸린다는 것이다.[39] 미국헌법의 기초자들도 인간이 순간의 정열에 의해 쉽게 좌우될 수 있음을 우려하였다. 매디슨도 인민의 충분한 견제가 없으면 여론의 분노는 다수의 횡포를 생산할 수도 있다고 지적한 바 있다.[40]

그러나 스패니어에 의하면 국제정치에서 대중이 모든 문제들을 면밀히 추적하지 않는다고 주장하는 사람들조차 대중이 비합리적이라고 말하지는 않는다는 것이다.[41] 미국인들이 외교정책문제에 충분히 관심을 가질 때는 그들도 매우 합리적으로 부응할 수 있다는 사실을 보여주었다는 것이다. 예를 들어 미국민들은 Iran-Contra 사건은 잘못된 것이고 워터게이트 사건만큼이나 심각한 것으로 생각하고 있었고, 더 나아가 구체적인 대외정책에 대한 지지패턴의 변화는 대중이 국제적 사건들에 합리적으로 반응할 수 있음을 예증하는 것이라 하였다.[42]

셋째는 대중이 無知하고 정보가 빈약하다는 문제이다. 예를 들어 비판자들은 1964년 베트남에 2만여 명의 미군이 주둔하고 있었는데 미국민 25%는 베트남전에 관해 들어 본 적이 없다고 하였다 한다. 또한 미국민의 28%는 중국이 공산주의국가라는 것을 몰랐고, 54%는 모택동이라는 사람을 전혀 모른다고 하였다 한다.[43] 로젠버그(Rosenberg)는 "정보가 없는 무지한 대중의 反共감정이 정보를 갖춘 관리들로 하여금 냉전정책을 따르도록 강요하였다"[44]고 하였다. 트루먼 행정부 당시 국무장관이었던 에치슨은 "미국인들은 의견표시 전에 정보를 갖출 필요성을 느끼지 않는다"고 말하였다.

이상과 같이 대중의 無知와 정보의 빈약에 대한 비판은 일면 타당한 것이다. 현실적으로 외교정책결정에 참여하는 정부관리나 전문가가 아닌 경우 구체적인 정보를 얻기란 쉽지 않다. 그러나 국가의 중대한 안보상의 위협이나 경제적 이해가 첨예하게 대두되고, 특히 언론매체의 집중적인 조명을 받고 있는 중대한 문제들에 대해서는 대중 스스로가 정보와 자료수집에 적극적인 관심과 노력을 기울이게 되고 그들의 지식을 축적하여 현안에 대한 나름대로의 합리적인 태도를 정립하게 되는 것이다.[45]

넷째는 여론이 국내외의 문제에 별 관심 없는 사람들이 표명하는 의견을 대변할 수 있다는 점이다. 즉, 세계정치에서 미국의 책임 있는 참여를 방해하는 것은 대중의 무지와 무관심이라는 것이다.[46] 사람들은 현실적으로 자신의 이해관계와 직접 관련되지 않은 문제에 대해선 무관심하기 마련이다. 한 조사에 의하면 미국인 2/3 또는 3/4이 국내외 문제에 별 관심이 없는 것으로 나타났다. 그러나 또 다른 연구는 미국인들의 20%만이 공공문제에 무관심하고 나머지는 보다 많은 관심과 지식을 가진다고 하였다. 홀스티(Holsti)에 의하면 미국의 대중은 특히 제2차대전 이후 그리고 미국이 베트남전에 개입한 이후 국제문제에 대한 관심을 가지게 되었다고 한다.[47] 머나먼 사건이 주의를 끌지 못하는 것은 당연한 것이다. 그러나 자국에 대한 위협이나 모독과 같은 문제에는 적극적 관심을 가지게 될 것이다. 예를 들어 2001년 9월 11일 뉴욕과 워싱턴에 대한 테러공격과 같은 사건에 대해서는 전체 미국인이 적극적 관심을 가졌던 것이 사실이다. 부시(G.W.Bush) 대통령의 對테러 전쟁정책에 대해 미국민은 90% 이상의 적극적인 지지를 보여주었다.[48] 이렇듯 대중의 태도는 국제적인 문제의 성격에 따라 관심과 무관심 사이를 왕복하게 되는 것이다.

제 3 절 여론과 외교정책의 관계

1 여론의 패턴

코헌은 미국외교정책의 결정과 수행에 참여하고 있는 국무부 관리들과 관련된 여론의 여러 패턴을 설명하고 있다. 그는 여론의 유형을 지지, 반대, 무관심 등으로 나누고 각 유형의 여론이 외교정책결정에 어떤 영향을 미치고 있는가를 설명하고 있다.[49]

1) 지지여론

이는 현재의 정책노선에 지지를 나타내는 여론이다. 역사적으로 볼 때 어떤 면에서 보면 대부분의 여론은 정부정책을 지지하는 것이었다. 특히 대외정책의 경우 대중은 민족주의 감정, 국가이익, 정권에 부여된 기본적인 충성심과 정통성 때문에 대개 모호하고 의심스러운 점들을 정부에 유리하게 해석해주고 공식적인 외교정책을 지지하게 된다.[50] 때문에 외교정책결정과 집행에서 여론의 지지 그 자체가 중요성을 지니고 있다는 사실이 간과되어서는 않된다. 지지여론은 정부가 선택한 정책을 지속하도록 하고 정부관리들과 대통령이 원하는 방향으로 정책을 추진할 수 있도록 힘을 실어 주는 것이다. 대통령과 관리들이 원하는 모든 것을 할 수 있도록 하는 것은 국민이 그들을 지지할 것이라는 가정에 기초한다. 따라서 정책결정자들은 대중의 지지가 없을 경우 그 정책의 성공 가능성이 감소 내지 소멸할 것이라고 생각하기 때문에 여론의 동향에 민감하게 되는 것이다.[51] 트루먼의 NATO 창설과 마셜계획은 국민의 지지하에서 추진되었고, 한국전 참전과 지원결정에 대해서도 지지를 받고 있었다. 2001년 9월 11일 빈 라덴(Bin Raden)의 알 카에다(Al Qaeda) 테러 조직이 뉴욕과 워싱턴에 가한 테러사태에 대한 부시 대통령의 "테러와의 전쟁" 정책은 90% 이상의 여론의 지지를 받고 있는 가운데 추진되었다.[52]

2) 반대여론

미국의 대외정책에 대한 정치적인 관심의 중심 테마는 반대 여론이다. 왜냐하면 지지여론의 경우에는 그것이 없이도 현행정책은 추진되지만 반대여론의 경우 현행정책의 수정 또는 중단을 요구하기 때문이다. 반대여론은 외교정책 형성과 시행에 간섭하고 정부관리들의 선택의 자유에 제약을 가하게 된다. 반대여론은 관리들의 선호를 배제하고 다른 노선을 선택하도록 효과적인 제약요소로 기능하고, 여론이 주장하는 내용을 정책에 반영하도록 한다. 따라서 어떤 의미에선 여론은 외교정책에서 긍정적이라기보다는 더욱 부정적인 요소로 작용하고 있다고 할 수 있다.[53]

현재의 어떤 정책에 반대한다는 것은 다른 정책을 지지하는 것으로 추론할 수 있고, 현재의 정책변경에 대한 반대는 현정책에 대한 지지로 정의될 수도 있다. 리프먼(Lippman)은 西유럽 자유민주주의 국가 지도자들은 여론을 두려위하여 어렵고 값비싼 결정을 내리지 않으려 한다고 지적하였다.[54] 또한 키(Key)에 의하면 관리들은 여론의 반응이 적대적이 되지 않도록 긴급한 문제의 처리를 기피한다고 하였다.[55] 존슨 대통령은 중대한 것이 아닌 한 의회와의 관계를 악화시킬 수 있는 立法모험은 추진하지 않으려 했다고 한다. 예를 들어 가족계획 추진문제를 놓고 존슨은 "우리는 카톨릭과 우익으로부터 예상되는 반응을 피하기 위해 한 걸음 물러선다"[56]고 하였다. 1975년 닉슨 행정부의 베트남 철군정책은 결국 의회와 국민들의 反對여론에 의해 이루어진 것이다.

3) 대립적 여론

외교정책 문제들에 대한 찬반 의견들이 비슷하게 분포되어 압력의 균형이 이루어지는 경우, 정책결정자들은 어느 한쪽을 선택하라는 압력에서 벗어나 자동적으로 작전의 자유를 유지하게 된다. 여러 집단들의 상충적 입장과 주장은 결국 그들 간의 상호견제에 의해 그들의 영향력을 약화시키게 된다. 국무부의 한 부차관보는 갈등적 여론은 국무성관리들로 하여금 그들이 원하는 것을 수행할 수 있다는 신념을 심어준다고 하였다.[57] 또 다른 국무부 관리는 "당신이 의회에서 상충적 관점에 직면하게 되는 경우, 즉 양측 주장이 팽팽히 맞서는 경우 우리는 우리가 옳다고 생각하는 것을 행한다"[58]고 하였다.

4) 무관심

외교정책에 대한 대중의 무관심은 관리들의 정책 선택과 결정에 소극적 지지를 부여한다는 설명과 대중의 무관심 자체가 외교정책에 대한 효과적인 제약 요소로 작용한다는 입장이 있다.

전자의 경우에 대하여 키는 "무관심은 無力한 것"으로 "非참여자들은 일상적 정부정책이 흐르는 도랑을 파는 데 아무런 역할을 하지 않는것"[59]이라 하였다. 또한 로스노에 의하면 "무관심은 확실한 非제약적 요소로서 사회지도층에서 토론이 없으면 사실상 관리들의 결정과 행위에 소극적 지지를 부여하는 것"[60]이다. 1951년 일본의 평화적 해결정책(The Japanese Peace Settlement) 연구에서 나온 결론은 "여론의 무관심은 정책결정자들에게 매우 많은 행동의 자유를 부여한다"[61]는 것이었다.

반면 외교정책에 대한 대중의 무관심이 효과적인 제약요소로 작용할 수도 있다는 설명이다. 대중의 지지 없이는, 즉 정부관리들의 장점을 증언해주는 대중적 동맹자가 없이는 정부정책을 성공시키는 것이 매우 어렵기 때문이다. 제1차대전의 경험, 즉 비밀외교의 선례들과 고립주의에의 복귀결과들을 볼 때, 국민의 무관심이 조만간 비극적 재앙을 초래할 것이라는 가정에서 미국정부가 안정되고 책임 있는 세계질서 수립에 도움이 되는 확고하고 일관된 외교정책 공약들을 결정하고 추진함에 있어서 국민의 확실한 지지가 없으면 많은 제약을 받는다는 것이다.[62] 국무성의 한 관리에 의하면 다변핵군(Multilateral Force for Nuclear Sharing in the NATO Alliance)의 창설이 실패한 것도 대중의 지지를 전혀 유발시키지 못한데 있었다고 한다. 존슨 대통령의 보좌관이었던 빌 모이어스(Bill Moyers)는 "미국의 정부들은 대중의 진정한 지지증거가 없이는 감히 행동을 취하지 않는다는데 문제가 있다"[63]고 하였다.

2 여론에 대한 통치 엘리트의 태도

미국의 외교정책 결정과 그 수행과정에서 대중의 여론에 대한 대통령 및 외교정책관리들의 태도는 그들 각자의 개성, 이데올로기 및 정치적 입장에 따라 다르게 나타날 수 있다. 즉, 대중의 여론을 신뢰하고 그것을 외교정책의 지침으로 삼는 사람이 있고, 여론에 귀를 기울이되 실제 정책결정과 수행에서는 여론을 별로 참고하지 않는 사람이 있으며, 일부 인사들 중에는 국민의 여론을 오직 정책의 효율적 수행을 위해 이용하는 수단으로만 보는 사람도 있다. 일반적으로 선출직 관리는 일반직 관리들보다 여론에 더욱 민감한 반응을 보인다.

첫째, 정부정책에 대한 여론지표를 신뢰하는 정책관리들 가운데는 때때로 신문 등 매스컴의 논조를 여론의 최상지표로 간주하는 경우가 있다. 하딩

(Warren G. Harding) 대통령은 신문을 대중감정의 척도로 신뢰하였다. 하딩 행정부의 국무장관 휴즈(Charles E. Hughes)는 "우리 국민의 감정은 신문에 의해 표출된다. 신문은 우리 국민의 관점을 제공하고 그림의 세부사항에서 부정확한 점들을 보충해 줌으로써 전체그림의 충실성을 제공한다"[64]고 하였다. 루즈벨트(Franklin Roosevelt)도 제2차 세계대전시 여론의 추세를 도표로 작성하여 참고하였고, 국무장관에게 자기정책에 대한 전국적인 여론조사를 지시하기도 하였다.[65] 케네디 대통령은 對중국정책에서 현실적인 이익과 의회 및 대중여론의 반대입장 사이에서 결국 여론의 입장을 선택하였다.[66]

둘째, 정책결정자들이 여론의 의미를 그다지 높게 평가하지 않고, 오히려 정책결정과 그 수행에서 여론을 극복하거나 무시하고 자신의 정책을 밀어부친 경우들이 있다. 통상 대통령들은 독자적인 조치를 취할 수 있는 신축성을 유지하려고 한다. 그렇다고 해서 그들이 언제나 여론을 무시했다고는 할 수 없다. 사안(事案)에 따라 무시할 때도 있고 참고할 때도 있을 것이다. 어떻든 여론을 무시하는 경우 그는 정치적 위험과 손실을 감수하는 것이고, 그것은 자신의 조치에 대한 확신, 그리고 그 결과에 대한 긍정적 예측에 기초하였을 것이다.[67] 흔히 국제적 위기가 발생할 때 대통령은 여론을 무시하곤 한다. 그는 결정적인 조치 후에 대중이 지지해 줄 것이라고 믿기 때문이다.

트루먼 행정부의 에치슨 국무장관이 외교정책결정에서 여론을 무시 · 절하시킬 수 있다고 했을 때, 그러한 견해는 국무부의 일반적인 견해였다.[68] 한 국무부 관리는 "우리의 임무는 특정 상황에서 국가이익을 결정하는 것이고 우리는 우리 자신의 최선의 판단에서 밀려서는 안된다"[69]고 하였다. 트루먼은 여론조사에 관한 열의는 매우 적어서 여론을 이해거나 그것을 이용하는 데 별 관심이 없었다고 한다. 그는 한국전쟁시 의회와 여론의 압도적인 반대에도 맥아더사령관을 해임시켰다.[70] 1994년 클린턴(Bill Clinton)은 의회와 여론의 상당한 반대에도 아이티(Haiti) 침공을 강행하였다.

셋째, 여론을 국제정치에서 외국정부를 다루는 지렛대로 이용하는 경우이다. 미국대통령들은 자신의 업적과 인기를 평가하기 위한 여론조사를 광범위하게 이용한다. 1956년 아이젠하워는 스웨즈운하를 이집트가 국유화시킴으로서 촉발된 위기시 영국의 무력사용을 저지하기 위해 여론을 이용하였다. 아이젠하워는 이든(Eden)수상에게 "미국여론은 무력을 사용하겠다는 귀하의 생각을 단호히 거부하고 있음을 귀하에게 솔직히 말해야 되겠다"[71]고 하였다. 아이젠하워는 소련과의 홍정에서도 여론을 이용하였다. 즉, 그는 "나자신의 생각도 그러하거니와 여론조사에서도 나타난 바와 같이 미국 국민의 마음 속에는 소련에 대한 광범위한 불신이 여전히 남아있다"[72]고 하였다.

③ 여론의 형성과 작용과정

외교정책 결정과정에서 영향을 미치는 여론의 작용은 ① 국민 속에서 형성된 여론이 정책결정자들에게 전달되어 영향을 미치는 상향적 과정이 있고, ② 대통령 등 정책결정관리들이 국민 속에서 그들이 의도하는 여론을 형성시킨 후 그러한 여론에 기초하여 외교정책을 결정 · 수행하는 하향적 과정이 있을 수 있다.[73] 다시 말해서 정책결정자들의 의도와 정책이 여론지도자들의 태도변화를 유도하고, 변화된 여론지도자들의 태도에 의해 대중의 태도변화를 유발시키는 것이다.

前者의 경우 근대 민주주의 혁명의 산물이자 곧 대중민주주의의 정통성과 정치에의 대중참여논리에 기초한 설명이다. 정책결정자들이 대중의 선호와 기대를 존중하는 경우 그 나라는 발전된 민주주의 국가로 평가된다. 국민의 대표들은 국민의 의사에 부응적이고, 국민들은 자유언론에 의한 다양한 의사표출이 가능하며, 조직적인 각 이익집단들의 요구가 표출될 수 있는 환경에서 생성되는 대중의 여론은 정부의 행위를 통제할 수 있고 정부의 정책결정권에 한계를 부여할 수 있다는 논리이다.

그레이엄(Graham)의 조사에 따르면 트루먼에서 카터에 이르기까지 7개 정부 기간 4개의 군비통제문제에 미친 여론의 영향을 분석한 결과 소련과의 협상이 실패한 것에서부터 上院의 비준을 받아 시행된 것들에 이르기까지 모든 경우 대중여론이 중요한 역할을 미친 것으로 나타났다.[74] 여론은 이들 문제들을 의사일정에 올리고 협정의 비준에 직접적으로 영향을 미친 것으로 나타났다. 물론 협상과 시행에선 간접적인 영향을 미친 것으로 조사되었다. 다시 말해서 공공정책이 바뀔 때 그 변화는 실제로 대중이 주로 선호하는 방향으로 변경되었다는 것이다.[75] 윌슨 대통령은 그의 정책결정에서 전능한 여론에 따라 행동하였고 여론과 동일시한 이성(理性)의 설득력과 지배를 믿었다고 한다.

後者의 경우, 정책결정자들이 외교정책의 방향과 내용을 설정해 놓고 대중의 지지를 끌어내기 위해 대중속에서 유리한 여론을 창조해내는 하향적 과정을 말한다. 사실 18세기 이데올로기 혁명 이전의 권력장악자들은 여론에 관심이 없었고, 모든 사건을 정부가 의도하는 대로 끌고 갔다. 당시의 여론이란 정부정책에 대한 도전이라기보다는 정부정책을 지지하고 순응하라는 압력으로 생각되었다. 즉, 정부정책에 대한 시민의 참여를 억제하고 반대로 정부정책을 옹호, 정당화시키는 순응을 위한 사회적 압력수단으로 여론이 이용된 것이었다. 바로 이러한 전통과 의식은 오늘날에도 이어지고 있다. 즉, 통치 엘리트와 정책관리들이 직접 여론을 형성·관리하려는 노력이 그것이다. 이 경우 국민여론이 정책의 범위나 신축성 또는 정책결정권을 제한한다는 것은 있을 수 없는 일이다. 통치 엘리트는 대중여론을 선도하고 설득하며 반대를 지지로 바꾸어 기존의 정책을 유지하게 된다. 대통령은 연설이나 회견을 통해, 정부관리들은 뉴스나 자료를 통해, 의원들은 청문회나 여타 토론을 통해 국민의 여론을 형성하고 제안하도록 하여 여론의 방향과 강도를 조절하게 된다.[76] 또한 정책결정자들은 먼저 시민들의 의견을 조사하고 의견소지자(opinion-holders)들로 하여금 여론을 개진토록 한다. 그렇게 하여 정부정책에 부정적인 여론이나 제안들은 축소시키거나 제거하고 긍정적인 제안이나 의견들을 확대시키는 것이다.

일반적으로 미국의 대통령들은 외교정책에서 대통령 중심으로 국민들이 단결할 것이라고 믿기 때문에 결정적인 조치를 취한 후 그 결정적인 행동을 취할 수 있는 신축성을 계속 유지하려고 한다.[77] 강대국 간 위기가 대폭 줄어들고 여론의 자치적 역할 가능성이 더욱 커졌음에도 대중이 통치 엘리트의 조작대상이 될 수 있는 가능성은 여전하고, 특히 해외에서 위기가 발생했을 때 엘리트가 대중여론을 조작할 기회와 유혹은 더 많아지는 것이다.[78] 그리고 미국 국무부 관리들은 외교정책에서 바람직한 목적과 수단에 관해 그들의 독자적인 생각을 강하게 유지하고자 하며 자기들이 추구하고자 하는 노선과 방향에 대중이 어떻게 적응하는지에 관심을 가진다는 것이다.[79] 프랭클린 루즈벨트는 대중을 다루는 초인적 능력을 보인 사람이었고, 트루먼은 유엔창설, 마셜계획, NATO 창설 등 일련의 과정에서 반공정책의 필요성과 대소련 강경정책을 국민들에게 교육시키고 지도하여 반공이념을 국민 속에 내면화 시켰다. 그리고 레이건은 선거 때나 그의 재임기간 대중에게 광범위하게 호소하고 이미지를 형성시켜 여론에 영향을 미치는 방법을 이용하였다.[80]

④ 외교정책과정에서의 여론의 영향력

퍼킨스는 외교정책결정에서의 대중의 영향력에 관하여 “주도권과 책임은 이제 대중에 있고 無知와 관성은 집행부에 있다”[81]고 말하고 있다. 미국에서 대통령이나 외교정책 관리들이 고려하게 되는 의견 또는 여론은 ① 미국사회의 관련 저명인사들의 의견 ② 주요 매스컴의 사설과 해설 ③ 각 단체에서 실시하는 대중 여론조사에서 나타난 여론 ④ 이익단체들의 의견과 주장들이다.

한 국가의 외교정책과 국민들의 태도(여론) 간의 관계는 양자간의 순환적 상호작용의 관계이다. 즉, 여론이 외교정책에 영향을 미치기도 하고, 정책결정자가 여론을 조작 · 선호할 수도 있는 것이다. 로스노에 의하면 정책결정에서 여론은 무시될 수 없는 요소인 것이고, 따라서 여론은 현실적으로 정책결정에 영향을 미치게 된다는 것이다.[82] 또한 키의 설명에 의하면 정책결정에서 여론을 고려하는 한 정부의 정책결정자들은 당면한 여론의 아우성 소리를 계산해야 하고 행동 시점에서는 먼 거리에 있는 잠재적 의견들에도 어떤 비중을 부여해야 하는 것이다.[83]

외교정책에 대한 여론의 영향력이 갖는 공통적인 기초는 ① 외교정책의 내용 ② 외교정책의 범위와 한계 설정 ③ 외교정책의 수정 또는 중단 등에 영향을 미친다는 것이다.

첫째는 결정자들이 외교정책을 결정하는 과정에서 대중이 선호하는 방향으로 내용을 결정할 수 있다는 것이다. 번(Birn)에 의하면 여론은 각국 정책의 방향을 결정하는 데 영향을 주었을 뿐만 아니라 일상적인 전술을 마련하는 데 있어서도 더욱 직접적인 역할을 수행하였다는 것이다.[84] 딘 러스크 국무장관은 "나는 정부에 재임하고 있는 동안 미국인들이 그들 자신의 단순하고 고상한 목적에 부응하는 넓은 정책의 고속도로를 정부가 달려줄 것을 기대하고 있음을 알았다"[85]고 하였다. 1921-22 기간 워싱턴 군축회의에서 휴즈 국무장관은 "미국의 여론이 요구한 영국과의 형평을 확보했다"[86]고 설명하였다. 또한 스틸은 "미국의 의회 의원들은 여론의 강력한 실체를 잘 알고 있고, 대중적 신문의 영향력 있는 섹션의 경직된 태도를 잘 알고 있다. 그들은 공산주의 국가들과의 관계변화를 포착하는 어떤 입법을 검토할 때 여론과 언론의 태도를 고려한다"[87]고 설명하고 있다. 또한 각 정치인들은 때때로 적대적인 대중에 대한 두려움 때문에 무행동(無行動)을 선호하기도 한다.[88]

둘째는 대중여론이 외교정책의 범위와 한계를 부여한다는 점이다. 즉, 외교정책에 대한 여론의 영향력이 가지는 공통적인 개념은 광범위하게 공유된 대중의 태도가 의심의 여지없이 외교정책에 일정한 한계를 부여하고, 경계선을 구획한다는 점이다. 즉, 여론은 정책결정자들로 하여금 대중이 수용할 수 있는 명백하게 설정된 결정들의 범위를 벗어나지 못하도록 한다는 것이다. 키에 의하면 "대중여론은 정부가 행동할 수 있는 전체적인 범위를 설정할 수도 있다."[89] 켈록(Kellog) 장관은 쟈네바 군축회의 예비회담 참여를 허용하면서 "이 시점에서 우리와 관련된 平和와 安全에 관한 미국의 정책을 요약해 봅시다. 우리는 다시 한 번 이들 정책들이 여론에 의해 좁게 제한되어 있다는 것을 파악하는 것으로부터 시작해야 한다"[90]고 하였다. 케네디 대통령은 국내문제보다 외교문제에 더 많은 행동의 자유를 누렸다고 지적하면서도 그의 외교정책

조치들은 여전히 의회와 여론이 설정한 범위내에서 제약되었다.[91] 국무부의 한 여론담당 관리는 "외교정책에 일반여론이 부과하는 범위에 대한 보다 구체적인 현실적 평가를 직업 외교관들에게 제공하였다"[92]고 하였다.

셋째는 여론이 외교정책의 내용과 노선의 변경 또는 중단을 요구한다는 점이다. 예를들어 이란-콘트라(The Iran-Contra) 사건에 관한 의회 청문회 기간 러드먼(Warren Rudman) 상원의원은 여론조사결과 75:25로 니카라과의 反軍에 대한 정부의 지원을 중단하는데 찬성하였다고 설명하면서 정부의 반군지원을 거부하였다. 1970년대 미국의 반전운동은 미국의 對베트남 개입정책의 변경을 요청한 전형적인 예이다.

그러면 왜 정책결정자들은 정책결정과정에서 여론을 의식하거나 최소한 표면적으로라도 여론에 부응하려는 태도를 보이는 것일까? 물론 정치과정에 여론이 투입되는 통로, 여론의 성격, 여론의 비중은 그 정치체제의 성격에 따라 다르다. 미국과 같은 민주주의 국가에서는 국민참여가 기본적으로 "국민들이 그들의 生死가 관련된 문제가 결정되는데 아무런 발언권을 갖지 않아도 되는가?"라는 전제에 기초하고 있기 때문이다. 따라서 정책결정자들이 여론을 의식하지 않을 수 없는 이유를 다음과 같이 설명할 수 있을 것이다.

첫째는 미국의 선거정치문화와 관련된다. 즉, 대통령과 의회 의원들은 각기 자신의 선거 임기 내에서 세계를 바라보는 경향이 있다. 개인적인 차원에서 대통령은 4년, 상원의원은 6년, 하원의원은 2년이라는 임기의 틀 내에서 행동지향적인 유권자들의 여론에 민감하게 부응할 수밖에 없다. 따라서 대통령이나 의원들은 외교정책에 자기의 도장을 찍으려고 노력하게 된다.

둘째는 대통령이나 의원들은 대중의 지지가 다른 정치적 행동자들을 자기의 정책속으로 끌어들이는 능력의 척도라는 것을 알기 때문이다.

셋째는 외교정책 권한이 의회와 대통령 사이에 중첩되어 있고 외교정책 결정권을 놓고 벌이는 양자 간의 줄다리기 상황에서 대중의 지지를 받는 쪽이 승리할 가능성이 많기 때문에 그들은 대중의 여론과 동향에 민감하고 부응적일 수밖에 없다. 따라서 의회와 대통령 간의 역학관계는 특정 외교정책의 운명에 영향을 주고, 그것은 바로 국민대중의 지지여부와 밀접한 관계를 가지게 되는 것이다.

⑤ 여론의 영향력에 대한 평가

코헌은 딘 러스크의 "모든 정책은 그 궁극적 효과를 위해 여론의 지지에 의존한다"[93]는 가정이 증거가 없고 부적절한 공식이라고 비판한다.[94] 또 한 번은 "역사가는 정책에 관한 여론의 영향력을 정확히 측정할 수 있다는 희망을 가질 수 없다"[95]고 말한다. 브라우더(Robert Browder) 역시 "직접증거가 아닌 일관성 없고 모순된 간접추론에 의해 지지되는 여론의 영향력이 미 · 소의 외교기원, 즉 소련정부 승인에 관한 프랭클린 루즈벨트의 결정과 그 시기에 영향을 주었다는 설명은 루즈벨트가 시종 소련을 승인하기로 결심했다는 사실과는 모순되는 것"[96]이라 하였다. 또한 제1차대전 후 미국외교정책 역사의 대부분이 압력집단의 성공적 협박으로 이루어졌다는 가정은 구체적 증거가 없다고 하였다.

다음은 여론이 삼투작용으로 정책의 혈관 속으로 스며들어 반영될 것이라는 가설이다.[97] 이러한 가설에 대해 로스노는 여론이 공공정책에 스며들 것이라는 삼투명제를 불충분한 것으로 보았다.[98] 즉, 사회의 다양한 지도층 집단이 광범위하게 공유하고 있는 합의도 관료주의가 거부할 수 있는 상황을 설명하지 못하고 있다고 비판한다. 실제 1920년대와 1930년대 고립주의 시대에서 많은 관리들은 고립주의 바람에 의해 좌우되지 않고 오히려 그 반대 바람을 일으켜 그들의 압력을 정책에 반영시키려고 노력하였다 한다.

또한 삼투가설의 변종으로 정책결정자들이 결정을 내리기 전에 여론을 고려한다는 설명이 있다. 즉, 호프만(Hoffman)은 "외교정책에 영향을 미치는 구체적인 여론같은 것이 있다. 이는 대통령에게 직접영향을 미치는 힘이다. 그는 정책을 집행하기 전에 그 여론을 고려해야 한다"고 설명하고 있다. 이러한 설명에 대해 코헌은 "여기서 여론을 고려한다는 것은 어떤 방식으로든 여론을 정책에 적응시킨다는 것으로 볼 수 있는데, 실제로 여론을 고려한다는 것은 그 여론을 인정할 수도, 무시할 수도, 대민관계 노력을 알리기 위해 사용할 수도 있는 것"[99]이라고 반박한다.

그러나 현실적으로 외교정책 결정에서 여론의 영향력에 관한 증거가 없거나 불충분하다고 해서 그 영향력이 없다고 볼 수는 없다. 미국의 외교정책 역사에서 여론이 실제로 미국의 대외정책에 영향을 미친 사례는 허다하다.

결국 여론과 외교정책간의 관계는 다음과 같이 정리할 수 있을 것이다. 예를 들어 1947년에 발표된 마셜 계획은 트루먼 독트린이 발표된 후 수 주 동안 정치지도자들과 국민대중 사이에서 일어난 아이디어의 상호작용의 산물이자 대중의 압력과 발전된 제안들의 상호작용 결과로 나타난 것이었다. 이러한 점에서 볼 때 미국의 외교정책은 미국의 독특한 정치문화 환경에서 나타나는 대통령, 의회, 그리고 국민대중 三者 간의 변증법적 상호작용관계의 산물이라 할 수 있다.

오늘날 미국의 여론과 외교정책 간의 관계는 그 중요성이 감소하기보다 더욱 증가하는 경향을 보이고 있다.

제 4 절 요약과 결어

민주정치란 인민의 의사에 기초한 정치이다. 여기서 인민의 의사란 곧 국민의 여론으로서 여론은 "理性의 소리"이고 "언제나 옳은 것"이라는 것이 18세기 이후의 자유주의자들의 신념이었다. 그들은 여론이 궁극적으로 승리할 것이라고 믿었다. 따라서 여론은 민주정치에서 정통성의 기초이자 정부수립의 기초가 되었다.

미국의 헌법기초자들은 그러한 영국의 자유주의적 신념과 전통을 계승하여 미국의 헌법을 만들었다. 즉, 여론을 정책결정의 기초로 고려하는 제도를 수립하였고, 국민의 의사를 정책결정에 반영하는 것을 기본 원칙으로 삼았다.

따라서 대부분의 미국 정치인들은 모든 정책이 여론에 근거할 때 성공할 수 있다는 믿음을 가지고 있다.

특히 매스컴의 발전, 대중교육의 확대, 민주주의 이데올로기의 보급은 정치과정에 대한 대중의 참여의식을 증식시켰고, 그에 따라 정책결정과정에서 대중의 영향력은 확대되었다.

외교정책에 대해 대중의 여론은 ① 외교정책의 목적과 방향설정 ② 정책의 범위와 한계부여 ③ 기존의 정책변경 또는 중단 ④ 정부정책에 힘을 실어주는 등의 기능을 한다.

미국에서 정치인들이 국민의 여론을 의식하는 이유는 ① 민주정치의 선거문화에서 차기 선거를 준비해야 하는 정치인들로서는 지역적 또는 전국적인 국민의 여론을 의식할 수 밖에 없고, ② 외교정책 결정권이 의회와 대통령 간에 분할되어 있는 상황에서 대중여론과 결합되는 쪽이 승리하기 때문이며, ③ 외국과의 외교적 협상에서 여론을 이용할 수 있고, ④ 대중의 지지를 끌어들여 자기의 정책과 능력을 과시할 수 있기 때문이다.

그런데 외교정책에 미치는 여론의 영향력과 외교정책의 효과를 위해 정책결정이 여론에 근거해야 한다는 가설에 대한 비판도 만만치 않다.

첫째 여론은 변덕이 심하고, 비합리적이며, 無知하고 정보가 빈약하기 때문에 정책결정에서 신뢰할 만한 기초가 될 수 없다는 것이다.

둘째, 외교는 그 효과를 위해 비밀 · 신속 · 신축성을 유지해야 되는데 그것이 대중여론에 노출되는 경우 국가이익 추구에 큰 장애가 된다는 것이다.

셋째, 외교정책의 효과를 위해 여론에 의존해야 한다는 설명은 증거가 없고, 정책에 미치는 영향력을 정확히 측정할 수 없다는 것이다.

넷째, 정책관리들은 실제로 여론을 언제나 무시할 수 있는 입장에 있다는 것이다.

그러나 이러한 비판에도 불구하고 외교정책에 미치는 여론의 영향력은 건재한 것으로 인식되고 있다. 다만 각 정책에 따라 여론이 미치는 영향력 관계는 달라질 수 있는 것이다.

어떻든 미국의 외교정책이 대통령, 의회, 대중여론이라는 三者간의 상호작용의 산물임은 틀림없다고 할 수 있을 것이다.

1) James Bryce, "Government by Opinion," Edward E. Walker, et al(eds.), Readings in American Public Opinion(New York : American Book Co., (1968), p.10.

2) Jeremy Bentham, Works, Bowring(ed.), V111, p.561, 이 부분은 E. H. Carr, The Twenty Year' s Crisis, 1919-1939(New York:Harper & Row, 1964), p.24에서 재인용.

3) James Mill, The Liberty of the Press, pp.22-3, 이 부분 역시 Carr, 상게서, p.24에서 재인용.

4) 상게서, p.31.

5) Bryce, 전게서, p.10.

6) Alexander Hamilton, James Madison, and John Jay, The Federalist Papers, Clinton Rossiter(ed.)(New York:New American Library, 1999), No. 10, 81.

7) Edward J. Erler, "The Problem of the Public Good in the Federalist Papers" presented at the Western Political Science Association Meeting, Portland, Oregon, March 24, 1979.

8) Barbara A. Bardes and Robert W. Oldendick Public Opinion:Measuring the American Mind(Scarborough, Ontario:Wadsworth, 2001, p.4참조.

9) Dean Rusk, An Address to the APSR on September, 7, 1965.

10) Lester Markel, "Opinion-A Neglected Instrument, "Lester Markel(ed.), Public Opinion and Foreign Policy(New York:Harper, 1949), p.23.

11) Giovani Sartori, The Theory of Democracy Revisited(Chatham, NJ.: Chatham House, 1987), Chap.5.

12) Bernard C. Cohen, "The Press, The Public, and Foreign Policy, "Burton M. Sapin(ed.), Contemporary American Foreign and Military Policy(Glenview, ILL. : Scott, Foresman, 1970), p.20.

13) Bernard Hennessy, Public Opinion(Monterey, Cal.:Books/Cole, 1985), pp.22-3 참조.

14) J.J. Rousseau, the Social Contract and the Discourses(New York:Dutton, 1913), pp.44-45.

15) V.O.Key, Public Opinion and American Democracy(New York : Knopf, 1967), p.14.

16) Alan D. Monroe, Public Opinion in America(New York:Dodd and Mead, 1975), p.6.

17) Rita, J. Simon, Public Opinion in America : 1936-1970(Chicago : Rand McNally, 1974), p.7.

18) Hennessy, 전게서, p.4.

19) Robert S. Erikson, et al., American Public Opinion(New York : John Wiley, 1980). pp.2-3.

20) David Truman, The Governmental Process(New York:Knopf, 1951), p.220.

21) 여론을 형성과정으로 보는 입장에서는 여론이 공동체 구성원들 중에서 의견이 상호작용을 통해 형성되는 것으로 보는 것이다. 예를 들어 Cooley는 여론이 어느 날의 어떤 문제에 관한 合意상태으로서가 아니라 유기적 과정으로 간주되어야 한다고 하였다.
Kimball Young, "The Nature of Public Opinion", Edward Walker, et al. (eds.) Readings in American Public Opinion, (New York:American Book Co., 1965), p.18.

22) Young, 전게서, p.16.

23) Hennessy, 전게서, pp.9-10.

24) Bardes and Oldendick, 전게서, p.11.

25) Young, 전게서, p.18.

26) Daniel Katz, "The Functional Approach to the Study of Attitudes," Public Opinion Quarterly 24 (Summer 1960), pp.163-177.

27) Attitudes are predispositions to respond and opinions are responses. Hennessy, 전게서, p.4.

28) Stanley Hoffman, "Restraints and Choices in American Foreign Policy," Daedalus(Fall 1962), p.681.

29) "public"이란 원래 어떤 公共의 문제에 대해 관련성있는 사람들의 집합체로서 한국에선 公衆으로 번역된다. 그러나 이 公衆이라는 용어는 일반적으로 사용되지 않고 있다. 따라서 본 논문에서는 public을 국민, 市民, 또는 大衆으로도 표기할 것이다.

30) Jerel A. Rosati, The Politics of U.S. Foreign Policy(Orlando, Flo.: Harcourt Brace, 1993), pp.360-362.

31) 상게서 p.359.

32) Ole R. Holsti, Public Opinion and American Foreign Policy(Michigan : The University of Michigan Press, 1999), p.193.

33) Hennessy, 전게서, p.7 참조.

34) Holsti, 전게서, p.192.

35) Miroslav Nincic, Democracy and Foreign Policy : The Fallacy of Political Realism(New York : Columbia University Press, 1992), pp.25-26에서 인용.

36) John W. Spanier and Eric M. Uslaner, American Foreign Policy Making and the Democratic Dilemmas(New York : Macmillan, 1994), p.210.

37) Holsti, 전게서, p.26.

38) Donald J. Puchala, International Politics Today(New York:Dodd & Mead, 1974), p.55.

39) Nincic, 전게서, p.26.

40) The Federalist Papers, No. 10, 50.

41) Spanier and Uslaner, 전게서, p.225.

42) 상게서, pp.228-229.

43) Rosati, 전게서, p.363.

44) Bernard C. Cohen, The Public' s Impact on Foreign Policy(Boston : Little & Brown, 1973), p.22.에서 인용.

45) Spanier and Uslaner 전게서, p.220.

46) 전게서, pp.22-23.

47) Holsti, 전게서, p.26.

48) 東亞日報, 2001. 9. 11-16 참조.

49) Bernard C. Cohen, The Public' s Impact on Foreign Policy, pp.136-159.

50) Puchala, 전게서, p.65.

51) O. R. Holsti, 전게서, p.196.

52) 2001년 9월 11일 테러사건 이후 Bush 대통령의 "테러와의 전쟁" 정책에 대하여, 9월 12일 ABC 방송이 608명을 조사한 결과 94%의 지지를 나타냈고, 9월 24일 CNN 방송이 1500명을 조사한 결과 90%의 지지를 보였다. 東亞日報, 2001. 9. 13, 25日字.

53) Puchala, 전게서, p.643.

54) Walter Lippman, Essays in Public Philosophy(Boston : Little & Brown, 1955).

55) Key, Public Opinion and American Democracy. Key 는 정부가 여론을 너무 존중하면 정부 기능의 마비를 초래할 수도 있다고 지적하였다.

56) Cohen, The Public' s Impact on Foreign Policy, p.154.

57) 상게서, p.144.

58) 상게서, 같은 쪽.

59) 상게서, p.141.에서 인용.

60) James N. Rosenau, "National Leadership and Foreign Policy," Rosenau(ed.), Domestic Sources of Foreign Policy(New York : Free Press, 1967), pp.20, 34.

61) B. Cohen, the Political Process and Foreign Policy(Princeton : Princeton University Press, 1957), pp.215-16.

62) Cohen, the Public' s Impact on Foreign Policy, p.141.

63) Bill Moyers, "One Thing We Learned," Foreign Affairs, Vol. 46, No.4(July 1968), pp.661-662.

64) Harding은 1921-22 워싱턴 군축회의 기간 여론 소위원회를 설치하고, 정보 근원으로서 국민들로부터오는 편지와 신문사설을 참고하였다 한다. Holsti, the Public' s Impact on Foreign Policy, p.199.

65) 상게서, p.200.

66) 상게서, p.203.

67) 1950년대 서독의 Adenauer 수상은 국민들의 압도적인 부정적 여론에 직면하였음에도, 서독의 완전한 主權회복을 향한 독일 재무장정책을 주도하였다.

68) Cohen, "The Press, the Public, and Foreign Policy," Burton M. Sapin(ed.), 전게서, p.155.

69) 상게서, p.156.

70) Holsti, Public, Opinion and American Foreign Policy, p.133.
당시 Truman의 MacAthur 해임결정에 민주당원 53%, 공화당원 72%, 무소속 51%가 반대하였다. H. S. Foster, Activism Replaces, Isolationism:U. S. Public Attitudes (Washington D. C. : Fax Hall Press, 1983), p.112.

71) Dwight D. Eisenhower, Waging Peace, 1956-1961(New York : Doubleday, 1965), pp.667-670.

72) Holsti, 전게서, p.203.

73) Puchala, 전게서, p.66.

74) Thomas Graham, "Public Opinion and U.S. Foreign Policy Decision-Making," David A. Deese(ed.), The New Politics of American Foreign Policy(New York : St. Martin Press, 1994), pp.190-215.

75) Holsti, 전게서, p.196.

76) Rosenau, "The Opinion-Policy Relationship," A. M. Scott and R. M. Dawson(eds.), Readings in the Making of American Foreign Policy(New York : Macmillan, 1965), pp.68-82.

77) Spanier and Uslaner, 전게서, p.231.

78) Holsti, Public Opinion and American Foreign Policy, p.195.

79) Cohen, the Public' s Impact on Foreign Policy, p.134.

80) Holiti, 전게서, p.199.

81) Dexter Perkins, "The Dept, of State and American Public Opinion," Gordon Graig and F. Gilbert(eds.), The Diplomats, 1919-1939(Princeton : Princeton University Press, 1953), p.293.

82) James, N. Rosenau, Public Opinion and Foreign Policy(New York : Random House, 1961), p.643

83) Key, Public Opinion and American Democracy, p.429.

84) Donald S. Birn, "Open Diplomacy at the Washington Conference of 1921-20 : The British and French Experience," Comparative Studies in Society and History, Vol.12, No. 3(July 1971), p.298.

85) Theodore Sorensen, Kennedy (New York : Harper and Row 1965), p.509.

86) Perkins, 전게서, p.293.

87) A. T. Steele, The American People and China, p.119.

88) Cohen, "The Press, The Public, and Foreign Policy," p.16.

89) Key, 전게서, p.97.

90) Cohen, "The Press, the Public, and Foreign Policy" , p.11참조.

91) Sorensen, 전게서, p.509.

92) Chittick, "The Domestic Information Activities of the State Department," p.209 in Cohen, "The Press, the Public, and Foreign Policy" , p.18 참조.

93) Dean Rusk, An Address to the APSR, on Sept. 7, 1965.

94) Cohen, the Public' s Impact on Foreign Policy, p.9.

95) Donald S. Birn, 전게서, p.298.

96) Steele, 전게서, p.219. 참조

97) Cohen, The Public' s Impact on Foreign Policy. p.11.

98) Rosenau, National Leadership and Foreign Policy, pp.17, 335.

99) Cohen, The Public' s Impact on Foreign Policy, p.13.

Memo

Chapter
13

이익집단과 외교정책

제 1 절 집단의 정치화

데이비드 트루먼에 의하면 "미국은 참여자들의 나라이자 이익집단들의 나라이다"[1](America is a nation of joiners, and interest groups abound). 미국의 건국 이래 이익집단 또는 압력단체들(pressure groups)은 정치과정에 적극적으로 참여해 왔다. 때문에 이익집단들은 미국정치체계의 내재적인 요소로 간주되고 있다. 이와 같이 이익단체들이 관행상 정치과정에 참여하는 집단정치(group politics)의 전통은 대의제 민주정치의 불가피한 속성이라고도 할 수 있다. 왜냐하면 민주정치란 국민의 이익과 요구에 부응하는 정치이고, 의사결정이 상향적으로 이루어지는 것을 그 본질로 하기 때문이다. 그러니까 민주주의 체제의 안정과 지속은 정부가 국민의 요구에 얼마나 잘 부응하는가에 달려 있는 것이다. 다시 말해서 미국의 정부는 통상 사회집단들의 압력에서 벗어나기가 매우 어려운 입장에 놓여 있다. 따라서 미국의 정치학자들은 오랫동안 개인 또는 집단이 국가의 공공정책에 미치는 영향의 성격과 차원을 연구해 오고 있다. 즉, 연구자들은 미국의 정치과정에서 이익집단들이 公的인 정부제도 내에서 공공제도의 일부로 활동하고 있는 역할들을 고찰하고 있는 것이다.

오늘날 미국사회에서 이익집단들의 활동은 기본적으로 정치적 사회적 환경에 의해 결정된다. 즉, 연방정부형태, 권력분할, 선거제도, 정당구조 등 미국식 정치구조와 기술 및 산업의 발전, 그리고 인종적 종교적 인구 구성 등의 경제적 사회적 요소 등에 의해 결정된다고 할 수 있다.

이러한 환경 속에서 행해지는 집단정치는 통상 사회운동과 이익추구 활동의 형태로 나타난다. 다수의 미국인들은 많은 사회운동과 다양한 이익집단활동에 참여하는 데, 기업, 노동, 소비자, 환경, 종교, 인종, 인권, 이데올로기, 국가안보 등의 이익 내지 가치에 관련된 활동에 참여한다. 그것은 미국의 정치제도가 사회 내 다양한 이익을 반영하는 데서 가능한 것이고 단체의 결성과 활동이 자유롭다는 데서 기인한다.

사회집단들의 활동은 원래 국내 정책이 만들어지는 원료로 생각되었다.[2] 그러다가 20세기에 접어들어 양차대전이 발발하게 되면서, 미국이 그 전쟁에 불가피하게 개입하는 과정에서 정치권과 더불어 일반사회는 고립주의 세력과 개입주의 세력으로 양분되어 갈등관계로 들어갔고 이는 사회집단들이 정부의 외교정책에 간섭하는 계기가 되었다. 즉, 외교정책이 국민들의 사활적인 이익과 관련되는 경우 국민들은 정부의 외교정책문제에 더욱 강하게 영향력을 행사하려 했고 이익집단들의 활동은 자연스럽게 국내정책문제를 넘어 외교정책 영역에로 확대되게 되었다. 다시 말해서 외교정책결정이 국민들의 이익에 더욱 직접적으로 영향을 미칠수록 이익집단들은 그러한 정부의 대외정책결정에 영향력을 행사하기 위해 끈질기게 싸웠던 것이다.[3] 더욱이 세계가 경제적 군사적으로 더욱 상호의존적이 되면서 대내외정책 간의 경계선도 더욱 모호해지게 되었다. 예를 들어 국가의 안보유지가 막대한 예산을 필요로 하고 국가예산이 방위산업물자 조달에 돌려지고 사회가 끊임없이 외교정책 목적의 달성을 위해서 동원되는 시점에서는 대내외정책 간의 구별은 모호해질 수밖에 없는 것이다.

따라서 오늘날에 와서는 이익집단 또는 압력단체의 활동은 국내정책에서뿐만 아니라 외교정책과정에서도 활발하게 이루어지고 있는 것이다.

제 2 절 이익집단의 개념 · 기원 · 역할

1 개 념

정치적 이익집단이란 정치과정과 정책결과에 우선적인 관심을 가지고 있는 사회조직체들이다. 이러한 이익집단에 관한 최초의 설명은 1908년 아서 벤틀리에 의해서였다. 그는 정치의 원료라고 할 수 있는 사회집단들의 활동과 상호작용들에 초점을 맞추어 고찰하였다.[4] 그에 의하면 이익집단들이란 정치과정에 압력을 가하고, 요구하고, 상충하고, 이익을 중개하는 활동의 집합체들이다.[5] 따라서 한 사회의 현재상태란 집단의 압력이 균형을 이룬 상태인 것이다.

일반적으로 이익집단을 개념화하는 문제는 용이하지가 않다. 즉, 정치적 사회적으로 변화하는 환경에서 이익집단을 정확하게 정의하기가 어려운 것이고, 정치과정에서 수행되는 이익집단들의 역할이 상이하기 때문에 개념적으로 정의하기가 용이하지 않다는 것이다.

그러나 많은 논자들 가운데서도 데이비드 트루먼은 이익집단의 개념정의에 많은 지면을 할애하였다. 그에 따르면 집단이란 "어떤 특징을 공유하는 개인들의 집합체" 이고 "그 사회내의 다른 집단들에 대해 어떤 요구를 주장하는 공유(共有)된 태도집단"[6]인 것이다. 공유된 태도란 어떤 공통적인 반응습관을 뜻한다. 이런 점에서 보면 모든 집단들은 공유된 태도의 집단들이기 때문에 모두 이익집단이라 할 수 있다.[7] 그런데 만일 그 집단이 어떤 정부기관에 그들의 권리를 주장하는 경우 그 집단은 정치적 이익집단이 되는 것이다.[8]

또한 동기에 근거한 이익집단의 정의는 "사리(私利:self-interest)를 추구하는 회원 구성체" 인 것이다. 래덤은 그러한 개념이 지닌 두 가지 국면을 설명하고 있다. 즉, 자기표출욕구(the desire for self-expression)와 개인적 집단적 안전을 추구하는 욕구가 그것이다.[9] 즉, 근대 사회에서 개인들은 자기가 염원하는 사회적인 주요 가치들을 집단을 통해 획득하려 한다는 것을 의미한다. 그러한 가치들에는 경제적인 것, 이데올로기적인 것, 환경적인 것들이 있다. 그런데 트루먼의 경우에는 "공유된 태도"가 이익, 즉 가치를 구성한다고 주장한다.

② 기 원

집단정치는 통상 사회운동과 이익집단의 역할을 수반한다.[10] 미국의 외교정책과정에 미치는 이익집단들의 영향력을 이해하기 위해서는 그 집단들의 기원과 발전과정을 고찰할 필요가 있다.

일반적으로 대부분의 이익집단들은 일정시기에 발생하는 어떤 상황이나 사건에 대한 반응으로 생성되었으며, 특히 20세기에 접어들어서는 군사적 경제적으로 세계적인 상호의존성이 크게 증가하고 외교정책의 양이 대폭 증가함에 따라 그러한 정책들이 각종의 국내이익에 영향을 미치게 되면서 생성되었다.

일반적으로 이익단체들은 상이한 정치적 사회적 안정 또는 불안정기에 생성되는데 안정기에 생성된 집단들은 대체로 현상유지적인 경향을 띠었으며 불안정기에 나타난 집단들은 변화지향적이며 도전적인 경향을 띠었다.[11] 특히 대부분의 사회운동들은 경제적 사회적 긴장에서 나타났고 때로는 폭력적 갈등상황에서 생성되곤 하였다.

예를 들어 1920년대 후반의 경제공황기, 1940년대와 1950년대의 제2차대전과 냉전기간, 그리고 1960년대와 1970년대의 베트남전쟁 등과 같은 사건들은 다양한 사회운동들을 생성시켰다. 그런데 그 시기에 생성된 사회운동들은 거의가 부정적인 사건들(negative events)에 대한 반응으로 나타난 것들이었다. 그와 같이 정치적 경제적으로 큰 사건들은 그 이전까지 정치적으로 무관심하고 소극적이었던 많은 사람들을 동원하여 집단행동 속으로 끌어들였던 것이다.

린제이는 최근 미국의 외교정책에 영향력을 행사하는 이익집단들이 급증하게 된 원인들을 네 가지로 설명하고 있다.[12]

첫째, 1960년대 민권운동과 반전시위는 이익집단 정치의 힘을 과시한 것이었고 새로운 집단들의 분출모델이 되었다.

둘째, 컴퓨터 및 통신기술의 발전은 우편과 전화를 통한 지지자들의 동원을 더욱 용이하게 만들었다. 예를 들어 레이건의 집권 기간 외교정책의 적극적인 政治化는 사람들로 하여금 그들이 선호하는 대의를 위해 집단을 조직하도록 하였다. 예를 들어 존 싱글러브(John Singlaub)의 미국반공연맹과 채널(Channel)의 우익기금단체 등이 그것이다.

셋째, 일부집단이 정책형성 과정에 대한 영향력 행사에 성공하게 되면 그러한 성공은 다른 집단, 특히 반대성향의 집단형성에 촉진제가 되었다. 외교정책에서 가장 괄목할 만한 이익집단들은 경제적 인종적 이익을 향상시키려는 집단들이었다. 특히 미국경제가 세계경제속으로 통합됨에 따라 기업과 노동조합집단들은 외교정책을 그들의 이익추구에 유리하게 만들어지도록 적극적인 활동을 전개하였다. 또한 유대인과 그리스인 로비집단들의 성공사례는 다른 인종집단들로 하여금 그 선례를 따르도록 하였다. 그리고 레이건 행정부가 방위비를 증가시켰을 때 군비통제를 요구하고 방위비를 낮추려는 목적으로 동기화된 사회운동 단체들이 생성되었다. 또 다른 집단들은 세계적인 환경악화, 인권, 이민문제들에 관한 그들의 의견을 표출하기 위해 등장하였다. 전통적으로 국내문제들에 초점을 맞추었던 많은 집단들이 방위 및 외교정책에 관한 논쟁에 참여하게 되었다.[13)]

넷째, 또다른 이익집단 활동의 근원은 외국정부들이다. 1970년대 중반 이전의 외국정부들 중 대부분은 의회보다 국무성을 통해 그들의 이익을 추구하였다. 그런데 1970년대 중반부터는 의회의원들이 외교정책에 더욱 활동적이 되자 외국정부들은 의회로비를 위해 로비스트를 고용하고 PR회사를 고용하여 그들의 이익을 추구하였다. 예를 들어 이라크軍의 쿠웨이트 침공시 쿠웨이트 정부는 비밀리에 "자유쿠웨이트를 위한 시민단체"를 창설하고 자금을 제공하였다.[14)]

현재 미국외교정책에서 영향력을 행사하는 대표적인 이익집단들은 자문회사들과 외국정부의 로비단체들이다.

③ 역 할

미국의 외교정책 결정에서 이익집단의 역할은 어떠한 것인가? 외교정책결정과 이익집단 간의 역할관계는 대체로 다음과 같은 네 가지 형태로 나타난다.

첫째는 이익집단의 요구 또는 영향력이 외교정책에 반영되는 경우이다. 예를 들어 군수산업체나 여타 경제단체들은 집행부를 통해 타국에 그들의 무기나 상품을 구매하도록 하거나 집행부로 하여금 타국의 관세를 인하시키도록 하는 반면 수입품에 대해서는 반덤핑관세를 부과시켜 수입을 제한시키려 한다.[15)]

둘째는 이익집단들이 정부의 기존 외교정책 노선을 변경 또는 중단하도록 압력을 행사하는 역할을 하는 경우이다. 1970년대 초 베트남戰을 승리로 이끌려고 했던 닉슨의 정책은 반전운동이 대중여론을 이끌고, 그 대중여론에 의회가 동조함으로써 변경될 수밖에 없었다. 또한 1980년대 중미 니카라과의 사회주의정권을 반대하는 반군을 지원하려는 레이건의 개입정책은 이데올로기 및 종교 관련 집단들의 반대와 의회 다수파였던 민주당의 동조로 결국 인도주의 차원의 지원으로 축소되었고, 미국의 역할은 기껏해야 엘살바도르 등에서 우익정부와 좌익 반대세력 간의 타협을 유도하는 수준에 머물게 되었던 것이다.[16)]

셋째는 이익집단들이 정부의 대외정책을 찬성 · 지지하는 경우이다. 예를 들어 1973년 미국의 對소련 곡물판매 결정은 특히 농민단체들의 환영과 지지를 받았다. 그런데 정부정책에 대한 반대가 지지로 바뀐 경우들이 있다. 제1차대전과 제2차대전시 미국정부의 본격적인 개입 이전까지는 고립주의단체들을 중심으로 정부의 개입정책에 적극 반대했으나 개입 이후에는 지지하는 쪽으로 바뀌었다.[17)] 1990년 걸프戰 때에도 반대여론이 개입 후 지지로 바뀐 경우이다.

넷째는 집행부의 외교정책결정이 이익집단의 압력에 의해 전혀 영향을 받지 않는 경우이다. 예를 들어 북미자유무역협정(NAFTA)의 체결과 비준시 많은 노동 및 환경 관련 단체들의 적극적인 반대에도 불구하고 그 협정은 결국 발효되었다.[18)]

따라서 이익집단과 대외정책결정 간의 역할관계는 크게 보아 외교정책이 이익집단의 영향을 받는 경우와 받지 않는 경우로 나타난다. 이러한 점에서 이익집단과 정책결정자들 간의 관계에서 외교정책에 관한 다음과 같은 가설을 설정할 수 있다.

첫째, 이익집단의 이익과 정부의 외교정책 노선이 일치되는 경우에는 그 정책은 효율적으로 추진될 수 있을 것이다.

둘째, 이익집단들의 사활적인 이익이 여론의 지원을 받는 경우 정부의 대외정책은 영향을 받을 가능성이 많다.

셋째, 이익집단들의 특수 이익과 외교정책의 일반이익이 상충될 때는 이익집단의 압력은 무시될 가능성이 많다.

제 3 절 이익집단과 외교정책 결정과정

1 이익집단의 영향력이론

이익집단의 영향력이란 이익집단들이 정책결정자들의 대도를 그들의 이익노선에 따르도록 변경시킬 수 있는 능력이라 할 수 있다. 이익집단이 정책결정과정에 일정한 정도의 영향력을 행사할 수 있다고 한다면, 그 영향력을 행사하기 위해서는 우선 이익집단의 대표들이 정책결정에 참여하는 인사들에게 접근하여 그들의 메시지를 전달하는 것부터 시작해야 할 것이다.

그런데 밀브레이스에 의하면 決定이 이루어지는 방법에는 지적 과정(知的過程:intellective process)과 사회적 과정(social process)이 있다. 前者는 국가의 생존문제와 같은 중대한 문제가 발생했을 때, 주로 소수로 구성된 집단에서 결정이 이루어지는 과제지향적 방법이며, 後者는 결정작성자들의 개인적 관계가 결정에서 지배적인 요인으로 작용하는 과정으로서 결정과정에서 많은 자문위원들이 포함되는 다수 정책결정자들의 토의과정을 거치는 방법이다.

따라서 이익집단들은 그들의 영향력을 행사하기 위해 이지적 과정보다는 사회적 과정에 접근하는 것을 더욱 선호한다.[19)]

이상의 두 과정에서 어느 과정을 선택하든 영향력 행사의 범위와 정도는 결국 이익집단과 정부결정기구 간의 상호작용관계에 의해 결정되는 것이다.

엘더스벨드는 세 가지 형태의 영향력 상호작용 관계를 제시하고 있다.[20)]

첫째는 이익집단의 성격과 기능에 영향을 주는 정부의 구조, 정치체계, 그리고 사회의 변화경향 등이다. 이 요소들에는 예를 들어 연방주의 제도, 권력의 분할 형태, 대통령제 등이 있겠다.

둘째는 이익집단의 내부과정에 미치는 그 집단의 내부적 조직형태와 구조의 영향이다. 내부적 요인들은 집단결속의 성격, 구성원들의 동질성 여부, 리더십 역량, 내부 정책결정과정 등이다. 미셸의 과두지배 철칙(iron law of oligarchy)은 그러한 집단내 결정과정의 한 국면을 설명한 것이다.[21)]

셋째는 정책과정과 정치제도에 미치는 이익집단의 영향이다. 바로 이 부분이 본론의 핵심부분을 구성하는 이익집단의 영향력 이론에 관련된다. 즉 정부의 정책과정과 정부기관에 이익집단들이 접근하여 영향력을 행사하고, 그들의 이익을 실현하는 상호작용 과정에 관한 설명인 것이다. 이 경우 "접근은 영향력과 거의 동일시된다"(Access is almost equated with influence).[22)] 또한 트루먼에 의하면 "효과적 접근의 산물은 정부의 결정인 것이다"(The produce of effective access is a governmental decision).[23)] 따라서 엘더스벨드가 설명한 이익집단의 정치적 영향력은 그 이익집단이 지닌 보다 구체적인 요소들을 검토함으로써 측정될 수 있을 것이다.[24)]

첫째는 집단의 조직형태, 지도자의 수완, 집단의 결집력 등이다.

둘째는 그 집단의 상징적인 사회적 지위이다.

셋째는 그 집단이 지니고 있는 능력의 위상과 교섭능력이다.

넷째는 그 집단의 사회정치적 전략이거나 또는 직접 정치에 관련되지 않은 사회집단들에의 침투능력이다.

다섯째는 대중의 지지를 획득하기 위한 조작전술의 정교성이다.

여섯째는 정치적 동원능력이다.

이익집단들이 외교정책과정에 접근해서 영향력을 행사하기 위해서는 몇 가지 조건이 요구된다.[25]

첫째, 이익집단 지도자들은 어떤 결정에 참여하는 인사들의 정체를 파악하고 그 결정자들의 심의가 이루어지는 과정을 알아야 한다. 이 때 이익집단들이 보내는 메시지가 영향력을 발휘하려면 대안이 선택되기 전에 심의과정에 있는 결정자들에게 도달되어야 할 것이다.

둘째, 이익집단 대표들은 접촉 대상을 염두에 두고 정확한 시간을 선택한 후 접근할 수 있는 공개적인 통로가 필요하다. 물론 편지나 전화를 할 수는 있으나 그 메시지가 목표에 정확히 도달된다는 보장은 없다. 참모가 그 메시지를 보지 않을 수도 있다. 결국 그 접촉 대상자를 잘 알만한 사람을 중개자로 내세워 그 메시지가 정확히 전달되고 그 집단 대표의 메시지가 경청될 수 있도록 해야 한다.

셋째, 이익집단 대표가 공개적인 통로를 통해 적시 적소에 메시지를 보낸다고 했을 때, 그 정책결정자가 그 메시지를 얼마나 호의적으로 받아들일까 하는 문제이다. 대부분의 이익집단 대표들은 빈약한 정보를 가지고 접근하여 낮은 성공률을 보이는 경향이 있다. 자연인으로서의 결정자들도 편견, 선입견, 고정관념 등을 지니고 있기 때문에, 메시지는 그러한 그들의 편견의 스크린을 통과해야 한다. 특히 결정자들은 많은 겉치레의 허위 메시지들을 받기 때문에, 이익집단들은 모든 메시지의 진실성과 신뢰성 구축에 노력해야 한다. 메시지가 담고 있는 정보가 정직하고 정확할 때 그 메시지는 신뢰를 얻게 될 것이다. 또한 그 메시지가 지니고 있는 아이디어의 힘, 그리고 그 메시지가 포함하고 있는 논지에 의해 신뢰를 얻을 수도 있다. 외교정책의 경우 집행부 관료에 의해 발설될 가능성이 많기 때문이다. 다시 말해서 새롭고 설득력 있는 외교정책 아이디어들이 이익집단에서 나올 수 있다는 것이다.[26]

이익집단의 메시지가 관리들의 스크린을 통과하기 위해서는 그 내용과 양식도 중요하다. 즉, 다른 집단들의 메시지와 경쟁해서 정책결정자들의 주목을 받아야 하기 때문에 그 메시지가 옳다는 확신을 심어주어야 한다. 특히 그 메시지 내용이 공공의 이익과 관련되고 정의(正義)라는 대의(大義)에 기초한 것이라면 관리들의 주목을 받을 것이다.

트루먼에 의하면 집단의 접근은 사회적 지위의 기능(a function of social status)인 것이다. 사회의 각종 이익집단들은 상이한 영향력 지위를 지니고 있기 때문이다. 따라서 각 집단들은 그들의 영향력 지위에 기초해서 정부의 공식적인 역할에 침투할 수 있다. 그들은 긴밀한 정치적 지지관계를 유지하며, 도전받지 않는 거부권 지위를 유지하고, 압력과 잠재적인 보복력을 보유하며, 권력구조의 가능한 거부에 대한 저항력을 유지하려고 한다.[27)]

로자티는 미국정치에서 이익집단이나 사회운동 단체들이 영향력을 행사하는 방법들을 설명하고 있다.[28)]

첫째, 집단들은 통상 정책과정에 참여하는 결정자들에게 로비활동을 한다. 정보나 금품을 제공하거나 추종자들을 동원해 정치적 지지를 제공하거나 아니면 정치적 불화를 야기시키는 등의 방법을 통해 영향력을 행사한다.

둘째, 위와 동일한 방법과 기술이 정치적 의제(agenda), 대중의 신념과 행위, 정치선거 등에 영향을 주기 위해 이용된다.

셋째, 정부기관 및 그에 종사하는 인사들과 긴밀한 관계를 가지고 있는 일부집단들은 때때로 정책결정과정에서 협의되거나 직접 참여한다.

넷째, 잘 조직된 집단들은 정부기관들의 공적인 직책에 정치적으로 충원되기도 한다. 대통령은 기업, 학계, 법조계에서 요원을 충원하기 때문이다.

다섯째, 다국적 기업과 같이 국제적으로 활동하는 집단들은 미국의 외교정책과 정책결정과정에 영향을 준다. 그들은 전 세계에 걸쳐 시야가 넓고 활동적인 사람들이기 때문이다.

② 이익집단의 접근대상과 그 방법

미국의 외교정책과정에서 이익집단들이 영향력을 행사하려는 대상은 직접적으로는 대통령을 포함한 집행부서들이고 상하원이며, 간접적으로는 대중여론과 선거 등이다. 물론 여론에 접근하려는 이유도 궁극적으로는 집행부와 의회에 접근하기 위한 것이다.

1) 대통령과 집행부서

미국의 외교정책결정에서 대통령은 최종적인 결정을 내리고 책임을 지는 사람이다. 대통령은 국내정치에서와는 달리 외교정책의 경우에선 유일한 권위적 결정자이다. 헌법상 외교정책 결정권은 대통령과 의회에 분할되어 있지만, 의회는 외교정책에 관하여 요구된 예산의 결정, 전쟁선언, 조약비준, 외교관리의 인준 등 주로 범위를 결정하는 권한을 가지고 있다. 그리하여 대통령은 많은 외교정책 결정권을 예하 집행부서에 위임하면서도 최종적인 책임을 지게 된다.

따라서 대부분의 이익집단들은 대통령이나 그를 보좌하는 참모들에게 직접 접근하려 한다. 외교정책 결정과정에서는 대통령이 이익집단의 대표들을 면담하든가 아니면 그들이 보낸 메시지들을 검토하는 단계에서 이익집단의 영향력이 발휘될 수 있을 것이다. 그런데 그러한 이익집단들의 메시지가 대통령의 책상위에 올려지기까지는 우선 대통령 참모들의 검토를 거쳐야 되기 때문에 그 참모가 그 메시지를 중요한 것으로 인식하는 것이 중요하다. 이와 같이 미국의 주요 외교정책결정은 대통령과 소규모의 특정 참모들에 의해 검토되는데, 그 참모들은 문제의 성격에 따라 달라지고 그에 따라 이익집단의 접근대상도 달라진다. 예를 들어 1960년대 베트남전쟁시 미국의 對월맹폭격 결정은 국방성, 국무성, 국가안전보장회의(NSC)의 자문단이 포함되었으나 의회의원들이나 다른 집행부서의 관리들은 주변적이 되고 이익집단들의 메시지들은 거의 배재되었다.[29] 물론 이스라엘과 中共의 승인문제 결정시에는 이익집단들의 요구가 고려되었다. 또한 대외관세 문제들이 검토될 때는 재무성, 상무성, 농무성, 노동부, 국무성, 국방성 등의 자문관들이 포함되고 기타 수많은 이익집단들의 메시지가 검토되었다.

그런데 이익집단들의 대표가 직접 대통령이나 그 참모들에게 접근할 수 있는 기회는 제한되어 있기 때문에 그들은 정책결정 책임을 지니고 있는 예하 각 정부기관들에 접근하게 된다. 현대국가에서는 집행부 기능이 급속히 확대되어 이익집단들은 자연히 집행부서들에 접근하게 된다.[30] 의회제 정부에서는 이익집단 활동은 주로 내각을 구성하고 있는 각료들을 대상으로 이루어진다. 어떻든 관료기구는 어디서나 이익집단의 중요 목표이고 일부 집단은 관리들을 주요 표적으로 삼는다. 그러나 이러한 경우에도 공무원 제도가 당파성을 띠고 있느냐 중립성을 유지하고 있느냐에 따라 접근정도가 달라질 것이고 공무원 조직의 내부 응집력이나 중앙통제의 효율성에 따라 이익집단들이 공직 관리들에게 접근하는 정도가 달라질 것이다.

또한 이익집단들은 집행부서 내에서 전문적 자문을 제공하는 각종 위원회 위원들에게 접근하거나 공무원들과 서로 긴밀하게 협력하여 작업을 하는 과정에서 영향력을 행사한다. 카터 행정부는 일부 괄목할만한 공익(公益) 로비스트들을 행정부의 주요 부서에 임명했다. 그것은 그들의 이전 동료들의 접근을 확대시켰고, 그리하여 행정부내 로비활동은 우후죽순처럼 번성하게 되었다.[31] 노동조합, 협동조합, 기타 특수 이익집단들은 가끔 외교사절단의 자문위원으로 참여하기도 하고 해당 전문분야의 대표로 국제회의에 참가하기도 한다. 또한 西部 연안어업산업협회는 국무성내의 정책결정부서에 담당관을 배치하여 일본과의 어업협상과 정책개발에 막강한 영향력을 행사하여 외교정책 분야에서 정치적 영향력 모델을 제시하기도 하였다.[32]

이상과 같은 경우 집행부의 행정과정은 자칫 이익집단대표들에 의해 “식민지화” 되고 국가와 사회간 경계선도 사라질 수 있다는 비판이 있다.[33] 어떻든 행정부와 대기업, 노동부 검사관과 노조, 농무부의 대표와 농민집단, 이들간의 협력에 의한 작업은 양자 간의 이념적 사회적 친근성을 야기할 것이고 협력과정에서 결국 이익집단의 요구는 반영될 것이다. 어만에 의하면 이익집단과 행정행위(行政行爲)간의 상호작용은 시민의 통합보다는 갈등의 관계를 만들어 낼 수도 있다.[34]

2) 의회(Congress)

이익집단이 의회에 접근·침투하는 방법은 의원내각제, 대통령제, 연방제, 중앙집권제 등 권력의 분할형태에 따라 다를 것이다.

미국의 홀름즈(Holmes) 판사는 언젠가 “모든 의견은 법이 되는 경향이 있다(Every opinion tends to become a law)”[35]고 하여 근대 대의정치의 독특성을 지적한 바가 있다. 즉 입법부는 정부제도의 일부로서 그 사회의 우세한 기대, 이익 및 여러 가치들을 구현하는 기구이기 때문에 의원들이 수행하는 역할 중 유권자 또는 이익집단의 요구에 부응하는 경우에 이익집단의 로비활동이 가능하게 된다는 것이다.[36] 물론 의회란 이익집단의 요구를 들어주는 수동적인 장치는 아니다.

전통적으로 의회는 이익집단들에게는 관심의 주요 초점이었다. 전술적인 이유로 이익집단들은 로비에 별 관심이 없는 것처럼 처신했지만 의회의 입법활동은 정치적 이익집단들의 주요 접근대상이었다.

의회 의원들이 이익집단 또는 압력단체들의 요구에 부응하는 경우란 ① 자기 지역구의 산업 등의 이익과 이익집단의 이익이 일치할 때, ② 의원들의 개인적인 이익과 이익집단의 이익이 일치하는 때이다.

특히 1960~1970년대 이익집단들이 입법부에 체계적이고 적극적으로 접근할 수 있었던 것은 대규모 반전운동이 전개되고 다양한 대규모 대중조직체들과 압력단체들이 창설됨과 동시에 의회의 결정과정이 민주화되고 분권화됨에 따라 이익집단들과 압력단체들의 접근지점과 기회가 많아졌기 때문이었다. 즉 그것은 유권자 요구의 팽창, 이익집단의 폭발적 증가, 개별 의원들의 독립성 증가 등이 어우러져서 나타난 현상이었다. 상하 양원의 권한은 업무영역에 따라 군사, 외교, 농업, 상업, 교육, 노동, 금융, 예산 등 12개 위원회와 385개의 소위원회(1978년 현재) 등으로 분권화되어 각 위원회는 외교정책의 관련사항에 관할권을 주장하게 되었다.[37]

특히 외교정책과 관련이 없는 위원회 위원들도 입법안의 제출, 보완조항과 수정안의 제출 등의 방법으로 외교정책과정에 영향력을 행사하려 하였다. 예를 들어 1975년 톰 하킨(Tom Harkin) 하원의원은 "미국의 원조 수혜국은 인권을 고려해야 한다"는 조건을 구체화한 의원입법안으로 인권수정안을 첨가시켰다.

이와 같이 미국의회의 민주화와 분권화 속에서 사회의 이익단체들과 압력단체들은 소비자문제, 환경문제, 핵방위정책, 그리고 정치과정문제 등에서 사회의 복잡화와 전문화의 추세를 타고 의회와 정치과정에 적극적으로 영향력을 행사하려 하였다.[38]

입법과정에서 이익집단들의 접근 전술은 매우 다양하다.[39]

첫째는 동맹과 협력이다. 한 집단이 입법목적을 성취하기 위해 다른 집단과 협력하든가 또는 의회 내의 동맹자들과 연계해서 영향력을 행사할 수 있다. 어느 집단은 독자적이고 열성적으로 활동할 수도 있고 또는 다른 집단의 도움을 받아 활동할 수도 있다.

둘째는 상임위원회를 이용하는 것이다. 의원들은 상임위원회를 입법활동을 분할하고 법안을 분류하는데 유용하고 능률적인 수단으로 생각한다. 이 경우 이익집단들은 독립적인 해당 위원회에 접근한다. 위원회에의 영향력 행사는 이익집단 기술의 중요 임무가 된다.

셋째는 공개청문회의 이용이다. 위원회에 출석하여 들을 수 있는 권리는 관례적일 뿐 법적으로 보장되는 것은 아니다. 청문회의 기능은 ① 위원회에 실제적 잠재적인 다양한 집단들로부터 기술적이고 정치적인 정보를 전달하는 수단이고, ② 안전밸브를 통해 집단갈등을 조정하고 소요를 진정시키는 준 의례적인 수단이다.

넷째는 협의위원회(Conference Committee)의 이용이다. 이 협의위원회는 상하 양원을 통과한 법안들의 차이점들을 해소시키는 일을 하며 법안을 다루는 양원 상임위원회의 고위지도자들로 구성된다. 통상 많은 법안들 가운데서 소수만이 협의위원회를 통과한다. 때로는 이런 범위를 넘어 법안의 일부를 삭제하거나 변경시키기도 하고, 새로운 규정들을 삽입하기도 한다. 그들의 중심 기능은 피차 수용가능한 타협에 도달하는 것이기 때문이다.

다섯째, 1978년 상하 양원의 소위원회(sub-committee)가 385개가 될 정도로 폭발적으로 증가함에 따라 이익집단들이 의회에 접근할 수 있는 기회가 그만큼 증가하였다.

그렇다고 해서 외교정책과정에서 의회가 대통령보다 큰 권한과 역량을 가진다는 것은 아니다. 앞에서 지적한 바와 같이 의회는 어디까지나 요청된 예산을 결정하고 전쟁을 선언하며, 조약을 비준하고, 외교관리를 인준하는 등 결정에 직접 참여한다기보다는 주로 외교정책의 결정범위를 부여하는 기능을 수행하기 때문이다.

3) 여 론

근래 이익집단들은 매스컴을 통해 대중의 태도에 영향력을 행사하여 그들의 조직과 목적에 대한 여론의 지지를 이끌어내려는 활동을 전개해 왔다. 이는 이익집단들이 집행부와 의회에 직접 접근이 여의치 않을 때 대중의 여론을 통해 간접적으로 압력을 행사하여 그들의 목적을 달성하려는 것이다. 미국과 같은 민주주의 사회에선 정책결정자들이 대중여론에 대단히 민감하기 때문이다. 매스랜드가 지적한 것처럼 "정책은 여론이 설정한 관용의 범위 내에 머물러야 하기 때문이다."[40] 집행부의 정책이 한계를 벗어나면 괌도에 해군항만시설을 설치하려던 제안이 압력단체들의 여론선동으로 철회될 수밖에 없었던 것처럼 후퇴할 수도 있기 때문이다.[41] 또한 1940년 미국방위위원회(The Committee to Defend America)는 수명이 지난 구축함을 영국에 이전하려는 협상에 반대하기 위해 높은 반대여론 자료를 의회청문회 위원회에 보내 행정부 공격에 사용토록 하였다.[42]

이와 같이 이익집단들이 여론을 이용하게 된 데는 몇 가지 이유가 있었다.[43]

첫째, 이익집단 지도자들의 입장에서 볼 때 여론이란 무시할 수 없는 실체적인 힘이라는 점이다.

둘째, 새로운 선전기술과 장치가 개발되고 정교화되었기 때문이다.

셋째, 교육받은 수백만의 미국인들이 매일 TV, 라디오, 영화, 신문, 정기간행물 등에 접근할 수 있는 전달매체의 혁명적 변화가 일어났기 때문이다.

그러니까 대중매체의 발전, 홍보산업의 성장, 그리고 이익집단의 발전이 동시에 이루어짐에 따라 이익집단들은 구체적인 단기목적을 성취하려는 전술적 수단으로서 그리고 장기적인 정치전략의 일부로 선전매체를 이용하게 되었다. 이러한 이익집단들의 전술적인 여론조작은 그들의 어떤 제안에 대한 대중의 광범한 지지를 얻어 그들이 당초에 추구하려던 정책의 실현을 기할 수 있고, 시민들을 선동하여 의회와 행정부에 그들이 바라는 정책을 결정할 수 있도록 편지, 전화, 그리고 이메일 등을 보내도록 하는 것이다. 어느 경우이든 이익집단의 기본목적이 대중의 일반이익과 일치하는 것으로 인식되게 하는 것이다. 그리하여 대중여론이 거의 자동적으로 이익집단이 바라는 계획에 찬성하는 태도를 가지도록 하는 것이다. 따라서 이익집단들은 유능한 대변인을 두고, PR 전문가를 이용하며, 언론국을 설치하여 각 신문에 칼럼이나 기고문을 투고하고, 전국적 방송망을 가진 방송국들의 시간을 확보하는 등의 작전을 구사한다.

실제 모든 주요 이익집단들은 대중의 태도에 영향을 미치려고 노력한다. 그러나 기업체들은 더 많은 노력을 기울이고 있고, 그에 따른 성공 가능성 또한 높은 경향이 있다. 그러한 성공이 없다면 그들이 그렇게 지칠 줄 모르는 에너지를 여론 고양에 직접 투자하지는 않을 것이다.

결국 미국사회에서 이익집단들의 활동범위가 넓다는 것은 그만큼 미국의 외교정책결정과정이 사회내의 많은 이익 집단들에 의해 민주적으로 접근될 수 있음을 나타내주는 것이다.

4) 선 거

이익집단들이 외교정책을 담당하는 정부기관들에 접근한다는 것은 기본적으로 외교정책결정에 참여하는 그 개인들과의 관계를 설정하고 유지하기 위한 것이다. 즉 정치적 이익집단들은 불가피하게 누가 해당 공직을 맡고 있느냐에 이해관계를 가지게 된다. 물론 그러한 이익집단의 이해관계가 선출직 관리에게만 국한되는 것은 아니지만 외교정책의 최종결정과 책임은 대통령과 의회의 소관이기 때문에 이익집단들이 선거과정에서부터 개입하는 것은 어떤 면에서는 당연한 것이기도 하다.

이익집단 활동은 선거의 여러 단계, 즉 지명, 정책선언, 그리고 선거운동 단계에서 가용한 자원을 제공함으로써 장차 정책결정의 주요 지점에 접근할 수 있는 관계와 기반을 쌓게 되는 것이다.[44] 기술적인 측면에서 보건데 이익집단의 선거활동은 정부의 해당기관에 그들의 이익과 권리를 주장할 수 있는 효과적인 수단이 될 수도 있는 것이다.

1942년 의회선거에서 전쟁 발발 수 주 전 미국 우선(America First)은 행정부 외교정책을 지지했던 의원들에 반대운동을 할 것이라고 선언했다. 전쟁방지전국위원회(The National Council for Prevention of War)와 국제여성연맹(The Women' s International League)은 과거 의회의 지역구들에서 적극적인 노력을 통해 그들의 입장에 찬성하는 의원들을 선출하도록 하였고, 각 당의 전국 전당대회에서 당강령에 평화정책을 포함시키도록 하였다.[45] 특히 유대인 집단은 의회선거에서 친이스라엘 정책에 반대하는 후보들을 낙선시키는 데 총력을 기울인다.

③ 이익집단의 유형과 활동

미국의 외교정책 결정과정에서 각종 이익집단 또는 압력단체들이 영향력을 행사하는 상황을 일반화시키기는 어렵다. 그러나 미국의 외교정책 역사에서 이익집단들이 대외정책 결정과정에서 다양한 접근방법으로 성공적인 영향력을 행사한 사례들은 적지 않다. 이익집단들을 대별하면 전국전쟁방지위원회, 미국방위위원회, 그리고 미국 우선(America First) 등과 같이 일반이익을 추구하는 집단들과 그리고 노동조합, 인종단체, 그리고 기업집단 등과 같이 특수이익을 추구하는 집단들로 구분할 수 있다.[46]

그러면 오늘날 어떤 집단들이 미국의 외교정책에 어떻게 영향력을 행사하고 있는가.

1) 이데올로기 집단

미국의 외교정책결정에서 영향을 미친 이데올로기 집단의 활동사례들도 적지 않다.

첫째, 1920-30년대의 사례들로서 우선 1925년 독가스사용을 불법화시킨 제네바 협정에 대해 미국화학협회(The American Chemical Society), 미국재향군인회(The American Legion), 군의협회(The Association of Military Surgeons), 전국수로방위협회(The National Association for Channel Defense) 등이 반대하고 나섰다. 이러한 반대에 직면해서 쿨리지(Coolidge) 대통령, 켈록(Kellog) 국무장관, 전국여성협의회 등이 그 협정을 지지하고 있었으나 그 협정은 상원의 비준을 얻는데 실패하였다.[47] 1929년에는 전국전쟁방지위원회가 해군 확장계획을 위한 예산을 원래의 1/3로 삭감시키는 압력을 행사하였다. 1935년 의회에서 중립법이 제정될 당시 평화와 자유를 위한 국제여성연맹(The Women' s International League for Peace and Freedom)을 대리한 로비스트 도로시 데체오(Dorothy Detzeo)는 상원 무기조사위원회 위원장 나이(Nye)를 설득하였다. 그리고 1939년 전술한 바 있는 전국전쟁방지위원회는 태평양 해군의 전초 기지인 괌 해군항만시설 개선을 위한 해군기지법안의 모호한 조항을 들어 그 법안을 철회시키는데 성공하였다.

둘째, 제2차대전 이후 동서 냉전기간에 나타난 좌우파 성향 집단들의 활동이다.

좌파성향의 집단에는 건전한 핵협의회(The Committee for a Sane Nuclear Society) 및 평화를 위한 여성행동대(The Women' s Strike for Peace) 등이 있었다. 이들 두 단체는 아이젠하워, 케네디, 존슨, 닉슨 등의 정부하에서 핵무장해제를 주장하는 등 정부의 외교정책에 반대하였으나 성공은 거두지 못하였다. 우파성향의 집단에는 문화자유를 위한 협회(The Congress for Cultural

Freedom)와 일백만 위원회(The Committee of One Million)등이 있었다. 냉전기간 사회운동 단체들은 全 미국사회를 통해 반공주의 합의를 촉진 · 보강시키는 데 일조를 하였다. 이들 집단들은 외교정책에서 강력한 대통령의 등장에 기여했고, 국가안보 관료들의 팽창 그리고 의회의 초당적 외교의 발전에 기여하였다.[48] 특히 일백만위원회는 1950-1960년대의 외교정책수행에서 중국정부 승인에 반대하였고 이들의 주장은 의회에서 상당한 지지를 획득했으며 국무부 관리들도 그 단체를 매우 영향력 있는 단체로 평가하였다.[49] 그리고 1970년대와 1980년대 초 우파성향의 현존위기위원회(The Committee on the Present Danger)는 소련의 군사적 위협이 증가하고 베트남戰의 결과로 대중의 무관심이 점증하는 상황과 맞서 싸웠다. 그들은 SALT II의 비준을 좌절시켰다. 그런데 그 단체의 일원인 레이건이 대통령이 되고, 슐츠가 국무장관이 되면서 그 영향력은 최고조에 이르렀다.[50]

셋째, 1960년대와 1970년대 베트남전쟁을 계기로 등장한 자유주의와 신좌익운동, 그리고 민권운동과 반전운동 등이 있었다.

신자유주의운동과 신좌익운동은 1950년대 후반 민권운동의 성장과 더불어 시작되었다. 마티 루터 킹(M.L.King)의 남부기독교지도자회의, 학생비폭력조정위원회들로 이들은 미국사회의 개혁을 위한 비폭력자유주의운동을 전개하였고, 결국 1964년 민권법의 통과를 가능하게 하였다.

그리고 1960년대 중반 베트남전을 반대하는 운동은 광범위한 연합전선의 기초 위에서 전개되었다. 60년대 초에는 10여개의 독립적인 집단들에 의해 시작되었으나 60년대 후반에는 1천여 이상의 느슨한 연합체로 발전하였다. 50만 이상이 징병에 반대하였고, 뉴햄프셔 민주당 대통령 후보 예선에서는 현직의 존슨 대통령이 패배하는 결과도 나왔다. 1972년에는 반전운동의 압력은 닉슨 행정부의 베트남 철군결정을 끌어내기도 하였다.[51]

넷째, 1980년대 레이건 행정부시절 이란-콘트라 사건을 중심으로 이데올로기 집단들의 공방이 다시 일어났다. 예를 들어 中美반군에 대한 레이건 행정부의 비밀질원에 대해 민간반공집단들, 존 싱글러브의 미국반공연맹(John

Singlaub's American Anti-Communist League), 칼 채늘(Carl Channel)의 우익단체, 그리고 무기거래업체인 리처드 씨코드(Richard Secord)의 기업조직 등이 지지하고 나섰고, 반대로 자유주의 및 좌파집단들은 레이건의 중미정책을 적극적으로 비난 · 반대하였다. 결국 반대집단들은 국민들의 관심을 일깨워 不法 비밀지원 목적달성을 좌절시켰다.

2) 종교집단

첫째, 종교집단은 냉전기간 반공산주의 합의를 이끌어 내는데 탁월한 역할을 하였다. 전국주교회의(National Council of Bishops)와 기독교협의회(The Christic Institute)같은 종교단체는 공산주의에 대한 극단적인 비판적 입장을 견지하면서 정부의 냉전정책을 뒤에서 지원했고 근본주의 신교단체들은 1940년대와 1950년대 소위 매카시즘을(McCarthysm)을 지원하였다.

둘째, 1970년대와 1980년대 라틴아메리카 카톨릭선교단체들은 퀘이커 및 세계기독교협의회(The World Council of Churches)등과 같은 단체들과 함께 중미정부에 대한 미국정부의 지원에 반대하였고, 의회는 중미지역의 인권유린에 관한 그들의 자료와 주장의 신빙성을 존중하기에 이르렀다. 그러한 활동은 레이건 행정부의 중미정책에 상당한 어려움을 제기하였다.[52] 1986년 기독교협의회는 니카라과 반군에 대한 레이건 행정부의 지원을 중단하도록 소송을 제기하기도 하였다.

셋째, 전국카톨릭주교회의는 1990년 부시 행정부가 수행한 걸프戰을 도덕적으로 잘못된 전쟁이라고 비난했고, 전국교회협의회는 쿠웨이트에서 이라크의 철군을 요청하면서 요르단강 서안에 주둔하고 있는 이스라엘軍의 철수도 요구하였다.

3) 인종집단

미국의 외교정책결정에서 각 인종집단의 영향력은 상당하다. 그것은 미국이 다민족 국가이기 때문이기도 하다. 미국의 외교정책결정에 영향력을 행사했던 주요 인종집단은 대만 중국계, 아일랜드계, 그리스계, 폴란드계, 유대계, 독일계, 쿠바계 등이다.

첫째, 냉전지향집단의 성장은 유명한 차이나로비 또는 타이완로비를 생성시켰다. 이 차이나로비(China Lobby)는 국민당 정부관리, 미국 정부관리, 신교 선교사들, 중국감시자들, 언론인들, 1949년 중국본토의 공산화 이전 중국에서 활동하던 미국 기업지도자들이 반공집단을 형성하면서 시작되었다. 예를 들어 反共대만을 지원하는 단체들에는 미국방위위원회(The Committee to Defend America)와 일백만위원회 등이 있었다. 이들은 시장(市場)으로서 유럽보다 아시아가 더 중요하고 기독교의 미래를 위해서도 아시아 안보가 더 필요하다고 주장하였다. 따라서 이들은 트루먼 행정부의 유럽 지향정책을 공격하였고, 매카시즘 성장에 큰 역할을 하였으며 반공합의 형성에서도 중요역할을 하였다.

둘째, 제2차대전 후 소련의 東유럽 지배는 그 지역출신들의 집단들로부터 강력한 반공산주의 반응을 야기시켰다. 특히 폴란드계 미국인들은 수많은 산업지역유권자연맹을 결성하고 미국정부에 반공, 반소노선을 채택할 것을 요구하였다. 실제 1940년대 후반 트루먼 행정부와 전체사회가 왜 공산주의와 스탈린 노선에 경직된 태도를 형성하게 되었는지를 잘 설명해주는 대목이다.[53)]

셋째, 미국내 그리스계 집단은 의회의 외교정책문제 처리에서 유대계 다음으로 영향력을 지닌 집단으로 여러 해 동안 알려져 있었다.[54)] 미국 헬레니즘연구소 對民위원회와 미국 헬레니즘교육발전협회는 1974년 터키가 싸이프러스를 침공한 이후 터키에 대한 미국의 부분적인 무기금수조치를 발동하도록 한 것은 그리스계 집단들이 상당수의 의회의원들을 포섭하는데 성공하였기 때문이다. 그 후 터키는 연 60만불의 비용으로 워싱턴 PR회사를 로비단체로 고용하고 있는 상태이다.[55)]

넷째, 미국이스라엘대민위원회와 유대인 단체들은 모든 인종집단들 가운데서 가장 강력한 집단으로서 알려져 있다. 버디트는 "이스라엘에 대한 유대인들의 관심은 최근 수년간 미국외교정책에 대하여 주장하는 가장 중요한 특별 요구사항의 하나를 나타내는 것"[56]이라 하였다. 힐즈맨이 "미국정부가 유대인 집단의 특수이익 압력에 종속적이 되는 정책은 대중동정책뿐"이라고 평할 정도로 유대인 집단의 영향력은 막강하다.

1948년 미국 선거운동기간 유대인 단체들은 이스라엘에 대한 미국의 지원에 찬성하는 이스라엘 강령을 공화 · 민주 양당의 강령속에 채택하도록 하였다. 건국 이후 이스라엘은 미국의 최대 외원수혜국으로서 연 30억불의 지원을 받고 있다. 1985년에는 미국-이스라엘 자유무역협정이 체결되어 관세가 철폐되었으며 독자적인 군사무기개발이 가능하게 되었다. 유대인 로비단체들은 소련 거주 유대인 이주를 성사시켰고, 1987년 요르단과 사우디에 군사무기 판매를 철회하도록 레이건 행정부에 의회가 압력을 가하도록 하여 성사시켰다. 그러나 1978년 이집트와 사우디에 대한 군용기 판매의 저지운동과 사우디에의 조기경보통제기(AWACS) 판매 저지 노력은 실패하였다.

어떻든 이스라엘 로비의 힘과 성공은 위협전술에 의존하지 않고 주로 여론을 자기들편에 끌어들이는 데 있다. 미국 국민들은 3 : 1 비율로 이스라엘에 동정적이고, 2 : 1 비율로 팔레스타인들에 덜 동정적이다.[57] 또한 미국의 유대인들은 600만중 90%가 12個 주에 집중되어 살면서 의회 선거와 대통령 선거에서 결정표(casting vote)로 기능하면서 영향력을 행사하고 있다. 최근 영국의 시사 월간지 프로스펙트(Prospect)는 부시의 중동정책은 유태인계가 쥐락펴락하고 있다면서 중동정책은 "미국의 국익이 아니라 유대인 로비집단의 입김에 의해 움직인다"고 주장한 바 있고, 영국의 시사 주간지 이코노미스트(Economist)는 "미국이 이스라엘을 편드는 것은 유대인 로비 때문만이 아니라 자유의 땅을 수호한다는 미국인들의 오랜 건국이념과도 무관하지 않다"[58]고도 지적하였다. 그런데 코헌은 미국의 외교정책에 대한 인종집단들의 영향은 그들과 직접 이해관계가 있는 것 이외에는 정책에 아무런 영향력을 행사하지 않는다고 지적하고 있다.[59]

4) 경제적 이익집단

미국의 외교정책결정에서 가장 직접적인 영향력을 행사하는 집단은 어느 집단일까? 그것은 단연 경제집단이다. 왜냐하면 경제적인 이익요소는 곧바로 기업체의 사활(死活)에 관련되는 사항이고 또한 그것이 일반 사회에 미치는 영향이 크기 때문이다.

전통적으로 미국사회에서는 기업에 대한 문화적 온정주의가 강하고 기업이익을 정당한 것으로 보는 경향이다. 포레스털(Forrestal)에 의하면 미국이 소련과 성공적으로 맞설 수 있는 힘은 기업들에서 나온다는 것이고, 이 세계는 산업, 무역, 기업의 복구에 의해 질서를 회복할 수 있는 데, 그것은 바로 기업인들의 역할이라는 것이다.[60] 미국의 외교정책관리들 중에는 기업경험이 있는 사람이 많다. 따라서 기업인들과 의원들 간의 면담에서도 기업의 정당한 주장이 일차적으로 고려되는 경향이다. 버디트는 "외교정책 분야에서 의회가 직면하는 가장 강력한 국내압력은 선택적 조치에서 경제적으로 득실을 기대하는 집단에서 온다"[61]고 하였다. 외교정책 결정과정에서 가장 영향력 있는 경제집단들에는 조직농민단체, 해운단체, 제조업단체, 그리고 미국상공회의소 같은 집단들이 있다.

그런데 외교정책 주제에 영향력을 발휘하는 경제단체들은 대단히 많아서 그들의 영향력을 모두 측정한다는 것은 매우 어렵기 때문에 몇 개의 영역에서 그들의 활동사항을 검토하는 것으로 만족해야 할 것 같다.

첫째는 미국해양노조와 전미해운연맹이다. 이 집단들은 미국이 지원하는 화물은 미국의 선박에 의해 운송되어야 한다는 요구를 의회에서 통과시켰다.[62] 해운단체의 로비가 성공을 거두고 효율적인 것에 대해 국무성의 한 관리는 그것을 "국가안보에 관한 감정적 호소를 하면서 그 자체의 욕구를 숨길 수 있는 능력에서 기인"한다고 평가하면서 "해운노조들이 그 경영진과 결합하는 경우 그것은무적(無敵)"[63]이라고 하였다.

둘째, 또 다른 강력한 이익집단은 서부해안어협(The West Coast Fishing Industry)이다. 이 단체는 참치수입문제에서 일본과 페루와의 관계에서 지속적으로 영향을 미쳤다. 이 단체는 국무부의 정책결정 수준에 담당관을 배치하였고 일본과의 어업협상과 정책개발에서 매우 훌륭한 영향력을 발휘했다. 이는 외교정책 분야에서 대표적인 정치적 영향력 모델을 제시한 것으로 평가되고 있다.

셋째는 농축산단체의 경우이다. 예를 들어 1935년 미국은 알젠틴 위생협약(Argentine Sanitary Convention)에 서명하였던 바, 그것은 구제역 발병 없는 알젠틴에서 신선한 고기수입을 허용한 협정이었다. 그러나 수년 동안 농업과 축산단체는 그 협약을 반대하며 上院의 비준을 저지하는데 성공하였다.

넷째는 소위 군-산복합체(the Military-Industrial Complex) 또는 군-산-과학 기반(the Military- Industrial-Scientific Infrastructure)[64]이라는 것이다. 이 군-산-과학 복합체는 제2차대전 이후 反共정치와 봉쇄정책의 주요 기반과 국내환경을 제공하였다. 이 복합체는 행정부 내의 군부, 산업체와 기업, 의회, 학계 및 과학계의 보완적 상호이익 관계의 복합체로 등장하였다. 군부는 무기와 장비가 필요했고, 특히 對소련 봉쇄정책의 군사적 지원이 필요했으며, 의회 의원들은 자기 출신지역의 고용과 선거를 의식하여 군사기지와 산업시설의 설치를 원했고, 학계와 과학계는 많은 연구비와 정부정책결정에의 참여에서 오는 위신과 영향력을 원했기 때문이었다. 그리고 산업체와 기업은 당연히 경제적 이익증대가 그들의 최고목표인 것이다. 로스 앤절러스 타임즈의 분석에 의하면 고용의 10분의 1이 방위산업에서 이루어졌고, 방위산업은 전체 제조업의 10%를 차지했으며, 防衛가 모든 과학자와 기술자의 25%를 고용하였다.[65]

사실 제2차대전 이전만 해도 미국에는 외교정책이나 국가안보를 지향하는 단체들은 거의 없었다. 그러던 것이 제2차대전으로 인해 상황이 극적으로 변하였다. 전쟁수행 기간 대통령을 지원하는 단체들이 성장했고 군부가 급팽창하였다. 이러한 상황에서 정부는 전쟁의 승리를 위해 경제와 사회를 승전을 위한 전시체제로 몰아넣었다. 여기서 군-산-과학 구조가 생성되었다. 전후에는 국가안보와 반공산주의를 강조하는 기류가 확산되면서 정부는 세계적인 냉전정책을 수행하기 위해 그 자원 사용을 확대하게 되었다. 이는 외교정책에서 대통령의 우위, 국무부 외교정책 관료의 증가, 군-산-과학자 집단의 성장을 초래시켰다. 일반 대중도 결국 국가안보의 명분에서 군-산-과학 복합구조의 발전을 지지하게 되었고, 그것은 또한 고용과 번영의 주요 열쇠가 되었기 때문이다.

국방부는 제2차대전과 냉전의 결과로 그 규모와 범위에서 엄청난 팽창을 하게 되었고 GM, 크라이슬러(Chrysler), 맥도넬 다글라스(Mcdonell Douglas), 보잉(Boeing) 등의 산업체들은 그러한 軍을 무장시키는데 직접 개입하게 되었다. 의회는 방위정책에서 군부-산업체-의회-학계 간 四者의 관계망을 보강하는데 일익을 담당하였다.[66] 국무부는 냉전기간 소위 외교정책 결정팀을 비공식으로 조직해서 운영하였던 바, 그것은 냉전 기간 미국외교정책의 기초를 제공한 많은 고위 인사들과 전문가들의 집단이었다.[67] 이러한 군-산-과학의 복합체에서는 기업의 이익은 곧 국가의 이익과 일치되었다.

5) 노동단체

미국의 노동조합은 원래 1930년대 루스벨트의 뉴딜(New Deal)정책 시행시기 정부가 공식적으로 노동조합 설립을 허용한 데서 출범하였다. 당시 공화당과 매카시파들은 뉴딜정책을 공격했고 노조설립에도 반대하였다.[68] 제2차대전 후 미국의 노동총연맹(AFL-CIO)은 정부의 국가안보와 냉전정책을 지지하는 입장을 보였다. 또한 전후 미국노동단체들은 아마도 대외원조계획에서 다양한 전문활동에 참여해서 정책 집행에 어떤 영향을 행사했을 것이다.[69] 통상 미국노동총연맹은 대통령선거 기간 특정 후보에 대한 지지 입장을 표명하곤 한다. 그리고 1993년 발효된 북미자유무역협정(NAFTA)체결과정에서 격렬한 반대운동을 전개하기도 하였으나 뜻을 이루지는 못하였다. 미국의 노동단체들은 통상 외교정책보다는 국내정책에서 영향력을 행사해 왔다.

6) 외국정부

외국정부가 미국의 대내외정책에 영향력을 행사하기 위해 로비활동을 벌이기 시작한 것은 제2차대전 이후이다. 외국정부의 로비활동은 미국내의 자문회사들, 법률회사, 광고회사 등 주로 미국인들에 의존하고 있으며 미국 내 이익집단들과 유사한 방법으로 활동한다. 현재 1천개 이상의 미국회사들과 개인들이 외국의 이익을 위해 일하고 있다. 1986년 통계국 조사에 의하면 1980-1985년 기간 76명의 전직 고위 공직자가 52개국의 이익을 위해 일하고 있다고 한다.

외국정부 로비의 전형적인 예는 캐나다, 남아프리카공화국, 사우디, 일본 등인데, 남아공은 80년대 로비를 위해 미국내 16개 회사를 고용했고, 일본은 125명의 전직 정부관리를 고용하였다.[70] 캐나다는 미국의 의회 내에 캐나다 이익을 다루는 특별부서를 설치하였다. 예를 들어 캐나다의 특별이익이란 캐나다 북동부 해상어업에 관해 미국과의 협상에서 적극적으로 대응하는 것이었다.[71]

그런데 외국정부의 이익을 위해 로비활동을 하는 전직 정부관리들을 포함한 로비스트들과 미국정부 간의 긴밀한 유대관계는 이익과 윤리적 행위간의 갈등에 관한 중대한 문제를 야기하였다. 그리하여 미국정부는 공직사퇴 1년 이내에는 자문회사 설립을 금지시켰다. 또한 반독점법으로 법인자문단체들이 정부관리들에게 접근하지 못하도록 하였다.[72]

제 4 절 평 가

미국사회의 외교정책과 이익집단 간의 영향력 관계에 대한 설명은 긍정적 입장과 비판적인 입장으로 나뉜다.

1 긍정적 입장

이는 미국의 정치가 기본적으로 인민의 의사를 반영하는 민주정치이고 따라서 정책은 사회내 정부기관을 포함한 집단들 간의 상호작용의 산물로 나온다는 논리에 기초하고 있다. 사실 많은 이익집단 또는 압력단체들은 국내외정책에 그들이 영향을 미치고 있다고 생각한다. 실제 미국의 외교정책 역사에서 이데올로기집단, 인종집단, 종교집단, 경제집단 등은 많든 적든 외교정책과정에서 그들의 이익과 가치를 반영시켰다. 특히 전통적으로 기업체들이나 동업조합 단체들은 무역, 관세, 방위예산 등의 결정과정에 적극적으로 개입하여 그들의 이익을 반영시켰다.

이익집단의 주장이 외교정책과정에서 고려되거나 반영되는 데는 다음과 같은 조건들이 있었다.

첫째, 집단의 특수이익과 정책결정자들이 정의한 일반적인 국가이익이 일치되거나 조화되는 때

둘째, 사회적으로 파급적 영향을 미칠 수 있는 이익집단의 사활적 이익이 걸려 있을 때

셋째, 집단의 이익과 대중여론의 일반적인 방향이 일치되는 때

넷째, 선거와 같은 정치적 이유로 이익집단의 요구를 무시할 수 없을 때 등이다.

② 비판적 입상

비판자들에 의하면 현대의 많은 문헌들에서 보여지는 바, 외교정책분야에서 이익집단이 직접적이고 적극적인 영향력을 행사했다기보다는 오히려 무기력했던 증거가 많았다. 즉, 이익집단의 영향력 활동이 알려진 만큼 그렇게 영향력을 발휘하지는 못한다는 설명이다. 비판자들은 영향력을 추구하는 모든 집단들은 정치적 무기력으로 실패에 직면했다고 주장한다.

그들은 윤리적인 측면에서 다음과 같이 비판한다.

첫째, 국가정책이 私的 이익집단의 압력에 종속적이 될 수 있다.

둘째, 국가의 외교정책 결정에 일반이익을 추구하는 정부관리들이 영향받아 본래의 의무와 책임이 실종될 수 있다.

셋째, 선거과정에서 선거운동 기금을 제공하는 것은 국가의 외교정책이 인질화될 수 있는 위험이 있다.

넷째, 사적이익 추구단체가 공적인 외교정책 영역을 침범할 수 있다.

다섯째, 자칫 정부가 외교정책 결정권을 사(私)집단에 위임하는 계기를 야기할 수도 있다.

비판자들은 또한 다음과 같은 점에서 이익집단들이 외교정책 결정과정에 별 영향력을 행사하지 못한다고 설명한다.

첫째, 일반적으로 이익집단들은 국내정책보다 외교정책에선 별 영향력을 발휘하지 못한다.

둘째, 명백한 일반적 국가이익이 걸려있는 경우 특정 집단의 私的 이익추구는 별 영향력을 발휘하지 못한다.

셋째, 정책결정자들은 오히려 그들이 선택한 노선에 이익집단들이 따르도록 유도하고 로비활동을 관리들의 노력에 보조적인 봉사기능으로 만들려고 한다.

넷째, 관세협상에 관한 자유무역주의자들과 보호무역주의자들 간의 갈등에서와 같이 양 집단의 갈등시 양자의 영향력이 상쇄되어 외교정책은 대통령의 의사대로 주도된다.

다섯째, 국가의 위기수준이 높아지고 정책결정의 시간이 짧아지면 집단이익은 고려될 가능성이 적다.

또한 비판자들은 이익집단들이 그들의 영향력 발휘에 실패하는 이유들을 설명하고 있다.

첫째, 이익집단들은 외교정책에 관한 정보가 부족하고 그들의 정보가 정책결정자들에게 시간적으로 늦게 도달된다.

둘째, 정책결정자들은 이익집단의 주장을 정당한 것으로 보지 않으려는 경향이 있다.

셋째, 이익집단들은 외교정책에 영향을 줄 수 있는 대중의 여론몰이와 그 이용능력에서 대통령보다 제한되어 있다.

넷째, 외교정책문제에서 결정의 위치와 시간이 더욱 제한되어 있어 이익집단들의 접근 지점이 제한된다.

다섯째, 대중들은 외교정책문제에 별 관심을 가지고 있지 않아 이익집단의 여론선동이 어렵다.

그러나 이익집단 활동과 영향력에 관한 비판논자들의 부정적 설명에도 불구하고 미국의 현실정치에서 이익집단의 활동은 여전하고 지속적이다. 행정부의 정책에 영향을 미치려는 이익집단의 로비활동이 효과가 없다면 워싱턴에 등록된 로비스트가 1976년 4천명에서 1991년 14,500명으로 증가했을 리가 없었을 것이다.[73)]

결국 미국의 외교정책결정에 미치는 이익집단의 영향은 문제의 성격과 내용에 따라 다소 다르게 나타날 뿐이라고 할 수 있다.

1) M. H. Armacost, The Foreign Relations of the United States(Belmont : Dickenson, 1969), p.116.여기에나오는Truman은 정치학자 David Truman이고, 33대 대통령은 Harry S.Truman이다.

2) John W. Spanier and Eric Uslaner, American Foreign Policy Making and the Democratic Dilemmas (New York : Macmillan, 1994), p.265.

3) Armacost, 전게서, p.116.

4) Arthur Bentley, The Process of Government(Bloomington, Ind. : Principia Press, 1956), p.182.

5) 상게서, pp.258-9.

6) Truman, 전게서, pp.23, 37.

7) 상게서, p.33.

8) Eldersveld는 利益集團과 政黨을 구별하여, 이익집단은 정책열망집단이고 정당은 권력열망집단으로서, 전자는 요구집단(demand group)이고 후자는 권력집단(power group)이라 하였다.
Samuel S. Eldersveld, "American Interest Groups : A Survey of Research and Some Implications for Theory and Method," Henry W. Ehrman(ed.), Interest Groups on Four Continents(Pittsburgh : University of Pennsylvania Press, 1964), p.180.

9) Earl Latham, The Group Basis of Politics(New York : Octagon Books, 1952), pp.28-29.

10) Jerel A. Rosati, The Politics of U.S. Foreign Policy(Orlando, FL. : Rinehart and Winston, 1993), p.428.

11) 상게서, p.429.

12) James M. Lindsay, Congress and the Politics of U.S. Foreign Policy(Baltimore : The Johns Hopkins University Press, 1994), pp.28-29.

13) John D. Issacs and Katherine Magrow, "The Lobbyst and MX," Bulletine of the Atomic Scientists 39(Feb. 1983), pp.56-57.

14) John R. MacAthur, Second Front : Censorship and Propaganda in the Gulf War(New York : Hill and Wang, 1992).

15) 미국의 경제단체들은 그들의 이해관계에 따라 입장이 달라진다. 예를 들어 무역입법이 제정되는 과정에서 자유무역주의자들은 관세의 인하 또는 자유를 주장하고 보호무역주의자들은 수입을 통제하고 관세장벽을 높힐 것을 주장한다. 또한 주요 석유 수입업자들은 낮은 수입관세를 지지하고 대체에너지 산업체들은 고율관세를 주장한다. John Spanier and E. M. Uslaner, How American Forlign Policy is Made(New York : Praeger, 1974), p.84 참조.

16) John Spanier and E. Uslaner, American Foreign Policy Making and the Democratic Dilemmas(New York : Macmillan, 1994), p.293.

17) Masland에 의하면 제2차 대전시 여론이 반대에서 지지로 바뀐 것은 개입주의자들의 노력이 성공해서도 아니고 평화주의자들이 실패해서도 아니었다는 것이다. 그것은 Hitler가 체코와 폴랜드를 잇따라 침공하고 오스트리아를 합병한 때문이며, 日本의 진주만 공격이라는 大事件이 발생한 때문이었다고 한다. John Masland, "Pressure Group and American Foreign Policy Preceding Pearl Harbor," Public Opinion Quarterly, Vol.6. No.1(1942), p.122참조.

18) NAFTA는 1980년대 共和黨의 Reagan정부에서 추진되어 民主黨의 Clinton 정부에서 종결된데서 볼 수 있듯이 共和民主 양당의 작품이라는 데서 의회비준이 가능했다고 할 수 있고, 특히 NAFTA는 一般利益에 기초하고 있었기 때문이었다.

19) Leater W. Milbrath, "Interest Groups and Foreign Policy," James N. Rosenau(ed.), Domestic Sources of Foreign Policy(New York : The Free Press, 1967), pp.237~238.

20) Eldersveld, 전게서, p.188.

21) Robert Michels, Political Parties(New York : The Free Press, 1968), pp.342-356.

22) Eldersveld, 전게서, p.186.

23) Truman, 전게서, p.507.

24) Eldersveld, 전게서, p.187.

25) Milbraith, 전게서, pp.238-240.

26) 상게서, p.241.

27) Eldersveld, 전게서, p.187.

28) Jerel A. Rosati, The Politics of U.S. Foreign Policy(Orlando, FL. : Rinehart and Winston, 1993), p.429.

29) Milbraith, 전게서, p.236.

30) Henry W. Ehrmann, "The Comparative Study of Interest Groups," Henry W. Ehrmann(ed.), Interest Groups on Four Continents(Pittsburgh : University of Pittsburgh Press, 1964), p.6.

31) Norman J. Ornstein, "The Constitution and the Sharing of Foreign Policy Responsibility," E. Muskie, Rush, and Thompson(eds.), The President and the Congress and Foreign Policy(Lenham, M.D. : University Press of America, 1986), p.58.

32) Bernard C. Cohen, "The Influence of Non-Governmental Groups on Foreign Policy-Making," A. M. Scott and R. H. Dawson(eds.), Readings in the Making of American Foreign Policy(New York : Macmillan, 1965), p.108.

33) Ehrman, 전게서, p.7.

34) 상게서, 같은 쪽.

35) Truman, 전게서, p.321에서 인용.

36) 상게서, p.350.

37) Muskie, Rush and Thompson, 전게서, p.17.

38) John Spanier, Congress, the Presidency and American Foreign Policy(New York : Pergamon Press, 1981), p.XXIV.

39) Truman, 전게서, pp.362, 377.

40) Masland, 전게서, p.122.

41) 상게서, p.121. 1939년 2월 전국전쟁예방위원회(the National Council for Prevention of War)는 모호한 海軍基地法案조항을 현명하게 이용해서 집행부의 극동정책을 공론화시켜 철회시키는데 성공하였다.

42) 상게서, p.121.

43) Henry A. Turner, "Pressure Groups," Edward E. Walker, et al(eds.), Readings in American Public Opinion(New York : American Book Co., 1968), p.81.

44) Truman, 전게서, p.319.

45) Masland, 전게서, p.121.

46) 1940년대 David Truman의 조사에 의하면 미국사회에서 정책에 영향을 미치고 있는 집단들에는 제조업 800, 택배회사 300, 수송 · 금융 · 보험 400, 기업체 300, 전문업체 500, 노동조합 200, 여성단체 100, 재향군인 단체 60, 상품판매업 60, 농민단체 55, 흑인단체 50, 공직자 단체 50, 자선단체 25, 스포츠오락 100, 기타 1,000 해서 모두 4,000여개의 단체가 있는 것으로 되어 있다. Truman, 전게서, p.58.

47) Cohen, "The Influence of Non-Governmental Groups on Foreign Policy-Making," pp.103-104.

48) Rosati, The Politics of U.S. Foreign Policy, p.438.

49) John Spanier and E. M. Uslaner, How American Foreign Policy is Made(New York : Praeger, 1974), p.86. 그런데 이 일백만위원회는 1960년대 정부의 對中國政策이 모호해지면서 자취를 감추게 되었다.

50) Spanier and Uslaner, American Foreign Policy Making and the Democratic Dilemmas, p.274.

51) Rosati, 전게서, p.447.

52) 상게서, p. 455.

53) 상게서, p.437.

54) Spanier and Uslaner, American Foreign Policy Making and the Democratic Dilemmas, p.283.

55) 상게서, pp.283-84.

56) Franklin Burdette, "Influence of Non-Congressional Pressure on Foreign Policy," The Annals of the American Academy of Political and Social Sciences(Sept. 1953), p.94.

57) Spanier and Uslaner, American Foreign Policy Making and the Democratic Dilemmas, p.289. 근자 미국인들이 이스라엘보다 팔레스타인들을 덜 동정하는 것은 팔레스타인 지도자들이 Sadam Hussein을 지지하기 때문이라는 것이다.

58) 東亞日報, 2002. 4. 8.

59) Cohen, 전게서, p.107.

60) Walter Millis(ed.), The James Forrestal Diaries(New York : Viking Press, 1951), pp.247-248.

61) Burdette, 전게서, p.92.

62)Truman, 전게서, p.364.

63) Cohen, 전게서, p.102.

64) 이 "The Military-Industrial Complex"라는 용어는 Eisenhower 대통령이 그의 고별사에서 軍部와 産業體가 상호의존적으로 미국의 외교정책과정에서 중대한 역할을 수행하고 보완적 이익관계를 가진 다양한 사회집단들의 존재를 포함하고 있는 구조로 설명하였다. Rosati, 전게서, pp.438-439.

65) 상게서, p.460 참조.

66) 상게서, p.440.

67) 상게서, p.442.

68) 상게서, p.436.

69) Cohen, 전게서, p.104.

70) 日本이 고용한 인사들 가운데는 前미국무역대표 3명중 2명, 민주당 전국위원회의장 4명 중 3명, 2명의 전직 공화당 의장을 포함하고 있다. Pat Choate, Agents of Influence : How Japan' s Lobbysts in the U.S. Manipulate America' s Political Economic System(New York : Knopf, 1991 : John B. Judis, "The Japanese Megaphone," The New Republic(Jan. 22, 1980), p.20.

71) David Newsom, "The Executive Branch in Foreign Policy," Muskie, et al(eds.), 전게서, pp.116-117.

72) 상게서, p.117.

73) Spanier and Uslaner, American Foreign Policy Making and the Democratic Dilemmas, p.269 : Rosati의 조사에 의하면 공식등록 로비스트가 1961년에는 365명이었는데, 1987년에는 45,000명으로 증가했다. Rosati, 전게서, p.458.

Memo

Chapter

14

미국외교정책과정의 특징

미국의 외교정책을 결정하는 권한은 헌법의 이념과 규정에 따라 매우 복잡하게 분산되어 있다. 그리하여 대통령을 비롯한 외교정책 결정자들은 항상 여러 기관에 분산된 권위의 주요 영향력을 확인하고 응집적이고 효율적인 정책을 개발하기 위해 많은 노력을 기울이게 된다. 그러한 외교정책 권한의 분산은 외교정책에서 여러 기관 간의 교섭과 흥정의 산물로 나타나게 된다. 그러한 원심적 제도의 특징 속에서도 미국 대통령은 외교정책 결정에서 가장 뚜렷한 구심점이 되고 있는 것이다. 따라서 미국의 외교정책 결정과정에서 통상 대통령과 그 보좌관들은 응집적인 정책을 형성하기 위해 의회 의원들, 집행부의 각 기관장들, 민간 및 군 관료들, 언론계의 중진 인사들 및 사회 여론지도층 인사들을 설득하여 자기의 계획을 적극적으로 인정하고 수락하도록 끈질긴 노력을 경주하게 된다. 특히 중요한 외교정책일수록 그 속에는 서로 다른 기관들과 집단들의 이해관계가 얽히게 되어 있어 대통령과 그 보좌관들은 그들을 끊임없이 조정해야 한다.

아마코스트에 의하면 미국의 외교정책 결정과정은 의회의 흥정과정과 흡사한 것으로 그 과정은 ① 갈등과 협력, ② 불규칙적인 지그재그, ③ 각 기관의 독립성을 유지하려는 교섭과 힘든 노력, ④ 때로는 정확한 선언, 때로는 허

■ [도표 14-1] 미국의 외교정책 결정의 상호작용 패턴

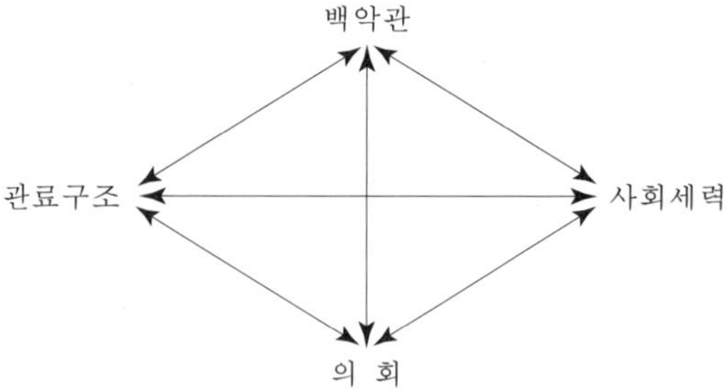

풍과 호통, ⑤ 질서와 명료성보다는 혼돈과 모호성 등으로 특징지어진다는 것이다.[1)]

아마코스트는 미국의 외교정책은 분산된 권력의 상호작용 결과로서 산출된다고 하면서 미국 외교정책 결정과정의 특징을 다음과 같이 정리하였다.[2)]

제 1 절 신중성과 보수주의(Caution and Conservatism)

미국의 외교정책 결정과정에서 대통령, 의회, 그리고 관료들이 모두 지지할 수 있는 정책들을 산출하는 과정은 참여자 모두의 기력을 탈진시키고 시간을 소모하는 과정이다. 영국의 한 학자는 미국정부의 정책결정과정에 대해 언급하기를 "고강도 정책(high policy)의 결정들을 산출하는 과정은 아마도 세계 어느 다른 정부에서보다 더욱 지난한 과정"[3)]이라고 한 바 있다. 정책에 관한 많은 제안들은 관리들, 훌륭한 정치인들, 유명 칼럼니스트, 경력 외교관들 또는 워싱턴의 탁월한 무명 인사들로부터 제기되고 있다. 물론 제기되는 대안들은 많으나 실제로 고려되는 안들은 극히 적다. 성공적인 혁신적 정책들은 때로는 협상, 거부, 타협의 과정을 우회하기도 한다. 따라서 미국의 외교정책은 천천히 서둘러 만들어진다고 말하는 것이 놀라운 일이 못된다. 물론 외부적 위기사태의 발생은 정부의 중대조치나 대책을 앞지를 수도 있다. 이

런 경우 전문가들의 의견과 그 효율성이 발휘될 수 있는 기회는 사라질 것이다. 그러나 일반적으로 합의의 형성요건들은 오랜 지연과 더불어 과도한 신중론을 생산하게 된다. 따라서 혁신적인 정책은 가끔 행정적인 시간 소모가 많게 되고 지친 관리들은(기존 정책의 합의가 깨지는 경우) 지난한 협상을 다시 시작해야 한다는 두려움 때문에 저항이 적은 기존 정책의 영구화를 택할 수도 있는 것이다. 즉, 노선 변경이 가져올 오류를 수용하기보다는 현재의 잘못된 정책을 영구화시키려 하고, 정책변경을 지지하는 기관들 사이의 합의를 위한 재협상의 시간이 없어 기존정책을 그대로 밀고나가게 된다는 것이다.

그러나 일단 결정된 정책은 엄청난 동력을 얻어 급진전될 수도 있다. 키신저는 "엄청난 의심과 백중의 분열 속에서 채택된 결정들은 일단 채택되면 실제로 성역처럼 거침없이 진행된다"[4]고 지적했다.

정책 원안은 흥정과정을 통해 변경될 수도 있고, 외교정책 결정자들의 경쟁적 구조의 관할권 분쟁 때문에 합의에 도달하기 위해서 수정·변경될 수도 있다. 또한 장기적인 안목에서 나온 정책적 희망은 빈번히 순간적인 압력, 일시적 기분, 그리고 임박한 위기 등의 요소 때문에 축소될 수도 있다. 일반적으로 비상사태나 위기시에 제기되는 극적인 제안들은 기존 정책의 관성을 효과적으로 극복할 수 있다. 위기시에는 통상 선택마진이 제한되기 때문이다. 호프만에 의하면 미국의 외교정책체계에서는 정책 대안들이 국제적 사태의 필요성으로 아주 심하게 제한된다고 한다.[5] 미국에서는 당면한 위기의 압력이 중장기의 미래계획 수립을 어렵게 한다는 것이다. 또한 미래계획은 가끔 특정 개별 써클이나 기관들의 팽창을 피하기 위해서도 회피되곤 한다.

흔히 결정의 범위가 넓을수록 합의도출은 더욱 어려워진다. 왜냐하면 결정의 범위가 넓을수록 정보가 유출될 가능성은 많고 그렇게 되면 정책선택은 당파적 작전의 소용돌이 속으로 들어갈 가능성이 많기 때문이다. 또한 합의를 이끌어내기가 어렵기 때문에 그 위기와 위기 해결방법은 지나치게 값이 비싸지는 경향이 있다. 위기는 과잉반응을 촉진할 수 있고 그 해결방법은 아마도 결실을 거두지 못할 가능성도 있기 때문에 국민들의 좌절감을 야기할 수도 있다. 1947년 그리스와 터키에서 공산주의 반란이 일어났을 때 국무부 관리들은 양국에 경제원조와 제한된 군사원조 등 제한된 대응책을 고려했으나 트루먼 대통령은 의회에서 자신의 결정을 이데올로기적으로 설명하면서 제한된 교전을 확대 해석하였다. 위기의 지나친 고가판매는 전후 외교정책의 끈질긴 특징이었다. 즉, ① 공산주의의 위협에 대한 반복된 강조, ② 획일적인 국제공산주의 운동의 악의적 행위와 조작적 특징, ③ 붕괴 도미노의 전망 등이 바로 그것이다. 관리들은 구체적 위협을 제기하여 국민의 인식을 고양시키고 과잉대응을 허용하도록 여론과 의회분위기를 조장하는 경향이 있다.[6] 그렇다고 집행부 결정을 촉진하거나 의회의 동의를 얻기 위해 무해(無害)한 상황을 의식적으로 위기로 바꾼다는 것은 아니다.[7]

그러나 결정을 합리화시키려는 과잉행위들은 국민들의 회의심 속에서 이루어질 수 있고, 벼랑끝 전술(the tactics of brinkmanship) 정책을 바람직스럽지 못한 방향으로 왜곡시킬 수도 있으며, 차후의 정책에 상당한 영향을 미칠 수 있고, 더 나아가서는 보다 현명한 관심계층을 소외시킬 수도 있는 것이다. 뿐만 아니라 그것은 적과 우방에 대한 편견을 생산해 낼 수도 있다.

合意의 형성 요건들은 오늘날 미국외교정책의 또 다른 세 가지 특징들을 설명해준다.

첫째, CIA 활동의 팽창은 그 기관이 정상적으로 광범위한 토의와 승인 없이 작전을 수행할 수 있다는 상대적 용이성 때문일 수 있다.

둘째, 그 프로그램 속에 들어있는 근본적인 이유와 기대를 정확히 밝히지 못하는 가운데 대외원조가 정당화될 수 있는 것은 아마도 서로 상충적인 집단들의 주장에 대한 지지가 엇비슷하기 때문일 것이다.

셋째, 집행부 관리들은 주로 지지를 확보하는 방법으로 성공에 관해 계량적으로 설명한다든가 그래프 상의 지표들을 설명하는 방법을 사용한다.

미국의 외교정책은 주로 단기적인 이익을 약속하는 계획들인데 국민들은 그것을 잘못 이해하기도 하고 미국의 정책관리들은 조기에 달성한 결과들을 지나치게 확신하고 강조하는 경향이 있다.

제 2 절 혼란(Confusion)

다양한 집단을 배경으로 하는 고위층 관리들이 매일 각자의 견해를 주장하는 때 혼란은 불가피한 부산물이다. 대통령, 국무장관, 합참의장, 유력한 상하원 지도자들, 명망 있는 대사들, 저명한 사회인사들, 전문가들, 유명 칼럼니스트들, 이들은 정확히 무엇이 미국정부의 의도인가에 대해 혼란을 일으키는 충분한 근거를 제공할 수 있는 사람들이다. 언젠가 한 라오스 지도자는 "아주 많은 목소리가 들리기 때문에 어느 목소리가 권위를 가진 목소리인지 구별하기가 불가능하다"[8]고 불평한 바가 있다. 이러한 혼란은 많은 주장과 목소리에서만 기인하는 것이 아니라 특정 청중을 주목해야 할 필요성에서도 기인한다. 예를 들어 대통령의 성명서가 지니는 의미를 평가할 때, 그것이 국내 비판자들의 침묵을 겨냥한 것인지, 의회지도자들의 동정적 이해를 구하려는 것인지, 적대자들과의 갈등을 해결하려는 시사인지, 미국의 해결책에 관한 동맹국들의 우려를 불식시키려는 것인지, 유엔헌장의 원칙에 대한 미국의 혁신을 재확인하려는 것인지, 또는 반항적인 부하관리들의 군기를 잡으려는 것인지 등을 분간하는 것이 필요하다. 흔히 대통령 성명에서는 후자의 기능이 더욱 두드러진다. 애버릴 해리만이 상원의 정부운영위원회(Government Operations Committee)에서 논평한 바와 같이 내각과 NSC, 그리고 대통령이 참여하는 여타 집단들의 작업이란 어떤 형태를 취하든 결국 대통령과의 대화인 것이다. 대통령의 성명들은 미국 국민들에 대한 것 이고 또한 정부의 고용인들에 대한 것이다.[9]

제 3 절 지도자 부재의 특성(The Leaderless Character)

앨먼드는 미국의 정책결정체계가 어떤 면에서 자유시장과 흡사하다고 하였다.[10] 즉, 정책결정의 주도권이 광범위하게 산재돼 있다는 것이다. 대부분의 중요 외교정책 문제들은 그 분류가 선명하게 되지 않고, 어느 단일 기관의 관할권에도 소속되지 않으며, 그 정책의 성공을 위해 군사력이나 원조와 같은 어느 단일 수단에 의존하지도 않는다. 대부분의 중요 외교정책결정들은 외교정책 관련 부서들이 모두 참여하는 가운데 이루어지고, 그 정책의 성격은 그 문제에 대해 최초로 내려진 정의(定義)에 의해 윤곽이 잡혀진다. 그 다음에는 빈번히 관료정치의 변덕에 의존하게 된다.[11] 예를 들어 1960년대 베트남 문제에 대한 과도한 군사적 접근은 그 문제를 최초로 포착하고 정보를 제공하고, 정의를 내린 국방부에 의해 주도되었다. 이것은 초기에 그 문제에 정의를 내리지 못한 러스크 국무장관이 우유부단하게 처신한 결과였던 것으로 알려져 있다.[12]

어떻든 미국의 중요한 외교정책 문제들은 비교적 자율적인 관련 부서들 간의 조정과정을 통해 확정된다는 점이다. 그렇다 보니 언젠가 러스크가 관료적 문제점의 본질로 파악했던 바, 각 부처들의 책임회피에서부터 어느 누구도 구체적 책임을 지지 않으려고 문제를 철저히 무시하는 데까지 이른다는 것이다. 책임이 광범위하게 공유돼 있다 보니 어느 곳에서도 그 책임을 지려고 하지 않는다는 것이다. 또 다른 가능성은 대통령의 강력한 리더십이 부족한 경우 어느 한 기관의 논리가 다른 부처에 강제적이지 못하기 때문에 결국 제 부처 간의 갈등적 시각과 이익들은 조정될 수밖에 없다는 것이다. 그러한 결정체계의 성격에서 기인하는 또 다른 결과는 어떤 문제나 문제영역이 다소 인위적으로 분할되는 경향을 나타낸다는 점이다. 즉 관세정책, 군사정책, 외원정책, 정부재편성 방법 등의 형성에서 그렇다는 것이다. 각 영역에서는 독특한 역사적 선례들을 만들어내고 일정 범위 내에서 활동하는 일군의 안정된 참여자들이 현안 문제의 윤곽을 잡게 된다는 것이다.

사무엘 헌팅턴(Samuel Huntington)은 결정의 유형을 전략적 결정들(strategic decisions)과 구조적 결정들(structural decisions)로 나누어 설명하였다. 전략적 결정이란 국제정치의 돌발적 상황에 대처하는 결정을 말한다. 전략적 결정은 통상 집행부 내에서 이루어진다. 따라서 전략적 결정은 거의 폐쇄적 정치와 유사하다. 의회, 압력단체, 그리고 국민들에게는 결정이 채택된 이후에야 통보된다. 정책 발의는 집행부 내 다양한 기관들과 개인들로부터 제기될 수 있다. 상충적인 제안들이 제기됨으로써 정책갈등은 자연스럽게 나타난다. 그러한 갈등은 통상 홍정을 통해 완화된다. NSC, 합참, 국무부, 국방부 등의 예산과정과 회동을 통해 갈등해결 노력이 이루어진다. 이들 기관들 간의 합의가 이루어지면 결정은 대통령에 의해 승인되고 그 후에 의회와 국민에게 통보된다.

반면 구조적 결정은 국내정치의 상황에서 이루어진다. 구조적 결정들은 일반적으로 예산지원, 인사정책, 그리고 전략적 결정의 수행을 위한 조직들과 관련된다. 안건은 통상 행정부 관리들로부터 제기되고, 각 部와 기관들, 예산국, 그리고(의회에 제출하기 전에) 대통령 등에 의해 검토 · 수정된다. 의회에서는 다른 입법과정과 유사한 방법으로 예산소위원회의 복잡한 절차를 거치게 된다. 구조적 문제의 최종결정은 의회에서 이루어지기 때문에 상하원의 핵심 포스트에 압력전술, 홍보운동, 교섭전술 등이 전개된다. 그러한 결정들은 의회의 권력구조와 여론 분위기에 의해 결정적으로 윤곽이 잡혀지기 때문이다.

그런데 전략적 결정과 구조적 결정 사이의 경계선은 명확하게 구분하기가 어렵다. 일차적으로 국제환경에의 적응에 관심이 있는 사람들과 외교 및 군사정책의 대내적 영향에 민감한 사람들 간의 변증법적 관계에서 정책결정의 방법과 절차는 어느 집단이 그 문제에 정의를 내리느냐에 달려있다. 즉, 정치에서의 경쟁은 빈번히 누구의 게임이 연출되고 있는가의 문제에 초점이 맞추어진다. 예를 들어 1962년 이전의 관세법은 그것이 마치 국내 입법의 문제인 것처럼 다루어졌다. 미국의 대외무역정책에 내포된 외교정책 함의가 더욱 명백해지고 중요하게 되어짐에 따라 이익집단의 이익을 위한 협력이 무역을 외교정책 목적을 위한 수단으로 이용하려는 대통령의 노력과 맞아 떨어졌던 것이다.

흔히 위기시 정책(crisis policy)은 전략적 결정작성의 형태를 띠게 된다. 참여자는 제한되고 대통령의 역할은 확대되며, 정책 검토과정은 비교적 폐쇄적이다. 반면 다른 전략적 정책영역으로 가보면 참여자 수는 증가하고 집행부서 간 갈등은 더 많이 표출되고, 제도적 편견에 의해 채색되고 흥정은 더욱 활발해지며, 더욱 공개적으로 이루어진다.

구조적인 문제에 관한 정책결정 영역은 국내 입법과정과 유사하다. 즉, 각 부처의 제도적 기득권과 관련된 정책들은 때때로 서로 상충하여 다양한 정책의 수단과 목적 간의 통합이 잘 이루어지지 않는다. 특히 그러한 현상은 보다 광범위한 지역을 위한 정책을 수립하려고 할 때 더욱 그러하다. 예를 들어 1962년 對유럽정책에서 국방부는 수직적인 유기적 관계를 가지는 통합동맹(NATO)을 지향했고, 국무부는 느슨한 동등자들 간의 수평적 협력관계에 기초한 무역정책을 추구하였다. 즉, 국방부는 군사적 고려에 의해 방위능력의 유기적 통합을 추구했고, 국무부는 평등자 간의 느슨한 협력관계를 추구하였다. 이러한 두 기관의 정책은 유럽의 장래에 대한 경쟁적 평가에 기초하였기 때문이다.

또한 때때로 경쟁적 부서들은 서로 반대되는 목적의 정책을 채택하기도 한다. 예를 들어 1960년 CIA, 국무부, 국방부는 라오스 왕국의 내란에서 각기 상이한 집단을 지원하고 있었다. 또한 베트남 전쟁에서 각 부처들은 각기 공중전, 지상전 및 기타 전쟁전략을 상이하게 주장하였다. 실제 평화정책의 중심적 과제를 놓고도 베트남에서 다양한 전쟁이 수행되었다. 즉 때로는 태평양함대사령관에 의해, 때로는 공군사령관에 의해, 그리고 때로는 사이공 주재 미국대사에 의해 전쟁이 지휘되었던 것이다.[13]

제 4 절 관료들의 이완(弛緩)

외교정책기관들이 양적으로 급팽창하면서 집행부의 지도자들은 시간과 정력을 더 많이 소모하게 되었다.[14] 즉, 외교정책 기관의 고위층 인사들은 각 부처 간 관할권을 조정하고 관리들을 위무해야 한다. 지도자들은 정책결정기구가 잘 돌아가도록 항상 기름을 쳐주어야 하고, 필요한 협력을 많이 이끌어내야 하며, 정책의 추진 방향을 결정해야 하고, 정책의 우선순위를 매겨야 하며, 수많은 정보를 소화해야 한다. 더욱이 지도자들은 가용정보의 증가에 따라 그것을 소화해야 할 시간을 더 많이 필요로 한다. 국무부의 중앙 외교정책 파일은 매년 400상자씩 늘어간다. 정보처리 전문가만도 200명이 되며, 그들은 매월 10만 건의 문서를 읽고 분석한다. 1968년 1월 북한에 의해 미국의 정보수집함정 푸에블러(Pueblo)호가 납치되었던 바, 그것은 입수된 정보자료를 적시에 분석하지 못하여 그 함정에 경고발령을 내리지 못한 데서 기인했을 수도 있다. 1967년 6월 또 다른 함정 리버티(the Liberty)호에 대해 이스라엘의 공격이 있었던 바, 그것은 경고의 결여에서 연유하였다. 또한 1968년 봄 베트콩과 북베트남에 의한 구정공세에 관한 사전정보를 수집하지 못하여 미군은 적절한 대처를 취하지 못했고, 그 결과는 베트남전쟁의 승패를 가르는 전기가 되었던 것이다. 즉, 외교정책 부처의 규모가 내외로부터 들어오는 권고와 조언의 수용에 영향을 끼치는 것이다.

제 5 절 외교정책 구상의 보전(Sustaining the Integrity of Foreign Policy Designs)

미국의 외교정책 결정은 경쟁 부처들의 상대적 권한 때문에 정책의 실체가 침식되거나 외부의 도전에 적절히 대응하지 못하는 경향이 있다. 특히 어떤 정책의 합의와 조정이 어려운 것은 문제가 단편화되고 정책결정과정들이 분절되어 있기 때문이다. 즉, 문제들을 연결시키고 관점을 제공하고, 정책의 통합을 강제할 수 있는 바로 그 제도들이 단편화되어 있기 때문이다. 그러한 상황에서 대통령과 그가 임명한 관리들의 리더십의 성패는 갈등과 홍정의 환경에서 정책의 우선순위들을 설정하고 실행하는 능력에 달려있게 된다. 대통령이 정책목적과 운영방법을 선택하는 경우 그것은 홍정을 통제하고 결과의 윤곽을 잡아주게 되는 것이다. 예를 들어 미국 대통령들의 외교정책 독트린(doctrine)들은 외교정책결정에 참여하는 원심적(遠心的) 세력들을 어느 정도 통제하게 된다. 즉, 독트린은 ① 다양한 일상적 결정들의 통합을 위한 표준을 제공하고, ② 외교정책 논쟁의 범위를 축소시키는 수단이 되며, ③ 중요한 우선순위를 결정하는 수단이 되고, ④ 국민여론을 동원하고 유지하는 슬로건이며, ⑤ 결정된 정책을 덮어 가리고 비판들을 잠재우는 표어(表語)를 제공한다. 예를 들어 1947년 트루먼 대통령의 봉쇄정책에 관한 독트린은 미국의 적을 확인하는 개략적 목표를 제공하였고, 세계정치의 발전사태를 분석하는 단순화된 틀을 제공하였으며, 구체적인 전략목적을 제시하였다. 이러한 독트린은 흔히 정책활동의 영역을 제한할 수는 있지만 그렇다고 홍정과정을 제거할 수는 없다. 따라서 정책의 우선순위를 유지하는데서 대통령의 리더십은 필요하게 되고 국무장관이 외교정책 기관을 장악하지 못하거나 의지가 없을 때는 외교정책 결정에 관한 보다 강력한 권력집중을 꾀할 수 있게 하였다. 아이젠하워 대통령의 재임기간 NSC는 외교관계를 다루는 대통령의 내각으로 기능하였고, 델레스 국무장관은 입법지도자의 역할을 수행하였다. 정책이 자발적으로 조정될 수 없는 경우 대통령은 이론적으로 해결책을 부과할 수 있다.

케네디의 짧은 재임기간 그의 백악관 참모들은 대통령의 정책시각에 맞추어 합의 형성 노력을 정리하는 데 결정적인 역할을 하였다. 특히 적극적인 대통령인 경우 참모들은 대통령의 선택을 적극적으로 보전하고 국가이익에 대한 각 기관들의 견해를 상쇄할 수 있는 시각을 제공하였다.

존슨 대통령은 미국 외교관계의 총체적 관리자로서 국무부에 우선적 역할(preferred role)을 부여하였다. 1966년 3월 국방부 부장관, AID, CIA, USIA 등의 기관장들, 합참의장, 백악관 대표들과 그리고 국무부 차관을 의장으로 하는 부처 간 고위급 회의가 설치되었는데 국무성 차관에게는 결정권을 부여하고 타부처 대표들에게는 대통령에게 진언할 수 있는 권한을 주어 위계제 원칙이 정책결정과정에 투사되도록 하였다. 물론 그러한 조직 개혁이 개별정책의 개울들을 하나의 물줄기로 합류시킬 수 있을지 확인할 수 있는 증거는 없다. 대통령은 시간이 없고, 다른 외교정책 기관들을 감독 통제할 수 있는 국무장관은 예산도 인사권도 없다. 정책결정과 그 권한 간의 구별도 명확치가 않다. 정책을 집행하는 사람들이 정책을 수정·방해·조절할 수도 있다. 트루먼 대통령은 언젠가 "대통령의 세계에서 명령을 내린다는 것이 문제를 종결하는 것은 아니다. 당신은 책상을 칠 수도 있고, 화를 낼 수도 있으며, 모든 것을 날려버릴 수도 있다. 그러나 끊임없는 쫓김, 끝없는 보비위와 달램, 끝없는 위협과 강요에 의하지 않고는 아무것도 이루어지지 않는다"[15]고 하였다. 국내에서는 확고한 합의에 기초해 만들어진 정책도 외국에서 적용될 때는 심대한 변경이 이루어지곤 한다. 왜냐하면 그 정책을 집행하는 사람들은 정책결정에 참여하지 않은 다른 관점을 가진 관리들이기 때문이다. 따라서 최상의 정책은 현지 상황에 맞는 것이어야 한다. 따라서 워싱턴에서 멀리 떨어져 있는 현지 대사들과 군사령관들은 관례적으로 예외적인 자유재량권이 주어진다.

정책에 관한 중요사항 중에는 ① 정책이 결정된 후 그에 대한 지지를 끌어내기 위한 합의 도출 노력을 기울여야 하고, ② 결정의 집행권을 어느 한 기관을 지정하여 부여하는 것 등이 있다. AID, USIA, CIA, 국립항공우주국, 군비통제 및 군축처 등은 국무부의 정책지도하에 있으나 어느 기관도 국무장관의 권위에 쉽게 예속될 수는 없고, 그 기관들의 활동을 조정할 수도 없다. 왜냐하면 예산과 인사(人事)에 관한 권한을 국무장관이 쥐고 있지 않기 때문이다.

흔히 해외활동울 본국에 보고해야 하는 각국 주재대사는 기존의 막중한 책임과 많은 연방기관들의 해외활동을 조정해야하는 필요성 때문에 딜레마에 빠지게 된다. 즉 ① 전통적인 외교기능 수행, ② 한 국가를 담당하는 외교사절의 시각에서 그 주재국에 관한 정책과정에의 참여, ③ 자국팀의 지도자로서의 조정기능 등이다. 대사들의 성공적 업무수행을 위해서는 전문적 능력, 개인적 고결성, 대통령과 장관의 신뢰와 지원 등이 요구된다.

또한 워싱턴에 있는 외교정책기관들의 분열은 현지의 정책집행과정에도 영향을 미친다. 본국에서 중앙집권적 계획을 막는 장애물들이 해외 현지에서의 동시적 집행을 막는 장애물들과 맞아 떨어진다.

맥나마라 국방장관은 재임시 국방부의 장악과 능률향상을 위해 PPBS(The Planning Programing-Budgeting System), 즉 기획-프로그래밍-예산 체계를 도입하였다. 다시 말해서 예산과정의 통제와 방위프로그램의 합리화 수단을 통해서 목적을 보다 명백히 설명하고 목적달성을 위한 수단을 명시하고, 대안 프로그램의 상대적인 손익을 측정하려는 것이었다. 그것은 사실상 정책결정의 형식적 절차상의 혁명을 의미하였고, 기획과 프로그램을 예산에 연결시켜 실행하는 것이었다. 하나의 체계(system)로서의 PPBS는 예산과정 내에서 자원과 목적, 투입과 산출, 그리고 예산결정과 장기계획을 연결시키는 것이었다. 토머스 쉘링은 그 PPBS가 "최고 경영자가 정책을 결정하는 데 도움을 주는 훌륭한 도구가 될 수 있다"[16]고 하였다.

만일 정책에 관한 집행부 기관 내의 훙정과 조정이 어렵게 되는 경우 통상 대통령이 조정에 나서게 된다.

대통령들은 일반적으로 새로운 전략적 정책에 관한 검토를 비밀에 부치려고 노력한다. 그들은 돌발적인 국제적 상황에 정책을 적응시킬 때 의회와 국민들이 따라주길 바란다. 대통령들은 시시콜콜 캐묻는 의원들을 만날 때 민감한 문제들에 관해서는 대통령의 특권을 발동했고, 사활적인 문제들에 관해서는 예하 관리들을 통제하였으며, 성공적인 정책과 인상적인 업적을 널리 공표하였다. 반면 정책의 실패가 명백한 경우 그 중요성을 축소시켰으며, 확실한 능력이 결여되었을 때에는 문제를 축소시켰다. 또한 대통령들은 공식계획을 여론의 심판에서 보호하고 그들의 의도를 감추기 위해 기술적으로 진실을 말하는 자유를 침묵시켰다. 예를 들어 1960년의 U-2기 사건, 1961년의 쿠바 피그만 참공사건, 1960년대 전기간 동안 베트남 전쟁과정 등에서 미국의 정책기록을 보면 고위관리들이 언론 및 국민과의 관계에서 솔직성을 결여한 증거들이 나타난다.[17]

제 6 절 외교정책과 국내정치 비용의 조작

국내정책의 경우 관련기관들 간의 이해관계에 초점을 맞추기 때문에 홍정은 대체로 용이하게 이루어진다. 반면 비용이 엄청나게 증가하는 대외정책의 경우 관련기관들은 각기 행동의 신축성을 유지하려고 노력한다. 이 경우 대통령 또는 백악관은 초당적(bipartisan) 전술을 사용하게 되고, 해외문제로 심각한 위협을 느끼는 국내집단들에게 외교정책 비용을 분담시키게 된다. 흔히 초당적 전술의 유용성은 상이한 정당이 각기 백악관과 의회를 장악하여 정책의 심각한 불연속성이나 교착 가능성이 제기되는 상황에서 나타난다. 이 경우 대통령들은 그들의 정책에 대한 의회와 여론의 광범위한 지지를 동원하는 기본적인 방어전술을 쓰게 된다. 이러한 초당적 전술은 지속적 합의가 필요한 정치인들 그리고 정부정책에 반대하는 사람들과 제휴하는 전술이다. 따라서 초당적 태도는 외교정책에 대한 신뢰와 비판을 공유하는 태도이다. 예를 들어 민주당 대통령들이 외교정책의 고위직에 공화당 인사를 임명하는 것이다. 1940년 루즈벨트는 전쟁에 직면하여 일종의 거국내각(national government)을 조직하였다. 그는 해군장관과 전쟁성 장관에 각각 공화당원인 프랭크 크노르(Frank Knor)와 헨리 스팀슨(Henry Stimson)을 임명하였다. 트루먼 역시 전후정책에 대한 반대를 中立化시키기 위해 중요 직책에 공화당원인 존 제이 맥클로이(John J. McCloy), 폴 호프먼(Paul Hoffman), 로버트 로벳(Robert Lovett), 존 포스터 덜레스(John Foster Dulles) 등을 임명했다. 케네디는 이러한 전술을 더욱 의식적으로 적용했는데, 로버트 맥나마라, 맥조지 번디, 다글라스 딜론(Douglas Dillon), 헨리 캐보트 롯지(Henry Cabot Lodge), 윌리엄 포스터(William Foster) 등을 국방부와 외교정책 고위직에 임명하였다. 대통령들은 국가적 위기시나 국민통합이 허약할 때 그러한 전술을 사용하게 된다.

의회 지도자들과의 협의는 초당외교의 일부이다. 대통령이 의회 지도자들과 협의하느냐 또는 통보하는 것으로 끝내느냐는 잠재적 반대의 강도에 따라 달라진다.

상원 외교위원회 위원장이던 아서 밴던버그(Arthur Vandenberg)는 정책 형성에서 적극적 역할을 성공적으로 수행할 수도 있었고 특정 정책에 대해 실질적인 양보를 주장할 수도 있었다. 어떤 하원 외교문제위원회 위원장은 행정부 외교정책에 적극적 주장을 하지 않았고, 단지 신문기자들과 유권자들에 대한 체면 유지를 위해 중요한 결정의 신속한 통보를 받는 것으로 만족하였다.

대통령은 의회와 여론의 지지를 얻기 위해 빈번히 피상적인 협의를 하기도 하고 양보를 하기도 한다. 또한 드물기는 하지만 정책결정과정에 일부 의원들을 참여시키기도 한다. 물론 이러한 과정은 의회 지도자들의 능력과 성향, 대통령 선거시의 득표수와 국민들의 평판 정도, 문제가 되고 있는 특정 문제의 성격, 그리고 국가적 통합의 중요성 또는 의회의 동의를 획득해야 할 필요성 등의 요소들에 달려 있다. 그렇다고 의회 지도자들과 협의를 한다든가 상대당의 인사를 고위직에 임명하는 것이 초당외교의 성공 요인이라고는 말할 수 없다. 한 정당이 대통령과 의회를 모두 장악하고 있는 경우에도 강력하고 독립적인 잠재적 반대세력의 근원이 여전히 존재하기 때문이다. 따라서 대부분의 정책들은 상당수의 정치집단들의 지지를 획득해야 한다.

통상 의회 구성의 변화와 백악관 주인의 교체는 외교정책과 국내정책의 변화를 가져오기 마련인데, 그러한 변화도 양대 정당의 강력한 집단들의 허용범위 내에서만 가능한 것이다. 그리하여 제반 정책을 의회가 수용하도록 하기 위해 전후(戰後) 역대 행정부들은 대외정책의 손익을 조작함으로써 상당한 효과를 보았다. 1950-1953년 기간의 한국전쟁과 1961-1975년 기간의 베트남전쟁에 대 국민의 지지를 유지하고 의회의 예산 지원을 확보하는 것은 매우 필요하지만 어려운 작업이었다.

외교정책 작전의 이익과 부담을 재분배하는 전술은 대외원조계획에 대한 연례적 싸움에서 가장 적극적으로 적용되었다. 원조 지급 기관들은 어느 정도 의회의 법령으로 통제되지만 대외원조의 성격과 가치에 대한 국민들의 부정적인 태도는 대통령이 유권자들을 등에 업고 있는 의회를 관리하는 데 어려움을 겪게 한다. 그리하여 의회의 영향력은 심대할 뿐만 아니라 빈번히 부정적으로 기능한다. 그 한 예로 잉여농산물법 480은 국내시장의 능력보다 훨씬 높은 농업생산성을 유지할 수 있도록 하였다.

제 7 절 정치구조와 정치적 리더십

상원의 한 막강한 위원회는 정책결정 과정을 철저히 분석한 후 국가정책을 결정함에 있어서 집행부 인사의 질이 상원의원들보다 더욱 탁월했다고 결론을 내렸다.[18] 분명 한 국가의 대외정책 내용은 선출된 정치지도자들의 대외관계 관리경험과 적성에 의해 영향을 받는다.

미국에서는 백악관과 의회의 선출 관리들이 외교정책 결정과정에서 상당한 역할을 수행하기 때문에 선거과정에서 보이는 후보들의 수완과 능력을 정책결정과정과 연결시켜 보는 것이 중요하다. 정책결정의 직위가 어떠한 개성, 이데올로기 그리고 능력을 가진 사람에 의해 점유되느냐에 따라 대외정책의 혁신성 또는 지속성이 결정지어지게 될 것이다.

미국의 대통령은 중요한 유권자들을 소외시키지 않는 방법으로 어려운 문제들을 처리할 수 있는 역량을 보여주어야 하고 또한 대중들과 호흡을 같이 할 수 있는 그러한 개성과 자질을 발전시켜야 한다.

의회 의원들의 장수(長壽)는 상당한 영향력의 선행요건이 된다. 의회는 고참 서열규칙이 지배하는 곳이기 때문이다. 고로 안전한 지역구 출신 의원들과 단일 정당 지역 출신 상원 의원들은 특별한 이점을 갖는다. 예를 들어 中西部 지역 공화당 의원들은 그들의 당이 의회를 장악할 때는 상당한 영향력을 행사한다.

외교정책 문제는 지난 50여년간 대통령의 리더십에 중대한 도전을 제기한 부분이었다. 따라서 그러한 도전들을 관리할 수 있는 경쟁 후보들의 능력정보들은 유권자들에게 정기적으로 제공되었다. 제2차대전까지만 해도 남부와 중부지역 출신 의원들은 장기 연임자들로서 편협하거나 비국제적인 태도를 보여 왔고, 국제환경의 변화에도 이해가 부족하였다. 그러나 제2차대전 이후의 상원의원들은 대통령의 리더십에 편협하거나 비타협적인 태도를 취하지 않았다. 확실히 선출 정치인들은 외교문제에 관한 전문성이나 외교집행부서의 경험 없이도 대통령직이나 의회의 중요 직책을 맡을 수 있었다.

미국의 정치체계에서는 정책조정에 도움이 되도록 부서 간 인사이동을 실시하는 새로운 바람도 일어나고 있고, 정책과 절차의 지속성을 촉진하기 위해 수년 간 한 사람을 같은 자리에 묶어두는 경우도 있어 양자 간 적절한 균형이 취해지고 있다.[19] 그러나 국제적 상황의 돌발사태에 대해서는 방어적 적응이 허용되기도 하고 합리성의 요구보다 정치적 책임이 중시되기도 한다.

제 8 절 복수적 결정체계의 장점

미국의 외교정책 결정체계는 일부 명백한 결함을 지니고 있음에도 불구하고 그것이 역으로 장점으로 기능하기도 한다. 그러한 결정체계는 무엇보다도 시의적절한 혁신을 추진하고 다양한 정책들을 통합할 수도 있으며, 그리고 미국의 의도를 해명할 수 있는 장치도 갖추고 있는 것이다.

정책혁신은 의심의 여지없이 위기상황에서 승인될 가능성이 아주 높다. 상당한 중요성을 지닌 국제적인 사건들을 국제적 도전이나 위기사태로 간주해서 적극적으로 대체하려는 것이다. 케네스 왈츠에 의하면 1947년의 서유럽, 1950년의 한국, 1958년의 대만해협, 1962년의 쿠바, 또는 1965년의 베트남 등에서 발생한 상황들은 사실 미국 대통령들이 모든 것을 걸고 반응해야 할 정도의 사활적 사태는 아니었던 것 같다는 것이다.[20]

일단 사태가 위기로 정의되면 정치적 동력은 활기를 띠게 되고, 부처 간 관할권 싸움은 중지되고 정치적 장애물들도 사라진다. 1947년 西유럽에 관해 급히 마련된 국무부의 한 회의에서는 마셜 플랜(Marshall Plan)과 대서양의 집단방위체제에 관한 아이디어가 제기되었다. 또한 서독과 일본의 西유럽공동체

편입 논의가 시작되었다. 1950년 6월 북한이 38선을 넘어 남한을 공격한 사태는 아시아에서 미국의 군사개입을 촉진시켰을 뿐만 아니라 미국의 전략구상의 재조정과 장기적 시각에 맞춘 준비태세의 개발을 촉진시켰다. 또한 쿠바 미사일 위기는 케네디로 하여금 냉전시대의 한 사건을 취급하도록 하였을 뿐만 아니라 그 기회를 소련과의 점진적 화해과정의 가능한 출발점으로 취급하도록 하였다.

권력의 분산도 극적인 정책혁신에 장애물이 되지 않는다. 흔히 정책이란 한 번 채택되면 그것을 생산했던 상황보다 더 지속적인 경향을 보인다. 봉쇄정책은 국가이익의 방어적 개념도 설명하지 못했고 너무 경직된 것이어서 해외의 사태발전에 점진적인 적응도 허용치 않는다는 비난을 받았다. 그러나 봉쇄정책은 1980년대 말까지 미국의 안보이익을 확실히 지켜주었다. 일부에서 주장하는 만큼 미국의 외교정책은 신축성이 없는 것이 아니다. 봉쇄의 강조는 반식민주의 운동의 열망을 꺾지도 않았고, 소련 외교정책의 온건화도 방해하지 않았으며, 미국의 대외원조와 상호안보계획에서 지역적 우선순위 변경도 방해하지 않았다. "다리를 놓는다(building bridges)"는 것은 "힘을 기른다(building strength)"는 것과는 사뭇 다른 의미를 지닌다.

일반적으로 정부의 기본정책에 대해 대중은 지속적으로 지지를 보내고 여론은 관용하는 경향을 보인다. 다시 말해서 중대한 대외정책 문제들에 대해서 대중은 대통령을 상당히 존경하는 경향이 있다는 것이다.

미국의 상원 의원들, 야당 지도자들, 고위 장성들, 외교관들, 민권운동단체들, 기업인들, 노동계 지도자들, 학계 및 여타 인사들은 외교정책의 효율성에 관해 행정부 관리들로 하여금 그 정책목적의 원칙을 설명하도록 반복해서 요구한다. 다양한 경쟁기관에 권한이 분산되어 있기 때문에 정책의 조정과정에서 주목할 만한 문제점들이 발생한다. 이러한 과정에서 외교정책에 관한 많은 아이디어와 발의가 제기되고 그에 대한 보상도 이루어진다. 그러함에도 새로운 계획의 목적은 취소되거나 흐려지지 않는다.

미국 외교정책의 기본 요건 중의 하나는 대외공약을 신중하게 다룰 수 있는 역량이다. 비판자들은 외원계획과 같은 프로그램 정책들이 의회 위원회들의 간섭이나 집행기관들의 흥정으로 타협되고 있다고 비판한다. 그러나 미국의 대외공약은 국내의 격렬한 논쟁을 통해 더욱 분별있고 신중하게 마련되는 것이다. 예를 들어 1954년 덜레스 국무장관과 래드포드(Radford) 합참의장은 인도차이나 위기사태에 미국의 개입을 제안했다. 그러나 의회 지도자들은 그 계획을 묵인하는 대신 조건을 달았다. 즉, 프랑스가 그 지역의 탈식민지화를 가속화할 것과, 미국이 그 지역에 군사적으로 개입하지 않도록 프랑스군이 그 지역에서 철수하지 않을 것, 그리고 미국의 유럽동맹국들이 채택한 정책에 따를 것 등이었다. 결과적으로 그러한 조건들은 현명한 것이었음이 드러났다. 그로인해 불행한 개입을 늦출 수 있는 시간을 벌게 하였고, 일부 신중치 못한 개입을 피할 수 있었으며, 집행부 결정자들은 정파 간 토론과 논쟁을 거침으로써 국민들의 신뢰를 얻을 수 있는 것이었다.[21)]

프로그램 정책을 살펴보자. 많은 비판자들은 대외원조계획들이 의회 위원회들의 간섭과 집행부 기관들의 흥정으로 타협되고 있다고 불평을 토로했다. 그런데 토머스 쉘링은 협상에서 "약점은 강점이 된다(Weakness is strength)"[22)]고 하였다.즉 괄목할만한 흥정이익은 완고한 협상자세에서 나온다는 것이다. 미국의 대외공여 및 차관들의 조건들을 규정하는 원조담당 관리들에게 의회의 예산소위원회들의 적대적이거나 회의적인 태도는 오히려 유리한 입장을 세워주게 된다는 것이다. 관리들은 의회의 부정적인 태도를 구실삼아 수원국들의 제도개선이나 정책의 변경을 요구할 수 있기 때문이다. 또한 의회의 행정적 간섭도 지나친 신중론을 유발하여 때로는 관리들로 하여금 위조품을 만들어내게 할 수도 있지만 그러한 의회의 감독 예상은 행정적 능률성을 촉진시킬 수 있다는 것이다.[23)]

또한 워싱턴에서 정책결정자들의 관계를 특징짓는 정파 간의 끊임없는 흥정은 혼란과 혼돈의 모습을 보인다. 그러나 다양한 견해와 이익을 대변하는 각 기관장들은 주요 외교정책 문제들에 관해 활발한 논쟁을 벌이고 흥정함으로써 일종의 대심제도(對審制度 : adversary system)를 만들어낸다는 것이다.

그러한 논쟁을 통해서 귀중한 정보들이 축적되고, 가정들(assumptions)이 정리되며, 진지한 지적 노력이 촉진되는 반면 관리들은 정파적 논쟁을 극복할 수 있는 방어적 제안들을 생산하려고 노력하게 된다는 것이다. 1961년 피그만 침공의 완전한 실패는 그 계획이 애초에 관련기관들 간의 토론없이 진행된데 있었던 것이다.[24]

1) Michael H. Armacost, The Foreign Relations of the United States(Belmont, Cal. : Dickenson, 1969), p.127.

2) 상게서, pp.128-158.

3) Alastair Buchan, Crisis Management(Boulogne-Sur-Seine : The Atlantic Papers, 1966), p.47.

4) Henry A. Kissinger, "Domestic Structure and Foreign Policy," Daedalus(Spring, 1966), p.509.

5) Stanley Hoffman, "Restraints and Choices in American Foreign Policy," Daedalus(Fall 1962), pp.668-704.

6) Armacost, 전게서, p.131.

7) 상게서, 같은쪽.

8) Arthur M. Schlesinger, Thousand Days(New York : Fawcett, 1965), p.326.

9) Averell Harriman, Senate Committee on Government Operations, Administration of National Security Hearings, 88th Congress, Ist Sess., 1963, p.51.

10) Gabriel Almond, The American People and Foreign Policy(New York : Prager, 1967), p.145.

11) Armacost, 전게서, p.133.

12) Roger Hilsman, To Move a Nation(New York : Doubleday, 1967), p.Chater 9.

13) Armacost, 전게서, p.136.

14) 상게서, pp.137-138.

15) 상게서, pp.140-141.

16) Thomas Schelling, "PPBS and Foreign Affairs," The Public Interest(Spring 1968), p.32.

17) Armacost, 전게서, p.144.

18) 상게서, pp.148-49.

19) Kenneth Waltz, Foreign Policy and Democratic Politics, p.132.

20) 상게서, pp.104-109.

21) Armacost, 전게서, p.158.

22) Waltz, 전게서, chap. 4.

23) Armacost, 전게서, p.159.

24) 상게서, 같은쪽

Bibliography

참고문헌

참고문헌

단행본 및 정기간행물

Adler, K.P. and Davis Bobrow. "Interest and Influence in Foreign Affairs," Public Opinion Quarterly, 2, 1(Spring 1956).

Albright, Joseph and Marcia Kustel. "CIA Tip Led to '62 Arrest of Mandela : Ex-Offical Tells of U.S. 'Coup' to S. Africa," Atlanta Constitution (June 10, 1990).

Allison, Graham T. Essence of Decision : Explaining the Cuban Missile Crisis. Boston : Little, Brown, 1973.

Allison, Graham T. and Morton H. Halperin. "Bureaucratic Politics : A Paradigm and Some Policy Implications," World Politics 24(Spring 1972).

Almond, Gabriel. The American People and Foreign Policy. New York : Praeger, 1967.

Ambrose, Stephen E. Rise to Globalism : American Foreign Policy Since 1938. New York : Penguin Books, 1993.

________. "The Presidency and Foreign Policy," Foreign Affairs, Vol. 70, No.5(1991/1992), pp.120-137.

Armacost, Michael H. The Foreign Relations of the United States. Belmont, Cal. : Dickenson, 1969.

Art, Robert J. "Bureaucratic Politics and American Foreign Policy : A Critique," Policy Science(Dec. 1973), pp.467-69.

Biddle, Wane. "Testing Charade," The Nation(Aug.27/Sept. 2, 1988).

Barber, James D. The Presidential Character : Predicting Performance in the White House. Englewood Cliffs : Prentice-Hall, 1972.

Bardes, B. A. and R. W. Oldendick. Public Opinion. Scarborough, Ont. : Wadsworth, 2000.

Beard, Charles. American Foreign Policy in the Making, 1932-1940. New Haven : 1946.

Bechman, Barry and Stephen Kaplan. Force Without War : U. S. Armed Forces as Political Instrument. Washington, D. C. : The Brookings Inst., 1978.

Bentley, Arthur. The Process of Government. Bloomington, Ind. : Principia Press, 1956.

Berding, Andrew H. The Making of Foreign Policy. Washington, D.C.: Potomac Books, 1966.

Bill, James A. The Eagle and the Lion : The Tragedy of American-Iranian Relations. New Haven : Yale University Press, 1988.

Birn, Donald S. "Open Diplomacy at the Washington Conference of 1921-20 : The British and French Experience," Comparative Studies in Society and History, Vol.12, No. 3(July 1971).

Boak, Arthur E. and W. Sinnigen. A History of Rome to A.D. 565. New York : Macmillan, 1957.

Bowling, John W. "How We Do Our Thing : Crisis Management," Foreign Service Journal(May 1970).

Brown, M. Leann and Jerel A. Rosati. "The Reagan Administration and Economic Interdependence : Turbulent Relations with EC," International Journal 42(Summer 1987), pp.438-72.

Bryce, James. "Government by Opinion," Edward E. Walker, et al(eds.). Readings in American Public Opinion. New York : American Book Co., 1968.

Brzezinski, Zbignew. Power and Principle : Memoirs of National Security Advisor, 1977-1981. New York : Farrar, Straus and Giroux, 1983.

Buchan, Alastair. Crisis Management. Boulogre-Sur-Seine : The Atlantic Papers, 1966.

Buchanan, James M. and Marilyn Flowers. The Public Finance. Homewood, ILL. : Irwin, 1975.

Burdette, Franklin. "Influence of Non-Congressional Pressure on Foreign Policy," The Annals of the American Academy of Political and Social Sciences (Sept. 1953).

Burns, James M. Congress on Trial. New York : Harper, 1949.

________. Presidential Goverment : The Crucible of Leadership. New York : Avon, 1965.

________. Leadership. New York : Paper Torchbooks, 1978.

Campbell, Karl M. "All Rise for Chairman Powell," The National Interest(Spring, 1991).

Cannon, Loll. President Reagan. New York : Simon & Schuster, 1991. pp.163-171, 287-292.

Carr, Edward H. The Twenty Year' s Crisis, 1919-1939. New York : Harper Torchbooks, 1964

Cheever, Daniels. and H. Field Maviland. American Foreign Policy and Separation of Power. Cambridge, Mass. : Harvard University Press, 1952.

Coates, James and Michael Kilian. Heavy Losses, The Dangerous Decline Defense. New York : Penguin. 1985

Choate, Pat. Agents of Influence : How Japan' s Lobbysts in the U.S. Manipulate America' s Political Economic System. New York : Knopf, 1991.

Clodfelter, Mark. The Limits of Air Power : The American Bombing of North Vietnam. New York : Free Press, 1989.

Cohen, Bernard C. The Public' s Impact on Foreign Policy. Boston : Little & Brown. 1973.

_______. The Political Process and Foreign Policy. Princeton : Princeton University Press, 1957.

Cohen, Eliot A. "Constraints on America' s Conduct of Small Wars," International Security 9(Fall, 1984), pp.151-181.

_______. "After the Battle," New Republic(April 1, 1991).

_______. "History and the Hyperpower," Foreign Affairs, Vol.83, No.4(July/August 2004), pp.49-63.

Cohen, Stephen D. Making of U. S. Economic Policy. New York : Praeger, 1988.

_______. Making of U. S. International Economic Policy. New York : Praeger, 1988.

Colins, Ann. In the Sleep Room : The Story of the CIA Brainwashing Experiments in Canada. Toronto : Lester & Orpen Dennys, 1990.

Collier, E.C.(ed.). Bipartisanhip and the Making of Foreign Policy : A Historical Survey. Boulder : Westview Press, 1991.

Coplin, William D. Introduction to International Politics : A Theoretical Overview. Chicago : Markham, 1971.

Corwin, Edward S.(ed.). The President : Office and Powers. New York : New York University Press, 1957.

Crabb, Cecil V. Bipartisan Foreign Policy. New York : Row and Peterson, 1957.

Crabb Cecil and Kevin Mulcahy, Presidents and Foreign Policy Making : From FDR to Reagan. Baton Rouge : Louisiana State University Press, 1986. pp.334-335.

Curry, Richard O. Freedom at Risk : Secrecy, Censorship, and Repression in the 1980s. Philadephia : Temple University Press, 1988.

Dah1, R.A. Congress and Foreign Policy. New York : Harcourt Brace, 1950.

Davis, James W. The National Executives Branch. New York : The Free Press, 1970. pp.194-95.

Deese, David A.(ed.). The New Politics of American Foreign policy. New York : St. Martin Press, 1994.

deRivera, Joseph H. The Psychological Dimension of Foreign Policy. Columbus, EDH. : Charles E.Merril, 1968.

Destler, I. M. President, Bureaucrats, and Foreign Policy. Princeton : Princeton University Press, 1972.

_______. I. M. "National Security II : The Rise of the Assistant," in The Illusion of Presidential Government, Hugh Heclo and Lester M. Salamon(eds.). Boulder : Westview Press, 1981.

_______. Making Foreign Economic Policy. Washington, D. C. : Brookings, 1983.

_______, H. Gelb, and Anthony Lake. Our Won Worst Enemy : The Unmak-ing of American Foreign Policy. New York : Simon & Schuster, 1984.

Dinger, John. Our Man In Panama : How General Noriega Used the U.S. and Made Millions in Drugs and Arms. New York : Random House, 1990.

Dogherty, C.J. "Congress Foreign Policy Role at Issue in Veto Overriding," Congressional Quarterly Weekly Report, 8/5/95, Vol.53. Issue 31.

Donner, Frank J. The Age of Surveillance. New York : Vintage Books, 1981.

Donovan, John C. The Cold Warriors : A Policy-Making Elite. Lexington, Mass. : D. C. Heath and Co., 1974.

Draper, Theodore. A Very Thin Line : The Iran-Contra Affairs. New York : Hill and Wang, 1991.

Drew, Elizabeth. "Letter From Washington," New Yorker(Sept. 14, 1590) and (Feb. 4, 1991), pp.103-112.

Ehrmann, Henry W. "the Comparative Study of Interest Groups," Henry W. Ehrmann(ed.). Interest Groups on Four Continents. Pittsburgh : Univeristy of Pittsburgh Press, 1964.

Eisenhower, Dwight D. Waging Peace, 1956-1961. Garden City : Double & Co., 1965.

Eldersveld, Samuel S. "Amierican Interest Groups : A Survey of Research and Some Implications for Theory and Method, "Interest Groups on Four Continents, Henry W. Ehrman(ed.). Pittsburgh : University of Pennsylvania Press, 1964.

Elliot, Kim Andrew. "Too Many Voices of America," Foreign Policy 77(Winter 1989-90).

Emerson, Steven. Secret Warriors : Inside the Covert Military Operations of the Reagan Era. New York : Putnam, 1988.

Emery, James J. and Michael C. Oppenheimer. The U. S. Export-Import Bank. Boulder, Co. : Westview Press, 1983.

Erikson, Robert S. et al. American Public Opinion. New York : John Wiley, 1980.

Erler, Edward J. "The Problem of the Public Good in the Federalist Papers," presented at the Western Political Science Association Meeting, Portland, Oregon, March 24, 1979.

Esterline, John H. and Robert B. Black. Inside Foreign Policy. Palo Alto, Cal.: Mayfield, 1975.

Etheredge, Lloyd S. "Personality Effects on American Foreign Policy, 1899-1968 : A Test of International Generalization Theory," APSR 72(June, 1978), pp.434-51.

Farrand, Max. The Records of the Federal Convention of 787. New Haven : Yale University Press, 1937.

Ferrell, Robert H.A. Diplomacy in the Great Depression. New Haven : Yale Univ. Press, 1952.

Fitzerald, Ernest. The Pentagonists : An Insider' s View of Waste, Mismanagement and Fraud in Defense Spending. Boston : Houghton Miffln, 1989.

Foster, M.S. Activism Replaces Isolationism. Washington : Fox Fall, 1983.

Franck, Thomas M. and E. Wiesband. Foreign Policy by Congress. New York : Oxford University Press, 1979.

Gates, Robert M. "The CIA and American Foreign Policy," Foreign Affairs, Vol.66, No.2(Winter 1987), pp.215-230.

Goddard, Chester Roe. The Politics of Market Maintenance : U. S. Foreign Economic Policy and Latin American Debt Issue, 1982-1985. University of South Carolina Dissertation. 1990

Goldstein, Judith. "Ideas, Institutions, and American Trade Policy," International Organization 42(Winter 1988).

Goldstein, Robert J. Political Repression in America : From 1870 to the Present. Cambridge, MA. : Schenkman, 1977.

Goldwin, R. A. and R. A. Licht(eds.). Foreign Policy and The Constitution. Lanham : The AEI Press, 1990.

Goodman, Alan. "Dateline Langley : Fixing the Intelligence Mess," Foreign Policy 57(Winter 1984, 1985), pp.100-179; Alan Goodman, "Reforming U. S. Intelligence," Foreign Policy 67(Summer 1987), pp.121-136.

Graham, Thomas. "Public Opinion and U.S. Foreign Policy Decision-Making," David A. Deese(ed.). The New Politics of American Foreign Policy. New York : St. Martin Press, 1994.

Graig, Gordon and F. Gilbert(eds.). The Dipolmats, 1915-1939. Princeton : Princeton University Press, 1953.

Greestein, Fred I. and John P. Burke. "The Dynamics of Presidential Reality Testing : Evidence From Two Vietnam Decisions," Political Science Quarterly 104(Winter 1989-1990), pp.557-80.

Gregory, William H. The Defense Procurement Press. Lexington, M. A. : Lexington Books, 1989.

Greider, William. Secrets of the Temple : How the Federal Reserve Runs the Country. New York : Simon and Schuster, 1987.

Guinsburg, Thomas N. "The Triumph of Isolationism," American Foreign Relations Reconsidered 1890-1993, Gordon Martel(ed.). London : Routledge, 1994.

Haig, Alexander. Caveat : Realism, Reagan, and Foreign Policy. New York : Macmillan, 1984.

Halberstam, David. The Best and the Brightest. New York : Random House, 1969.

Halperin, Morton H. "The Decision to Deploy the ABM : Bureaucratic and Domestic Politics in Johnson Administration," World Politics(Oct. 1972).

Halperin, M. H. Bureaucratic Politics and Foreign Policy. Washington, D.C. : Brookings, 1974.

Hamilton, A., J. Madison, and J. Jay. The Federalist Papers. C. R. Kesler and C. Rossiter(eds.). New York : Mentor Book, 1999.

Hansen, Allen C. U. S. Information Agency : Public Diplomacy in the Computer Age. New York : Praeger, 1984.

Harkabi, Yehachafat. "The Intelligence-Policy-Maker," The Jerusalem Quarterly (Winter, 1984), pp.125-131.

Hennessy, Bernard. Public Opinion. Monterey, Cal. : Books / Cole, 1985.

Herek, Gregory M. Irving L. Janis, and Paul Huth. "Decision Making During International Crisis: Is Quality of Process Related to Outcome?" Journal of Conflict Resolution(June, 1987), pp.203-26.

Hersh, Seymour. "Target Gadhafi," New York Times Magazine(Feb. 22, 1987), pp.16-26, 48.

Hilsman, Roger. "Intelligence and Policy-Making in Foreign Affairs," World Politics V(Oct. 1962), pp.33-45.

__________. To Move a Nation. New York : Doubleday, 1967.

Hoffman, Stanley. "Restraints and Choices in American Foreign Policy," Daedalus(Fall 1962), pp.668-704.

Holsti, Ole R. Public Opinion and American Foreign Policy, Michigan : The University of Michigan Press, 1996.

Hopkins, Raymond F. "Global Management Network : The Internationalization of Domestic Bureaucracies," International Social Science Journal 30(1978), pp.31-45.

Huntington, Samuel P. The Common Defense : Strategic Programs in National Politics. New York : Columbia University Press, 1961.

Immerman, Richard H. The CIA in Guatemala : The Foreign Policy of Intervention. Austin : University of Texas Press, 1982.

Issacs, John D. and Katherine Magrow. "The Lobbyst and MX," Bulletine of the Atomic Scientists 39(Feb. 1983).

Janis, Irving. Victims of Group Thinks. Boston : Houghton Mifflin, 1972.

Jefferys-Jones. CIA and American Democracy. New Haven, CT.: Yale University Press, 1989.

Johnson, Loch. America' s Secret Power : The CIA in a Democratic Society. New York : Oxford University Press, 1989.

Johnson, Lyndon B. The Vantage Point : Perspectives of the Presidency 1963-1969. New York : Holt, Rinehart and Winston, 1971.

Judis, John B. "The Japanese Megaphone," The New Republic(Jan. 22, 1980).

Kahn, E. J., Jr. The China Hands : America' s Foreign Service Officers and What Befell Them. New York : Viking Press, 1972.

Kalb, Madelaine G. The Congo Cables : The Cold War in Africa from Eisenhower to Kennedy. New York : Macmillan, 1981.

Kattenburg, Paul M. The Vietnam Trauma in American Foreign Policy, 1945-1975. New Brunswick, NJ. : Transaction Books, 1980.

Kalb, Madelaine G. The Congo Cables : The Cold War in Africa from Eisenhower to Kennedy. New York : Macmillan, 1981.

Katz, Daniel. The Functional Approach to the Study of Attitudes," Public Opinion Quarterly 24(Summer 1960), pp.163-179.

Kegley, Charles W. Jr., and R. Wittkopf(eds.). Perspectives On American Foreign Policy : Selected Readings. New York : St. Martin' s, 1983.

Kellerman, Barbara. The Political Presidency : Practice of Leadership. New York : Oxford University Press, 1984.

Kellerman, Barbara and Ryan J. Barilleaux. The President as World Leader. New York : St. Martin' s, 1991.

Kennan, George, F. Realities of American Foreign Policy. New York : Norton, 1966.

Key, V. O. Politics, Parties, and Pressure Groups. New York : T.Y. Crowell, 1960.

______. Public Opinion and American Democracy. New York : Knopf, 1967.

Kindleberger, Charles P. "U. S. Foreign Economic Policy, 1776-1976," Foreign Affairs(Jan. 1977), pp.395-417

Kingdon, John W. Agenda, Alternatives, and Public Policies. Boston : Little, Brown, 1984.

Kissinger, Henry A. "Domestic Structure and Foreign Policy," Daedalus(Spring, 1966).

______. American Foreign Policy. New York : Norton, 1969.

______. Diplomacy. New York : Simon & Schuster, 1994.

Koening, Louis E. The Chief Executive. New York : Harcourt & Brace, 1964.

Kotz, Nick. Wild Blue Yonder and the B-I Bombers. Princeton : Princeton University Press, 1988.

Krepinevich, Jr.,Andrew F. The Army and Vietnam. Baltimore : Johns Hopkins University Press, 1986.

Kwitney, Jonathan. Endless Enemies. New York : Penguin, 1984.

______. Crimes of Patriots : A True Tale of Dope, Dirty Money, and the CIA. New York : Norton, 1987.

Lake, David A. Power, Protection, and Free Trade : International Source of U. S. Commercial Strategy, 1887-1939. Ithaca, NY. :Cornell University Press, 1988.

Lardner, George Jr. "A Cutback in Classified Information," Washington Post(April 10, 1990).

Latham, Earl. The Group Basis of Politics. New York : Octagon Books, 1952.

Lebow, Richard N. Between Peace and War : the Nature of International Crisis. Baltimore : Johns Hopkins University Press, 1981.

Leuchtenburg, William. In the Shadow of Franklin D. Roosevelt : From Harry Truman to Ronald Reagan. New York : Cornell University Press, 1985.

MacGregor, James. The Crosswinds of Freedom. New York : Vintage, 1989.

Lindsay, J. M. and R. B. Ripley (eds.). U.S. Foreign Policy After the Cold War. Pittsburgh : University of Pittsburgh Press, 1997.

Lippman, Walter. Essays in Public Philosophy. Boston : Little & Brown, 1955.

Locke, John. Two Treatises of Government. New York : Mentor Book, 1960.

Lovell, John P. Foreign Policy in Perspective. New York : Holt, Rinehart and Winston, 1970.

Luttwak, Edward N. The Pentagon and The Art of War. New York : Simon & Schuster, 1985.

MacAthur, John R. Second Front : Censorship and Propaganda in the Gulf War. New York : Hill and Wang, 1992.

Macperson, Myra. Long Time Passing : Vietnam and the Haunted Generation. New York : New American Library, 1984.

Malmgren, Harold B. "Managing Foreign Economic Policy," Foreign Policy 6(Spring, 1972), pp.42-63.

Markel, Lester(ed.). Public Opinion and Foreign Policy. New York : Harper, 1949.

Martel, G.(ed.). American Foreign Relations Reconsidered 1890-1993. London : Routledge, 1994.

Masland, John. "Pressure Group and American Foreign Policy Preceding Pearl Harbor," Public Opinion Quarterly, Vol. 6. No.1(1942).

Massing, Michael. "The Way to War," New York Review of Books(March 28, 1991), pp.17-20.

Mayer, Jane and Doyle McManus. Landslide : The Unmaking of the President, 1984-1988. Boston : Houghton Mifflin, 1988.

Miller, Merle. Plain Speaking : An Oral Biography of Harry S. Truman. New York : Berkeley Pub. Co., 1973.

Michels, Robert. Political Parties. New York : The Free Press, 1968.

Michelson, Sig. America' s Other Voice : The Story of Radio Free Europe and Radio Liberty. New York : Praeger, 1983.

Milbrath, Leater W. "Interest Groups and Foreign Policy," James N. Rosenau(ed.). Domestic Sources of Foreign Policy. New York : The Free Press, 1967.

Millis, Walter(ed.). The James Forrestal Diaries. New York : Viking Press, 1951.

Minix, Dean A. Small Group and Foreign Policy Decision Making. Lanham, MD.: University Press of America, 1978.

Moens, Alexander. Forcign Policy Under Carter : Testing Multiple Advocacy Decision Making. Boulder, Co : Westview Press, 1990.

Monroe, Alan D. Public Opinion in America. New York : Dodd and Mead, 1975.

Morse, Edward L. Foreign Policy and Interdependence Gaullist France. Princeton : NJ. : Princeton University Press, 1973.

Moyers, Bill. "One Thing We Learned," Foreign Affairs, Vol. 46, No.4(July 1968).

Muskie, E.S., K. Rush and K.W. Thompson(eds.). The President, the Congress and Foreign Policy. Lanham : University Press of America, 1986.

Nelson, Lars-Erick. "Dateline Washington : Anti Semitism and the Airwaves," Foreign Policy 61(Winter, 1985-1986). pp.180-186.

Neustadt, Richard. Presidential Power : The Politics of Leadership. New York : John Wiley, 1960.

Newhouse, John. Cold Dawn : The Story of SALT. New York : Rinehart and Winston, 1973.

Nincic, Miroslav. Democracy and Foreign Policy : The Fallacy of Political Realism. New York : Columbia University Press, 1992.

Orchard, David. The Fight for Canada : Four Centuries of Resistance to American Expansionism. Toronto : Stoddart, 1993.

Pastor, Robert. Congress and the Politics of U. S. Foreign Economic Policy : 1929-1976. Berkeley : University of California Berkeley, 1980.

Pastor, Robert A. and J.G. Castaneda. Limits to Friendship : The U.S. and Mexico. New York : Knopf, 1989.

Pious, Richard. The American Presidency. New York : Basic Books, 1979.

Pomper, M.A. House Shies Away from Conflict With Clinton Over War Powers, Congressional Quarterly Weekly Report, 03/21/98, Vol.56 Issue 12.

Prados, John. President' s Secret Wars. New York : William Morrow, 1986.

Puchala, Donald J. International Politics Today. New York : Dodd & Mead, 1974.

Ranelagh, John. The Agency : The Rise and Decline of the CIA. New York : Simon & Schuster, 1986.

Ransom, Harry H. Strategic Intelligence. Morristown, NJ. : General Learning Press, 1973.

Rason, Dina. The Pentagon Underground. New York : Times Books, 1985.

Ready, George E. The Twilight of the Presidency. New York : New American Library, 1970.

Reveley III, W. T. "The Power to Make War," The Constitution and the Conduct of Foreign Policy, F. O. Wilcox and R.A.Frank(eds.). New York : Praeger, 1976.

Richelson, Jeffrey. The United States Intelligence Community. Cambridge, MA. : Ballinger, 1985.

Rohrlich, Paul Egon. "Economic Culture and Foreign Policy : The Collective Analysis of Economic Policy Making," International Organization 41(Winter 1987), pp.61-92.

Rosati, J.A. "Developing a Systematic Decision-Making Framework : Bureucratic Politics in Perspective," World Politics, 33(Jan. 1981), pp.234-52.

______. "Continuity and Change in the Foreign Policy Beliefs of Political Leaders Addressing the Controversy over the Carter Administration," Political Psychology(Sept. 1986), pp.471-505.

______. The Politics of U. S. Foreign Policy. Forth Worth : Harcourt Brace, 1993.

______.(ed.). Readings in the Politics of U. S. Foreign Policy. Orlando: Harcout Brace, 1998.

Rosenau, J. A. (ed.). Domestic Sources of Foreign Policy. New York : The Free Press, 1967.

______. Public Opinion and Foreign Policy. New York : Random House, 1961.

Rossiter, Clinton(ed.). The Federalist Papers. New York : New American Library, 1999.

Rostow, Walt W. The Diffusion of Power. New York : Macmillan, 1972.

Rousseau, J. J. The Social Contract and the Discourses. New York : Dutton, 1913.

Rubin, Barnett. "The U. S. Response to the JVP Insurgency in Sri Lanka," Commission on the Organization of the Government for the Conduct of Foreign Policy, VII, Appendices. Washington, D.C. : U. S. Government Printing Office.

Rusk, Dean. An Address to the APSR, on September 7, 1965.

Sapin, Burton M. Contemporary American Foreign and Military Policy. Glenview Scott and Foresman, 1970.

Sartori, Giovani. The Theory of Democracy Revisited. Chatham, NJ. : Chatham House, 1987.

Schelling, Thomas. "PPBS and Foreign Affairs," The Public Interest(Spring 1968).

Schlesinger, Arthur M. Thousand Days. New York : Fawcett, 1965.

________. The Imperial Presidency. New York : Harper, 1974.

________. The Imperial Presidency. New York: Houghton Mifflin,1989.

________. "Foreign Policy and American Character," Foreign Affairs, Vol. 62, No.1(1983).

Schlesinger, Stephen and Stephen Kinzer. Bitter Fruit : The Untold Story of the American Coup in Guatemala. New York : Doubleday, 1982.

Scott, Andrew M. and Raymond H. Dawson. Readings in the Making of American Foreign Policy. New York : Macmillan, 1965.

Seib, Gerald W. "How President Bush Definitely Orchestrated Swift Victory over Iraq," Wall Street Journal(March 1, 1991).

Severo, Richard and Lewis Milford. The Wages of War : When America' s Soldiers Came Home-From Valley to Vietnam. New York : Simon & Schuster, 1989.

Sharkey, Jacqueline. "Anatomy of an Election : How U.S. Money Affected the Outcome in Nicaragua," Common Cause Magazine(May/June 1990). pp.20-29.

Shackley, Theodore. The Third Option : An American View of Counterinsurgency Operations. New York : Dell, 1981.

Sharpe, Kenneth E. "The Real Cause of Iran Gate," Foreign Policy 68(Fall 1987), pp.19-41.

Sheehan, Neil. The Pentagon Papers. New York : Bantam Books, 1971.

Sick, Gary. All Fall Down : America' s Tragic Encounter with Iran. New York : Penguin Books, 1985.

Simon, Rita J. Public Opinion in America. Chicago : Rand McNally, 1974.

Smith, Adam. An Inquiring into the Nature and Causes of The Wealth of Nations. New York: Random House, 1965.

Smith, Hedrick. The Power Game : How Washington Works. New York : Ballentine, 1988.

Smith, Joseph B. Portrait of a Cold Warrior. New York : Ballantine Books, 1976.

Sofaer, Abraham. War, Foreign Affairs and Constitutional Power. Cambridge, Mass. : Ballinger, 1976.

Sorensen, Theodore C. Kennedy. New York : Harper, 1965.

__________. "The President and the Secretary of State," Foreign Affairs, Vol. 66. No.2(Wint. 1987).

Spanier, John and Eric M. Uslaner. How American Foreign Policy is Made. New York : Praeger, 1974.

Spanier, John W. Congress The Presidency and American Foreign Policy. New York : Pergamon Press, 1981.

Spanier John and J. Nogee(eds.). Congress, the President and American Foreign Policy. New York : Pergamon Press, 1981.

Spanier John W. and Eric M. Uslaner. American Foreign Policy Making and the Democratic Dilemmas. New York : Macmillan, 1994.

Steele, A. T. The American People and China. New York : Macgraw-Hill, 1968.

Steinbruner, John D. The Cybernetic Theory of Decision. Princeton : Princeton University Press, 1974.

Stockwell, John. In Search of Enemies : A CIA Story. New York : Norton, 1978.

Summers, Harry G. On Strategy : A Critical Analysis of the Vietnam War. Novato, CA. : Presidio, 1982.

Sympson, Christopher. Blow Black : America' s Recruitment of Nazis and its Effects On the Cold War. New York : Weidenfeld & Nicolson, 1988.

Taubman, Philip. "Casey and His CIA on the Rebound," New York Times Magazine(Jan. 16, 1983).

Theoharis, Athan. Spying on Americans : Political Surveillance from Hoover to the Huston Plan. Philadephia : Temple University Press, 1978.

Thompson, Kenneth M. Morality and Foreign Policy. Baton Rouge : Louisiana University Press, 1980.

Thucydides. The Peloponnesian War. New York : Modern Library, 1951.

Towell, P. and C.J. Dogherty. "Clinton Under GOP Pressure to Get Results in Moscow," Congressional Quarterly Weekly Report, 5/6/95, Col. 53, Issue 18.

Truman, David. The Governmental Process. New York : Knopf, 1951.

Truman, Margaret. Harry S. Truman. New York : William Morrow, 1973.

Turner, Henry A. "Pressure Groups," Edward E. Walker, et al(eds.). Readings in American Public Opinion. New York : American Books Co., 1968.

Turner, Stansfield. "Intelligence for a New-World Order," Foreign Affairs (Fall 1991).

Tucker, Robert W. and David C. Henderson. "Thomas Jefferson and American Foreign Policy," Foreign Affairs, Vol. 69, No. 2.(spring 1990)

Tyler, Patrick. Running Critical : The Silent War, Rickover, and General Dynamics. New York : Harper & Row, 1986.

Vandenberg, Arthur H. Jr.(ed.). The Private Papers of Senator Vandenberg. Boston : Houghton Mifflin, 1952.

Vertzberger, Yaacov Y. "Foreign Policy Decision Makers as Practical-Intuitive Historians: Applied History and Its Shortcomings," International Studies Quarterly, Vol.30, No.2(Jan, 1986), pp.223-247.

Walker, Edward E. et al(eds.). Readings in American Public Opinion. New York : American Books Co., 1968.

Weiner, Tim. Blank Check : The Pentagon' s Black Budget. New York : Warner Books, 1990.

Weinstein, Harvey. A Father, A Son ad the CIA. Toronto : James Lorimer, 1990.

Welch, David A. "Essence of Revision : Moscow, Havana, and the Cuban Missile Crisis," International Quarterly 14(Winter 1989-1990), pp.136-72.

Wildavsky, Aaron. "The Two Presidencies Thesis," Transaction 4(1966), pp.175-86.

Williams, Phil. Crisis Management. New York : John Wiley, 1976.

Williams, William A. The Tragedy of American Diplomacy. New York : Delta, 1959.

Winky, Robin W. Cloack & Gown : Scholars in the Secret War. New York : William Morrow, 1987.

Wise, David. The Politics of Lying : Government Deception, Secrecy, and Power. New York : Vintage, 1973.

Wise, David and Thomas B. Ross. The Invisible Government. New York : Vintage, 1974.

Woodward, Bob. Veil : The Secret Wars of the CIA, 1981-1987.New York : Simon & Schuster, 1987.

________. The Commanders. New York : Simon & Schuster, 1991.

Wyden, Peter. Bay of Pigs : The Untold Story. London : Jonathan Cape, 1979.

Young, Kimball. "The Nature of Public opinion," Edward Walker, et al. (eds.). Read-ings in American Public Opinion. New York : American Books Co., 1965.

Young, Oran. The Politics of Force. Princeton : Princeton University Press, 1968.

의회자료

Averell Harriman. Senate Committee on Government Operation, Administration of National Security Hearings, 88th Congress, Ist Sess., 1963.

U. S. Congress, Senate, 69th Cong., Ist Sess., Congressional Record(June 24, 1963).

U. S. Congress, Committee on Foreign Relations, Securtiy Classification as a Problem in the Congressional Role in Foreign Policy(92nd Cong., Ist Sess., Dec, 1971).

U. S. Congress, House of Representatives, Committee on International Relations, Background Information on the Use of U. S. Armed Forces in Foreign Countries, Committee Print(94th Cong., Ist Sess., 1975), pp.58-66.

U. S. Congress, Senate, Final Report(94th Cong., 2nd Sess, 1975).

U. S. Congress, Senate, Alleged Assassination Plots Involving Foreign Leaders, Congressional Report(94th cong., Ist Sess., Nov. 18, 1975).

U. S. Congress, Senate, Final Report of the Select Committee to Study Governmental Operations with Respect to Intelligence Activities, Foreign and Military Intelligence Activities, Foreign and Military Intelligence, Book I, Congressional Report(94th Cong, 2nd Sess, April 14, 1976).

U. S. Congress, Senate, Final Report of the Select Committee to Study Government Operations with Respect to Intelligence Activities, Books 1-6. Congressional Report(94th Cong., 2nd Sess., April 14, 9176).

U. S. Congress, Senate, Committee on Foreign Relations, U. S. Foreign Policy Objectives and Overseas Military Installations, Committee Print(96th Cong. Ist Sess., 1979).

U. S. Congress, Congressional Research Service, Defense Department Reorganization, Issue Brief Number IB77028(Sept. 7, 1979).

U. S. Congress, General Accounting Office, Promoting Democracy : The National Endowment for Democracy' s Management of Grants Overseas(Sept, 1986).

U. S. Congress, General Accounting Office, Weapon Performance : Operational Test and Evaluation Can Contribute More to Decision Making(Dec. 1986).

U. S. Congress, General Accounting Office, Defense Reorganization : Progress and Concerns at JSC and Combatant Commands(Mar. 1989)

U. S. Congress, General Accounting Office, Military Bases : An Analysis of the Commission' s Realignment and Closure Recommendation(Nov. 1989).

U. S. Congress, Senate, Subcommittee On Terrorism, Narcotics and International Operations of the Committee on Foreign Relations, Drugs, Law-Inforcement and Foreign Policy, Committee Print(100th Cong., 2nd Sess., 1989).

U. S. Congress, General Accounting Office, Financial Audit : Air Force Doesnot Effectively Account for Billions of Dollars of Resources(Feb. 1990).

U. S. Congress, General Accounting Office, FBI Investigates Domestic Activities to Identify Terrorists(Sept. 1990).

행정부

U. S. Department of State, "Department Commemorates 200th Anniversary," Update(Sept.-Oct. 1989).

The United States Government Manual(1989, 1990).

U. S. Statistical Abstracts of the United States(1990).

U. S. Census Bureau Website, 2007년 2월 9일 검색.

주간지

Newsweek : March 3, 1986 ; June 6, 1988 ; Feb. 8, 1988 ; Nov. 5, 1990.

These Times, Jul.4-17, 1990.

일간신문

Los Angeles Times, Sept. 29, 1973- Sept. 21, 2003.

New York Times, Jan. 17, 1971-March 3, 1991.
Washington Post, Oct. 23, 1989 and March 15, 1991.
Washington Star, Aug. 27, 1979.
동아일보
조선일보
중앙일보
한국일보

기 타

UN, International Trade Statistics Year Book(1987).
Europa World Yearbook(1989).

Memo

색 인

➔ⓛ⬅

➧ ㄷ ➧

➧ ㄹ ➧

➔ ㅂ ➔

➔ ㉦ ➔

ㅇ

➜ ㉨ ➜

➔ ㊅ ➔

➔ ㉿ ➔

➔ ㉪ ⬅

➔ ㉫ ⬅

ㅎ

기 타

Ⓐ

Ⓒ

Ⓔ

➔Ⓢ←

➔Ⓣ←

➔Ⓤ←

➔Ⓥ←

➔Ⓦ←

저 · 자 · 약 · 력

■ 전 웅

· 연세대 정외과 졸 (학사)
· 연세대 대학원 정치학과 졸 (석사)
· 캐나다 St. Fancis Xavier대 대학원 공동체 발전과정 수료
· 연세대, 대학원 정치학과 박사과정 졸 (박사)
· 연세대, 이화여대, 서울시립대, 단국대 강사 경남대 정외과 조교수
· 고려대 정책과학대학원 강사 역임
· University of California, San Diego 방문 교수
· 현) 홍익대학교 교수

〈저 서〉
· 지역통합이론과 ASEAN (진명문화사, 1979)
· 제3이대올로기 (전예원, 1980)
· 외교정책론 (법문사, 1986)
· 현대정치학 (법문사, 1994)
· 북한학 (홍익대학교 출판부, 2000)

〈역 서〉
· 무솔리니자서전 (범한출판사, 1968)
· 국제정치분석론 (진명문화사, 1973)
· 국제정치이론 (진명문화사, 1978)

〈편 역〉
· 지정학과 해양세력이론(해양전략연구소, 1999)

미국의 외교정책은 어떻게 만들어 지는가

2007년 8월 27일 초판1쇄 인쇄
2007년 8월 30일 초판1쇄 발행

저자와의 협의하에 인지생략

저 자 전 웅
펴낸이 임 순 재
펴낸곳 한올출판사
등록 제11-403호
121-849
주 소 서울특별시 마포구 성산동 133-3 한올빌딩 3층
전 화 (02)376-4298(대표)
팩 스 (02)302-8073
홈페이지 www.hanol.co.kr
e-메일 hanol@hanol.co.kr
정 가 21,000원

□ ISBN 978-89-8325-920-2